中国式现代化之路纪行

庞松 李熠 著

甘肃文化出版社

甘肃·兰州

图书在版编目（CIP）数据

中国式现代化之路纪行 / 庞松，李熠著. -- 兰州：甘肃文化出版社，2023.12
ISBN 978-7-5490-2881-8

Ⅰ．①中… Ⅱ．①庞… ②李… Ⅲ．①纪实文学－中国－当代 Ⅳ．①I25

中国国家版本馆CIP数据核字(2023)第248145号

中国式现代化之路纪行
ZHONGGUOSHI XIANDAIHUA ZHILU JIXING

庞松　李熠 ｜著

选题策划 ｜ 郧军涛
责任编辑 ｜ 张莎莎　何荣昌　顾　彤　丁庆康
助理编辑 ｜ 朱翔宇
封面设计 ｜ 今亮后声

出版发行 ｜ 甘肃文化出版社
网　　址 ｜ http://www.gswenhua.cn
投稿邮箱 ｜ gswenhuapress@163.com
地　　址 ｜ 兰州市城关区曹家巷1号 730030（邮编）

营销中心 ｜ 贾　莉　王　俊
电　　话 ｜ 0931-2131306

印　　刷 ｜ 兰州新华印刷厂
开　　本 ｜ 889毫米×1194毫米 1/16
字　　数 ｜ 690千
印　　张 ｜ 43.75
版　　次 ｜ 2023年12月第1版
印　　次 ｜ 2023年12月第1次
书　　号 ｜ ISBN 978-7-5490-2881-8
定　　价 ｜ 98.00元

版权所有 违者必究（举报电话：0931-2131306）
（图书如出现印装质量问题，请与我们联系）

序

　　实现国家现代化,是一个全球性话题。关于现代化的概念,中外、东西方世界各有多种表述。取其共识,简约而论,现代化就是人类从农业社会进入工业社会、从农业文明进入工业文明的历史过程。它是一种持续发展状态,是一场深刻影响世界发展的社会变革。从相当长的时段来看,国家现代化是以经济发展为基础,以工业化为主要特征,以科学技术发展为先导和动力,以人的全面发展为主旨,是涉及政治制度、经济体制、社会结构、组织管理、生活方式、人类活动空间等诸多领域的发展与变迁的动态过程,并且这是人类社会发展史上一个革命性、全球性、长期性和整体性的历史过程。

　　从大历史观的宏阔视野来看,中国从一个有着五千年文明史的东方农业大国逐步走向繁荣富强的现代化国家,经历了漫长而曲折的历程。这个长过程,要摆在"两个百年"的时间框架下来考察。以1840年第一次鸦片战争为起点,中国进入近代历史发展。当西方人用坚船利炮打开中国大门的时候,中华民族日益面临亡国灭种的危险,争取民族独立、人民解放成为压倒一切的时代主题。围绕这一主题,中国人民经历了反对外国帝国主义和本国封建主义的"百年战争",即从旧民主主义革命到新民主主义革命的百年奋斗。

　　1949年,中国共产党领导人民取得新民主主义革命伟大胜利,建立中华人民共和国,开始由旧中国沦为外国帝国主义附庸的被动现代化转向独立自主向前推进的主动现代化。开国伊始,外部环境就遇到了帝国主义的侵略威胁和长期经济封锁;内部环境则经历了发展路径与模式,政策稳健与急进,建设成功与失误,道路探索与挫折的交互激荡,中国现代化事业在起伏曲折中开创前行。至少需要经历一个"百年建设"时期,才能基本理顺国家政治经济体制与机制、文化传承与创新、社会和谐与稳定、人与自然环境协调共生的关系;才能基本理顺中国同外部世界,特别是经济全球化背景下的国际秩序及整个国际社会的相互关系。大约到中华人民共和国成立一百周年时,即2050年基本上建成中国特色社会主义现代化强国。

全面建成社会主义现代化强国,实现中华民族伟大复兴,是中国人民最伟大的梦想,是中华民族的最高利益和根本利益。实现这一伟大目标,是一项极其艰巨的任务。马克思说过:"人类始终只提出自己能够解决的任务。"[①]中国的发展也只能在历史提供的既有条件下进行,不能不受到所处历史环境的局限。所以建设中国式现代化是一代又一代人接续奋斗的接力跑。必须经由因应内外环境的变化而制定国家基本方略、不断建设和完善基本政策制度体系等层层递进的发展阶段才能最终实现。

进入近代以后,无数仁人志士不屈不挠,苦苦寻求中国现代化之路,但都没有也不可能取得成功。历史证明,只有中国共产党能够带领中国人民找到实现现代化的正确道路。新中国成立后,中国共产党殚精竭虑,孜孜以求,对中国式现代化道路进行了艰辛探索,有良好开端,也走过弯路,遭遇过意想不到的困难和挫折,但始终没有动摇建设社会主义现代化国家的意志和决心。特别是十一届三中全会开创改革开放新时期以来,党对建设中国式主义现代化在认识上不断深化、战略上不断成熟、实践上不断丰富,加快了中国走向现代化发展的进程,为新时代新阶段全面建设社会主义现代化国家奠定了制度基础、理论基础、实践基础。经过长期不懈努力、奋勇开拓,我国进入了全面建设社会主义现代化国家、向第二个百年奋斗目标进军的新发展阶段。正如习近平总书记在中国共产党二十大报告中郑重宣示的:"我国要坚定不移推进中国式现代化,以中国式现代化全面推进中华民族伟大复兴,不断为人类作出新的更大贡献。"

百年转型与变革,正是一部中国逐步走向现代化国家的厚重历史。本书力求忠实反映中国共产党团结带领人民成功开辟一条中国式现代化道路的历程。重点聚焦于改革开放40多年以来,中国共产党是怎样一步步推进中国经济社会向现代化转型,取得举世瞩目的历史性成就,发生历史性变革。为此,本书特地采用"纪行"体,旨在全方位纪录中国逐步推进现代化转型和社会变革的历程。这是一个动态的、持续的乃至现在进行时的演进过程,包括改革开放每个阶段所面临的主要矛盾、主要任务、发展中的主要问题,相应的发展战略、政策举措和解决方案,以及实践当中多方面的政策反馈和社会效应。

本书关注中国式现代化由以产生和出发的历史基础与前进基地,分阶段描述十一届三中全会以来的改革发轫、体制松动、迈上台阶、市场经济、结构调整、

---

① 马克思:《〈政治经济学批判〉序言、导言》,北京:人民出版社,1971年,第3页。

诸方协同、提速发展、建设小康、时代新篇、强国新程，从中梳理出中国共产党人努力探索、丰富实践，完整构筑中国式现代化道路的历史脉络，着力展示中国人民一代一代踔厉奋发、接续奋斗的宏伟画卷。各篇章特别尊重国家发展战略的制定及其演变，注重纪录政策制度体系改革方案的赓续构建、充实和完善，关注整个历史时段中国式现代化不可逆转向前推进的连贯性、接续性和顶层设计的与时俱进、不断创新。

百年现代化转型与变革，涉及领域之宽、专业性之强、问题层面之广之深，是极难把握和驾驭的。唯有将中国式现代化之路这条主线贯穿其中，实实在在地去观察、纪录、审视和比较，或许能加深人们对历史与现实逻辑统一的领悟——这正是作者所期待的。

——作者谨识

目　录

第一章　历史基础

一、中国向近现代化演进的开端 ······ 3
　　国家重建成为压倒一切的主题 ······ 3
　　近代工业起步民族工商业发展 ······ 5

二、战争与革命激荡下跌宕而行 ······ 11
　　为改变中国命运的使命和担当 ······ 11
　　民国若干财经举措及发展状况 ······ 14
　　开展土地革命和建立工农政权 ······ 18
　　民主共和国主张推进团结抗日 ······ 20

三、全民族抗日战争与抗战建国 ······ 21
　　保存工业和教育国脉的大迁徙 ······ 21
　　坚持以全面抗战推进抗战建国 ······ 25
　　新民主主义建国论及伟大实践 ······ 30

四、把民主中国的模型推向全国 ······ 33
　　争取和平建国到打破强敌进攻 ······ 33
　　反动政权内外交困陷穷途末路 ······ 37
　　新民主主义革命走向全国胜利 ······ 40

制定共同纲领创建人民共和国 ············ 42

第二章 前进基地

一、**全面贯彻建国纲领创设转型条件** ············ 49
  争取财政经济状况根本好转 ············ 49
  中华人民共和国的立国之战 ············ 51
  土地改革为中心的民主改革 ············ 53
  统筹兼顾发展生产繁荣经济 ············ 54
  革故鼎新国民经济全面恢复 ············ 56

二、**工业化建设高潮与制度奠基** ············ 58
  向社会主义过渡时期的总路线 ············ 58
  工业化建设的第一个五年计划 ············ 59
  对农业手工业的社会主义改造 ············ 61
  有步骤地改造资本主义工商业 ············ 63
  推进国家各项建设与外交工作 ············ 65
  在中国奠定社会主义制度基础 ············ 68

三、**社会主义道路的探索与曲折** ············ 70
  全面建设社会主义的良好开端 ············ 70
  从全党整风到反右斗争扩大化 ············ 74
  急于求成"大跃进"和人民公社化 ············ 76
  克服严重困难国民经济全面调整 ············ 80
  十年建设主要成就与经验教训 ············ 82

四、**遭受重创在困境中负重前行** ············ 86
  "文化大革命"的错误发动 ············ 86
  运动初期导致的全面内乱 ············ 87

为纠极左恢复秩序而努力 …………………………………… 89
　　全面整顿和结束十年内乱 …………………………………… 91

第三章　改革发轫

一、走向改革开放的初始状态 …………………………………… 97
　　国内环境处在普遍贫穷社会状态 …………………………… 97
　　外部环境面临巨大国际竞争压力 …………………………… 102
二、冲破思想樊篱处理历史积案 ………………………………… 103
　　"两个凡是"方针的提出及思想禁锢 ……………………… 103
　　勇于冲破阻力落实党的干部政策 …………………………… 105
　　正视错误彻底解决历史遗留问题 …………………………… 108
三、国家各项事业初步拨乱反正 ………………………………… 111
　　恢复高考制度改变一代青年命运 …………………………… 111
　　科学的春天调动科学技术生产力 …………………………… 113
　　文学艺术事业重新焕发创作活力 …………………………… 115
　　理论界为商品生产商品交换正名 …………………………… 117
四、真理标准与"两个凡是"的交锋 …………………………… 120
　　坚持实践是检验真理的唯一标准 …………………………… 120
　　打破精神枷锁来一个思想大解放 …………………………… 123
五、改革开放指导思想达成共识 ………………………………… 126
　　出国考察确立对外开放基本方略 …………………………… 126
　　改革是全国人民的长远利益所在 …………………………… 130
六、重大历史关头实现伟大转折 ………………………………… 133
　　扭转原定议题的中央工作会议 ……………………………… 133
　　开创中国特色社会主义新道路 ……………………………… 137

第四章 体制松动

一、农村改革靠农民的发明取得突破 ……143
由贫困和饥饿逼出来的农村改革 ……143
集体经营到家庭承包经营大变革 ……144
在不断非议中坚定支持农民首创 ……146
中央一号文件给农民吃上定心丸 ……149

二、城市改革从放权和让利开始起步 ……153
工业企业扩大自主权改革先行试点 ……153
上缴利润递增包干改革向全国推广 ……156

三、创办经济特区先行示范对外开放 ……160
围绕设立经济特区的重大战略决策 ……160
中外合资和引进外资冲开思想藩篱 ……163
深圳特区的基本建设贵在敢为人先 ……165
经济特区获高度肯定真正走进春天 ……167

四、乡镇企业崛起演绎非农产业变革 ……170
集体办企业服务大工业以工补农 ……170
能人办厂自主创业滚动发展 ……174
三资企业星罗棋布遍及珠三角 ……175

五、个体私营经济的开闸与雇工解禁 ……177
鼓励城乡劳动者自主创业搞活经济 ……177
允许私人雇工广开社会就业门路 ……181
一波三折个体私营经济蓬勃发展 ……183

第五章 迈上台阶

一、改革由探索试验转向整体推进 ··············189
　　明确建立有计划商品经济体制 ··············189
　　国企改革从扩权到推行承包制 ··············192
　　改革产权制度试行股份制改造 ··············193
　　开展所有制结构改革初见成效 ··············195

二、培育和建设商品经济市场体系 ··············198
　　国家调节市场和市场引导企业 ··············198
　　围绕建设市场体系的综合改革 ··············200

三、启动价格体系及管理制度改革 ··············204
　　放与调相结合的价格双轨制方案 ··············204
　　物价改革闯关的惊险一跃与受挫 ··············207
　　治理整顿与深化改革并行的方针 ··············212
　　推进治理整顿坚定不移深化改革 ··············214

四、外交战略调整和"一国两制"方针 ··············217
　　和平与发展指导下的外交转型 ··············217
　　独立自主积极活跃的和平外交 ··············220
　　"一国两制"构想及在香港的运用 ··············224
　　稳住阵脚和沉着应对外部压力 ··············229

第六章 市场经济

一、确立发展社会主义市场经济 ··············235
　　南方谈话的时势背景和紧迫性 ··············235

"三个有利于"标准澄清理论是非 …… 238
社会主义市场经济的历史定位 …… 240

二、初步形成全方位对外开放的布局 …… 242
浦东开发开放的新理念新模式 …… 242
海南洋浦开发区的波折与振起 …… 245
沿海沿江沿边立体开放新格局 …… 246

三、加快建设和培育生产要素市场 …… 248
改革流通体制大力发展商品市场 …… 248
土地开发催生新兴的房地产市场 …… 250
引入证券交易系统构建资本市场 …… 252
改革劳动工资制培育劳动力市场 …… 256
第三产业大发展拓宽再就业市场 …… 259

四、加强和改善宏观调控及其机制 …… 262
市场化热潮中伴生出种种乱象 …… 262
重拳破解债务链增强调控能力 …… 264
适度从紧十六条治乱降热措施 …… 266
建立市场经济体制的总体规划 …… 268

五、多措并举实现宏观经济软着陆 …… 270
分税制改革奠定财税新体制基础 …… 270
整顿金融秩序深化金融体制改革 …… 274
将政策性金融与商业性金融分离 …… 275
粮油销价放开结束长期票证经济 …… 278
以间接调控为主获得软着陆成功 …… 279

六、规划科教兴国和可持续发展战略 …… 282
适应时代要求提出科教兴国战略 …… 282
制定新世纪可持续发展战略规划 …… 285

第七章 结构调整

一、任凭风浪起积极应对机遇和挑战 ········· 293
　　把一个什么样的中国带入新世纪 ········· 293
　　验证"一国两制"香港澳门主权回归 ········· 295
　　坚定改革开放现代化建设历史走向 ········· 296
　　防范化解亚洲金融风险总体部署 ········· 297
　　扩大消费需求有效拉动经济增长 ········· 300

二、强化金融监管职能防范金融风险 ········· 303
　　改革中央银行管理体制强化职能 ········· 303
　　严格监管查处金融违规违法活动 ········· 306
　　依法治市理顺完善证券监管体系 ········· 308
　　军队和权力部门与经商彻底脱钩 ········· 309

三、国有经济有进有退优化结构布局 ········· 313
　　抓大放小国有经济的战略性改组 ········· 313
　　同步加大综合配套改革的力度 ········· 316
　　国企规范上市建立现代企业制度 ········· 318

四、调整所有制结构非公经济大发展 ········· 321
　　乘改革大潮顺势而上的企业家群体 ········· 321
　　私营经济成为经济发展新的增长点 ········· 324
　　民营企业借壳上市向现代企业转变 ········· 325
　　两个"毫不动摇"方针提供更大发展空间 ········· 328

五、产业结构调整转变经济增长方式 ········· 330
　　大力加强基础产业重点发展支柱产业 ········· 330
　　注重以先进技术改造提高传统产业 ········· 334

市场导向加快技术进步产业升级 ·············· 335
　　打造新兴产业和高新技术产业基地 ·············· 337

六、区域经济结构调整迎来历史机遇 ·············· 339
　　关于区域发展的"两个大局"战略构想 ·············· 339
　　总揽全局提出实施西部大开发战略 ·············· 342
　　乘潮而起扎实推进振兴西部的伟业 ·············· 344

第八章　诸方协同

一、推进农村改革与发展再创新 ·············· 349
　　坚持家庭承包经营制度长期稳定 ·············· 349
　　深改粮食流通体制理顺购销关系 ·············· 351
　　引导农民调整优化农业结构布局 ·············· 352
　　积极推进乡镇企业的第二次创业 ·············· 353
　　减轻农民负担启动农村税费改革 ·············· 355

二、科技引领建设国家创新体系 ·············· 357
　　提高国家整体创新和竞争能力 ·············· 357
　　中科院率先承担知识创新工程 ·············· 359
　　推进国家科研机构企业化转制 ·············· 360
　　高新技术产业化构建创新基地 ·············· 362
　　产学研结合加强国际科技合作 ·············· 365

三、教育体制改革的深化与发展 ·············· 367
　　全面推进素质教育和基础教育 ·············· 367
　　高等教育多种形式及重点建设 ·············· 369
　　深化高等学校管理体制的改革 ·············· 371
　　联合共建与强强合并优势互补 ·············· 372

四、促进社会文化事业繁荣发展 ··· 375
　　创新文化理念和调整文化政策 ····································· 375
　　文化领域管理体制的各项改革 ····································· 376
　　文学艺术社会科学多样化发展 ····································· 377
　　繁荣文化市场推进文化产业化 ····································· 379
　　民族文化与世界文化交互融通 ····································· 383
五、初步建立社会保障体系框架 ··· 385
　　建立完善多层次保险保障制度 ····································· 385
　　全面推行住房分配货币化改革 ····································· 387
　　城镇医药卫生体制改革的启动 ····································· 390
六、积极主动参与经济全球化进程 ······································· 393
　　深化外贸体制改革的成效显著 ····································· 393
　　利用外资向宽领域多元化拓展 ····································· 396
　　把握住机遇成功加入世贸组织 ····································· 398

第九章　提速发展

一、走全面协调可持续科学发展之路 ····································· 405
　　新世纪全面建设小康社会奋斗目标 ································· 405
　　改革开放矛盾凸显开始步入深水区 ································· 407
　　确立全面协调可持续的科学发展观 ································· 409
　　面对可持续发展问题作出战略调整 ································· 412
二、科学发展构建社会主义和谐社会 ····································· 414
　　依法治国建设社会主义法治国家 ··································· 414
　　构建社会主义和谐社会的总要求 ··································· 418
　　推动建设社会主义核心价值体系 ··································· 420

三、加快重点改善民生的社会建设 ·············· 425
  政府主导深化医药卫生体制改革 ·············· 425
  推进新型农村合作医疗广泛覆盖 ·············· 427
  坚决处置关系民生安全重大事件 ·············· 430

四、扎实推进社会主义新农村建设 ·············· 432
  深化农村税费改革告别"皇粮国税" ·············· 432
  农村综合改革增强县乡财力保障 ·············· 434
  统筹城乡发展与推进新农村建设 ·············· 436

五、社会分层新变化与城市化提速 ·············· 440
  现代化社会阶层结构基本形成 ·············· 440
  全能型政府向公共服务型转变 ·············· 444
  城市化进程的波动起伏与提速 ·············· 447
  破除城乡二元结构的政策演变 ·············· 450
  总结经验和走新型城镇化道路 ·············· 452

第十章 建设小康

一、经济实力和综合国力的全面提升 ·············· 459
  蓄势培厚全民共享发展成果之基 ·············· 459
  启动危机管理抗击特大地震灾害 ·············· 463
  大国诚信成功举办盛大国际赛会 ·············· 464

二、行政体制改革和建设创新型国家 ·············· 467
  深化行政管理体制改革的目标和关键 ·············· 467
  实施大部制改革和建立服务型政府 ·············· 469
  提高自主创新能力建设创新型国家 ·············· 471
  高科技领域创新成果跻身世界前列 ·············· 474

三、建立健全国家惩治预防腐败体系 ………………………… 476
　　加强巡视和党内监督的制度化建设 ………………………… 476
　　加快推进惩治和预防腐败体系建设 ………………………… 480
　　依法专项治理权钱交易的商业贿赂 ………………………… 483
　　审计严查违法违规及其制度化建设 ………………………… 484

四、协同国际社会积极应对金融风暴 ………………………… 487
　　应对危机的十项举措和一揽子计划 ………………………… 487
　　努力推动多边经贸和区域经济合作 ………………………… 489
　　承担国际义务发挥负责任大国作用 ………………………… 491

五、经济社会呈现稳定持续发展局面 ………………………… 493
　　经济社会体系快速提升连跨新台阶 ………………………… 493
　　经济总量跃居为世界第二大经济体 ………………………… 498

第十一章 时代新篇

一、全面建成小康社会战略布局 ……………………………… 505
　　坚持和发展中国特色社会主义 ……………………………… 505
　　全面建成小康社会的新部署 ………………………………… 507
　　制定和实施国家总体发展战略 ……………………………… 510

二、推进全面深化改革战略布局 ……………………………… 513
　　全面深化改革总目标及合理布局 …………………………… 513
　　新常态引领经济体制深化改革 ……………………………… 514
　　政治体制改革积极稳妥推进 ………………………………… 518
　　深化社会体制改革进步显著 ………………………………… 522
　　加快建立生态文明制度体系 ………………………………… 527
　　推动形成全面对外开放新格局 ……………………………… 529

三、推进全面依法治国战略布局 ······ 532
全面依法治国的目标和工作布局 ······ 532
不断完善以宪法为核心的法律体系 ······ 535
推动法治政府建设取得重要进展 ······ 536
司法改革与建设高素质法治队伍 ······ 538

四、推进全面从严治党战略布局 ······ 542
全面从严治党开局的第一号令 ······ 542
以钉钉子精神持之以恒正风肃纪 ······ 544
巡视利剑持续助推全面从严治党 ······ 545
形成并巩固反腐败斗争压倒性态势 ······ 547

五、深化国防和军队改革重大成果 ······ 549
明确提出强军目标和军队使命任务 ······ 549
政治建军当先推进军队体制改革 ······ 551
科技兴军依法治军取得显著成效 ······ 554

六、开创文化发展改革建设新局面 ······ 556
文化体制改革机制建设深度发力 ······ 556
推动文化体制改革向纵深拓展 ······ 561
社会主义文化建设取得新成就 ······ 563

七、丰富"一国两制"实践推进祖国统一 ······ 565
有序推进香港澳门持续繁荣稳定 ······ 565
维护台海和平稳定坚决反对分裂 ······ 568

八、外交工作在国际变局中开创新篇 ······ 571
新时代中国特色社会主义外交思想 ······ 571
中国外交全方位多层次立体化发展 ······ 572
推动建设合作共赢新型国际关系 ······ 576
积极倡导构建人类命运共同体 ······ 580

第十二章 强国新程

一、建设社会主义现代化强国的路线图 ······ 585
 全面建设社会主义现代化国家战略布局 ······ 585
 科学把握中国特色社会主义进入新时代 ······ 587
 新时代党和国家事业发展的行动指南 ······ 589

二、实现经济快速发展和社会长期稳定 ······ 591
 新时代中国特色社会主义经济思想 ······ 591
 保持国内经济快速持续健康发展 ······ 593
 加强社会治理建设完善体制机制 ······ 599
 守护人民群众对美好生活的向往 ······ 601
 打赢脱贫攻坚战启动乡村振兴战略 ······ 604

三、稳步推进党和国家机构深化改革 ······ 607
 党和国家机构改革的背景和启动 ······ 607
 党和国家机构改革顶层设计方案 ······ 609
 全面落实党和国家机构改革部署 ······ 612
 推进国家治理体系治理能力现代化 ······ 614

四、高水平对外开放拓宽合作共赢 ······ 617
 主场外交展现对外开放的自信 ······ 617
 推动共建"一带一路"高质量发展 ······ 621
 深度开放建立海南自贸试验区 ······ 624
 中国对外开放的大门越开越大 ······ 628

五、美丽中国建设迈出重大步伐 ······ 630
 新时代中国特色社会主义生态文明思想 ······ 630
 以高标准打响蓝天碧水净土保卫战 ······ 632

　　　　绿水青山的含氧量含金量显著提升 ……………………………… 635

六、人民军队实现整体性革命性重塑 ………………………………… 637
　　　　新时代中国特色社会主义强军思想 ……………………………… 637
　　　　全面实施改革强军的号令和部署 ………………………………… 640

七、在应对风险挑战中推进各项事业 ………………………………… 644
　　　　新时代总体国家安全观的提出 …………………………………… 644
　　　　统筹两个大局办好发展安全两件大事 …………………………… 646
　　　　着力防范化解各个领域重大风险 ………………………………… 648

八、全面建设社会主义现代化国家开新局 …………………………… 650
　　　　明确我国新发展阶段的历史方位 ………………………………… 650
　　　　全面贯彻新发展理念推动高质量发展 …………………………… 651
　　　　国内大循环为主促进国内国际双循环 …………………………… 655
　　　　规划"两个一百年"奋斗目标的有机衔接 ……………………… 659

九、踏上实现第二个百年奋斗目标新征程 …………………………… 660
　　　　总结百年奋斗的重大成就和历史经验 …………………………… 660
　　　　深刻把握"两个确立"的决定性意义 …………………………… 664
　　　　奋力推进中国式现代化建设行稳致远 …………………………… 669

余　论 …………………………………………………………………… 675
后　记 …………………………………………………………………… 682

第一章 历史基础

　　回顾中国现代化的历程，离不开它赖以发展的历史基础。这个进程，是从 1840 年中英第一次鸦片战争开始的。中国传统的农业社会受到外部世界强烈的冲击，各种近代化因素植入传统社会的肌体里执着生长，又受到其母体——两千年封建社会超稳定结构的制约和抗拒。从晚清时代算起，这是一个漫长而曲折的过程。但是，世界近现代化的潮流浩浩汤汤，不可阻挡，中国传统农业社会向近代工业社会的演变就此开始。孙中山领导的资产阶级革命的兴起，更重要的是中国共产党领导的新民主主义革命的赓续进行和别开生面的发展，加快了这个历史进程。由此，构成了中国走向现代化的历史基础。

一、中国向近现代化演进的开端

国家重建成为压倒一切的主题

近代中国社会经历了深重的内忧外患,不仅是西方列强,就连"蕞尔岛国"日本历经明治维新,脱亚入欧,都以高度的近代化打败了中国低度的近代化。内外矛盾的巨大冲突,激起中国人民反帝反封建的长期斗争。这是中国近代历史发展的一条主线。从另一角度看,高度近代化向低度近代化的强力渗透和撞击,带来的是多方面、多重性的复杂影响。既有资本、商品、器物的输入,又有近现代制度、科学技术、思想文化、管理方式、观念形态的交融与灌输,使原来在封建王朝统治下封闭的几乎与世隔绝的中国,无可避免地被卷入资本帝国主义控制的世界经济体系和国际政治之中。中国的经济面貌,包括政治、文化、社会等各方面都朝着近代化方向发生着深刻变化。

众所周知,1842年第一次鸦片战争中国战败,清政府同英国签订《南京条约》,将上海、广州、福州、厦门、宁波开埠为通商口岸,史称"五口通商",名为实行自由贸易,实则旨在打开中国大门,使中国成为西方列强的商品倾销和原料掠夺之地,并逐渐变为西方国家的附庸。"五口通商"开创了英帝国主义强迫大清王朝开埠的先例。紧随其后,法、德、美、俄、日等资本主义列强纷至沓来,除了赤裸裸地掠夺以外,还强加给中国一系列不平等条约,从政治上、经济上攫取在华的种种特权。在中国的领土上,有外国的殖民地——租界、租借地、割让地等"国中之国";中国主权的行使和国家的内部事务,越来越受到外国的支配和操纵,中国虽然形式上保持独立,实际上丧失了作为独立主权国家的相当一部分属性,而处于半殖民地的地位。

外国资本主义的入侵,一方面瓦解了封建社会自给自足的自然经济的基础,使中国不可能继续保持完整的封建经济形态;另一方面导致了中国城乡商品经济的发展,给封建社会内部已经萌芽的资本主义造成了某些发展的便利,中国不可避免被纳入世界经济体系。在近代中国,民族资本主义代表着一种比较进步的生产关系,对于促进生产的商品化、社会化和近代化具有积极作用。然而,在帝国主义和封建势力的双重压迫下,中国的民族资本苦于在夹缝中求生存,虽有一定发展,但又发展很不足,力量非常薄弱,在产业结构和地区分布上也是畸形的。因而,资本主义没有也不可能成为中国社会经济的主要形式。封建生产关系的根基——封建土地所有制依然存在,地主对农民的剥削不但依旧保持着，而且同买办资本和高利贷资本的剥削结合在一起，在经济社会生活中占据优势地位。这些情况，反映了近代中国经济的半封建性质，即封建性为主、带有若干资本主义发展的基本特征。

从19世纪七八十年代开始，中国的一切有识之士，一切爱国的团体和近代意义上的政党及政治派别，都力求使中国摆脱国弱民穷、被动挨打的地位，多少仁人志士奔走呼号、救亡图存，力主"变法维新""富国强兵"；举凡倡洋务、办实业、兴新学等种种救国方案，均逐一推行实验，试图按照西方国家的模式使中国走上资本主义道路。然而，这些努力统统失败了。这主要由于近代中国所处的历史时代，正逢世界资本主义已进入帝国主义发展阶段，老牌的和新兴的资本主义国家为竭尽拼抢世界市场份额，建立和扩大一己的垄断地位和势力范围，唯有不遗余力地掠夺和榨取殖民地、半殖民地国家的资源，自然不愿拥有广阔市场和丰富资源的中国成为独立的难于操控的国家。近代中国之所以不能从封建制度发展到资本主义制度，其基本原因就在于帝国主义的侵略和压迫。帝国主义势力和封建买办势力的联合统治，既是近代中国贫穷、落后和衰弱的根源，又是中国人民灾难的根源。

外国帝国主义虎视鹰瞵，瓜分豆剖，亡国灭种的厄运无情地撞击着中国先进分子的心灵。救亡图存、重建国家，无可置辩地成为压倒一切的主题。在近代资产阶级民主思潮的影响和推动下，中国民主革命的伟大先行者孙中山"适乎世界之潮流，合乎人群之需要"，高举民族、民权、民生三民主义旗帜，带领革命党人发动了一次又一次的武装起义，多少志士仁人毁家纾难，流血牺牲，屡仆屡起，终于在1911年取得了武昌起义的成功，推翻了清王朝及中国延续两千多年的封建帝制，在风雨如磐的中国树起民主共和的旗帜。中国人民开始有了新的觉醒，封建专制制度在中国从此不得人心。

废除封建君主专制，建立民主共和国，是近代以来改造中国、探求国家出路的种种进步努力所追求的最高境界。中国社会的现实条件最初赋予资产阶级担负这个历史责任。孙中山领导资产阶级革命推翻帝制后，立即把建立民国的理想付诸实践。1912年1月1日，中华民国临时政府在南京宣告成立，孙中山就任临时大总统。1912年3月1日，第一部资产阶级宪法性质的《临时约法》即行颁布。

《临时约法》的主要内容为：1. 根据孙中山民权主义学说，规定中华民国为资产阶级民主共和国；2. 为了防止帝国主义的侵略，规定了中华民国领土的范围；3. 根据资产阶级立法、行政、司法三权分立的原则，加上考试、监察两权，规定了"五权分立"的中华民国的政治制度；4. 依据资产阶级民主自由原则规定了人民享有的多项权利和应尽义务。5. 规定了保护私有财产、发展资本主义经济的原则。

这部《临时约法》在政治上，以根本法的形式废除了中国延续两千多年的封建君主专制制度，确立起资产阶级民主共和国的政治体制；在思想上，使民主共和的思想深入人心，树立帝制非法、民主共和合法的观念；经济上，确认资本主义关系为合法，有利于民族资本主义的发展和社会生产力水平的提高；文化上，规定人民有集会、结社、言论、出版等自由，有利于社会各界组织党派团体、创办报刊、发表舆论，为随后兴起的新文化运动创造了条件；对外关系上，强调中国是一个领土完整、主权独立、统一的多民族国家，启发爱国主义的民族感情，防止帝国主义侵略。相对而言，在20世纪初年的亚洲各国当中，这是一部最有影响的资产阶级民权宪章。但是，在新旧势力的尖锐斗争中，帝制复辟派袁世凯打败了资产阶级革命派，窃夺了民国，南京临时政府实际上仅存在了91天。

袁世凯就任民国大总统后，《临时约法》也被北洋政府公布的《中华民国约法》所取代。难能可贵的是孙中山为民主共和而奋斗的锐气不减，发起二次革命，先后领导护国、护法运动，其所护法者即为《中华民国临时约法》。然而，孙中山虽两度在广州建立革命政府，但均寿命极短，且政令所及不过二三省，很快遭受失败。尽管重建国家的革命任务并未彻底完成，但是辛亥革命加快了中华民族的觉醒，最重要是铸造了民族自省的变局意识、民族觉醒的主权观念、民族自尊的文化认同，推进了对民权、民生更多的社会关注，民主观念的勃兴，自由平等的追求，兴起新一轮近现代化浪潮，促进了中国社会的变革。

孙中山提出的"振兴中华"口号，越来越成为先进的中国人奋斗的目标。孙中山精心著述的《建国方略》，系统性地把经济建设、国民精神建设和政体构造结合起来，是一部伟大的强国构想，虽然在当时的历史条件下无法实行，却一直激励着中国人民为实现中华民族的伟大复兴而奋斗不已。

近代工业起步民族工商业发展

不可忽视的是，在为争取民族独立、人民解放而奋斗的历史主线下，与之并行和延伸的还有另外一条历史线索——尽管近代中国是在与西方列强签订一系列不平等条约的境况下被动地打开国门，但中国的民族工业却在外国资本、官僚买办资本的挤压下顽强地生长起来。这条历史线索可上溯至19世纪60年代兴起、持续30年的洋务运动。清廷内部以曾国藩、左宗棠、李鸿章为代表的洋务派，主张在"三千年未有之大变局"下把握机遇，采西学，制洋器，师洋人之所长，力图通过学习仿效西方的军事制度和武器装备，以加强封建王朝对人民的统治，也利于提升抵御外侮之实力，"师夷之长技而制夷"。

1865年，李鸿章创办了中国第一个设备较精、规模较大的军工企业——江南机器制造总局，开启了新式军事工业的先河。随后于1878年，创办了官督商办的开平矿务局，开中国近代工业之先河；又有张之洞创办兼采铁、采煤、炼钢为一体的汉冶萍公司，其大冶铁矿成为中国第一座用机器开采的大型矿山；再有盛宣怀创建第一个民用股份制企业轮船招商局；第一个中国电报局；第一个内河小火轮公司；第一家银行中国通商银行；第一条铁路干线京汉铁路；第一所高等师范学堂南洋公学（今西安交通大学和上海交通大学的前身）；第一个勘矿公司；第一所近代大学北洋大学堂（今天津大学的前身）等。随着"师夷之长技而制夷"的洋务运动的勃兴，清末民初实业家张謇力行"实业救国"，成为中国棉纺织领域早期的开拓者，一生创办了大生纱厂等20多家企业，370多所学校，为中国近代民族工业的兴起、近代教育事业的开创作出了重要贡献。

辛亥革命爆发，中华民国建立，不仅在政治上废帝制建共和，开中国历史之新篇，而且在经济、教育、文化、社会各方面开发展之新局，尤具意义者，为中国资本的现代工业出现一波长达10年之久的快速发展时期，使中国的现代经济水准有了一定提升，经济面貌有了一定改观，进而带动其他方面的变化，如民族资产阶级的成长，工人阶级的产生，市民阶层的形成，民间社会团体的勃兴，等等。总之，民国初期在经济、政治、文化、社会生活等各个层面都发生了显著变化。

从现代经济的历史演进来看，19世纪60年代以后，从西方直接引进以蒸汽为动力的机械性生产工具，引发了中国社会生产力的现代性变革。辛亥革命后，民族资本投资设厂的热情空前高涨，除外资企业和官办企业外，以民族工业的发展尤为引人注目。中华民国成立后，工商实业界颇为振奋。实业团体如雨后春笋般兴起，由振兴实业而振兴国家的主张被广为提倡及接受。而影响工商实业竞相形成高潮的一个重要因素，则是现代经济法制的初步建立，这对于民国初年近代工商业的快速发展具有奠定基础的意义。

1912年南京临时政府成立后，在孙中山大力振兴实业的政策主张下，开始着手经济法制建设。在其仅存的3个月内，就颁布了30多项鼓励发展工商业的法令和措施。而北洋军阀执政的北京政府时期，在先后担任农商总长的国民党人刘揆一和著名实业家张謇的主持下，又陆续颁布了40多项"振兴实业"的经济法规，内容包括工商矿业、农林牧渔、交通运输、银行金融、税则、经济社团等方面，构成民国时期经济法制建设的基本框架，其着重点是提倡发展实业，废弃不当束缚，鼓励私人投资，进行自由竞争，遂使工商实业发展有了法律的保护和约束。这对发展现代工商业和维护资本主义生产关系提供了一定的法制保障。

从1912—1922年的10年间，可称为中国现代工业较快发展的黄金时期。据估计，1913年中国现代工业企业共有698家，资本总额33082万元，工人总数27万人。到1920年，现代工业企业达到1759家，资本总额50062万元（一说超过7亿元），工人总数56万人。即整个现代工业规模增长了1倍左右。另据估计，中国现代工业1914—1920年的总平均增长年率为13.8%，其中几乎所有的工业部门都有发展，而轻工业的发展速度更快，有的部门（如面粉、卷烟等）年增长率超过了20%。[①]

如现代工业最重要的部门——棉纺织业，是第一次世界大战后发展最快的工业部门之一。1920—1922年，华资新开纱厂39家，超过战前20余年中外资本开设纱厂的总和。纱锭数每年以20万枚的速度增长，1922年达到151万枚，为1913年的3倍；1925年的棉纱产量比1915年增长了2倍以上。当时中国最大的民营棉纺集团荣氏申新棉纺织系统共拥有9个纱厂，荣氏兄弟被称为"棉纱大王"。国内棉纺织业的发展，使进口棉纱数量持续下降，国内工厂用纱实现了大部自给。[②] 同时，棉纱输出则有了大幅度增长，1924年达到了14.7万担，价值751万关两（包括外资企业）。据统计，1920年全国已有纺织厂475家，资本总额8275万元，工人36万人[③]，成为中国现代工业第一大部门。

现代工业的又一重要部门是面粉工业。面粉在中国对外贸易中一向为入超。第一次世界大战爆发后，进口来路断绝，进口量下降；而大战期间，交战国的民用工业削减，急需进口大量面粉和其他货物，由此刺激了中国面粉工业的飞速发展。1912年以前，国内面粉工厂不过37家，而1920年一年之内就成立了20家。1921年，全国面粉工厂总数达到了123家。尤以哈尔滨、上海、青岛、汉口、天津、无锡等地设厂最多，较为发达的大厂面粉日产量已超过1万袋。从1918年起，中国面粉对外贸易连续4年大量出超，年输出均在200万担以上，最多的1920年，出口396万担，价值1825万关两。[④]

轻工业部门之一的火柴业有了较大发展。1914年以后，火柴进口不断下降，尤其是以往进口量最大的日本火柴，受到五四运动以后抵制日货运动的影响，1923年的进口数量还不到1919年的3%。火柴工业市场扩大，利润增加，发展很快。中华、鸿生、荣昌等厂出品的国产火柴开始在市场上居于优势地位。[⑤] 除此之外，

[①] 陈真、姚洛合编：《中国近代工业史资料》第一辑，北京：生活•读书•新知三联书店，1957年，第55—56页。吴承明：《中国资本主义与国内市场》，北京：中国社会科学出版社，1985年，第125页。
[②] 严中平：《中国棉纺织史稿》，北京：商务印书馆，1955年，第185—186、188页。
[③] 陈真、姚洛合编：《中国近代工业史资料》第一辑，北京：生活•读书•新知三联书店，1957年，第56页。
[④] 龚骏：《中国新工业发展史大纲》，上海：商务印书馆，1933年，第192页。
[⑤] 青岛市工商行政管理局史料组编：《中国民族火柴工业》，北京：中华书局，1963年，第20页。

缫丝、卷烟、榨油、针织、食品等轻工业部门在大战前后也有了长足的发展。

重工业一直是中国现代工业的薄弱环节，在大战前后也有了一定的发展。钢铁工业是重工业的基础，旧有的汉冶萍公司1914—1921年的生铁平均年产量为14万吨，钢为3.8万吨；新建的上海和兴铁厂年产钢3万吨；武汉扬子机器公司年产生铁3.6万吨。1919年全国生铁产量为41万吨，1921年的钢产量达到7.68万吨。因受大战的影响，各国钢铁需求量大增，中国钢铁工业1918年的出口值竟达到1673万关两，位居全世界当年出口货品前十名之列。①

重工业中的采矿工业有了较大发展。煤炭工业一向为中国采矿业的支柱部门，发展较快。1918年的产量比民国初年已翻了一番，1924年产量达到2578万吨，比1918年又增长了40%，其中机械开采已占到总产量的72%。同期煤炭出口也在稳步增长，1924年为320万吨，价值超过2000万关两，已成为大宗出口物资之一。铁矿石产量1924年达到177万吨，机械开采占70%左右，均比民国初年翻了一番。②

民国初年的公路建设引人瞩目。1913—1927年，全国各省公路的修建里程，其中包括绅商和海外侨胞集资修建的，将近3万公里。在航运业中，本国资本的轮运企业资本1921年比1900年增加了8倍多，达到近8900万元；轮船吨位增加了6倍多，达到近49万吨。但相对于外国船运来说，各通商口岸进出的船只中，华资船只始终只占1/4左右。

中国民族工商业的加快发展，最主要的原因是赶上了1914—1918年第一次世界大战爆发的历史机遇。战争使帝国主义暂时放松了对中国的侵略，也使世界对粮食和原料的需求急剧增长，而中国正处于能够满足这一市场需求的有利地位，这种需求一直保持到战后建设时期。1919年上海的出口值比1918年提高了30%。全国的对外贸易值1918年是10.4亿两，1923年增至16.7亿两。中国资本家在西方市场购买纺织设备所花费的资金，1918年是180万两，1919年增加到390万两。全国的纱锭数从1919年的658748枚增加到1922年的1506634枚，其中的63%属于中国厂主。自1917—1922年，全国新开办26家面粉厂，还购进了一些原来由外商拥有的榨油厂，证明了中国食品工业有了较大增长。烟草和卷烟业也有相当大的发展。

---

① 许涤新、吴承明主编：《中国资本主义发展史》第二卷，北京：社会科学文献出版社，2007年，第810页。严中平等编：《中国近代经济史统计资料选辑》，北京：科学出版社，1955年，第102—104、141页。钢铁业的统计包括外资企业。
② 严中平等编：《中国近代经济史统计资料选辑》，北京：科学出版社，1955年，第102—104页《中国输出贸易指数表》。煤炭业的统计包括外资企业。

中国银行资本的发展比工业资本更为迅速。1912—1927年，全国新设银行多达313家，资本总额高达2亿多元，是1911年的8倍。钱庄业也有一定的发展变化。以上海为例，1912—1926年，钱庄数目由28个上升到87个，资本额由106.4万两增加到1341.1万两。原来与产业界联系较少的钱庄，也开始向本国资本的工业企业办理贷款。

　　还应指出，在北洋政府时期，特别是袁世凯之后，由于一再出现政治权力危机，政治混乱，内战频繁，政府对经济的影响和控制能力相当弱。这反倒给本国资本的发展提供了一个相对宽松的空间。这一时期中国人民多次开展的抵制洋货的反帝爱国斗争，也有力支持了民族工商业的发展。

　　随着外国资本主义侵略的扩大和国内工商业的发展，农业生产关系也有一定变化，这就是富农经济、经营地主、新式农垦企业在一些地区的出现和发展。据北洋政府农商部的统计，1912年江苏、安徽、浙江、山东、山西、河南、吉林、察哈尔8省注册的农牧垦殖公司共有59家，资本总额286万元；到1919年已经发展到100家，资本总额1245万元。经营范围包括农、林、牧、副、渔各业，其中种植棉花、桑树等经济作物的较多。投资人主要是军阀、官僚、买办商人、华侨，也有少数工业资本家。20年代前期，租地办农牧场经营者已经大量出现，一些农业资本家纷纷用自有资本，向一个或数个地主租地，雇佣农民耕地；黑龙江、广东等地少数农垦公司采用机耕、种植新品种等资本主义经营方式，成效颇丰。

　　由于受到国内外市场需求的刺激，农村手工业生产的商品化程度有所提高，资本主义生产关系得到一定程度的发展。如在织布业较集中的河北高阳、宝坻，江苏南通等地，一些织户已经属于资本主义作坊或手工业工场性质；随着农户手织业的商品化，织户与商人之间成为实质上的资本主义雇佣关系，工资织户不断增加。1912年，高阳的工资织户占总织户的34.5%，1917年增长到69.2%，1927年达到88.6%。这类资本主义作坊或手工业工场的工人，也加入到产业工人队伍里来。

　　但总体来说，在中国幅员广阔的农村，资本主义生产关系的些微发展，远远达不到动摇封建生产关系的程度。辛亥革命后，封建地主经济依然占据统治地位。在北洋政府的"振兴实业"计划中，农业振兴不占主导地位；即便有所谓"兴农"主张，也没有、更不可能触动封建土地关系，根本无力改变农业生产极端落后的局面。北洋政府实行过所谓的移民放荒政策，把官有荒地、海滩、湖荡的沙田、林地以及寺庙等各种公有土地出卖，封建官地和公地加入了私有化的行列。但这些土地基本上被地主商人以及大小军阀乘机包揽，大量圈占荒地。官僚、军阀主要利用手中的政治特权和军事暴力侵占土地，商人、高利贷者则通过自由买卖兼并土地，加速了土地集中的趋势。

城市化是衡量国家现代化（核心是工业化）的一个基本指标，即指农业人口不断转变为非农业人口，城市规模不断扩张，城市数量不断增加的经济社会变化过程。从发展趋势来看，1912—1927 年，中国城市化获得初步发展，主要表现为：1. 城镇人口数量大增。1912 年城镇人口约为 3100 万，1928 年已达 4100 万，新增城镇人口 1000 万左右，相当于晚清 70 年间增加的城镇人口总数。2. 城镇人口占总人口的比重有所上升。1912 年城镇人口占全国总人口的比重为 7.6%，1928 年增至 8.9%，增加 13 个千分点。3. 大城市人口急剧上升。1927 年，上海人口已达 260 多万，全国百万人口以上的大城市有上海、武汉、北京、天津、广州等，新增加的城镇人口，除一部分为自然增长外，绝大部分来自农村，另外还有少数外国侨民。[1]

中国早期城市化的发展，主要源于现代工业的发展。民国建立后，现代企业的大量创办，对电力、煤炭、供水、排水、市内交通等各项建设提出了新要求，促使各方面建设与之配套发展；现代企业需要大量的外籍职员、中方职员及工人，促使人口进一步向城市集中；现代企业的发展要求与之相应的第三产业发展，从而多方面地推动了城市化的发展。

随着现代工业、商品流通、对外贸易的发展，中国沿海、沿江一带出现了 100 多个通商大埠。城市的基础设施，不仅有工厂、学校、公共交通、给排水系统、电力电话、邮局医院、公共图书馆等生产、生活设施，还包括市政管理、治安警察、街区派出所、卫生防疫、赈灾救济等公共机构，也相继建立起来。这些维持现代城市运行所必备的基本设施初步成型，显示了现代工业发展带动城市化的趋势。

到 20 世纪二三十年代，从一些最主要的特征和标志来看，上海、北京、天津、武汉、南京、广州、郑州、青岛、大连、哈尔滨等地，相继发展成为现代工商业城市，其大机器工业、铁路、邮电、银行、内外贸易、商业、服务业等有了一定的规模。这表明，伴随着早期近代化浪潮，中国传统社会向着现代社会的演变，在城市化方面有了一定程度的提升。

当然，中国城市化发展极不平衡，主要集中在商品流通比较聚集的东部地区，而在有着广袤疆域的中、西部地区，由于农业生产力低下，并且提高速度十分缓慢，再加之城市发展的辐射能力和渗透能力低下，使农业人口向非农业人口转移的过程非常缓慢。据统计，到民国末年，西北地区陕、甘、宁、青、新五省 50 万人口以上的城市，仅占全国设市城市不到 5%。

总起来看，一方面，民国成立后在振兴实业的热浪声中，初步建立了现代经济法制，有利于中国现代工业的成长，而第一次世界大战的爆发，对中国经

---

[1] 张景岳：《北洋政府时期的人口变动与社会经济》，《近代中国》第三辑，1993 年，第 94—95 页。

济发展形成了较为有利的外部环境，使中国的近现代工业出现一波长达 10 年的快速发展时期。中国的经济面貌有了一定改观，并由此带动了政治、文化、社会等各方面的变化。另一方面，中国现代工业的发展仍然面临着许多困难，列强对华的经济扩张、国内政治环境的混乱、资金缺乏、市场不足、技术有限、管理低下等等，均约束着中国现代经济的成长。

农村经济的发展更为艰难，资本主义列强的侵略破坏了中国农村自给自足的自然经济状态，造成从通商都市至穷乡僻壤的商业高利贷剥削网，农民、农村遭受了极大损失和破产。对于半殖民地半封建社会来说，自然经济的解体为资本主义生产提供了大批自由劳动力，也扩大了国内市场，这是促进现代化转型的有利因素。但就农业整体而言，封建生产关系及传统耕作方式仍然占据着主导地位，最广大的农村不能成为现代工业的市场并为其提供必要的资源，非常不利于中国的工业化建设。

中外经济关系在一次大战前后出现了若干变化，但中国经济的弱势地位及其对外国资本的依附性并未根本改变。民国时期经济严重依附于国际资本主义及其控制的世界市场，举凡关涉国家经济命脉的事业，几乎都有资本帝国主义的操纵或控制。不仅现代性工业在机器、设备、技术和重要原材料等方面依赖于外国，外国资本还控制了将近一半的中国现代企业、国际贸易和现代银行；外国人不受中国法律的约束，外国政府利用债权控制国民政府，操纵中国海关、盐政和邮政。经济上的对外依附性，反映了半殖民地中国的经济特征。中国在传统经济向现代经济转型的进程中，仍然障碍重重，步履维艰。

二、战争与革命激荡下跌宕而行

为改变中国命运的使命和担当

随着半殖民地半封建社会的境况愈益加深，近代中国争取民族独立、人民解放的历史主线日益突出。辛亥政制邅变，明显打破了中国社会原有的价值系统与政治系统的高度整合，两千多年来封建社会的超稳定结构陷于解体，历来政治对文化和经济的控制有所放松，造成思想文化相对自由发展的空间。先进的中国人掀起新文化运动、五四运动、马克思主义在中国的传播以及中国共产党的诞生，都与民国初年社会文化的新旧交替与更新有着深刻的联系。

民国建立以后，资本主义经济虽然出现过比较明显的发展，但社会生产力的性质并没有发生根本性变化，中国的社会形态，仍属于半殖民地半封建时代的一个阶段。但是，从事历史活动的主体却发生了重大变化：中国工人阶级随着资本主义的发展而生长并逐渐壮大；1921年中国工人阶级的先锋队——中国共产党成立，致力于将孙中山未完成的资产阶级民主革命推向新的阶段，从而决定了中国社会在战争与革命的激荡下由半封建半资本主义向新民主主义跌宕而行。从根本上说，在半殖民地半封建的中国，必须实现民族独立、人民解放，推翻帝国主义压迫，废除封建土地制度，才能为国家工业化和现代化扫清障碍。

民国建立后，帝国主义列强为争夺在华利益，支持各派军阀争霸一方，致使国家陷于四分五裂、连年战乱之中。不少人试过种种救国方案，但国家的情况却一天比一天糟。要救国，就必须寻找新的出路。

1915年，陈独秀在上海创办《青年》杂志，不久迁到北京改名《新青年》。这是一个标志，就是在中国发起了一场声势浩大的新文化运动，向封建礼教全面挑战，最响亮的口号是"德先生"和"赛先生"，也就是民主与科学。在半殖民地半封建的中国，提倡民主、反对专制，提倡科学、反对迷信，有着巨大的进步意义。新文化运动激烈批判封建主义的正统思想——孔学，如同黑夜中的一道闪电，冲破阻遏新思想的罗网，在社会上掀起一股革命的、生气勃勃的思想解放潮流。

接着是1917年列宁领导的俄国十月革命，建立起世界上第一个一切权力归工农兵苏维埃的新国家。这使处在苦闷和黑暗里的中国的先进分子，找到了争取民族独立、人民解放的新的出路。十月革命一声炮响，给中国送来了马克思列宁主义。中国开始出现一批具有初步共产主义思想的知识分子。

1919年，北京爆发了五四运动，强烈抗议巴黎和会将一次大战中战败的德国在中国山东攫取的一切特权转交给日本。这激起中国人民极大的愤慨，全国各大中城市工人罢工、学生罢课、商人罢市的抗议活动势如燎原烈火。尤其令世人瞩目的是，从近代工业发展中生长起来的中国工人阶级，以彻底的、不妥协地反对帝国主义和封建主义的姿态，开始独立地登上政治舞台。五四爱国运动震惊中外，成为中国新民主主义革命的伟大开端。

五四运动促进了马克思主义的传播。1919年，李大钊发表《我的马克思主义观》，比较全面地介绍了马克思主义的唯物史观、经济学说和社会主义理论。1920年，陈独秀在《谈政治》中明确宣布"承认用革命的手段建设劳动阶级的国家"，从激进的民主主义者转变为马克思主义者。差不多同时，蔡和森、毛泽东、邓中夏、恽代英、周恩来、瞿秋白，以及早年参加孙中山同盟会的董必武等一批先进分子，也先后成为信仰马克思主义的革命者。这就为中国共产党成立准备了思想条件和组织条件。

1920年春，李大钊在护送陈独秀离开北京以避当局抓捕的路上，共同商讨了在中国组织共产党的问题，史称"南陈北李，相约建党"。同年8月，陈独秀在上海成立了第一个共产党早期组织，起名就叫"中国共产党"；10月，李大钊在北京成立了"共产党小组"。随后，武汉、长沙、济南、广州等地和旅欧、旅日华人中，相继建立了共产党早期组织，努力宣传马克思主义、研究中国实际问题、在工人中开展革命活动。1921年7月23日，中国共产党第一次全国代表大会在上海召开，而后在浙江嘉兴南湖正式宣告中国共产党成立。

中国共产党创立时只有五十几个人，却是近现代先进生产力的代表——中国工人阶级的先锋队。从它成立的第一天起，就把"由劳动阶级重建国家"的任务写在自己的纲领和旗帜上。党的早期成员大都是新文化运动、五四运动的骨干和积极参与者，他们出于心中崇高的理想和信仰，怀揣着用马克思主义"改造中国和世界"的坚定信念，立志为民族独立、人民解放而奋斗终生。追根溯源，这就是中国共产党伟大的建党精神，也是中国共产党人的初心和使命担当。中共一大在上海的召开，在当时几乎没有引起社会上任何反响。那时党的力量还很弱小，却毅然肩负起改变中国命运的历史使命，开始了艰苦卓绝的斗争。

从诞生之日起，中国共产党就特别重视马克思主义与工人运动相结合，在工人中宣传自己的主张，教育、团结工人进行革命斗争并在斗争中发展壮大自己，迅速掀起中国工人运动的第一个高潮。1922年安源路矿大罢工、1923年京汉铁路大罢工，显示了中国工人阶级勇猛顽强的斗争精神。同时，又以罢工失败血的教训表明，要推翻反动军阀统治，单靠工人阶级的孤军奋战是不行的，必须联合一切可以联合的力量，才能取得革命成功。

1924—1927年，中国共产党与孙中山领导的中国国民党结成反帝反封建的统一战线，实行第一次国共合作，以广东为中心，汇集全国的革命力量，掀起一场反对帝国主义、反对军阀的国民大革命。这时中国共产党还处在幼年，却发挥自身优势，致力于唤起民众，组织民众大联合，在与人民群众紧密联系的实际斗争中学习、成长，有力地推动了工农革命运动蓬勃发展。"唤起工农千百万，同心干"，中国共产党在大革命风暴中夯实着自己的阶级基础和社会基础。

然而，随着1925年孙中山逝世，国民党右翼集团很快背弃了孙中山的革命宗旨和三民主义信念。1927年春夏之交，北伐尚未成功，蒋介石就在上海发动四一二反革命政变，国民党在各地以残酷手段展开一系列"清党"行动，大量共产党员和革命群众遭到杀害，轰轰烈烈的大革命被淹没在血泊中。中国共产党从严酷的现实中认识到，没有革命的武装就无法战胜武装的反革命，就无法夺取中国革命的胜利，就无法改变中国人民和中华民族的命运，必须以武装的革命反对武装的反革命。

1927年8月1日，主要由周恩来等共产党人领导的南昌暴动，打响了武装反抗国民党反动派的第一枪，标志着中国共产党独立领导革命战争、创建人民军队和武装夺取政权的开端。同时举行了秋收起义、广州起义和其他许多地区的武装起义，但由于敌我力量悬殊，这些起义大多数失败了。事实证明，在当时的客观条件下，中国共产党人不可能像俄国十月革命那样通过首先占领中心城市来取得革命胜利，迫切需要找到适合中国国情的革命道路。

民国若干财经举措及发展状况

1927年4月18日，蒋介石宣布国民政府迁都南京，自居为正统。在北伐途中分裂出来的国民党武汉政府，随着蒋介石、汪精卫在反共问题上达成妥协，迅速实现了"宁汉合流"。1928年初，南京政府开始二次北伐，奉系军阀张作霖被赶出北京退守关外，却遭日本关东军制造"皇姑屯事件"被杀害。其子张学良不甘于受日本人要挟，于1928年12月率东北三省宣布"易帜"，服从南京国民政府。由此，南京国民政府在形式上实现了南北统一，并获得了国际承认。但是南京政府初期有效控制的区域，不过长江下游苏、浙、皖、赣、闽数省，其他各省的国民党地方实力派仍旧处于与中央分庭抗礼的割据状态。故二次北伐过后，蒋介石不遗余力大搞"削藩"，相继发起讨伐桂系的蒋桂战争，讨伐反蒋派冯玉祥、阎锡山的蒋冯战争及蒋冯阎中原大战等。通过几场大规模的内战，南京国民政府的中央正统地位总算基本确立起来。

政治方面，依据孙中山的三民主义及建国大纲，国民政府宣布结束军政，实行训政和准备宪政。制定了训政时期临时约法，召开国民会议，确立行政、立法、司法、考试、监察"五权制度"，陆续制定了宪法（1936年"五五宪草"）、民法、刑法、商法、民事诉讼法、刑事诉讼法，统称"六法全书"，构成国民政府法律制度的基本框架，由此创立"民国法统"。尽管各派政治势力竞逐争斗，中原大战于河南、"剿共"战事于江西等地持续爆发，但1931年下半年以后，以蒋介石为首的国民政府在中央层面逐步建立起一套管治模式，以及相对稳固的一党训政体制，并在日趋严重的外患阴影下开始各项事业建设。

南京国民政府初建时，内忧外患严重，政权极不稳定。面对巩固政权、整军经武、安内攘外等一系列紧要事务，明显地缺少财政经济支撑。特别是因连年用兵，导致财政支出不断增多，处于入不敷出的危机境地。为了筹款，也为了自身利益的需要，南京政府刚刚建立，国民党便动用党、政、军、警各部门，不择手段地向商人勒索钱财，特别是对上海工商界采取粗暴搜刮。即便如此，国民政府的财政和军费开支仍相当拮据。[①]

为了有效地解决财政危机，国民政府陆续采取了几项重大举措，主要是：关税自主，裁撤厘金，发行公债，改组银行，币制改革，由此有效地增加了政府财政收入，也有利于工商各业、文教事业发展及交通设施建设。

首先，争取实现关税自主。鸦片战争后，西方国家强加给中国的"值百抽五"的固定关税率，是造成中国农工商业不发达的最大原因。长期以来，国内市场洋货充斥，国货不能畅销，输入超出输出，巨额资金外流，为经济发展之一大障碍。当时国民政府的税收主要是靠关税、盐税及各种货物税，其中关税收入占到整个财政收入的50%以上。因此，关税自主问题主要出于解决国民政府财政危机的目的而提出。

1928年6月二次北伐收复北京（改名北平）后，国民政府即以北伐革命和日益高涨的民族主义为后盾，宣布两项指导原则：业已过期的条约和协议将由新的条约和协议取代，而尚未过期的条约和协议将根据法律程序予以废除或重新签订。美国为了在中国扶持起一个强有力的中央政权，率先与中国签订了一项平等友好的关税协定。随后，德国、比利时、意大利、英国、法国等欧洲国家先后仿效。日本一直在关税问题上提出无理要求，经多方努力，迟至1930年5月才与中国签订关税协定。根据这些协定，列强承认了中国的关税自主，使国民政府不但有了较为稳定且数量可观的财源，而且有了采取其他措施（如发行公债）的担保手段。关税收入的持续增加，为国民政府提供了可观的财力支撑。

其次，裁撤厘金，开办统税。厘金税原本是清政府为筹措镇压太平天国运动的军费而设立的，即在主要水陆关卡向过往客商征收货物通过税，后来成为地方政府固定的财源。厘金制度使各地层层设卡，极大地便利了各级税吏营私舞弊、敲诈勒索。而同时又规定外国商人只须纳一次2.5%的子口税，其他各税概免。这不仅延长了商品流通的时间和资金的周转，而且明显地使中国商品在与外国商品竞争中处于极为不利的境地。为此，国民政府提出裁撤厘金方案，实行新的统税制。到1931年底，国内商品流通条件有了重要改善，加上度量衡的统一，交通的统一，国内市场的大环境有了改观，促进了商品经济的发展。

再次，银行业大发展。为解决财政困难，国民政府采取极大的让利政策发行公债，1927—1931年共发行公债10.58亿元，而实际收入为5.38亿元，几近对折。政府所让巨利，使银行业迅速发展起来。1928—1931年，仅上海一地，就新成立银行23家。全国28个重要银行的总资产，由1926年的13.91亿元增

[①] 杨奎松：《中国近代通史》第八卷，《内战与危机（1927—1937）》，南京：江苏人民出版社，2007年，第73页。

长到1931年的25.69亿元，而当时全国工业资本还不到10亿元。1935年以后，时任财政部长孔祥熙拿公债作官股，增加向民营银行的投资，使中国银行、交通银行的官股都占到了50%以上，孔祥熙出任新改组的中国农民银行的董事长。从此，以中央银行、中国银行、交通银行、中国农民银行为代表的国家金融系统，支配了整个中国的财政金融。国家资本在金融业中占据了主体位置，从而开启了国家资本走向高度垄断并极速膨胀的发展之路。

最后，币制改革。民国以来长期的军阀割据，导致不能形成统一的国内市场。全国有多种不同的银两、银圆、铜币及各地自行印制的纸币在市场上并行流通，严重阻碍着商品交换和国内贸易的畅行。为此，币制改革势在必行。国民政府先是采取措施收回之前银行发行的旧纸币，整理滥币；继而采行金本位，将中国历来以白银为货币、以白银重量计值、以两为单位的货币制度，改为国际上较流行的金本位制，废两改元为实际支付工具。1935年，在英国政府首席经济顾问李兹·罗斯的帮助下，国民政府推出了法币改革方案，从当年11月起正式实施。以中、中、交、农四行发行的纸币为法币，所有完粮纳税、公私款项、商业贸易，一律使用法币，不得再用现银和银圆。并宣布"白银收归国有"，民间的生银、银圆，均在三个月内兑换成法币。到1936年6月，民营银行和钱庄、民间个人和企业向政府交售了数亿元的白银，外国在华银行除日本外，也都将存银交售给中国政府。币制改革后，南京政府将大量白银运到纽约、伦敦，换取外汇。有了外汇储备，法币也有了稳定的基础。币制改革使国民政府的腰杆硬了起来。

在国家建设方面，改善交通体系成就显著。1928年国民政府成立铁道部，指导改善现有的线路及铺建新线路。到1936年底，中南主干线粤汉铁路全线通车；东西主干线陇海铁路东展至连云港，西延伸到西安、宝鸡。浙赣铁路通车到南昌。同时建成同蒲、苏嘉、杭甬等铁路线。另外，在南京建成一套渡轮体系，将京浦铁路和沪宁铁路连接起来。并在浙江建造了钱塘江大桥，将浙赣线和沪杭甬线连接起来。从1928年到1937年，全国铁路网络从8000公里增加到13000公里。

公路的修筑取得明显进展。为统一全国交通，更因"剿共"的需要，由全国经济委员会负责督造，统筹苏、浙、皖、赣、湘、鄂、豫七省公路委员会，后加川、黔公路监理处等，采取中央与地方合作的方式，推进公路网建设。到1936年，全国公路里程已达到11万余公里，原来漫无系统、互不连接的各省公路已基本贯通，全国公路网初具规模。

这十年间，邮政和电讯有很大的改善与扩展。1921年邮政局的数目不到一万间，邮路总长40万里。1935—1936年，邮政局增加到了14000间，邮路总长584800里。遭受战乱严重损害的电报线路得到了恢复和扩建，到1936年，电报线路总长达95300公里；长途电话线路从1925年的4000公里增长到1937年的

52200公里。[1]

教育领域作为走向现代化国家的重要标识，取得了显著的进步。国民政府成立后，虽然在教育方针上有国民党"党化教育"与秉承孙中山的"三民主义教育"之争，但最终将民国教育的宗旨归结为："根据三民主义，以充实人民生活，扶植社会生存，发展国民生计，延续民族生命为目的。务期民族独立，民权普遍，民生发展，以促进世界大同。"[2] 随着各级教育行政机构的建立，教育法令、法规的颁行，民国教育开始向正规化、制度化推进。教育部将一些公立大学、学院和专科学校重组合并成13所国立大学、9所省立大学，并把经费资助扩展到一些水平较高的私立学校，用于开设新学科和购置设备。政府对高等教育、职业教育和社会教育的经费投入，逐年有所增加，各类教育均有程度不同的发展。至抗战前的1936年，无论学校数、招生数、在校学生数、毕业人数，还是教育经费的投入、教育质量与学科建设，均达到民国以来的最高水平。各派教育学家进行的乡村教育、平民教育、职业教育的实验，关注普通民众的文化教育，推进了教育的本土化，丰富了中国的教育改革。这些成果，反映了民国教育由传统向现代化转变的基本走势。

国民政府对现代科学研究也给予相当的重视。1928年6月，国立中央研究院在南京成立，作为中华民国最高学术研究机关，直属国民政府，其任务主要在实行科学研究和指导、联络、奖励学术研究。该院下设物理、化学、工程、地质、天文、气象、教育、动物、植物、历史、语言、国文、考古、心理学、社会科学各研究所。由国民政府拨付相当的经费和工薪以吸引人才。中央研究院主张学术自由，兼容并包，汇集了一批优秀的科研学术人才，并在许多学科领域取得重要研究成果。另在平津地区设立北平研究院，设有物理、化学、生物学、动物学、植物学、地质学6个研究所，后又增设了镭射研究所、药物学研究所和史学研究所。北平研究院在物理、化学、地质等方面取得相当的成绩。

应该肯定，南京国民政府在财经方面采取的各项举措，对民族工商业发展、铁路交通建设、教育科学发展，具有值得重视的积极意义。同时在走向现代化国家方面，也初步完成了高层政治设置及行政系统的架构。另外，国民政府财政虽有很大部分用于内战及"剿共"的军事支出，但由于继承了北洋时代的全部外债，其中有相当部分用于建设铁路、交通、航运、电讯、国防事业等。10年间工业设备的进口额总计达5亿元，尽管数目很小，但在一个兵燹肆虐、贫

---

[1] 胡新民：《历史拒绝假设：真实的民国"黄金十年"》，新浪博客，最后访问时间：2013年10月9日。
[2] 李华兴主编：《民国教育史》，上海：上海教育出版社，1997年，第11页。

穷不堪的国家，代表了相当大的努力，客观上为应对愈益迫近的日本侵华战争预作了若干准备。

由于基本的社会和经济力量在朝着工业发展的方向起作用，这10年工业生产年均以8%～9%的速度增长（当然不能忽视原来的基数很低）。虽然在工业化方面（如重工业）没有取得显著的突破，但在一些轻工业如棉纺织、面粉制品、钟表、水泥和化工制造等领域还是出现颇大的进展。现代工业发展的总趋势是在跌宕起伏中继续有所成就，并在1936年达到了近代中国历史上最高水平。为此，有中外人士评论称：1927—1936年为民国经济"黄金发展的十年"。

这10年城市化进程有所提升，但农民土地问题及农村衰败问题始终无从解决。据国际联盟的一份调查表明，华南地区的雇农和半雇农占了农村人口的60%—90%，他们除了将年产庄稼的40%～60%交作地租外，还要替佃主交纳正常的地税和附加税的35%，甚至350%不等。农民被剥削到了极限。农民的苦难已经达到了极端危急的地步，只有一场革命能解救他们。

开展土地革命和建立工农政权

在南京国民政府成立后忙于内部争斗、应对财政危机的间隙里，中国共产党领导的工农武装正从进攻大城市转为向农村进军，这是中国革命具有决定意义的新起点。

毛泽东带领秋收起义队伍率先来到国民党控制比较薄弱的湘赣边界，在井冈山创建了第一个农村革命根据地，全力进行党、军队和政权建设，开展土地革命，把地主的土地分配给农民，实行耕者有其田。在反对南京国民政府军事"围剿"的战争中，陆续创建了中央革命根据地以及湘鄂西、海陆丰、鄂豫皖、琼崖、闽浙赣、湘鄂赣、湘赣、左右江、川陕、陕甘、湘鄂川黔等十几块革命根据地，发展壮大了革命力量，全国工农红军最高时发展到30万人。在国民政府统治区域，也发展了共产党和其他革命组织，开展群众革命斗争。

蒋介石经过与各地方实力派的战争和政治博弈，逐步把国民政府的军令、政令扩展到全国大部分地区。为了巩固其统治，国民政府加强对共产党和国内一切民主势力进行清剿和镇压。蒋介石相继调集十几万、几十万军队，向共产党领导的工农红军和革命根据地进行大规模的军事"围剿"；同时在国民政府辖区内对共产党组织和进步团体进行残酷的政治"围剿"和文化"围剿"。1931年日本帝国主义侵占中国东北，蒋介石不仅采取不抵抗政策，而且不遗余力地推行"攘外必先安内"的政策，对日本侵略势力一再忍让妥协，颁布"敦睦邦交令"严禁人民的抗日活动；同日方签订"塘沽协定""何梅协定"等，纵使日军染指华北，进占热河、河北，使民族危机进一步加深。

自五四运动以来，中国政治、经济、文化、社会各个领域，无不交织着中国国民党同中国共产党两大基本力量的角逐和较量。其胜负成败，直接关系到中国的命运和未来发展方向。与国民党统治下的一切区域相对照，令人瞩目的是，在中国特定的历史环境下，代表社会现代化方向的许多新的因素，非常执着、非常现实地生长于一定区域内、向来与现代文明十分隔膜的农村。这便是中国共产党把马克思主义与中国革命的具体实际相结合，在农村革命根据地长期探索并实行的新民主主义的政权模式、经济制度和社会政策。

中国共产党为实现"由劳动阶级重建国家"的实践，是从在农村开辟革命根据地，建立工农民主政权开始的。在根据地、政权机构和人民军队中实行一种中国历史上从未有过的民主制度，树立起崭新的民主意识和民主风气，并在民主集中制的原则下，逐步摸索和总结出一套民主政权建设的基本经验。这种实行新民主主义制度的政权模式，最初分散在中南、中西部几省交界处的小块红色区域内。它们与全国其他地方的国民党政权相对立而存在，并在复杂曲折的斗争中渐次走向广大发展。

1927年大革命失败以后，中国共产党就独立地担负起领导资产阶级民主主义革命的历史重任。随着毛泽东率领工农革命军转向反动统治力量薄弱的偏远乡村，中国革命进入以武装斗争为主要形式、以土地革命为中心内容、以建立工农民主政权为主要目标的土地革命战争时期。根据1928年中共六大决议关于"建立工农兵代表会议（苏维埃）政权"的政纲，各红色区域在农村根据地普遍建立起工农兵代表会议制的政权，并把它作为实行工农民主专政最好的组织形式。这种从苏联借用过来的苏维埃政权，统称为工农民主政府。

在这个基础上，1931年11月，中华苏维埃第一次全国代表大会在江西瑞金举行，会议通过了《中华苏维埃共和国宪法大纲》和劳动法、土地法和经济政策等法令，宣布成立中华苏维埃共和国临时中央政府。这虽然远非完全意义上的全国政权，但它是中国共产党带领人民大众旨在建立全国性政权的最初尝试。从总体上看，中华苏维埃临时中央政府作为中国第一个工农大众的民主政府，在各根据地实行代表人民根本利益的革命政策，建立新民主主义性质的政治、经济、文化制度，组织和领导根据地人民参加和支援反帝反封建的革命战争，进行土地革命，锄奸反霸，保卫红色政权，从事根据地的经济建设、政权建设、文化建设和移风易俗，向全国扩大了革命的影响。

由于处在反革命白色政权的包围和激烈的军事战争环境中，没有相对稳定的社会政治条件，工农民主政权本身还存在许多缺陷，如政权组织形式、机构设置、政策制度等，基本照搬了苏联的苏维埃模式；特别是受党内"左"倾路线的影响，排斥民族资产阶级和上层小资产阶级，致使政权构成的社会基础过于狭小，在土地、劳动、经济等政策及对待中间派别方面，有许多脱离中国实际的"左"的做法，给革命根据地的巩固和发展带来不利影响。但是，在国家命运跌宕起伏，国家重建的主题交织着战争与革命、血与火考验的历史转型期，中国共产党在农村革命根据地创造的工农民主政府，带有将来建立新国家的政权雏形的意义。

民主共和国主张推进团结抗日

从中国共产党红色政权方面看，自1931年中共六届四中全会起，"左"倾机会主义路线在中共中央占据主导地位，党内一度盛行把马克思主义教条化、把共产国际决议和苏联经验神圣化，推行一套脱离中国实际的错误方针政策，给中国革命造成极大危害，其结果导致共产党在国民政府统治区的力量几乎损失殆尽，共产党在苏区的力量损失90%，几个主要根据地和中央苏区最终丧失。1934年10月，中共中央、中央红军不得不向西突围，踏上战略转移的长征路。

在中国革命最危急的关头，1935年1月，中共中央政治局在长征途中举行遵义会议，纠正了军事上的"左"倾冒险主义，事实上确立了毛泽东在党中央和红军的领导地位，开始确立以毛泽东为主要代表的马克思主义正确路线在党中央的领导地位。中共中央明确提出北上抗日的方针，率领红军摆脱几十万国民党军的围追堵截，战胜雪山、草地恶劣自然环境对人类生存极限的挑战，行程两万五千里，最终到达陕北。随后，战胜张国焘南下另立中央的分裂主义，实现红军一、二、四方面军三大主力的会师。陕北既是红军长征的落脚点，又是全民族抗日战争的出发点。

在战争与革命激荡交锋的国内背景下，日本帝国主义步步紧逼，加快了侵略步伐，中国面临空前的民族危机。急遽变化的国际国内形势，为中国共产党调整建国理论提供了历史契机。

1935年8月1日，中共驻共产国际代表团以中共中央、中华苏维埃中央政府的名义，发表《为抗日救国告全体同胞书》，呼吁国内各党派、各界同胞、各军队团结起来，停止内战，一致抗日。同年12月，中共中央政治局在瓦窑堡召开扩大会议，确定建立抗日民族统一战线的策略。这次会议的决议宣布：中华苏维埃共和国改变为苏维埃人民共和国，把工农民主共和国政策的许多部分，"改变到更加适合反对日本帝国主义变中国为殖民地的情况"，以更充分地表明人民共和国不但是代表工人农民的，而且是代表中华民族的。毛泽东在瓦窑堡党的活动分子会议的报告中指出："人民共和国应当首先代表工人和农民的利益。但是人民共和国去掉帝国主义的压迫，使中国自由独立，去掉地主的压迫，使中国离开半封建制度,这些事情就不但使工农得了利益,也使其他人民得了利益。总括工农及其他人民的全部利益,就构成了中华民族的利益。"[1] 这是对苏维埃共和国成绩和缺点的历史总结,使中共的建国理论向前推进了一步。

考虑到国内时局的特点,也为了争取蒋介石合作抗日,1936年8月25日,中共中央发出致国民党书,进一步将"人民共和国"改变为更易被各方面所接受的"民主共和国",提出愿与国民党共同建立全国统一的民主共和国的主张。民主共和国是排除汉奸卖国贼在外的一切抗日阶级互助联盟的国家和政府,由各党各派各武装力量代表组成国防会议,通过这个会议产生全国统一的国防政府,俟条件成熟,召开普选产生的国会,成立中华民主共和国政府。中国共产党主张国共合作建立全国统一的民主共和国,即一面抗战,一面建国,体现了全国各族人民抗日救亡的根本利益,受到各界爱国人士的赞扬和欢迎。但是中共的这一主张,因国民政府坚持其错误政策而未能得到实行。

1936年12月,张学良、杨虎城发动西安事变,逼蒋抗日。中国共产党以民族大义为重,派代表团赴西安调停,促使蒋介石同意了改组国民党和国民政府等6项抗战要求,基本停止了全国范围的内战。为了促进第二次国共合作和抗日民族统一战线早日建立,中共中央于1937年2月致电国民党五届三中全会,提出停止一切内战,集中国力一致对外等5项要求,并作出在全国范围内结束两个政权公开敌对状态的4项保证。关于革命根据地政权问题,中共明确表示:工农政府改名为中华民国特区政府,红军改名为国民革命军,直接受南京中央政府与军事委员会之指导;在特区政府区域内,实施普选的彻底民主制度,执行抗日民族统一战线之共同纲领。根据中共中央决定,陕甘宁革命根据地改称陕甘宁特区,同年5月改称陕甘宁边区。

三、全民族抗日战争与抗战建国

保存工业和教育国脉的大迁徙

1937年七七事变爆发,促成了全国各种政治力量的团结,共同投入挽救国家危亡的全民族抗日战争。中国的抗日战争,一开始就分为两个战场:国民党主导的正面战场及大后方和共产党主导的敌后战场及敌后抗日根据地。两个战场共同抗日。根据国共合作达成的协议:共产党领导的工农红军改编为国民革命军第八路军,开赴华北抗日前线;在南方八省坚持革命斗争的红军和游击队改

---

[1]《毛泽东选集》第一卷,北京:人民出版社,1991年,第191页。

编为国民革命军新编第四军,在大江南北抗击日寇,一方面配合国民党正面战场的作战,一方面开辟敌后战场、建立敌后抗日根据地,在全民族抗战烽火中坚持抗战建国。

抗战爆发后,1938年3月,国民党在武汉召开临时全国代表大会,通过《抗战建国纲领》,旨在由"中国国民党领导全国从事于抗战建国之大业,欲求抗战必胜,建国必成",明确提出"以抗战促进国家建设,以加强国家建设来支持抗战"。《抗战建国纲领》包括外交、军事、政治、经济、民众、教育各纲领共7项32条,反映了抗战初期国民党的抗战主张。

七七卢沟桥事变后,八一三淞沪抗战爆发。中国军民浴血奋战,粉碎了日本"三个月灭亡中国"的狂妄计划,并争取了时间,从上海等地迁出大批厂矿机器及战略物资,对坚持长期抗战起了重大作用。

据国民政府实业部的注册登记,1937年全国共有3935家工矿企业,其中分布在长江下游江苏、上海、浙江三省市的就有2336家,占全国总数的56%。中日双方在上海开战,使现代工业相对集中的东南沿海城市危在旦夕。如果这些工业设施毁于战火,就会使中国的抗战实力遭到重创;如果这些企业沦入敌手,就等于将中国约80%的民族工业用来加强日本侵华的实力,其后果将不堪设想。为了保存抗战实力,支援长期抗战,必须尽可能多地将沿海地区的工矿企业迁至抗战后方,国民政府决定成立工矿调整委员会,具体负责工厂内迁事宜。

首先是全面内迁军事工业和国营厂矿。全面抗战之前,国民政府资源委员会就着手筹办有关国防的重工业企业,因中日开战未来得及实现,但已汇集了一批科技专家和技术工人,投资2000余万元,从国外引进了一大批先进的机械设备。淞沪开战后,大部分机器设备紧急拆迁内地,包括兵工署所辖的专业兵工厂全部内迁,成为后方工业生产的骨干力量。同时,资源委员会还协助私营工厂迁运内地。据统计,从1937年8月到1940年底,从沿海等地区内迁到后方的工矿企业共有639家。福建、浙江两省自行内迁的企业有191家,拆迁机器设备总重量约12万吨。其中,仅上海迁出的民营工厂148家,包括荣宗敬的申新纱厂、福新面粉厂、茂新面粉厂,刘鸿生的大中华火柴厂、上海水泥厂、章华毛织厂、华丰搪瓷厂,王云五的商务印书馆,胡厥文的新民机器厂、合作五金厂等。①

在战火纷飞的时局下转移机器设备到抗战后方,紧急拆卸装运、随时遭遇敌机轰炸扫射的水陆行程,可谓千难万险,艰辛备尝。1938年6月武汉失守,

---

① 薛毅:《抗战时期中国现代工业的发展》,光明网-光明日报,2005-08-11。

大量内迁人员和工厂物资屯集于宜昌无法运走。爱国实业家卢作孚临危受命，组织民生公司，集中全部船只和大部分业务人员，不顾日机狂轰滥炸，采取分段运输办法，昼夜兼程抢运，经过40天的奋战，终于将全部物资和人员抢运到四川，受到政府嘉奖。抗战期间工矿企业的大举内迁，当时被誉为"中国实业界的敦刻尔克"，既保存了中国抗战的物质力量，增强了持久抗战的经济实力，又大幅度增加了中西部地区的产业资本，有助于改变中国工业布局不平衡状态。从中国现代工业发展的视角看，其意义十分重大。

根据国民党颁布的《抗战建国纲领》，国民政府制定了战时经济政策，"以促进生产发展、保障基本的军需民用、维持持久抗战为目标，以统制经济为核心，辅之以田赋征实、赤字财政和对部分行业实行垄断等手段"，完成了向战时经济的转轨，并为在抗战后方大力发展工业创造了相对有利的政治环境和条件。

沿海沿江地区大量的工矿企业和技术人员的转移，为在后方发展工业提供了物资条件和比较充足的技术人才市场。从支持持久抗战的需要出发，资源委员会加快了发展工业的步伐，兴办工业企业的门类从钢铁、机械、有色金属冶炼扩大到化工、电子等新兴产业；集中建立工业企业的地区也从湖南、湖北、江西扩大到四川、云南、贵州、广西、甘肃、青海等省区，很快形成了重庆、川中、广元、昆明、贵阳等11个工业区，使战前中国工业地区分布不平衡、轻重工业结构不合理的状况有了明显的改观。

抗战时期特别是1942年以前，大后方的民营工矿企业也出现蓬勃发展的态势，1937年新设民营工厂60家。以后数年新增工厂数量分别为：1938年183家，1939年346家，1942年1077家，1943年977家，1944年533家。在资本额和产品产量上也有很大提高。如在民营工业中占有重要地位的面粉工业，抗战期间得到了进一步发展，1942年年产量已达到488万袋。

在烽火连天、饱受日军侵略之害的战争期间，资源委员会以不懈的努力，完成了大后方较为合理、初具规模的工矿业布局，对于集中物质力量，保证抗战胜利具有重要意义，同时也奠定了内地工矿业的基本格局，改变了抗战前绝大多数工矿业集中在沿海一隅的畸形局面。

抗战时期，中国的教育事业受到战争的严重破坏，但仍得到可贵的持续发展。抗战爆发后，全国108所高等学校中有94所遭日军破坏，其中25所因损失惨重被迫停办。为了保存教育国脉，中央研究院院长蔡元培、北京大学校长蒋梦麟、清华大学校长梅贻琦、南开大学校长张伯苓、中央大学校长罗家伦等102人联合发表声明，提出"教育为民族复兴之本"，要求政府采取果断措施，将一些高校迁往内地办学，以保存教育国脉。遵照《抗战建国纲领》，国民政府教育部尽力提供必要的经费和条件，采取一系列的应变措施，一方面组织国立高等学校陆续内迁大后方；一方面创设国立中等学校，安置救亡青年入学等，力求维持学校系统正常运作，对平时教育适应战时情形作弹性调整，厉行抗战教育，以培养学生承担国家建设、复兴民族的能力，为将来国家建设准备后蓄力量。

内迁的基本格局，大部分是迁移到西南各省，如中央大学、交通大学、复旦大学迁到重庆；武汉大学、同济大学、国立艺专等迁到四川；浙江大学、大夏大学、湘雅医学院等迁到贵州；北京大学、清华大学、南开大学、中法大学、华中大学等迁到云南。还有一部分高校迁往西北各省，如北平大学、北平师范大学和北洋工学院迁往西安，焦作工学院迁往陕西、甘肃，东北大学和民国大学迁入山西。另有一部分大学如中山大学、山西大学、厦门大学、广西大学、安徽大学、湖南大学、河南大学等，由大城市迁往本省内比较偏远的县镇。

高校内迁于1939年底基本完成。到1940年，高等学校和在校学生都恢复到战前水平，大学113所，学生52376人。抗战期间，高等学校爱国师生向世人宣示了"誓死不当亡国奴"的决心和信念，踏上艰难困苦的内迁流亡之路。这是中国高等教育乃至世界高等教育史上罕见的大迁徙，是在战时的特殊条件下进行的一次科学文化和现代文明的时空转移和扩散传播，使得中国经过几十年艰难发展形成的宝贵教育资源和高等教育国脉得以保存，使得国家经济建设和战后恢复所需的精英人才的培养不致中断，同时促进了西部地区高等教育的发展，打破了西部地区经济社会长期封闭、发展停滞的状态。

抗战期间，有众多的大学教授毅然走出书斋，封闭实验室，不顾一切地走到大后方去，厉行抗战教育，高等教育发展成绩显著。突出的是北大、清华、南开三校在昆明合并组建国立西南联合大学，设有文、理、法商、工、师范5个学院，共26个系，两个专修科，一个选修班。西南联大不仅会集了一批著名教授、学者，均为国内各个学科领域的顶级专家，而且在教学和科研上成绩卓著，蔚为"学术重镇，人才摇篮"。在校舍非常简陋、生活十分艰苦的条件下，联大坚持严谨的治学态度，树立优良学风，在办学的8年里，就读学生8000余人，为国家、民族培养出一大批杰出的人文科技人才，分布于全国各地，许多人在新中国成立后，成为各条战线的奠基者、开拓者、领军人物，乃至中国工程技术界的翘楚，创造了中国高等教育的奇迹。

到1945年抗战胜利前，全国各级教育的规模竟超过了战前发展水平最高的1936年。与在校学生数相比：大学生增加了1倍，中学生增加了1.62倍，师范生增加了1.3倍，小学生入学率占适龄儿童总数76%。[1] 这些抗战建国的成就，是广大教育工作者不避艰险、执着奋斗的结晶，它从一个侧面，表现了中华民

---

[1] 李华兴主编：《民国教育史》，上海：上海教育出版社，1997年，第14页。

族处变不惊、自强不息的宝贵精神血脉。

从现代化演进的角度看，就在中国迈向工业现代化之际，1937年日本帝国主义发动全面侵华战争，中国的全面抗战持续8年之久。据相关研究，20世纪30年代末期至40年代中期的中国，因为日本侵华战争所造成的损失至少6000亿美元，其后果是让中国现代化进程至少延宕了20年。

坚持以全面抗战推进抗战建国

抗日战争时期，中国共产党坚持"动员一切力量，打败日本帝国主义，争取抗战胜利"的全面抗战路线。在政治上，实行全国人民、全国军队的总动员，放手发动群众，进行民族革命战争。同时，依靠自己的力量，冲破国民党限制民主政策，争取政治自由，建立抗日民主政府，肃清汉奸、卖国贼和亲日派，巩固和发展抗日民族统一战线。在经济和文化上，实行抗日的经济政策和文化教育政策，改善人民群众的物质文化生活，保障人民的集会、结社和言论的自由。这一全面抗战路线，把实行全民族抗战与争取人民民主、改善人民生活结合起来，把反对外敌入侵与推进社会进步统一起来，正确处理民族矛盾和阶级矛盾的关系，代表了中华民族全体人民的利益，成为全国人民坚持抗战、争取胜利的旗帜。由此形成中国共产党推行抗战建国的蓝本。

抗战时期，陕甘宁边区政府是隶属于中华民国国民政府统辖的一个地方政府。但它区别于国民政府辖域内其他一切地方政府，是中国共产党直接领导下的实行民主集中制的抗日民主政府。它对国民政府采取统一战线下的独立自主原则，既坚持抗日民族斗争的统一性，又保持共产党领导在思想上、政治上和组织上的独立性。在"一切必须服从抗日的利益"的前提下，反对国民党限制共产党领导的人民力量的发展，及其在统一战线内部制造分裂和摩擦的错误政策。这些基本原则和建政方略，推广到各抗日根据地，成为抗日民主政府统一的施政方针。

中国共产党在所创建的抗日根据地推动民主建设，即新民主主义的政治建设。其重要内容包括三个方面：普选的选举制、议行合一的参议会制和权力机关的三三制。

选举制。根据以往的阶级战争已经转变为民族战争的新形势，为聚集一切力量用于对日战争，抗日根据地政权必须具有更大的包容性，实现普遍的公民权。为此，1939年，《陕甘宁边区选举条例》明确列入无阶级区别的条款，规定："凡居住边区境内之人民，年满十八者，无阶级、职业、男、女、宗教、民族、财产与文化程度之区别，经选举委员会登记，均有选举权与被选举权。"《陕甘宁边区施政纲领》亦明确提出:"保证一切抗日人民(地主、资本家、农民、工人等)的人权、政权、财权及言论、出版、集会、结社、信仰、居住、迁徙之自由权,除司法系统及公安机关依法执行其职务外,任何机关部队团体不得对任何人加以逮捕审问或处罚。"

边区的选举制,采取"普遍、直接、平等、无记名投票"方式,民众可以直接选出从市乡到边区的各级参议会议员。各级参议会再选出各级政府。边区的政权结构包含三个组成部分:一是各级参议会。它由人民直接选举产生。二是政府机构。分边区、县、乡三级,主要领导人由同级参议会选举产生。在边区与县之间的专员公署,县与乡之间的区公署,分别为边区政府和县政府的派出机构。三是司法机关。边区设高等法院,专区设高等法院分院,县设县法院。边区和县的法院院长由同级参议会选举产生。

参议会制。民主建政的一个重要内容,是建立各级民意机关——参议会。边区参议会完全不同于国民党区域的国民参政会,它是一个拥有立法、议政、监督权的民意机关。根据《陕甘宁边区各级参议会组织条例》的规定,参议会具有如下职权:选举边区政府主席、边区政府委员及边区高等法院长,监督及弹劾边区各级政府的政务人员,批准关于民政、财政、建设、教育及地方军事的各项计划,通过边区政府所提出的预算案,决定废除或征收地方捐税,决定发行地方公债,议决边区的单行法规,监督及检查边区各级政府执行参议会决议案之事项,决定边区应兴、应革的重要事项等方面的职权。就是说,参议会不仅是民意机关,并且是立法机关。政府机关由立法机关选举产生,从属于立法机关,体现了议行合一的原则。各级参议会实际上是各该级的最高权力机关,各级政府为各该级最高行政机关,由此构成议行合一的参议会制。

三三制。权力机关的三三制,是中国共产党在抗日根据地民主建设实践中创造的。由于敌后根据地政权属于统一战线政权,因此在政权机关的人员组成上,需要体现统一战线政权的性质,即以共产党员占1/3,非党的左派人士占1/3,中间派占1/3,以团结争取小资产阶级群众、中产阶级和开明绅士,使各党各派、无党派人士都能参加民意机关的活动和行政的管理。

关于党与政权系统的关系,中共中央明确规定:共产党的领导,"应该是原则的、政策的、大政方针的领导";"党对参议会及政府工作的领导,只能经过自己的党员和党团,党委及党的机关无权直接命令参议会及政府机关"。[1] 就是说,各地方党组织未被赋予凌驾于政府之上的权力,党对政府的领导只能通过在政

---

[1] 中央档案馆编:《中共中央文件选集》第十三册,北京:中共中央党校出版社,1991年,第431页。

权机关工作的具体人员来实现。毛泽东则强调："共产党员只有对党外人士实行民主合作的义务，而无排斥别人、垄断一切的权力。"[①] 三三制的全面推行，使抗日民族统一战线有了更为坚实的基础和制度保证，使共产党在抗日根据地获得来自社会各阶层的拥护和支持，也给中国其他地方树立了建设民主政治的良好榜样。

在经济建设上，边区政府确定了"发展经济，保障供给"的总方针，实行发展生产、繁荣经济的新民主主义经济政策，大力号召发展农业生产，动员农民开垦荒地，兴修水利，组织劳动互助，提高耕作技术。特别把减租减息、合理调整租佃债务关系作为解决农民问题的基本政策，调动农民的生产积极性，促进农村生产力发展；同时注意发展工业生产和对内对外贸易，鼓励发展私人企业，保护私有财产，实行自由贸易的工商政策；发展人民的合作事业，扶助手工业发展；建立银行，发行货币；在保障工农群众基本利益的前提下，调节各抗日阶层的利益，实行劳资两利、公私兼顾、合理负担的政策。这些经济政策，有力地促进了根据地的工农业生产和内外贸易的发展。

抗日根据地废止剥夺地主土地的政策，在农村实行减租减息的基本政策，一方面地主要减租减息，以改善农民的生活；另一方面，农民要交租交息，以照顾地主、富农的利益。减租的办法是"二五减租"（原租额减少 25%）。减息的办法规定年利率一般为一分（10%），最高不得超过一分半（15%）。正租以外的杂租、劳役和各种形式的高利贷一律取缔。减租减息运动的进行，削弱和限制了农村的封建剥削，使农民的负担得以减轻，生活得到了改善，农民群众的生产积极性和参加抗日斗争的积极性大为提高，出现了开荒生产、大搞农田水利建设的高潮，推动了农业生产的发展。广大农民踊跃参军参战，根据地的军队和民兵都获得较大发展。此外，减租减息运动的稳妥进行，兼顾了地主、富农和农民的利益，团结了各阶层共同抗日，巩固了抗日民族统一战线。

抗日根据地的另一项中心任务，是开展大生产运动，实现生产自给。最早在 1939 年 2 月，为应对国民政府停发八路军军饷，中共中央在延安召开生产动员大会，毛泽东提出"自己动手，丰衣足食，克服困难"的口号，号召各根据地开展生产活动。1940 年 2 月，中共中央向各根据地发出指示，要求在领导当地群众加强生产的同时，组织一切在职人员参加生产活动。1941 年 1 月，国民党顽固派制造震惊中外的皖南事变，掀起反共高潮，加紧封锁抗日根据地，陕甘宁边区的财政经济发生了极大的困难，一度"曾经弄到几乎没有衣穿，没有油吃，没有纸，没有菜，战士没有鞋袜，工作人员在冬天没有被盖"。为了坚持

---

① 《毛泽东选集》第 2 卷，北京：人民出版社，1991 年，第 736 页。

抗战，中共中央发动各根据地展开了一场大规模的生产运动，以克服严重的财经困难。

大生产运动首先在陕甘宁边区展开。作为中共中央所在地，边区承担着庞大的经费支出。毛泽东、朱德、周恩来等党政军领导人都带头参加生产劳动，带动了大生产运动蓬勃开展。边区的机关、学校等单位，自己动手发展生产，解决了所需经费的大部分。边区部队展开屯田大生产运动，最著名的是八路军第三五九旅开进荒无人烟的南泥湾，经过全体官兵的艰苦劳动，将南泥湾改造成"陕北的好江南"。1942年，边区留守部队的生产自给率已达到82%。到1943年时，边区农民所交的公粮只占其总收获量的16%，大大减轻了人民负担。边区军民自己动手，丰衣足食，度过了抗日战争战略相持阶段最艰难困苦的岁月。

在开展大生产运动的同时，中共中央发出鼓励农民"组织起来，发展生产"号召，互助合作组织获得了较大发展。1943年10月，中共中央向各解放区发出指示，强调组织劳动力是"发展生产的中心环节"，要求每一根据地，组织几万党政军的劳动力和几十万人民的劳动力，采取变工队、运输队、互助社、合作社等形式，在自愿原则下，把一切全劳动力和半劳动力组织起来，以从事生产。陕甘宁边区的劳动互助合作运动，成为其他各根据地的模范。响应中共中央的号召，各抗日根据地的劳动互助合作运动广泛地开展起来。

各根据地政府还鼓励和动员农民兴修水利，扩大农田灌溉面积；通过发放大量的低息或无息贷款来调剂农村金融，推广农业技术以提高粮食产量。对解决军民穿衣问题至关重要的棉花产量也有很大增长。在军民的共同努力下，各抗日根据地克服了严重的经济困难，并积蓄了一定经济实力，为坚持抗战和夺取最后胜利准备了最基本的条件。

由于处于偏远落后的农村环境，可动员的资源极其有限，抗日根据地的工业发展受到很大的条件限制，按照公私兼顾、军民兼顾的方针，一方面主要是满足根据地军民的基本生活需要，如生产被服、纺织等轻工业产品；另一方面进行轻型兵器制造和简单的军械修理。此外，还有以各根据地特产为基础进行的简单加工和贸易。

陕甘宁边区从1938年开始，创建了自己的公营工业，如工艺实习厂、石油厂、纺织厂、造纸厂、工具厂、皮革厂等。1939年后，制造肥皂的新华化学厂和后勤部制药厂成立，安塞、固临、延长等地建立了纺织合作社。造纸、印刷、毛纺织、染料工业加快发展，石油、军火、通讯器材、玻璃等工业也颇有业绩。

合作社工业是边区工业的重要组成部分。1939年，国际工业合作组织在延安成立工合事务所，收到海内外大量捐款，用这些钱设立了油灯工业合作社、纺织生产合作社、毛纺工业合作社、造纸工业合作社、制药工业合作社、瓷窑工业合作社，等等。除此之外，边区军民自己也组织了从事纺织生产的合作社等。

私营手工工厂也有较大发展。边区政府规定一系列改善工人待遇、保护工人权利和调整劳资关系的办法，既有利于调动工人的积极性，也照顾到雇主、资本家的合法利益。对于较大的手工业作坊或小规模工厂，私人经营困难者，规定政府、银行应予以贷款等。随着工业、手工业的发展，边区公营、合作社营和私营商业贸易也有了较大发展。

在金融方面，各根据地建立初期，市场流通的货币很乱，除国民政府发行的法币外，原来各省和地方也发行各种钞票。此外，日本侵略军和傀儡政权还发行"军用票""蒙疆券""联银券"等，用这些日钞伪钞强行抢购和掠夺根据地的物资，扰乱金融，破坏经济。为了改变货币混乱状况，各根据地政府先后建立银行。如1938年3月成立的晋察冀边区银行，8月在山东成立的北海银行，1939年10月建立的冀南银行等。这些银行都发行自己的货币。其中，晋察冀边区银行的钞票流通较广，后来遍及华北。各根据地银行在边区政府领导下，与经济、贸易部门相配合，积极打击日钞、伪钞，逐步取缔杂钞，不断扩大根据地发行的货币的流通范围，逐步建立起统一的本币市场。这对稳定金融，保护和推进各根据地的生产建设事业，改善人民生活，支持敌后抗战，起了积极的作用。

以"全民抗战、建设国家"为号召，边区倡导和弘扬民族的、科学的、大众的新民主主义文化，给国民党政治全能主义的党治文化以极大的冲击。抗战开始后，边区在延安陆续创办了大批学校，积极发展干部教育。中国人民抗日军政大学及其多所分校，在抗战期间共培养了10余万名军政干部，对抗日军队的发展壮大和军政素质的提高作出了重大贡献。其他如陕北公学、延安大学、延安女子大学、鲁迅艺术学院、延安自然科学院等多所院校，为抗日革命建国培养了大批专门人才。各级党的组织还普遍建立干部在职学习制度，对提高干部的文化、政治素质起了重要作用。

发展进步文化事业，提高人民群众的文化水平，是凝聚抗战精神、团结抗战力量的重要任务。由抗日根据地延及抗战大后方，各种报刊、团体、演出队十分活跃，以文艺、戏剧、演讲等群众喜闻乐见的形式，宣传抗日，动员民众，以先进文化来教育、鼓舞人民；中国共产党在国统区大后方主办的《新华日报》，对国民党消极抗战，搞分裂、摩擦、倒退的行径予以揭露和批评。同时，扩大了抗战文化的影响，发挥了宣传、组织民众团结抗日的重要作用。一批又一批的抗战青年和知识分子奔赴民主圣地延安，在抗日革命的大熔炉中经受锻炼，创作出《黄河大合唱》等大量鼓舞民族精神和抗战斗志的优秀文艺作品，为推动中华文化的革命性变革昭示了前景。这一切抗战建国的成就，有力地推动了中国社会的进步。总起来看，以陕甘宁边区为中心的抗日根据地造就了民主中国的模型。

到抗战后期,共产党领导建立的抗日根据地即解放区共发展到19个,总面积95万平方公里,近1亿人口。在所有这些解放区内,都实行了抗日民族统一战线的全部必要的政策,建立了民选的共产党人和各抗日党派及无党无派的代表人物合作的地方性联合政府,将解放区内各界人民的力量最大限度地动员起来,使中国解放区在日寇强敌的压迫下,在少有外援的艰难条件下,能够屹立不摇,并一天一天发展壮大,成为配合同盟国作战、驱逐日本侵略者、解放中国人民的坚强力量。

新民主主义建国论及伟大实践

国共合作的全民族抗战,使中国共产党在争得合法地位的环境下,将以往在局部区域内进行的建国实践扩展到空前的规模,为党的建国理论逐步趋于成熟创造了必要条件。1940年1月,毛泽东在他的重要著作《新民主主义论》中,比较系统地阐述了新民主主义建国的若干基本思想,概括有以下几点:

第一,中国无产阶级、农民、知识分子和其他小资产阶级,乃是决定国家命运的基本势力。他们必然要成为中华民主共和国的国家构成和政权构成中国式现代化之路纪行的基本部分,而无产阶级则是领导的力量。现在所要建立的中华民主共和国,只能是无产阶级领导下的一切反帝反封建的人们联合专政的民主共和国。

第二,这种新民主主义共和国,一方面和旧形式的、欧美式的、资产阶级专政的、资本主义的共和国相区别;另一方面,也和苏联式的、无产阶级专政的、社会主义的共和国相区别。一切殖民地半殖民地国家的革命,在一定历史时期中所采取的国家形式,只能是第三种形式,这就是新民主主义共和国。这是在一定历史时期的形式,因而是过渡的形式,但是不可移易的必要的形式。

第三,新民主主义共和国的国体(即指社会各阶级在国家中的地位)——各革命阶级联合专政。政体(即指政权构成的形式)——民主集中制。[1]

在整个抗日战争时期,中国共产党以中流砥柱之气概,坚定地站在民族解放的最前列,始终坚持团结全民族实行人民战争的积极抗战路线,反对国民党压迫中国人民的消极抗战路线;无论出现怎样的艰难困苦和复杂局面,始终坚持抗战,反对投降;坚持团结,反对分裂;坚持进步,反对倒退,因而成为中国人民抗日救国的重心,成为中国人民解放的重心,成为打败侵略者、建设新中国的重心。

---

[1] 参见《毛泽东选集》第四卷,北京:人民出版社,1991年,第676—677页。

在抗日战争快要取得胜利的阶段，战后如何建设国家的问题愈显突出。1944年9月，中共中央通过中共代表林伯渠在重庆召开的国民参政会上提出"组织各抗日党派联合政府"的政治主张。这个主张一经提出，就在大后方人民中引起极大的反响，"一新天下耳目"。

1945年春夏之交，在世界反法西斯战争取得决定性胜利，中国全民族抗战已胜利在望的历史关头，中国共产党在延安举行第七次全国代表大会。针对国民党继续坚持压迫人民的消极抗战路线，大会制定了"放手发动群众，壮大人民力量，在我党的领导下，打败日本侵略者，解放全国人民，建设一个新民主主义的中国"的政治路线。

为了在全国范围内进行民主改革，彻底打败日本侵略者，夺取抗日战争的最后胜利，大会鲜明地提出"废止国民党的一党专政，建立民主的联合政府"的口号，即在打败日本侵略者后，"需要在广泛的民主基础之上，召开国民代表大会，成立包括更广大范围的各党各派和无党无派代表人物在内的同样是联合性质的民主的正式的政府，领导解放后的全国人民，将中国建设成为一个独立、自由、民主、统一和富强的新国家"。"新中国应该建立一个以全国绝对大多数人民为基础而在工人阶级领导之下的统一战线的各革命阶级民主联盟的国家制度，即新民主主义的国家制度"。对于新民主主义国家应该实行的政治、经济、文化各方面的纲领，毛泽东在《论联合政府》的政治报告中作了详尽的说明。

关于新民主主义的政治，毛泽东指出：就是推翻外来的民族压迫，废止国内的封建主义的和法西斯主义的压迫，建立一个联合一切民主阶级的统一战线的政治制度。新民主主义的政权组织，应该采取民主集中制，由各级人民代表大会决定大政方针，选举政府。只有这个制度，才能既表现广泛的民主，使各级人民代表大会有高度的权力；又能集中处理国事，使各级政府能集中地处理被各级人民代表大会所委托的一切事务，并保障人民的一切必要的民主活动。

关于发展新民主主义的经济，毛泽东提出了一个"衡量中国一切政党的政策及其实践结果"的重要标准，就是"归根到底，看它对于中国人民的生产力的发展是否有帮助及其帮助的大小，看它是束缚生产力的，还是解放生产力的"。为此，新民主主义国家的经济制度，除了国营经济、合作社经济和劳动人民的个体经济之外，"一定要让私人资本主义经济获得广大发展的便利"，才能有益于社会的向前发展。新民主主义国家鼓励和帮助，而不是禁止或消灭私人资本主义，这不但有利于资产阶级，同时也有利于无产阶级，或者说更有利于无产阶级。

关于新民主主义的文化，应该是"为一般平民所共有"的文化，即是说，民族的、科学的、大众的文化，决不应该是"少数人所得而私"的文化。[①]

毛泽东强调说，上述一切，就是我们共产党人在现阶段上，在整个资产阶级民主革命的阶段上所主张的一般纲领，或基本纲领。对于社会主义和共产主义制度的将来纲领或最高纲领来说，这是我们的最低纲领。实行这个纲领，可以把中国从现在的殖民地、半殖民地和半封建的国家状况和社会状况，推进到新民主主义的国家和社会。

中共七大《论联合政府》这个政治报告，很快传到了大后方重庆和国民政府统治区，中国共产党鲜明地提出废止国民党一党专政，建立民主联合政府的政治主张，立即获得全国各民主党派和社会各界人士的广泛支持和拥护。

关于建立各党派联合政府，毛泽东认为，抗日根据地业已建立的共产党人和各抗日党派及无党派代表人物合作的政府，就是地方性的联合政府，它成为新民主主义共和国的地方基础，具有新中国政治雏形的意义和全国的普遍意义。由此，中国"民主共和国的具体的建设道路，可能由地方到中央到全国"，待"各根据地的模型推广到全国，那时全国就成了新民主主义的共和国"。换句话说，经过长期的斗争，在局部地区建立民主政权，逐渐在规模上扩大、范围上扩展，直至取得中央政权，将日益成熟的新民主主义制度推广到全国范围——这就是中国共产党的建国理论及其实践的一大特色；这就是革命的中国、抗日的中国所应该建立和决不可不建立的内部政治关系；所应该建立和必然要建立的内部经济关系，因而是人民革命建国工作的唯一正确的方向。

中共七大正确地论述了抗日战争的两个战场，高度评价了敌后战场和抗日根据地的地位和作用。指出，敌后战场在抗战初期便牵制了日军很多的兵力，随后又成为与日军作战的主要战场，有着重要战略地位，成为抗战的重心。中国共产党在解放区内实行抗日民族统一战线的政策，建立了地方性的联合政府，使解放区成为民主中国的模型，成为配合同盟国作战、驱逐日本侵略者、解放中国人民的主要力量。中国共产党的新民主主义纲领已经在解放区实行，并取得了显著的成绩。

对国民党主导的正面战场，七大报告肯定了在抗日战争的全面抗战阶段，国民政府组织了淞沪会战、太原会战、徐州会战、武汉保卫战等一系列战役，"以空间换取时间"，重挫了日本侵略军的凶锋、迟滞了日军向内地纵深的进攻；国民党军队的广大官兵在前线与日本侵略者奋勇作战，表现了强烈的爱国主义精神，付出了重大牺牲，永远值得人民铭记。但是，在抗日战争的战略相持阶段，国民党及国民政府日益转向消极抗战，积极反共，坚持一党专政，实行单纯的政

[①] 参见《毛泽东选集》第三卷，北京：人民出版社，1991年，第1056—1061页。

府和军队的片面抗战路线，防止民众抗日民主运动的发展，在抗日民族统一战线内部不断制造分裂和摩擦，屡次掀起反共高潮，打击共产党及其领导的抗日军队。这种对日消极作战、对内积极摧残人民的反动政策，招致了抗日力量的挫折，大部国土的沦陷，财政经济的危机，人民的受压迫、人民生活痛苦，民族团结被破坏，从而妨碍了动员全国一切抗日力量进行有效的战争，背离了中国人民团结一致、抗战建国的共同意愿。

就在全国人民迫切要求废止国民党一党专政，成立联合政府、实现民主团结、加强对日作战、反对内战危机的时候，1945年5月，中国国民党在重庆召开第六次全国代表大会，中心议题就是以"结束训政、实行宪政"为名，拒绝联合政府，不做任何哪怕最小的民主改革，继续坚持国民党一党专政。大会通过的《对于中共问题之决议案》，虽然表面上提出"寻求以政治方法解决与中共的分歧"；但内部则强调：当务之急在于团结本党，建立反共体系，为发动反共内战制造舆论，随时准备以所谓"妨碍抗战危害国家"的帽子加在共产党头上，一切问题以武力解决。这是在抗战胜利前夕，关于战后建什么国的斗争在中国政治舞台上的一次预演，从而揭开了黑暗的中国与光明的中国两种命运交锋的序幕。

四、把民主中国的模型推向全国

争取和平建国到打破强敌进攻

抗日战争胜利后，中国人民迫切期望医治好战争创伤，尽快恢复国民经济，重新建设国家。而国民党却要在全国恢复其战前的法统，继续坚持反民主的一党专政统治。在中国人民面前摆着两种前途和命运，一个是半殖民地半封建的、分裂的、贫弱的中国；一个是独立、自由、民主、统一、富强的中国。中国共产党带领中国人民用全力去争取光明的前途和命运，反对另外一种黑暗的前途和命运。两个中国之命运的决战，将中国共产党领导在局部地区实行的新民主主义制度推向全国，迎来了中华人民共和国的诞生。

1945年8月15日，日本宣布无条件投降。中国各族人民坚持6年局部抗战、8年全面抗战，浴血奋战14年（1931—1945年），付出了巨大的民族牺牲和财产损失，终于赢得了近代中国一百年来历次反抗外来侵略的第一次完全的胜利。饱受民族灾难、战乱痛苦的中国人民，一雪百年耻辱，重振民族复兴精神，迫切期望医治好战争创伤，尽快恢复国民经济，重新建设国家。然而，当时浮现在中国天空的"内战的阴霾"，又令社会各方人士怀着深深的忧虑。

实际上，国民党六大已经确定了消灭中国共产党和中国民主势力的路线。蒋介石在会上说："今天的中心工作，在于消灭共产党！日本是我们国外的敌人，中共是我们国内的敌人！只有消灭中共，才能达成我们的任务。"[1] 很明显，国民党在战后的基本方针就是，在全国恢复战前的法统，继续坚持反民主的一党专政的独裁统治。这是与全国人民的要求和意愿完全相背离的。

蒋介石打内战的方针早已确定，但在当时的国内外形势下，又不能不有所顾忌。抗战刚刚结束，人民渴望和平，发动内战不得人心，和平建国已成大势所趋；美、苏、英三大国也不赞成中国内战。蒋介石想在内战中占据有利地位，也需要时间。为此，他在积极准备内战的同时，表示愿意同共产党进行和平谈判。1945年8月中下旬，蒋介石连续三次电邀毛泽东去重庆，共同商讨"国际国内各种重要问题"。

为争取通过和平的途径来实现中国的进步和发展，并通过谈判揭露国民党"假和平真内战"的面目，中共中央决定提出和平、民主、团结三大政治口号，毛泽东接受邀请赴重庆谈判，同时作好进行自卫战争的各种准备。1945年8月28日，毛泽东偕周恩来、王若飞前往重庆同国民党当局进行谈判。在重庆期间，毛泽东向社会各界、中外人士反复阐明："中国今天只有一条路，就是和，和为贵，其他的一切打算都是错的"，充分显示了中国共产党谋求和平建国的真诚愿望，受到全国人民的热烈欢迎和社会舆论的高度赞誉。

经过43天复杂而艰难的谈判，中共代表团终于促使国民党当局表示承认"和平建国的基本方针"；同意"长期合作，坚决避免内战，建设独立、自由和富强的新中国"，召开各党派政治协商会议等。但双方在人民军队和解放区政权两个根本问题上未能达成协议。10月10日，国共双方正式签署了会谈纪要，即双十协定。这个协定一公开发表，国民党再要发动内战，就在全国和全世界面前输了理。

然而，蒋介石并不打算履行协定。双十协定墨迹未干，他便调集110万军队，分三路向华北解放区进犯，图谋打开进入东北的通道，进而占领整个东北。中共中央采取针锋相对的措施，确定"向北发展，向南防御"方针，迅速调集关内11万部队和2万余名党政干部，包括20名中共七大中央委员、中央候补委员，4名中央政治局委员，先期挺进东北，大力争取全国最大的重工业战略要地。同时，关内各解放区军民对国民党的军事进犯坚决反击，阻滞了国民党军深入华北、进军东北的行动。

国民党的内战政策，激起要求和平民主的广大人民的强烈愤慨，从昆明、重庆到上海等地，很快形成"反对内战，争取民主"的大规模的爱国民主运动。

---

[1] 程思远：《政坛回忆》，南宁：广西人民出版社，1983年，第158页。

中国民主同盟和抗战后成立的中国民主建国会、中国民主促进会、九三学社等民主党派和许多民主人士，也积极参加反对内战的斗争。国民党当局在政治上处于被动地位。

在美国总统特使马歇尔的调停下，蒋介石不得不同意共产党提出的建议，签订停战协定，召开政治协商会议。1946年1月10日至31日，政治协商会议在重庆召开，出席会议的有国民党、共产党、民盟、青年党和无党派人士的38名代表。共产党和民盟的代表在反对内战、反对国民党一党专政问题上保持一致，采取联合行动，会上经过激烈斗争，通过政府组织案、国民大会案、和平建国纲领、军事问题案、宪法草案等五项协议。

但是，国民党政权代表的是大地主大资产阶级的利益，决不能容忍任何的民主改革。蒋介石在美国的大力支持下，加紧部署全面内战。利用美国的飞机和军舰将54万国民党军运送到东北地区，相继攻占沈阳、长春、吉林等主要城市，控制了松花江以南的大部分地区。并由美国海军陆战队帮助接收上海、北平、天津等地，控制了关内各大中城市。共产党领导新组建的东北民主联军奋起自卫，"让开大路，占领两厢"，向广大农村地区发展，使蒋介石独占东北的计划遭到挫败。

鉴于国民党当局破坏政协协议和停战协定的行动不断升级，全面内战日益迫近，为了给解放区自卫战争奠定牢固的群众基础，中共中央于1946年5月4日发出改变解放区土地政策的指示，将抗战以来的"减租减息"政策改为"耕者有其田"政策，支持广大农民获得土地的正当要求，以发动农民群众为保卫和巩固解放区而斗争。

6月中旬，国民党在完成内战军事准备后，悍然向解放区发动全面进攻，扬言要在三五个月内消灭共产党领导的人民军队。6月26日，国民党军22万人进攻中原解放区，标志着全面内战爆发。中原军区部队2万人果断迎击，成功分路突围。其后，国民党军在晋南、苏北、鲁西南、胶东、冀东、绥东、察南、热河、辽南等地，向解放区展开大规模进攻。这时，国民党军总兵力为430万人，拥有美国援助的大量新式武器，在军队数量、装备和战争资源等方面明显占有优势。

在美国人出钱出枪帮助蒋介石打内战的严峻形势下，毛泽东提出"一切反动派都是纸老虎"的论断，阐明必须从战略上藐视敌人、从战术上重视敌人的思想，坚定了中国人民用小米加步枪能够战胜蒋介石的飞机加坦克的信念。面对国民党军队气势汹汹的全面进攻，党领导解放区军民沉着应战，在各个战场集中优势兵力，各个歼灭敌人，在战争的头8个月内共歼敌71万余人，挫败了国民党军的全面进攻。

1946年10月，国民党在其军队侵占晋察冀解放区首府张家口后，公然撕毁政协协议，强行在南京召开由国民党一手包办的国民大会，制定和通过宪法草案。共产党和民盟拒绝出席，周恩来代表中共发表声明，戳穿了国民党用"蒋记国大，蒋记宪法"装点"民主"的假象。

1947年3月起，蒋介石在其全面进攻破产后，不得不改为对山东、陕北两解放区实行重点进攻。在山东战场，华东野战军执行积极防御的作战方针，以歼灭敌军有生力量为主要作战目标，在孟良崮战役中，全歼了全副美式装备、号称国军王牌的整编第74师3.2万余人，挫败了国民党军对山东解放区的重点进攻。

在陕北战场，国民党军出动34个旅、25万人，以攻占中共中央所在地延安为目标，兵分三路，发起猛烈进攻。彭德怀指挥西北野战军2万余人节节抗击，掩护中共中央机关安全撤离延安。尔后，西北野战军利用群众基础好、地形险要、回旋余地大等有利条件，与十倍于己之敌周旋，相继取得青化砭、羊马河、蟠龙镇三战三捷。

毛泽东、周恩来、任弼时率中共中央精干机关坚持留在陕北艰苦转战，历时1年有余，先后驻留38个村庄，行程1000多公里，在极其险恶的环境下，运筹指挥全国各解放区战场的作战，极大地鼓舞了解放区军民的战斗意志和胜利信心。以刘少奇为书记的中央工作委员会，前往华北进行中央委托的工作。以叶剑英为书记的中央后方委员会，转移到晋西北统筹后方工作。

在陕北艰苦转战中，中共中央作出"中央突破、三军配合、两翼牵制"的战略部署，即不等完全粉碎敌人的战略进攻，立刻转入全国性的进攻，以解放军主力打到外线去，把战争引向国民党统治区域。1947年6月30日，由刘伯承、邓小平率领晋冀鲁豫野战军主力12万人强渡黄河，实施"中央突破"，千里跃进大别山区，直插敌人心腹地带，直接威胁南京、武汉。以陈毅、粟裕指挥的华东野战军外线兵团为东路，以陈赓、谢富治指挥的晋冀鲁豫野战军一部为西路，分别进入豫陕鄂边地区和豫皖苏平原。实施三路大军相互配合，跳到外线机动歼敌，揭开了人民解放军战略进攻的序幕。

同时实施两翼牵制的部署，彭德怀指挥西北野战军出击榆林，吸引陕北之敌北调，取得沙家店战役歼灭胡宗南一个整编师的胜利，改变了西北战局；华东野战军内线兵团在胶东展开攻势，将进攻山东之敌牵向海边。随着其他解放区内线防御作战陆续转入攻势作战，构成了人民解放战争战略进攻的总态势。蒋介石不得不收缩兵力，回救其根本重地，国民党军队由战略进攻转变为"全面防御"。这标志着中国人民的革命战争已经达到一个新的历史转折点。

1947年10月10日，中国人民解放军总部发表宣言，公开提出了"打倒蒋介石，解放全中国"的口号。12月，中共中央在陕北米脂县杨家沟召开扩大会议，毛泽东作《目前形势和我们的任务》报告，制定了彻底打败蒋介石、夺取全国胜利的政治、军事、经济纲领及一系列方针政策。

人民解放军转入战略进攻的新形势，要求在解放区更加普遍深入地开展土地制度改革，以进一步调动广大农民的革命和生产积极性，支援解放战争。1947年7月至9月，在刘少奇主持下，中共中央工作委员会在河北平山县西柏坡召开全国土地会议，制定了《中国土地法大纲》。这个彻底的反封建的土地革命纲领，明确规定废除封建性及半封建性剥削的土地制度。解放区各级领导机关派出大批土改工作队深入农村，发动群众，组织贫农团和农会，控诉地主，惩办恶霸，彻底平分地主土地，迅速形成土改热潮。同时，各解放区普遍开展整党运动，解决农村基层党组织的思想作风和成分不纯问题。经过整党，农村基层党组织在思想上、政治上、组织上有很大进步，为土改和解放战争的胜利提供了重要的保证。

在土改运动迅猛发展中，一些地区发生侵犯中农和民族工商业者利益、对地主乱打乱杀等"左"的偏向。中共中央采取坚决的措施加以纠正，突出强调"政策和策略是党的生命"，并明确规定了土改工作的总路线总政策。此后，土改运动走上健康发展的轨道。到1948年秋，在1亿人口的解放区消灭了封建的生产关系，长期遭受地主阶级残酷压迫和剥削的广大农民在政治上经济上翻了身，生产积极性大为高涨，大批青壮年踊跃参军参战，为人民解放战争提供了源源不断的力量源泉。

反动政权内外交困陷穷途末路

国民党发动全面内战，不仅在军事上连连遭到失败，而且在其统治区也面临日益严重的经济、政治、社会危机。首先是国民经济状况不断恶化。抗战胜利后，国民政府通过对日伪资产的大接收，进一步加强了国家资本在国民经济中的垄断地位。国家资本的膨胀，造成了权力经济的产生。许多政府官员身兼大型企业的负责人，利用职权，垄断市场，走私外货，投机倒卖，囤积居奇，操纵物价，而对其主管的官僚资本企业生产经营混乱，并不产生经济效益则放任不管。这种垄断性的官僚资本企业所参与的非法投机，加剧了社会经济秩序的紊乱，再加上内战的影响，国民经济濒于十分艰难境地。

抗战胜利后，私人资本主义经济表面上曾一度有所回升，但大部分行业未能达到战前的生产能力，并且很快便陷入困境。一方面，战后美国商品的大量倾销，私营企业无法与其竞争；而中国传统产品如纺织业、缫丝业、茶叶等商品也无法打开国外市场。另外，战后官僚资本大举进入轻工业领域与民争利，私营资本的经济活动受到很大限制。官僚资本的挤压导致全国范围的私营工业迅速衰退。尤其是内战爆发后，国民政府加紧了对中共解放区的经济封锁，实行严格的禁运政策，限制物资出境。在销售市场日益萎缩的情况下，几乎所有私营企业的发展都遇到了极大的困难。

再一方面，因通货膨胀的影响，导致物价暴涨，一般生产厂家卖出成品后所得现金往往不足以买回相应数量的原材料，"虚盈实亏"，连简单再生产也不易维持。加上国民政府的苛捐杂税、强制摊派，以及银行贷款利息过高等因素合在一起，就像一张大网，使得战后本应大有作为的民族工商业很快陷入奄奄一息的境地。

国民政府统治区的政治、社会危机日益严重，缘于蒋介石、国民党顽固坚持反动的内战独裁政策，不遗余力地压制反内战、争民主、求生存的民众运动，致使社会民心对抗战胜利之初的国民政府一度树立的信心发生动摇，乃至最终丧失。

随着社会经济形势的不断恶化，官僚资本加大对广大劳动者的压榨，对民族资本大肆兼并，大批民族工商业濒于倒闭；农业经济严重萎缩，农村饥民遍地；公务人员、教职员和学生的生活陷入困境。这就形成了普通大众为争生存而斗争的革命形势和群众基础。为此，中国共产党提出建立反卖国、反内战、反独裁的广大阵线，使反抗国民党独裁统治、配合人民解放战争的第二条战线的斗争更加广泛、深入地发展起来。

1947年5月，"反饥饿、反内战"运动在全国兴起。5月20日，京沪苏杭地区16所专科以上学校5000余名爱国学生，冲破宪警阻拦，在南京举行"抢救教育危机"联合大游行。学生们高呼"反饥饿""反内战"的口号向国民参政会请愿。北平、上海、天津、重庆、福州、桂林、济南、长沙、昆明等地的爱国学生也通过罢课、游行等方式参加斗争，史称"五二〇"运动。同学生爱国运动相呼应，其他方面的人民运动风起云涌。1947年，有20多个大中城市约有320万工人罢工。5月，上海、南京等地发生城市贫民大规模抢米风潮，引发"反饥饿、反内战"运动扩大到60多个大中城市。在各地农村，广大农民反抗抓丁、征粮和征税的斗争此起彼伏。台湾人民举行二二八武装起义，英勇反抗国民党收复台湾对民众所施行的暴政。

全面内战爆发后，各民主党派和无党派民主人士日益倾向于人民革命，积极参加反对国民党独裁统治的斗争，遭到国民党的仇视和残酷迫害。民盟中央领导人李公朴、闻一多、杜斌丞先后在昆明、西安被害，许多民盟成员被逮捕或绑架。1947年7月，国民党悍然宣布"戡乱总动员"，相继颁发《后方共产党处置办法》《妨害国家总动员惩罚暂行条例》等法令，公开镇压共产党和民主党派。10月，国民党当局宣布民盟为非法团体予以取缔。曾经在一部分民主人士和中间阶层中有过影响的"中间路线"的政治主张，在国民党残酷镇压民主运动的事实面前碰得头破血流，终至幻灭。

人民解放战争转入战略进攻并取得节节胜利的形势，中国共产党的团结争取和鼓励支持，促使各民主党派和许多民主人士在政治上实现了历史性的转变。1948年1月，民盟在香港召开民盟一届三中全会，恢复民盟总部，宣布要与中国共产党"携手合作"。同时，国民党内的民主派实行联合，在香港合并成立中国国民党革命委员会，宣布"当前之革命任务为推翻蒋介石卖国独裁政权"。中国民主建国会、中国民主促进会、中国农工民主党、九三学社、中国致公党、台湾民主自治同盟等民主党派都相继表示了参加新民主主义革命的立场。以蒋介石为首的国民政府内外交困，已处在全民的包围之中。

1948年，蒋介石的"军事戡乱"遭到彻底的破产，更糟糕的是财政经济也走向完全破产，南京政府所据恃的日伪产业和外汇黄金储备已经变卖殆尽，而内战消耗则有增无已，财政开支只能靠课以重税尤其是滥发纸币来维持，结果使法币呈百万分之一地贬值，恶性通货膨胀达到骇人听闻的程度，社会经济陷于全面的混乱、衰退之中。黄金、外汇储备的枯竭，使完全依赖于美国金钱、物资输血的国民党军队及航空、陆海运输等重要经济部门，有彻底瘫痪之虞。

为了挽救法币崩溃的局面，1948年8月，国民政府决定实行"币制改革"，颁布《财政经济紧急处分令》，宣布"以中央银行所存的黄金和证券作保证，发行金圆券以代替法币，以政治力量来收兑或收存全国人员所持的金银、外币，实行管制经济"。金圆券的发行，旨在榨取国统区内仅存的民脂民膏，为内战补充大量军费，继续推行所谓"经济戡乱"。但是，币制改革不仅没有改变通货膨胀的恶性发展，相反，限期收兑民间的黄金外币和超限额地发行金圆券，构成对国统区民众从工商资本家至升斗小民的穷凶极恶的掠夺，而金圆券的币值很快一落千丈，导致了无可挽回的经济总崩溃。

为以政治高压推行金圆券，掠夺金银外币和管制经济，蒋介石以上海为中心向各大城市派出经济管理督导员，其长子蒋经国被委以在上海协助督导的重任，信誓旦旦宣称"刑乱世用重典"。但是，豪门权贵们照旧囤积居奇，仓库里凡粮食、棉花、棉纱、布匹、钢材、汽车、汽油等物资，应有尽有，堆积如山；手里的巨额外汇、金银等则分文不缴。所谓"督导"，终究是明知而不敢过问，即或是出手也被最高层叫停，足证国民党的腐败已达到无可救药的地步。国民政府以币制改革为依托的所谓"经济戡乱"，以彻底破产而告终。

在抗战结束后短短三年多时间里，从信誓旦旦的"军事戡乱"，制颁法统的"政治戡乱"，到疯狂劫掠的"经济戡乱"，蒋介石的"戡乱建国"大计连遭破产，连美国"友邦"也"见死不救",要中途抛弃他了。一切征象都显示出,以蒋介石为首的国民政府已经病入膏肓、濒临绝境,陷于穷途末路之中。

新民主主义革命走向全国胜利

1948年春,中国的政局发生了根本性变化。随着国民党军事上不断遭受失败,政治上日益陷于孤立,中国各民主党派公开以推翻蒋介石独裁政权相号召,以新的面貌出现在政治舞台上,为实现中国共产党关于建立民主联合政府的主张创造了现实基础和必要条件。

为了挽救危局,巩固其统治地位,3月29日至5月1日,国民政府在南京召开所谓"第一届国民大会",以示结束"训政"、实行"宪政";"选举"蒋介石为总统,李宗仁为副总统;通过《动员戡乱时期临时条款》,授予总统"紧急处分权",以保证"戡乱"动员令的实行。中国共产党和各民主党派一致反对并揭露所谓"行宪国大",是"反动派欺骗人民以挽救其垂危命运的一种必然手段",是"丑态百出""自暴其丑"的一出闹剧,其目的是"使反动政权及内战合法化,以掩盖其卖国殃民的罪行"。各民主党派还声明根本否认伪"选举"的结果,对"凡伪国民大会所作的决议及由其产生之政府所签订的对外条约对内一切立法及行动措施,一概不予承认",并号召党派成员和全国人民"再接再厉为铲除人民公敌结束卖国独裁政权而奋斗到底"。

根据中国政局发生根本性转变,4月30日,中共中央发布"五一口号",提出"各民主党派、各人民团体、各社会贤达迅速召开政治协商会议,讨论并实现召集人民代表大会,成立民主联合政府"。这是对国民党"行宪国大"的一个强有力的回击,其实质是排除国民党反动派以及一切反动分子,召开新的政治协商会议,以中国共产党为主导成立民主联合政府。以此为标志,揭开了中国共产党领导筹建新中国的序幕。

"五一口号"一经公布,立即获得各民主党派的一致响应和热烈拥护。5月5日,中国国民党革命委员会、中国民主同盟、中国民主促进会、中国致公党、中国农工民主党、中国人民救国会、中国国民党民主促进会、三民主义同志联合会等民主党派的领导人,联名致电中共中央主席毛泽东,赞同中共的主张"适合人民时势的要求,尤符同人等之本旨","大计亟宜早定"。其后,台湾民主自治同盟、中国民主建国会、九三学社等民主党派也通电响应中共的主张。由此,掀起了一场以香港为中心,以推翻国民党独裁统治、建立新中国为目的的"新政协运动"。这表明,中国民主政治力量基本接受了新民主主义革命的纲领、路线,为新政治协商会议的召开准备了必要的思想、政治条件。

从 1948 年秋开始，应中共的邀请，在解放区以外的爱国民主人士，分别从香港、国统区及海外进入解放区。为保证这些民主人士代表平安抵达解放区，中共中央由周恩来负责作了周密部署，中共香港分局精心组织、缜密安排，帮助民主人士摆脱特务的监视和迫害，冲破国民党海上、陆路的封锁，克服重重困难，把一大批民主人士当作国家的宝贵财富一样，从香港和国统区险象环生的环境里，成功地接送到解放区。至 1949 年 8 月，陆续到达解放区的约 350 人，其中有 119 人参加了在北平召开的新政治协商会议。

1948 年秋，两个中国之命运最后决战的时机已经成熟。这时，人民解放军由战争初期的 127 万人发展到 280 万人，其中野战军 149 万人。解放区的面积扩展到 235 万平方公里，人口达 1.68 亿。老区的土地改革运动基本完成，解放军的后方更加巩固。

与此相反，国民党军队的总兵力进一步减少到 365 万，可用于第一线的兵力仅 174 万，且士气低落，战斗力下降。在解放军的强大攻势下，国民党军只得放弃分区防御而实行重点防御。它的五个军事集团被分割在西北、中原、华东、华北、东北五个战场，相互间难以形成配合。中共中央科学地分析战争形势，正确把握战略决战的时机，选定决战方向，并针对不同战场的特点制定作战方针，连续组织了辽沈、淮海、平津三大战役。

遵照中央军委的部署，1948 年 9 月 12 日至 11 月 2 日，东北野战军首先发起辽沈战役，历时 52 天，共歼敌 47.2 万余人，解放了东北全境。东北野战军成为一支强大的战略后备队，为解放平津和全华北创造了条件，同时使解放战争获得一个巩固的、具有重要工业基础的战略后方。

接着，从 1948 年 11 月 6 日至 1949 年 1 月 10 日，华东野战军和中原野战军及部分地方武装约 60 余万人，以徐州为中心，发起规模巨大的淮海战役，历时 66 天，共歼敌 55.5 万人，为人民解放军渡江作战，解放国民党反动统治中心的南京、上海创造了极为有利的条件。

在淮海战役胜利进行之际，1948 年 12 月 5 日至 1949 年 1 月 31 日，人民解放军在华北发起平津战役。以军事强攻方式占领天津，以和平方式解放北平，历时 64 天，共歼灭和改编国民党军 52 万余人，基本上解放了华北全境。绥远国民党军随后通电起义，接受改编。

辽沈、淮海、平津三大战役，共歼敌 154 万余人，使国民党赖以维持其反动统治的主要军事力量基本上被摧毁，大大加快了解放战争在全国胜利的进程。在战略决战中，人民群众发挥了巨大的作用，支前民工达 886 万人，出动担架 36 万余副，运送粮食给养的大小车 100 万余辆。充分显示了中国共产党达到高度的民众动员和组织能力，体现了"兵民是胜利之本"，"战争的伟力之最深厚的根源存在于民众之中"的深刻命题。

三大战役后,国民党政权在长江以北的力量全线崩溃。蒋介石为挽回败局,要求美国增加援助及由美、苏出面"调解"未果,在各方面的压力下,被迫于1949年元旦发表"求和"声明,宣告"下野",退居幕后。南京政府代"总统"李宗仁口头上表示愿以中共所提的条件为基础进行和平谈判,实则是想争取喘息时间,部署长江防线,阻止人民解放军南下,实行"划江而治"。

1948年12月30日,毛泽东在新年献词中发出"将革命进行到底"的号召。但为了早日结束战争,减少人民的痛苦,共产党仍愿意同南京政府或地方政府、军事集团进行和平谈判,毛泽东提出惩办战争罪犯、废除伪宪法和伪法统、改编一切反动军队等八项条件作为谈判基础。1949年4月13日,国共代表开始在北平举行正式谈判。4月15日,周恩来将《国内和平协定最后修正案》送交以张治中为首席的南京政府代表团,并限南京政府在20日前表明态度。南京政府代表团一致同意接受这个和平协定,派代表将协定送回南京。4月20日,南京政府拒绝在和平协定上签字,和谈破裂。

4月21日,毛泽东、朱德发布向全国进军命令。由以邓小平为书记的渡江战役总前委统一指挥,人民解放军第二野战军、第三野战军在第四野战军先遣兵团、中原军区部队的配合下,在西起九江东北的湖口、东至江阴的千里战线上发起渡江战役。百万雄师分三路强渡长江,彻底摧毁国民党苦心经营的长江防线。4月23日,解放军占领南京,延续22年的国民党反动统治宣告覆灭。

人民解放军各路大军以秋风扫落叶之势,继续向中南、东南、西北、西南各省胜利进军,分别以战斗方式或和平方式,干净、利落地解决残余敌人。5月,先后解放太原、杭州、南昌、武汉、西安和中国最大的工商城市上海。7月,解放浙江全省(除舟山群岛外)。8月,攻克福州、兰州,湖南省和平解放。9月,攻克西宁、银川,新疆和平解放。9月至10月间,解放军在衡(阳)宝(庆)战役中重创国民党军白崇禧部主力,随即向广东、广西进军。至此,中国大陆大部分国土获得解放。

制定共同纲领创建人民共和国

随着中国革命迅速走上直接夺取全国政权的道路,制定未来新中国的各项大政方针的任务,摆在中国共产党面前。1949年3月,中国共产党第七届中央委员会第二次全体会议在河北平山县西柏坡召开。全会根据毛泽东的报告,制定了促进革命取得全国胜利和组织这个胜利的方针;规定了全国胜利后,党在政治、经济、外交方面应当采取的基本政策,以及使中国由农业国转变为工业国、由新民主主义社会转变到社会主义社会的前进方向；着重讨论了党的工作重心由乡村向城市实行战略转移的问题。为实现这个转移，全会号召全党要以恢复和发展生产为中心任务，努力学会管理城市和建设城市，在城市工作中，必须全心全意地依靠工人阶级，团结其他劳动群众，争取知识分子，争取一切可以合作的人，尤其要坚持同党外民主人士长期合作的政策。

1949年6月30日，为纪念中国共产党成立28周年，毛泽东发表《论人民民主专政》的重要文章，对国体问题作了更深入的论述。他在文中论证了资产阶级的民主主义让位给工人阶级领导的人民民主主义，资产阶级共和国让位给人民共和国的历史必然；指出在中国的历史条件下，不可能有资产阶级共和国，唯一的路是经过工人阶级领导的人民共和国，到达社会主义和共产主义。"总结我们的经验，集中到一点，就是工人阶级（经过共产党）领导的以工农联盟为基础的人民民主专政"。"对人民内部的民主方面和对反动派的专政方面，互相结合起来，就是人民民主专政"。

关于各阶级在国家政权中的地位，毛泽东论述道："人民是什么？在中国，在现阶段，是工人阶级，农民阶级，城市小资产阶级和民族资产阶级。""人民民主专政的基础是工人阶级、农民阶级和城市小资产阶级的联盟，而主要是工人和农民的联盟"。人民民主专政需要工人阶级的领导，但是，"中国必须利用一切于国计民生有利而不是有害的城乡资本主义因素，团结民族资产阶级，共同奋斗。""民族资产阶级在现阶段上，有其很大的重要性"，"但是民族资产阶级不能充当革命的领导者，也不应当在国家政权中占主要的地位"。[①] 这样，就从社会各阶级在国家中的地位及其相互关系上，把人民民主专政的基本思想讲清楚了。《论人民民主专政》的发表，最终确定了新中国的国体——实行人民民主专政的国家制度。

关于建立新国家的政体问题，毛泽东在1945年《论联合政府》的报告中已经讲清楚了，就是采取民主集中制的各级人民代表大会制度。但在民主党派和民主人士中，仍有主张实行西方立法、行政、司法三权分立和议会制的看法和建议。随着筹备建立新中国的工作已经展开，政体问题需要进一步明确。在1948年中央政治局九月会议上，毛泽东专门指出：我们政权的制度是采取议会制呢，还是采取民主集中制？过去我们叫苏维埃代表大会制度，这是死搬外国名词。现在我们就用"人民代表会议"这一名词。我们采用民主集中制，而不采用资产阶级议会制。议会制，袁世凯、曹锟都搞过，已经臭了。在中国采取

---

① 《毛泽东选集》第四卷，北京：人民出版社，1991年，第1478—1480页。

民主集中制是很合适的。不必搞资产阶级的国会制和三权鼎立等。①

关于新中国的基本经济政策,毛泽东在七届二中全会的报告中,首先阐明了一个最基本的国情:"现代性工业占10%左右,农业和手工业占90%左右","这也是在中国革命的时期内和在革命胜利以后一个相当长的时期内一切问题的基本出发点"。②从这个基本点出发,毛泽东回答了当前和革命胜利后,"为什么应当采取这样的经济政策而不应当采取别样的经济政策"的问题。

首先,中国现代性的工业经济是进步的。虽然它的产值只占国民经济总产值的10%左右,但是它却极为集中,最大的和最主要的资本集中在帝国主义及官僚资产阶级手里。没收这些资本归无产阶级领导的人民共和国所有,就使人民共和国掌握了国家的经济命脉,使国营经济成为整个国民经济的领导成分。这一部分经济,是社会主义性质的经济。

其次,中国90%左右的个体的分散的农业经济和手工业经济,是落后的。一方面,它们在今后一个相当长的时期内,就其基本形态来说,还将是分散的和个体的;另一方面,是可能和必须谨慎地、逐步地而又积极地引导它们向着现代化和集体化的方向发展的。必须组织生产的、消费的和信用的合作社,这种合作社是以私有制为基础的在无产阶级领导的国家政权管理之下的劳动人民群众的集体经济组织。

再次,中国的私人资本主义工业,占了现代性工业中的第二位,是一支不可忽视的力量。在革命胜利以后一个相当长的时期内,还需要尽可能地利用城乡私人资本主义的积极性,以利于国民经济的向前发展。这个时期内,一切不是于国民经济有害而是有利的城乡资本主义成分,都应当容许其存在和发展。这不但是不可避免的,而且是经济上必要的。但是中国资本主义的存在和发展,不是不受限制任其泛滥的。我们将从活动范围、税收政策、市场价格,劳动条件等几个方面,对于资本主义采取恰如其分的有伸缩性的限制政策。但是为了整个国民经济的利益,为了工人阶级和劳动人民现在和将来的利益,绝不可以对私人资本主义经济限制得太大太死,必须容许它们在人民共和国的经济政策和经济计划的轨道内有存在和发展的余地。

毛泽东总结说:社会主义性质的国营经济,半社会主义性质的合作经济,私人资本主义经济,个体经济,加上国家和私人合作的国家资本主义经济,"这些就是人民共和国的几种主要的经济成分,这些就构成新民主主义的经济形

---

① 中共中央文献研究室编:《毛泽东文集》第五卷,北京:人民出版社,1996年,第136页。
② 《毛泽东选集》第四卷,北京:人民出版社,1991年,第1430—1433页。

态"。① 进而特别强调，在整个国民经济中，社会主义性质的国营经济是领导成分，是起决定作用的。

鉴于召集政治协商会议和成立民主联合政府的一切条件，均已成熟，6月15日，新政协筹备会第一次全体会议在北平中南海勤政殿举行。与会者由新政协的倡议者中国共产党，积极响应中共五一口号的各民主党派、各人民团体和无党派民主人士共23个单位组成。筹备会设立6个工作小组，分别负责拟定参加新政协的单位及代表名额；起草新政协组织条例；起草共同纲领草案；拟定政府方案；起草大会宣言；拟定国旗国徽国歌方案等工作。

经过3个多月紧张有序的筹备，1949年9月21日，中国人民政治协商会议第一届全体会议，在北平中南海怀仁堂隆重开幕。毛泽东致开幕词说：现在的中国人民政治协商会议是在完全新的基础之上召开的，它具有代表全中国人民的性质，它获得全国人民的信任和拥护。因此，中国人民政治协商会议宣布自己执行全国人民代表大会的职权。在这里，毛泽东讲出了一段令全民族振奋，并传之久远的话："诸位代表先生们：我们有一个共同的感觉，这就是我们的工作将写在人类的历史上，它将表明：占人类总数四分之一的中国人从此站立起来了。"来自全国各方面的政协代表，怀着躬逢开国盛事、共议建国大计的使命感，对大会的各项议案进行了充分讨论和民主协商。

9月29日，全体会议一致通过《中国人民政治协商会议共同纲领》，作为中国人民革命建国的基本纲领。《共同纲领》在总纲中规定：中华人民共和国必须没收官僚资本归人民的国家所有，有步骤地将封建半封建的土地所有制改变为农民的土地所有制，保护国家的公共财产和合作社的财产，保护工人、农民、小资产阶级和民族资产阶级的经济利益及其私有财产，发展新民主主义的人民经济稳步地变农业国为工业国。

在"经济政策"一章中规定：中华人民共和国经济建设的根本方针，是以公私兼顾、劳资两利、城乡互助、内外交流的政策，达到发展生产、繁荣经济之目的。国家应在经营范围、原料供给、销售市场、劳动条件、技术设备、财政政策、金融政策等方面，调剂国营经济、合作社经济、农民和手工业者的个体经济、私人资本主义经济和国家资本主义经济，使各种社会经济成分在国营经济领导之下，分工合作，各得其所，以促进整个社会经济的发展。

《共同纲领》还规定了国家各项基本政策：国家的军事制度是建立统一的军队，即人民解放军和人民公安部队，受中央人民政府人民革命军事委员会统率，实行统一的指挥，统一的制度，统一的编制，统一的纪律；国家实行新民主主

---

① 《毛泽东选集》第四卷，北京：人民出版社，1991年，第1433页。

义的，即民族的科学的大众的文化教育政策；国家的民族政策是中华人民共和国境内各民族一律平等，实行团结互助，反对帝国主义和各民族内部的人民公敌，并在各少数民族聚居的地区实行民族的区域自治；国家外交政策的原则为保障本国独立、自由和领土主权的完整，拥护国际的持久和平和维护各国人民间的友好合作，反对帝国主义的侵略政策和战争政策。

9月30日，第一届中国人民政治协商会议全体会议圆满完成创建新中国的光荣使命，大会通过《宣言》向全世界宣示："中华人民共和国现已宣告成立，中国人民业已有了自己的中央政府。"《宣言》指出："这次会议，包含了全中国所有的民主党派、人民团体、人民解放军、各地区、各民族、国外华侨和其他爱国民主分子的代表，代表了全国人民的意志，表现了全国人民的空前的大团结。""我们应当进一步组织起来。我们应当将全中国绝大多数人组织在政治、军事、经济、文化及其他各种组织里，克服旧中国散漫无组织的状态，用伟大的人民群众的集体力量，拥护人民政府和人民解放军，建设独立民主和平统一富强的新中国。"

中华人民共和国的成立，开辟了中国历史的新纪元，标志着中国共产党带领中国人民完成了近代以来国家重建的历史使命，实现了中国的完全独立和空前统一，终结了帝国主义、封建主义和官僚资本主义的统治，为中国政治、经济、军事、文化、社会全方位的现代化进程开辟了广阔的前景与现实的可能。

第二章 前进基地

1949年新民主主义革命的伟大胜利和中华人民共和国的成立，实现了民族独立、人民解放两大基本任务，彻底结束了旧中国半殖民地半封建社会的历史，彻底结束了极少数剥削者统治广大劳动人民的历史，彻底结束了旧中国一盘散沙的局面，彻底废除了列强强加给中国的不平等条约和帝国主义在中国的一切特权，实现了中国从几千年封建专制政治向人民民主的伟大飞跃。这就为中国向现代化转型创造了根本政治前提。从而结束了近代以来"门户开放"使中国变为外国帝国主义附庸的被动现代化，开启了中国独立自主向前推动的主动现代化进程。

一、全面贯彻建国纲领创设转型条件

争取财政经济状况根本好转

中华人民共和国的成立，完成了近代先进的中国人为之长期奋斗的国家重建的使命，实现了100多年以来中国各族人民所渴望的国家统一。中国共产党成为在全国范围执政的党，担负起领导人民开创兴国大业的责任，开始着手国家的政治、经济、文化和社会领域的建设工作。首先是全面贯彻新民主主义建国纲领，为向社会主义转变和中国向现代化转型创造物质基础和必要条件。

新中国成立时，面临着国内外很多的困难。军事上，国民党集团虽然退踞台湾，仍有上百万军队分散在大陆若干省区负隅顽抗。经济上，所继承的是一个十分落后的千疮百孔的烂摊子，工农业生产大幅度下降，交通梗阻，物资匮乏，民生凋敝，物价飞涨，整个国家的经济状况是百废待兴，百业待举。国际上，美国拒绝承认并竭力阻挠其他国家承认新中国，实行政治孤立、经济封锁和军事包围的对华政策。面对复杂而艰难的局面，中央人民政府根据中共七届二中全会制定的各项基本方针，采取一系列措施，为巩固新生的人民政权、恢复被战争严重破坏的国民经济、重建和稳定社会秩序，进行了卓有成效的工作。

中华人民共和国一经成立，即与苏联及欧亚十多个人民民主国家建立了外交关系。1949年12月至1950年2月，毛泽东率中国政府代表团访问苏联，签订了《中苏友好同盟互助条约》和有关协定，将中苏两大国的同盟关系用法律形式固定下来。对外关系方面，在坚持一个中国即中华人民共和国的原则下，积极改善、发展同新兴民族独立国家尤其是邻近的民族独立国家的关系。到1951年，新中国同印度等4个亚洲民族独立国家及瑞典等4个欧洲资本主义国家建立了外交关系，新中国的对外交往有了良好的开局。

同时，中国政府废除帝国主义利用不平等条约获取的在中国的经济特权，收回长期由外国人掌握的中国海关及历史遗留的外国兵营地产等，有步骤地清理外国资本在华设立的经济、教育、文化、宗教机构，实行对外贸易的管制和对外汇的统一管理，维护了国家的主权和经济等方面的利益。

在军事方面，截至1950年10月，人民解放军经过一年的作战，消灭了国民党在大陆的残余军事力量，实现了除西藏、台湾和少数岛屿以外的全部国土的解放。1951年，中央人民政府同西藏地方政府达成关于和平解放西藏办法的协议，西藏和平解放。在新解放地区，人民解放军进行大规模的剿匪作战，肃清危害地方政权及人民生命财产安全的政治土匪、武装特务等反动势力，旧中国历史上遗留下来而为人民深恶痛绝的匪患得到根绝。

贯彻《共同纲领》，没收官僚资本企业的工作进展顺利。共接收旧有金融系统 2400 多家银行；工矿系统 2858 个企业，职工总数为 129 万人，其中产业工人 75 万人。商业系统主要接收官僚资本大型垄断性贸易公司及其分支机构。1951 年初，又对隐藏在私人资本主义企业中的官僚资本股份进行了清理。至此，没收官僚资本建立国营经济的工作全部完成。

据统计，截至 1952 年，全国国营企业固定资产原值为 191.61 亿元人民币，其中大部分为没收官僚资本企业的资产（不包括其土地价值在内）。除去已用年限基本折旧后净值为 129.89 亿元人民币，约折合 49.62 亿美元。这一巨大价值的财富收归国家所有，构成社会主义性质的国营经济的主要部分。国民经济中凡关系国家经济命脉和足以操纵国计民生的部分，已通过没收官僚资本基本掌握在国家手里，成为全体人民的公共财产。国营经济作为国民经济的领导力量，为国家调节各种非公有制经济成分，组织恢复和发展生产事业提供了有力的物质手段，并决定着全社会经济的性质和发展前途。

将工作重点转移到城市，中央财经委员会成功进行了稳定物价和统一财经的重大斗争。首先在全国最大的工商业城市上海，严厉取缔非法买卖银圆、外币的金融投机活动，使各地居高不下的物价指数回落。随后，针对不法投机商大量囤积生活必需品，哄抬物价，扰乱市场的行为，在全国范围内组织粮食、棉纱、棉布、煤炭的集中调运，在有利时机统一敞开销售，保证了市场供应和市民需要；同时催缴税款，收紧银根，使投机商因资金周转失灵而纷纷破产，市场物价趋于稳定。

中央人民政府成立之初，财政经济十分困难，全国财经工作亟待统一。随着全国性的军事行动接近尾声，1950 年 3 月，中央召开全国财经会议，对统一财经、紧缩编制、现金管理和物资平衡等工作做了具体部署，以争取财政收支平衡。根据中央的决定，各级政府部门紧急行动起来。紧缩编制，清理仓库，加强税收，节约开支，推销公债，使国家财政收入大幅度增加。在支出方面，严格统一全国编制和供给标准，由财政部权衡全局，量入为出，支拨款项，以集中必要的财力和物力解决当前最紧迫的问题。经过各级政府机关和人民群众的共同努力，统一财经工作很快取得明显成效。财政收支当年便接近平衡，中央财政有了稳定的来源，货币发行减缓；实行现金管理、整顿税收和推销公债，也使市场上货币流通量减少，商品供应比较宽裕。在货币与物资相对平衡的基础上，物价水平开始趋于平稳并有所回落。

稳定物价和统一全国财经工作，结束了国民党统治时代长期的恶性通货膨胀和物价飞涨的局面，也结束了旧中国几十年财政收支严重不平衡的状况，为安定人民生活，恢复和发展工农业生产创造了必要条件。

中华人民共和国的立国之战

新中国的经济恢复和建设，是在第二次世界大战后，以美国为首的资本主义与苏联为首的社会主义两大阵营冷战对立的国际环境下进行的。这种冷战对立，对中国的国家安全产生了重大影响。1950年6月25日，中国近邻朝鲜半岛的北南两方爆发内战，美国在第一时间命令海空军给予南朝鲜军队以支援，其三条决定里有一条是直接针对中国的，就是命令美国太平洋舰队第七舰队封锁台湾海峡，第十三航空队进驻台湾阻止人民解放军解放台湾。这是对中国内政粗暴的军事干涉，使朝鲜问题一开始就与中华人民共和国的主权、领土和尊严联系到了一起。7月，美国操纵联合国纠集16个国家组成联合国军进入朝鲜扩大侵朝战争。接着，美军不顾中国政府的一再警告，越过北纬38度国际分界线，把战火烧向中朝边境；美国飞机多次侵入中国领空，轰炸安东（今丹东）城乡地区，直接威胁中国人民生命财产和东北大工业基地的安全。如果让美国侵略军占领整个朝鲜，强兵压到鸭绿江边，中国将难以安定地从事建设。

这时，中华人民共和国刚成立不久，百废待兴，百业待举，正在全力以赴巩固政权、恢复国民经济。但是面对国家安全受到威胁，中国政府决不能坐视不管。10月1日，朝鲜劳动党和朝鲜政府向中国党和政府请求支援，中共中央政治局连续几天开会慎重研究，毛泽东提出"打得一拳开，免得百拳来"，"敢战才能言和"，"以战止战"的指导思想，最后统一意见，决定派遣中国人民志愿军出国作战，支援朝鲜人民的抗美斗争。抗美援朝与保家卫国，是一个不可分割的整体，保和平，卫祖国，就是保家乡。这不单是承担国际主义和道义上的责任，更是保卫革命胜利果实、保卫人民家园所必须，跟全体中国人民的切身利害紧密相关。

1950年10月19日，在斯大林、苏联政府不予提供空中掩护的情况下，中国人民志愿军第一批出国部队掩蔽渡过鸭绿江，于10月25日打响出国作战的第一次战役，首战与美军交锋，将其号称"开国元勋师"的骑兵第1师第8团的大部歼灭。中国人民志愿军乘胜追击，将联合国军驱逐至清川江以南地区。

从1950年11月至1951年6月，中国人民志愿军克服异国作战难以想象的困难，与朝鲜人民军密切配合，历时8个月，连续发起五次大的战役，共歼敌23万余人，将以美国为首的联合国军从鸭绿江边赶回到战争发动时的三八线附近，充分显示了中国人民不畏强敌、保家卫国的英雄气概，迫使美国不得不接受停战谈判。

中国人民志愿军出国作战，得到祖国人民全力支援。在中国共产党领导下，成立了各民主党派、各阶层及社会各界组成的中国人民抗美援朝总会，掀起声势浩大的抗美援朝运动。人民群众表现出空前高涨的爱国热情，广大青年踊跃参军，报考军校；人民领袖毛泽东的长子毛岸英也随志愿军总部入朝参战，不幸在美军的一次空袭中为国捐躯。成千上万的民工、铁路员工、汽车司机、医务工作者志愿开赴前线，担负各种战地勤务。在整个战争期间，共有200多万祖国优秀儿女先后奔赴朝鲜，为抗美援朝战争的胜利提供了强有力的兵员和战勤保证。

中国工人阶级积极开展增产节约运动，不断刷新生产纪录支援抗美援朝。广大农民普遍开展爱国丰产竞赛，努力多产粮棉来支援前线。为解决志愿军在前方作战武器装备不足的困难，抗美援朝总会发起捐献飞机大炮的运动，全国人民节衣缩食、踊跃捐款，可折合购买战斗机3710架。整个战争期间，国内供应前方的各种作战物资达560万吨，为战争胜利提供了物质保障。

抗美援朝运动与抗美援朝战争交相互动，形成以爱国主义、国际主义和革命英雄主义为主题的时代精神，把亿万人民群众最大限度地发动起来，投身到保卫祖国、建设新国家的神圣事业中去。这一伟大群众运动所涉及的社会阶层范围之广，各级党政领导的动员组织能力之强，普通人民群众参与程度之深，保证战争胜利的推动力之大，在中国人民反对帝国主义侵略的斗争史上是空前未有的。这种强大的政治优势，不仅为抗美援朝战争提供了稳固的后方环境，而且同恢复和发展经济、土地改革及各项社会民主改革齐头并进，相辅相成，前方和后方两条战线相互激励，彼此推动，成为抗美援朝战争取得胜利的重要因素。

整个朝鲜战争期间，美国先后投入200多万兵力和最先进的现代化武器，但中朝人民军队以坚决的战斗打破了美军"不可战胜"的神话，迫使美国于1953年7月签署了朝鲜停战协定。始于鸭绿江，止于三八线，这是美国历史上第一次在没有取得胜利的停战协定上签字。抗美援朝战争是中国人民长期的反帝斗争的继续，是中华人民共和国的立国之战。这场战争的胜利，比中国近代史上任何事件都更有力地激发了中国人民的民族自豪感和民族自信心，从根本上改变了旧中国在世界上留下的软弱可欺的形象。

虽然美国借朝鲜战争染指中国领土台湾，推迟了中国人民解放台湾、统一祖国的进程，但帝国主义从此不敢轻易欺侮和侵犯中华人民共和国，为中国逐步地向现代化转型赢得相对稳定的和平环境。抗美援朝战争结束后，包括美国、苏联在内的世界各国都重新估计中国在世界上的分量，由此开始塑造中华人民共和国在国际事务中的大国形象。

土地改革为中心的民主改革

新民主主义革命的经济纲领和主要任务之一，是在全国范围内完成土地制度的改革。新中国成立之前，已在1亿多人口的老解放区完成了土地改革，按照《共同纲领》的规定，1950年6月，中央人民政府颁布《中华人民共和国土地改革法》（以下简称《土地改革法》），明确规定废除地主阶级封建剥削的土地所有制，实行农民的土地所有制，借以解放农村生产力，发展农业生产，为国家的工业化开辟道路。由此，在占全国人口三分之二的新解放区农村展开了轰轰烈烈的土地改革运动。

为保证《土地改革法》的正确实施，从中央到地方训练了大批土改工作干部，集中学习如何发动团结群众、走群众路线的工作方法，掌握土地改革的政策法令及具体实施办法。经过学习培训，土改工作队分期分批下到农村，指导农民群众进行土地改革。

新解放区土地改革分几个阶段有序进行：发动群众；划分阶级；没收征收土地财产；分配土地财产；最后是进行复查和动员生产。首先向农民群众讲清划阶级的主要标准，是以人们对生产资料的占有状况和剥削与被剥削关系为依据，防止把中农尤其是富裕中农错划为富农；把剥削收入未超过全家总收入25%的富农或小土地出租者错划为地主。根据《土地改革法》规定没收和征收的范围，制定有关纪律和公约，组织农民群众有秩序地没收地主的土地、耕畜、农具、多余粮食及多余房屋等五大财产，不挖底财，不分浮财；对富农征收其超出规定范围以上的出租土地。在分配土改胜利果实时，各地力求做到公平合理和秩序井然。在确定地权后，各地政府及时把农民的政治热情引导到发展生产上去，动员翻身农民发展生产，争取丰收，改善生活，支援国家经济建设。对原来的地主保留一份土地，使他们能够通过守法劳动，逐步改造成为自食其力的劳动者。

从1950年冬到1952年底，全国除一部分少数民族地区外基本完成土地改革。全国有3亿多农民共分得7亿多亩土地和大量生产资料、生活资料，免除了过去向地主缴纳的大约相当于农作物生产量一半的地租。这是历史上前所未有的经济补偿，极大地激发了亿万中国农民的生产积极性。随着新解放区土地改革的陆续完成，人民政府从经济上对翻身农民给予扶持，实行一系列有利于促进农业生产的政策措施，广大农民的生产积极性空前高涨，普遍添置耕畜、水车及新式农具，改善和扩大生产经营，一般在土改完成的地区农业生产都获得了丰收。粮食、棉花、油料等主要农作物的产量逐年增长，显示了土地制度的改革对解放生产力、恢复和发展农业生产的巨大推动作用,并直接促进了以农产品为原料的工业生产。国家财政收入中的农业税征实也大幅度增长。

在农村实行土地改革的同时,在城市还进行了工矿交通企业的民主改革,主要是清除隐藏在企业内部的反革命分子和封建残余势力,废除旧社会遗留的官僚管理机构和各种压迫工人的制度,建立工厂管理委员会和职工代表会议,吸收工人参加工厂管理,调动工人群众当家作主、搞好生产的积极性,为恢复工业生产和交通运输事业创造必要的条件。1950年6月,中央人民政府颁布《中华人民共和国工会法》,各地积极贯彻《工会法》,陆续在工矿企业建立基层工会组织,并开始组建各种全国性的产业工会。一方面,在工业生产的恢复中,全国总工会和各级工会对企业行政部门或资方执行劳动保护、劳动保险、工资支付标准、工厂卫生与技术安全法令条例的情况实行监督,保护职工群众的利益;另一方面,对职工进行维护政府法令、执行政府政策、遵守劳动纪律等教育,通过组织生产竞赛,开展增产节约运动,保证生产计划的完成,并为改善工人物质文化生活做了大量建设性工作。

社会领域的民主改革也扎实推进。1950年5月1日,中央人民政府颁布《中华人民共和国婚姻法》规定:"废除包办强迫、男尊女卑、漠视子女利益的封建主义婚姻制度。实行男女婚姻自由、一夫一妻、男女权利平等,保护妇女和子女合法利益的新民主主义婚姻制度。"《婚姻法》的颁布与实施,是进一步肃清封建残余和建立新的社会生活的一项重大的民主改革,并为广大妇女从封建婚姻制度的压迫束缚下解放出来,投入革命和生产建设事业,提供了法律上的保障。在此期间,党和政府采取坚决措施,彻底取缔旧社会遗留的卖淫嫖娼、贩毒吸毒、聚众赌博等各种丑恶现象,扫除了旧社会的痼疾,明显改善了社会风气,净化了社会环境,振奋了民族精神,使中国的社会面貌焕然一新,社会生活发生了巨大的变化。

统筹兼顾发展生产繁荣经济

中央人民政府成立后,围绕恢复和发展生产这一中心工作,开展了包括经济、政治、教育文化等多方面的新民主主义建设。新中国经济建设的基本格局,是在国营经济的领导下,合作社经济、个体经济、私人资本主义经济和国家资本主义经济(即国家与私人合作的经济)五种经济成分并存,分工合作,各得其所,实行"公私兼顾、劳资两利、城乡互助、内外交流"的基本政策,统筹兼顾四面八方的利益,以发展生产,繁荣经济。

1950年6月,中共七届三中全会提出争取国家财政经济状况根本好转的任务，其中一个重要举措是合理调整城市工商业。统一财经以后，物价趋于稳定，一般大众无需通过购物进行保值，过去市场上虚假的社会购买力消失，出现市场萧条，商品滞销。私营工业因原料、资金短缺，生产减少，开工不足；私营商业普遍叫喊货卖不出去，歇业增多。城市工商业出现严重困难，导致失业人数大量增加，影响到社会人心的安定。为此，中央决定在"公私兼顾、劳资两利"的方针下，对私营工商业进行调整。

公私关系的调整，一是扩大对私营工厂的委托加工订货、统购包销，以满足军需民用和市场需求；调整税收负担，加强货币投放，帮助解决原料和资金困难。二是调整公私商业的营业范围，国营商业扩展批发业务，主要经营粮、煤、棉纱棉布、食油、食盐、煤油六种人民生活必需品，其他商品的零售业务让给私营商业经营。

劳资关系的调整，在确认工人阶级的民主权利、有利于发展生产的原则下，劳资间的纠纷问题，用协商方式解决，协商不成，由政府仲裁。在企业中建立劳资协商会议，一面要求资方积极经营，反对他们抽逃资金，躺倒不干；一面号召工人努力提高生产，不提过高的工资福利要求，以维持企业生产，共渡难关。对失业工人，政府采取以工代赈等措施，有重点地组织他们参加市政工程建设。

产销关系调整，根据产、运、销三者都要照顾的原则，政府在批发与零售、产区与销区、原料与产成品以及不同季节之间，规定合理的差价，使私商有利可图。对原料不足或产品滞销的行业，分别采取根据原料供应情况分配生产任务，或者以销定产、合理划分销售范围等办法加以解决。

经过半年的调整，帮助私营工商业渡过难关并得到发展。工业生产由萎缩转向增长，商业经营的销售量大幅度增加。私营工商业开业户与歇业户相抵，净增户人为增加。全国工商业由萧条到复苏，有一个形象的比喻：城市的"霓虹灯都亮了"。

城市工商业复苏得快，起决定作用的是收购土产。中央确定1951年财经工作的要点，把扩大城乡交流摆在第一位，强调这是关系全国人民经济生活的一件大事。各大区、省、市成立国营土特产贸易公司，投入大量资金收购运销土产品，供应农民必需的日用消费品。各地设立农副土产品收购门市部，及时供应农民所需的生产、生活资料。国家银行增加对贸易部门的贷款。各地普遍发展农村信用合作社，帮助农民解决临时的资金困难。对私营商业，鼓励其发挥长途贩运、深购远销的特长，促进城乡之间的物资交流。各地区积极举办物资交流会，为滞销的农产品打开销路。恢复和发展农村集市、庙会、骡马大会等贸易形式，组织农民开展近地物资交流。在传统的物资集散地增设国营土产公司，设立私人开办的贸易货栈，将收购土产品、推销工业品的业务范围，沿水陆交通线扩展到四面八方，初步形成市场繁荣的局面。

土产一动，百业俱兴。通过扩大城乡交流，国营商业把供销合作社商业、私营商业的力量组合起来，分工合作，各得其所，通力开拓城乡商品市场。商业的振兴，使工业和农业、城市和农村互为市场，初步形成促进商品流通的市场格局，并增加了国家财政收入。1950年到1952年，工商税收增长160%；商业部门上缴国家财政收入增长289.6%；国家财政总收入增长181.8%。对这种货畅其流的生动局面，中央财经委主任陈云有一个概括："扩大农副土产品的购销，不仅是农村问题，而且也是目前活跃中国经济的关键。"[①]

对外贸易方面，针对美国在抗美援朝战争开始后操纵英、法、日等36国对中国实行经济封锁和战略物资禁运，中国政府决定采取扩大对苏联和各人民民主国家贸易的对策，西方国家所禁运的各种战略物资，转为大部分从苏联、东欧等国家进口；并积极争取同西欧、北欧一些国家的商人做生意；同时，充分利用香港、澳门的特殊地位进行转口贸易，作为打破西方封锁禁运的重要通道。在西方禁运最猖獗的1951年，中国对外贸易总额达19.55亿美元，逐渐将旧中国外贸长期入超转变为进出口大体平衡，为实现中国经济上的独立创造了有利条件。

革故鼎新国民经济全面恢复

政治建设方面，主要进行了民主建政和民族团结的工作。到1951年10月，全国大多数省、市、县召开了各界人民代表会议，许多经济社会生活中的紧迫问题，都经过各界代表集思广益，多方协调，逐一获得解决。许多省、市、县的人民代表会议代行人民代表大会的职权，通过民主选举，正式产生负责各级人民政府的工作人员。民主建政的发展，有利于全国人民学习如何行使当家作主的权利，开始在民主素质、民主程序等方面得到训练。

统一战线工作得到加强。根据统一战线政策，各级人民政府委员会必须配备适当数量的党外人士，并做到有职有权。各民主党派和爱国民主人士在抗美援朝、土地改革运动中经受了锻炼，发挥了团结社会各方面的力量，为完成民主改革和经济恢复任务而共同奋斗的重要作用。

在少数民族聚居区，稳步推行民族区域自治，大力培养少数民族自己的干部。到1953年3月，在全国建立起县级和县级以上的民族自治地方47个，除最早建立的内蒙古自治区外，着手筹建新疆维吾尔自治区、宁夏回族自治区等省级

[①]《陈云文选》第二卷，北京：人民出版社，1995年，第118页。

自治区。经过三年的努力,民族区域自治已成为国家的一项基本政治制度,对祖国统一、民族平等、民族团结和地区发展具有重大的意义。

为发展民族的科学的大众的文化,有步骤地开展了对旧有学校教育制度和社会文化事业的改革。教育制度的改革首先解决教育为工农大众开门的问题,大力发展小学和中学,吸收工农子弟入学;兴办多种多样的工农速成中学、工农干部文化补习学校(班)和技术专修班,采取短期速成的方法,使一批工农干部、产业工人和解放军指战员达到中等文化程度。

为使高等教育更适应和服务于新中国建设的需要,对全国高等学校进行院系调整。调整的方针是:"以培养工业建设人才和师资为重点,发展专门学院和专科学校,整顿和加强综合大学。"一方面是将许多大学的文、理、法学院实行合并,组建新的综合性大学;另一方面是将各大学的工学院和工科各系实行合并,组建成新的工科性大学,或独立出来成为专门的工科学院。经过调整,到1953年,全国共有高等学校184所,开始在全国初步形成学科和专业设置比较齐全的高等院校体系,学校布局有了改善。

文化建设方面,成立中国文艺界联合会和中国作家协会,指导和推进人民文艺事业发展。倡导继承和发扬民族文化中的优良传统,重点发展人民的文学、艺术、戏剧、电影等文化事业。对旧戏曲中戏班、戏社的不合理制度进行改革,整理传统戏目,剔除封建毒素,净化戏曲舞台,在戏曲创作上提倡"百花齐放,推陈出新"。广大文艺工作者积极投身于现实斗争,深入社会生活,新创作出一批以革命战争、民主改革为题材,启发人民政治觉悟,鼓励人民劳动热情的优秀作品,丰富了人民群众的精神文化生活。

中央人民政府成立后,十分重视科学技术在建设事业中的重要作用。中国科学院在接收原国民政府中央研究院、北平研究院及其所属研究所的基础上组建起来。根据学术研究与实际需要密切配合的方针,合理分配科学人才,调整与充实院属科研机构,指导建立地方科研机构。加上高等院校、产业部门、国防部门的科研机构,逐步形成比较完整的科研体系,加强了科研队伍建设,为中国科学事业由近代以来的落伍逐渐走向振兴打下初步基础。

为争取和鼓励知识分子为人民服务,以适应新社会变化和新中国建设的需要,在教育文化界开展了知识分子的思想改造工作,主要是通过学习、批评和自我批评,解决分清革命与反革命、树立为人民服务的观点问题。对知识分子的思想改造,由于采取了搞群众运动的方法,存在"人人过关"、把一般历史问题夸大为政治问题等简单粗暴的做法,给一部分愿意为人民服务的知识分子带来伤害。但从总的方面看,教育文化、新闻出版、科学技术、医药卫生等各界知识分子,结合土地改革、抗美援朝等实际斗争,清除思想上残存的帝国主义、封建买办阶级的影响，在政治上划清革命与反革命的界限，并在清理资产阶级思想和唯心主义观念方面取得初步成绩。绝大多数知识分子经受了实际斗争的锻炼，努力适应社会的变化，跟上时代的要求，为发展新中国的教育、科学、文化事业贡献了自己的知识和才智。

中国共产党作为在全国范围内执掌政权的党，担负着多方面全新的任务，党的队伍面临新的考验。中央于1950年5月1日发出指示，在全党范围进行整风运动，克服上级机关的官僚主义和中下级机关的命令主义，纠正干部、党员中的居功自傲情绪和"革命到头"思想，密切了党和人民群众的关系。1951年4月中央决定进行整党，重点解决党内思想不纯、组织不纯等方面的问题。针对增产节约运动中暴露出来的贪污腐化问题，1951年12月中央决定在党政机关工作人员中开展一场反对贪污、反对浪费、反对官僚主义的"三反"运动。运动采取放手发动群众，大张旗鼓、雷厉风行、抓住典型、严肃处理等方式，形成有力的社会舆论和群众威力。历时半年的"三反"运动，清除了党和国家干部队伍中的腐化分子，有力地抵制了旧社会遗留的恶习和资产阶级的腐蚀。

随着"三反"运动的深入，揭露出许多资本家有行贿、偷税等严重违法行为。于是，在私营工商业者中开展了一场反对行贿、反对偷税漏税、反对偷工减料、反对盗骗国家财产、反对盗窃国家经济情报的"五反"运动。"五反"运动的开展，有力打击了不法资本家的违法行为，推动了在私营企业中建立工人监督和实行民主改革，使党和政府在同资产阶级的限制与反限制斗争中取得胜利。"五反"运动结束后，再次进行了工商业调整，使私营工商业在《共同纲领》轨道上继续发挥有益于国计民生的积极作用。

经过三年多的艰苦奋斗，遭到严重破坏的国民经济获得全面恢复，并有了初步发展。1952年，工农业产值和主要产品的产量均已超过历史上的最高水平。人民生活得到改善。党和政府在纷繁复杂的斗争中，坚持贯彻实施《共同纲领》提出的各项任务，在继续完成民主革命任务的同时，使国民经济得到全面恢复和初步发展，从政治、经济、文化等各方面促进了社会主义因素的增长，为整个国家从新民主主义转向社会主义奠定了良好的基础。

二、工业化建设高潮与制度奠基

向社会主义过渡时期的总路线

经过新中国成立三年来的必要准备，1953年中国共产党提出党在过渡时期的总路线,动员全党全国人民为实现从新民主主义到社会主义的转变而奋斗。以实施第一个五年计划为标志,中国开始有计划的经济建设,掀起工业化建设的高潮。同时,实行对生产资料私有制的社会主义改造,确立人民代表大会的根本政治制度,推进民主与法制建设、教育科学文化建设和国防现代化建设。到1956年,基本完成对农业、手工业和资本主义工商业的社会主义改造,为中国向现代化转型奠定了社会主义制度基础。

在中国实现社会主义,是中国共产党自创立时就确定的奋斗目标。但是,基于旧中国是一个经济文化十分落后的半殖民地半封建社会的基本国情,党确定实现社会主义必须分两步走,只有经过新民主主义才能到达社会主义,这是中国革命发展的必由之路。

到1952年,随着土地改革的基本完成和国民经济的迅速恢复,国营经济日益发展壮大;过去三年调整工商业采取的国家委托加工订货、统购包销等国家资本主义措施,实际上起到利用、限制和改造资本主义工商业的作用;土地改革后倡导农民组织起来,发展互助合作,实际上是引导个体农业逐步过渡到社会主义集体化的开端。在形势发生变化的新的条件下,中共中央决定从现在开始用十年到十五年的时间基本上完成到社会主义的过渡。

1953年6月,中共中央政治局正式讨论和制定了中国共产党在过渡时期的总路线:"从中华人民共和国成立,到社会主义改造基本完成,这是一个过渡时期。党在这个过渡时期的总路线和总任务,是要在一个相当长的时期内,逐步实现国家的社会主义工业化,并逐步实现国家对农业、对手工业和对资本主义工商业的社会主义改造。"这是一条社会主义工业化与社会主义改造同时并举的总路线。经过广泛的学习和宣传,过渡时期总路线成为团结和动员全国人民为建设一个伟大的社会主义国家而奋斗的新的纲领。

工业化建设的第一个五年计划

实现国家的社会主义工业化,是国家独立富强的客观要求和必要条件。中央提出,从1953年起,开始执行国家建设的第一个五年计划,经济建设工作在整个国家生活中已经居于首要的地位。

新中国成立的头三年,工业生产虽然已经恢复并且超过历史上的最高水平,但是工业化的起点仍然很低。1952年,现代工业在工农业总产值中的比重只有26.6%,重工业在工业总产值中的比重只有35.5%。中国仍然是一个落后的农业国家。对此,毛泽东讲过一段令人深省的话:"现在我们能造什么?能造桌子椅子,能造茶碗茶壶,能种粮食,还能磨成面粉,还能造纸,但是,一辆汽车、一架飞机、一辆坦克、一辆拖拉机都不能造。"① 中国人民迫切要求迅速改变这种状况。特别是经过朝鲜战场与美国高度现代化装备进行较量，改变我国工业特别是重工业极端落后状况的客观要求显得更为紧迫。由此，中国参照苏联的经验，选择了一条优先发展重工业的工业化道路。

第一个五年计划（1953—1957年）是中国历史上第一个向现代化目标推进的国民经济发展计划，是在边制定、边修改中开始执行的。"一五"计划规定，五年内国家用于经济和文化建设的投资总额达766.4亿元。全部基本建设投资的58.2%用于工业，其中又把88.8%用于制造生产资料的重工业建设。这些资金主要来自国内的积累，有相当大一部分是从农业中获取。

"一五"计划的制定和实施，得到苏联政府的直接帮助。以援建156个工业项目为中心，苏方不仅提供贷款和成套设备，而且从地质勘探、厂址选择到设备安装，都给予具体的指导和帮助。更重要是技术和设备的援助。在"一五"期间，苏联派到中国的技术专家3000多人；中国派往苏联的留学生达7000多人，实习生5000人。156个苏联援建工厂的厂长、总工程师和技术工人在苏联的工厂接受专门训练。这是一次大规模的技术转让和设备引进，许多新兴工业得以建立，解决了不少生产上的关键问题和技术困难，中国工业技术水平从二三十年代迅速提高到四五十年代的水平，生产能力大幅度提高。经验证明，对外开放是我国经济快速发展的一个不可或缺的条件。

在接受外援的同时，中国强调国家建设以国内力量为主，生产建设上要自力更生，凡能自己解决的就不依赖外援。在"一五"期间，国家财政来自国外的贷款，只占财政总收入的2.7%。从1955年开始，中国即以对外贸易的顺差分年偿还国外的贷款。1956年，中央进一步明确提出建立独立完整的工业体系的方针。这对于后来在国际关系的剧烈变化中我国始终坚持独立自主的立场，具有深远的意义。

重工业建设的重点是冶金工业和机械工业。冶金方面安排的改扩建工程，主要是东北的鞍山钢铁公司，安徽马鞍山、四川重庆、山西太原的钢铁企业。武汉钢铁公司属新建大型综合性钢铁基地，于1955年开工兴建。机械制造方面，以制造冶金矿山设备、发电设备、运输机械设备、金属切削机床等部门为重点，适当发展电机、电工器材设备、炼油化工设备和农业机械等制造业。

基础设施、能源及轻工业建设也大规模展开。铁路建设的重点，主要对哈大、京沈、京包、京汉、陇海线中段、石太线东段及同蒲线进行技术改造；同时，为开发西部资源，着手修建和新建包兰线、兰新线、宝成线。煤炭工业以改扩

---

① 中共中央文献研究室编：《毛泽东文集》第6卷，北京：人民出版社，1996年，第329页。

建原有矿区为重点，同时积极开发已探明储量的新矿区，并安排一批炼焦煤基地的建设以为钢铁工业服务。电力工业方面，一是加强对东北、华北、中南和华东电力工业的建设；二是在西南、西北新建、改扩建一批电厂，为开发西部做准备。轻工业的重点，是加强纺织、制糖、造纸工业建设。为了使棉纺织工业的原料供应由进口逐渐转向基本立足于国内，新的纺织工业基地全部安排在接近原料和消费市场的京广沿线及其以西地区。

在"一五"计划执行过程中，国家对重点建设实行了集中统一的管理。以156项工程为中心、694个大型建设单位组成的工业建设，需要大量的财力、物力和技术力量。为了集中有限的资金、资源用于重点建设，从1953年起，国家加大了对经济建设计划管理的力度。首先，在财政上明确划分中央、省（区、市）、县三级的收支范围，实行统一领导、分级管理的财政经济管理体制。其次，建立物资管理和分配制度，将全国的物资分为：统配物资，由国家计划委员会组织生产和分配；部管物资，由中央各主管部门组织生产和分配；地方管理物资，主要由地方政府安排生产和销售，少部分由企业自产自销。这种严格控制物资流向的计划管理方式，使国家能够对有限的资源进行合理配置，以确保重点工程的建设。由此，逐步形成集中统一的物资管理和分配体制。

1953年一开始，全国人民就投入热火朝天的经济建设。工业化建设全面展开后，整个国民经济进入紧运行状态。由于缺乏经验，工农业增长的指标定得高了些，基本建设的盘子搞得大了些，加上国家预算支出膨胀，预算收支失去平衡而出现财政赤字，银行信贷资金紧张，市场供求关系紧张。中央及时发现这些偏向，强调国民经济计划应有可靠根据，符合实际可能，提出"重点建设，稳步前进"的方针，即国家财力必须集中使用在建设的主要方面；必须有足够的后备力量，以保证有决定意义的基本建设的完成。这一方针，对于在综合平衡的基础上顺利进行"一五"计划建设具有重要指导作用。经过方针政策的调整，全党全国人民同心同德艰苦奋斗，中国的社会主义工业化步伐在扎扎实实地向前迈进。

对农业手工业的社会主义改造

随着第一个五年计划的实施，国家对农业、手工业和资本主义工商业的三大社会主义改造全面展开和向前推进。

土地改革后，为恢复和发展农业生产，党和政府积极提倡和鼓励发展互助合作组织，以克服一家一户进行生产所遇到的困难，避免发生两极分化。1951年12月，中共中央下发试行《关于农业生产互助合作的决议（草案）》，要求发扬农民个体经济和互助合作两种生产积极性，根据生产发展的需要和可能，按照积极发展、稳步前进的方针和自愿互利的原则，采取典型示范、逐步推广的方法，把农业互助合作当作一件大事去做。到1952年底，组织起来的农户占全国总农户的40%左右，主要是劳动互助组，只有少量生产合作社。

过渡时期总线提出后，对农业的社会主义改造进入新的阶段。1953年，各地全面实行中央关于农业生产互助合作的决议，就是在条件比较成熟的地区，有领导、有重点地发展初级农业生产合作社，即农民以土地入股，在私有财产基础上，农民得按入股的土地分配一定的收获量，按入股的工具及牲畜取得合理的代价；同时，在共同劳动的基础上，实行计工取酬，按劳分红，并拥有某些公共财产。中央认为，这种半社会主义的初级社易于为农民所接受，是向社会主义过渡的富有生命的形式。

根据中央的决议，互助合作运动的发展总体上是健康的，但在局部地区出现了急躁冒进、强迫命令现象，引起农民的不满，直接影响了备耕工作和春耕生产。中共中央连续发出指示予以纠正，强调领导农业生产的关键是要照顾到小农经济的特点，互助合作不可自上而下地强求一致完成。中央农村工作部召开全国农村工作会议，强调发展合作社必须从小农经济的生产现状出发，绝不能一哄而起。通过贯彻"积极领导、稳步前进"的方针，统一了农村工作干部的思想。经整顿后，初级合作社有1.5万多个，参加农户27.5万户。合作社优于互助组，普遍增产增收，受到农民的欢迎。

"一五"计划建设开始后，一个突出的问题是粮食供应紧张。城镇和工矿区的发展，急剧扩大了对商品粮食的需求量。而小农经济生产能力有限，粮食供应不足；农村余粮户有待价惜售心理，私人粮商控制了很大一部分粮食市场，造成国家粮食库存量急剧减少。中央高度重视粮食紧张局势，中央财经委对可能采取的办法反复权衡比较，决定在农村实行粮食征购，在城市实行粮食配给。1953年10月，中共中央召开政治局会议、全国粮食工作紧急会议，确定在农村实行粮食计划收购；对城市居民实行粮食计划供应，简称"统购统销"。实行粮食统购统销政策，初步缓解了粮食供求紧张的矛盾，在不高的水准上满足了工业化初期对大宗粮食的需要。1954年，接着又实行油料、棉花的统购和食油、棉布的统销，使粮、棉、油等主要农产品脱离自由市场，纳入国家计划管理的轨道。

粮食供求紧张的矛盾得到缓解，却不能根本改变农业生产落后于工业发展的状况。现实的办法要靠农业合作化，以增加粮食生产。1953年12月中共中央作出《关于发展农业生产合作社的决议》，强调农业个体经济与社会主义工业化高涨的需要之间日益暴露出很大的矛盾。党在农村工作中最根本的任务，就是逐步实行农业的社会主义改造，必须把个体经济积极性引到互助合作积极性的轨道上来，把注意力更多地转向兴办初级农业生产合作社。1954年春，各地农村很快掀起大办合作社的热潮。1954年底，初级社从1953年的1.5万个增至48万个，参加各种互助组织的农户在全国总农户中的比重，由1952年的19.2%增加到60.3%。到1955年春，农业社又从48万个猛增到67万个。

在合作社大发展中，一些地方工作粗糙，引起农村关系的紧张，农村中出现杀猪宰牛、不热心积肥备耕等不正常情况。中共中央、国务院连续发出通知和紧急指示，强调农村工作的一切措施，都必须围绕发展生产这一环节，避免对农民生产积极性的任何损害，并决定对农业合作社进行整顿。同时决定削减粮食征购指标，执行粮食定产、定购、定销的"三定"政策，使农民能预先知道当年生产多少，国家收购多少，自己留用多少，做到心中有数，由此稳定农民的生产情绪。经过认真整顿合作社和执行粮食"三定"政策，到1955年5月，农村形势基本稳定下来，农民的生产积极性随之提高。这次整顿全国共保持65万个社。当年夏收，有80%以上的合作社增产，说明初级合作社的发展基本上是健康的，为我国的农业合作化奠定了初步基础。

改造个体所有制的一个重要方面，是对手工业的社会主义改造。我国工业基础薄弱，手工业历来在经济和社会生活中占有重要地位。手工业的行业和品种很多，几乎包括人民日常生活的方方面面。在工业化建设初期，轻工业还远不能满足人民日益增长的需要，手工业的重要性尤其明显。但手工业的生产方式是分散的，生产条件落后，作为小商品经济，抗御经济风险的能力很弱。因此，改造个体手工业的任务，就是逐步引导手工业劳动者走社会主义集体化的道路。先从供销合作小组开始，到组织供销合作社，逐步过渡到高级形式的手工业生产合作社。到1954年底，全国手工业合作组织达到4.17万多个，社（组）员121.35万人，当年产值11.7亿元，较1953年产值5.06亿元增长1.3倍。手工业生产合作，在供销和生产两方面都很有生气，社（组）员劳动积极性很高，劳动生产率也相应提高，发挥了组织起来的优越性。

有步骤地改造资本主义工商业

有计划地推进对资本主义工商业的社会主义改造，是和农业合作化同步进行的又一大战略步骤。1953年6月，中共中央两次召开政治局扩大会议，确定了经过国家资本主义改造资本主义工业的方针。不久，又决定对资本主义商业也要实行国家资本主义，不采取单纯"排挤"的办法。三年多的经验证明，经过国家资本主义完成对资本主义工商业的社会主义改造，是较健全的方针和办法。由此，国家对资本主义工商业的社会主义改造进入全面推进阶段。

工业方面，1953年以前，以加工订货为主的初级国家资本主义形式已有较大发展。总路线提出以后，特别是实行对粮、棉、油统购统销之后，以农产品为原料的私营工业，受到国家政策的严格限制，更需接受国家的委托加工、计划订货。

"一五"计划实施后，要求对私营工业的改造工作向前推进一步，以适应工业化建设的需要。1954年1月，对资改造开始转入有计划地扩展公私合营阶段。公私合营是高级形式的国家资本主义，是社会主义成分同资本主义成分在企业内部的合作，公方占有相当股权，公方代表居于领导地位。企业的利润实行"四马分肥"，即按国家所得税、企业公积金、工人福利费、资方红利分配，资方红利大体只占1/4，企业利润大部分归国家和工人所有，公私合营企业因而具有了更多的社会主义性质。

中国的私营工业，多数设备陈旧，经营落后，技术更新能力很低。国营企业的设备相对先进，劳动生产率明显高于私营企业。由于在原料、市场等方面受到很大限制，不少私营企业渐感经营困难，主动要求公私合营。1954年公私合营企业由上年的1036户增加到1746户。企业实行合营后，国家派干部加强领导，投资进行新建、扩建，整顿经营管理，生产迅速提高。1954年公私合营企业的产值较1953年增长25.5%。合营工厂私股分得的红利，大都比私营时期要高，促使更多的资本家要求实行公私合营。

扩展公私合营的工作，一般是选择规模较大的企业入手。稍具规模的企业实行合营后，剩下的绝大多数中小企业由于机器简陋，工序不全，处境更加困难。为解决上述矛盾，国务院召开扩展公私合营工业计划会议，决定采取"统筹兼顾、归口安排、按行业改造"的方针，由国营企业让出一部分原料和生产任务给私营企业，以解决公私之间的矛盾；在扩展方式上，可按行业采取以大带小、以先进带落后的办法实行合营。这就加快了改造私营工业的步伐。到1955年底，公私合营企业增加到3193户，其产值占全国私营工业总产值的49.7%。工业方面扩展公私合营的工作取得显著成效。

商业方面，实行统购统销政策后，原来经营粮、棉、油等人民生活必需品的私营大批发商，全部由国营商业所代替，整个市场关系发生了深刻变化。旧的自由市场的活动范围大大缩小，国营商业对市场的统一管理得到加强。私营零售业的主要部分，已不能像过去那样从私营批发商或生产者方面进货，而必须依靠从国营商业、合作社商业进货来维持营业。为此，国家对私营零售商采取了经销代销方式，即由国营商业掌握商品货源，执行国家规定的零售牌价，私商赚取代销费和批零差价。1955年4月，中共中央再次发出指示，要求使城市的零售商逐步过渡为国营商业的分销处、门市部；对农村的小商贩，则根据自愿的原则，使他们逐步过渡为供销合作社商业。到 1955 年秋，对私营商业及城乡小商贩的改造工作有了很大进展。

推进国家各项建设与外交工作

中华人民共和国是人民当家作主的人民民主国家，实行人民代表大会的政治制度。但在新中国成立初期，各方面的条件还不成熟，暂时采取各界代表会议作为过渡形式。1952 年 9 月，第一届中国人民政治协商会议全体会议已经届满。根据中共中央的提议，1953 年 1 月，中央人民政府作出《关于召开全国人民代表大会及地方各级人民代表大会的决议》，同时成立宪法起草委员会和选举法起草委员会。经过 1953 年第一次全国人口普查、选民登记、基层选举、召开地方各级人民代表大会、选举全国人民代表大会代表等工作的筹备，1954 年 9 月，第一届全国人民代表大会第一次会议在北京隆重举行。

第一届全国人大一次会议最重要的成果，是制定和通过了第一部《中华人民共和国宪法》，进一步确立了我国的根本政治制度，规定："中华人民共和国是工人阶级领导的、以工农联盟为基础的人民民主国家。""中华人民共和国的一切权力属于人民。人民行使权力的机关是全国人民代表大会和地方各级人民代表大会。""全国人民代表大会、地方各级人民代表大会和其他国家机关，一律实行民主集中制。"宪法明确了我国向社会主义过渡的方向和途径，规定："中华人民共和国依靠国家机关和社会力量，通过社会主义工业化和社会主义改造，保证逐步消灭剥削制度，建立社会主义社会。"宪法规定了公民的基本权利和义务，使中国人民的基本人权获得宪法保障。第一届全国人民代表大会的召开，标志着人民代表大会制度作为我国的根本政治制度正式确立，成为整个国家沿着社会主义道路前进的制度保障。

第一届全国人民代表大会召开后，第一届中国人民政治协商会议全体会议代行全国人民代表大会职权的过渡阶段结束。1954 年 12 月，中国人民政治协商会议举行第二届全国委员会第一次会议，讨论并通过新的《中国人民政治协商会议章程》，规定人民政协为团结全国各民族、各民主阶级、各民主党派、各人民团体、国外华侨和其他爱国民主人士的人民民主统一战线的组织。它的基本任务是在中国共产党领导下，继续巩固和发展人民民主统一战线，通过各民主党派和各人民团体的团结，更广泛地团结全国人民，并向有关国家机关反映群众的意见和建议，就国内外重大事项和重要人事安排进行协商，共同促进社会主义事业的发展。全国政协二届一次会议，确定了人民政协的性质、地位、作用和任务，解决了政协与人大、与政府之间的关系和相互配合问题，进一步巩固了人民民主统一战线，为我国长期坚持中国共产党领导的多党合作和政治协商的基本制度奠定了基础。

中国是由56个民族组成的统一的多民族国家。据1953年人口普查统计，除汉族外，55个少数民族的人口共3500多万人，约占全国人口的6%，但分布的地区约占全国总面积的60%。1949年《共同纲领》确定实行民族区域自治，以保证祖国统一和各民族团结，同时保证各民族的平等地位，满足各少数民族自己当家作主的愿望。根据几年来的实践，1954年宪法将民族自治地方规范为自治区、自治州、自治县三级，县以下的少数民族聚居区，得设民族乡。到1956年，全国共建立27个自治州、43个自治县，均设立相应的民族自治机关。最早成立于1947年5月的内蒙古自治政府，改称为内蒙古自治区人民政府。1955年10月1日，新疆维吾尔自治区宣告成立。拟议成立广西壮族自治区、宁夏回族自治区的筹备工作也在进行。西藏自治区筹备委员会于1956年4月在拉萨成立。这些基础性工作，使民族区域自治正式成为我国的一项基本制度。这对于中国在任何复杂的国际国内环境下都始终保持国家的完整统一，具有重大而深远的意义。

随着工业化建设高潮的到来，一个文化建设的高潮也很快到来。中共中央确定文化工作的首要任务是积极地发展适合群众需要的新的文学艺术和电影的创作，同时对民间原有各种艺术和文化娱乐形式应广泛地加以发掘、利用、改革和发展。各级党和政府主管部门应抓紧对文艺创作的领导，引导作家按照为工农兵服务的政治方向和社会主义现实主义的创作原则前进；克服在领导创作上的行政命令方式和简单粗暴态度。在毛泽东提出的"百花齐放，推陈出新"方针指导下，我国的文化工作出现欣欣向荣的气象。

在教育方面，明确了教育工作的重点是高等教育，中心是培养人才，特别是培养高、中级技术人才。经国务院批准，沿海地区一些高等学校的专业、系迁至内地组建新校；有的学校全部或部分迁至内地建校，以逐步解决沿海和内地教育资源不平衡的问题。到1956年，全国高等学校发展到227所；成人教育、职工教育和工农群众的业余文化教育都有很大发展，为各条战线培养了一大批骨干。

科学工作方面，中国科学院成为国务院领导的国家最高学术机关，组织形式也相应地改变。经国务院批准，中国科学院聘任233位学部委员（留居大陆的前中央研究院院士基本上受到聘任），于1955年6月建立了4个学部，即数理化学部、生物学地学部、技术科学部、哲学社会科学部，以便更好地团结全国科学家，领导并推进中国的科学事业。以中国科学院为全国科学研究的中心，指导建立地方科研机构，同时发展高等学校和产业部门的科研机构，逐步形成了比较完整的科研体系。到 1956 年底，全国科学技术人员已达 40 余万人，专业的科研机构超过 800 个。这支力量在工业化建设中发挥了重要作用。

在国防和军队建设方面，经过抗美援朝战争，中央军委系统地总结同高度现代化装备的美军作战的经验，适应现代化战争的要求，开始实行人民解放军向诸军兵种合成军队的战略转变。通过精减整编，在原有陆军的基础上先后组建了空军、海军、防空军、公安军等军种，以及炮兵、装甲兵、工程兵、铁道兵、通信兵、防化学兵等各兵种的领导机关及其所属部队。创办军事院校和军事科学院，加强对军事科学和现代战争的研究。颁布内务条令、队列条令、纪律条令，提高全军的组织性、计划性、准确性和纪律性。1955 年，正式实行义务兵役制、军衔制、军官薪金制三大制度。人民解放军在革命化、正规化、现代化建设中始终坚持中国共产党对军队的绝对领导，在保卫国家安全、维护社会稳定、巩固人民民主专政等方面发挥了坚强柱石作用。

国防工业发展，是工业化建设的重要组成部分。1952 年，中央人民政府决定成立主管国防工业的第二机械工业部，归口管理兵器、坦克、航空、电信工业，对国防工业实行集中统一管理。1953 年中央批准"一五"计划期间新建的航空、无线电、兵器、造船等大型骨干工程共 44 项，改建扩建老厂的大中型工程共 51 项。这一批苏联援助新建、改建和扩建的大型军工企业，使中国常规武器的生产具备了一定规模。1955 年，中共中央把发展国防尖端技术提上了国防现代化的议事日程，作出发展原子能事业、研制原子弹的决定。中央成立指导原子能事业发展工作的领导小组；组建领导导弹和航空事业发展的航空工业委员会；成立国防部第五研究院负责导弹的研制；设立第三机械工业部（后改由第二机械工业部），主管核工业建设和核武器研制工作。重点突出尖端技术的发展，对于国防科技事业发展和国防现代化建设具有重大而深远的意义。

外交工作方面，在朝鲜停战后亚洲紧张局势有所缓和的形势下，中央要求积极开展国际活动和斗争，为国内建设创造更有利的和平环境。1954 年 4 月，在日内瓦召开由中、苏、美、英、法及有关国家外长参加的讨论朝鲜问题和印度支那问题的会议。这是中华人民共和国首次参加讨论国际问题的重要会议。日内瓦会议第一阶段，由于美国的阻挠，未能就政治解决朝鲜问题达成协议。会议第二阶段，越南人民抗击法国侵略军取得决定性胜利。以周恩来为首的中国代表团在英、法及苏、越等国代表团间进行了卓越的外交斡旋，终于促使达成恢复印度支那和平的协议，使亚洲局势进一步缓和，增强了中国南部边陲的安全，为国内建设创造了有利的周边环境。

为发展同新兴民族独立国家的关系，中国政府首先提出和平共处五项原则，即互相尊重领土主权和领土完整、互不侵犯、互不干涉内政、平等互利、和平共处。1954年6月，周恩来应邀访问印度和缅甸，分别与两国总理发表联合声明，一致同意以和平共处五项原则作为指导相互关系的基本原则，并倡议将和平共处五项原则作为处理国际关系的准则，在世界上产生了广泛而深远的影响。

1955年4月，有着受帝国主义侵略压迫的共同历史遭遇的亚非29个国家的政府首脑，在印度尼西亚的万隆举行亚非会议，讨论保卫世界和平、争取民族独立、发展民族经济等共同关心的问题。周恩来率中国代表团出席会议。会议开始后，与会各国之间相互疑虑、争吵，矛盾和分歧错综复杂，针对这种情况，周恩来鲜明地提出"搁置分歧、求同存异"的方针，呼吁各国为着反对殖民主义的共同利益而加强团结合作，推动会议取得了圆满成功。

经过几年来复杂的外交斗争和卓有成效的国际活动，中国在通过协商解决国际争端，促进国际紧张局势缓和等方面，显示了重要的作用，提高了中国的国际地位，同时扩大了与世界许多国家的联系和交往，为全面建设社会主义争取到较为有利的国际环境。

在中国奠定社会主义制度基础

1955年夏季以后，我国合作化运动形成猛烈发展的群众性浪潮，从而加快了对农业、手工业、资本主义工商业改造的提前完成。这主要是因为：1954年夏秋，我国几大地区遭受百年不遇的洪涝灾害，农业受灾严重，总产值仅比上年增长3.4%。农产品原料不足，又影响到1955年轻工业出现负增长，整个工业增长速度降至5.6%，这突出反映了农业滞后对工业发展的制约。为了基本上解决商品粮食和工业原料年年增长的需要同小农经济主要农作物一般产量很低之间的矛盾，从1955年夏季起，农业合作化的步伐大大加快了。

按照中央农村工作部报经中央政治局批准的计划，到1956年春全国农业合作社发展到100万个。1955年5月，毛泽东从南方视察回京，认为需要比原有的65万个社增加一倍，即增加到130万个左右，使全国二十几万个乡，每乡都有一个至几个合作社，以作榜样。

7月31日，中共中央召开省、市、自治区党委书记会议，毛泽东在会上作《关于农业合作化问题》报告。这个报告正确总结和阐述了我国农业合作化的历史、指导合作化运动的基本方针，但是，报告的总基调是批评主张合作社要稳步前进的邓子恢及其领导的中央农村工作部，认为他们在全国农村社会主义高潮面前像"小脚女人"走路，执行的是一种"右倾错误的指导方针"。会后，毛泽东的报告层层传达，一直到农村党支部，推动农业合作社迅猛发展。

6月到10月，全国新建合作社64万个，使合作社总数接近130万个，仅4

个月就基本实现了"翻一番"。10月，中共扩大的七届六中全会召开，通过《关于农业合作化问题的决议》，批判党内在合作化问题上的"右倾保守主义"思想，推动农业合作化运动进一步形成猛烈发展的浪潮。1956年1月，入社农户由上年6月占总农户的14.2%猛增到80.3%，基本上实现了初级社化。6月，毛泽东以国家主席的名义公布《高级农业生产合作社示范章程》，推动初级社向高级社转变。大批刚刚建立的初级社尚未进行土地入股、生产资料折价，甚至来不及进行生产安排，就卷入了并社升级的浪潮。到1956年底，加入合作社的农户达全国农户总数的96.3%，其中参加高级社的农户占总农户的87.8%。这样，就在短短几个月的群众运动高潮中，基本完成了高级形式的农业合作化。

在农业合作化运动猛烈发展的推动下，资本主义工商业的改造也大大加快。1955年11月，中共中央召开关于资本主义工商业社会主义改造问题会议，认为在新的形势下，现存的资本主义工业的生产关系必须向着社会主义更进一步转变，计划用两年时间分期分批完成全行业的公私合营。从个别企业的公私合营到全行业公私合营，是几年来党和国家对资本主义工商业采取利用、限制、改造政策的必然趋势，同时也是经济运行中计划性不断强化的必然结果。在主要农产品实行统购统销，绝大多数农民加入合作社的形势下，资本家从原料和市场两头被卡死，除了接受社会主义改造以外，别无出路，从而形成了全行业公私合营的大势所趋。1956年1月10日，首都北京市率先宣布私营工商业全部实现全行业公私合营。短短一个月内，全国就有118个大中城市和193个县的私营工商业户实现了全行业公私合营。到年底，全国私营工业户数的99%，私营商业户数的82.2%，被分别纳入了公私合营或合作商业的轨道。

在社会主义改造的高潮中，手工业合作化也改变过去按行业分期、分批、分片改造的办法，而采取手工业全业一起合作化的办法，到1956年底，参加合作社的手工业人员已占全体手工业人员的91.7%。

1955年夏季以后社会主义改造高潮过于迅猛，不可避免地出现偏差，集中表现为要求过急，工作过粗，改变过快，形式过于单一，以致在长时期遗留了一些问题。尽管在改造后期，中央对私营工商业轻率并厂并店、手工业盲目集中生产等问题提出一些调整措施，但这些措施不可能根本解决问题。客观形势要求，应当认真地把握中国国情，根据生产力发展和社会生活的需要，根据人民群众的愿望，对生产关系不适应生产力状况的某些环节进行调整和改革，以继续解放和发展生产力，不断巩固和加强新建立的社会主义经济基础。

我国的社会主义经济制度，是随着不断解放和发展生产力而建立起来的。1956年，在基本完成社会主义改造的同时，工业化建设也取得巨大成就，提前完成了第一个五年计划所规定的一些主要指标。在列入"一五"计划的46种主要工业产品中,钢、生铁、钢材、水泥、纯碱、客车、棉纱、棉布等27种产品的产量已达到或超过了"一五"计划规定的1957年的指标。不仅如此,我国工业技术水平也有很大提高,建立了一系列新的工业部门,我国已经能够把自己制造的许多设备、材料用以发展工业,装备农业和交通运输,巩固和加强国防。农业方面,虽然遭受了自然灾害,但由于国家对农业增加了投资和贷款,因而农业合作化的实现和农田水利的建设,仍取得很大成绩。从1953年到1956年,全国工业总产值平均每年递增19.6%,农业总产值平均每年递增4.8%。经济发展比较快,经济效果比较好,重要经济部门之间的比例比较协调。市场繁荣,物价稳定,人民生活显著改善。

经济是整个社会制度,包括政治、法律等上层建筑赖以树立其上的基础。伴随着生产资料公有制占绝对优势的新的经济基础的建立,社会主义市场经济体制、政治体制、教育科学文化体制基本形成,经济建设和国家工作的各个方面都适应和服务于社会主义经济制度的建立而得到发展和改善。中国共产党的领导,人民民主专政的国家机器,马列主义在意识形态领域的指导地位,这些本来就是上层建筑中保障我国过渡到社会主义社会的日益强大的政治因素。社会主义经济基础建立后,它们就担负起为巩固和发展社会主义经济基础服务的任务。依据这一客观历史进程,中国共产党在1956年9月第八次全国代表大会上宣布:"社会主义的社会制度在我国已经基本上建立起来了。"

生产资料私有制的社会主义改造完成后,生产关系方面的社会变革已基本完成;而在发展生产力方面,要把我国由落后的农业国变为先进的工业国,基本完成社会主义工业化的任务,至少还需要经过两个五年计划的时间才能打下一个初步基础。这表明,我国虽然进入了社会主义社会,但在发展生产力方面还有很长的路要走;政治、法律等上层建筑中不适应经济基础的部分,也需要进行调整和改革。所以,1956年中国只是进入了物质基础还很不充分的社会主义初级阶段。总的来说,社会主义基本制度的确立,为当代中国的一切发展和进步奠定了制度基础。这是中国向现代化转型的一个重要的里程碑。

三、社会主义道路的探索与曲折

全面建设社会主义的良好开端

中国进入社会主义社会时,国家的物质基础还相当薄弱。一方面,经济、文化、教育、科学等各项事业同旧中国相比有了巨大发展;另一方面,旧中国百余年来生产力十分落后的状况不可能在短期内根本改变。在中国具体的历史条件下怎样建设社会主义，是一个全新的课题，面临的任务十分迫切而又艰巨。

20世纪50年代中期，国际形势的发展出现了新的重大变化。首先，国际局势由紧张开始趋向和缓。随着朝鲜战争结束和印度支那战争停火，越来越多的国家赞同和支持中国倡议的和平共处原则，开始调整对外政策。社会主义阵营同资本主义阵营的冷战局面虽然没有结束，但是相互之间开始就许多问题进行对话和谈判。其次，世界范围内的经济发展和科学技术进步进入新的阶段，战后许多国家都在调整产业结构，建立新的金融和贸易体系，广泛应用新的科学技术，推动社会生产力快速发展。这些变化，总体上改善了中国所处的国际环境，为中国的发展提供了难得的机遇。

与此同时，国际共产主义运动发生了一些重大事件。1956年2月苏联共产党举行第二十次代表大会，尖锐地揭露了斯大林在领导苏联社会主义建设中的严重错误以及对他的个人崇拜所造成的严重后果。这在苏联国内和社会主义阵营引起极大的震动。中国共产党不赞成全盘否定斯大林，同时也认为，揭开斯大林问题的盖子，对于各国马克思主义政党包括中国共产党，破除对斯大林和苏联经验的迷信，解放被教条主义绳索束缚的思想，努力寻求适合本国情况的革命和建设道路，具有重要的意义。

1956年2月至4月间，中共中央政治局分别约集30多个经济部门的负责人座谈，讨论社会主义建设中存在的各种问题。这实际上开始了对中国自己的建设道路的探索。毛泽东集中各方面的意见，在4月的政治局扩大会议上作《论十大关系》报告。报告确定的基本方针，就是要把国内外一切积极因素调动起来，为社会主义事业服务。报告论述的十个问题，就是在总结我国经济建设的经验和以苏联经验为鉴戒的基础上提出来的。

报告提出需要正确处理的十大关系，以从各个方面来调动积极因素。前三条讲重工业和轻工业、农业的关系，沿海工业和内地工业的关系，经济建设和国防建设的关系。强调今后应该适当调整，更多地发展农业、轻工业，更多地利用和发展沿海工业，尽量降低军政费用的比重，多搞经济建设。从长远看，这样才能更好地发展重工业、内地工业和加强国防。第四、五两条讲国家、生产单位和生产者个人的关系，中央和地方的关系，开始涉及经济体制的改革。实际上初步提出了中国社会主义经济建设的若干新方针。论十大关系的后五条，讲汉族和少数民族的关系，党和非党的关系，革命和反革命的关系，是非关系，中国和外国的关系，都是属于从政治生活和思想文化领域调动各种积极因素的问题。

在这次政治局扩大会议上，还提出在文化和科学工作中实行"百花齐放，百家争鸣"的方针，提倡在文学艺术工作和科学研究工作中有独立思考的自由，有辩论的自由，有创作和批评的自由，有发表自己的意见、坚持自己的意见和保留自己的意见的自由。这是人民内部的民主自由在文艺工作和科学工作领域中的表现，是发展文化科学工作的必由之路。"双百"方针的提出，鼓舞和调动了广大知识分子建设社会主义的积极性。此前，在1月召开的关于知识分子问题的会议上，周恩来代表中央作报告，肯定我国知识界的面貌已经发生了根本变化，知识分子的绝大部分已经成为工人阶级的一部分；在分析世界科学技术一日千里发展的紧迫形势后，提出了"向现代科学进军"的任务。毛泽东在会上讲话，号召全党努力学习科学技术知识，为迅速赶上世界科学先进水平而奋斗。这样，就初步提出中国社会主义文化建设的若干新方针。

在上述探索的基础上，1956年9月15日至27日，中国共产党第八次全国代表大会在北京举行。大会正确地分析国内外形势和国内主要矛盾的变化，明确指出：由于社会主义改造已经取得决定性的胜利，我国无产阶级同资产阶级之间的矛盾已经基本上解决，国内的主要矛盾，已经是人民对于建立先进的工业国的要求同落后的农业国的现实之间的矛盾，已经是人民对于经济文化迅速发展的需要同当前经济文化不能满足人民需要的状况之间的矛盾。党和全国人民当前的主要任务，就是要集中力量解决这个矛盾，把我国尽快地从落后的农业国变为先进的工业国。这些论述，是社会主义制度在我国建立起来以后党确定正确路线的基本依据。

大会确定了经济、政治、文化和外交工作的方针。在经济建设方面，强调要从国家的财力物力的实际状况出发，坚持既反保守又反冒进即在综合平衡中稳步前进的方针。在管理体制方面，要求适当扩大地方管理权限，并对经济管理体制进行一些调整。大会肯定了陈云提出的"三个主体，三个补充"思想，即国家与集体经营、计划生产和国家市场是主体，一定范围内国家领导的个体经营、自由生产和自由市场作为补充。在政治关系方面，强调进一步扩大国家的民主生活，建立健全社会主义法治；共产党和各民主党派、无党派民主人士实行"长期共存，互相监督"的方针，坚持中国共产党领导的统一战线和多党合作。在科学文化建设方面，确认"百花齐放，百家争鸣"为发展科学和文化艺术的指导方针，努力创造社会主义的民族的新文化。在对外政策方面，坚持以互相尊重主权和领土完整、互不侵犯、互不干涉内政、平等互利、和平共处五项原则为基础的外交政策。

中共八大制定的路线是正确的，提出的许多新方针和设想是富于创造精神的。这次会议对中国自己建设社会主义道路的探索，取得了初步的并且具有深远历史意义的成果，为社会主义事业的发展指明了方向。

1956年初,经济建设中出现了冒进的倾向。经过国务院几个月反冒进的努力,这种倾向初步得到遏制,但是党内急于求成的思想问题并没有真正解决。在这年11月召开的中共八届二中全会上,周恩来提出1957年的计划应该实行"保证重点,适当收缩"的方针,得到大多数与会者的赞同。根据这个精神制定的1957年计划,保证了经济工作取得了几年来最好的效果。

中共八大以后,农村集体经济的内部关系也进行了调整。从1956年到1957年上半年,浙江、安徽、四川等地出现了农村包产到户等形式的试验。这是朝着实行农业生产责任制方向的创造性尝试。此外,中共八届三中全会通过关于改进工业、商业、财政管理体制的三个规定草案,主要是适当向地方和企业下放管理权力,以发挥中央和地方的两种积极性,给企业多一些生产经营自主权。

经过对经济计划和经济关系的调整,到1957年底,第一个五年建设计划的各项指标大都大幅度地超额完成,取得了令人瞩目的成就。五年间,国家基本建设投资共达493亿元,新增固定资产492.18亿元,相当于1952年底全民所有制企业固定资产原值的2.05倍。[①] 工农业有较大幅度的增长。1957年工农业总产值达到1241亿元,按可比价格计算,比1952年增长67.8%。其中,农业总产值增长24.8%,所占比重由1952年的56.9%下降为43.3%;工业总产值增长128.6%,所占比重由1952年的43.1%上升到56.8%。[②] 初步改变我国工农业总产值中以农业为主的局面。在轻重工业都有较大幅度增长的情况下,开始改变工业总产值中以轻工业为主的局面。

农业方面,1957年与1952年相比,粮食产量增长19%;棉花产量增长26%。[③] 农业的发展,跟世界农业的发展相比速度不低,但是跟同期我国工业增长速度相比,就相对落后了。粮棉等主要农作物增产的速度没有达到预期,供需矛盾紧张的形势未能显著缓解,工业化建设对农业增产的压力仍然很大。

在"一五"期间,一大批旧中国没有的现代工业骨干部门,开始一个个建立起来,如飞机、汽车、发电设备、重型机器、新式机床、精密仪表、电解铝、无缝钢管、合金钢、塑料、无线电和有线电的制造工厂等,初步改变了旧中国工业门类残缺不全的面貌。一大批工矿企业在内地兴办,使历史上工业过分偏于沿海的不合理布局初步得到改进。从工业生产能力和技术水平来看,短短几年时间,毛泽东所说近代一百年来都不能造的东西,飞机、汽车、坦克、拖拉机等,中国人都能制造了。总的来说,第一个五年计划时期经济建设取得的成

---

① 国家统计局编:《中国统计年鉴(1993)》,北京:中国统计出版社,1993年,第27页。
② 国家统计局编:《中国统计年鉴(1993)》,北京:中国统计出版社,1993年,第57、58页。
③ 国家统计局编:《中国统计年鉴(1984)》,北京:中国统计出版社,1984年,第145、146页。

就，为我国建立独立完整的工业体系和实现国民经济的技术改造奠定了初步基础，为建设社会主义工业化、进而建设社会主义现代化国家打造了前进基地。

从全党整风到反右斗争扩大化

苏共二十大后，东欧一些社会主义国家出现动荡不安，波兰和匈牙利相继发生人民起来要求摆脱"斯大林模式"的控制而招致苏联军事干涉的事件。帝国主义乘机掀起反苏反共反社会主义的浪潮。波匈事件对中国也产生一定影响，在人民群众中造成不同程度的思想混乱。加上经济建设中冒进倾向的影响未能完全消除，一些社会矛盾突出起来。怎样从借鉴斯大林的错误和波匈事件的教训入手，总结自己的经验，正确认识和处理中国社会主义社会的各种矛盾，就成为执政党着重思考的重大课题。

1957年2月，毛泽东在最高国务会议上发表《关于正确处理人民内部矛盾的问题》的讲话。他指出：社会主义社会充满着矛盾，社会主义社会的基本矛盾仍然是生产力和生产关系、经济基础和上层建筑之间的矛盾，不过社会主义社会的这些矛盾同旧社会的这些矛盾具有根本不同的性质和情况，可以通过社会主义制度本身的自我调整和完善，不断地得到解决。他还指出：社会主义社会存在着敌我之间和人民内部两类性质根本不同的矛盾，前者需要用强制的、专政的方法去解决，后者只能用民主的、说服教育的方法，即"团结—批评—团结"的方法去解决，决不能用解决敌我矛盾的方法解决人民内部的矛盾。毛泽东的这篇讲话，总结了社会主义事业发展中的历史经验，回答了我国社会主义改造基本完成后出现的新问题，提出要严格区分两类不同性质的矛盾，把正确处理人民内部矛盾作为国家政治生活的主题，这是对科学社会主义理论的重要发展。

鉴于中国共产党内存在着主观主义、官僚主义、宗派主义的思想和作风，不利于党内团结和党同人民的团结，必须大力克服这些严重缺点，才能把伟大的建设工作做好，1957年4月，中共中央发出指示，决定在全党进行一次普遍的、深入的反官僚主义、反宗派主义、反主观主义的整风运动。根据中央的整风指示，5月份，中共中央统战部召开了13次各民主党派负责人、无党派民主人士座谈会。中央统战部和国务院第八办公室联合召开了25次工商界人士座谈会。各级党政机关和高等学校、科学研究机构、文化艺术单位的党组织也纷纷召开各种形式的座谈会和小组会，听取党内外群众的意见，欢迎大家"鸣""放"。社会各界和民主人士积极响应共产党的号召，对党和政府的工作以及党员干部的思想作风提出大量的批评和建议，揭露了各方面的问题。有些批评虽然很尖锐，但是绝大多数人态度是诚恳的，意见基本上也是正确的。

全党整风一开始是欢迎广大党外人士和党员群众的批评和建议的。5月间，中央多次发出党内指示，指出：最近两个月以来，在各种有党外人士参加的会议上和报纸刊物上展开人民内部矛盾的公开讨论，异常迅速地揭露了各方面的矛盾。这些矛盾的详细情况，我们过去几乎完全不知道。现在如实地揭露出来，很好。绝大多数党外人士对我们的批评，不管如何尖锐，基本上是诚恳的，正确的，这类批评占百分之九十以上，对于我党整风，改正缺点错误，改善工作，极为有益。没有社会压力，整风不易收效。党内有一部分人存在着反人民的思想作风，所谓人民民主，所谓群众路线，所谓和群众打成一片，所谓关心群众疾苦，对于这些人说来只是空话。党员不尊重党外人士，高人一等，盛气凌人，虽非全部，但甚普遍。这种错误方向，必须完全扳过来，而且越快越好。[①]

这些党内指示，反映了中国共产党是希望通过整风，正确处理人民内部包括人民群众同领导者之间的矛盾，以克服党内的不良倾向，加强党和人民的团结的。同时，党外人士的大量批评意见，对于改进中国共产党和政府的工作和党政干部的作风，密切党和政府同人民群众的联系，扩大社会主义民主，调动广大群众的积极性，是起了很好的作用的。

然而，在整风运动过程中，出现了一些复杂情况。除了对党的工作作风中的官僚主义、宗派主义、主观主义的各种具体表现和危害提出大量批评意见之外，还陆续出现了某些怀疑和否定共产党的领导、社会主义制度以及党的对内对外方针的错误言论。

5月中旬，毛泽东写了题为《事情正在起变化》的文章，认为当时的形势已经是"右派猖狂进攻"。这篇文章标志着中央的指导方针发生改变，将整风运动的主题由正确处理人民内部矛盾转向对敌斗争，由党内整风转向反击右派。随后，中央有关部门及各地方的党组织，动员民主党派和教育、文艺、新闻、科技、法律、工商各界召开各种会议，让他们发表意见。有些单位陆续出现了大字报、大辩论。中央当时认为，大字报可以揭露问题，暴露右派，锻炼群众，利多害少，以致"大鸣、大放、大字报、大辩论"（简称"四大"）在高等院校和党政机关中蔓延。这样，就人为地加剧了全国性的紧张空气和社会不稳定状况。

在这种形势下，6月8日，中共中央发出由毛泽东起草的《组织力量反击右派分子的猖狂进攻》，对形势作了更加严重的估计。同日，《人民日报》发表社论，要求人们用阶级斗争的观点观察问题，得出结论。7月1日，毛泽东又为《人民日报》写了《文汇报的资产阶级方向应当批判》的社论，指出右派分子是"反

[①] 中共中央党史研究室著，胡绳主编：《中国共产党的七十年》，北京：中共党史出版社，1991年，第454页。

共反人民反社会主义的资产阶级反动派"。这篇社论标志着反右派斗争进一步升级。在中央的统一部署下,一场全国范围的反右派斗争迅速展开。由于对形势估计得过于严重,又不适当地采用了极易混淆两类矛盾的"四大"的方式,结果,把大量的人民内部矛盾错判为敌我矛盾,将许多善意的批评和建议看成是向党向社会主义的进攻,因而把给党提意见的许多人士都当作右派分子,进行了错误的批判和斗争。运动最后结束时,全国共划出右派分子55万余人。

客观地说,从新中国成立到社会主义改造基本完成,在短短的七年里实现历史上最深刻的社会变革,不能不引起社会各阶级、各阶层的不同反应。对刚刚建立的社会主义制度,不少人不习惯,一些人心存疑虑,极少数人抱敌视态度,这并不奇怪。对认识模糊的人们进行社会主义教育,同怀疑甚至敌视社会主义的思潮进行斗争,这些都是必要的。但是,敌视社会主义的人在国内毕竟只是极少数,同这种思潮的斗争应该在问题发生的范围内进行。然而,在整风运动的发展过程中,由于对阶级斗争的形势作了过分严重的判断,把大量对党的政策和工作的批评意见都看成是右派向党进攻,导致反右派斗争严重扩大化了。"许多忠贞的同志,许多同党有长期合作历史的朋友,许多有才能的知识分子,许多政治上热情而不成熟的青年,由于被错划为'右派分子'而长期受到冤屈和压抑,不能在社会主义建设中发挥应有的作用。这不但是他们个人的损失,也是整个国家和党的事业的损失。"[①]

反右派斗争扩大化的一个严重后果,是改变了中共八大一次会议关于社会主要矛盾的论断和社会阶级关系状况的正确分析。毛泽东在1957年召开的中共八届三中全会上提出:"无产阶级和资产阶级的矛盾,社会主义道路和资本主义道路的矛盾,毫无疑问,这是当前我国社会的主要矛盾。"由此,党的指导思想开始出现"左"的偏差。这成为后来在阶级斗争问题上屡犯扩大化错误的理论根源。在中国如何建设社会主义,是一个十分艰难的探索过程。当时面临的主要是两大问题:一个是社会主义条件下的阶级斗争问题,一个是社会主义建设中的规模和速度问题。党在这两大问题上一度发生严重失误。这两方面又相互影响,使对中国现代化道路的探索刚刚取得初步成果,便出现了曲折。

急于求成"大跃进"和人民公社化

从新中国成立到社会主义改造基本完成,短短几年内一连串接踵而至的胜

---

① 中共中央党史研究室著,胡绳主编:《中国共产党的七十年》,北京:中共党史出版社,1991年,第457页。

利,使人们相信中国富强的目标可能在一个较短的时间内实现。反右派斗争之后,中央认为,经济战线和思想战线上的社会主义革命已经取得伟大胜利,人民群众的热情高涨,经济建设可以搞得更快一些。由此,从1957年秋冬开始,中国共产党酝酿和提出了开展一场"大跃进"运动,力图打开一个在中国快速建设社会主义的新局面。

一方面,针对1956年经济建设中出现的盲目冒进现象,周恩来等领导人坚持采取反冒进的正确措施,保证了经济工作取得良好效果。但1957年9月召开的中共八届三中全会对反冒进提出尖锐批评,指责是"扫掉了多快好省","给右派进攻以口实"。这实际上改变了八大一次会议确认的在经济建设上既反保守又反冒进的方针,助长了经济建设急于求成的倾向。《人民日报》发表社论指出"在农业合作化以后,我们就有条件也有必要在生产战线上来一个大的跃进"。实际上提出了"大跃进"的口号。

另一方面,社会主义阵营内部的"赶超"浪潮,也助推了中国"大跃进"运动的兴起。1957年11月,在莫斯科举行各国共产党和工人党代表会议,毛泽东率中共代表团参加。人类第一颗人造地球卫星由苏联发射到太空,这件事给社会主义国家以巨大的鼓舞。苏联提出15年赶上和超过美国的目标,毛泽东则在会上提出中国15年赶上和超过英国。随后,中共中央向全国人民公开宣布了15年在钢铁和其他重要工业品的产量方面赶上和超过英国的口号。

1958年5月,中共八大二次会议召开。根据毛泽东的创议,会议正式制定了"鼓足干劲、力争上游、多快好省地建设社会主义"的总路线,要求尽快地把中国建设成为一个具有现代工业、现代农业和现代科学技术的伟大的社会主义国家。社会主义建设总路线的提出,反映了广大人民群众迫切要求尽快改变中国经济文化落后状况、实现民族复兴的普遍愿望,但这条总路线是在急于求成的思想指导下制定的,它忽视了经济建设所必须遵循的客观规律,过分夸大人的主观意志和主观努力的作用,片面地强调总路线的基本精神是"用最高的速度来发展我国的社会生产力","快,这是总路线的中心环节"。而多和好、省成了陪衬,实际上以盲目求快压倒一切,破坏了国民经济计划的综合平衡。这次会议完全肯定了"大跃进"的形势,提出"以钢为纲"的口号,宣称中国正处在"一天等于二十年"的伟大时期。会议闭幕后,一个以片面追求工农业生产和经济建设的高速度,大幅度地提高和修改计划指标为标志的"大跃进"运动在全国范围内开展起来。

首先,1958年8月,中央政治局在北戴河举行扩大会议,正式决定当年钢产量的指标比上年翻一番,即达到1070万吨。会后,为了在余下的4个月里完成追加的钢产量当年翻番的任务,以政治动员的办法,在全国城乡掀起空前规模的"全民大炼钢铁运动"。全国各地有几千万人齐上阵，大搞"小土群"（即指小高炉、土法炼铁炼钢、群众运动）。大炼钢铁成为压倒一切的中心任务，各行各业全力支援"钢铁元帅升帐"。结果，耗费了巨大的人力、物力，生产出大量的品质低劣的废铁，钢铁工业全行业亏损，造成了巨大的浪费和国民经济的全面紧张。

其次，《1956年到1967年全国农业发展纲要》也提出了高指标，农业方面的高指标带来了高估产。1958年夏收时节，各地掀起虚报高产、竞放高产"卫星"的浪潮。粮食亩产几万斤、十几万斤的"高产卫星"接连升空。《人民日报》等报刊不恰当地宣传"人有多大胆，地有多大产"的口号，公开批判"粮食增产有限论"和从客观实际出发的"条件论"。在大炼钢铁和大办农业的同时，交通、邮电、教育、文化、卫生等各项事业，都开展了"全民大办"。这种"以钢为纲"所带起的一系列"大办"，把"大跃进"运动推向经济和社会生活的各个领域。

在"大跃进"如火如荼展开之时，全国农村又掀起人民公社化运动。1957—1958年冬春，各地农村大规模兴修农田水利，有些地区的农业生产合作社之间出现不少矛盾。针对这种情况，中央提出把小型农业合作社有计划地适当地合并为大型的合作社。根据中央指示的精神，各地农村纷纷合并大社，河南省遂平县嵖岈山卫星集体农庄等一批"联社"，成为全国最早的农村人民公社组织。

1958年8月，北戴河中央政治局扩大会议作出《关于在农村建立人民公社问题的决议》。决议认为："在目前形势下，建立农林牧副渔全面发展、工农商学兵互相结合的人民公社，是指导农民加速社会主义建设，提前建成社会主义并逐步过渡到共产主义所必须采取的方针。"当时中央提出，人民公社的集体所有制向全民所有制过渡，快则三四年，慢则五六年，认为共产主义在我国的实现已经不是遥远将来的事情了。北戴河会议把"大跃进"和人民公社化运动进一步推向高潮，以高指标、瞎指挥、浮夸风和"共产风"为主要标志的"左"的错误，严重泛滥开来。

人民公社的特点叫"一大二公"。就是将原来一二百户的合作社，合并成为四五千户以至一二万户的大公社。一般是一乡一社，实行"政社合一"。把经济条件、贫富水平各不相同的合作社合并起来，导致穷队富队拉平，平均分配；把生产队以至社员的一些财产无偿地收归公社所有，破坏了等价交换原则；在公社内部实行平均主义的供给制，大办公共食堂，吃饭不要钱，使"一平二调""共产风"盛行起来。结果是严重损害了群众的利益，挫伤了社员群众的生产积极性，使农村生产力遭到严重破坏。

1958年秋冬之间，中央发现"大跃进"和人民公社化乱子出了不少，毛泽东反复讲要降温,"压缩空气",把根据不足的高指标降下来。从当年 11 月郑州会议到 1959 年 7 月在庐山召开的中央工作会议的前期,中央用 9 个月的时间对已察觉的问题进行纠偏。主要是批评急于向全民所有制、向共产主义过渡,企图过早地取消商品生产和商品交换的错误思想倾向,各地普遍整顿人民公社,遏制住了急急忙忙向全民所有制过渡的势头。同时,将人民公社内部的所有制分为公社、大队、生产队三级所有,以生产队为基础,确定生产队为基本核算单位。各地开始清算公社成立以来的账目,退赔平调的资金物资等,使"共产风"、浮夸风、高指标和瞎指挥等错误得到初步遏制。但是,由于对错误的严重性缺乏足够清醒的认识,纠偏的努力还局限在坚持搞"大跃进"和人民公社化的"左"的指导思想框架内,因而形势并没有根本好转。

1959 年第二季度,"大跃进"造成国民经济比例严重失调的后果进一步显现出来。农业生产方面,夏收粮食、油料作物大幅度减产,城乡粮食销量反而增加,更加导致粮油供应紧张,蔬菜、肉类等副食品异常短缺。工业生产方面问题迭出,由于钢铁工业减产,物资分配计划大部分落空;加上有些产品质量差、品种不全,致使许多工业部门不能按原计划进行生产,一些企业停产半停产,一些基建工程停顿半停顿。由于轻工业被"以钢为纲"挤占,大量小商品停止生产,人民日用品生产下降,到处供应紧张。中央采取了一些紧急措施,使经济形势开始有所好转。

1959 年 7 月,中共中央工作会议在庐山召开,原准备继续纠"左"。但在会议后期,中央政治局委员彭德怀给毛泽东写了一封信,就"大跃进"、人民公社化运动中的严重问题提出中肯意见。毛泽东认为这是否定总路线、"大跃进"、人民公社"三面红旗",错误地发动对彭德怀及持赞同意见的军政负责人严厉的批判,进而在全党错误地开展了"反右倾"斗争。这场斗争在政治上使党内从中央到基层的民主生活遭到严重损害,在经济上打断了纠正"左"倾错误的进程。随后,又组织继续"大跃进",使错误延续了更长时间。主要由于"大跃进"和"反右倾"的错误,加上当时的自然灾害和苏联政府背信弃义撕毁合作协定,1959 年到 1961 年我国发生前所未有的严重经济困难,粮食供应奇缺,许多地区普遍发生浮肿病,不少省份大幅度出现农村人口非正常死亡的现象,国家和人民遭到重大损失。

"大跃进"和人民公社化运动,是中国共产党在探索中国自己的建设社会主义道路过程中的一次严重失误。本来希望加快社会主义建设,让人民群众快一些过上较好的日子,结果却出现令人痛心的状况,这是一个沉痛的历史教训。实践证明,经济建设必须量力而行,循序渐进,才能稳中求快。虽然有迫切改变国家贫穷落后面貌的良好愿望,但是违背客观规律,主观地要求一个高速度,其结果只能是适得其反，欲速则不达。对于刚刚开始进行大规模经济建设的中国来说，还有许多未被认识的客观规律，人们只有逐渐从自然界和社会领域的盲目力量的支配下解放出来，才能自觉地创造历史。这需要几代人的艰辛探索和努力奋斗。

克服严重困难国民经济全面调整

在严重困难面前，全党上下决心认真调查研究，纠正错误，调整政策。毛泽东在1960年6月写的《十年总结》一文中指出，对于社会主义时期的革命和建设，还有一个很大的未被认识的必然王国，要以十年时间去调查研究它。11月中央发出关于农村人民公社当前政策问题的紧急指示信，要求全党用最大的努力来坚决纠正各种"左"的偏差。1961年1月，中共八届九中全会正式决定对国民经济实行"调整、巩固、充实、提高"的八字方针。这表明，三年来造成严重后果的"大跃进"运动已被停止，国民经济开始转入调整的轨道。

在中共八届九中全会上，毛泽东号召要大兴调查研究之风。会后，毛泽东、刘少奇、周恩来、朱德、邓小平等中央领导人带头深入基层进行实地调查。在农业方面，3月，毛泽东在广州主持起草《农村人民公社工作条例（草案）》（简称"农业六十条"）。6月，取消了农村部分供给制和公共食堂。9月，将人民公社的基本核算单位下放到相当于原来初级社规模的生产队。

八字方针贯彻之初，工业方面的调整力度不够。9月，中央作出关于当前工业问题的指示，强调必须当机立断，该退的坚决退下来，把工业生产和基本建设的指标降到确实可靠、留有余地的水平上。同时，中央发布试行邓小平主持制定的《国营工业企业工作条例（草案）》（即"工业七十条"）。这个条例实行后，国营企业一系列规章制度恢复和建立起来，工业调整有了明显的起色。

与经济工作的调整相配合，科学、教育、文化等各个领域也进行调整。中央先后批发试行《关于自然科学研究机构当前工作的十四条意见（草案）》（简称"科学十四条"）、《教育部直属高等学校暂行工作条例（草案）》（简称"高教六十条"）、《关于当前文学艺术工作若干问题的意见（草案）》（后简称"文艺八条"）。这些条例的中心内容是调整党和知识分子的关系以及贯彻落实科学和文艺工作中"百花齐放，百家争鸣"的方针。为了进一步调动知识分子的积极性，在1962年3月于广州召开的全国科技工作会议和文艺工作会议上，周恩来发表讲话，重新肯定我国知识分子的绝大多数已经是属于劳动人民的知识分子，而不是属于资产阶级的知识分子。随后，周恩来在二届全国人大三次会议上作政府工作报告，再次重申了这一科学论断，使知识分子受到很大鼓舞。

1962年1月11日至2月7日，中共中央在北京召开扩大的工作会议（史称"七千人大会"）。刘少奇代表中央向大会提出的书面报告草稿，比较系统地初步总结了"大跃进"以来经济建设工作的基本经验教训。报告以高度政治勇气正视现实，实事求是地认识实际工作和指导思想上的错误，在纠"左"的努力上向前迈进了一步。毛泽东在大会上发表讲话，中心是讲民主集中制，强调不论党内党外都要有充分的民主生活，并做了自我批评；还从人类认识客观世界规律的角度，承认建设强大的社会主义中国需要一百年时间。邓小平、周恩来在大会上分别代表中央书记处和国务院做自我批评，并提出恢复党的优良传统和克服目前困难的主要办法。七千人大会取得了在当时认识条件下所能取得的积极成果。会议对缺点错误采取了比较实事求是的态度，发扬了民主精神和自我批评精神，对动员全党为战胜困难而团结奋斗起了积极作用。会后，国民经济和政治关系等方面的调整都有进一步的发展。

国民经济大刀阔斧地进行调整，采取的主要措施，首先是大力精简职工，减少城市人口。从1961年初到1963年6月，两年半内共精简职工约2000万人，减少城镇人口2600万下放到农村，相当于欧洲一个中等国家搬家，这是史无前例的。同时，压缩基本建设规模，停建缓建大批基本建设项目；缩短工业战线，实行必要的关、停、并、转；进一步从人力物力财力各方面加强和支援农业战线，加强农村基层的领导力量等。随着调整工作的逐步深入，许多地方的农村中实行包产到组、包产到户等各种形式的农业生产责任制，有效地促进了农业生产的恢复和发展。然而，这一时期农民创造的包产到户，后来被视为"单干风"遭到错误的批判，但它却为探索适合我国农村生产力水平的农业生产管理方式积累了初步经验。

政治关系方面的调整，着重在恢复国家正常的政治生活，调整与民主党派和非党人士的关系，消除"大跃进"以来产生的消极影响，检查纠正近几年来在统战工作和民族工作中的"左"的错误，强调必须正确处理阶级关系、民族关系、宗教关系和归侨工作等各方面的问题，以加强全国各阶层和各民族的团结。同时，加快对在"反右倾"运动中受到错误批判和处分的党员、干部进行甄别平反工作。中央要求对全国县以下的干部，采取一揽子解决的办法，凡是过去搞错了或者基本搞错了的干部，统统平反，除个别有严重问题者外，都不要"留尾巴"。到1962年8月，全国有600多万干部、党员包括受到错误处理的群众得到了平反。[1] 对于被划为右派分子的人，开始分批进行"摘帽子"的工作，

---

[1] 中共中央党史研究室：《中国共产党历史第二卷（1949—1978）》下册，北京：中共党史出版社，2011年，第607页。

到1962年有相当一部分人已摘去"右派分子"的帽子。虽然摘去帽子并没有从根本上澄清是非，解决问题，但是毕竟在一定程度上使他们的政治处境和工作、生活安排有所改善。

由于采取被称为"伤筋动骨"的果断措施，经过全国人民的艰苦奋斗和各级干部的无比努力，调整工作较快取得成效。到1962年底，国民经济形势开始好转。农业生产开始回升。国家财政实现收支平衡。市场商品供应的紧张状况有所缓和。城乡人民生活水平也开始略有上升。

但是，农业生产还远远低于1957年的水平，粮食需要大量进口；工业调整的任务还很艰巨，企业管理的混乱状况没有根本扭转；财政收支平衡的基础还不稳固，主要是依靠压缩开支。鉴于调整的任务还没有完成，中央决定再用三年的时间，继续贯彻"调整、巩固、充实、提高"的八字方针，以农业为基础，工业为主导，按照解决吃穿用、加强基础工业、兼顾国防突破尖端技术的次序，来安排国民经济的计划。由此进一步展开国民经济的全面调整。

十年建设主要成就与经验教训

中国建设社会主义事业是在复杂多变的国际环境下进行的。从世界范围看，20世纪50年代末到60年代前期，世界上各种力量发生新的分化和改组，国际局势出现动荡。在中美关系方面，围绕美国武装插足台湾干涉中国内政，美国武装侵略越南威胁中国安全这两大问题，中美之间进行了尖锐的斗争。中苏关系方面，双方在党和国家关系及意识形态上的分歧日益扩大。1958年，苏联提出要在中国领土、领海建立长波电台和共同舰队，中国领导人当即予以严辞拒绝；之后又要求中国在台湾问题上承担不使用武力的义务，中国当然不能接受；苏联以"老子党"自居，要求中国在军事、外交上服从其"苏美合作、主宰世界"的战略需要，中国共产党不为压力所屈服。为此，1960年7月，苏联政府突然照会中国，片面决定立即召回在华工作的全部苏联专家，废除两国经济技术合作的各项协议。这种背信弃义的行为发生在中国正经受严重经济困难的时候，极大地损害了中苏两党和两国的关系。

1961年苏共二十二大以后，国际共运中的争论愈演愈烈。苏联党在报刊上连篇累牍地发表公开信，攻击中国党和其他一些党。中国共产党坚持独立自主的原则，反对大国大党对其他党、其他社会主义国家不平等的霸权主义，顶住来自苏联的巨大压力，维护了国家主权和民族尊严。在这期间，中共中央以《人民日报》和《红旗》杂志编辑部的名义，相继发表九篇评论苏共中央公开信的文章，批判"赫鲁晓夫修正主义"，并论述了社会主义国家"和平演变"和"资本主义复辟"的世界历史教训。这场论战，不能不影响到党对国内形势的判断。

在1962年9月中共八届十中全会上，毛泽东把社会主义社会中一定范围内存在的阶级斗争扩大化和绝对化，进一步断言在整个社会主义历史阶段，始终存在无产阶级和资产阶级之间的阶级斗争，存在社会主义和资本主义两条路线的斗争。认为资产阶级将始终存在和企图复辟，是党内产生修正主义的根源。阶级斗争和资本主义复辟的危险性，必须年年讲、月月讲、天天讲。这标志着党在全国各项工作中形成了"以阶级斗争为纲"的指导思想，并由此形成党的一条基本路线。

1963年至1965年，在农村和少数城市基层开展的社会主义教育运动（通称"四清"运动），对于纠正干部多吃多占、强迫命令、欺压群众等作风和集体经济经营管理方面的许多问题，起了一定的作用。但是，由于"以阶级斗争为纲"，把许多不同性质的问题都认为是阶级斗争或者是阶级斗争在党内的反映，城乡不少基层干部受到不应有的打击。1964年底至1965年初召开的中央工作会议，制定了《农村社会主义教育运动中目前提出的一些问题》（简称"二十三条"），部分地纠正了农村"四清"运动中的一些过"左"的做法，但它强调这次运动的性质是解决社会主义和资本主义的矛盾，并错误地提出运动的重点"是整党内那些走资本主义道路的当权派"。这成为后来发动"文化大革命"的重要依据。

这期间，在意识形态领域，对一些文艺作品、学术观点和文艺界学术界的一些代表人物进行了错误的、过火的政治批判。把文艺界创作的鼓舞人民革命建设热情、丰富群众精神文化生活的文学、电影、戏剧、音乐、美术等一些优秀作品，毫无根据地批判为资产阶级、修正主义的"毒草"，严重混淆了是非界限。在对待知识分子问题、教育科学文化问题上，"左"的偏向愈来愈严重。不过，这些错误当时还没有达到支配全局的程度，在总体上还没有对经济调整工作产生重大干扰。由于全党和全国人民的主要注意力仍然放在调整国民经济恢复和发展生产方面，从1961年到1965年，经过5年的全面调整，取得了明显成效：农轻重的比例关系实现了在新的基础上的协调发展；国民经济中积累与消费的比例关系基本恢复正常；财政收支平衡，市场稳定，人民生活有所改善。

当国民经济调整任务基本完成的时候，在1964年底到1965年初召开的第三届全国人民代表大会第一次会议上，周恩来在《政府工作报告》中宣布：我国国民经济即将进入一个新的发展时期，1966年将开始执行第三个五年计划，全国人民要努力奋斗，把我国逐步建设成为一个具有现代农业、现代工业、现代国防和现代科学技术的社会主义强国。这是党和国家第一次郑重地向全国人民宣布建设四个现代化的奋斗目标和任务。由于随后发生了"文化大革命"的全局性错误，建设四个现代化的任务未能得到应有的贯彻实行。

从 1956 年到 1966 年"文化大革命"爆发前的十年，是中国社会主义建设在探索中曲折发展的十年。经济建设虽然遭受过严重挫折，但经过连续五年的调整，还是取得了很大成就。

工业建设方面，1956 年至 1966 年，全国工业固定资产按原价计算，增长了 3 倍。棉纱、原煤、发电量、钢和机械设备等主要工业产品的产量，都有成倍增长。电子工业、石油化工、原子能、航天等一批新兴工业逐步建设起来，初步改善了工业布局，形成有相当规模和一定技术水平的工业体系。铁路、公路、水运、航空、邮电等事业都有较大发展。十年新增铁路通车里程 11300 公里，全国除西藏外，各省、市、自治区都有了铁路。公路通车里程增加 1.4 倍。1957 年至 1965 年，内河航运拥有的轮驳船增加 1.9 倍，并扩建了沿海主要港口。

石油工业的发展尤其突出。大庆油田是根据我国地质科学家李四光关于陆相沉积地质理论，于 1959 年找到工业性油流，1960 年最困难的时候中央决定从各方面抽调工人、干部和技术人员，集中力量在茫茫草原上进行勘探开发而迅速建设起来的。一年探明油田面积并进行试采实验，三年建设起中国最大的石油基地，产量达全国石油总产量的三分之二。在石油地质理论、油田开发和炼油工艺方面都有突破性进展。随后又开发了胜利油田和大港油田。到 1965 年国内需要的石油基本实现自给，结束了中国人靠"洋油"过日子的时代。由此，石油化工这门新兴工业也逐步建设起来。

三年"大跃进"，农业生产力遭受严重破坏，后五年的调整主要是恢复性质，在一些方面也有所发展。在全国耕地面积减少 1.33 亿亩的情况下，1966 年与 1956 年相比，粮食产量增加 11%，棉花产量增加 61.7%。由于修建了大量水利工程，黄河、淮河，长江等几大水系的抗洪和灌溉能力增强。农业的现代技术装备程度有所提高，拖拉机的拥有量和化肥的施用量增长 6 倍以上，农村用电量增长了 70 倍。在植树造林，推广优良品种，控制水土流失，建立气象预报等方面做了不少工作。

教育医疗事业成就可观。1957 年到 1966 年，高等学校毕业生近 140 万人，中等专业学校毕业生约 211 万人，分别为 1950 年至 1956 年的 4.9 倍和 2.4 倍。医疗卫生机构大幅增加，全国城乡卫生医疗网基本形成。

科学技术工作取得比较突出的成果，国防尖端科技的进展最为显著。1958 年，我国研制原子弹、导弹、人造卫星（两弹一星）的工作迈开步伐。1959 年至 1960 年，苏联突然中断向中国提供原子弹样品的技术资料，撤走全部在华专家。中国两弹一星的研制工作进入全面自力更生的阶段。中央汇集了一大批杰出的科学家以及科研人员、工程技术和管理人员，在渺无人烟的戈壁荒滩建立起试验基地，默默无闻地进行创造性工作。全国有 26 个部委、20 多个省区市、1000

多家单位大力协作，全国一盘棋，攻克尖端技术和制造难关。1964年10月16日，中国依靠自力更生，艰苦奋斗，成功爆炸第一颗原子弹，有力地打破了超级大国的核垄断和核讹诈，提高了中国的国际地位。导弹和人造卫星的研制也取得突破性进展。在基础科学研究方面，1965年我国首次完成人工合成牛胰岛素蛋白结晶，使这项研究处于世界领先地位。这些成就集中代表了中国科学技术达到的新水平。

值得历史铭记的是，十年建设的这些成就，是在国内发生严重经济困难，国际上遭到战争威胁和经济封锁，苏联撕毁合同、撤销援助的情况下取得的。党和人民团结一致，坚持独立自主、自力更生，顶住压力，战胜困难，表现出中华民族不畏任何艰难险阻的英雄气概，涌现出像河南兰考县委书记焦裕禄，大庆石油工人王进喜，解放军战士雷锋，科学家李四光、钱学森、钱三强、袁隆平等一批先进代表人物。还有大批干部、职工、科技人员，响应国家的号召，到祖国最需要的地方去，在工作环境和物质生活极端艰苦的条件下，为现代化建设事业作出了突出贡献。全党和全国人民在他们的精神鼓舞下，同甘共苦，奋发图强，战胜严重困难，使经济社会生活逐步重新出现欣欣向荣的景象。

在这十年里，中国共产党以苏联的经验教训为借鉴，积累了领导社会主义建设的重要经验，形成了一系列正确的理论观点。毛泽东提出了社会主义建设中的十大关系问题和正确区分和处理社会主义社会两类不同性质的社会矛盾的理论，以及"百花齐放，百家争鸣""长期共存，互相监督"的方针；提出不能剥夺农民，不能超越阶段，反对平均主义，强调发展商品生产、遵守价值规律和做好综合平衡，以农轻重为序安排国民经济计划等重要观点。刘少奇、周恩来、陈云、邓小平等中央领导人也提出许多正确观点和主张。这些都是中共八大正确路线的继续发展，具有长远的指导意义。在全面调整国民经济过程中，中共中央陆续制定了农村人民公社、工业、商业、教育、科学、文艺等方面的工作条例草案，比较系统地总结了社会主义建设的经验，分别规定了适合当时情况的各项具体政策。所有这些，都是对中国自己的建设社会主义道路的有益探索。

不可回避的是，在中国这样一个经济文化落后和地区发展很不平衡的大国建设社会主义，是十分艰巨而复杂的任务。由于国际局势的复杂多变，由于国内建设任务的艰巨繁重，由于缺乏领导社会主义建设的现成经验，党在探索过程中出现了理论和实践上的偏差、失误和曲折。总结这一时期的深刻教训，对于建设中国式现代化国家有着重要的借鉴作用。

全面地看，我国赖以进行现代化建设的物质技术基础，很大一部分是这个期间建设起来的；全国经济文化建设等方面的骨干力量和他们的工作经验，大部分是在这个期间培养和积累起来的。这是探索中国自己的建设社会主义道路的十年里，国家各项工作中的主流和主导方面。

四、遭受重创在困境中负重前行

"文化大革命"的错误发动

1966年5月至1976年10月，中国经历了长达十年的"文化大革命"的内乱时期，给党、国家和各族人民带来了严重灾难。长时间的政治失序、法制废弛、社会动荡不安，使社会主义建设事业遭受重创。在这期间，中国共产党指导思想中正确的发展趋向逐渐积蓄力量，对"文化大革命"全局性错误进行抵制和抗争，对动乱造成的破坏进行调整和整顿的工作仍然取得一些进展。中国建设社会主义和现代化事业在挫折困境中负重前行。

1966年5月，正当国民经济调整的任务基本完成，国家开始执行第三个五年计划的时候，一场突如其来的"文化大革命"运动很快席卷全国。1965年11月，上海《文汇报》发表姚文元《评新编历史剧〈海瑞罢官〉》的文章，点名批判《海瑞罢官》的剧作者——北京市副市长、明史专家吴晗，把剧中所写明朝官员海瑞主张"退田""平冤狱"，同当前国内所谓"单干风""翻案风"等联系在一起，说成是"资产阶级反对无产阶级和社会主义革命的斗争焦点"。这篇以历史影射现实的文章，实际上成为引发"文化大革命"的导火索。

1966年2月初，中央政治局委员兼北京市委第一书记彭真召集他负责的"文化革命五人小组"开会，起草《关于当前学术讨论的汇报提纲》（后称"二月提纲"），试图对学术批判中日益发展的"左"的倾向适当加以约束。这个提纲经中央政治局常委会讨论通过并向在武汉的毛泽东汇报后，于2月12日转发全党。与此同时，江青在主持中央军委日常工作的林彪的支持下，在上海召开部队文艺工作座谈会。这次座谈会的《纪要》判定文艺界被一条"反党反社会主义的黑线专了我们的政"（即所谓"文艺黑线论"），号召要"坚决进行一场文化战线上的社会主义大革命"。该《纪要》与"二月提纲"两个文件形成尖锐的对立，为错误发动"文化大革命"作了舆论上的准备。

1966年5月，中央政治局召开扩大会议。会议于5月16日通过《中国共产党中央委员会通知》（简称"五一六通知"），对"二月提纲"进行了全面批判，着重指出："混进党里、政府里、军队里和各种文化界的资产阶级代表人物，是一批反革命的修正主义分子，一旦时机成熟，他们就会要夺取政权，由无产阶级专政变为资产阶级专政。"会议决定对彭真、罗瑞卿等党和军队负责人立案审查；

决定成立由陈伯达任组长，康生为顾问，江青、张春桥等任副组长的"中央文化革命小组"（简称"中央文革小组"），使之成为领导"文化大革命"的指挥机构。会后，"无产阶级文化大革命"异常迅猛地发动起来。

这场"文化大革命"的出发点，是防止资本主义复辟。从1957年开展反右派运动，毛泽东对在一定范围内还存在的阶级斗争作了严重估计，提出无产阶级和资产阶级的矛盾，社会主义道路和资本主义道路的矛盾，仍然是当前我国社会的主要矛盾。1962年中共八届十中全会，进一步提出整个社会主义社会历史阶段都将存在资产阶级，存在资本主义复辟的危险。联系到国际上出现苏联现代修正主义，向全党提出反修防修、反对帝国主义"和平演变"的任务，确定"以阶级斗争为纲"为指导思想，形成中国共产党的一条基本路线。1965年毛泽东在关于"四清"的文件中，明确提出"这次运动的重点，是整党内那些走资本主义道路的当权派"，把斗争矛头指向党内和党的领导机关。这表明，由于作出党和国家已经面临资本主义复辟的现实危险的错误判断，自1957年以来，党的指导思想上"左"的发展趋向，已经积累到压倒正确趋向而居于支配全局的地位。旨在防止资本主义复辟的"文化大革命"，蓄之既久，其发必速。

运动初期导致的全面内乱

1966年5月25日，北京大学聂元梓等7人在康生的煽动下，联名贴出了所谓全国第一张"马列主义"大字报，攻击北京大学党委和北京市委。6月1日，经毛泽东批准，新华社播发了这张大字报；同日，《人民日报》发表题为《横扫一切牛鬼蛇神》的社论。由此"文化大革命"席卷全国。

最早掀起"文化大革命"风浪的是"红卫兵"运动。"五一六通知"发出后，大、中学校的学生率先成立"红卫兵"组织，起来"造修正主义的反"。在很短时间内，由青少年学生成立的各种红卫兵组织蜂拥而起，成为推动"文化大革命"的急先锋。8月1日，毛泽东写信给清华大学附中红卫兵，对他们写的"对反动派造反有理"的大字报"表示热烈的支持"，使红卫兵组织受到极大鼓舞。他们在"造反有理"的口号下，到处揪斗学校领导和教师，一些党政机关也受到冲击。这场运动很快从学校推向社会，开始出现社会动乱。中共中央在刘少奇、邓小平的主持下，依照惯例派出工作组到大、中学校协助领导运动，力图使局势稳定下来。但工作组后被指责为"实际上是站在资产阶级立场上，反对无产阶级革命"，中央很快决定撤销工作组。

8月1日至12日，中共八届十一中全会召开。会议期间，毛泽东写了《炮打司令部——我的一张大字报》，提出中央有一个资产阶级司令部，矛头直指主持中央一线工作的刘少奇、邓小平。全会通过《关于无产阶级文化大革命的决定》（简称《十六条》），对运动的对象、依靠力量、斗争方法等根本性问题作了有严重错误的规定。全会改组了中央领导机构，林彪成为中共中央唯一的副主席。

八届十一中全会后，全国红卫兵运动迅猛发展，并冲出学校破除"四旧"（即旧思想、旧文化、旧风俗、旧习惯），社会上出现肆意抄家和打、砸、抢、抓、烧的极端现象。各地纷纷成立不同派别的造反组织，对社会秩序和民主法制造成极大的冲击。造反狂潮全面扩展到工、农、交、建等各行各业及社会领域。批判"资产阶级反动路线"的风暴在全国掀起，中央文革小组江青等人提出"踢开党委闹革命"，策动造反派把攻击的矛头集中转向各级党政领导机关。中央和地方的许多领导干部受到批斗和迫害，国家机关工作普遍陷于瘫痪、半瘫痪状态。1967年1月初，在王洪文、张春桥等人的策划下，上海的造反派组织夺取了上海市的党政领导权。随后，各地掀起造反派夺取党和政府各级领导权的"一月革命"风暴，很快发展成"打倒一切"的全面内乱。

全面夺权运动使派性斗争激化。各地造反派组织为争权夺利，拉帮结派，争斗激烈，发生无数的纠纷和冲突。江青等人借机提出"彻底砸烂公检法""文攻武卫"等口号，致使许多地方酿成残酷的武斗。首都北京还发生火烧英国代办处的严重涉外事件。几个月来整个国家陷入空前的混乱中。

"文化大革命"发动后，在党的领导层内，在广大干部群众中，始终存在着对"左"倾错误和极左思潮不同程度、不同形式的抵制和抗争。1967年1月召开的中央军委碰头会上，叶剑英、徐向前、聂荣臻等，坚决反对江青等人鼓吹军队应和地方一样搞运动的主张。2月中旬，在周恩来主持的怀仁堂碰头会上，再次爆发对中央文革小组的激烈抗争。谭震林、陈毅、叶剑英、李富春、李先念、徐向前、聂荣臻等领导人，围绕要不要党的领导、要不要广大老干部、要不要稳定军队等根本性问题，拍案而起，怒斥江青、陈伯达、康生、张春桥等人乱党乱军的做法。老一辈革命家的奋起抗争，被江青等人诬陷为"二月逆流"，经毛泽东同意受到严厉批判。

为了对极度混乱的状况加以约束，毛泽东号召群众组织实现大联合，正确对待干部，并派人民解放军执行"三支两军"（即支左、支工、支农、军管、军训）任务，派工人毛泽东思想宣传队进驻学校，还批发了多项命令、布告，以制止武斗蔓延，维护社会秩序，保护国家财产。这些措施虽不能从根本上解决问题，但对制止局势恶化还是起了一定作用。经过20个月的社会大动乱和错综复杂的夺权斗争，全国（除台湾省外）29个省、市、自治区先后建立了革命委员会。革命委员会作为特定时期的产物，集地方党、政大权于一身，实行党政合一、高度集中的领导体制。

1968年10月，中共八届扩大的十二中全会召开。在党内生活极不正常的状况下，会议批准了在江青、康生、谢富治把持下炮制的关于刘少奇问题的"审查报告"，给原国家主席刘少奇加上"叛徒、内奸、工贼"的罪名，宣布"把刘少奇永远开除出党，撤销其党内外的一切职务"。1969年11月，刘少奇被遣送河南开封，含冤病逝。这是"文化大革命"中最大的一起冤案。

1969年4月，中国共产党第九次全国代表大会举行。林彪代表中央作政治报告，将毛泽东关于阶级斗争的理论观点，概括为"无产阶级专政下继续革命的理论"，核心要点是在社会主义制度建立以后，还存在着资产阶级，还存在着整个社会范围内的阶级对抗，还要进行"一个阶级推翻一个阶级的政治大革命"。这个理论作为"文化大革命"总的指导思想，写进修正后的《中国共产党章程》总纲，这在理论上实践上都是错误的。大会选出新的中央委员会，在中央政治局委员中，林彪、江青两个集团的骨干和亲信占半数以上。第八届中央委员会成员中许多功勋卓著的革命家被排除在外。中共九大使"文化大革命"的理论和实践合法化，加强了林彪、江青等人在中央最高领导层的地位，因而在思想上、政治上、组织上的指导方针都是错误的。[①]

为纠极左恢复秩序而努力

中共九大以后，"斗、批、改"运动在全国展开，内容包括建立革命委员会、大批判、清理阶级队伍、整党、精简机构、改革不合理的规章制度等。在实际工作中还包含"教育革命"、知识青年上山下乡等内容。但是，"斗、批、改"运动实际上是把"文化大革命"的"左"倾错误在各个领域具体实施，结果是党内矛盾和社会矛盾继续紧张，又增加了引起动乱的因素。

1970年8月，中共九届二中全会在庐山召开。会上围绕"设国家主席"等问题，发生林彪集团成员的宗派活动被揭露并受到批判的情况。会后毛泽东针对这些问题采取了措施。林彪集团的骨干成员决心铤而走险。林彪的儿子、时任空军司令部办公室副主任兼作战部副部长的林立果，暗中策划其秘密小组织准备发动武装政变，密谋暗害毛泽东。毛泽东、周恩来粉碎了他们的阴谋。9月13日，林彪等人乘飞机仓皇出逃，在蒙古国温都尔汗坠落机毁人亡。

林彪事件的发生，是"文化大革命"推翻党的一系列基本原则的结果。林彪突出地在全党鼓吹对毛泽东的个人崇拜，并被中共九大修正的《党章》规定

[①] 中共中央党史研究室：《中国共产党历史第二卷(1949—1978)》下册，北京：中共党史出版社，2011年，第810页。

为毛泽东的接班人，然而他却走上叛党叛国的末路。这一惊心动魄的事件，促使人们对"文化大革命"给党和国家带来的灾难进行严肃的思考，促使更多的干部党员和群众从个人崇拜的狂热中觉醒，对"无产阶级专政下继续革命"的理论及其实践越来越表示怀疑和抵制。

林彪事件发生后，毛泽东在周恩来协助下，采取措施解决跟这一事件有关的问题。中央决定撤销由林彪集团控制的军委办事组，成立由叶剑英主持的中央军委办公会议。全国开展"批林整风"运动，揭发、批判林彪集团的罪行。毛泽东亲自过问对一些领导干部落实政策的工作，为所谓"二月逆流"平反。经毛泽东提议，1973年3月，被打成所谓"党内走资本主义道路的当权派"第二号人物的邓小平恢复国务院副总理职务。同年12月，毛泽东提出要给被打倒的贺龙、罗瑞卿和受到林彪、江青诬陷的一些军队干部恢复名誉。这些为加快落实党的干部政策，在各方面进行政策调整创造了条件。

"批林整风"开始后，周恩来在毛泽东支持下主持中央日常工作。周恩来正确地提出要批判极左思潮的意见，加快了落实干部政策和知识分子政策的进程，使一批被打倒的党政军领导干部重新走上领导岗位。针对无政府主义思潮对经济工作的破坏，周恩来指示国务院提出整顿企业的措施，恢复被破坏的各种规章制度；通过大力压缩基建规模、精简职工人数等措施，解决职工人数、工资总额、粮食销售量指标三突破的问题，扭转国民经济下滑的趋势。还顶着江青等人大批所谓"崇洋媚外"的压力，努力开展对外贸易和经济技术交流，从国外进口一批技术先进的成套设备。在科学教育工作中，周恩来要求把基础科学和理论研究抓起来，并提议召开了全国科技工作会议。同时，还抓了落实党在文化、民族、统战等方面政策的工作。

周恩来提出要批判极左思潮的意见，是老一辈革命家对"文化大革命"抵制和抗争的继续，是"文化大革命"以来第一次纠"左"整顿。经过近两年的调整和整顿，各方面工作都有明显起色。毛泽东起初是支持周恩来进行政策调整的，可是他认为批判极左思潮会引向对"文化大革命"的否定，一再指示应该批林彪的"极右"，而不是批判极左。江青等人借此煽动批"极右"、批"右倾翻案"，致使周恩来领导纠"左"的努力被迫中断。

林彪事件后，党的一些重大的组织问题需要解决。党中央决定于1973年8月提前召开中国共产党第十次代表大会。中共十大继续了中共九大的"左"倾错误，仍然号召全党"坚持无产阶级专政下的继续革命"，坚持"文化大革命"。这使得这场内乱愈拖愈久，破坏性后果日益显现。在中共十大上，从上海造反起家的王洪文当上了党中央副主席。但同时，周恩来、叶剑英、李德生被选举为中央副主席，邓小平、王稼祥等被选进中央委员会。中共十大以后，一批在"文化大革命"中备受打击迫害的老干部得到"解放"。江青、张春桥、姚文元、王洪文在中央政治局内结成"四人帮",继续进行阴谋活动。

在此期间,毛泽东多次提出要把批判林彪同批判中国历史上的孔子和儒家联系起来。1974年1月,全国开展"批林批孔"运动。这实际上是要借宣传历史上法家坚持变革、批判儒家反对变革来维护"文化大革命"。"四人帮"利用"批林批孔"把矛头指向周恩来等老一辈革命家。他们在各种场合的讲话中,点名攻击中央、地方和军队的一批干部,还指使他们控制的写作班子发表大量文章,对前一阶段批极左恢复的正确政策措施和落实干部政策的工作进行攻击。他们的帮派分子在各地揪斗老干部和知名人士,社会秩序再度混乱,刚刚有所好转的国民经济再遭破坏。

毛泽东对江青等人利用"批林批孔"搞乱社会的图谋有所察觉,在中央领导层提出江青、张春桥、姚文元、王洪文结成"四人帮"的问题,指出"还是安定团结为好","把国民经济搞上去"。同年10月,中央发出召开四届全国人大的通知。"四人帮"加紧阴谋活动,企图由他们出面"组阁"。这时,毛泽东强调周恩来"还是总理",并提议邓小平任国务院排名第一的副总理。此后,毛泽东多次批评"四人帮",并进一步提出邓小平任中央军委副主席兼解放军总参谋长。江青等人的"组阁"梦由此破产。

1975年1月,第四届全国人民代表大会第一次会议在北京举行。周恩来在政府工作报告中,重申在20世纪内全面实现农业、工业、国防和科学技术四个现代化的宏伟目标。在"文化大革命"的动荡岁月里,重提实现四个现代化的任务,就是树立起一面旗帜,把全党和全国人民团结在这个旗帜下,把注意力再次引到发展生产力,建设现代化事业上来。四届全国人大确定了以周恩来为总理、邓小平为第一副总理的国务院组成人员,为邓小平主持国务院日常工作创造了条件。

全面整顿和结束十年内乱

四届全国人大闭幕后,身患重病的周恩来病情愈加严重。邓小平在毛泽东支持下,相继主持国务院和中共中央的日常工作。受命于危难之际,邓小平大刀阔斧地开始全面整顿。他强调四个现代化建设是大局,首先以铁路整顿为突破口,将派性争斗导致严重堵塞的铁路线全部疏通,运输状况开始好转。接着整顿钢铁工业。邓小平强调:把钢铁生产搞上去,最重要的是建立一个坚强的领导班子,坚决同派性作斗争,认真落实政策,建立必要的规章制度。中国科学院和国防科技工作也开始整顿。文艺工作进行了政策调整。教育战线积极着手整顿。军队整顿是各方面整顿中重要的一环,军队各大单位的领导班子进行了调整,这对抵制"四人帮"夺取军队领导权的企图起了重要作用。邓小平还提出:整顿的核心是党的整顿,主要整顿各级领导班子,要在加快落实干部政策的同时,对强行搞突击入党、突击提干的造反派区别不同情况作出处理。

邓小平主持的全面整顿,是"文化大革命"中党的正确领导与"四人帮"的一场重大斗争。整顿虽然还不可能直接触及"文化大革命"的根本问题,但力图在一些重要问题上把被颠倒了的思想理论、政策是非予以澄清,实际上是有限度的拨乱反正。全面整顿见效很快,大部分地区的社会秩序很快趋于稳定,国民经济由停滞、下降转向回升,工农业产品产量均有较大幅度的增长。

毛泽东支持邓小平主持党和国家的日常工作,但他坚持认为"文化大革命"是正确的,希望邓小平在肯定"文化大革命"的前提下实现安定团结,把国民经济搞上去。然而,整顿工作的深入展开,势将触及"文化大革命"的"左"倾错误,逐渐发展成为对"文化大革命"的比较系统的纠正。这种发展趋势,既遭到"四人帮"的猖狂反对,也为毛泽东所不容。1975年11月下旬,"四人帮"借机发动了"反击右倾翻案风"运动。这个运动直接针对邓小平领导的全面整顿,许多正确政策和措施被否定,一批坚决执行整顿的领导干部遭受打击,一些地区派性斗争重新泛滥,造成停工停产,交通堵塞。这种状况,使广大干部和群众更加看出"四人帮"祸国殃民的面目。人们心中长期郁积的不满迅速发展起来,期待国家恢复到社会安定、经济发展、生活有所改善的正常轨道上来。

1976年1月8日,党和国家主要领导人之一、人民的好总理周恩来逝世,在人民群众中引起巨大的悲痛。"四人帮"不仅发出种种禁令压制悼念活动,而且加紧展开"批邓,反击右倾翻案风"的大批判。这种倒行逆施使广大群众的悲痛心情迅速转化成愤怒情绪,进而转变为强烈的反抗行动。首都人民冲破"四人帮"的阻力,汇集到天安门广场,自发地举行悼念周恩来的活动。

4月4日(清明节),悼念活动达到高潮。4月5日,天安门前的群众悼念活动被诬为"反革命事件"而遭到镇压;4月7日邓小平被诬为这一群众运动的"总后台",被撤销党内外一切职务。天安门事件是全国人民反对"四人帮"倒行逆施的集中表现,实质是拥护以邓小平为代表的党的正确领导。以天安门事件为中心的全国性抗议运动鲜明地体现了人心的向背,为后来粉碎"四人帮"奠定了广泛、深厚的群众基础。

1976年7月6日,党和国家主要领导人及人民解放军创始人之一的朱德逝世。

9月9日，中国共产党的创建人之一，中华人民共和国的主要缔造者、党和国家的主要领导人毛泽东逝世。全国人民沉浸在巨大的悲痛之中，党和国家的前途成为人们最忧虑的问题。

毛泽东逝世前后，"四人帮"加紧了夺取党和国家最高领导权的阴谋活动。中共中央第一副主席华国锋同叶剑英、李先念等老一辈革命家取得共识，必须割除"四人帮"这个党和国家肌体上的痈疽。10月6日晚，华国锋、叶剑英等代表中央政治局，执行党和人民的意志，对江青、张春桥、王洪文、姚文元及其在北京的帮派骨干实行隔离审查，毅然粉碎江青反革命集团。当晚，中央政治局在北京召开紧急会议，一致通过华国锋任中共中央主席、中央军委主席、国务院总理，将来提请中央全会追认。粉碎"四人帮"的胜利，结束了"文化大革命"这场灾难，从危难中挽救了中国的社会主义事业，为党和国家进入新的历史时期创造了前提。

历史已经证明，"文化大革命"不是也不可能是任何意义上的革命或社会进步，而是一场由领导者错误发动，被反革命集团利用，给党、国家和各族人民带来严重灾难的内乱。在这场所谓的"大革命"中，包括党和国家领导人在内的大批中央党政军领导干部、民主党派负责人、各界知名人士以至普通群众受到诬陷和迫害。党和政府的各级机构、各级人民代表大会和政协组织长期陷于瘫痪和不正常状态。公安、检察、司法等专政机关和维护社会秩序的机构都无法正常行使职能。

在长时间的社会动乱中，国民经济发展缓慢，经济部门之间的主要比例关系长期失调，经济管理体制更加僵化。如果以1953—1966年工业总产值和国民收入的年均增长水平计算，1966—1976的十年间，工农业总产值损失5000亿元，国民收入损失2000亿元。人民生活水平基本上没有提高，有些方面还有所下降。自20世纪70年代起，正是国际局势趋向缓和，许多国家和地区经济起飞或开始持续发展的时期。但是，由于"文化大革命"的影响，中国不仅没能缩小与发达国家已有的差距，反而拉大了相互之间的差距，从而失去了一次难得的发展机遇。

应该指出，在"文化大革命"期间，党内外广大干部群众对"左"倾错误的抵制和抗争，对林彪、江青两个反革命集团的斗争，一直没有停止过。这种抵制、抗争和斗争是十分艰难的。"文化大革命"的严峻考验表明：中央和各级党政干部，无论是曾被错误地打倒的，或是一直坚持工作和先后恢复工作的，绝大多数是忠于党和人民的，对社会主义事业的信念是坚定的。遭到过打击的知识分子、劳动模范、爱国民主人士、爱国华侨，各民族各阶层的干部和群众，绝大多数没有动摇过热爱祖国和拥护党、拥护社会主义的立场和信念。在国家动乱的情况下，人民解放军仍然英勇地保卫着国家的安全。

特别是进入20世纪70年代，国际形势经过战后20多年的发展，发生巨大的变化。毛泽东、周恩来审时度势，对外交工作作出富有远见的重大决策，使我国的对外交往出现转机，打开了一个新局面。局势转变的关键一环，是中国同美国关系的缓和。1971年，中华人民共和国在联合国的一切合法权利得到恢复。1972年，中国采取"以小球（乒乓球）推动大球"的灵活政策，成功安排美国总统尼克松访华，冲破了中美两大国长期对立的僵局，打开了中美关系正常化的大门。接着中国与日本建立外交关系，陆续同一批资本主义发达国家和亚非拉国家建交。这些都为后来中国的对外开放打下了基础。

如上所述，正是由于各级干部、党员和工人、农民、解放军指战员、知识分子的抵制和斗争，"文化大革命"的破坏性作用受到一定限制。也由于他们在极端困难的条件下坚守岗位，克服频繁的政治运动的重重干扰而顽强努力，经济建设仍取得一定进展。科学技术取得若干重要成就，包括成功地进行了导弹核武器发射试验，爆炸了第一颗氢弹，发射了第一颗人造地球卫星。农业科学家袁隆平在1972年育成一代籼型杂交水稻，为我国的粮食增产作出重大贡献。当然，这一切绝不是"文化大革命"的成果。如果没有"文化大革命"，社会主义现代化事业会取得比这大得多的成就。同时，必须深刻认识到，"文化大革命"期间国民经济虽然在曲折中有所进展，但其资金的大量投入、经济效益的低下，同全国人民的艰苦努力、辛勤劳动是不成比例的。政治动乱造成的社会动荡，"左"倾政策造成的内伤，给国民经济发展带来的损失是巨大的。

"文化大革命"是错误理论指导下的错误实践。它留下了永远不能重犯这类错误的深刻教训，并从反面为中国共产党探索建设有中国特色社会主义的道路提供了历史借鉴。正如邓小平指出的：总结历史，是为了开辟未来。"过去的成功是我们的财富，过去的错误也是我们的财富。我们根本否定'文化大革命'，但应该说'文化大革命'也有一'功'，它提供了反面教训。没有'文化大革命'的教训，就不可能制定十一届三中全会以来的思想、政治、组织路线和一系列政策。"[①]

[①]《邓小平文选》第三卷，北京：人民出版社，1993年，第272页。

第三章 改革发轫

"文化大革命"的结束,给中国的发展带来有利的契机。随着揭批"四人帮"和清查其帮派体系,社会政治秩序和工农业生产得到较快的恢复。但是,十年内乱积累了许多严重的政治、社会问题,不可能在短期内消除。尤其在处理历史遗留问题和推动现代化事业向前发展的问题上,仍然受到长期以来"左"的思想的束缚,在相当程度上影响了党和国家各项工作的进行。党内外强烈要求彻底纠正"左"的错误,使党和国家从危难中重新奋起。在中国面临何去何从的重大历史关头,1978年12月,中国共产党召开十一届三中全会,实现了新中国成立以来历史上具有深远意义的伟大转折,开辟了改革开放、建设中国特色社会主义、推进中国式现代化发展的新时期、新道路。

一、走向改革开放的初始状态

国内环境处在普遍贫穷社会状态

跟新中国一起走过来的一代中国人不会忘记,以毛泽东为主要代表的中国共产党人,前仆后继,流血牺牲,领导中国人民推翻帝国主义、封建主义、官僚资本主义"三座大山",实现了民族独立和人民解放,建立起自立于世界民族之林的中华人民共和国,团结带领中国人民自力更生、艰苦奋斗,初步建立起独立的相对完整的工业体系和国民经济体系。这一代人为了国家的繁荣富强,情愿牺牲个人利益,放弃个人理想,既经历了奋发图强、凯歌行进的时期,也度过了同甘共苦、克服严重经济困难的曲折发展时期,取得了社会主义建设的许多成就。这一切,历史会永远铭记。

客观历史进程也记载着,中国在探索建设社会主义道路中经历过曲折,走过弯路,以至陷入"文化大革命"的迷误,遭受过重大挫折和损失。邓小平后来在多个场合作过这样的总结:"从1957年下半年开始,我们就犯了'左'的错误。总的来说,就是对外封闭,对内以阶级斗争为纲,忽视发展生产力,制定的政策超越了社会主义的初级阶段"。"文化大革命"更是走到了极左,差不多整整20年。在这20年中,我们做了许多工作,也取得了一些重大成就,比如搞出了原子弹、氢弹、导弹等。"但就整个政治局面来说,是一个混乱状态;就整个经济情况来说,实际上是处于缓慢发展和停滞状态";"国家的经济和人民的生活没有得到多大的发展和提高","大多数农民是处在非常贫困的状况,衣食住行都非常困难。"[①]

正是邓小平指出的政治局面混乱、经济发展缓慢、人民生活贫困这三个"状态",让中国人在经历了"文化大革命"的空前浩劫和严重破坏之后,蓦然回首——发现国家实际上处在普遍贫穷的社会状态。邓小平痛心疾首地指出:"我们太穷了,太落后了,老实说对不起人民。我们现在必须发展生产力,改善人民生活条件。""社会主义要表现出它的优越性,哪能像现在这样,搞了二十多年还这么穷,那要社会主义干什么?"他掷地有声地反问——"这种情况不改革行吗?"[②]

---

① 《邓小平文选》第三卷,北京:人民出版社,1993年,第264、237—238页。
② 中共中央文献研究室编:《邓小平思想年编(1975—1997)》,北京:中央文献出版社,2011年,第168—171页。《邓小平文选》第三卷,北京:人民出版社,1993年,第237页。

贫穷不是社会主义，社会主义必须摆脱贫穷。那么，怎样摆脱贫穷落后的面貌呢？就是必须改变与中国经济发展不相适应的高度集中的计划经济管理体制和单一的公有制结构。什么是计划经济？按照当年从苏联照搬过来的理念：计划经济就是"在全国计划之外，不能再有其他计划。全国是一本账，一盘棋。不应该有不列入计划的经济活动。不列入计划就会发生无政府状态。不能一部分是计划经济，一部分是无计划经济"——"计划就是法律"。

我国是在实行第一个五年计划期间，形成高度集中的计划经济管理体制的。在中央设有国家计划委员会，中央各部门和省、市、地、县各级政府及各政府部门、各企业相应设立计划机构，形成了从上到下的完整的计划经济管理体系。在国家计委领导下，通过编制和执行国民经济发展计划，实现对国民经济的计划管理。计划管理的范围广，包括了国民经济的各部门、各方面；指标齐全，具体规定了各部门各企业的主要经济活动。对国家机构、国营企业及重要经济活动下达的各种指标具有指令性，用行政办法保证计划的执行。

首先，对全民所有制的国营企业实行直接的计划管理。国家向国营企业下达指令性指标，由主管部门组织生产资料的供应，由商业物资部门调拨或收购其产品，财政部门统收统支国营企业的资金。国家下达的指令性指标，包括产值、产量、品种、经济技术、成本、劳动生产率、利润、职工人数和工资等。

其次，对城镇集体企业，主要通过地方性的计划进行管理。对农村集体经济，通过从中央到省、市、县的农业产值产量的计划，特别是对重要农产品实行统购派购，将农村人民公社的主要经济活动纳入国家计划的轨道。

同时，国家建立起高度集中的财政管理体制。虽然曾一度实行统一领导、分级管理，在预算上采取过包干的管理办法，但并未脱出财政管理高度集权的总体框架，中央仍然集中了财力的绝大部分。在中央和地方之间的固定分成和调剂比例一年一变的情况下，地方超收和节余都是有限的。加上中央对地方机动财力使用的指令性计划控制，地方真正能机动使用的财力十分有限，财政工作高度集中的局面没有根本改变。

国营企业实行经济核算，但不自负盈亏。企业的利润和折旧基金全部上缴国家，纳入国家预算，亏损由国家财政补贴。企业所需基本建设资金、流动资金、固定资产更新和技术改造所需技术措施费、新产品试制费和零星固定资产购置费等，由国家财政拨款解决，不偿付资金使用的费用。季节性、临时性的超定额流动资金部分由银行贷款解决。国营企业的这种资金活动具有供给制性质。

在国家统一管理劳动力招收和调剂制度下，劳动者一旦进入企业，实际上就得到了终身劳动职位，俗称得到了一个"铁饭碗"。1956年全国工资制度改革后形成的新的工资制度，其基本特点，一是实行固定工资制度，奖金所占比例很小。何时升级加薪、升级人员的办法、比例，均由国家规定；二是在全国范围内，按产业、部门、地区类别，统一规定职工工资等级标准，企业职工的工资水平与企业的经营效果无关。企业内部劳动者之间，存在着平均主义的倾向，干好干坏一个样，不能起到奖勤罚懒的作用。手工业合作社的工资等级参照国营企业的规定执行，相应人员工资水平不得超过国营企业。

基本完成社会主义改造后形成的国民经济体系，在所有制方面是全民所有和集体所有的单一公有制。经济运行方面是排斥市场对资源配置的作用。在分配方面是大体平均，略有差别。这种管理体制，在当时的历史条件下，对于动员全国的人财物力，贯彻优先发展重工业的战略起到了重要作用。但是随着经济的发展，中央集权过多、管理过死、缺乏激励机制、效率低下等体制上的弊端日益暴露出来，严重地束缚了生产力的发展。

在工业总值中，1979年全民所有制工业占81%，集体所有制工业占19%，没有私营工业。1978年的社会零售商品总额中，全民所有制商业占90.5%，集体所有制商业占7.4%，个体商业只占0.1%，农产品对非农业居民的零售额仅占2%。工厂生产什么，生产多少，用什么方式生产，都由国家决定。工厂的一切技术改造，都要报上级批准才能得到资金拨款。自1953年实行粮棉油等主要农产品统购统销以后，我国一直处在短缺经济时代。加上过去政治运动造成社会动荡的影响，以及庞大的人口压力，政府可用于再分配的社会财富和物质资源极为短绌。

我国的计划经济形成了一整套经济管理体制，包括财政税收体制，金融管理体制，劳动工资体制，物资分配体制，物价管理体制以及工业、商业、交通运输业、对外贸易管理体制等等。另外还有教育体制、科技体制、文化体制以及社会管理体制，国家对整个经济社会生活无所不管，包罗万象。这一整套经济管理体制是和高度集中的政治体制相互依存的。我国的政治体制又称党和国家领导体制，包括政党体制、政府体制、政法体制、意识形态管理体制、干部人事管理体制，等等。这些经济、政治体制总合起来，形成高度集权的"全能型"政府。本来可以通过发挥各种社会力量来分担的事情，体制上由政府全部承担，但在现实物质条件下，政府实际上根本承担不起这样无限的职能。

在计划经济下，我国形成城乡二元分割的社会结构，农村实行政社合一的人民公社体制。到1978年，农村集体经济是人民公社、生产大队、生产队三级所有，以生产队为基础。全国共有农村人民公社5.4万个；参加人民公社的有1.7亿农户。8亿农村人口有3亿劳动力。农村土地归集体所有，一切土地都是集体耕作，统一生产，统一经营。几亿农民种植什么，各类农作物耕种面积多大，收获后怎么分配,有多少必须上缴国家,等等,都由集体经济在国家的计划下统筹安排。

人民公社的分配制度实行评分记工制,一般采取"自报公议"形式,"大概工分"的现象普遍存在,很难真正贯彻按劳分配的原则。占全国人口绝多数的农民生活堪忧。据农业部人民公社管理局的统计,1978年全国农民每人年平均从集体分配到的货币收入仅有74.67元。有很多地方的农民辛辛苦苦干一年,还倒欠生产队的账。经过多年的"社会主义教育"等政治运动,自留地、自产自销、自由市场和包产到户(即"三自一包"),被当作"资本主义尾巴"一割再割,商品生产和商品交换受到极大的限制。各地农民自发兴起的包产到户等生产责任制几起几落,不断受到压制。在"左"的、僵化的农业政策下,全国有三分之二的农民生活水平不如刚解放时的20世纪50年代。

在计划经济年代,市场上商品供应严重不足,为保证人民群众基本生活需要,国家决定发放各种票证来分配商品,由此形成计划经济最具特色的产物——票证经济。中国票证经济的种类、数量堪称"世界之最",最早实行的是粮票、食用油票、布票等,后来扩展到吃、穿、用等各个方面五花八门的日用品票证。全国2500多个市县都分别发放和使用各种本地票证,进行计划供应,各地之间互不通用。一些大企业、厂矿、农场、学校、部队、公社等分别印发了各种内部票证,林林总总,种类繁多。此外为了照顾老干部、高级知识分子、科研人员和有特殊贡献者,政府还发放一些特供票证。

历史地看,高度集中的计划经济体制,在资金匮乏、物资紧缺的中国工业化初创阶段,对于集中配置有限的资源,建立独立的相对完整的工业体系起到过重要作用,有其历史合理性。但有分析人士指出:在计划经济体制下,直接生产者和管理者都是一架机器上的零件和部件。工人和农民不能通过自己的加倍劳动增加收入,企业不能通过自己的努力经营得到发展,地方不能合理地利用资源求得繁荣。这种体制,使每个经济细胞都失去了自我发展、自我平衡和自我调节的能力。

"文化大革命"还遗留了一大难题,就是从1968年起,国家以政治动员的方式,在全国范围内有组织地发动了城市知识青年上山下乡运动,并赋之以"到农村广阔天地接受贫下中农的再教育""反修防修"的政治意义。连续多年的上山下乡运动,被送往各地农村(包括农场、生产建设兵团)的知识青年达1700余万人。国家为知青下乡花费了300亿元安置费,结果换来"知青不满意,家长不满意,农村社队不满意",还加上一个国家不满意。这种"逆城市化"运动,是因为中国人口压力大,经济连续多年衰退,无法消化城市过剩人口所造成的。它关系到千百万知青的个人命运,影响到全国城镇几乎每一个家庭的现实生活,给千家万户造成难以负担的生活困境和一系列社会问题，更加凸显了破解城镇社会就业难题的必要性和紧迫性。

在社会政治关系上，由于长期实行"以阶级斗争为纲"的基本路线，全社会形成了强调"阶级路线"的政治氛围。虽然党的阶级政策是"有成分论，不唯成分，重在政治表现"，但是以往一个接一个的政治运动，从原来整合的社会里区分出若干"另类"，依次有"地、富、反、坏、右"五类分子。"文化大革命"中又加上"叛徒、特务、走资派"三类，知识分子则叨陪末座，忝列"臭老九"。在"左"倾错误盛行的年代，被历次政治运动推向社会边缘，以至排除在社会生活之外的人们，或遭到社会歧视，或饱受政治迫害，甚至丧失了基本的生存条件和个人发展权利。他们的家庭和子女也不幸被牵连，受到不公正的社会政治待遇。很多所谓家庭出身"不好"的青年，在上学、招工、参军、入团、分配工作以及个人婚姻等诸多方面受到限制，成为困扰很多家庭的严重社会问题。

如上所述，过去年代经济的、政治的、文化的、社会生活的面貌，林林总总，构成了中国准备进入改革开放新时期的"初始状态"。

但是，有一个根本的前提必须强调，就是我国已经建立起社会主义基本制度，初步建立了独立的相对完整的工业体系和国民经济体系。改革开放前29年，我国经济发展虽然受到很大挫折，但整体来看，中国的工业和国民经济增长速度并不算慢，工业总产值1978年比1949年增长了38.18倍，工业总产值在工农业总产值中的比重，由1949年的30%提高到1978年的72.2%；社会总产值增长12.44倍，其中非农产业在全社会总产值中的比重，由1949年的41.4%上升到1978年的77.1%；国民收入总额从1949年的358亿元增长到1978年的3010亿元（按当年价格计算），提高7.41倍，其中非农产业在国民收入构成中的比重，也由1949年的31.6%上升到1978年的64.6%。据相关资料，从1950年到1973年，世界GDP总量年均增长4.9%，人均GDP增长2.9%，其中，中国GDP年均增长5.1%，人均增2.9%，高于或相当于世界平均水平，高于同期发展中国家平均水平。[①]

问题在于，这29年中国经济社会的发展受到高度集中的计划经济体制和单一公有制结构的制约，特别是长期受到"以阶级斗争为纲"的"左"倾指导思想的桎梏，未能在社会主义制度下取得本该更大更好的成就。历史证明，在社会主义的中国，只要多方面地改变不适应生产力发展的生产关系和上层建筑，改变一切不适应的管理方式、活动方式和思想方式，建立适当的体制和所有制

---

① 《中国城市化进程的历史发展》，历史新知网 www.lishixinzhi.com，最后访问时间：2019年8月12日。

结构，加上符合时代要求的政策和发展战略，前29年的发展就构成了中国建设社会主义现代化既成的不可缺少的物质基础和前进基地。

外部环境面临巨大国际竞争压力

从外部环境来看，在过去的年代，尤其是20世纪60年代中后期，我国对国际形势的基本判断是"战争与革命仍然是时代的主题"，美、苏两个超级大国互相争霸企图瓜分世界，始终是国际斗争中的主要矛盾。中国在对外方针上坚决反对以美国为首的帝国主义和霸权主义，同时反对以苏联为代表的现代修正主义和社会帝国主义，而在外交格局上，一个时期以来形成两面树敌，两条战线作战，在国际社会处于相对孤立的不利地位。

在美苏两大阵营敌对冷战，中苏关系交恶不断升级的国际环境下，中国对外经贸交往与合作非常有限。尽管中国运用"军工动员"体制，以举国之力造出"两弹一星"，但是生产领域的经营状况和技术水平远远落后于西方发达国家。20多年来，中国综合国力的下降趋势十分明显。1955年，我国的国内生产总值（GDP）占世界的4.7%，1980年下降到2.5%。1978年，中国外贸进出口总额为355.1亿元，按当年汇率折算为206.4亿美元，不到世界贸易总额的0.8%。[①]特别是经过"文化大革命"，中国经济发展和科学技术水平与世界先进国家的差距愈来愈大。

以日本为例，1955—1960年，日本经济年均增长8.5%，1960—1965年为9.8%，1965—1970年为11.8%。从1955—1970年，日本GDP增长了7.2倍，经济总量仅次于美国居于世界第二位。日本、美国、欧洲经济的高速发展一直持续到1973年石油危机爆发，这个时期也被称作发达资本主义国家经济发展的第二个"黄金时代"。

从20世纪70年代起，原来以农业和轻工业为主的国家和地区，如韩国、中国台湾、中国香港、新加坡，也抓住机遇快速发展，利用西方发达国家向发展中国家转移劳动密集型产业的机会，吸引外国大量的资金和技术，利用本地廉价而良好的劳动力优势，实行"出口导向型"发展战略，全面参与国际分工，走外向型经济发展道路，很快实现了经济起飞，成为继日本以后亚洲新兴的发达国家或地区，也成为东亚和东南亚地区的经济龙头，被并称为"亚洲四小龙"。

总之，在国际上，中国基本处在闭关自守或半闭关自守的封闭状态。这便是中国准备进入改革开放新时期在外部环境上的"初始状态"。邓小平说过，要

[①] 参见杨继绳：《不堪回首的年代》，《财经》2008年第2期。

发展生产力，就要实行改革和开放的政策。不改革不行，不开放不行。过去20多年的封闭状况必须改变。

回望改革的起点，不能淡忘甚至刻意回避改革的"初始状态"。1978年中国改革开放的起步，盖源于十年"文化大革命"使党、国家和人民遭到严重的挫折和损失。面对十年内乱造成的危难而奋起求变图强，这是改革的内因。从外部因素看，20世纪五六十年代以后世界范围内蓬勃兴起的新科技革命，推动世界经济以更快的速度向前发展，我国经济实力、科技实力与国际先进水平的差距明显拉大，面临着巨大的国际竞争压力。总之，严酷的国内困境和严峻的外部压力，迫使中国义无反顾地走上改革开放之路——这是一种被迫的选择，然而却是推进中国式现代化唯一正确的选择。

二、冲破思想樊篱处理历史积案

"两个凡是"方针的提出及思想禁锢

从粉碎"四人帮"到十一届三中全会的召开，其间有两年多的时间，史称"在徘徊中前进"的两年。之所以"徘徊"，是因为存在"两个凡是"指导思想的束缚和禁锢，使"左"的错误理论和政策得不到彻底纠正，大量历史遗留问题得不到及时解决，新时期的各项工作难以取得突破性进展。因此，在指导思想上冲破"两个凡是"的思想樊篱，实事求是地落实干部政策和平反冤假错案，是全面进行拨乱反正的基本前提。

粉碎"四人帮"为中国的振兴和发展提供了历史契机。以华国锋为首的中共中央在老一辈革命家的支持下，恢复党和国家政治生活的正常秩序，揭发批判"四人帮"的罪行，清查他们在各地的帮派体系，取得明显成绩。华国锋注重强调千方百计把经济搞上去，集中精力抓国民经济的恢复，动员组织广大干部群众积极投入恢复国民经济的各项工作，使工农业生产得到较快恢复和发展，教育科学文化工作开始走向正常，外交工作取得新的进展。这些政策措施得到了人民群众普遍的支持和拥护。

然而，究竟应该回到"文化大革命"前，还是重新开辟现代化建设的新路？在这个关系到中国前途和命运的大问题上，党和国家最高领导层在指导思想上还没有取得决定性进展。由于刚刚结束十年内乱，国际形势和国内环境错综复杂，政治上需要"高举毛泽东的旗帜"，"继承毛主席的遗志"，为此，华国锋在"文化大革命"结束后，继续提"深入批邓、反击右倾翻案风"的口号。这就使党和国家的工作陷入一种自相矛盾的境地：一面要求深揭狠批"四人帮"，清除极左路线造成的危害；另一面又不允许触动毛泽东晚年的错误决定，一些重大问题上的拨乱反正因此受到阻碍。

1976年10月26日，华国锋对中央宣传部门负责人说：凡是毛主席讲过的、点过头的，都不要批评；天安门事件要避开不说。11月18日，时任中共中央办公厅主任汪东兴在中央宣传工作会议上说：邓小平的问题，坚持毛主席讲过的、指示过的，不会错。1977年2月7日，《人民日报》《解放军报》《红旗》杂志"两报一刊"发表《学好文件抓住纲》的社论，明确提出了"两个凡是"的方针："凡是毛主席作出的决策，我们都坚决维护，凡是毛主席的指示，我们都始终不渝地遵循"。在1977年3月召开的中央工作会议上，一些同志提出应该重新审查天安门事件，并提出恢复邓小平的工作。华国锋还是认为天安门事件的性质是毛主席定的，不好改变。认为"继续批邓、反击右倾翻案风"是必要的，只是"四人帮"批邓另搞一套。

应该怎样维护毛主席的旗帜，这次中央工作会议上很多领导同志有不同的看法。王震在会上的发言，陈云提交的书面发言，都完全拥护邓小平重新参加党中央的领导工作，得到许多人的支持，叶剑英、李先念两位中央副主席也明确表态赞成。在这样的情况下，华国锋表示"在适当的时机让邓小平同志出来工作"。1977年7月，中共十届三中全会通过了《关于恢复邓小平同志职务的决定》。邓小平"三落三起"由此复出。

围绕解决邓小平的问题和天安门事件问题，反映出"文化大革命"结束后，在中央层面还存在"两个凡是"方针的束缚。而要破除这种束缚，需要在一切工作中树立起被"左"的错误严重破坏的实事求是的思想路线。这是一个关系到"文化大革命"后中国能不能全面拨乱反正，开辟建设社会主义新道路的重大问题。而在指导思想上拨乱反正，有待一个在全党全国范围内思想解放的过程。邓小平的复出，表明已经初步迈出了思想解放的步伐。

事实上，1976年4月的天安门事件，"四人帮"镇压人民群众悼念周恩来的活动，与他们借机打倒坚持全面整顿的邓小平，是二而一的问题。现在恢复了邓小平的职务和工作，理应为同一根源的天安门事件平反。但因为"两个凡是"方针借口"维护毛主席的旗帜"，天安门事件还是不能顺理成章得到平反。那些在天安门广场悼念周恩来、声讨"四人帮"的参与者，他们的政治身份及处境仍然晦暗不明。

历史地看，粉碎"四人帮"后，华国锋在主持中央工作期间，为稳定政治局势，安定社会秩序，恢复国民经济，动员全党全国各族人民建设社会主义现代化强国，做了许多工作，付出很大努力，取得明显成效。另一方面，由于一度采取"两个凡是"的指导方针,又在相当程度上影响了新时期各项工作的开展,使"文化大革命"的错误理论和政策得不到彻底纠正。天安门事件迟迟得不到平反,大批在冤假错案中被错斗、错关的干部不能及时得到解放,"以阶级斗争为纲"的藩篱难以摆脱。因此,冲破"两个凡是"的禁锢,实事求是地纠正过去的"左"倾错误,妥善解决历史遗留问题,是全面进行拨乱反正的基本前提。

勇于冲破阻力落实党的干部政策

事实上,"文化大革命"结束后,社会上最大的政治诉求是落实干部政策、解决平反冤假错案的历史遗留问题。在这方面,以胡耀邦为代表的忠诚于党和人民事业的共产党人,在邓小平、陈云等老同志的支持下,以无私无畏的胆略,冲破"两个凡是"设置的种种限制和禁忌,大刀阔斧地组织领导了落实干部政策、平反冤假错案的一系列紧迫工作,为在"文化大革命"后实现理性价值的回归,达成全社会的政治和解,团结各方面的力量为社会主义现代化事业共同奋斗,作出了突出的贡献。

粉碎"四人帮"后,全社会最直接、最急迫的政治诉求是尽快平反冤假错案,澄清历史是非。尤其受到政治迫害的人们,更是迫切地希望获得"解放",尽快回到正常的社会秩序中来。但是,最初的结果却令人失望。按照"两个凡是"方针,中共中央于1976年12月发出通知指出,凡是纯属反对"四人帮"而遭到逮捕、判刑、审查或处分的人和案件应予以彻底平反,凡不是纯属于反对"四人帮"而有反对"文化大革命"或其他反革命罪行的人,绝不允许翻案。对平反冤假错案如此设限,使落实干部政策工作根本无法取得实质性进展。到1977年底,仅中央和国家机关53个单位就有6240余名干部不能落实政策,引起了广大干部群众的强烈不满。

在社会上强烈诉求的压力下,1977年8月召开的中共十一大,在落实干部政策方面表现出一些新的态度。华国锋在中共十一大政治报告中,批判了"四人帮"在干部问题上的罪恶行径。指出:"对过去审查干部中遗留的一些问题,应当严肃认真地尽快妥善处理。可以工作而没有分配工作的,要尽快分配工作。年老体弱不能工作的,也要妥善安排。少数人需要作出审查结论的,应尽快作出。'四人帮'强加于人的一切诬蔑不实之词,应予推倒。"这个重要信息,在迫切期望得到解脱的人们心中点燃了希望之光。

中共十一大之后,时任中共中央党校常务副校长胡耀邦,精心组织党校的理论工作者写出《把"四人帮"颠倒了的干部路线是非纠正过来》的评论员文章,10月7日《人民日报》以整版篇幅发表。文章有针对性地指出:至今有的同志，特别是有的做干部工作的同志，由于受"四人帮"流毒的影响，在落实党的干部政策这个大是非的问题面前，工作很不得力，致使一部分有路线觉悟、有工作能力的干部还没有分配工作，许多受审查的干部还没有作出正确的结论，一些混进干部队伍的坏人还没有处理。这些都说明，落实党的干部政策仍然是一项严重的战斗任务。文章强调要敢于冲破阻力，推翻"四人帮"一伙强加给许多干部的诬陷不实之词和所作出的错误结论。

这篇文章引起了广泛的社会共鸣。《人民日报》继续就认真落实干部政策发表评论员文章，并摘登部分群众来信，报道一些地方落实干部政策的情况。然而，这项工作仍然受到很大阻力。在中央和一些地区、单位的组织部门，有很多人顾虑重重，担心处理审干中的遗留问题，特别是纠正那些错案，就会否定"文化大革命"的成果，总是寻找种种借口敷衍推脱，致使很多被"挂起来""靠边站"的干部不断地上访，但却求助无门。

据统计，中央组织部当时接收的案件有1730卷391363件，被审查的高级干部有669人。其中，被定为有严重问题的或敌我矛盾的有320人，占被复查人数的47.8%。其中，副部长级干部213人，中央委员和候补中央委员71人，中央政治局委员10人，中央书记处成员10人，副总理7人。[①]对此，叶剑英、邓小平、陈云等认为，必须加强对组织部门的领导，有些组织部门必须调整和充实力量。

在老一辈革命家的举荐下，1977年12月，胡耀邦调任中共中央组织部部长。在第一次工作会议上，胡耀邦就提出，平反冤假错案、落实干部政策是组织部门义不容辞的责任。除"文化大革命"期间的许多重大案件外，还有"文化大革命"以前的历次政治运动，民主革命时期的一些冤案。这叫"积案如山"，而中央组织部当前的处境则是"步履艰难"。胡耀邦明确表示，对新中国成立以来和"文化大革命"期间的冤假错案的清理和落实政策，是组织部门的首要任务，至于新中国成立之前的历史遗留问题，不管是因当时历史条件限制还是受战争环境影响而没有解决或者解决得不彻底，我们也应该彻底解决。针对落实干部政策中的种种阻力，特别是顶住"两个凡是"的压力，胡耀邦鲜明地提出了"两不管"的原则："凡是不实之词，凡是不正确的结论和处理，不管是什么时候、什么情况下搞的，不管是哪一级组织，什么人定的、批的，都要实事求是地改正过来。""两个不管"原则与"两个凡是"方针形成鲜明的对照，其精神实质，就是对待一切案件，都要尊重客观事实，这才是彻底的唯物主义。

---

① 参见中共中央党史研究室科研管理部编：《拨乱反正（中央卷）》上册，北京：中共党史出版社，1999年，第208页。

1978年3—4月，中组部分批召开了中央、国家机关和部分省、市、自治区研究疑难案件的座谈会。他到会参加讨论或讲话，对上百个久拖难决的疑难案件提出处理意见，划分政策界限，并提出了落实干部政策的四条标准：一是没有结论的，尽快作出结论，结论不正确的，要实事求是改正过来；二是没有分配工作的要适当分配工作，年老体弱的要妥善安排；三是已经去世的要作出实事求是的结论，把善后工作做好；四是受株连的家属子女要解决好。总的方针是实事求是，方法是群众路线。四条标准清晰明确，对中央和地方各部门具有很强的可操作性。

中组部为解放干部，平反冤假错案，发出了40多个指导性文件，在报刊上发表了十几篇文章，在《组工通讯》上刊出了30多期近10万字的政策评论。经过不懈努力和细致工作，有相当一批中高级干部的问题获得了解决，并妥善进行工作安排和生活安置。

这一阶段平反冤假错案工作给社会带来深远影响的，是为"右派分子"摘帽和改正。由于1957年"反右派斗争"的严重扩大化，有55万人被划为"右派分子"，受到各种各样的处理和不公正社会待遇。1959年到1964年，邓小平主持中央书记处工作时,曾经分五批为30余万人摘掉了"右派分子"的帽子。"文化大革命"开始以后，这项工作陷入停顿。已改正或摘掉帽子的人再次受到冲击和迫害。1975年，根据毛泽东、周恩来的有关指示，曾考虑准备全部摘掉"右派"帽子，但由于"四人帮"的干扰和阻拦，这一政策未能实现。

随着粉碎"四人帮"后各项政策逐步得到落实，要求解决"文化大革命"之前的历史遗留问题，特别是为"右派"摘帽的问题，相当突出地提了出来。1978年春夏，中共中央和国务院的5个部门，就"右派"摘帽问题先后在烟台和北京召开了两次专门会议。在由中央统战部和公安部牵头，中央组织部、中央宣传部和民政部配合召开的烟台会议上，虽然一致同意全部摘掉"右派分子"帽子，但在实施方案上有分歧。一种意见认为，全部摘掉右派分子的帽子，对他们给予适当安排，不再歧视就可以了，不需要甄别平反，只对个别完全搞错的予以改正。另一种意见认为，对"右派"问题一定要实事求是，应该错多少改正多少。会议最终草拟了《关于全部摘掉右派分子帽子的请示报告》，中共中央以11号文件的形式转发全国。

6月，经中央组织部提议，上述5个部的负责人在北京再次开会研究"右派"的改正问题。这次会上大多数人都主张应该实事求是,认为只有平反了错案，才能增强团结。会议形成了《贯彻中央关于全部摘掉右派分子帽子决定的实施方案》，明确指出：对于错划了的人，要做好改正工作，有反必肃，有错必纠，这是我党的一贯方针。"已经发现划错了的，尽管事隔多年，也应予改正。"9月

17日，中共中央以55号文件转发了这个实施方案。

按照实施方案，对所有的"右派"全部摘掉"右派"的帽子。摘掉帽子以后，不再叫他们"右派分子"或"摘帽右派"。在提职、提级、调整工资、奖励、授予职称等问题上，都与其他职工一样对待，不受歧视。凡不应划右派而被错划了的，应实事求是地予以改正。经批准予以改正后，恢复政治名誉，由改正单位分配适当的工作，恢复原来的工资待遇，但不补发工资。生活有困难，给予必要的补助。原是共产党员，没有发现新的重大问题的，被开除党籍的要恢复党籍。中央强调要把做好摘掉"右派"帽子的人的安置工作，当作落实党的政策、当作我国政治生活中的一件大事来抓。要坚持有反必肃，有错必纠的原则，做好改正工作。为此，中组部等5个部联合成立了办公室，中组部还专门成立了审查改正"右派"工作办公室，指导全国对"右派"的改正工作。由此迎来了十一届三中全会以后对历史遗留问题的全面拨乱反正。

正视错误彻底解决历史遗留问题

应该说，中央组织部落实干部政策和平反冤假错案的工作，已经开了一个好头。如果不是"两个凡是"的干扰和影响，本来可以做得更好。正因有了这一阶段开创的良好局面作铺垫，1978年12月中共十一届三中全会重新确立实事求是的思想路线和组织路线以后，开始全面拨乱反正，一项主要任务就是正视和纠正过去的错误，妥善地解决历史上遗留的问题。这项工作涉及面很广，任务浩繁，为内容集中起见，本书提前放到这一节来叙述。

从1978年底到1981年的3年间，中共中央先后为在"文化大革命"期间和之前遭受迫害的老一辈革命家彻底平反。包括为彭德怀、陶铸、彭真、罗瑞卿、陆定一、杨尚昆、贺龙、乌兰夫、谭震林、萧劲光、杨成武、李维汉等彻底平反；为曾经受到错误批判的谭政、习仲勋、黄克诚、邓子恢、肖克等恢复名誉；"文革"中由康生、江青等人制造的薄一波等"六十一人叛徒集团""新疆叛徒集团""东北叛徒集团"、内蒙古"新内人党"等在全国影响很大的冤假错案，都相继得到彻底平反。在党的历史上，一些蒙冤几十年的中共早期领导人如瞿秋白、张闻天、李立三等，也先后得到平反昭雪。

1980年2月，中共十一届五中全会一致通过《关于为刘少奇同志平反的决定》，恢复刘少奇作为伟大的马克思主义者和无产阶级革命家、党和国家的主要领导人的名誉。5月，中共中央、全国人大、国务院、中央军委、全国政协在北京为刘少奇举行隆重的追悼会，邓小平代表中共中央致悼词，彻底推倒强加在刘少奇身上的种种罪名，郑重地为他平反昭雪，恢复名誉。由此，中国共产党和中华人民共和国历史上最大的一桩错案得到彻底平反。受到这一错案牵连遭到迫害或被判刑的两万余人，都获得了彻底平反。

十一届三中全会以后，为了调动全社会的积极因素，切实加快社会主义现代化的建设事业，在大规模平反各种类型的冤假错案的同时，中共中央制定政策，开始实事求是地逐一解决中国共产党历史和中华人民共和国历史上各种各样的遗留问题。全面解决历史遗留问题，主要包括以下几个方面：

第一，为农村中的地主、富农摘帽子和解决地、富子女成分。

1979年1月11日，中共中央作出《关于地主、富农分子摘帽问题和地、富子女成分问题的决定》。按照《决定》的精神，除了极少数坚持反动立场者以外，经过群众评审，县革命委员会批准，一律摘掉地主分子、富农分子帽子，给予农村人民公社社员的待遇。地主、富农家庭出身的社员，他们本人的成分一律定为公社社员，他们的子女的家庭出身应一律为社员。今后，他们在上学、招工、参军、入团、入党和分配工作等方面，主要应看本人的政治表现，不得歧视。对城市街道、厂矿、企业、机关、学校的四类分子的摘帽问题，以及正确对待他们子女的问题，也应按照中央决定的精神处理。今后应依照他们的工作或职业，相应地称为社员、工人等，同人民群众一样享有公民权。这一决定很快在各地贯彻实行。全国先后有大约440万人被摘掉地主、富农的帽子；有大约2000万人结束了30年来在一个重出身、重成分的政治社会里备受歧视的生活。这的确是一个深得人心的重大决策，其深远影响极大地推动了中国的社会政治向理性价值的回归。

第二，加快"右派"改正平反的步伐。

1979年2月，中共中央组织部和中共中央统战部召开全国右派复查改正工作经验交流会，会上第一次提出"1957年反右派斗争犯了扩大化错误"，并强调指出："改正错划的右派，就是改正我们在反右派斗争中的错误"，"无论哪一级组织或哪一个人批准定案的，凡是错的都要改正。"随后，全国各省、市、自治区，以及地、市、县都相应开会，贯彻中央的精神，落实中央的政策。后来，针对错划右派的改正、平反工作中出现的新情况、新问题，中共中央又就改正后的安置等善后工作的政策问题发出通知，使反右派斗争扩大化的遗留问题，得到了妥善的解决，避免了许多问题的发生。到1981年上半年，改正平反的工作基本结束。全国共改正54万余人的"右派"问题，占原划右派总数55万人的98%。同时，给其中失去公职的27万人重新恢复或安排了工作、安置了生活，对一部分原来工作安排不当的人重新做了调整。此外，对被划为"中右分子"和"反社会主义分子"的31万多人，以及他们受到牵连的家属，落实了政策。依据当时的政策，仍有极少数"右派"最终没有改正。

第三，为1959年以来被错误地定为右倾机会主义分子的人平反。

1979年7月13日，中共中央发出《关于对被定为右倾机会主义分子的平反、改正问题的通知》，指出：在1959年以来的反右倾斗争中，因反映实际情况或在党内提出不同意见，被定为右倾机会主义分子或右倾错误的人，一律平反改正。本人及家属子女的档案中，有关反右倾斗争的材料，一律销毁。一切搞错了的人和事，都必须毫不动摇地加以纠正。这一决定使一大批党员、干部卸下了压在心头20年之久的"右倾"的包袱，获得了政治上、精神上的解放。

第四，为去台湾人员在大陆的亲属落实政策。

1979年11月1日，中共中央为"对去台（湾）人员在大陆亲属政策"发出通知，指出：对去台人员在大陆的亲属，应在政治、经济、社会生活等方面，一视同仁，平等相待，不得歧视；大陆和台湾亲友之间正常的通信、通电，任何人不得干预；去台人员在大陆的亲属，遭到林彪、"四人帮"政治陷害的，一律平反，迫害致死的，应予昭雪。这一政策的实施，对于改善海峡两岸关系，促进祖国和平统一，具有十分重要的意义。

第五，把原工商业者中的劳动者区别出来。

1979年11月12日，中共中央批转中央统战部等6个部门《关于把原工商业者中的劳动者区别出来问题的请示报告》。报告指出：1956年对私营工商业实行按行业公私合营时，有一大批小商小贩、小手工业者以及其他劳动者被带进公私合营企业，把他们统称为私方人员，按资产阶级工商业者对待，这是不妥当的，应该把他们从原资产阶级工商业者中区别出来，明确他们本来的劳动者成分。按照这一报告的精神，全国上下经过一年多的工作，到1981年11月，全国共有70多万小商、小贩、小手工业者及其他劳动者被从原工商业者中区别出来，恢复了作为社会主义劳动者的成分，妥善解决了1956年社会主义改造过程中的遗留问题，调动了这部分人建设社会主义的积极性。

十一届三中全会以后，解决历史遗留问题所涉及的范围非常广。如1979年1月起，为原国民党起义投诚人员落实政策；同年8月中央正式为小说《刘志丹》及所牵连的习仲勋等人问题平反；1980年和1986年中央两次为"胡风反革命集团"平反和彻底平反；1979年、1984年中国作家协会党组和中共中央组织部对丁玲、陈企霞"反党集团"问题予以平反，彻底恢复名誉；1982年、1983年彻底纠正审干工作中的潘汉年、扬帆错案；还有先后为赵丹、吴晗、傅雷、周信芳、赵树理、俞平伯、翦伯赞、马寅初、班禅额尔德尼·却吉坚赞等社会各界知名人士平反昭雪，恢复名誉，等等，其例不胜枚举。

随着处理历史遗留问题的大规模进行，数百万蒙受不白之冤的党员、干部、各界人士和普通群众陆续得到平反昭雪，因亲属、工作关系受到株连的数以千万计的干部和群众也得到了解脱。以往历史时期在全国、全社会范围内被压抑的各种散在的力量一旦被释放出来,就大大增进了全中国人民的团结和全社会的安定和解,有力地调动了社会各阶层人民的积极性和创造性,推动党和国家的工作重心向着以经济建设为中心转移。

从这一时期处理历史遗留问题的广度看,几乎涵盖了广大城乡社会层面的所有领域;从解决问题的深度看,基本上做到完全彻底,善始善终。这样大规模的平反,在中外历史上是从未见过的,其工作量之巨,关涉社会人群之多,具体操作之繁难,无不令人惊叹。这突出反映了在经历"文化大革命"的惨痛历史教训之后,执政的中国共产党以非凡的政治勇气正视自己的错误,表现出彻底纠正过去所犯错误的历史主动性。

当然,全面解决历史遗留问题,是在1978年十一届三中全会以后的事,但回过头来看,三中全会之前的这段历史可称为过渡阶段,从整个社会层面来看,所谓"在徘徊中前进"。这"前进"二字,意味着它的确在切实地推动中国从过去社会政治关系高度紧张的非常状态,向着公共理性复归的社会政治常态迈出了坚实的步伐。关于"文化大革命"的全局性错误、关于中共党内重大历史遗留问题的拨乱反正,后来在1981年中国共产党十一届六中全会通过的《关于建国以来党的若干历史问题的决议》中,得到了更为集中的阐述。

三、国家各项事业初步拨乱反正

恢复高考制度改变一代青年命运

"文化大革命"结束后,在揭批"四人帮"的同时,中共中央提出在20世纪末实现四个现代化是我国人民的中心任务,先后召开了全国农业学大寨会议和全国工业学大庆会议,并准备召开全国科学大会,以动员全党全国人民为实现四个现代化而奋斗。

1977年7月邓小平恢复党内外职务后,面对当时百废待举的局面,认为实现四个现代化,关键是科学和教育要能上去。他在复出后主动向中央请缨,主管科学和教育工作。

8月4日至8日,邓小平主持召开了科学和教育工作座谈会。他在仔细听取与会科学家和高校教师的意见后,发表了题为《关于科学和教育工作的几点意见》的讲话,充分肯定了新中国成立以后17年中科学与教育工作的成绩,肯定了中国绝大多数知识分子自觉为社会主义服务的事实。他强调,要为科研和教学人员创造必要的工作条件、悉心爱护和积极调动知识分子的工作积极性。知识分子的名誉要恢复。除了精神上的鼓励，还要改善他们的物质待遇。他提出，高等院校，特别是重点高等院校，应当是科研的一个重要方面军。重点大学要逐步加重科研的分量，逐步增加科研的任务。要保证科研时间，使科学工作者能把最大的精力放到科研上去。邓小平的讲话，揭开了科学和教育事业拨乱反正，彻底否定"四人帮"所谓"黑线专政"的"两个估计"的序幕。

这次科学和教育工作座谈会，涉及"文化大革命"中废除高考制度，实行"群众推荐、领导批准"的工农兵上大学的招生模式问题。而且教育部决定1977年大学秋季录取计划仍采取推荐制。8月6日，武汉大学查全性副教授在座谈会上发言，痛陈推荐上大学办法的弊端，强烈呼吁：从1977年起就改进招生办法，再也不能忽视新生质量了。这个呼吁得到许多与会者的赞同。邓小平当场征询教育部部长刘西尧的意见，刘西尧做出肯定的回答，并建议推迟开学时间，当年就恢复高考。邓小平随即将教育部关于1977年恢复高考的报告报送中央，经中央政治局会议批准，正式恢复被废除10年的高等学校招生考试制度。这是邓小平复出后，最先解决的关系实现四个现代化全局的一件大事。

邓小平指出，对上山下乡知识青年中通过自学达到较高水平的人，要研究用什么办法、经过什么途径选拔回来。这种人成千上万，要非常注意这部分人，爱护这部分人，千方百计把他们招回来上大学或当研究生。他强调，招生主要抓两条：第一是本人表现好，第二是择优录取。10月21日，《人民日报》发布了恢复高考的消息。当天社论的标题格外醒目：《搞好大学招生是全国人民的希望》。这是真正能使千万个普通家庭切实看到未来希望的一件大事，将带来无可比拟的社会影响。

1977年底，有成千上万的知识青年参加了高考，主要是1966年至1968年间初中、高中的"老三届"，还有一些是在"文革"期间并未正式上过多少课程的"新三届"。他们带着在基层劳动多年的知识积累，大多只经过短促匆忙的复习准备，怀着忐忑而激动的心情，从农村插队知青点、工厂车间、部队营房以及散落在社会各个角落的处所，潮水般涌向在各地仓促设立的考场，义无反顾地参加和见证了"文化大革命"后改变时代、改变一代青年命运的第一次高考。这一年，全国共有570万人报名参加高考，考生的年龄跨度史无前例，最大者37岁，最小者13岁。而当年录取人数只有27.2万余人，录取比例20.9∶1。这是新中国成立以来高考竞争最激烈的一年。

从1978年起，高校招生恢复全国统一考试，由教育部组织命题，各省、自治区、直辖市组织考试、评卷和在当地招生院校的录取工作，并公布全体考生的各科考试成绩，由县（区）招生委员会通知考生所在单位分别转告本人。公布考生成绩，是提高招生考试过程的公开性、透明度的重要举措，对于转变社会风气，杜绝"走后门"和徇私舞弊等不正之风，具有重要作用。

由于高等学校正规招生中断了10年，全国具有报名资格的青年、学生多达3000余万。而高校经历了"文革"的破坏刚刚在恢复，校舍和师资条件有限，无法接纳众多的学生就读。1978年教育部相继决定恢复和增设60所重点高校，55所普通高校，并要求各高校千方百计扩大招生。结果1978年全国高考有610万人报考，录取40.2万人。其空前盛况至今回忆起来还有很多人唏嘘不已。

龙门陡开，江鲫飞跃。积压了十多年的人才潮一朝喷涌。1977、1978两届共有67万余人幸运地步入了高等教育的殿堂，更有1100余万青年先后报名参加了高考，这又牵涉到无数个家庭、单位及社会各界的操心忧虑和关注，激励了一代青年人学习的热情，开始形成一种公平竞争的机制，很多过去根本不敢想象有任何机会的青年改变了自己的命运，带来非常积极的社会影响。恢复全国高等院校入学考试，标志着中国高等教育事业重新步入了正常发展的轨道。

由于1977年尚未对历来的"阶级路线"问题进行拨乱反正，有不少考生达到了分数线却因为家庭问题的影响而未能被录取。但考生和家长们不再沉默放弃，而是奔走申诉，据理力争，使一部分问题得到解决。为此，《人民日报》专门发表了题为《高考政审必须坚决执行党的政策》的评论员文章，批评了那种"对考生的政审不是主要看考生的政治表现，而是主要看家庭、看亲属的政治历史问题"的错误倾向，指出这种片面的、不负责任的做法，是极端有害的，严重干扰了党的政策的落实。随着指导思想上拨乱反正的深入开展，高考招生工作片面强调所谓"阶级路线"的问题得到了解决。由此，全社会开始出现公平、公正的人文氛围，这是一个带标志性的变化。

七七、七八级考生在高校教学设施和师资力量很不齐备的困难条件下，同一年进入大学校园。其中尤以"老三届"历经生活磨炼，思想成熟，进取心强，文化基础好而表现突出。"把四人帮耽误的时间夺回来"——当年最时新的口号化作了学习的动力。他们带着为实现四个现代化贡献力量的自觉和热情，如饥似渴地学习，遍寻通读天文地理，古今中外兼收并蓄，课业内外紧张活泼，这是一代有志于天下的莘莘学子。他们中有很多人后来成为中国改革开放事业在各个层面、各个领域的领军人物和中坚力量。

科学的春天调动科学技术生产力

关于如何把科学技术事业搞上去的问题，面临的形势也非常严峻。在"文化大革命"中，科学技术领域成为重灾区。过去 17 年的科技工作被当作"资产阶级科研路线"遭到彻底否定，科技体系和组织体制都遭到严重的破坏。造反派一度窃夺了科技战线的领导权，许多著名科学家遭受迫害，大批科技工作者被下放到工厂和农村进行劳动改造。大搞违反科研规律的所谓"开门办院所"，劳民伤财，成果寥寥。高等院校停止正常招生多年，许多领域的科研工作处于停滞或青黄不接状态，拉大了中国与世界科技先进水平的差距。

为此，中共中央首先改组中国科学院的领导班子，通过揭批"四人帮"对科技工作的干扰和破坏，清理"四人帮"在中科院的爪牙等帮派势力，迅速扭转了中科院的局面。1977 年 5 月 30 日，中央政治局召开会议，听取了方毅等中科院负责人汇报工作。华国锋在会上代表党中央和国务院作出召开全国科学大会的决定。他要求科学大会的规模可以大些，把大家的积极性调动起来。对人民有贡献的专家和群众，要给予表扬，戴红花。他们应受到国家和人民的尊重。

9 月 18 日，中共中央发出通知，决定 1978 年春天在北京召开全国科学大会，动员全党、全军、全国各族人民和全体科学技术工作者，向科学技术现代化进军。并提出："四个现代化的关键是科学技术现代化，能不能把科学技术搞上去，是关系到我们国家命运和前途的大问题。"这就明确了全国科学大会是中国科技界一次拨乱反正的会议，是一次确定新时期科技发展路线、方针和政策的重要会议。

按照中央的部署，各省、自治区、直辖市着手恢复整顿科研机构和落实知识分子政策，各部门、各行业纷纷举办科技展览和学术交流活动，检阅研究成果，安排科研规划。国务院各部门、各省区市以及基层单位表彰了大批先进集体和先进个人，评议推荐了 7000 多项国家级优秀科学技术成果。在此基础上，全国 29 个省、自治区、直辖市以及中央国家机关、人民解放军和国防科研部门共推选了 5586 名代表，组成 32 个代表团出席全国科学大会，其阵容堪称新中国成立以来的空前盛举。

1978 年 3 月 18 日，全国科学大会在北京隆重开幕。邓小平在开幕会上的讲话，一开始就宣布："'四人帮'肆意摧残科学事业、迫害知识分子的那种情景，一去不复返了。"他从实现四个现代化立论，明确提出和阐述了"科学技术是生产力"的重要观点，指出"现代科学技术的发展，使科学与生产的关系越来越密切了。科学技术作为生产力，越来越显示出巨大的作用"。"当代社会生产力的巨大发展，劳动生产率的大幅度提高，最主要的是靠科学的力量、技术的力量。"讲话阐述了知识分子"已经是工人阶级和劳动人民自己的知识分子，因此也可以说，已经是工人阶级自己的一部分。他们与体力劳动者的区别，只是社会分工的不同"。这就扭转了多年来对知识分子的"左"的政策,化解了科技工作者心中积郁多年的块垒,激励向科学技术现代化进军。邓小平以高度的智慧和勇气突破"两个凡是"的思想禁锢,推翻了所谓"黑线专政论"和"资产阶级知识分子"的"两个估计",对于推动各方面的思想解放具有重要意义。

3月24日,邓小平主持闭幕会,华国锋作了题为《提高整个中华民族的科学文化水平》的重要讲话。他指出,提高全民族的科学文化水平,是亿万人民的切身事业,号召全国人民向科学技术现代化进军。

全国科学大会的召开,是对十年内乱中遭到严重破坏的科技工作的全面拨乱反正,也为科技工作的开放和改革打开了大门。大会通过的《1978—1985年全国科学技术发展规划纲要》,对自然资源、农业、工业、国防、交通运输、海洋、医药卫生、文教财贸等27个领域和基础科学、技术科学两大门类的科学技术研究任务作了全面安排。并把农业、能源、材料、电子计算机、激光、空间、高能物理、遗传工程等8个影响全局的综合性科学技术领域、重大新技术领域和带头学科,放在突出地位,集中力量进行攻关,以推动整个科学技术和国民经济快速发展。

全国科学大会之后,邓小平等中央领导同志对知识分子问题作了进一步的阐述和强调,迅速平反冤假错案,落实知识分子政策,恢复专业技术职称,提高知识分子待遇,改善科研工作条件,我国的科技事业出现了前所未有的欣欣向荣的大好局面。

全国科学大会的召开,使包括科学、教育、文艺等各个领域的知识分子都受到极大的鼓舞。人们普遍感受到,有一种久违的凝聚社会和人心的"和解"气氛,正在加速正常社会秩序与生活秩序的恢复和重建,一个尊重知识、尊重人才的"春天"到来了。

文学艺术事业重新焕发创作活力

在教育科学领域拨乱反正的同时,文化领域的拨乱反正也逐渐展开。粉碎"四人帮"之初,江青等人炮制的"文革"前17年的"文艺黑线专政论"尚未被触动,许多作家、艺术家还未获得自由,大多数文艺界人士对"四人帮"的文化专制主义余悸未消,不敢动笔创作。随着教育界向"两个估计"的禁区发起冲击,文艺界也在酝酿通过贯彻"百花齐放"的方针,打破"文艺黑线专政论"的禁锢。1977年2月15日,《光明日报》发表《"三突出"是反马克思主义的文艺主张》的文章,开始冲击江青一伙文化专制主义的信条。

11月20日,《人民日报》编辑部邀请文艺界人士参加的座谈会,拉开了公开向"文艺黑线专政论"发起进攻的序幕。参加座谈会的有茅盾、刘白羽、张光年、贺敬之、谢冰心、吕骥、蔡若虹、李季、冯牧等著名文艺家。与会者在发言中指出："文化大革命"以前的17年，毛主席的革命文艺路线占主导地位，是任何人也否定不了的事实。1966年江青在林彪支持下搞的《部队文艺工作座谈会纪要》，诬蔑我国文艺界"是被一条与毛主席思想相对立的反党反社会主义的黑线专了我们的政"，这完全是对文艺队伍的污蔑和诽谤。所谓"文艺黑线专政论"，是"四人帮"反对毛主席革命路线、颠覆无产阶级专政的一把刀子。"四人帮"举起这把刀子否定17年文艺的成就，并从文艺界打开"突破口"扩展到各条战线，全盘否定前17年的伟大成就，为他们的反革命复辟鸣锣开道。对这个谬论的流毒，决不可低估，一定要彻底打碎"文艺黑线专政论"的精神枷锁，恢复"百花齐放、百家争鸣"的方针，使社会主义的文艺创作重新繁荣起来。

由于江青搞的《部队文艺工作座谈会纪要》毕竟是经过毛泽东修改和审定的，有关主管部门对批判"文艺黑线专政论"仍然讳莫如深，视为不能触碰的禁区。文艺界、理论界冲破这些禁忌，继续深刻揭露江青等人制造"黑线专政论""黑线回潮论"，企图借此诬陷周恩来、叶剑英、邓小平和其他中央领导同志，达到打倒一切、篡党夺权的罪恶目的。北京、上海和全国各地的文艺界人士纷纷举行会议，批判"文艺黑线专政论"，声讨"阴谋文艺"，各地报刊发表大量文章、报道，义正辞严，势不可挡。

1978年4月4日，中共文化部党组召开万人大会，宣布为受"四人帮"迫害的一批文艺工作者平反昭雪。5月27日至6月5日，中国文学艺术界联合会第三届全国委员会召开扩大会议，进一步批判"文艺黑线专政论"，并宣布"文化大革命"中被强行撤销的中国文学艺术界联合会、中国作家协会以及中国戏剧家协会、中国音乐家协会、中国电影工作者协会和中国舞蹈工作者协会正式恢复工作。《文艺报》立即复刊。其他各文艺协会也陆续恢复工作。这期间，人民艺术家老舍、赵树理、周信芳、盖叫天、潘天寿、应云卫、郑君里、孙维世等一批在"文革"中惨遭迫害的著名文艺界人士陆续获得平反昭雪。

随着"文艺黑线专政论"被彻底推倒，一大批被长期禁锢的中外优秀剧目、影片和文艺作品陆续重新上演或出版。各种文艺创作逐渐活跃起来。在经历了十年"文化荒漠"之后，仅仅恢复"文革"前已有的作品，是远远不能满足社会需要的。如果没有站在新的高度上创作的新作品，依然难以改变文艺百花枯萎的局面。在这样一个新旧转换的时期，具有很强纪实性的报告文学，最先破土而出。

老一代作家徐迟，第一个拿起笔，去采访和记载那些曾被狂热无知的政治气氛所淹没、却矢志于振兴中国科技事业而默默耕耘的科学家的人生轨迹，热情讴歌在艰难时世环境下甘于寂寞、无私奉献的科学家，先后发表《地质之光》

《哥德巴赫猜想》《生命之树常绿》等纪实文学作品，一时间"洛阳纸贵"，被争相传阅。不久，邓小平在全国科学大会上特地接见了《哥德巴赫猜想》的主人公——中国科学院数学家陈景润，亲切嘱咐他要注意身体健康，并要求尽量给陈景润创造更好的工作条件。这是全国科学大会上最动人的一幕。陈景润在逆境中勇攀数学高峰，为攻克世界数学尖端难题孜孜以求、百折不挠的顽强毅力，对祖国科学事业的赤诚之心，感动了无数读者，成为全国家喻户晓的"科学英雄"。

随后，一批歌颂我国科学家的纪实作品相继涌现。读者从带有深厚历史感的笔触中，感叹于李四光、童第周、唐敖庆、谢希德、陈景润、蔡希陶、张光斗、华罗庚等这些各具个性又有着共同信念追求的科学家群体，在物质条件极其困难的环境下，在过去年代"左"的政治倾向的干扰下，仍为中国取得了具有世界领先水平的科学成果，赢得了全社会的尊重。这些作品带来的理智、情感和价值观的强烈冲击和震撼力，引燃了社会理性思维之火，为十年内乱中被摧残、被扭曲的文学艺术形式注入了活力，勃发了生机。

在这前后，用文学形式揭示"文化大革命"的创伤的优秀作品也开始出现。短篇小说《班主任》（刘心武）、《伤痕》（卢新华）等，以此为发端，在新时期文坛上涌现出一批文学作品，沉痛揭露出十年内乱给国家、民族带来的灾难及带给人们内心的创伤，引导人们去思考悲剧背后的原因，形成了一个时称"伤痕文学""反思文学"的潮流。这种现象，是在中国刚刚经历了一场社会大动荡之后，人们在回归理性价值的过程中所必然产生的历史反思。尽管这种反思还是初步的，但它却推动了更多的人们对过去盛行的"左"的错误进行深度的理性思考。中国文艺界揭批"四人帮"，是用各种艺术形式和形象语言，开启对"文化大革命"进行历史反思之门，有力地推动了思想解放的浪潮，对国家向现代化转型有着深远的意义。

理论界为商品生产商品交换正名

"文化大革命"不仅对国民经济造成了严重的破坏，而且在经济理论上也造成极大混乱。随着1977年开始恢复和发展国民经济，理论界通过揭批"四人帮"在经济理论上的谬论，开始逐步澄清"文革"中散布的种种错误思想，初步恢复马克思主义的正确认识，辨明理论是非。当时比较集中的，是如何正确认识商品生产和商品交换，正确发挥它们在社会主义建设中的作用问题。

斯大林模式的计划经济只承认产品经济，使商品经济在中国始终处在尴尬的地位。多年来，商品经济被视为资本主义的东西，甚至农村集市上最简单的商品交换都被说成是资本主义。在这种思想指导下，我国商品经济的发展受到很大制约，农产品的商品化程度很低。商品流通渠道单一，人们需要的商品往往通过"供给"方式取得，而一些紧俏商品则须通过"票证"形式领购。这是商品经济不发达条件下短缺经济的特征。粉碎"四人帮"后，经济领域首先提出的是发展商品经济的问题。事实上，要把经济建设搞上去，非要发展商品经济不行。这就需要剥去附加在商品生产和商品流通上的"资本主义"外壳。

1977年12月5日，国务院发出《关于召开全国城乡商业学大庆学大寨会议的通知》，这个通知虽然带着那个年代"排除城乡资本主义活动"的语言特征，但是毕竟指出了社会主义商品生产与商品流通与资本主义商品生产和商品流通有着本质的区别，提出要理直气壮地发展商品生产和商品流通，这在当时是有很大意义的。

1978年7月7日，华国锋在全国财贸学大庆学大寨会议上发表讲话。这篇讲话稿是理论界的几位同志起草的，经胡乔木多次修改而成。讲话分析了发展经济和保障供给的关系，实质上就是生产、交换、分配、消费四个环节的相互关系，这些环节缺一不可。生产是生产总过程中的决定因素，但是交换、分配、消费也对生产起着重大作用。并强调了商业的发展是工农业生产发展的"强有力的促进者"。这篇讲话发表后，产生了很大影响。

为了理直气壮地发展商品生产、商品流通，国务院财贸小组理论组起草了《驳斥"四人帮"诋毁社会主义商品生产的反动谬论》一文，文章指出，商品生产在社会主义社会必须允许其存在，并通过它来沟通城乡之间的密切联系。只有大力发展商品生产和商品流通，才能满足国家建设和人民生活的各种需要。大力发展社会主义商品经济是工农业之间互相促进的需要。这些论述虽然尚有不足，但是比以往把商品经济视为"资本主义的温床"的奇谈怪论，有了很大的进步。

在按劳分配问题上澄清"左"的影响遇到重重阻力。因为早在1958年，毛泽东就把工资制、奖金等看作是"资产阶级法权"，认为这些东西是对战争时期军事共产主义生活的倒退，曾试图恢复供给制。1974年10月，毛泽东说过这样一段话："总而言之，中国属于社会主义国家。解放前跟资本主义差不多，现在还实行八级工资制，按劳分配，货币交换。这些跟旧社会没有多少差别，所不同的是所有制变了。"对此，"只能在无产阶级专政下加以限制"。[①]"四人帮"把这段话无限夸大，不仅造成理论上的极大混乱，而且给实践带来了诸多困扰。在分配领域，反复批判"物质刺激""奖金挂帅""工分挂帅""联产计酬""计件工资"，把八级工资制当成"资产阶级法权"批判，取消奖金和附加工资，造成长期以来分配领域中平均主义滥觞。

[①]《建国以来毛泽东文稿》第十三册，北京：中央文献出版社，1990年，第413页。

1977年4月、6月，由国家计委经济研究所等单位发起，召开两次全国性的经济理论讨论会，首先从批判"四人帮"在按劳分配问题上的谬论开始。邓小平复出后不久，即对经济学界的讨论作出反应。他同于光远等谈到按劳分配的文章，认为基本上写得好，站得住，但有点吞吞吐吐。他说：应该有适当的物质奖励；少劳少得，多劳多得，得说清楚。8月8日，邓小平在科学教育工作座谈会上指出：讲按劳分配，无非是多劳多得，少劳少得，不劳不得。这个问题从理论到实践，有好多具体问题要研究解决。这不仅是科学界、教育界的问题，而且是整个国家的问题。

1978年2—3月，五届全国人大一次会议召开。《政府工作报告》中明确肯定了"在整个社会主义历史阶段，必须坚持不劳动者不得食，各尽所能、按劳分配的原则"。指出：在分配上，既要避免高低悬殊，也要反对平均主义，实行多劳多得，少劳少得。所有社队都要认真执行定额管理、评工计分制度，实行男女同工同酬。国营企业职工工资实行以计时为主、计件为辅，计时加奖励的制度，并对劳动强度大、劳动条件差的工种实行岗位津贴。会议通过的《宪法修正案》，将按劳分配原则以根本法形式给予法律保障。

5月5日，经过邓小平、李先念等审阅，《人民日报》以特约评论员的名义发表了题为《贯彻执行按劳分配的社会主义原则》的文章。文章全面论证了按劳分配的社会主义性质，阐述了按劳分配的各种劳动报酬形式，系统清理了在按劳分配问题上的理论错误和混乱，一经发表就引起了广泛的社会反响。

8月，中国社会科学院经济研究所等单位专门召开关于在农村贯彻按劳分配原则的讨论会，有来自17个省、市、自治区和中央有关部门的同志参加。与会同志普遍认为，当前农业分配中主要倾向是平均主义。有的同志呼吁，要搞好管理，必须贯彻物质利益原则，让人们从物质利益上关心自己的劳动成果，不能把思想束缚在某些概念里。有的经济学家指出，农业合作化20多年来，国家对农业投资很多，农业生产却没有相应发展，这必须从生产关系方面找原因。为了把农业搞上去，要加强农业生产的物质基础，但更重要的是认真贯彻等价交换和按劳分配政策。

在这期间，理论界还对"四人帮"把发展生产诬蔑为"搞唯生产力论"进行了批判。经过讨论达成几点共识：第一，真正的社会主义应当是比资本主义更高的生产方式，应当创造出比资本主义更高的生产力。社会主义与贫穷并不相容，穷并不是社会主义制度的本质要求。第二，我国是在生产力比较落后的国度里开展社会主义建设的，必须走由穷变富的道路，使我国成为社会主义的现代化强国。为达此目标，只有靠发展生产力来解决。第三，中国现在面临的现实矛盾，仍然是生产力与生产关系的矛盾。这个矛盾主要表现在生产关系和上层建筑方面还存在着诸多阻碍生产力发展的因素，与生产力发展的要求相矛盾、相抵触，而这种矛盾的解决首先要依靠发展社会生产力。第四，生产关系一定要适合生产力性质。按照这个规律，需要改变落后的生产关系，为生产力发展开辟道路，同时也要防止过分夸大生产关系的反作用。如果生产关系变得过急过快，超越了生产力发展的水平，也会妨碍生产力的发展，甚至破坏生产力。

对这个问题，邓小平也发表了自己的看法。1977年10月，他在会见加拿大客人时说："四人帮"否认生产力的重要。谁提发展生产力，就被说成是"唯生产力论"。这是我们同"四人帮"的重大争论之一。马列主义没有"唯生产力论"这个词，这个词不科学。12月，他在会见澳大利亚外宾时又说：怎样才能体现列宁讲的社会主义的优越性，什么叫优越性？不劳动，不读书叫优越性吗？人民生活水平不是改善而是后退叫优越性吗？如果这就叫社会主义优越性，这样的社会主义我们也可以不要。[1]

此外，理论界还就"左"的错误盛行的年代，按经济规律办事被当作与突出政治对立的东西，进行了理论辨析。1977年10月6日，《人民日报》发表由胡乔木、于光远、马洪起草的文章《按照经济规律办事，加快实现四个现代化》。文章阐述了以下几个问题：经济规律是客观的不以人们的意志为转移的；经济规律虽然是客观的，但它并不能自动保证人们按客观经济规律办事，对此必须加以研究，并自觉遵守其规律；按经济规律办事，当前首先要搞好科学管理，扩大经济组织和经济手段的作用。

这些论述切中时弊，又为解决现实经济生活中的问题提供了方向性的指导。一些有效的经济管理办法开始启动，如以质论酬、计件工资等重新开始实行。理论界为商品生产和商品交换"正名"，破除按劳分配是"资产阶级法权"的重重禁忌，为新时期中国经济体制的改革提供了重要理论依据。

四、真理标准与"两个凡是"的交锋

坚持实践是检验真理的唯一标准

经济理论界关于商品生产、商品交换和按劳分配的讨论，在突破"禁区"

---

[1] 中共中央文献研究室编：《邓小平年谱（1975—1997）》（上），北京：中央文献出版社，2004年，第222—223页、250页。

的路上领风气之先。但是,在"两个凡是"的僵硬外壳下,要想彻底澄清"文化大革命"及其以前的是非曲直,仍是很难的事情。针对"两个凡是",必须举起批判的武器。中国共产党老一辈革命家,既有崇高政治威望,又有经历长期斗争的丰富经验。他们首先亮出了思想武器——实事求是。

早在 1977 年 4 月 10 日,邓小平就在致华国锋、叶剑英、党中央的信中明确提出:"我们必须世世代代地用准确的完整的毛泽东思想来指导我们全党、全军和全国人民,把党和社会主义的事业,把国际共产主义运动的事业,胜利地推向前进。"7 月 21 日,邓小平在他复出的十届三中全会的讲话中,有针对性地指出:"用准确的完整的毛泽东思想作指导的意思是,要对毛泽东思想有一个完整的准确的认识,要善于学习、掌握和运用毛泽东思想的体系来指导我们各项工作。只有这样,才不至于割裂、歪曲毛泽东思想,损害毛泽东思想。"[①]

9 月 5 日,聂荣臻在《红旗》杂志第 9 期上发表《恢复和发扬党的优良传统作风》一文提出,实事求是的思想是毛泽东留给我们的最宝贵的理论遗产。"坚持实事求是的作风,就要坚持用正确的态度对待马克思列宁主义、毛泽东思想。我们学习和运用马克思列宁主义、毛泽东思想,一定要掌握精神实质,学习它的立场、观点和方法,把基本原理当作行动指南,坚决反对把马克思列宁主义、毛泽东思想的一些词句当作脱离时间、地点和条件的教条"。"否则就是背离了毛泽东思想的最根本的东西"。

9 月 19 日,徐向前在《永远坚持党指挥枪的原则》一文中,通过论述党同张国焘和"四人帮"在军队问题上的斗争,指出:"我们决不可以像有些人那样,不管路线是非,谁的权力大就跟谁跑,这很危险。当然,要识别正确路线和错误路线,并不是那么容易的。"因此,一定要"完整地、准确地领会和掌握马克思列宁主义、毛泽东思想"。

9 月 28 日,陈云在《坚持实事求是的革命作风》一文中指出:"四人帮"和他们的追随者对马克思列宁主义、毛泽东思想进行了极其疯狂的歪曲、割裂、篡改和伪造,用马克思主义经典作家的片言只语当作法宝来到处压人,害人,害党,害国。他们大搞什么"反经验主义为纲",实际上就是否定作为认识的基础的实践经验,否定一切从实际出发的正确原则,否定实事求是的思想。陈云深刻指出:实事求是,这不是一个普通的作风问题,这是马克思主义唯物主义的根本思想路线问题。是否坚持实事求是的革命作风,实际上是区别真假马列主义、真假毛泽东思想的根本标志之一。

[①] 中共中央文献研究室编:《邓小平年谱(1975—1997)》(上),北京:中央文献出版社,2004 年,第 157 页、162 页。

老一辈革命家强调要坚持实事求是的根本思想路线,反对的是用毛泽东思想的一些词句或毛泽东的片言只语来割裂毛泽东思想,实际上是反对"两个凡是"的形而上学。在这个问题上,突出强调要准确地、完整地理解毛泽东思想,坚持毛泽东思想的科学体系,并积极倡导坚持实事求是这一毛泽东思想的基本观点,就是以此引导人们用正确的态度对待毛泽东思想,对待毛泽东。

但是,在毛泽东刚刚逝世,长期以来对毛泽东的个人崇拜在党内还有很深影响的情况下,要想做到"完整、准确"是一件极其困难的事。这需要有一个将一切人和事物都统置于其下的客观标准。否则,就无法挣脱"两个凡是"的枷锁,解放思想、实事求是的指导方针就难以重新树立起来。这势必影响到拨乱反正不能深入开展,各项工作的徘徊状态难以得到扭转。这样,走在拨乱反正斗争前列的干部和理论工作者不约而同地提出了检验真理的标准问题。

1977年底,在中央党校学习的800多名中高级干部集中讨论"文化大革命"以来党的历史。讨论中遇到一个突出的问题,就是应当以什么为标准来认识和判定历史是非。为此,时任中央党校副校长胡耀邦组织党校的理论工作者写出了一个指导研究党史问题的文件,明确提出两条指导原则:一是应当完整地准确地运用马列主义、毛泽东思想的基本原理;二是应当以实践为检验真理、辨别路线是非的标准。根据这两条原则,中央党校的理论工作者针对"两个凡是"的影响,酝酿撰写论述真理标准问题的文章。

1978年4月初,《光明日报》准备发表南京大学哲学系教师胡福明的一篇约稿《实践是检验真理的标准》。刚从中央党校学习回来的新任总编辑杨西光,敏锐地感到这篇文章所讨论问题的分量,决定由胡福明和中央党校理论研究室的同志一起讨论修改。经过多位理论工作者反复修改,文章从5000多字扩充到约7000字,经胡耀邦审定,标题确定为《实践是检验真理的唯一标准》。

1978年5月10日,中央党校《理论动态》第67期首先刊登了这篇文章。11日,《光明日报》以特约评论员的名义在头版全文刊登。12日,《人民日报》《解放军报》全文转载,新华社还发了通稿,不少省市的党报也相继转载。

这篇凝聚着当时理论界集体智慧的文章,以大量的事实说明,实践不仅是检验真理的标准,而且是唯一的标准,任何理论都要不断接受实践的检验。马克思主义之所以被承认为真理,正是千百万群众长期实践证实的结果。文章从理论上对"两个凡是"提出了质疑,指出:现在"四人帮"加在人们身上的精神枷锁,还远没有完全粉碎。毛泽东曾经批评过的"圣经上载了的才是对的"这种倾向依然存在。无论在理论上或实际工作中,"四人帮"都设置了不少禁锢人们思想的"禁区",对于这些"禁区",我们要敢于去触及,敢于去弄清是非。

科学无禁区。凡是有超越于实践并自奉为绝对的"禁区"的地方，就没有科学，就没有真正的马克思主义、毛泽东思想，而只有蒙昧主义、唯心主义、文化专制主义。文章最后说：躺在马列主义、毛泽东思想的现成条文上，甚至拿现成的公式去限制、宰割、裁剪无限丰富的飞速发展的革命实践，这种态度是错误的。我们要有共产党人的责任心和胆略，敢于研究生动的实际生活，研究现实的确切事实，研究新的实践中提出的新的问题。只有这样，才是对待马克思主义的正确态度。

实际上，《实践是检验真理的唯一标准》这篇文章，反复论证的是马克思主义的一个常识性的哲学命题，本身没有什么特别的理论创新。但是在"文化大革命"刚刚结束，"两个凡是"还束缚着人们思想的特定历史条件下，其鲜明的倾向性，强烈的针对性，却有着无穷的力量。文章一经发表，立即引起社会各界不同的反响，并在党内外激起一场轩然大波。关于真理标准问题的全国大讨论，由此拉开序幕。

5月12日，即《人民日报》转载《实践是检验真理的唯一标准》一文的当天，该报的一个负责人便收到了指责该文"犯了方向性错误"的电话。时任中共中央副主席汪东兴在一个小会上点名批评了这篇文章和《人民日报》另一篇文章，说这两篇文章实际上是把矛头指向毛主席思想。我们的党报不能这样干。接着，汪东兴又召集中宣部和中央直属机关和有关新闻单位的负责人开会，对《实践是检验真理的唯一标准》一文和其他几篇文章进行批评。其中心意思概括起来就是三句话：一不要砍旗，二不要丢刀子，三不要来个一百八十度的大转弯。这明显是对真理标准问题的讨论进行打压。

在扑朔迷离的政治形势下，很多报刊都踊跃参与，而中共中央主办的党刊《红旗》杂志却保持沉默，受到党内外干部群众的责难。汪东兴对该刊负责人说，你不要怕孤立，怕什么！《红旗》不参加这场讨论。

打破精神枷锁来一个思想大解放

正在真理标准问题的讨论受到压制之际，邓小平等老一辈革命家旗帜鲜明地站出来给予有力的支持。5月30日，邓小平在同胡乔木等几位负责人的谈话中，针对"凡是"派的观点讲道："只要你讲话和毛主席讲的不一样，和华主席讲的不一样，就不行。毛主席没有讲的，华主席没有讲的，你讲了，也不行。怎么才行呢？照抄毛主席讲的，照抄华主席讲的，全部照抄才行。这不是一种孤立的现象，这是当前一种思潮的反映。"他强调："毛泽东思想最根本的最重要的东西就是实事求是。现在发生了一个问题，连实践是检验真理的标准都成了问题，简直是莫名其妙！"[1]

6月2日，在全军政治工作会议上，邓小平更有针对性地批评说："我们也有一些同志天天讲毛泽东思想，却往往忘记、抛弃甚至反对毛泽东同志的实事求是、一切从实际出发、理论与实践相结合的这样一个马克思主义的根本观点、根本方法。不但如此，有的人还认为谁要是坚持实事求是，从实际出发，理论与实践相结合，谁就是犯了弥天大罪。他们的观点，实质上是主张只要照抄马克思、列宁、毛泽东同志的原话，照抄照转照搬就行了。要不然，就说这是违反了马列主义、毛泽东思想，违反了中央精神。""那只能引导到唯心主义和形而上学，只能引导到工作的损失和革命的失败。"邓小平的这些批评一针见血，强调一定要"拨乱反正，打破精神枷锁，使我们的思想来个大解放"。[2]

7月16日，邓小平在听取吉林省委常委汇报工作时，更加鲜明地说："现在党内外，国内外很多人都赞成高举毛泽东思想旗帜。什么叫高举？怎么样高举？大家知道，有一种议论，叫做'两个凡是'，不是很出名吗？凡是毛泽东同志圈阅的文件都不能动，凡是毛泽东同志做过的、说过的都不能动。这是不是叫高举毛泽东思想的旗帜呢？不是！这样搞下去，要损害毛泽东思想。"[3]

9月9日，李先念在国务院务虚会上的讲话中，也对真理标准问题的讨论表示支持。他说，林彪、"四人帮"的破坏把包括理论和实践的关系在内的许多理论问题搞乱了，造成思想混乱，必须予以澄清。他强调指出，凡是经过长期社会实践证明是符合客观规律、符合大多数人利益的事，就坚决地办、坚持到底，我们的一切政策计划、措施是否正确，都要以能否为人民群众谋利益作为标准来检验。

为了纪念毛泽东诞辰85周年，《红旗》杂志约谭震林写一篇回忆毛泽东当年领导井冈山斗争的文章。文章写好后，编辑们发现文中除了回忆历史外，还讲了实践是检验真理的标准问题。《红旗》要求删改，谭震林不同意，只好报送中央常委裁决。华国锋、邓小平、李先念等看后同意《红旗》发表谭文。邓小平在批语中对《红旗》杂志提出了批评："为什么《红旗》不卷入？应该卷入。可以发表不同观点的文章。看来不卷入本身，可能就是卷入。"李先念批道："我看了这篇文章，谭震林同志讲的是历史事实，应当登，不登《红旗》太被动了，《红旗》已经很被动了。"

---

[1] 中共中央文献研究室编：《邓小平年谱（1975—1997）》（上），北京：中央文献出版社，2004年，第319—320页。
[2] 《邓小平文选》第二卷，北京：人民出版社，1993年，第114—119页。
[3] 中共中央文献研究室编：《邓小平思想年编（1975—1997）》，北京：中央文献出版社，2011年，第166页。

当中央高层围绕真理标准问题的讨论向"凡是"派展开斗争的时候,理论界、学术界、新闻界也顶住种种压力,将业已开始的讨论进一步引向深入。其中比较系统、尖锐、泼辣的是6月24日《解放军报》以特约评论员名义发表的《马克思主义的一个最基本的原则》一文。文章一开头就指出:"对不可知论、怀疑论及其他哲学怪论的最有力的驳斥是实践。""马克思主义理论是科学不是迷信;理论首先要受命于实践才能够指导实践;理论不是亘古不变的,它是在实践中不断地获得补充、修正、丰富和发展。"因此,我们不能停留于旧的结论和旧的口号,当然改变这种旧的口号很不容易,这是因为有一部分人的利益或多或少地同这些旧口号联系在一起的缘故。他们口头上说是担心某些旧口号、旧提法的修改会导致整个革命和整个理论的否定,实际上是害怕自己某种个人的东西会因此受到损害。针对有些人对实践是检验真理的唯一标准的质疑,文章指出:对于说这种糊涂话的人,只需再反问他们一句:毛主席说过,只有千百万人民的革命实践才是检验真理的尺度,"此外再无别的检验真理的办法"。你们把毛主席这个教导摆在什么位置?怎样才算是按照毛主席的教导办事?

这篇长达万余字的文章,说理充分,针对性极强,被称为《实践是检验真理的唯一标准》一文的姊妹篇。它是在中央军委秘书长罗瑞卿的关心、支持下发表的。文章成稿后,罗瑞卿先后细看了三遍,打了五次电话,并查阅有关著作,提了不少修改意见,要求文章无懈可击。

实践是检验真理的唯一标准,在自然科学领域本来是天经地义、无需争辩的问题。5月中旬,国家科委、中国科学院、中国科协党组即在方毅主持下召开联席会议,讨论有关文章,并作出决定,支持这场讨论。7月5日,由中国科学院理论组和中国自然辩证法研究会组织的"理论与实践关系讨论会"在北京召开。许多自然科学和社会科学界的学者参加了讨论,并作了发言。科学家们用自然科学史上的大量事例说明,当原有的自然科学理论同新的科学实验事实发生冲突时,旧理论的突破和新理论的创立,就必须同时求助于实践。他们提供的自然科学方面的论据,对于这场思想政治领域的大讨论发挥了特殊的支持作用。

7月17日到24日,中国社会科学院哲学研究所、《哲学研究》编辑部邀请中央国家机关,各省、市、自治区的党校、大专院校、科研单位、新闻单位的部分理论工作者160多人,就理论和实践的关系问题举行讨论会。在讨论会上,许多社会科学工作者都发了言,联系实际,充分肯定了这场讨论的现实意义。讨论会结束后,不少省市的代表回去作了传达,真理标准问题讨论被推向全国。

1978年下半年,全国的理论界、学术界、文艺界、新闻界等都积极投身于真理标准问题的讨论。据不完全统计,截至1978年底,中央及省级报刊登载的关于真理标准问题讨论的专文就达 650 多篇。随着讨论的继续，文章还在陆续发表。形成以理论界为主力，波及全国、影响各界、人人关注的全民讨论热潮。

在这股讨论热潮中，有一种现象引人注目，就是伴随着真理标准问题讨论的展开，全国大多数的省级党政领导机关、大军区领导机构都相继展开了对真理标准问题的讨论。许多省、市、自治区及大军区的主要负责人都公开撰文或发表讲话，表示支持实践是检验真理的唯一标准的观点，高度评价这场讨论的理论意义和现实意义。这在党和共和国的历史上是不多见的。他们的发言一般都联系当时全国及本地区的实际，不但指出这场讨论的理论意义，更强调其政治意义。这表明，真理标准问题的讨论已成为全党全军和全国人民最为关心的重大政治问题，表明实践是检验真理唯一标准的正确观点已经得到越来越多的高级干部的有力支持，权力标准、蒙昧主义、唯心主义和文化专制主义日益失去了市场。

真理标准问题的讨论，由于重新恢复了实践作为检验真理标准的作用，就使人们不仅有了突破"两个凡是"禁锢的锐利思想武器，而且有了用来正确总结"文革"教训，纠正"文革"及以往历史错误的理论依据。真理标准问题的讨论，极大地促进了人们的思想解放，加快了拨乱反正的步伐，为中国共产党打破"两个凡是"的思想禁锢，重新确立实事求是的指导方针，实现伟大的历史转折，作了充分的必要的思想准备。更重要的是，这个后来被称为中国现代思想史上的一次思想大解放运动，为改革开放以后中国特色社会主义道路的探索及一系列理论创新和实践发展奠定了基石。

五、改革开放指导思想达成共识

出国考察确立对外开放基本方略

真理标准问题大讨论带来的思想解放，促进了中国共产党对中国建设社会主义道路进行新探索。这个新的探索，随着中国外交工作恢复正常而获得了更广阔的视野。中国开始学习和借鉴世界上不同类型国家经济建设的经验，由此逐步清晰地确定了对外开放的基本政策。

以 1972 年尼克松访华的破冰之旅为开端，美国、英国、日本等主要西方国家的首脑都先后访问了中国，而中国由于国内各种原因，并没有对等级别的回访。按照国际惯例，"文化大革命"结束后，中国领导人开始有意识地进行回访。除了外交工作的需要外，领导层的一个重要意图，就是亲眼看一看世界各国的现代化究竟已经发展到什么程度，并寻找中国实现现代化可以借鉴的经验。

1977年，编制现代化长期规划的问题提上了日程。对外引进，被视作实现规划目标和寻找资源的重要方式。这一年开始，中国政府陆续派人员出国考察，主要是为了引进发达国家的项目。进入1978年，出国考察的目标开始从落实引进项目转为寻求国外先进管理经验。这年2月，国家计委在向中央政治局作的《关于经济计划的汇报要点》中，提出有计划地组织干部到国外去考察。

1978年，中国有副总理、全国人大常委会副委员长以上的12位国家领导人，先后20次访问了51个国家，形成了马不停蹄的出国考察潮。8月14日至9月1日，华国锋对南斯拉夫、罗马尼亚和伊朗进行了访问。这是继毛泽东1957年访问苏联后，中国最高领导人的第一次出国访问，将出国考察推向了高潮。这些访问不但改善了我国的对外关系，而且使党和国家的高层对近年来国际形势的发展变化有了比较直接和全面的了解。出访领导人共同的强烈感受就是，我国在经济和科学技术上的发展同世界先进水平相比大大落后了。

在1978年3月全国科学大会上，有的同志就谈到，目前世界经济的发展与科学技术的关系更加密切，国民经济和各行业的发展主要依赖于科技的发展。我国经济落后的一个重要原因是科技落后。同世界先进水平相比，我国的科学技术在多数领域相差15年到20年，有些领域相差更多一些。因此，我国要想把经济搞上去，首先要老老实实地学习世界先进技术。如果闭目塞听，不了解国际上科学技术发展的动向、趋势和水平，赶超世界先进水平就无从谈起。这些意见引起了中共中央和国务院领导的重视。

中国关起门来搞建设，与外部世界隔绝了大约20年，世界经济发展究竟是个什么样子，基本上不甚了了。1978年中央派出的考察团，实际上就是为中国学习世界先进经验，实行对外开放打头阵的"侦察兵"。其中，有四次考察具有重要地位，分别是以段云为组长的港澳经济考察组；以李一氓为团长的南斯拉夫、罗马尼亚访问团；以林乎加为团长赴日本考察的经济代表团；以谷牧为团长访问西欧五国的中国政府代表团。其中，港澳经济考察组在给中央的考察报告中，提出了要借鉴港澳经验，在宝安、珠海建立出口加工基地的想法，这个报告对我国创办经济特区起到直接推动作用。

最引人注目的，当属分管外贸的副总理谷牧率领的西欧五国之行。代表团成员包括六位省部级干部和二十余名长期从事经济工作的中央和地方负责干部。临行前，邓小平专门在北京饭店听取谷牧等人的出访计划，要求他们在访问时广泛接触，深入调查和研究一些问题，了解现代化工业发展的水平，把资本主义国家先进的好的管理经济的经验学回来。

从5月2日至6月6日，在一个多月的时间里，代表团走访了法国、联邦德国、瑞士、比利时、丹麦五国的15个城市，80多个工厂、矿山、港口、农场、大学、科研单位和居民区。代表团成员看到西欧国家先进的科技和发达的经济，受到了极大的震撼。例如，联邦德国 1977 年褐煤产量为 12300 万吨，职工只有 2 万人。联邦德国莱茵—威斯特伐利亚电力公司所属的一个露天煤矿，年产褐煤 5000 万吨，职工只有 2000 人，其中矿山生产工人只有 900 人，40% 是维修人员。而我国当时露天煤矿的生产水平，年产 5000 万吨煤大约需要 16 万名工人，相差 80 倍。再如，瑞士伯尔尼公司的一个低水头水力发电站，装机容量为 2.5 万千瓦，职工只有 12 人。我国江西省江口水电站，当时装机 2.6 万千瓦，职工却有 298 人，高出 20 多倍。考察团真切地看到，我国在工农业生产、交通运输、教育科学技术以及企业管理等方面存在着巨大的差距。

从另一方面看，当中国领导人走出国门的时候，资本主义已经度过了二次大战之后大发展的"黄金时代"。特别是 1974 年世界石油危机之后，西欧各国的经济处于一种停滞和萧条状态，开工不足，资本、设备、技术和产品都出现过剩，急于找出路。在西方经济出现"滞胀"，回升乏力的情况下，发达国家不仅愿意扩大对华贸易，也愿意向中国提供优惠贷款，甚至进行直接投资。

在新中国历史上，曾获得苏联总计 26 亿美元的贷款（主要用于购买抗美援朝和国防需要的武器装备，少量用于经济建设）[1]。在三年经济困难时期，为了支持国家还债，几乎所有中国人都勒紧裤带。1965 年还清苏联全部债务后，中国曾以"既无外债，又无内债"引为自豪。根据国际货币基金组织的数字，1978 年末的中国，外汇储备仅有 15.57 亿美元。从何处筹集资金搞建设？有两种方案，一是提高国内的资金积累率，二是引进外国的资金。而当时国内的积累已经达到极限，积累率在 30% 以上，只能降低，不可能再提高。因此，从国外"借钱搞建设"的新思路，呼之欲出。[2]

谷牧出访带回的信息是：多个西欧国家存在希望解决资金过剩问题的急切心情。联邦德国黑森州副州长卡里表示，可提供 200 亿美元存入我银行，供我们使用。北威州州长屈恩提出，如愿意接受 50 亿美元，可以马上定下来；如接受 200 亿美元，谈判一小时就可以定下来。法国巴黎银行在代表团回国后，立即派人来北京商谈提供 25 亿美元存款事宜。访问中各国都作了周到的安排，工商界人士都争着同我代表团接触，普遍表示愿意同中国在政治上发展合作，在经济上扩大贸易往来和科技合作与交流。[3] 通过走出国门，开阔视野，代表团不仅看到了我国

---

[1] 参见沈志华《关于 20 世纪 50 年代苏联援华贷款的历史考察》，载《中国经济史研究》2002 年第 3 期。
[2] 赵一苇：《1978：改革之发轫》，《中国新闻周刊》总 905 期，2019-07-01。
[3] 参见《杨波口述 1978 年西行记》，《第一财经日报》2008-07-02。

在经济发展水平上的差距,也看到了当时的国际形势为我国发展所提供的良机。

回到北京,在谷牧的主持下,经过全体团员的认真讨论,反复研究,向中央写了一份考察报告,详细报告了访问情况,提出了值得我国学习借鉴的经验,并向中央提出建议:要充分利用目前的有利条件,尽可能地吸收外国资金,大量引进国外先进技术设备,学习其先进的管理经验,加快我国现代化建设速度。

6月30日下午,中共中央政治局听取了谷牧的汇报,汇报一直进行到晚上11点多,约7个小时。据记载,谷牧主要谈了三点。一是二战后,西欧发达国家的经济确有很大发展,尤其是科学技术日新月异,电子技术广泛应用,劳动生产率大大提高。和这些国家相比,我国大大落后了,形势咄咄逼人。这些国家的经济运行机制、政府对经济的调控和对社会矛盾的处理,有很多值得我们学习和借鉴。二是这些国家大都对华友好,由于资金过剩,技术要找市场,商品要找销路,因此都非常重视与中国发展经济贸易交往。只要我们做好工作,许多似乎难办的事情都可以办成。三是发展对外经济交往中,有许多国际上通行的办法,如补偿贸易、合作生产、吸收外国直接投资等,我们可以研究采用,以加速我国的现代化建设。谷牧在汇报时特别谈到:西欧在经济起飞时,都有利用外资、引进先进技术的经验,为什么我们不可以搞?汇报后,到会的中央领导同志展开热烈讨论,一致认为,我国与欧洲资本主义国家发展经济贸易,有助于加速我国的现代化建设。该是下决心采取措施实行的时候了。

邓小平在听取谷牧的考察汇报后,讲了一番话,中心意思有三点:一是引进这件事要做;二是下决心向国外借点钱搞建设;三是要尽快争取时间。邓小平还在同胡乔木等人谈话时说,现在的国际条件对我们很有利。西方资本主义国家的资金没有出路,愿意把钱借给我们,我们却不干,"非常蠢"。

华国锋也十分重视引进外资,提出"中央准备采取大的政策引进"。华国锋、邓小平、李先念要求国家计委提出一个引进新技术的单子。国家计委进行了研究,并广泛征求意见。各方面提出的扩大技术引进的设想,需要用汇超过1000亿美元。国家计委初步整理,汇总了一个850亿美元的方案,向国务院务虚会作了汇报。经过讨论,虽然有一些顾虑,领导层还是作出了进一步扩大引进外资规模的决定。9月9日,李先念在国务院务虚会结束时宣布:今后十年的引进规模可以考虑增加到800亿美元。12月15日,外贸部部长李强在香港公布了中国利用外资政策的重大转变。他说,商业贷款和政府之间的贷款,中国都可以接受。"基本上国际贸易上惯例的做法都可以干"。[①]

从引进国外先进技术和设备发展到引进外资,是1978年前后最值得关注的

---

① 赵一苇:《1978:改革之发轫》,《中国新闻周刊》,总第905期,2019-07-01。

重大突破之一。总之，中国必须改变以往的封闭、半封闭状态，实行对外开放，已经是不需要讨论的问题了，它已成为中央的既定方针。

改革是全国人民的长远利益所在

关于对外开放如何同改革不合理的管理体制相结合的问题，邓小平多次谈到，现在有一个比较好的国际条件，我们可以利用，要把世界上的先进成果作为我们发展的起点。同世界先进水平比，我们不但技术落后，而且管理水平低。我们国家的体制，包括机构体制等，基本上是从苏联学来的，是一种落后的东西，人浮于事，机构重叠，官僚主义发展。有好多体制问题要重新考虑。这些看法逐渐成为领导层的共识。

1978年7月6日到9月9日，国务院召开了为期两个月的务虚会，专门研究如何加快我国现代化建设的速度问题。出访回来的几位领导同志介绍了当前的国际形势和国外发展经济的经验。国家计委提出了积极扩大出口，增加对外贸易口岸的建议；机械工业部提出了要把引进新技术同国内管理制度的改革结合起来的主张；国家劳动总局提出了改革工资制度，切实调动职工积极性的意见。胡乔木在发言中列举了单纯依靠行政方法管理经济的弊端，提出"最大量的经济工作应当由政府行政的范围转入企业经营的范围，企业本身也要尽量缩小纯粹行政方法的管理，扩大依靠经济手段的管理"。会上大家认真总结了新中国近30年的经验教训，研究国外经济发展的成功经验，特别是如何加强技术引进和扩大外贸出口以便更灵活利用外资等问题，提出了很多宝贵建议，为当年12月中共十一届三中全会确立以经济建设为中心，实行改革开放，作了重要准备。

在国务院务虚会议的总结讲话中，李先念结合历史经验指出：过去二十多年中，我们已经不止一次地改革经济体制，"但是在企业管理体制方面，往往从行政权力的转移着眼多，往往在放了收、收了放的老套中循环，因而难以符合经济发展的要求"，"我们现在要进行的这次改革，一定要同时兼顾中央部门、地方和企业的积极性，一定要考虑大企业和大专业公司的经济利益和发展前途，努力用现代化的管理方法来管理现代化的经济"。9月30日，中央转发了这个讲话，并准备在即将召开的中央工作会议上进一步讨论。

这次务虚会后不久，国务院召开的全国计划会议又提出，经济战线必须实行三个转变：一是从上到下都要把注意力转到生产斗争和技术革命上来；二是从那种不计经济效果、不讲工作效率的官僚主义的管理制度和管理方法，转到按照经济规律办事、将民主和集中很好地结合起来的科学管理的轨道上来；三是从那种不同资本主义国家进行经济技术交流的闭关自守或半闭关自守状态，转到积极地引进国外先进技术，利用国外资金，大胆地进入国际市场上来。

10月11日，邓小平在中国工会第九次全国代表大会的致词中讲道：实现四个现代化，"这是一场根本改变我国经济和技术落后面貌，进一步巩固无产阶级专政的伟大革命。这场革命既要大幅度地改变目前落后的生产力，就必然要多方面地改变生产关系，改变上层建筑，改变工农业企业的管理方式和国家对工农业企业的管理方式，使之适应于现代化大经济的需要"。因此，"各个经济战线不仅需要进行技术上的重大改革，而且需要进行制度上、组织上的重大改革。进行这些改革，是全国人民的长远利益所在，否则，我们不能摆脱目前生产技术和生产管理的落后状态"[1]。这里将改革比作一场伟大的革命，提到了全国人民的长远利益所在的高度。

在上述思想酝酿的推动下，1978年这一年，我国同西方发达国家先后签订了22个成套引进项目的合同。虽然在引进工作中存在着急于求成倾向，但引进的这些项目毕竟为中国的现代化建设提供了比较先进的技术装备和较高的起点。如上海宝山钢铁厂成套设备的引进，使我们能学到世界一流的生产技术和管理方式，并将使我国钢铁工业同世界先进水平的差距至少缩短20年。思想上的酝酿和实践上的尝试都表明，改革开放的总方针，已经呼之即出了。

1978年，邓小平率团先后4次出访了7个国家，创造了他一生中一年内出访国家最多的记录。这年10月，为了解发达国家的现代化进程，邓小平出访日本，对这里的现代化企业进行了考察。在参观日产汽车公司的时候，他仔细参观了一个自动化装配线，了解到5500名工人每年是怎样生产出50万辆汽车的。这样的生产率是当时中国汽车企业的数十倍。在松下电器公司，他看到了这个2000多人的工厂，每年生产20英寸以上彩色电视机80多万台。而这时许多中国老百姓还在为买一台9英寸黑白电视机而不可得。邓小平还参观了新日铁的一个工厂。当年日本的钢产量超过了1.2亿吨，是中国同年钢产量的将近六倍。当邓小平乘坐上日本新干线的超特快列车，时速达到210公里的时候，他和同行的记者有一段著名的对话：

——怎么样，乘坐上新干线以后有什么想法？

——就感觉到快。有催人跑的意思。我们现在正合适坐这样的车。

邓小平的回答饱含着深意。时代在催促着中国加速，形势逼人，不进则退。中国要尽快冲决一切阻碍发展的束缚，就必须找到一条适合自己发展的道路。在会见外国客人时，邓小平直言不讳地说，我们过去有一段时间，把向先进国家学习先进的科学技术，叫做崇洋媚外。这是一种蠢话。我们派了不少人出去

---

[1]《邓小平文选》第二卷，北京：人民出版社，1993年，第135—136页。

看看，使更多的人知道了世界是什么面貌，关起门来，固步自封，是发达不起来的。

1978年9月13日—20日，邓小平在结束了对朝鲜的访问后，对东北三省及唐山、天津等地进行了一次不同寻常的视察。这是邓小平为推动历史转折所作的一次重要努力。

在视察途中，邓小平多次向各地负责同志讲到，要解放思想，实事求是，再次批评了"两个凡是"方针。他说："我们现在要实现四个现代化，有好多条件，毛泽东同志在世的时候没有，现在有了。中央如果不根据现在的条件思考问题、下决心，很多问题就提不出来、解决不了。""世界天天发生变化，新的事物不断出现，新的问题不断出现，我们关起门来不行，不动脑筋永远陷于落后不行。"不恢复毛主席树立的实事求是的优良传统和作风，四个现代化没有希望。我们要根据现在的国际国内条件，敢于思考问题、提出问题、解决问题。千万不要搞禁区。禁区的害处是使人们思想僵化，不敢根据自己的条件考虑问题。总之，实事求是，开动脑筋，要来一个革命，不要改良，不要修修补补。要提倡、要教育所有的干部独立思考，不合理的东西可以大胆改革。

关于改革，邓小平指出，从总的状况来说，我们国家的体制，包括机构体制等，基本上是从苏联搬过来的，人浮于事，官僚主义发展。有好多体制问题要重新考虑。总的来说，我们的体制不适应现代化，上层建筑不适应新的要求。现在我们的上层建筑非改不行。他还反复强调，现在中国面临的最迫切的任务就是发展生产力。我们太穷了，太落后了，老实说对不起人民。我们是社会主义国家，社会主义制度优越性的根本表现，就是能够允许社会生产力以旧社会所没有的速度迅速发展，使人民不断增长的物质文化生活需要能够得到满足。按照历史唯物主义的观点来讲，正确的政治领导的成果，归根结底要表现在社会生产力的发展上，人民物质文化生活的改善上。我们要想一想，我们给人民究竟做了多少事情呢？所以，现在必须加速发展生产力，改善人民的物质文化生活。[①]

由此，邓小平明确提出要适时结束揭批"四人帮"的群众运动，把党和国家的工作重点转移到社会主义现代化建设上来。这是一个具有重大战略意义的思考。在听取中共沈阳军区党委常委汇报揭批"四人帮"运动情况时，他说：对搞运动，你们可以研究，什么叫底？永远没有彻底的事。运动不能搞得时间过长，过长就厌倦了。揭批"四人帮"运动总有个底，总不能还搞三年五年，搞得差不多了，就可以结束，转入正常工作。离开东北后，他又向中央有关同

---

① 中共中央文献研究室编：《邓小平思想年编（1975—1997）》，北京：中央文献出版社，2011年，第163—171页。

志重申了这一意见，并得到中央其他领导同志的支持。这样，实行工作重点的转移，就具备了成为一项全局性重大决策的条件。

10月11日，邓小平在全国工会九大上致词时，更直截了当地提出：揭批"四人帮"的斗争在全国广大范围内已经取得决定性的胜利，我们已经能够在这一胜利的基础上开始新的战斗任务。现在党中央、国务院要求加快实现四个现代化的步伐，这是一场根本改变我国经济和技术落后面貌的伟大革命。因此，要在揭批"四人帮"的斗争取得完全胜利的基础上，为迎接这一伟大任务而斗争。

六、重大历史关头实现伟大转折

扭转原定议题的中央工作会议

经过两年来与"两个凡是"指导思想的交锋和历史反思，党和国家领导层深刻认识到，只有实行改革开放才是唯一出路，否则中国的现代化事业和社会主义事业就会被葬送。为了实现四个现代化的奋斗目标，必须把党和国家的工作重点转移到现代化建设上来，尽快把逐渐酝酿成熟的改革开放总方针、总政策付诸实施。在这一点上，党内基本没有分歧。

但是，在现代化建设的指导思想上，党内认识还不尽一致。一少部分人仍然固守"两个凡是"的指导思想，认为实现四个现代化，"必须坚持以阶级斗争为纲，把阶级斗争、生产斗争和科学实验三大革命运动一齐抓起来"。绝大多数人主张，进行现代化建设，必须首先在重大理论政策上澄清是非，实现根本指导思想和党的政治路线的转变。这种认识的分歧，使得对于工作重点转移问题的讨论，不可避免地出现一场思想交锋。

1978年11月10日，中共中央工作会议在北京京西宾馆召开。参加会议的有各省、市、自治区，各大军区和中央各部门的主要负责同志及部分曾在中央、地方和军队担任过重要职务的老同志，共219人。会议出席者按所在地区分为6个大组。这是为十一届三中全会作准备的一次极其重要的中央会议。

在开幕会上，华国锋宣布：这次会议的议题，一是讨论《关于加快农业发展速度的决定》和《农村人民公社工作条例（试行草案）》；二是商定1979年和1980年两年国民经济计划的安排；三是讨论李先念在国务院务虚会上的讲话。在讨论这些议题之前，中央政治局决定，先讨论一下从明年起把全党工作着重点转移到社会主义现代化建设上来的问题。华国锋在讲话中说，"一个阶段的主要问题解决了，就要发展到新的阶段"。这里讲的还只是通常意义上的工作阶段的变化，仍然沿用"抓革命，促生产"的思路，而不是根本指导思想和党的政治路线的转变。这是那些希望首先解决指导思想问题和重大历史是非问题的与会同志所不能满意的。

从11月11日的分组讨论开始，有人就提出了"天安门事件"等重大错案的平反问题。12日，陈云在东北组发言，提出首先要解决历史遗留问题的意见。他说：实现四个现代化是全党和全国人民的迫切愿望，安定团结也是全党和全国人民关心的事。为了保证安定团结，"对有些遗留的问题，影响大或者涉及面很广的问题，是需要由中央考虑和作出决定的"。接着，他提出了包括为"薄一波等六十一人"平反，为"天安门事件"平反和关于陶铸、彭德怀的结论等六个重大历史遗留问题。这些党内外关注的重大问题一经提出，就引起强烈反响，会议气氛随之活跃。各组发言的重点很快集中到平反冤假错案问题上，特别是"天安门事件"，几乎各组都提出应尽快平反，从而扭转了会议原定的议题。

在这种情况下，中央批准由中共北京市委常委扩大会议宣布对"天安门事件"平反，对因此受到迫害的同志一律平反，恢复名誉。15日，新华社以《天安门事件"完全是革命行动"》的标题对此作了报道。16日，《人民日报》《光明日报》等各大报刊登了这一消息，广大干部群众为之振奋。随后，河南、浙江、江苏等省委也郑重宣布：为1976年清明节期间因悼念周恩来总理，反对"四人帮"而受到迫害的同志彻底平反，恢复名誉。

对于会上提出一些重大错案的平反问题，有的同志指出：这些都是过去中央定的，中央不出来明确讲几句话不行。最好能在工作重点转移之前，中央就把这些问题讲清楚。中央政治局常委讨论了上述意见。11月25日，华国锋代表中央政治局在会上宣布，中央决定：为"天安门事件"公开彻底平反；为所谓"二月逆流"和"薄一波等六十一人叛徒集团"的重大错案平反；纠正过去对彭德怀、陶铸、杨尚昆等同志所作的错误处理；一些地方性重大事件，一律由各省、市、自治区党委根据情况实事求是地予以处理，中央专案组要结束工作，全部案件移交中央组织部；康生、谢富治的民愤很大，要对他们进行揭发、批判，等等。随后，中央工作会议在印发文件时又增加了一条，即承认"反击右倾翻案风"是错误的，将中央有关"反击右倾翻案风"的文件全部撤销。上述这些决定，使两年来广大干部群众一直强烈呼吁的几个重大问题，在中央层面基本得到解决，与会同志顿时感到心情舒畅，愈加畅所欲言。

在解决了一些重大历史遗留问题后，会议对在真理标准讨论问题上出现的意见分歧进行了热烈讨论。不少同志对在前一段讨论中持消极态度的《红旗》杂志和中央宣传部的负责人提出批评，希望他们赶快端正自己的态度。大多数人认为，在这个问题上的分歧，实质是两种不同指导思想的分歧；这个问题不解决，不明辨是非，工作重点转移就无法顺利进行。经过尖锐的思想交锋，一些曾对这场讨论的意义认识不足的同志先后有了转变，作了自我批评。大家还要求党中央对这场讨论明确表态，以彻底解决思想路线问题。在讨论其他议题时，大家也摆脱"两个凡是"的束缚，发扬实事求是的传统，对过去多年的指导思想及一些方针政策作了认真反思，并大胆提出批评和建议。

实现工作重点转移要以什么思想为指导，这是个十分关键的问题。有些同志认为，"我们搞建设，仍然要坚持以阶级斗争为纲"。而不少同志则指出，对建设时期的阶级斗争问题应当重新认识，澄清糊涂观念。这是党指导现代化建设必须要解决的问题。有的同志指出：工作重心的转移不是党的具体工作的通常性质的转变，而是具有历史意义的根本性转变。今后除非发生战争，一定要把生产斗争和技术革命作为中心，不能有其他的中心。有的同志还对沿用多年的"阶级斗争、生产斗争和科学实验三大革命运动一齐抓"的提法提出质疑，认为这一提法没有主次，今后应该明确以生产斗争为中心。经过热烈讨论，多数人都认为，对于社会主义时期的阶级斗争问题应该重新认识，从而为否定"以阶级斗争为纲"的指导方针开通了道路。

在讨论两个农业文件时，许多同志对文件回避严峻现实，空讲"人民公社的优越性"和"连续十几年的大丰收"表示强烈不满。他们指出，现在全国有近两亿人，口粮在150公斤以下，吃不饱肚子，全国的人均粮食比1957年还要少；造成这种局面，主要是过去在政策上对农民卡得太死，农业上不去，主要是"左"倾错误作怪。有的同志说：不要怕农民富，如果认为农民富了就会产生资本主义，那我们只有世世代代穷下去，那我们还干什么革命呢。大家还提出了不少尽快恢复和发展农业的建议。这些意见和建议受到中央重视，关于农业问题的两个文件，也根据大家的意见重新改写。

在讨论李先念在国务院务虚会的总结讲话时，很多人赞成改革管理体制，实行对外开放政策。会议印发了一批介绍国外和我国的香港、台湾地区怎样迅速发展经济的材料。不少同志看后提议：改变过去"既无内债，又无外债"的做法，充分利用对我们有利的国际形势，尽可能多地吸收外国资金，大量引进先进技术和设备，加快建设速度。全国人大常委会应尽快制定有关接受外国贷款、借款、投资等方面的法律，鼓励外商与我们合资办企业。这些意见使此前关于改革开放方针的酝酿进一步具体化，正式作出改革开放决策的条件已经成熟。

会议还对党的建设、国家的民主和法治建设等问题进行了讨论，大家结合"文化大革命"的惨痛教训，谈到了恢复党的民主集中制的优良传统，加强社会主义民主和法治建设的必要性,并提出了一系列加强党和国家民主建设的建议。

就在中央工作会议正热烈讨论的时候,11月14日,邓小平结束对东南亚的出访回到北京。邓小平根据会议出现的新情况和新问题,考虑到原先准备在闭幕会上的讲话稿已经不适用了,应当更有针对性地讲清楚当前最关键、最迫切的问题。于是,他亲手写了一份提纲,列出七个问题:一、解放思想,开动机器;二、发扬民主,加强法制;三、向后看为的是向前看;四、克服官僚主义、人浮于事;五、允许一部分先好起来;六、加强责任制,搞几定;七、新的问题。[1] 根据这一提纲,于光远等几位同志为他重新起草了讲话稿。

12月13日,会议举行闭幕式,华国锋、叶剑英、邓小平分别作了讲话。华国锋在讲话中就"两个凡是"问题作了自我批评,承认"这两句话考虑得不够周全","在不同程度上束缚了大家的思想,不利于实事求是地落实党的政策,不利于活跃党内的思想"。

叶剑英讲了三条意见:一、要有好的领导班子,特别是中央委员会要有好的领导班子;二、要发扬民主,加强法治,人大常委会要尽快担负起制定法律、完善社会主义法制的责任;三、勤奋学习,解放思想。他指出:"我们进行社会主义现代化建设,不仅是大大提高社会生产力,而且是从经济基础到上层建筑的一场深刻的社会革命。"对这样一场革命,许多人还准备不足,思想不够解放,所以,"我们要破除封建主义所造成的种种迷信,从禁锢中把我们的思想解放出来。"

邓小平作了题为《解放思想,实事求是,团结一致向前看》的重要讲话。在这篇讲话中,他旗帜鲜明地指出:"首先是解放思想。只有思想解放了,我们才能正确地以马列主义、毛泽东思想为指导,解决过去遗留的问题,解决新出现的一系列问题。""不打破思想僵化,不大大解放干部和群众的思想,四个现代化就没有希望。"

对半年来全党热烈开展的关于真理标准问题的讨论,邓小平作了总结。他指出,关于实践是检验真理的唯一标准问题的讨论,实际上也是要不要解放思想的争论,进行这个争论很有必要,意义很大。他语人分明、不容置辩地指出:"一个党,一个国家,一个民族,如果一切从本本出发,思想僵化,迷信盛行,那它就不能前进,它的生机就停止了,就要亡党亡国。"在当前,要恢复实事求是的传统,就必须解放思想,克服由于种种原因而形成的思想僵化状态。从这个意义上说,"关于真理标准问题的争论,的确是个思想路线问题,是个政治问题,

---

[1] 中共中央文献研究室编:《邓小平思想年编(1975—1997)》,北京:中央文献出版社,2011年,第197—198页。

是个关系到党和国家的前途和命运的问题"。

邓小平强调：解放思想，开动脑筋，一个十分重要的条件就是要真正实行民主集中制。当前这个时期，特别需要强调民主。要创造民主的条件，加强社会主义的民主和法制。这次会议，解决了一些过去遗留下来的问题，分清了一些人的功过，纠正了一批重大的冤假错案，这也是解放思想的需要，目的正是为了向前看，顺利实现全党工作重心的转变。

关于即将实行的改革，邓小平说：要向前看，就要及时地研究新情况，解决新问题。现在，我们的经济管理工作，机构臃肿，层次重叠，手续繁杂，效率极低。政治的空谈往往淹没一切。这并不是哪一些同志的责任，责任在于我们过去没有及时提出改革。但是如果现在再不实行改革，我们的现代化事业和社会主义事业就会被葬送。

他还提出，今后在管理制度上，要特别注意加强责任制。任何一项任务、一个建设项目，都要实行定任务、定人员、定数量、定质量、定时间等几定制度。在经济政策上，要允许一部分地区、一部分人，由于辛勤努力成绩大而收入先多一些，生活先好起来。这样就会产生极大的示范力量，影响左邻右舍，带动其他地区，使整个国民经济不断地波浪式地向前发展。邓小平强调说："这是一个大政策，一个能够影响和带动整个国民经济的政策。"[①]

邓小平的这篇讲话不但提出和回答了在重大历史转折关头的一系列根本性问题，为这次中央工作会议作了总结，而且也为随后召开的十一届三中全会提供了指导思想。因此，这篇讲话实际上成为十一届三中全会的主题报告。

闭幕会后，会议继续进行了两天讨论，12月15日，为期36天的中央工作会议结束。在老一辈革命家的推动和绝大多数与会同志的共同努力下，这次中央工作会议终于摆脱了"两个凡是"方针的束缚，把原本准备讨论经济工作的会议开成了一次全局性的拨乱反正和开创社会主义现代化建设新局面的会议。

开创中国特色社会主义新道路

在中央工作会议取得重大成果的基础上，1978年12月18日至22日，中国共产党第十一届中央委员会第三次全体会议在北京召开。出席会议的有中央委员、候补中央委员和中央有关部门的负责同志，共290人。华国锋在开幕会上宣布：这次全会的主要任务，就是讨论通过中央政治局关于从明年1月起，把全党工作着重点转移到社会主义现代化建设上来的建议。会议审议通过关于农业问题

[①]《邓小平文选》第二卷，北京：人民出版社，1993年，第140—153页。

的两个文件，即《中共中央关于加快农业发展若干问题的决定（草案）》和《农村人民公社工作条例（试行草案）》；审议通过 1979 年和 1980 年两年的国民经济计划安排；讨论人事问题和选举成立中央纪律检查委员会。

此前，经过 36 天中央工作会议的充分讨论，与会同志在一些重大问题上已经取得了共识。据此，全会决定：及时地果断地结束全国范围的揭批林彪、"四人帮"的群众运动，从 1979 年起，把全党工作的着重点转移到社会主义现代化建设上来。今后，对于社会主义社会的阶级斗争，应该按照严格区别和正确处理两类不同性质的矛盾的方针去解决，按照宪法和法律规定的程序去解决，决不允许混淆两类不同性质矛盾的界限，决不允许损害社会主义现代化建设所需要的安定团结的政治局面。这是自 1962 年中共八届十中全会提出"以阶级斗争为纲"以来，中国共产党第一次对阶级斗争问题正式作出如此明确的限制和规定，实际上果断地放弃了长期以来"以阶级斗争为纲"的错误路线，从政治上保证了工作重点转移的实现。

在邓小平提出的解放思想，实事求是，团结一致向前看的方针指导下，与会同志对党的思想路线问题进行了深入讨论，一致认为，只有在马列主义、毛泽东思想的指导下，解放思想，实事求是，一切从实际出发，理论联系实际，我们党才能顺利地实现工作中心的转变。全会高度评价了关于实践是检验真理的唯一标准的讨论，认为这对于促进全党同志和全国人民解放思想，端正思想路线，具有深远的历史意义。

在认真总结新中国成立以来经验教训的基础上，与会同志普遍感到，实行工作重点转移之后，决不能再沿用过去的管理体制、管理方法，而必须根据现代化建设的需要，对传统的体制和方法进行大胆改革，探索新的发展道路。全会公报提出：现在，我们要根据新的历史条件和实践经验，采取一系列新的重大的经济措施，对经济管理体制和经营管理方法着手认真地改革，在自力更生的基础上积极发展同世界各国平等互利的经济合作，努力采用世界先进技术和先进设备。这就在实际上将此前关于改革开放的酝酿，正式确定为社会主义现代化建设的总方针，使工作重心的转移同时也成为党通过改革开放，探索社会主义建设新道路，进行一场新革命的开端。

在讨论农业问题时，全会提出了提高农产品收购价格等促进农业发展的一系列政策措施。经过重新改写的中央关于农业、农村的两个文件，比较实事求是地指出了我国农业的落后现状，提出了一系列加快农业发展的政策措施。其中强调"要尊重生产队的自主权"，要在政治上切实保障农民的民主权利，在经济上充分关心农民的物质利益，从而在实际上启动了农村的初步改革。

在审议 1979 年和 1980 年两年的国民经济计划安排时，全会肯定了中央工作会议关于对国民经济实行调整的意见，提出了基本建设必须积极而又量力而行的方针，从而开始端正了经济建设的指导思想。

全会确认了中央工作会议关于为一系列重大错案平反和重新评价一些重要领导人功过是非的决定；重申了实事求是、有错必纠地解决历史遗留问题的原则，从而启动了平反一切冤假错案，全面清理和彻底解决"文化大革命"及其以前的重大历史是非问题的进程。

全会还作出了加强社会主义民主和法制建设，健全党的民主集中制，健全党规党法，严肃党纪等一系列决定，提出了加强社会主义法制，使民主制度化、法制化的任务。强调国要有国法，党要有党规党法。全体党员和党的干部，人人都要遵守党的纪律。

在坚决纠正"文化大革命"及其以前的一些"左"倾错误的同时，全会肯定了毛泽东的功绩和毛泽东思想。全会公报指出：毛泽东同志在长期革命斗争中立下的伟大功勋是不可磨灭的。同时指出，要求一个革命领袖没有缺点、错误，那不是马克思主义，也不符合毛泽东同志历来对自己的评价。党中央在理论战线上的崇高任务，就是领导、教育全党和全国人民历史地、科学地认识毛泽东同志的伟大功绩，完整地、准确地掌握毛泽东思想的科学体系，把马列主义、毛泽东思想的普遍原理同社会主义现代化建设的具体实践结合起来，并在新的历史条件下加以发展。这使我们既能够实事求是地去指出和纠正毛泽东晚年的错误，又能够客观地尊重党和人民的奋斗历史，不至于迷失方向，丧失我们的基本立足点。

在组织机构方面，经过认真酝酿，全会增选陈云为中央政治局委员、政治局常务委员、中央委员会副主席；增选邓颖超、胡耀邦、王震为中央政治局委员；增补黄克诚、宋任穷、胡乔木、习仲勋、王任重、黄火青、陈再道、韩光、周惠为中央委员；选举产生了由100人组成的中央纪律检查委员会，陈云为中央纪律检查委员会第一书记，邓颖超为第二书记，胡耀邦为第三书记，黄克诚为常务书记，王鹤寿等同志为副书记。这些措施，为顺利实现党和国家工作重点的转移和全会确定的各项方针政策的贯彻实施提供了组织上的可靠保证。

十一届三中全会在思想、政治、经济和组织各方面作出的一系列重大决策，标志着党已经重新确立了马克思主义的思想路线、政治路线和组织路线。全会不但开始了党对"文化大革命"及其以前的"左"倾错误的全面拨乱反正，而且也为党在正确的指导思想下进行社会主义建设道路的新探索奠定了坚实基础。

在党和国家的工作重心开始实现战略转移的同时，党的指导思想和我国的社会主义事业也实现了从"以阶级斗争为纲"到以发展生产力为中心，从封闭或半封闭到对外开放，从墨守成规到进行各方面改革的三个根本性转变。这些转变不但将在中国掀起一场彻底改变贫困落后面貌的革命，而且还将在世界范围内突破已经落后于时代、日渐僵化的社会主义建设的旧模式,开创具有中国特色的社会主义建设的新道路、新理论。邓小平关于《解放思想,实事求是,团结一致向前看》的讲话作为十一届三中全会的主题报告,成为开辟新时期、新道路,创建社会主义建设新理论的宣言书。

在经历了29年的历史曲折后,中国的社会主义事业终于走上了胜利之途。十一届三中全会就是实现这一伟大历史转变的标志,就是开创新道路、新理论的起点。全会公报里有一段话格外醒目:"实现四个现代化,要求大幅度地提高生产力,也就必然要求多方面地改变同生产力发展不适应的生产关系和上层建筑,改变一切不适应的管理方式、活动方式和思想方式。"顺应这样的时代要求,中国共产党团结带领中国人民开始走进建设中国特色社会主义和中国式现代化国家的改革开放新时期。

第四章 体制松动

中共十一届三中全会前后，改革率先从计划经济体制的边缘农村打开缺口。农村施行的包产到户和包干到户，从根本上改变了农业生产的经营模式和分配方式，直接触发了中国农村改革。乡镇企业的异军突起，显示了非农产业的巨大潜力。城市改革也迈开"放权、让利"的步伐，搞活经济的关键一招，是鼓励支持城乡个体劳动者和私人企业自主创业。毗邻香港的蛇口迈出出口加工区的第一步，中央决定设立四个经济特区，先行示范中国的对外开放。传统计划经济体制的松动，为整个社会释放了勃勃生机，城乡经济竞相迸发出前所未有的活力。全国城乡居民都是改革的受益者，经济收入和社会生活普遍得到提高和改善。

一、农村改革靠农民的发明取得突破

由贫困和饥饿逼出来的农村改革

中共十一届三中全会吹响了改革开放的号角,在中国大地的乡村城市、大江南北搅动起滚滚的春潮。曾几何时,在农村人民公社僵化的体制下,一个农户养 3 只鸭子是社会主义,养 5 只鸭子就要割"资本主义尾巴",如果把集体所有的耕地分给农民一家一户去生产经营,一定会被看作是破坏集体经济,搞资本主义。然而,"春江水暖鸭先知"。1978 年,当真理标准问题的讨论和改革的话题还在高层酝酿的时候,在地方、在最基层,第一批不顾身家、敢于试水的人们已开始行动,试图从计划经济体制边缘的农村打开改革的缺口。

农村改革取得历史性突破,是从安徽开始的。安徽是我国的农业大省,由于受到"左"的政策影响,农村经济发展十分缓慢。20 世纪 60 年代经济困难时期,安徽发生的饥饿、死亡情况也比邻省更严重。时任安徽省委第一书记曾希圣尝试采取一种"责任田"的办法,实际上就是"包产到户",很快扭转了局面,受到农民的普遍欢迎。但是 1962 年"重提阶级斗争",责任田被指责为"单干风""复辟资本主义"被压制下去。从此,包产到户被等同于"分田单干"一律禁止,各级干部都噤若寒蝉。

1977 年 6 月,中共中央改组安徽省委领导班子,万里调任安徽省委第一书记。到任伊始,万里便下到各县农村进行调查研究。作为我国粮食的主产区之一,安徽农村给他的第一印象,不是贫困,就是饥饿。万里后来回忆说:我这个长期在城市工作的干部,虽然不能说对农村的贫困毫无所闻,但是到农村一具体接触,还是非常受刺激。原来农民的生活水平这么低啊,吃不饱,穿不暖,住的房子不像个房子的样子。真是家徒四壁呀。我真没料到,解放几十年了,不少农村还这么穷!我不能不问自己,这是什么原因?这能算是社会主义吗?人民公社到底有什么问题?为什么农民的积极性都没有啦?当然,人民公社是上了宪法的,我也不能乱说,但我心里已经认定,看来从安徽的实际情况出发,最重要的是怎么调动农民的积极性,否则连肚子也吃不饱,一切无从谈起。[①]

三个月的调查研究结束后,在万里的主持下,安徽省委形成了《关于当前

[①] 参见中共安徽省委党史研究室编《安徽农村改革口述史》,北京:中共党史出版社,2006 年,第 72—73 页。

农村经济政策的几个问题的规定》（简称"省委六条"）。文件强调，农村工作要以生产为中心，实行按劳分配，尊重生产队自主权，允许和鼓励社员自主经营自留地和家庭副业，开放集市贸易等等。虽然文件中照例写了要维护人民公社"一大二公"，不搞联系产量责任制等条文，但本质上是尊重农民自主权，允许社员根据不同的农活组成作业组，定任务、定质量、定时间、定工分，同时提出因地制宜，合理安排农、林、牧、副、渔；允许和鼓励社员搞家庭副业，产品可以到集市上出售等。这在当时农业政策还没有拨乱反正的情况下，已经非常难能可贵了。广大农民认为"大锅饭"变小了，手脚也松了松绑，全省农村开始出现活力。

就在实施"省委六条"的第一年——1978年，安徽遭遇了一场特大旱灾。全省大部分地区10个月未下雨，有6000多万亩农田受灾，400多万人口的地区人畜饮水出现困难，中晚稻大面积绝收。入秋以后，旱情更加严重，皖西还有近千万亩小麦、油菜不能下种。危急关头，安徽省委果断决定"借地度荒"，搞好秋种。9月1日，在省委召开的紧急会议上，万里强调：要全力抗旱，能多收一斤就多收一斤，多收一两就多收一两。保不住收成，一切都是空话！农民很穷，他们手中无钱，就是国家供应返销粮也买不起。这怎么行呢！我们不能眼看着农村大片土地撂荒，那样明年的生活会更困难，与其抛荒，倒不如让农民个人耕种，充分发挥各自的潜力，尽量多种"保命麦"过灾荒。

经过讨论，省委作出了"借地度荒"的决定：将凡是集体无法耕种的土地，借给社员种麦种菜；鼓励多开荒，谁种谁收；国家不征统购粮，不分配统购任务。这一大胆的决策，极大地调动了广大农民生产自救的积极性，各地区出现了全家男女老幼齐种地的火热景象。他们采取点种、干埋麦种等办法，终于完成了秋种任务。这年11月，天公作美，下了一场透雨，借地农民普遍获得了好收成。据估计，仅这一项措施，全省就增加秋种面积1000多万亩。

如果说"省委六条"是农村改革在体制内的一次"跃动"的话，那么，"借地度荒"则是游走在体制边缘的一记"擦边球"。最初这只是一种临时性的变通办法，但一个"借"字既出口，犹如覆水难收。事实上，在"借"地的过程中，一些地方的农民和基层干部突破了旧体制的限制，大胆尝试包产到组、到户，包干到组、到户等做法，直接诱发了农村生产经营制度的变革。

中国农村改革的历史，就这样拉开了帷幕。

集体经营到家庭承包经营大变革

1978年9月15日，肥西县山南区区委书记汤茂林在他蹲点的柿树公社黄花大队所在地小井庄开会讨论秋种方案，决定采用"四定一奖"办法：定任务（每人承包1亩麦地、半亩油菜地）、定上缴（麦子每亩上缴200斤，油菜籽每亩上缴100斤）、定工分（每亩耕地记200个工分）、定成本（每亩地生产成本5元）；超产全奖，减产全赔。汤茂林用借地之名、"四定一奖"之法，打开了包产到户的口子。17日，黄花大队在小井庄开始"借地"给社员。全大队1037口人，"借"了1590亩耕地。后在全区推广。"四定一奖"克服了生产上的瞎指挥和分配上的平均主义，实质上就是包产到户。这一办法立刻调动起农民秋种的积极性，生产立见成效。仅1个月时间，山南全区近10万人播种小麦8万余亩，大麦2万亩，油菜5万亩，总计约15万亩，比上级下达的任务多播种9万亩。第二年小麦、油菜都获得了丰收。由此，肥西县山南区在全省乃至全国首开实行家庭联产承包责任制之先河。

1978年12月，中共十一届三中全会通过加快农业发展的文件，批判了"左"的错误，明确指出："一切政策是否符合发展生产力的需要，就是要看它能否调动劳动者的生产积极性。"但是，要在农村集体经济制度上彻底纠正"左"的错误，远非一朝一夕可以解决的。三中全会通过的《农村人民公社工作条例（试行草案）》，提出"三个可以"，即可以按定额记工分，可以按时记工分加评议，也可以包工到作业组。但是，中央这个文件同时又规定了"两个不许"，即不许分田单干，不许包产到户。这两个"不许"，对于安徽农村正在兴起的包产到户来说，仍然是个"紧箍咒"。

肥西县山南公社在借田抗旱中悄悄搞了包产到户——消息传到合肥，省直机关有些人强烈反对，指责此举违反中央文件，认为省委的方向、路线出了问题。万里强调，要理解整个中央文件的精神实质，关键在于调动群众积极性。他让省农委派工作组去考察，专门开常委会讨论，决定把山南作为省里的试点，"不制止，不宣传，不登报"。后来，万里两次去小井庄考察，对包产到户表示支持。

山南区试点，肥西县普遍开花，1979年包产到户就这样势不可挡地推开了。对于安徽农民来说，包产到户早就是轻车熟路。虽经几起几落，只要政策有松动，上面不打压，便会顽强地生长起来。客观来讲，这一阶段的包产到户，还不敢直接联产到"户"，形式上还是联产到"组"，超产部分直接由农户自己掌握，包产部分仍在作业组内统一分配，没有完全克服平均主义。但中国农民有的是变通的办法，各社队都暗中把核算单位"组"进一步划小，直到农民按自己的意愿组成"父子组""兄弟组""岳父女婿组"等，就跟包产到"户"只差一层窗户纸没有捅破了。

在包产到组的形式下，组内各户总不免磕磕碰碰，生产难以协调。为解决这个难题，联产承包的又一形式在安徽凤阳县梨园公社小岗村诞生了。小岗村农业生态条件较差，一直是"吃粮靠返销、用钱靠救济、生产靠贷款"的"三靠村"，经常闹饥荒，每年秋收后几乎家家有人外出讨饭。这年夏季遭遇特大旱情，肚子都吃不饱，更别说其他了。穷则思变，小岗人开始找出路。

1978年11月24日晚，小岗村18位农民悄悄聚到一起开了一个秘密会议。严宏昌是主要召集人，在他看来，那天他们所做的秘密决定——分田到户，在当时可能是"要坐牢的"。"哪怕坐牢，只要大家能吃上饱饭，我也认了！"严宏昌就着昏黄的油灯，在一张纸上亲手写下日后惊天动地的"生死契约"。18位农民各自按下红指印：托孤立誓，瞒上不瞒下，瞒外不瞒内，把田地分到各家，实行"包干到户"。18个红手印带来的力量与变革，很快在小岗村迸发。"大包干"第一年就发生了巨大变化。1979年，小岗全队粮食总产13.3万斤，相当于1966年到1970年粮食产量的总和，油料作物相当于过去20年的总和，村民收入大大增加，平均每人400多元，是上一年的18倍，一举结束过去20多年吃救济粮的历史。

小岗村的包干到户，比小井庄的包产到户更彻底，是完完全全的联产到户，也叫"大包干"。在有些人看来，这就是"分田单干"。大包干最大的特点是，生产队与每户农民约定，先把该缴给国家的，该留给集体的都固定下来，收获以后剩多剩少都是农民自己的。这个办法彻底克服了平均主义，又简便易行，最受农民欢迎。但在当时的条件下，不论包干到户，还是包产到户，都是"公然挑战集体经济制度的行为"，所以只能秘密地进行。生产队干部和各家农户在黑夜昏暗的马灯下，赌咒发誓不说出去。

然而，小岗村"分田单干"的消息还是传到了县里。这时，凤阳县也开始搞责任制，但绝大多数是联产到组，分田单干绝对是"犯天条"的。县委书记陈庭元风风火火前去处理，他了解到小岗村年年吃返销粮，不如分户干多打点粮食，也减少国家的负担，便同意他们干一年试试看，并答应为他们"保密"。直到后来，中央逐渐承认了包产到户，小岗村的大包干才风靡起来："大包干，大包干，直来直去不拐弯，缴够国家的，留够集体的，剩下都是自己的。"——凤阳农民编的这个顺口溜很快传遍了全国。

在不断非议中坚定支持农民首创

从中共十一届三中全会后农村改革的情况看，贯彻解放思想、实事求是的精神并不是一帆风顺的，最大的阻力是留存在人们头脑中"左"的框框和藩篱。1979年3月12日至24日，国家农委邀请广东、湖南、四川、江苏、安徽、河北、吉林7省农村工作部门和安徽全椒、广东博罗、四川广汉三县的负责人在北京召开座谈会，讨论建立健全农业生产责任制问题。安徽省农委副主任周曰礼在会上汇报了一整天，列举了包产到户的做法和诸多好处，结果在会上引起了强烈的反对，争论得非常激烈。多数代表认为，包产到组跟分田单干没有区别，表示坚决反对。

座谈会开到第三天，3月15日《人民日报》发表了一篇署名"张浩"的群众来信，批评了包产到组"肯定会削弱和动摇队为基础的组织"，认为"轻易地从队为基础退回去搞分田到组、包产到组，会搞乱干部群众思想，给生产造成危害"。《人民日报》加上编者按语强调，人民公社现在要继续稳定地实行三级所有队为基础的制度，更不能从队为基础退回去。已经出现"分田到组""包产到组"的地方，应当坚决纠正错误做法。

张浩来信和《人民日报》编者按语一发表，立刻引起全国震动。一时间，反对责任制的人们议论蜂起：有的说，"辛辛苦苦几十年，一步退回解放前"；有的说，"先分田后分队，一步一步往后退，一直退到旧社会"。安徽农业生产责任制的改革实验，就像遇到了"倒春寒"，受到来自省内外的严厉指责和巨大压力。刚看到一点包产到户希望的肥西农民，心头又蒙上了一层浓重的阴影。

面对来自各方面的压力，3月中旬，安徽省委向全省各地发出了八条紧急"代电"，要求各地不论实行什么样的责任制，都要坚决稳定下来，集中精力搞好春耕生产。广大干部和群众还听到了省委第一书记万里的态度。他说，不要管他《人民日报》怎么讲，我们该咋办还咋办；我们已经实行的政策不能变。接到这份"代电"，干部有了"主心骨"，群众吃了"定心丸"，肥西的责任制终于经受住了最严峻的考验。

1979年9月，中央召开十一届四中全会。会议通过了《中共中央关于加快农业发展若干问题的决定》。该决定将原来的两个"不许"，改为"一个不许""一个不要"，即"不许分田单干。除某些副业生产的特殊需要和边远山区、交通不便的单家独户外，也不要包产到户"。这意味着对包产到户允许有某些例外。这就给包产到户从完全不合法变为可允许、可接受，开了一道小小的门缝。[①]

1980年1月，安徽省召开农村工作会议。当时安徽的局面是：一方面，人民公社"一大二公"的体制经过20年的实践，已被证明存在很多弊端，群众强烈要求进行调整，但在政策上尚无这方面的"尚方宝剑"；另一方面，在中共十一届三中全会以后一年多时间里，群众在实践中摸索出来的多种联产计酬责任制，尤其是包产到户责任制，深受群众欢迎，也最见成效，但政策上尚属"禁区"。面对包产到户责任制，是固守原来的框框，站在农民群众的对立面，阻止

---

① 参见吴象《从两个"不许"到"伟大创造"》，《农村工作通讯》2008年第11期。

这股潮流，还是顺应民心，积极引导，这是摆在领导干部面前的一个必须回答的重大课题。有地委书记在会上呼吁：包产到户挺好的，给报个户口吧，承认它也是社会主义责任制的一种形式。

1月11日，万里在作大会总结时说，从两年来的实践来看，两种责任制，联系产量的比较优越。包产到户不是我们提出来的，问题是已经有了，孩子已经生下来了，他妈妈挺高兴，哎呀，可解决大问题了，你不给他报户口行吗？包产到户根本不是资本主义，分田单干也不等于资本主义，没有什么可怕。群众已经认可了，我们只能同意、批准，给它报个户口。[1] 包产到户终于报上了户口，但只是"地方户口"。这个消息在省报、省电台发布后引起全省轰动。许多农民工在水利工地上干活，纷纷要求回家搞包产到户。

在这次省农村工作会议上，万里看到了小岗村搞大包干的书面材料。散会后的1980年农历春节，万里就踏着残雪去了小岗村。1979年小岗村获得大丰收，粮食产量达到13.2万斤，油料作物产量达3.5万斤。全队粮食征购任务为2800斤，实际向国家交售近2.5万斤。[2] 小岗村当年的粮食人均和增幅均为凤阳县之冠，也是全省之冠。小岗人要求让他们试上三年，万里回答："我批准你们试五年！"

虽然生产责任制在安徽开始大显身手，然而包产到户、包干到户的"双包"责任制，从"地方户口"到中央承认，中间还经历了不少反复和曲折。1980年4月，中央召开编制长期规划会议。在讨论粮食问题时，国家农委副主任杜润生提出：贫困地区要调那么多粮食救济，交通又不便利，靠农民长途背运，路上就吃了一多半，国家耗费很大，农民所得不多。建议在贫困地区搞包产到户，让农民自己包生产、包肚子，两头有利。这个建议报到中央，邓小平说：在农村地广人稀、经济落后、生活穷困的地区，像西北、贵州、云南等省，有的地方可以实行包产到户之类的办法。[3]

1980年，"双包"责任制在安徽、四川和全国许多地方都取得进展，也遇到强烈的抵制，形成全国性、群众性的大争论。为此，中央书记处研究室吴象和新华社记者张广友受命，深入安徽采访，撰写了7000多字的报道《联系产量责任制好处多》，发表在4月9日的《人民日报》上。这篇文章用大量事实，驳斥了《农村工作通讯》给包产到户硬套上的"违反中央文件"和"违反宪法"这

---

[1] 中共安徽省委党史研究室编：《安徽农村改革口述史》，北京：中共党史出版社，2006年，第120—121页。

[2] 中共安徽省委党史研究室编：《中国新时期农村的变革（安徽卷）》，北京：中共党史出版社，2006年，第5页。

[3] 参见杜润生《杜润生自述：中国农村体制变革重大决策纪实》，北京：人民出版社，2005年，第114—115页。

两项帽子,引起普遍关注。吴象、张广友还写了长达 22000 字的系列内部报道《安徽省江淮地区农村见闻》,专送中央领导参阅的内刊上连续刊发。

5月31日,邓小平找胡乔木、邓力群谈话,针对认为报刊宣传包产到户"不宜过多,要掌握分寸"的看法,邓小平说:"农村政策放宽以后,一些适宜搞包产到户的地方搞了包产到户,效果很好,变化很快。安徽肥西县绝大多数生产队搞了包产到户,增产幅度很大。'凤阳花鼓'中唱的那个凤阳县,绝大多数生产队搞了大包干,也是一年翻身,改变面貌。有的同志担心,这样搞会不会影响集体经济。我看这种担心是不必要的。我们总的方向是发展集体经济。实行包产到户的地方,经济的主体现在也还是生产队。""关键是发展生产力,要在这方面为集体化的进一步发展创造条件。"[①]邓小平的谈话,对肥西包产到户、凤阳大包干,都给予明确肯定,这是对"双包"责任制发展的很大支持。

中央一号文件给农民吃上定心丸

1980 年 2 月,胡耀邦在中共十一届五中全会上当选为中共中央总书记,主持中央书记处工作。7 月,在全国宣传工作会议上,胡耀邦专门谈到农村政策问题。他明确指出:中央不反对包产到户。我们不要把包产到户同单干混为一谈,即使是单干,也不能把它同资本主义等同起来。说单干就等于资本主义道路,这在理论上是错误的。在我国目前条件下,单干户,也就是个体所有者的农民,已不同于旧社会的小农经济,它同社会主义的公有制经济是密切联系的,它本身没有剥削,在一般情况下,不会发展到资本主义。胡耀邦还指出:"我们前些年搞那个大呼隆,二三十人,三四十人,一起下地,名曰集体劳动,实际是集体窝工、磨洋工,上午搞这块地,下午还是搞这块地。这样搞了一二十年,搞得没有饭吃。这种状况再也不能继续下去了啊!"[②]这个讲话在理论上对包产到户做了很好的诠释,澄清了同包产到户连带在一起的重大理论是非问题。

当时的形势是,从整个农村工作看,基层农民要求改革,并已经行动起来,而上层领导机关基本上还是推行"农业学大寨"那套,对农村改革,特别是对包产到户,抵触情绪还是很大。邓小平谈话后情况有所好转,但还是吵吵嚷嚷,争论并没有停止。

9 月 14 日至 22 日,中央召开有各省、市、自治区党委第一书记参加的包产

[①] 中共中央文献研究室编:《邓小平思想年编(1975—1997)》,北京:中央文献出版社,2011 年,第 315 页。

[②] 胡耀邦在中央宣传工作会议上的讲话,1980 年 7 月 11 日至 12 日。

到户专题座谈会。会上争论很激烈,公开赞成比较突出的是辽宁的任仲夷、内蒙古的周惠、贵州的池必卿,多数表示沉默,反对者则提出尖锐的质问,发生了"阳关道与独木桥"之争。赞成搞包产到户的贵州省委第一书记池必卿态度鲜明地宣称:"你走你的阳关道,我走我的独木桥!"双方相持不下。好在包产到户已见成效,有说服力的材料很多。杜润生机智地避开"姓社姓资"的问题,为会议准备了充分材料,用大量生动事例证明包产到户是解决温饱问题的最好方法。会议经过讨论,基本上认为包产到户是必要的,至少在贫困地区应作为解决温饱问题的权宜之计或特殊政策,不存在资本主义复辟的危险。

会议通过了《关于进一步加强和完善农业生产责任制的几个问题》的纪要,经中央批准后印发,即1980年75号文件。文件提出:"在一般地区,集体经济比较稳定,生产有所发展,现行的生产责任制群众满意或经过改进可以使群众满意的,就不要搞包产到户",愿意选择家庭承包的也不要硬纠;对那些边远山区和贫困落后的地区,"群众对集体丧失信心,因而要求实行包产到户的,应该支持群众的要求,可以包产到户,也可以包干到户,并在一个较长的时间内保持稳定"。75号文件是一个妥协的文件,反映了会议争论的结果,同时又是一份承前启后的文件,实际上把包产到户向前推进了一步。

会后,吴象以《阳关道与独木桥》为题写的长文在《人民日报》发表,阐述了会议的精神,指出在边远山区和贫困落后的地区"实行包产到户,是联系群众,发展生产,解决温饱问题的一种必要的措施"。"在生产队领导下实行包产到户,是不会脱离社会主义轨道的,没有什么复辟资本主义的危险,因而并不可怕。"其实,正如万里力倡"双包责任制"所说:什么叫贫困地区?很难有个标准。最主要是人心所向,大势所趋,谁也挡不住。实际上不管贫困不贫困,都呼呼地搞起包产到户来了。从这里可以看到,人民群众的积极性是非常重要的。共产党的领导,没有群众观点,不了解群众的真正意愿,不尊重群众的要求,是不行的。[①]

到1980年底,安徽实行双包到户的生产队,占全省生产队总数的66.88%;内蒙古、贵州、甘肃等省区,以及河南、山东、广东、河北的贫困落后地区,也普遍实行了双包到户。全国其他省区都普遍实行了各种形式的联产承包责任制。农村改革的推进,促进了农业生产的发展。这一年,一些历史上有名的贫困地区,农业生产成倍增长,解决了多年没有解决的温饱问题。

可是,围绕包产到户的争论并没有因为75号文件的发出而消失。1981年

---

① 中共安徽省委党史研究室编:《安徽农村改革口述史》,北京:中共党史出版社,2006年,第83页。

春，少数省、地区的领导干部仍坚持反对包产到户，用种种办法阻挠群众实施包产到户，有的还派出工作队到农村硬纠强扭；或者由公开"顶牛"，变成了"放羊"，撒手不管。这种状况显然不利于方兴未艾的农村改革。从中央主管部门来看，国家农委、农业部的一些领导人仍然认为，包产到户破坏了集体经济，阻碍了农业机械化、水利化，思想很不通。

1981年3月11日，万里副总理在农业部党组会议上作了《清除"左"的影响，做农村改革的促进派》的讲话。万里强调：农业上"左"的问题不肃清，农业就没有办法搞好。他要求农业部必须转变思想，不能自己搞一套。不解决这个问题，就无法工作。他批评一些同志不是从党和人民的关系这个战略高度上去考虑问题，不去想想搞了30年，农民连吃饱肚子的问题也解决不了，现在刚刚有希望解决，却想不通，忧心忡忡。他们脑子里只有抽象的农民，哪怕农民饿肚子也不理。万里指出：瞎指挥，农民现在不听了。怎么领导，农委、农业部要从大的方面考虑一下。一个根本的问题是怎样使农民富裕起来。最后，他建议农业部门的领导要深入实际，到农村去看看。凭老经验、凭主观想象，在北京城里论长说短，这不行，要亲自到下边去看看，做点调查研究，否则思想认识很难统一。

这次讲话后，国务院责成国家农委牵头，组织农业部、农垦部、中国社会科学院农业经济研究所等部门，组成17个调查组，分赴15个省、区，选择各种不同类型的地区进行调查。参加调查组的有国家农委和农口各部的一些副主任、部长、副部长等领导干部，以及有关方面的研究人员共140余人。调查重点是农业生产的联产计酬责任制和多种经营问题。调查组深入农业生产第一线，通过召开座谈会、走门串户、田头谈心等各种形式，深入调查研究，获得大量第一手材料，写出了上百篇调查报告。

6月下旬，国家农委连续召开了3次会议，听取情况汇报。各调查组在汇报中，谈到一个共同的感受是：当前农村形势之好是多年来没有过的；特别是那些长期贫困落后的地区，面貌变化之快，形势之好，是出乎人们预料的。各调查组热情称赞联产计酬生产责任制是一项好政策，对调动广大农民群众生产积极性发挥了巨大作用。汇报中还普遍认为，各地应采用哪一种生产责任制，领导机关不要作硬性规定。第一，从实际出发，因地制宜，适合哪种形式就采用哪种形式；第二，把选择责任制的权力真正交给群众，尊重群众自主权，由群众自己决定，不能搞包办代替。一些人建议中央下个文件，明确包产到户、大包干都是责任制的一种形式；各种责任制形式都可以长期不变。要给群众吃个"定心丸"，这对发展生产是十分有利的，也是十分必要的。

1981年夏秋间，全国自上到下都要求中央给农民吃个"定心丸"。10月5

日至 21 日，全国农村工作会议在北京召开。会议强调，要加强对各种形式农业生产责任制的领导，思想要解放，步子要稳妥，从实际情况出发，尊重群众的意愿，按照发展生产和提高经济效益的需要，宜统则统，宜包则包，因地制宜，分类指导。会议提出了两个"长期不变"，即坚持责任制长期不变，坚持集体化方向长期不变。

会议结束后，形成了一份《全国农村工作会议纪要》，共分 5 个部分 25 条。第一部分"关于农业生产责任制"中指出：全国农村已有 90% 以上的生产队建立了不同形式的农业生产责任制；大规模的变动已经过去，现在，已经转入了总结、完善、稳定阶段。同时，鲜明地指出："目前实行的各种责任制，包括小段包干定额计酬，专业承包联产计酬，联产到劳，包产到户、到组，包干到户、到组，等等，都是社会主义集体经济的生产责任制。不论采取什么形式，只要群众不要求改变，就不要变动。"1982 年 1 月 1 日，这份《纪要》作为中央一号文件发出。至此，终于从中央层面给双包到户正了名，关于包产到户、包干到户"姓社还是姓资"的问题也画上了句号。

到 1982 年 6 月，全国农村实行"双包"的生产队已达到 71.9%，其中实行包干到户的占生产队总数的 67%，几乎完全取代了包产到户，已经成为农业生产责任制的主流。1982 年 9 月举行的中共十二大进一步充分肯定了以"双包"为主的农村家庭承包制。由此，中国农民的首创精神得到中央的认可，国家政策的方向转为对农民自发的合约提供合法承认和保护。

1983 年中央发出一号文件，第一次把以"双包"为主的各种农业生产责任制，统称为"家庭联产承包责任制"，确认家庭联产承包责任制是"我国农民伟大的创造"，是马克思主义农业合作化理论在我国实践中的新发展。文件规定土地承包期 15 年不变，农民称之为"长效定心丸"。1983 年，全国农村双包到户的比重已达到 95%，其中绝大多数实行包干到户。

1983 年以后，以大包干为主的联产承包责任制，迅速向农村非种植领域扩展，在短短的一年多时间里，就囊括了农村经济包括林、牧、渔、副、工业等几乎所有领域，承包制使这些产业起死回生，迅猛发展，兴旺发达。1984 年以后，在农业总产值中，非种植业所占比重逐渐超过种植业直线上升；在农村社会总产值中，工、商、运输、建筑等非农产业所占比重开始超过农业扶摇直上，并成为农村经济的台柱。

如果说，种植业实行承包责任制解决了农民的温饱，那么，农业中的非种植业、农村经济中的非农产业实行以大包干为主的各种承包责任制，加上国家经济的开放政策，则使农民开始走向富裕之路。1979—1984 年，我国农民收入增长了 160%，农村积累也如滚雪球般迅速增长。在短短的五六年时间里，农村经济结构、农民生活水平发生了翻天覆地的变化。过去那种囿于农耕和半自给自足生产方式的农村社会生活场景，正在成为历史的记忆。

农村改革的另一项内容是实行农村"政社分设"。"政社合一"是1958年人民公社化运动留下的历史遗产，政社职责不分是造成"共产风""平调风""瞎指挥"等许多弊端的根源。中共十一届三中全会以后，1979年8月开始在部分地区进行了改革"政社合一"和"三级所有"体制的试点。农村普遍实行家庭联产承包责任制后，瓦解了人民公社强控制的经济基础。"三级所有"和"政社合一"的体制难以维持。1982年11月，五届全国人大五次会议通过的新宪法明确规定：设立乡、镇一级人民政府。这实际上以根本法的形式预告将全面放弃"政社合一"的人民公社体制。1983年1月中共中央发出一号文件，正式把实行政社分设作为一项重大改革步骤提出。按照文件精神，1983年全国有1188个县的14634个公社实行了政社分开。到1985年6月，全国各地全部完成了政社分设的改革，建乡前全国共有5.6万多个人民公社、镇，实行政社分开后，共建立了9.2万多个乡、镇人民政府。同时建立了82万多个村民委员会。自1958年在中国农村建立并延续27年之久的人民公社制度，从此退出了历史舞台。

如今，在关于中国农村改革初期的集体记忆中，还是邓小平讲的一句话最实在——农村搞家庭联产承包，这个发明权是农民的！[①]

二、城市改革从放权和让利开始起步

工业企业扩大自主权改革先行试点

中国的城市改革，以四川省领全国风气之先，最早实行扩大国营企业自主权试点，逐渐将"放权让利"的企业改革推广到全国。后来的实践证明，扩大企业自主权未必是国营企业改革中最关键的一招，但是这个改革路向却在传统计划经济体制上打开了一个缺口。

城市改革与农村改革相比，是一个更为复杂、精细，部门、企业、单位之间各种利益关系扭结相扣又相互制约的社会系统工程。维系城市正常运转的工交财贸、市政规划、物资分配、劳动工资以及文教卫生、公安民政、街道社区等各个环节，都是在计划经济体制的框架下运行的。就全国的生产和分配来说，统由国家计委掌握，仅年度计划会议都要开上几个月。而计划工作又是"十五的月亮十六圆"，许多工业生产当期所需的农产原料，要等到下半年秋收以后才

[①]《邓小平文选》第三卷，北京：人民出版社，1993年，第382页。

心中有数，其科学性、准确性大打折扣。大多数企业缺乏生机与活力。改革势在必行。

实际上，在过去20多年里，我国已经不止一次地改革经济管理体制，但都是从行政权力的转移着眼多，在"放了收、收了放"的老套中打转转，改革结果也不能符合经济发展的最大利益。当时，国家管理企业主要是通过计划体制和财政收入这两大渠道。在计划经济下，企业运行僵化，供需严重脱节，效率低下，国家不得不以数倍的投资来换取企业并不看好的利润回报，如此循环往复，加剧了财政困难。因此，紧迫的任务是探索改革的新手段和新方法。十一届三中全会以后，我国再次启动的企业改革，是以国有企业为主体，以放权让利为主要内容的改革。这是一种从传统的计划经济体制向有计划的商品经济体制过渡，逐渐引入市场机制的调节作用的改革。

1978年2月1日，邓小平出国访问途经成都作短暂停留。在听取四川省委汇报工作时，他指出：有些问题是共同的。农村和城市都有个政策问题。农村政策、城市政策，中央要清理，各地也要清理一下，零碎地解决不行，要统一考虑。自己范围内能解决的，先解决一些，总要给地方一些机动。可能有两个问题拖我们的后腿。一是农业，搞粮食可不容易；二是工业管理水平，我们不会管理。[①]

按照邓小平指示的精神，四川省委、省革委很快制定出台了12条政策。其内容主要是加强劳动纪律、严格财务管理制度、积极兴办社队企业等，并在工业企业开展以提高劳动生产率、增产节约和扭亏增盈为主要内容的全面整顿，取得良好的效果，工业生产得到较快的恢复和发展。

随着生产的恢复，传统计划经济体制不能适应现代工业经济发展客观要求的弊病日益暴露出来。其主要问题，一是政企职责不分和严重的条块分割；二是主要用行政手段管理企业，国家和上级行政部门对企业管理过细，统得过死，使企业因缺乏生产管理上的自主权和独立经营权，劳动生产率与经济效益难以提高；三是在不合理的管理体制下，企业成了一个无所不包的"小社会"，既要承办商、学、兵、农各业，又要负责职工及家属子女的生、养、教、病、葬，还要消化日益增多的编外人员和待业人员，使企业承载了过重的社会负担。

1978年，四川工业经济发展形势很好，但由于国家计划在产品销售和原材料供应等多方面的刚性约束，许多企业生产任务不饱和，原材料缺乏，严重阻碍了企业生产能力和积极性、主动性的充分发挥。经国家计委与有关部门研究，同意为四川创造条件，解决生产任务和煤、电、气不足等问题。这就为四川率

---

① 中共中央文献研究室编：《邓小平思想年编（1975—1997）》，北京：中央文献出版社，2011年，第103页。

先在全国进行工业体制改革的探索和试点提供了契机。

在开始酝酿改革方案时,四川省委的主要领导多次深入基层调研,与工业企业的干部职工和专家、学者一起研究讨论,形成基本思路:首先明确现有企业,是本省实现工业现代化的主要基地,是继续前进的出发点。四川的工业,经过近30年的建设,特别是三线建设,已具有一定的基础,发展潜力较大,主要的问题是在管理水平、技术水平和生产水平上,落后于先进省市。要加快现有企业的现代化建设,最重要的一个问题,就是如何发挥企业的生产经营积极性和主动性,使企业的干部、工程技术人员和工人都关心企业经营业绩的好坏。然而,现行的计划经济管理体制把企业的手脚捆得很紧,所以要改革政府管理企业的规章制度。

通过广泛征求意见,深入调查研究,四川结合本省的实际情况,选择了扩大企业自主权作为工业体制改革的突破口,来摸索逐步改革城市企业经济管理体制的经验。扩大企业自主权,是针对当时我国高度集中的计划经济体制而提出的,拿财政部的话来说叫作"放权让利",这不仅是一项重要的企业改革的内容,而且是当时经济战线上影响很大的拨乱反正工作。

1978年初,四川省委决定先在部分企业试点进行奖励和计件工资制度的改革。参加试点的企业共有218个(主要是工业),这次改革试点的总体效果很好,大多数企业全面超额完成国家计划,在产量、质量、消耗和利润等主要指标上创造了历史最高水平。有的企业在5月底前已实现产量和利润"双过半",说明改革的潜力很大。

10月,四川省确定先在重庆钢铁公司等6个具有行业代表性的工业企业中,进行扩大自主权的探索性改革试点。就是要通过扩大企业自主权的改革,调动企业和职工的积极性,逐步克服"吃大锅饭"和平均主义的弊病。强调扩大自主权的试点必须和增产节约运动结合起来,在增产增收、保证国家多得的前提下,企业可以留下一定的利润,职工可以得到一定的奖金。试点企业的干部和职工对扩权改革工作非常拥护,生产积极性很高,短短3个月就收到较好的效果,利润普遍获得较大的增长。这次试点为后来进一步深入工业经济体制改革开了一个好头。

1978年12月,十一届三中全会强调了推进经济体制改革的重要性和必要性。会议指出:"现在我国经济管理体制的一个严重缺点是权力过于集中,应该有领导地大胆下放,让地方和工农业企业在国家统一计划的指导下有更多的经营管理自主权。"这对于四川省率先进行扩大企业自主权的工业经济管理制度改革试点,是很大的鼓励和肯定。

1979年2月,在总结6个试点企业经验的基础上,四川省又制定了《关于扩大企业自主权,加快生产建设步伐的试点意见》(简称"十四条")。核心内容是"放权让利"。按照规定,试点企业有了计划外生产的自主权,即在全面完成国家下达的生产计划的前提下,企业可以按照国内外市场和出口需要,自行组织生产和来料加工,增产增收;有了部分产品的自主销售权,可以自主销售商业、物资、供销部门不收购的产品和试销新产品;企业有了多提留固定资产的折旧权,提留比例由原来的40%提高到60%,而且企业用更新设备和技术改造的资金搞新技术、新工艺和新设备所取得的利润,两年内留作企业基金;企业还有权根据完成各项经济技术指标的情况,按年工资总额和计划利润额提留一定比例的奖金和企业基金(奖励基金提取工资总额的8%~12%,企业基金提取3%~5%,超计划利润提取20%~25%);企业还可以自由向社会招收工人,推行劳动生产合同制。同时,扩大试点范围,于1979年年内在100个工业企业和40个商业企业(加上市地州属以上试点企业共318户)中贯彻"十四条"。

"十四条"试行一年,参加改革试点的企业呈现出前所未有的生产经营积极性、主动性,取得了比预期还好的效果。一是生产发展,利润增加。到1979年底,全省100个工业试点企业中,有84个企业都取得了较好成绩。与上年相比,总产值增长14.9%,利润增长33%,上缴利润增长24.2%,普遍高于非试点企业。二是产品质量显著提高。机械工业系统的21个试点企业,1979年一季度产品质量全部合格。三是加快了技术改造的步伐。许多试点企业利用扩大企业自主权获得的资金和银行的部分贷款,有计划地进行技术改造,扩大了生产能力。有的企业还利用留成资金修建了职工宿舍,改善了职工的住房条件。总的来看,十一届三中全会前后,四川在全国率先进行城市经济和企业体制改革取得显著成绩,起到很好的示范作用。

上缴利润递增包干改革向全国推广

城市改革迈开步伐,主题词是:"放权、让利、搞活。"放权就是中央向地方下放财权、物权,对国营企业扩大生产、经营、用工、分配的自主权,调动地方和企业的积极性。

从全国的情况来看,从中共十一届三中全会后,国家经委就开始酝酿进行以扩大企业自主权为主要内容的工业企业经济体制改革,并在广泛调研的基础上形成了一个"扩权十条"的建议。然而,当时阻力最大的问题,就是扩大了企业的自主权以后,会不会影响国家的财政收入?事实上,一直等到1979年4月的中央工作会议上才在原则上同意了"扩权十条"。

当年7月,在成都召开的全国工交工作会议上,国务院正式提出了企业扩大自主权的 5 个文件。在这次会上,四川的代表介绍了四川省 100 个企业扩权试点的经验,用事实说明,进行扩大企业自主权的改革,放权让利给企业,既能激发企业的生产经营积极性,又能够通过企业经济的发展增加国家的财政收入。康世恩副总理在大会的总结讲话中,对四川在扩大企业自主权改革试点方面进行的实践进行了充分肯定。他说:"四川经验的意义,主要就在于他们把经济责任、经济效果、经济利益结合起来了,把国家、企业和个人三者的利益结合起来了,进一步调动了广大群众和企业的积极性。大家认为,这是工交战线为改革企业管理体制跨出了可喜的一步。"[1]

1979 年 10 月 4 日至 10 日,在中央召开的省、市、自治区第一书记座谈会上,国务院副总理李先念明确指出,扩大企业自主权改革的试点是成功的,明年试点一千多个企业,约占工业总产值的 30%。总的杠子就是四川的办法。试点的企业,创汇要多,国家收入要比今年增加,要完成国家任务。生产发展了,利润增加了,企业、个人要得点,地方要得点,中央要得的更多。[2] 到 1979 年底,试点的大中型企业已扩大到 4200 个,1980 年又发展到 6000 个,约占全国预算内工业企业数的 16%,产值的 60%,利润的 70%。

1981 年和 1982 年在工交企业实行的经济责任制,以及从 1983 年开始试行的利改税试点,都是以扩大企业自主权为国有企业改革的指导思想的。1984 年 5 月,国务院颁发了《关于进一步扩大国营工业企业自主权的暂行规定》,规定扩大企业 10 项自主权。1985 年 9 月,国务院又批转了国家经委、国家体改委制定的《关于增强大中型国营工业企业活力若干问题的暂行规定》的通知,通知作出了 14 条规定,要求继续扩大企业自主权。

我国从 20 世纪 50 年代后期开始的企业改革,主要是在中央和地方权限的划分上做文章,1978 年开始的改革则把重点放在调整国家与企业关系上,着眼于调动企业和职工的积极性、主动性。因此,以"放权让利"为核心的改革思路,比过去的国有企业改革是一个很大的进步。通过这一阶段的改革,企业有了一定的生产自主权,开始成为独立的利益主体,企业和职工的积极性都有所提高,并打开了传统计划经济体制的缺口。

1979 年 5 月,国务院决定全国第一批国营企业改革试点,包括首都钢铁公司等 8 家大型国营企业。首钢党委书记周冠五率先提出了企业承包制:"包死基数,确保上缴,超包全留,欠收自负。"这 16 个字承载着国企改革的责任和担当。

---

[1]《国务院副总理康世恩在全国工业交通增产节约工作会议上的讲话》(1979 年全国工业交通增产节约会议典型材料),四川省档案馆藏省经委文件。
[2] 李先念在中共中央召开的省、市、自治区党委第一书记座谈会结束会上的讲话,1979 年 10 月 10 日。

通过改革，首钢有了企业自主权，增加了留利，改进了管理，提高了经济效益。1979至1981年和改革前的1978年比较，首钢利润净额平均每年增长45.32%，上缴利润和税金平均每年增长27.91%，企业留利和职工收入都有较大的增加。

由于扩大企业自主权的改革，是在计划经济的框框下进行的，没有也不可能动摇计划经济体制的基础。我国的国营企业虽然称为企业，但从来不是主要以利润为目标，自主经营、自负盈亏的商品生产者和经营者，其本质上是目标多元化的具有经济属性的"政治组织"。中央一般不提企业应该"自主经营"，而只提"适当扩大企业的自主权"。

虽然学术界早有人提出国有企业应该可以"自负盈亏"，但即使是实行"适当扩大企业自主权"，也因主管部门不愿真正放权而困难重重，有关政策常常难以完全落实。为了解决企业扩权改革中遇到的问题，1981年5月20日，国家经委、体改委、计委、财政部、商业部、外贸部、物资总局、劳动总局、物价总局、人民银行下发《贯彻落实国务院扩权文件，巩固提高扩权工作的具体实施暂行办法》，针对扩权企业只是主要实行利润留成，其他改革内容还不落实的情况，强调政府各企业管理部门要在企业计划、产品销售、价格、企业机构设置、减少企业额外负担等各个方面，做好协调配合工作，为企业改革创造好的条件，把应该扩大给企业的自主权进一步落实，使各项改革能够同步配套进行。

也在这一年，在努力突破扩权改革困境的过程中，首都钢铁公司首创了"上缴利润包干"制，开始了承包经营责任制改革的探索。当年便取得增产增收的好成绩，完成上缴利润2.7亿元，企业留利5749万元，比上年增加近300万元。1982年4月10日，首钢向北京市委、市政府报送了《关于确定首钢上缴利润包干指标的请示报告》，建议从1982年起，在1981年上缴利润2.7亿元的基础上，实行滚动包干，上缴利润率每年递增5%，多创的利润全部留给企业。这是首钢第一次正式提出上缴利润递增包干的设想。

4月14日，由中国社会科学院蒋一苇和四川省社科院林凌两位学者根据对首钢的实地考察，写出《从首钢看体制改革问题》的材料，建议中央批准首钢进一步试点，实行上缴利润递增包干。建议的主要办法有四种。一是以1981年企业上缴利润指标为包干基数，每年递增5%，10年到15年不变。如果上缴利润递增大于5%，企业留利相应增加。反之，企业留利则相应减少。二是规定企业留利的使用方向和比例。如首钢提出的企业留利60%用于技术改造和扩大再生产；20%用于集体福利，主要用于职工住宅建设；20%用于奖励和日常的福利费用。三是奖金与上缴利润递增率挂钩。四是利用利润留成提取的奖励基金调整部分职工工资，实行内部工资制。

经国务院批准，首钢试点一展开，就实行了上述四项重大改革。这些改革举措直接涉及职工的长远和切身利益，全体职工劳动热情空前高涨，生产水平节节上升，在全国引起强烈反响，纷纷要求学习首钢经验，实行上缴利润增长包干制。国家经委从当时的实际出发，适时选择了二汽、佳木斯造纸厂等6户大型企业在全国试点，更多的企业则学习推广首钢责任制的经验。

1984年春，国家经委提出了100个大企业的名单准备推广首钢改革经验。但一部分经济部门的官员和经济学家对首钢经验提出质疑，主要分歧点是首钢的做法会不会导致国有制变成企业所有制。有人算了一笔账：如果按当时首钢的企业留利比例计算，12年之后，首钢就会由国有制变成企业所有制。他们据此认为，上缴利润递增包干是破坏国有制的，不能搞。为了统一各方面思想，1984年4月，国务院召开有关各方面座谈会，主要议题是要不要继续推广首钢经验，下一步改革搞什么？是不是搞第二步"利改税"？

针对各种质疑，蒋一苇和林凌在会上说明，上缴利润递增包干是在所有权与经营权分离的基础上，国家与企业利润的一种分配方式和资金的使用方式。过去企业的技术改造、扩大再生产和职工住宅建设，资金都由国家出，现在改由企业留利出，而且投资效率高，所形成的固定资产仍然是国有资产，怎么可以说变成企业所有制了呢？但是，许多与会者不同意这个解释和说明。最后，会议在多数人的坚持下，决定实行第二步"利改税"。首钢、二汽等7户大企业的上缴利润递增包干试点则继续试行。因为毕竟存在着强烈质疑和分歧，这次会议后不久，承包制便受到冷落。承包制再次走进人们的视野，已经是在3年之后的1987年了。

1987年，全国各地对8年来的经济体制改革做了反思和总结，许多人认为，实行承包经营的责任制是实行企业自主经营、自负盈亏的一种好形式。于是，经过国务院提倡，这个曾一度受到冷落的企业经营方式又兴盛起来，而且内容更加丰富、形式更加多样化了。半年多时间里，成批的大中型国有企业与政府有关部门签订了承包合同，声势之大，前所未有。与此同时，租赁制、资产经营责任制、股份制等企业经营方式也得到推广。

当时，全国的国营企业有30多万家，其中大中型企业上万家，在几个月时间内，一下子都采取经营承包责任制和其他经营方式，出现千差万别的情况是可想而知的，许多问题相继出现。最突出的是，不少企业承包者为了实现更多的利润，竟不提或少提折旧，推迟设备大修时间，把存量资产作为当年新增资产上缴，使国有资产蒙受很大损失。这些问题之所以发生，从根本上说是改革只是在经营方式上做文章，而没有触及产权制度。后来国家实行股份制，推行现代企业制度，才逐渐解决这方面的问题。

三、创办经济特区先行示范对外开放

围绕设立经济特区的重大战略决策

中国地域辽阔,与外界隔绝既久,且有制度上的差异,实行对外开放不可能从一开始就门户洞开。遵循历来的经验,中央采取了从沿海到内地梯度开放的战略,以控制风险,并从局部得到经验和示范。首先在广东、福建两省实行特殊政策和灵活措施,建立深圳、珠海、汕头、厦门四个经济特区,作为对外开放的窗口;逐步开放14个沿海城市和设立海南全省经济特区,渐次走向全方位的对外开放。对外经济交往和技术交流,不仅解决了缺少建设资金和技术落后的问题,而且获得了中国经济持续、高速度发展的重要条件。坚定实行对外开放政策,成为中国一项长期的基本国策。

经济特区并不是中国的首创,而是借鉴了世界上许多国家在本国内划出一定区域实行优惠政策以促进国际经贸合作的成功经验。这种经济性特区有不同的名称和形态,主要有自由港、自由贸易区、过境区、出口加工区、科技工业园、自由边境区等。不仅在发达国家,而且在发展中国家或地区也出现了以加工出口为主,兼营其他对外经济合作业务的经济性特区。到20世纪80年代末,世界上设立经济特区的国家和地区增加到100个,经济性特区数量则增加到900多个。

还在中共十一届三中全会以前,对于毗邻港澳、华侨众多的广东省,中央就开始逐步形成面向港澳和海外的发展思路。1978年4月,由国家计委副主任段云带领的港澳经济考察组专门对香港、澳门经济进行了实地考察。考察组在向中央的汇报中提议,切实把靠近港澳的广东宝安县和珠海县两个出口基地建设好,直接参与到"自由贸易港"的经济活动中去。这个建议受到中央的高度重视,并很快得到落实。

香港、澳门自古就是中国的领土,先后沦为英国、葡萄牙的殖民地。在新中国成立时,中共中央、毛泽东把香港问题放在当时的国际形势下考虑,决定"暂时不动香港","长期打算,充分利用",保留香港这一国际通道作为新中国与国际社会,尤其是与西方世界联系的"桥梁"。这项富有远见的决策,不久后在利用香港的特殊地位打破帝国主义的封锁和禁运的斗争中,发挥了重要作用。十一届三中全会实行对外开放的新战略,香港紧邻内陆的地缘优势就凸显出来。

1978年5月,国家计委、外贸部派工作组到宝安、珠海调查研究建立供应香港、澳门鲜活农副产品生产基地问题。随后国家计委、外贸部经济贸易考察组到香港、澳门进行了对应贸易项目的实地调查研究。考察组首先向广东省委建议把宝安、珠海两县改为两个省辖市（相当于地委）；两地的农业，从"以粮食为主"逐步转到"以经营出口副食品为主"的轨道上来；积极发展建筑材料工业和加工工业；开辟游览区，办好商业、服务业和文娱场所，等等。由此推动了广东省开放宝安、珠海的步伐。

1978年11月在中央工作会议上，广东省委第一书记习仲勋发言时说：广东自然条件得天独厚，可否设想在保证粮食自给的前提下，让广东放手发展经济作物、畜牧业和渔业，放手发展农副产品加工等社队企业，放手发展外贸出口工业，加强同港澳、华侨的各种经济合作。如果中央同意这个设想，广东决心动员全省人民作出成绩，为国家作出更大的贡献。他还建议中央考虑：允许广东在香港设立一个办事处，与港澳厂商建立直接的联系；凡是来料加工、补偿贸易等方面的经济业务，授权广东处理，以便减少审批层次和手续。

这时，交通部驻香港招商局常务副董事长袁庚向广东省委建议，在广东宝安邻近香港的沿海地带筹建出口工业区。后经交通部和广东省委联合调查研究，确认蛇口具有建设工业区的诸多有利条件。据此，1979年1月6日，广东省委和交通部联名呈报国务院，正式建议在蛇口建立工业区。

1月31日上午，农历新年正月初四，李先念、谷牧两位国务院副总理，在中南海听取了交通部副部长彭德清和袁庚的汇报。袁庚说得很直白：应尽快把香港的资金、技术和国内条件如土地、劳动力结合起来，在深圳的宝安建立一个工业区。李先念看了香港出版的地图说：现在我们就是要把香港和内陆的优势结合起来用，充分利用外资来搞建设。不仅广东这样搞，福建、上海等地都可以搞。李先念用铅笔在宝安县南头半岛的根部，画了两条平行线，说，就给你这个半岛吧。

这是一块足有30多平方公里的土地。袁庚有点"懵"。他知道，在大陆之外的高雄、巴丹和裕廊等几个已建立的工业区，面积都不过几个平方公里，且基础条件都远好于荒凉的南头半岛。开发30多平方公里土地，需要大量资金，这不是招商局拿得出来的。他说，我们只要南头半岛南端的蛇口吧。李先念对袁庚说：我不想给你们钱买船、建港，你们自己去解决，生死存亡你们自己管，你们自己去奋斗。

谷牧完全支持这个方案，对李先念说，招商局的报告你批"原则同意"，我去征求有关部门意见。2月2日上午，也就是中南海汇报仅仅48小时后，谷牧已在召集国务院有关部门负责人商谈落实招商局建立工业区的问题了。那真是一个雷厉风行的年代！由此，广东获准在面对香港的宝安县南头半岛的最南端创建蛇口工业开发区，在中国对外开放的大棋盘上走出了第一步棋。

蛇口，与香港只隔着一抹浅浅的海湾。在这里"参照香港特点"创办中国内地第一个出口加工区，显然具有深远的意义。袁庚后来回忆说，当年划拨工业区土地时，本来可以划得更大一些，可是他却只敢要2.14平方公里，简直后悔不已。但在当时，仅仅这两平方多公里就形成了一个历史性的突破，足以向世界展示中国的崭新姿态。

1979年1月，蛇口走出第一步棋，广东又毫不迟疑地走出了第二步棋：省委正式作出决定（3月经国务院批准），宝安县改为深圳市，珠海县改为珠海市，升格为省直辖。春暖潮涌，广东开始列开阵势，调整布局。3月，省委常委会议进行讨论，就将深圳、珠海、汕头划为对外加工贸易区达成一致意见。这一大胆设想，由广东省委第一书记习仲勋带到北京的中央工作会议上，就像带着一支扎好的火把去寻找火种，寻找一次照亮历史的熊熊烈火。

1979年4月5日至28日，中共中央政治局在北京召开中央工作会议。

4月8日，习仲勋在中南组发言。他说：广东邻近港澳，华侨众多，应充分利用这个有利条件，积极开展对外经济技术交流。这方面，希望中央给点权，让广东先走一步，放手干。现在省的地方机动权力太小，国家和中央统得过死，不利于国民经济的发展。我们的要求是在全国的集中统一领导下，放手一点，搞活一点。这样做，对地方有利，对国家也有利，是一致的。与此同时，面对台湾的福建省也向中央提出要求实行特殊政策和灵活措施的建议。

4月17日，邓小平出席中央工作会议各组召集人汇报会议。习仲勋在汇报时，代表广东省委正式向中央提出广东要求实行特殊政策、灵活措施以及创办加工贸易区的建议。邓小平指出："广东、福建实行特殊政策，利用华侨资金、技术，包括设厂，这样搞不会变成资本主义。""如果广东、福建两省八千万人先富起来，没有什么坏处。"邓小平的这几句话讲得很有分量，可谓"一言九鼎"！之后，习仲勋、杨尚昆又面见邓小平作了汇报。邓小平非常赞同广东省在深圳、珠海以及汕头兴办出口加工区的意见。对于"出口加工区"这个名称，邓小平说，还是叫特区好，陕甘宁开始就叫特区嘛。当谈到解决配套建设资金时，邓小平说："中央没有钱，可以给些政策，你们自己去搞。杀出一条血路来。"[①] 这是给特区建设者最有力的鞭策。

在邓小平的支持和倡议下，这次中央工作会议讨论决定，在广东的深圳、珠海、汕头和福建的厦门划出一定的地区单独进行管理，作为华侨和港澳商人

[①] 中共中央文献研究室编：《邓小平思想年编（1975—1997）》，北京：中央文献出版社，2011年，第215、236页。

的投资场所。具体实施还要广东、福建两省拿出方案报告来。

中外合资和引进外资冲开思想藩篱

正当广东省委向中央努力争取特殊政策和灵活措施的时候，邓小平先行考虑的是对外开放政策中引进外资的具体实施问题。1979年1月17日，邓小平在人民大会堂福建厅，邀请工商界领导人胡厥文、胡子昂、荣毅仁、周叔弢、古耕虞谈话。邓小平在谈话中指出："现在搞建设，门路要多一点，可以利用外国的资金和技术，华侨、华裔也可以回来办工厂。吸收外资可以采取补偿贸易的办法，也可以搞合营，先选择资金周转快的行业做起。""要发挥原工商业者的作用，有真才实学的人应该使用起来。"

在场的全国政协副主席荣毅仁，刚刚受命于国务院负责筹建中国国际信托投资公司。邓小平在谈话中对荣毅仁说："你主持的中国国际信托投资公司，要规定一条：给你的任务，你认为合理的就接受，不合理的就拒绝，由你全权负责处理。处理错了也不怪你。要用经济方法管理经济，从商业角度来考虑签订合同，有利润、能创汇的就签，否则就不签，应该排除行政干扰。所谓全权负责，包括用人权。只要把社会主义事业搞好，就不要犹豫。"[1] 这种对中央授予"全权负责"毫不含糊的确认，被视为中国政府对外融资的窗口——中国国际信托投资公司成立的起点。这次会见，以邓小平招待有名望的工商界"五老"品尝东来顺涮羊肉而传为佳话，实际上反映了邓小平进一步筹划和推动对外开放的一个重要侧面。当时陈云也直截了当地谈到这个问题："外资还要不要，外国技术还要不要？一定要，而且还要充分利用，只不过把期限延长一点就是了。"

所有正确的选择，事后看来似乎都是理所当然的。但回到历史现场与具体时空，如何选择并非那么容易。中国毕竟与外部世界分隔得太久，对外部世界实在太陌生了。1978年10月，位于湖北十堰市的第二汽车制造厂最早同美国通用汽车公司谈判重型卡车的技术引进项目。美方董事长提出了一个问题：你们为什么只谈技术引进，为什么不能谈合资？负责中方谈判的李岚清在给国务院引进办公室的简报中，建议与美方搞合资经营。谷牧副总理看到简报后认为很重要，批请中央领导传阅。邓小平阅后，批示"合资经营可以办"。这便是"中外合资"构想的由来。这个重要批示，一下子冲开了当时禁锢中国人思想的藩篱。

1979年初，全国人大开始酝酿起草《中外合资经营企业法》。在起草过程中，最具争议的是，要不要限制外资的比例。根据当时许多发展中国家在引进外资

---

[1]《邓小平文选》第二卷，北京：人民出版社，2011年，第156—157页。

中的做法,《中外合资经营企业法(草案)》中作出两条规定:1."中外合资经营企业外资投资比例不超过百分之四十九";2."决定重大问题要三分之二多数通过"。对此,正在创建中国国际信托投资公司的荣毅仁明确表示不赞同,他连夜给中央写信指出:"这两条并非国际惯例,同时这是当前国家经济情况所不易办到的,势必降低外资对我国投资的兴趣,我们亦同样达不到大量吸收外资从事建设的目的。建议在不丧失主权的前提下,以平等互利为原则,争取更多的外资,引进更多的技术,为四个现代化建设服务。"对荣毅仁的意见,邓小平批示:"我看很有道理,四十九和三分之二都可不写。"陈云批示:"我同意荣毅仁的意见,只要外资愿意来中国,我们总有办法对付。"由此,中外合资的比例之争得到基本解决。

实际上,荣毅仁在与邓小平谈话时就说道:"引进技术、外资问题,我感到利用资本主义资金,也应用资本主义去对付,不应像过去那样拘谨。""不拘谨"一语,很快在中信为仪征化纤厂对外融资项目上体现出来。

仪征化纤厂是中国1978年引进的22个重大建设项目之一。1980年国家因资金困难压缩基本建设,曾考虑缓建。其时,全部引进设备已陆续运到,国内基本建设也已上马,停工将遭致相当损失,而化纤产品又是紧缺物资,国家每年要花大量外汇进口。纺织工业部找到荣毅仁救急,荣毅仁最直接的反应是:"资金不足为什么不能向国外借呢?"经过周密的可行性研究,荣毅仁提出由中信公司在日本发行债券来解决。国务院主管领导已经同意,但反对之声愈烈。一般舆情认为,举借外债将毁掉几代人奋斗才换来的"既无外债、又无内债"的局面;较专业的反对意见是,这次发行债券的利率高于一般政府贷款和进出口银行贷款。荣毅仁顶住压力,陈述利弊,据理力争,终于取得国务院领导的坚定支持。中信向日本发行100亿日元的私募债券获得了空前的成功,首次用海外发债的方式解决了国内重大项目的资金困难。此举轰动一时,在金融界被奉为"仪征模式"。

关于引进外资,邓小平了解到日本政府有一项开发援助贷款,中国可以运用,立即要求有关部委对这项贷款予以研究。实际上1972年中日建交时,日本为中国放弃战争赔款曾经承诺经援协助中国经济建设,但未真正实施。1979年12月,日本首相大平正芳来华访问,经与邓小平会谈,正式宣布对中国实施开发援助贷款。邓小平成为促使日本兑现其承诺的主要推手。两国政府签订了第一份贷款协议,中国接受500亿日元贷款(按当时汇率约合3.3亿元人民币,2.2亿美元)。而当时中国的外汇储备仅为1.67亿美元。这笔日元贷款是中国改革开放后接受的最早、最大的一笔外国政府贷款。

截至2004年3月,日元贷款协议额达到3.3万亿日元。按不同时期的汇率折算，约合 1726 亿元人民币。这些资金广泛用于中国的铁路、公路、港口、机场等基础设施建设，以及农村开发、环境保护、医疗、教育等领域，援助项目遍布各个省、自治区和直辖市，帮助中国政府解决了改革开放初期一些重大项目的投资问题。随着对外开放的不断扩大，我国利用外资的规模、领域和范围有了更大的扩展。

深圳特区的基本建设贵在敢为人先

历史又一次选择了广东，给了广东千载难逢的发展机遇。

1979 年 4 月中央工作会议结束后，习仲勋回到广东，向省委常委传达了中央工作会议精神。他更加明确地强调，广东要求先走一步，不光是广东的问题，是关系到整个国家的问题，是从全局出发的。又说，广东这事，今天不提明天要提，明天不提后天要提。中国社会发展到现在，总得变，你不提，中央也会提。拼老命我们也要干。

4 月 14 日，谷牧率领一个工作组到达广东，习仲勋、刘田夫、王全国等省委领导向他作了汇报。谷牧对广东起草关于设立特区方案报告的指导思想等问题作了明确的指示。他希望广东改革开放要快一些，"要杀出一条血路，创造经验"。谷牧还称赞广东要比中央最近的那些决定更开放一些。

5 月 6 日，广东省委向中共中央、国务院上报了《关于发挥广东优越条件，扩大对外贸易，加快经济发展的报告》。福建省委也上报了相应的报告。7 月 15 日，中共中央、国务院下达中发［1979］50 号文件，批准了广东、福建两个省委的报告。

中央 50 号文件首先提出："中央确定，对两省的对外经济活动实行特殊政策和灵活措施，给地方更多的自主权，使之发挥优越条件，抓住当前有利的国际形势先走一步，把经济尽快搞上去"；"两省报告所建议的经济管理体制，在中央统一下实行大包干的办法是可行的"。这里所说的新的经济管理体制包括八个方面的内容：一是计划体制以地方为主；二是扩大地方对外贸易的权限；三是财政上实行"划分收支、定额上交、五年不变"的包干办法；四是金融体制方面在国家的统一政策和计划安排下，给地方以适当的机动权；五是物资方面根据生产、建设等各项计划，以省为主的管理体制作相应的改变；六是将广州的 5 个中央一级站和省的商业机构合并，下放省管；七是劳动工资方面允许地方有灵活性；八是适当扩大地方定价产品的范围。

中央 50 号文件正式批准在广东的深圳、珠海、汕头和福建的厦门各划出一定的区域试办"出口特区"，并指出"关于出口特区，可先在深圳、珠海试办，待取得经验后，再考虑在汕头、厦门设置的问题"。

中央批准出口特区的管理原则是，既要维护我国的主权，执行中国法律、法令，遵守我国的外汇管理和海关规定，又要在经济上实行开放政策。这些政策包括：外商办厂受我国的法律保障；特区需要进口物资和出口产品，实行减免税制；外商所得的合法利润，在缴纳各项税款之后，可以按有关规定汇出；简化人员的出入手续；特区设中国银行的机构，可同中国银行港澳分行直接往来，开立账户，办理结账手续；特区的工资，可高于全国和广东省的平均水平。我方在外资企业和合营企业的人员，其所得的外币工资上缴，按特区的工资标准，付给人民币；具体的管理办法，要根据上述原则尽早制定细则。建立海关、商检、检疫、边检、银行、邮电等机构，办理有关业务。

9月20日，谷牧再次来广东。习仲勋等省委负责人向他汇报了贯彻执行中央关于广东先行一步文件的情况。当习仲勋等提出在方针上"是小搞、中搞还是大搞"时，谷牧强调说：中央是要广东先行一步，要广东大搞，小脚女人小步走，就起不了这个作用。广东要快马加鞭，抢时间走在全国的前面。他还说：办特区，就看你们广东的了，你们要有点孙悟空那样大闹天宫的精神，受条条框框束缚不行。到1979年底，深圳特区的建设就热火朝天地展开了。

在深圳特区建设上，最早动工的是位于南山区的招商局蛇口工业区。1979年7月2日，蛇口工业区基础工程建设正式破土动工。改革开放的第一炮在原来的渔村炸响，轰隆隆的炮声炸醒了沉睡的土地。出任工程总指挥的袁庚，带领成千上万的建设者大刀阔斧地炸山填海，搞"三通一平"（通水、通电、通路和平整土地），兴建码头。在袁庚独特的创新思维带动下，蛇口以"时间就是金钱，效率就是生命"的口号在全国独树一帜，将蛇口建设成20世纪80年代中国最醒目的改革开放实验场。蛇口工业区就这样生机勃勃地在南中国海岸边矗立起来。1981年8月，国务院主要领导视察蛇口时指出，由招商局一个企业来开发一个这样的工业区，无论在中国，还是在世界上都是新的尝试。又指出，"深圳建设要采取开发公司的方式，也就是袁庚的那一套方法——蛇口方式"。蛇口工业区的迅速崛起，成为中国经济特区建设中最闪光的亮点。

与蛇口开发相比，深圳特区创办遇到的困难要复杂许多、艰巨许多。当时首先遇到的一个难题就是，建设所需的巨额资金从哪里来？对于深圳特区建设，国家的基本政策是"只给政策不给钱"。没钱怎么办，当时深圳人的一句话叫作：一靠嘴皮，二靠地皮。

嘴皮，就是要去说，去游说。对象首先是外商，跟他们讲改革开放，讲特区优惠政策，当然也讲感情，这样就同传统的枯燥宣传有了区别。在特区创建初期，许多外商就是让特区人用嘴皮子"引"进来投资办厂的。再就是对内。对内就是筹款，除了中央各部委，各省市自治区，重点是银行。当时主管基建的深圳市副市长罗昌仁回忆说：国家对深圳的投资，当时只有百分之二，而实际算来只有百分之一点几。我们是靠自己筹款，靠自己筹款搞基本建设，这在当时可是一个重大的突破。

二靠地皮。还在筹备特区时，这些改革开放的先行者就打上了土地的主意。据当事人回忆说，起草特区条例，最费斟酌的就是收取土地使用费的问题。特区一上马，收取土地使用费与同外商一起搞房地产开发，成了特区建设资金的主要来源。1980年12月5日，深圳市房地产公司与香港中央建业有限公司签订了第一个《客商独资营建商住大厦》协议书，客商按规定使用罗湖小区的4000平方米土地，期限30年，一次性每平方米交纳5000港元土地使用费。蛇口工业区则由招商局自筹资金开发土地，进行"五通一平"，然后将开发的土地交给投资者建厂，每年每平方米收取地租21港元至43港元。

当然，在成立特区后，中央赋予了深圳特区发展前所未有的特殊政策和较大的自主权，在进口关税、企业所得税、贸易经营、利用信贷资金、利用外资及引进项目的审批等方面给予特区优惠条件和权限。特区有了自主权，制定了一系列吸引外资的优惠政策，除了企业所得税、进出口税方面，还在土地使用费、内销配额等方面给予外商优惠待遇，所有这些都是对深圳最大的投资。深圳也在顽强奋斗和敢为人先的艰苦创业中，迸发出蓬勃的生机与活力。

1980年8月26日，五届全国人大常委会第十五次会议正式批准了《中华人民共和国广东省经济特区条例》，决定在广东省的深圳、珠海、汕头三市分别设置经济特区。这一天，即成为深圳经济特区成立日。同年12月10日，国务院又正式批准在福建省成立厦门经济特区。

经济特区获高度肯定真正走进春天

当然，建设经济特区是社会主义新生事物，存在各种不同的议论是情理之中的事情。实际上，经济特区建设从一开始就面临着一系列的争议、质疑和反对的声浪。

在刚刚冲破思想禁锢但依然存在思维藩篱的历史环境下，对于在中国划出几小块地方，创办以吸引外资为主的经济特区，不少人把它看作"异端"，有人公开责难"深圳除了九龙海关门口仍挂着五星红旗，一切都已经资本主义化了"！北京某机关权威《内参》还刊出题为《旧租界的来由》的重头文章，把特区比作是"旧租界的复活"或是"资本主义的复活"。甚至有人痛陈："流血牺牲几十年，一朝回到解放前！"一封封告状信寄到北京，大有把深圳经济特区的牌子一举拿下之势。

1982年1月11日，中共中央发出《紧急通知》，传达中央政治局常委会会议关于对一些干部走私贩私、贪污受贿、把大量国家财产窃为己有等严重违法犯罪行为采取紧急措施的指示。2月11日至13日，中央书记处在北京召开广东、福建两省座谈会，讨论如何更坚决、更有效地贯彻执行中央《紧急通知》，进一步开展打击经济领域中违法犯罪活动的斗争。会议指出，只有旗帜鲜明地坚决严肃地开展反对资本主义思想腐蚀的斗争，才能正确地健全地实行对外开放和对内搞活经济的政策。这不但是广东、福建两省的问题，全国各地和各个部门也不例外。

会议不顾国务院副总理谷牧的反对，印发了针对特区工作的《旧中国租界的来由》的材料。座谈会上，对走私问题的讨论很快转变成对经济特区的批判，有人说："这场斗争是资产阶级又一次向我们的猖狂进攻。"有人说："广东这样发展下去不出三个月就得垮台。"还有人说："宁可让经济上受损失，也要把这场斗争进行到底！"谷牧后来回忆说："1982年上半年，很有些'秋风萧瑟'的味道。"

办特区究竟是对还是错？特区究竟办得怎样？这些问题一直萦绕在中央领导的心中。

1984年1月24日中午，邓小平等一行乘坐的专列抵达深圳车站，中国改革开放的总设计师第一次踏上特区的热土。中共深圳市委书记、市长梁湘向邓小平一行汇报深圳特区5年来引进外资和基本建设工程的进展情况。汇报完后，邓小平却出人意料地说，我这次来，主要是看，只看不说。他又说，要讲呢，我回北京再讲。随行的工作人员告诉深圳的同志，邓小平这次来，不发表意见，也不题词。深圳领导的心一下子悬了起来。

在深圳前后不到三天，邓小平一路察看，一路询问，心里有了"底"，但仍不透露。随后邓小平前往珠海、厦门两个特区视察，脸上始终浮现着满意的微笑。就在珠海视察期间，邓小平题下了"珠海经济特区好"七个大字。这个消息当天就传到了深圳。深圳市委立即派人赶赴广州也请邓小平题词。2月1日，是大年三十，邓小平挥笔为深圳特区题词："深圳的发展和经验证明，我们建立经济特区的政策是正确的。"邓小平的题词通过电视、广播及报纸公布了，迅速在海内外引起强烈反响。

邓小平从南方回到北京后，于2月24日同中央领导谈话，提出办好经济特区，增加对外开放城市。他指出：我们建立经济特区，实行开放政策，有个指导思想要明确，就是不是收，而是放。特区是个窗口，是技术的窗口，管理的窗口，知识的窗口，也是对外政策的窗口。除现在的特区之外，可以考虑再开放几个港口城市。这些地方不叫特区,但可以实行特区的某些政策。[①]

正是从这个时候开始,中国的经济特区建设真正走进了春天。一时间,深圳和特区成了人们谈论最多的话题。它刺激着、吸引着求富裕、求发展的人们,从祖国的四面八方潮水般地向特区涌来。仅以深圳为例,平均每日进入特区的人数由3.52万人次猛增到13.6万人次;车辆由6500辆次上升到1.98万辆次。单是深圳市委接待处1984年就接待了30多万来这里参观的客人。"五万人才下深圳""百万民工赴鹏城",都是对"特区热"的生动写照。

深圳是中国第一的对外开放窗口,先行先试,敢为人先,最早以给港商批租土地换来大量的建设资金,采用新型建筑材料和新技术,创造了两天半建好一层楼的"深圳速度"。在民族复兴的大潮中,"时间就是金钱,效率就是生命"的深圳速度,成为中国人在改革开放中奋发有为的象征,使特区建设取得超常的发展。

国门一开,打破了过去封闭半封闭的状态,吸引了世界制造业巨头纷纷来中国建立合资合作关系。日本松下、丰田,德国大众、西门子,美国通用、可口可乐,法国服装巨头皮尔卡丹等跨国公司先期投资中国,国际品牌的汽车、彩电、冰箱、通信、服装、饮料等进入国内市场,大大推进了中国经济发展和社会生活品质的提高。短短几年,中外合资、中外合作、外商独资的"三资企业"遍地开花,外向型经济迅速提升。深圳从昔日鲜为人知的小渔村迅速发展成为现代化国际化大都市,不愧是中国改革开放的排头兵。

按照邓小平"可以考虑再开放几个港口城市"的创意,根据建设深圳等经济特区的经验,1984年,中共中央、国务院决定,进一步开放天津、上海、大连、秦皇岛、烟台、青岛、连云港、南通、宁波、温州、福州、广州、湛江和北海14个沿海港口城市,在这些地方实行经济特区的某些政策,增强它们开展对外经济的活力。这是继5年前在深圳开始兴办经济特区之后,国家在实行对外开放方面又一个重大步骤。这些港口城市加上所在的省、自治区,是我国经济、技术、文化的发达之地,工农业总产值、工业产值、国民收入、财政收入都占全国之半;科技力量、对外贸易、企业经济效益,也高于全国平均水平。

沿海14个城市实行对外开放,连同深圳等四个经济特区,包括1988年成立的海南全省经济特区在内,像一连串璀璨的珍珠,在中国18000公里的大陆海岸线上,从南到北形成一条对外开放的前沿地带,实现了从东到西,

---

[①] 中共中央文献研究室编:《邓小平思想年编(1975—1997)》,北京:中央文献出版社,2011年,第491—492页。

从沿海到内地的信息、技术、人才、资金的大交会。实践发展表明,沿海城市的开发开放发挥了对内对外强劲的辐射作用,极大地带动、促进了全国经济的发展。

四、乡镇企业崛起演绎非农产业变革

集体办企业服务大工业以工补农

20世纪60年代,在农村人民公社建立和发展之中,中国乡镇企业的前身——社队企业开始萌生。到70年代末,与农村双包责任制的发展势头几乎同步,乡镇企业如雨后春笋般生长起来。10年过后,长三角、珠三角等经济较发达地区,乡镇企业已在当地GDP中"三分天下有其一",不但可以在原料、市场上跟国有企业竞争,而且有了人才、技术上的竞争力。乡镇企业的异军突起,展现了农村非农产业的巨大潜力,代表着农村工业化和农业现代化的方向。

如果说,安徽省小岗村的包干制是一场革命的话,那么,也是在1978年,距小岗村数百公里之外的江苏省江阴县华西村则发生着另一场农村变革。

华西村在20世纪60年代就是"农业学大寨"的全国典型,党支部书记吴仁宝在"高调学大寨"的同时,还干着另一番"拿不上桌面"的事。早在1969年"文化大革命"风头最劲的时候,吴书记就抽调20人在村里偷偷地办起小五金厂。那时正是割资本主义尾巴的时候,绝对不能让外面知道。吴仁宝的儿子吴协恩回忆道:"那时田里红旗飘飘,喇叭声声,检查组的同志前脚一走,我们转身就进工厂。"为什么冒险搞工业?因为种田实在挣不到钱,吴仁宝用很特殊的方式改造着他的家乡。可是,在江阴一带以至江苏省,华西村被嘲讽为"吹牛大队",甚至有一些人给中央写内参,告发"华西村是个假典型"。在这样的风波中,吴仁宝奇迹般地躲过了暗箭,他在华西村搞的那些小工厂一直在地下运转。

1978年改革开放前夕,吴仁宝盘点华西的家底,共有固定资产100万元,银行存款100万元,另外还存有三年的口粮。当时,安徽许多地方已经在搞包产到户、土地承包。吴仁宝出去转了一圈后却认为,按华西村人均耕地很少的情况,再怎么分田调动积极性也没法致富。他决定马上创办一个生产打农药用的喷雾器厂。1984年,光这一个厂,净赚200万元。经过10年的发展和整合,1999年,"华西村"作为一家股份制公司整体上市,成为中国第一个在资本市场上融资的村庄。华西村依托村级基层组织发展农村工业,初步显示了中国农村非农产业蕴藏的潜力和发展前景。华西模式在江苏地区具有典型性。那些曾经不受保护、偷偷摸摸干起来的社队企业，大多是这样起步，逐渐形成日后的燎原之势。江苏也因此成为乡镇集体企业的发源地之一，名噪一时的"苏南模式"就出在这里。

1979年7月3日，国务院颁发《关于发展社队企业若干问题的规定（试行草案）》。这是新中国成立以来中国政府颁布的第一个比较完备的关于社队企业的文件。这份文件经过近两年的讨论修改才得以颁发。这份文件，使社队企业的地位作用、发展的方针、政策更加明确，社队企业的发展有章可循，对引导社队企业健康发展，具有重要大意义。

9月，中共十一届四中全会通过《中共中央关于加快农业发展若干问题的决定》，其中指出："社队企业要有一个大发展，逐步提高社队企业的收入占公社三级经济收入的比重。凡是符合经济合理的原则，宜于农村加工的农副产品，要逐步由社队企业加工。城市工厂要把一部分宜于在农村加工的产品或零部件，有计划地扩散给社队企业经营，支援设备，指导技术。对社队企业的产、供、销要采取各种形式，同各级国民经济计划相衔接，以保障供销渠道能畅通无阻。国家对社队企业，分别不同情况，实行低税或免税政策。"[①] 这些政策措施，为农村社队企业迅速发展，特别是在比较发达的地区的社队企业进一步发展创造了条件。1980年，江苏社队工业的发展出现了十一届三中全会以来的第一个高潮，总产值达到107.7亿元，首次突破百亿元大关，比上一年增长43.9%，净增产值33亿元。

1979年4月，中央工作会议决定实行"调整、改革、整顿、提高"的方针。会议指出："在我们的整个国民经济中，以计划经济为主，同时充分重视市场调节的辅助作用，社会需要多种多样，不断变化，社会产品种类繁多，千差万别，要把它们统统纳入一个包罗万象的计划中去，而且调节得很好，这是不可能办到的。因此，可以考虑对关系到国计民生的重要产品由国家统一计划，统一规定价格，统一进行分配。其他产品由企业根据市场的供求情况自行确定生产数量，允许自产自销，价格有的由国家规定，有的根据市场供求关系允许在一定幅度内浮动，企业之间可以进行竞争。"[②] 这个精神后来被归纳为"计划经济为主，市场调节为辅"的方针。

8月，江苏省召开全省社队工业局长会议，学习中央工作会议精神，解放思

---

① 中共中央文献研究室编：《三中全会以来重要文献选编》，北京：人民出版社，1982年，第178页。
② 中共中央文献研究室编：《三中全会以来重要文献选编》，北京：人民出版社，1982年，第133—134页。

想，寻找出路。与会代表认识到，社队工业属于集体经济，独立核算，自负盈亏，同社员个人利益息息相关。它面广量大，行业众多，产品繁杂，小型分散，有较大的灵活性和适应性，能根据市场行情的变化，随时调整生产，时称"船小好调头"。全省社队工业产品直接纳入各级指令性计划的产值还不到10%，通过加工配套间接纳入计划的产值也只有10%，其余80%是国家计划不收购的，应属于"允许自产自销"的产品。从实践来看，凡是思想解放，敢于突破国营工业的框框限制，充分利用市场调节作用，既争取计划产品，也放手发展合乎社会需要的计划外生产的地方，社队工业就欣欣向荣。通过学习讨论，使大家理清了思路：社队工业应当在国家计划指导下，坚定地走市场调节的道路。

然而，随着社队企业的不断发展，规模越来越大，以市场为导向的发展模式不可避免地与计划经济体制发生碰撞。由于传统的经济理论认为，社会主义只能实行计划经济，搞市场经济就是走资本主义道路，所以在具体的政策法规中，社队企业的发展就有重重的"壁垒"。如："生产资料不是商品"，生产资料只能由国家计划分配，不得进入市场；"生产企业必须计划定点才能生产"，所有的生产企业都要经过省级计划部门批准列入计划，才能供应原材料定点生产；"工不经商"，工厂生产的产品，只能由国营商业统一收购，再经一、二级批发站转向零售，工厂没有自销权，等等。

从主管部门来看，如何处理社队企业与城市企业、国营企业的关系，还没有形成统一的认识。过去社队企业规模小、起点低、就地服务，对城市和国有企业影响不大。现在社队企业已跻身于经济舞台，来自不同层面的指责逐渐突出。1980年，江苏社队企业的高速发展，使得城市工业在全省工业中的比重下降了。一些人指责社队工业"三挤一冲"，即挤了国营企业的原材料、能源和市场，冲击了国家经济。在对待社队企业的问题上，上上下下看法不同，一场大的争论不可避免。争论的深层次矛盾是：认为发展社队工业是扶持资本主义，挖社会主义墙脚，是用计划外的企业挤了计划内的资金、物资和人才。核心问题是：发展社队工业是壮大社会主义经济，还是发展资本主义经济？

在这场争论中，江苏省领导面临着如何抉择。当时县及县以下的广大农村干部大都强烈要求发展社队工业，不仅社队工业保持了发展的态势，而且开始突破当时计划管理的许多规定，以经济协作和社队工业为重点，放手依靠市场进行调节。为此，省里针对"生产企业必须计划定点才能生产"的规定，决定由各市、县自行平衡供销，自行审定项目；针对"工不经商"的限制，省里利用经济调整过程中市场疲软、商品压库的契机，允许工厂自销。这一系列政策，对社队企业的发展起到了极大的推动作用。

江苏社队经济的持续活跃以及有关争论，引起了中央的高度重视。1981年

2月，国务院副总理薄一波责成国家机械委组织一机部、农机部、四机部和农业部组成工作组，就所谓"用计划外的企业挤计划内的资金、物资和人才"的"三挤"问题进行调查。工作组来到江苏，对苏州、镇江、南通3个地区的9个县、107个社队企业和国营企业进行全面调查与考察，广泛征求各方面意见。最后得出的结论：总起来说，社队机械工厂的产品，对国家大厂有挤有补。目前补得多一些，挤得少一些，补大于挤，要"疏其不通，导其滥流"，使其健康发展。随后形成国家机械委〔1981〕26号文件报送党中央、国务院。社队机械工业一向是遭非议最多的行业，现在，中央对它作出肯定性的评价，这对江苏社队工业的干部群众是很大的鼓舞，同时也看到前进中存在的问题。

同年11月，全国政协副主席陆定一视察了无锡社队企业后，肯定了社队企业的发展及其重大作用，分析了苏州地区社队工业的情况，提出了"打击社队工业，就是打击农业"的论断，同时也指出了当时社队企业发展中存在的问题，建议加强管理和指导，使其健康发展。

同年12月，农业部组织了6个调查小组，分赴全国各地区进行调查研究。各省、市、自治区也迅速组织力量，进行了深入广泛的调查研究工作。到1982年2月，山东、江西、福建、浙江、湖北、湖南、广东、山西、天津、河北、甘肃、内蒙古、黑龙江、宁夏等省、市、自治区报送了调查报告，就社队企业发展的情况和如何进行指导、管理等问题，提出了很好的意见。

鉴于一部分干部中存在着对社队企业的偏见，江苏省委也专门组织省有关部门到社队企业发展较快的无锡县调查研究，进一步统一干部思想认识。明确社队企业是以集体经济为主体，其落脚点是社会主义公有制。但社队企业自身也存在一些问题，主要是社队企业基本上处于乡村行政机构附属物的地位，经营管理一直是以生产队为基本核算单位的农业生产方式的管理，缺乏自主权和活力。加上企业干部外行多，内行少，还有相当多的一些企业一心想纳入国家的"计划"，吃"现成饭"；不少社队企业产品质量低，销售不景气，经济效益差。这些问题严重制约了社队企业发展。

有鉴于此，江苏省委、省政府在继续鼓励和支持发展社队企业的同时，也以积极的态度贯彻中央对国民经济做进一步调整的方针，带领各级干部和广大群众，对社队工业发展中存在的问题，如重复项目过多，产品质量不稳定、大量积压，经济效益不好等，进行排查和整顿。经过调整整顿，社队工业发展速度虽然有所放慢，但是社队企业却更加强健起来，尤其是在发展商品经济方面取得明显的进步。总的趋势是，进一步找准拾遗补缺、加工配套的位置；更加自觉地按照经济规律办事，发展横向联系，通过协作取得能源、原材料和技术；更加自觉地以销定产，按社会需要，适时组织调整生产；企业管理更加面向市场，并由生产型企业转变为生产经营型企业，大大增强了市场竞争能力。

能人办厂自主创业滚动发展

如果说，同处于长江三角洲地区，江苏的乡镇企业大都是依托村级组织发展起来的华西式农村集体经济的话，那么，在乡镇企业的另一个发源地浙江，却有着另外一种模式，就是"能人"自办工厂，自主创业，戴着集体性质的"红帽子"滚动发展的乡镇企业。它的代表人物就是后来闻名全国的万向集团董事局主席鲁冠球。

浙江萧山县，人口稠密，地力贫瘠。怎么改变千百年来农民只能靠种地吃粮的命运呢？在萧山县宁围镇，鲁冠球早在"文化大革命"后期，就东借西凑了4000元钱，带着6个人办起了宁围公社农机厂。工厂挂在集体名下，为周围公社的农机具提供配套生产。工厂初创时，没处买原材料，鲁冠球就蹬着一辆破三轮车每天赶到杭州城里，走街串巷，或蹲在国营大厂门外收集废铁废钢管，由此雪球越滚越大，到1978年，又办起了轴承厂、链条厂，工厂已发展到400多人，产值300万元。就凭着这个不受法律保护办起的小作坊，鲁冠球一路打拼，发展到能生产汽车动力传递系统的万向节总厂。

起初，万向节厂也同许多别的乡镇企业一样，被归为镇办企业。企业的税后利润按规定上缴镇政府和留给企业，镇政府既是所有者又是主管单位。在这里，浙江人刚柔相济、外圆内方的行为方式显示出过人的精明之处。1983年，鲁冠球非常超前、很有主见地实施了"产权改革"，万向节厂所有固定资产和流动资金50%归企业所有，50%归镇政府所有；由股东大会选举厂长，任期三年，可连选连任；实行厂长负责制，由厂长"组阁"，生产经营由厂长承包，对股东大会负责；镇政府不参加企业利润分配，企业以销售额的20%作为管理费上缴乡政府，并作为销售费用计入成本——这可能是全国乡镇企业最早的产权制度改革的样本。

通过这次产权界定，鲁冠球获得了企业绝对控制权，又没有失去"集体经济"的地位，可以继续享受当时对集体企业的优惠政策。在浙江，实际上有很多乡镇企业在像鲁冠球这样精明的"能人"手里，"灵活变身"，戴着乡镇集体的"红帽子"，游走于同国有企业竞争的夹缝中，顽强地、迅速地发展起来。鲁冠球成为以"万向节大王"著称的民营企业家，甚至把企业办到了大洋彼岸。

1984年3月1日，经中共中央书记处讨论通过，中共中央、国务院转发了农牧渔业部《关于开创社队企业新局面的报告》。在中共中央、国务院批转《报告》的通知中，将社队企业的名称正式改为乡镇企业，并规定乡镇企业的概念包括：社（乡）队（村）举办的企业、部分社员联营的合作企业、其他形式的合作工业和个体工业。通知指出：乡镇企业是多种经营的重要组成部分，是农业生产的重要支柱，是广大农民走向共同富裕的重要途径，是国家财政收入新的重要来源，乡镇企业已成为国民经济的一支重要力量，是国营企业的重要补充。这是促进乡镇企业全面发展具有深远意义的纲领性文件。

1984年，国家开始全面进行经济体制改革。中共中央和国务院有关部门颁发的一系列放宽搞活的政策，有力地推动了乡镇企业的全面发展。从1984年开始，随着对乡镇企业经济形式的放开，有关政策也逐步随之放开。

在流通政策方面，为推动商品生产和商品交换的发展，1984年至1986年，中共中央、国务院及国务院有关部门先后发出的一系列文件中，对放宽流通政策作出了许多规定。主要有允许农民集体和个人从事长途运输。国家经委和交通部还联合通知各地，本着"有路大家行车、有河大家行船"的精神，积极支持农民发展运输业。

在农副产品购销政策方面，主要政策调整的内容是，减少统派购的品种和数量，鲜活产品的统派购数量要尽量减少；三类产品和统派购任务以外的产品价格放开，原粮棉油统购办法改为与农民签订定购合同的办法。

在鼓励城乡之间进行经济交往、人才流动和技术转让方面，鼓励城市工业通过协作联营，把宜于分散生产和劳动密集型的产业、产品扩散到农村及其集镇。鼓励城市的各类科学技术人员只要经所在单位同意可以停薪留职，应聘到农村工作。具备条件的科学技术人员，在不影响本职工作的前提下，可利用业余时间为农村提供服务，按合同取得报酬。科研单位、大专院校及城市工业，可以接受同农村生产单位组成"科研—生产联合体"，共担风险，共沾利益。

在开放对外经济技术交流方面，新的政策要求靠近沿海开放城市和经济特区的农村，应成为农村经济对外的窗口和"外引内联"的基地。

在税收、信贷政策的扶持与支持方面，新的税收政策规定，乡镇企业用于补助社会性开支的费用，可按利润的10%在税前列支。对老革命根据地、少数民族聚居区、边远地区兴办的乡镇企业实行减免税；化肥和农机具修造企业以及利用废水、废气、废渣等废物为主要原料的企业实行减免税等，并将减免税的批准权下放到县一级政府。为了扶持乡镇企业发展，中国农业银行决定把农村信贷工作重点转向乡镇企业，改变"春放、秋收、冬不贷"的老规矩，改变为"常收常贷"，以适应乡镇企业常年进行资金周转的需要。

三资企业星罗棋布遍及珠三角

1984年中央的一系列文件下达后，全国乡镇企业的发展开始进入了高潮期。除了江苏、浙江这些乡镇企业发达的长江三角洲地区外，在全面改革特别是对外开发政策的有力推动下，广东珠江三角洲地区的乡镇企业也迅速崛起，逐步形成了富有特色的"珠江三角洲模式"。

如果说，长江三角洲乡镇企业的发展模式，主要是依托上海、南京等中心城市的大工业和技术力量的辐射，尤其是对配套加工制造业的巨大需求的话，那么，珠江三角洲发展模式最突出的特点，就是和香港、澳门地区的联系极为紧密。最初的流行方式是"三来一补"，即来料加工、来样加工、来件装配及补偿贸易，主要是指由外商提供原料、技术、设备，由三角洲地区的乡镇企业按照外商要求的规格、质量和款式，进行加工、装配产品交给外商，并收取加工劳务费的合作方式。随着国家进一步的对外开放，吸引外资规模的扩大，"三来一补"模式很快扩展到我国沿海从南到北各省市广大的近海地区，催生了一批又一批的乡镇企业。

虎门——珠江口上的一个小镇，因林则徐销烟和第一次鸦片战争而扬名中外。1978年秋，这里出现了全国第一家与港商合办的来料加工企业——太平手袋厂。同是1978年的七八月间，处于珠江三角洲腹地的顺德镇与港商合作，办起了一家大进制衣厂。"太平"与"大进"，这偶然的巧合，恰好体现了素有务工经商传统的广东人在国家走上大治的第一时间，就抓住机遇，大展拳脚，大步向前，敢领风气之先的创业精神。

在发展"三来一补"企业的同时，珠江三角洲的"三资企业"也发展得很快。中外合资、中外合营、中外合作这三种形式的乡镇企业，最先是在珠江三角洲各县乡镇繁殖起来的。这里"三资"的"外方"，主要是香港的商人。后来陆续有了台湾地区、日本、韩国、新加坡以至世界500强跨国公司等外资进入。珠江三角洲依托港澳，大力发展乡镇工业，在20世纪80年代形成了全国著名的华南"四小虎"——顺德、南海、东莞、中山。

东莞的虎门镇在全国最早成立来料加工的太平手袋厂，尽管规模极小，设备落后，产品低档，却拉开了东莞利用外资的序幕。在最初几年，所开办的企业几乎都是小作坊式的工厂，利用简陋的旧祠堂、会堂、饭堂、仓库作厂房，加工生产毛织、服装、手袋、玩具、小五金、家庭日用塑料制品等低档产品。当时前来投资的绝大部分是香港小商人，其中相当一部分是东莞籍香港同胞。他们回乡投资办厂，一方面是基于乡情、亲情的驱使，另一方面也是抱着一种试探性的心理进行小额投资。

在这期间，人们的思想观念经历了从封闭到开放，从安稳到参与竞争的转变过程，最终尝到了利用外资得到实惠的甜头，引进外资办企业形成了星火燎原之势。正是从这种风险小、见效快的来料加工业务中，通过赚取加工费、壮大集体经济、改善生活水平，东莞人实现了资本的原始积累，然后兴建标准化厂房，投入基础建设，改善投资环境，为下一轮大规模利用外资奠定了坚实基础。

在改革开放的最初 10 年，东莞县（市）工业总产值每年以 40% 的幅度递增。

成千上万来自遥远异乡的打工仔、打工妹，潮水般涌入给他们带来新生活希望的珠三角星罗棋布的城镇，在新建厂房的现代化流水线上快速地得到成长。外国人在珠三角的首府广州，看到的是印着海飞丝洗发水、真维斯牛仔裤和七喜饮料的巨大广告牌，是购物中心可以随意购买的派克金笔、索尼 CD 播放机和芭比娃娃。从这些描述里，让世界看到了正在恢复自信和商业活力的中国。

1984 年底，由于放开发展多种经济形式兴办企业，各业齐上，全国乡镇企业总数由 1983 年的 134.64 万个猛增到 606.5 万个，从业人员由 3234.6 万人猛增到 5208.1 万人，1 年吸收农业剩余劳力达 1973.5 万人，增长 61%；乡镇企业实现总收入 1537.1 亿元，比 1983 年增长了 65.5%；乡镇企业实现总产值达到 1709.9 亿元，比上年增长了 68.2%。这一年的净增产值，超过了 1979 年至 1983 年 5 年净增产值的总和。1985 年，在紧缩银根、宏观控制较多的困难条件下，由于开拓多渠道集资，全国乡镇企业仍然持续发展，企业个数达 1222.5 万个，比 1984 年翻了一番；职工总数增加到 6979 万人，比上年增加 1771 万人，增长 34%，占农村劳动力的比重由 1984 年的 14% 提高到 19%；实现总收入 2565.5 亿元，比 1984 年增长 66.9%；实现总产值 2728.4 亿元，比 1984 年增长 59.6%。乡镇企业总产值已占农村社会总产值的 44%，占全国社会总产值的 16.8%。乡镇企业"异军突起"，迅速发展，很快成为在我国国民经济中"三分天下有其一"的生力军。

1987 年 4 月，邓小平在接见外宾的谈话中，留下这样一段话："农村改革中，我们完全没有预料到的最大收获，就是乡镇企业发展起来了，突然冒出搞多种行业，搞商品经济，搞各种小型企业，异军突起。这不是我们中央的功绩。乡镇企业每年都是百分之二十几的增长率，持续了几年，一直到现在还是这样。乡镇企业的发展，主要是工业，还包括其他行业，解决了占农村剩余劳动力百分之五十的人的出路问题，农民不往城市跑，而是建设大批小型新型乡镇。"[1]

这又是一个中国农民自己的发明创造，它代表了农村工业化和农业现代化的方向。

五、个体私营经济的开闸与雇工解禁

鼓励城乡劳动者自主创业搞活经济

搞活经济的关键一招，是开闸放水，鼓励城乡劳动者自主创业，解禁"不

---

[1]《邓小平文选》第三卷，北京：人民出版社，1993 年，第 238 页。

准雇工"的社会政策,多方面地打开社会就业渠道,解决了积压多年的城市待业人员和下乡知青大规模返城的就业安置难题。个体私营经济的发展,摆脱了传统计划经济的制约,显现出小商品市场的巨大活力。商品经济的活跃使人民群众普遍受益。

新中国成立初期,曾实行过"公私兼顾,劳资两利,城乡互助,内外交流"的新民主主义经济政策,鼓励和扶助一切有益于国民经济的个体和私营工商业在国家经济政策允许的轨道内存在和发展。随着1953年以后社会主义改造的全面展开,个体、私营经济很快退出了国民经济的历史舞台。在其后20多年的时间里,我国的个体私营经济寥若晨星,处于几近绝迹状态。

1978年后,我国的经济体制改革从农村启动。家庭联产承包责任制的改革举措,打破了"一大二公"的人民公社体制,农业生产力得到了空前的解放,农村存在的隐性剩余劳动力开始显性化。在城市,待业青年和社会闲散人员的就业问题,尤其是上千万的知识青年集中返城的就业安置问题,亟待解决。由于十年内乱对国民经济的严重破坏,商品短缺现象十分严重,仅凭国营、集体经济的力量,远不能达到发展生产、繁荣经济的要求,也不能满足人民日益增长的美好生活需要。这些因素为个体私营经济的恢复和发展提供了政策选择的空间。

其实,还在十一届三中全会召开之前,1978年2月1日,邓小平在成都听取四川省委汇报时就指出:真正解决下乡知识青年问题,归根到底是城市工业发展。重工业发展以后,是不是开辟一些就业门路,比如轻工业、服务行业,都可以用一些人。资本主义国家服务行业可以用很多人,我们用的人很少。又比如发展旅游事业,可以用很多人。对多余人员的出路要多想些办法,只能靠自己多开辟门路。全国都要研究有什么门路容纳这些劳动力的问题。[1]

1978年12月,十一届三中全会的两个农业文件,宣布解禁农村工商业,家庭副业和农村集贸市场得到了认可。个体工商业的恢复由此开始起步。当然,个体经济的发展是逐步展开的,最初阶段还存在许多限制,据1978年底统计,全国城镇仅有14万个体工商业者,其经营范围被严格限制在修理、服务和手工业等几个少数行业,且不允许其雇佣除家庭成员之外的劳动者。

1979年2月,国家工商行政管理局召开了"文革"结束后的第一次工商行政管理局长会议。当时,我国正面临着大批知青返城、城镇积压待业人员700万到800万的巨大压力。会议向中共中央、国务院作出报告,提出"各地可以

---

[1] 中共中央文献研究室编:《邓小平思想年编(1975—1997)》,北京:中央文献出版社,2011年,第103页。

根据当地市场需要，在取得有关业务主管部门同意后批准一些有正式户口的闲散劳动力从事修理、服务和手工业者个体劳动，但不准雇工"。经党中央、国务院的批准向各地转发了这个报告。这是十一届三中全会以后经中央批准的第一个关于允许个体经济发展的报告。虽然这个报告依旧对城市个体经济作了种种限制，但重要的是它对个体经济的发展放开了"闸门"。

城市改革面临的一个突出矛盾，就是社会就业问题压力巨大。1979年春节前后，有760万上山下乡知青大军潮水般返回城市，而城市新毕业的学生又不再安排下乡插队。面对汹涌的社会就业压力，最明智的做法莫过于"开闸放水"，搞活经济。就在知青大规模集体返城的当月，中共中央、国务院批转了第一个允许发展个体经济的报告，各地可根据市场需要，批准闲散劳动力从事修理、服务和手工业者个体劳动。在解放思想的旗帜下，政策放开，鼓励个体劳动者自主创业，社会就业面临的复杂矛盾和困难，很快找到新的解决办法。一时间，小饭馆、小缝纫铺、小照相部、小修车摊、小五金店等纷纷出现。人们开始动脑筋，在一切可能的地方自谋职业。越来越多的个体劳动者，用自己的双手成就着生活的梦想。

在新的政策环境下，历史上素有浙商传统的浙江省，成为全国个体私营经济发展最早，并且发展最快的地区。1979年8月9日，浙江省根据中央批转的国家工商局的报告精神，制定了《关于发展城镇街道集体所有制企事业的规定（试行草案）》，指出："有些适合个体经营的项目，在社会主义经济领导下，允许个体经营。"同年10月8日，浙江省在有关通知中指出：为了扩大劳动就业，方便群众生活，要批准一批个体劳动者，从事理发、磨刀、修补、卖小吃等劳务活动，走街串巷，流动服务。这些规定为发展个体私营经济开了绿灯。此后，随着集市贸易的开放，上市商品的增加，个体私营经济开始迅速发展。

1979年，温州市解放北路开店摆摊做小生意的人不少。每到白天，家家户户都会搬出一张小桌子摆在家门口，卖各种商品。有些货品在国营商店还买不到，价格便宜，很受群众欢迎。但那时候干个体户还是担惊受怕，摊子不敢铺得很大，为的是"打击投机倒把"办公室的人一来，好立即收摊关门。到了1980年底，忽然工商局通知各商户，让他们去领营业执照，还告诉大家以后可以正大光明地做生意了。这一年，温州市在松台街道正式发放了1844份个体户营业执照。这些领证者就成了改革开放后中国第一批认领营业执照的个体工商户。

事实上，温州地区个体私营经济早就小有规模了。当时在离温州市区40多公里的一个叫柳市的小镇上，已经活跃着近50家生产低压电器的家庭企业。许多人干了两年就成了"万元户"。随着生产经营的发展，一批"能人"出现了。他们凭着灵活的头脑和敢为天下先的勇气率先开始了个人创业，并大步跨入先富起来的一批人的行列。

在浙江的台州、义乌等地，个体私营经济也迅速起步，并得到了较快发展。地处浙中金华地区的义乌县，早在清朝乾隆年间，就有"手摇拨浪鼓，敲糖换鸡毛"的货郎担在各地走村串巷。1978年以后，富有经商传统的义乌"敲糖帮"，开始自发地从乡间聚集到城区，摆摊经商。不少精明的义乌农民跑到省内外各大中城市，寻找适合自己经营的玩具、纽扣、尼龙袜等小商品，加上本地生产的板刷、尼龙线编织物等小商品，设摊经营。

在浙江东部沿海的台州县，也出现了许多小商贩。他们挑担走村访户，以糖果换取废钢铁、废轮胎等废旧物品，然后逢集市日到固定的地点投售，由此发展出一批有废钢材、废旧金属、废旧橡胶、旧机械设备、闲置设备、旧机动车、废旧电器、废旧物资等几十个种类的废旧市场。各种废旧市场的兴办，推动了台州个体私营经济的起步和发展。相当多的个体私营企业最初起步阶段的主要设备和原材料，都来自各类废旧市场。

随着十一届三中全会以后商品经济的初步发展，兼业户、专业户、小商店、小作坊、家庭工厂以至私营企业开始大量涌现。在各地个体私营经济快速发展的形势下，1980年8月，中共中央转发全国劳动就业会议文件，提出"在国家统筹规划和指导下，实行劳动部门介绍就业、自愿组织起来就业和自谋职业相结合的方针。"文件将发展个体经济作为解决就业的重要途径，提出"鼓励和扶植城镇个体经济的发展。"在中央政策的鼓励下，1980年年底，从事个体工商业的人数发展到80.6万人，比上一年翻了一番多。

1981年10月17日，中共中央、国务院《关于广开就业门路，搞活经济，解决城镇就业问题的若干决定》指出：今后必须着重开辟在集体经济和个体经济中的就业渠道，在我国，国营经济和集体经济是社会主义经济的基本形式，一定范围的劳动者个体经济是社会主义公有制经济的必要补充。在社会主义公有制经济占优势的根本前提下，实行多种经济形式和多种经营方式长期并存，是我党的一项战略决策，绝不是一种权宜之计。

这个文件还规定，对个体工商户，应当允许经营者请两个以内的帮手，有特殊技艺的可以带五个以内的学徒，开始突破过去"不准雇工"的规定。从1981年起，国家对个体经济的统计称谓，不再是多少人，而是分为多少户，多少从业人员。1981年底，全国城镇个体经济发展到183万户，从业人员227万人，在户数上又比上年翻了一番多。

这一时期，个体经营带动下的小商品市场开始显现出巨大活力。义乌镇衍生出了一门新的行业——小百货经营，开始形成小百货批发交易市场，其影响日益扩大，外地客商陆续前来批购小百货。小商品市场开始向县城延伸，后经多次易址和扩建,逐渐发展成为闻名遐迩的"华夏第一市"——义乌小商品批发市场。最早一批小商品经营者,成为义乌小商品经营业的拓荒者。在改革开放政策的推动下,各地小商品市场迅速发展,成为小商品经营业的重要依托。

几乎在义乌小商品市场崛起的同时,位于九省通衢的武汉正在孕育着新的变化。汉正街是武汉重镇汉口最早的中心街道,明清时繁盛的水陆商埠,早在20世纪初这里就演变成贸易集散地。1979年9月,武汉市政府决定,恢复这条街中断了数十年的自由商贸传统,重新开放小商品市场。当年便有108位待业青年和社会无业人员经工商登记发证成为个体经营者。

1982年8月28日,《人民日报》发表了一篇题为《汉正街小商品市场的经验值得重视》的社论。认为"应总结、推广其经验,很有现实意义"。社论发表后不久,10月,国家工商行政管理局便在武汉召开了全国小商品市场现场会议,各省、市等工商局代表与会。这个会肯定了汉正街的三条主要经验:允许长途贩运,允许批量经营,允许价格上下浮动。汉正街恢复小商品市场,从流通层面上打破了传统计划经济体制的束缚,创造了"汉正街模式"。几年后,汉正街成为全国最大的小商品批发市场之一,年销售额突破100亿元。

在改革之前,全国所有的商品叫做产品,从大型机械到日常用品,都是由国家计划定价的。随着1983年国务院对小商品价格的放开与松动,给货物流通和商品经济发展带来机遇。浙江的温州、台州,广东的潮汕、珠三角,福建的莆田、晋江等地,因为地处沿海,历史上就有经商传统,因而成为商品经济起步最快,民营经济最活跃的地方。越来越多的乡土工厂展现出他们超乎寻常的活力。《新闻周刊》一位记者去福建石狮和广东南海采访,报道说:"石狮的小商品贸易和南海的小五金、小化工、小塑料、小纺织、小冶炼、小加工,像野草一样满世界疯长。"到处都呈现出跃跃欲试,无须政府安置,只靠自己的双手和勤奋努力,自主创业,走致富之路的生动景象。

允许私人雇工广开社会就业门路

当然,个体私营经济的发展并不是一帆风顺的。在全国个体私营经济发展的初期,许多做法都是不符合当时社会主义经济学理论的,姓"资"姓"社"的争论一直就没有停息过,对个体私营经济的打击和压制,也随着形势的变化时常发生。

当时工商管理部门依据马克思《资本论》论述的标准,个体工商户与私营工商业的划分以雇工8人为界限,超过8人为私营企业,未超过的为个体工商户,时称"七下八上"。随着个体经济的发展壮大,不少个体工商户已经突破了雇工

8人的限额，成为事实上的私营企业主。而雇工现象在各地到处出现，立刻引起有关部门的警觉。这个在改革开放环境下遇到的敏感问题，一时间成为思想界、理论界关注的焦点。

当时，在全国引起争论的是安徽芜湖市的经营大户年广久，绰号"傻子"。他1972年开始炒卖瓜子，由于博采众长，改进炒作工艺，创制出风味独特的"傻子瓜子"品牌，经营规模迅速扩大。1981年，年广久开始雇工经营，雇用10人以上。从1982年10月开始，他先后在芜湖市增设了三个生产点，雇工达60多人。1983年1月，年广久成立了安徽省芜湖市傻子瓜子总厂，雇工最多时达140人。年加工、销售瓜子由几万斤猛增到近千万斤。其自有财产也由几千元增加到几百万元，仅1984年就纳税30多万元。对此，人们议论纷纷，也引起了各级领导的关注。

从中央层面来看，基本的政策倾向是，对于雇工经营"不要采取'戴帽子''割尾巴'等简单取缔的办法"，"总的原则应该是：第一，要坚持社会主义；第二，不要走过去的老路"。"不能再采取过去那种办集体的办法，走老路，搞来搞去，又是平均主义，吃大锅饭。"要在实践中寻找解决问题的途径，取其利而除其弊。

对于闹得沸沸扬扬的"傻子瓜子"问题，理论界的争论集中在，私人雇工超过8人，在马克思的《资本论》中就是资本家；雇工经营有没有剥削，这与资本主义国家的雇工剥削有什么不同？"傻子瓜子"出的这道难题，让理论家们争得面红耳赤。争议一路到了北京，材料报到邓小平的案头。如何定夺一颗瓜子里面的大是大非？邓小平的批示只有四个字："不要动他。"

1984年10月22日，邓小平在中央顾问委员会第三次全体会议上的讲话中提到，年广久雇工问题相当震动，大家担心得不得了。他明确指出："我的意见是放两年再看。那个能影响到我们的大局吗？如果你一动，群众就说政策变了，人心就不安了。你解决了一个'傻子瓜子'，会牵动人心不安，没有益处。让'傻子瓜子'经营一段，怕什么？伤害了社会主义吗？"1992年邓小平视察南方时再次提到："农村改革初期，安徽出了个'傻子瓜子'问题。当时许多人不舒服，说他赚了一百万，主张动他。我说不能动，一动人们就会说政策变了，得不偿失。"[①]既然过去割"资本主义尾巴"把经济搞死了，邓小平的意见是多看看、多试试，"放两年再看"，其要点是"要允许一部分人先富起来"，再带动更多的人们富起来。

年广久事件只是在私营企业雇工问题上撕开了一个小口。真正去除对雇工数量的限制的，是1987年中央发布5号文件，规定对那些为了扩大经营规模，雇工人数超出个体经营者限度的私人企业，"应当允许存在，加强管理，兴利抑弊，

---

① 《邓小平文选》第三卷，北京：人民出版社，1993年，第91、371页。

逐步引导"。由此终止了雇工 7 人还是 8 人问题的争论。毕竟城市改革挣脱了传统理论教条主义束缚的绳索，政府对个体经营者开闸、对私营工商企业雇工开禁，最重要的是广开门路，多方面地打开了社会就业的渠道，很快解决了积压多年的城市待业人员和下乡知识青年大规模返城的就业安置难题，这是鼓励支持个体、私营经济发展的重大意义之一。

一波三折个体私营经济蓬勃发展

然而，个体、私营经济在中国的发展，总是随着形势的变化和社会治理的宽严，一波未平一波又起。正当雇工争论未见分晓的时候，一场突如其来的风暴给刚刚起步的个体私营经济带来了严重的冲击。

1982 年 1 月 11 日，中共中央发出《紧急通知》，传达了中央政治局常委会会议关于对一些干部走私贩私、贪污受贿、把大量国家财产窃为己有等严重违法犯罪行为采取紧急措施的指示。中央政治局常委会会议指出，对于这个严重毁坏党的威信、关系我党生死存亡的重大问题，全党一定要抓住不放，雷厉风行地加以解决。4 月 13 日，《中共中央、国务院关于打击经济领域中严重犯罪活动的决定》向全国公布。《决定》尖锐地指出：打击经济领域的严重犯罪活动，进行反对腐化变质的斗争，关系到我国社会主义现代化建设的成败，关系到我们党和国家的盛衰兴亡，这场斗争必然是长期的、持久的。

很明显，中央这次打击经济领域中的严重犯罪活动，主要是针对一些干部在经济发展中参与走私贩私、贪污受贿等违法活动。但在地方上却依照惯性思维把打击范围扩大了。当时浙江省政法委向中央政法委和省委报送的材料中说，温州市乐清存在反革命活动猖狂、走私贩卖活动猖獗、投机诈骗成风等许多问题。以至有中央领导先后批示，要求浙江省委彻底解决温州问题。

1981 年 8 月，省委常委、副省长袁芳烈被任命为温州市委书记，他下车伊始，先来到温州商业最繁华的五马街口。多年以后，袁芳烈回忆说：当时他的观感是"杯弓蛇影"，感觉自己陷入了"敌占区"，这里完全不是社会主义的那一套。因为中央的《决定》里有这样一条："对于虽不是严重破坏经济的罪犯，但确实扰乱城乡市场管理、妨害国家物资购销和损害城乡人员利益的人，也要依法查处。"根据这一条，温州乐清柳市镇的私营大户先后被抓。各地广泛报道后，此案轰动全国。

到 1981 年底，温州共揭出并立案审查各类经济犯罪案件竟达 16.4 万多件，判刑近 3 万人。这年柳市镇工业产值比 1981 年下降了 53.8%。浙江对私营大户的高调讨伐，令全国个体私营企业噤若寒蝉，再没有人敢公然与国营企业"抢原料"和"扰乱市场秩序"了。经济整肃让私营经济遭遇第一次寒流，大大延缓了它的成长势头，特别是浙南和珠江三角洲地区承受的冲击最为强烈。

个体私营经济形势再度转暖，是在1983年以后了。1983年，是改革开放以来，政府各部门出台有关个体经济的政策规定最多的一年。4月，国务院公布了《关于个体工商业户管理费收支的暂行规定》。7月25日，国家工商行政管理局发出《关于城镇合作经营组织和个体工商业户登记管理中若干问题的规定》。8月12日，发出《关于工商行政管理部门向个体工商业户收费问题的通知》。8月17日，财政部发出通知规定，从1983年10月1日起，对个体商贩的工商税收，由批发部门代扣代缴。8月23日，劳动部、国家工商行政管理局、中国社会科学院、全国总工会、共青团中央、全国妇联等部门，在京联合召开安置城镇青年就业先进表彰大会。

由于中央态度鲜明地支持和从正面鼓励个体经济的发展，中国人民银行也于1983年12月26日发出通知，决定自1984年1月1日起，对个体经济比照集体经济的贷款利率（月息7.2‰）执行。这一年年底，个体工商户发展到590万户，比上年增长126%；从业人员达到746万人，比上年增长133.4%。

当1984年到来的时候，体制外的生命力重又开始勃发。那时，张瑞敏刚出任青岛一家濒临倒闭的集体电器厂厂长。几年后，张瑞敏把这家亏损147万元的小厂办成了闻名全国、走向世界的家电公司海尔集团。在北京，柳传志在中关村一间小平房里创办了后来中国最大的电脑公司联想集团。日后很多驰骋一时的民营公司都诞生于这一年。后来，人们将1984年称为中国民营公司的元年。

这一年，温州被抓捕的私营大户的命运发生改变。1月，中央发布1号文件，提倡农村发展商品生产、搞活流通，里面提到，"在工作中要注意划清界限，不可把政策允许的经济活动同不正之风混同起来，不可把农民一般性偏离经济政策的行为同经济犯罪混同起来"。温州市贯彻文件精神，宣布为私营大户平反，全部无罪释放，收缴的财物将从国库拨出如数归还。这些私营大户重获自由后，重操旧业。其中，郑元忠成立了精益集团，当年就带动柳市低压电器门市部猛增至1000多家，从业人员逾5万人。短短几年，"精益"电器开关行销全国。郑元忠又整合了十几家公司成立股份制集团，年产值超过10亿元，成为改革创业的风云人物。

这一年，温州开始走上以"小商品、大市场，小规模、大协作，小机器、大动力，小能人、大气魄"为主要特征的经济发展之路，到1985年，全市已有80多万农村劳动力离开耕地，转向经营家庭办和联户办的工业、商业、交通运输业和其他服务行业，家庭工业企业达13.3万家，被称为"中国农民经济史上的一个创举"。经媒体报道后，开始有了著名的"温州模式"这一说法。

以跟踪江村经济50年著称的社会学家费孝通，历时9天，行程1518公里，考察了浙江温州市的四县五镇，体验了拥有33万乡镇人口所从事的家庭工业的盛况。他总结温州模式有几个特点，最主要是在生产领域发展了家庭工业，在流通领域开辟了专业市场，以商带工，由贫致富，小商品带动大市场，逐步走向联合经营。费孝通不仅看到了温州各镇街面上、巷子里数以万计的店面商铺，更看到了在这背后掩藏的一个大市场——那撒向全国各地每天在火车、轮船上奔忙运转的十多万人的商贩大军，各家各户的生产者就是靠着千千万万的批发商零售商，同省内外无数的消费者个人建立起一种生动活泼而又似乎无形的流通网。这一网络在温州经济中发挥着巨大作用，而且已冲出省界，连向全国，甚至跨出国境，在国营商业渠道触及不到的领域里发挥着促进商品大流通的作用。费孝通认为，这是温州模式中一件极有意义的新生事物。[1] 数年后，与温州模式大同小异而发展起来的浙商，已成为全国"人数最多，分布最广，实力最强，影响最大"的投资经营者群体。

1984年10月，中共十二届三中全会通过的《中共中央关于经济体制改革的决定》，标志着我国的改革重点由农村转向城市。《决定》特别强调了个体经济的作用，指出："我国现在的个体经济是和社会主义公有制相联系的，不同于和资本主义私有制相联系的个体经济，它对于发展社会生产，方便人民生活，扩大劳动就业，具有不可替代的作用，是社会主义经济必要的有益的补充，是从属于社会主义的。"《决定》还要求"为个体经济的发展扫除障碍，创造条件，并给予法律保护。"

《决定》的出台，不仅使个体私营经济抬起头，更是给了他们施展手脚的信心。到1985年，全国个体工商户达到1171万户，从业人员1766万人，注册资本169亿元。其中有戴着个体工商户"小帽子"的私营工商户，有的私营企业则戴着集体经济的"红帽子"，真正在工商部门登记注册的私营企业的数量并不多。尽管我国个体私营经济还处在成长的初期阶段，但它们在发展生产、繁荣经济上表现的生机和活力，在增加财政税收、吸纳社会就业等方面所起的重要作用，已经不容置疑地显示出来。

中国的改革政策，重在放开、搞活，使长期受到僵化经济体制束缚的生产力中最积极、最活跃的要素——劳动者，摆脱了传统社会主义观念的约束，变成充分展示个人聪明才智，各显神通的合法生产者、经营者。无论在农村，在城市，这种改革一开始就具有市场取向，从而迅速产生了财富增长和资源扩散的效应，全国城乡居民都是改革的受益者，经济收入和社会生活普遍得到提高和改善。

---

[1] 费孝通：《温州行》，《瞭望》周刊，1986年，第20—22期。

第五章 迈上台阶

1984年中共十二届三中全会通过了《中共中央关于经济体制改革的决定》，确定了改革的方向、性质、任务和各项基本方针政策，特别是第一次明确提出中国的社会主义经济不是计划经济，而是以公有制为基础的有计划的商品经济，标志着中国改革开始由农村转向城市和整个经济领域，由探索试验转向整体推进阶段。与改革开放和现代化建设目标相适应，中国实行独立自主和平外交的战略转变，提出并初步实行"一国两制"的战略构想。随着有计划商品经济的向前发展，经济社会发展和人民生活迈上了一个台阶。

一、改革由探索试验转向整体推进

明确建立有计划商品经济体制

随着农村改革和城市改革的推进,改革的内容已大大超出了原来的设想,越来越显露出发展商品经济以及市场调节的取向,进一步触及计划经济的指令性计划体系的内核,一些更深层次的矛盾和问题暴露出来,由此引发争论:中国现阶段的经济是不是商品经济?要不要建立与商品经济相适应的经济体制?有相当多人对这个问题做了否定的回答。认为社会主义经济就是计划经济,而不是商品经济。经济体制也应当是与计划经济相适应的。也有不少学者指出,商品经济是现实生活在理论上的概括,商品生产和商品交换也就是商品经济的基本内容,没有本质差别。围绕计划经济还是商品经济,经济学界与理论界一直在争论中探索。

1979年10月,国务院财经委员会体制改革小组印发的《关于经济体制改革总体设想的初步意见》,开门见山地写道:"中国现阶段的社会主义经济是生产资料公有制占优势、多种经济成分并存的商品经济,必须建立与之相适应的经济体制。"这是最早把建立与商品经济相适应的经济体制作为改革目标的文件。据参加起草的杨启先教授介绍说,这段话是老一代经济学家薛暮桥加上去的。

新中国经济工作的领导者陈云,也在思考如何对计划经济体制实行改革的问题。1979年3月,他在《计划与市场问题》研究提纲里总结说:"六十年来,无论苏联或中国的计划工作制度中出现的主要缺点:只有'有计划按比例'这一条,没有在社会主义制度下还必须有市场调节这一条。所谓市场调节,就是按价值规律调节,在经济生活的某些方面可以用'无政府'、'盲目'生产的办法来加以调节。"[①] 实际上,这反映的是陈云早在1956年中共八大上提出的"计划经济为主、市场调节为辅"的主张。

1982年9月,中国共产党召开第十二次全国代表大会。因为理论上没能取得新的进展,十二大的政治报告中强调了"计划经济为主,市场调节为辅"的原则,指出:"我国在公有制基础上实行计划经济。有计划的生产和流通,是中国国民经济的主体。"同时,允许对于部分产品的生产和流通由市场来调节,这部分是有计划生产和流通的补充,是从属的、次要的,但又是必需的。而"对于国营经济中关系国计民生的生产资料和消费资料的生产和分配……必须实行指令性

[①]《陈云文选》第三卷,北京:人民出版社,1995年,第244—245页。

计划；对于集体所有制经济也应当根据需要下达一些具有指令性的指标，如对粮食和其他重要农副产品的征购派购"①。

中共十二大报告承认对部分产品的生产和流通，可由市场来调节，但这只处于从属和次要地位，仍然确认我国实行计划经济，并且必须实行指令性计划和指令性指标，这是改革初期"摸着石头过河"不可避免的一个认识阶段。在这种情况下，"商品经济论"陷入了尴尬境地。1982年和1983年，报纸上对"社会主义商品经济""有计划的商品经济"提法的批评日益升温。主张"商品经济论"的经济学家薛暮桥最终作出让步，提出"社会主义经济最重要的特征不是商品经济，而是建立在生产资料公有制基础上、存在着商品生产和商品交换的计划经济"。这种让步，是在时机不成熟时不得已而为之的。

1982年秋到1983年，捍卫指令性计划的力量相当强大。其原因在于中共十二大后对我国经济的一种宏观解说，即市场调节与计划经济的关系，就像鸟和笼子的关系一样，如果说鸟是搞活经济的话，笼子就是国家计划。搞活经济、市场调节，这些只能在计划许可的范围以内发挥作用，不能脱离开计划的指导。②这无异于说，国有企业改革是一场"笼子里的变革"。中国改革进程总是在"山穷水尽疑无路"中开辟着"柳暗花明又一村"的新境界。就在批评商品经济的高潮中，新的变局正在酝酿。

1983年，中共中央、国务院准备从全局上推进"宏观先改"方略。改革的切入点就在"产品计划经济体制的指令性计划体系"。这年8月，在中共中央书记处领导下成立了计划管理体制改革领导小组，下设工作小组提出改革方案。从8月到12月，大部分时间是进行相互辩论，不同意见之间距离很大。一种意见认为，国有企业要扩大生产经营自主权，扩大市场调节范围，实行企业自负盈亏，就要缩小指令性计划的范围，相应缩小国家定价产品的范围。另一种意见则认为凡是关系国民经济的重要产品，不管短缺还是过剩，都要实行指令性计划。指令性计划范围不能缩小，也不该缩小。此外，国有企业不能实行自负盈亏制，如果实行自负盈亏，企业就不愿意接受低价的指令性生产计划与产品调拨计划了。争论很激烈，从当时的中央各部委的情况来看，相当普遍地不同意缩小指令性计划的改革，更不赞成取消指令性计划的改革。

1984年，有关计划与市场关系的争论取得了突破性成果。这就是10月20日中共十二届三中全会通过的《中共中央关于经济体制改革的决定》。最初，该

---

① 中共中央文献研究室编：《十二大以来重要文献选编》（上），北京：中央文献出版社，1986年，第22—23页。
② 参见《陈云文选》第三卷，北京：人民出版社，1995年，第320页。

《决定》的起草小组在讨论中,总跳不出"计划经济为主,市场调节为辅"的圈子。有些同志主张跳出这个圈子,把改革的目标模式改为"有计划的商品经济",未被采纳。七八月间,中央在北戴河开会。胡耀邦总书记在主持对提纲的讨论时再三强调:这是个历史性文件,一定要写好。为此,中央调整了起草小组的组长,增加了林涧青、林子力、龚育之、郑必坚等,加强了人员配备。

这期间,董辅礽、童大林、于光远等十多位经济学家在北京百万庄开了一个会,坚决主张把"有计划的商品经济"写进《决定》。他们写了一个会议简报向中央陈述了理由。9月11日,中央召集约1500人,讨论征求意见稿,人员包括在京中央委员、候补委员、中顾委委员、中纪委委员、中央各部门的主要负责同志、各省市区和各大军区负责同志,以及26个大企业的负责人。通过讨论,与会者加强了对经济体制改革的必要性、紧迫性的认识,同意把"有计划的商品经济"写进中央的决议中去。

由此,十二届三中全会通过《中共中央关于经济体制改革的决定》(以下简称《决定》),首次承认中国实行的是"有计划的商品经济"。明确要"自觉运用价值规律的计划体制,发展社会主义商品经济"。《决定》突破了把计划经济同商品经济对立起来的传统观念,确认了社会主义计划经济"是在公有制基础上的有计划的商品经济。商品经济的充分发展,是社会经济发展的不可逾越的阶段,是我国经济现代化的必要条件"[①]。尽管还有一定的局限,但在一提商品经济就把它等同于资本主义的认识背景下,《决定》承认"有计划的商品经济"就是很大的突破了,并且为后来市场经济体系的建立打下了基础。

邓小平对这个《决定》给予了高度评价,认为"是马克思主义基本原理和中国社会主义实践相结合的政治经济学"。1984年10月22日,邓小平在中央顾问委员会第三次全体会议上指出:"这次经济体制改革的文件好,就是解释了什么是社会主义,有些是我们老祖宗没有说过的话,有些新话。"他强调说:"过去我们不可能写出这样的文件,没有前几年的实践不可能写出这样的文件,写出来,也很不容易通过,会被看作'异端'。我们用自己的实践回答了新情况下出现的一些新问题。不是说四个坚持吗?这是真正坚持社会主义,否则是'四人帮'的'宁要社会主义的草,不要资本主义的苗'。"[②]

实践证明,中共十二届三中全会《决定》的发布和实施,是对广大干部和群众思想的又一次解放。这次全会之后,以城市为重点的经济体制改革开始围绕扩大企业自主权、推行企业承包制、开展股份制试点、改革所有制结构、改

[①] 中共中央文献研究室编:《十二大以来重要文献选编》(中),北京:人民出版社,1986年,第568页。
[②] 《邓小平文选》第三卷,北京:人民出版社,1994年,第91页。

变用工制度等方面陆续展开。

国企改革从扩权到推行承包制

国家进一步推行扩大企业自主权的改革，围绕增强企业活力这一中心环节展开，并在实行承包经营责任制和租赁制等方面做了有益探索。在减少政府直接干预、扩大企业自主权的情况下，许多企业改善经营，形成了新的生产力，经济效益明显提高。据国家统计局的资料，1984年，在工业方面由于进一步扩大了企业自主权，加快了技术改造、技术引进和技术协作的步伐，这年的工业总产值比1983年增长了14%，超过了原计划规定的增长速度。

为了发展企业扩权的这种好势头，1985年9月，国务院颁发了《关于增强大中型国营企业活力若干问题的暂行规定》，提出了搞活国营企业、发挥企业自主功能的14条措施。1988年4月，七届全国人大一次会议通过并颁布了《中华人民共和国全民所有制工业企业法》，用法律的形式肯定了企业的自主权。

在扩大企业自主权基础上，广泛推行承包经营责任制，是这一时期搞活国有企业的一项主要措施，也是深化企业扩权中普遍采用的一种形式。承包经营使企业同国家形成一种责任关系。它要求企业在几方面对国家承包，主要是包上缴国家利润，包完成技术改造任务，实行工资总额与经济效益挂钩。企业超额完成承包任务的，实行超目标分成，企业应得的利益，由财政部门按照承包合同的规定，同企业结算，拨给企业，作为企业留利处理。这是把农村"大包干"责任制的经验，引进到工业企业的承包责任制中，用以调动企业经营者和职工的生产积极性。

这种承包经营，在1984年到1986年，最先在首都钢铁公司、第一汽车制造厂、第二汽车制造厂、攀枝花钢铁公司等大型国有企业取得成效。这些企业试行承包经营责任制后，活力不断增强，上缴利润连年递增。此后，冶金、煤炭、石油、石油化工、有色金属、邮电、民航等行业也相继实行了全行业的投入产出包干制，并取得明显的经济效益。

鉴于上述情况，1986年12月，国务院作出《关于深化企业改革增强企业活力的若干规定》，明确提出要把推行各种形式的承包经营责任制，作为深化企业改革，增强企业活力的重要内容。这个规定的贯彻，使承包经营责任制在国有大中型企业中较快地发展起来。据1987年的统计，当年有9270家国有大中型工业企业实行了多种形式的承包经营责任制，北京、上海的国有大中型工业企业几乎100%实行了承包经营责任制。

1984年至1988年，企业的承包经营责任制作为国有大中型企业改革过程中的一种选择,的确大幅度地促进了生产力的发展,为搞活国有企业作出了阶段性贡献。当然,作为改革过程中的一种尝试,它也暴露出许多不足之处,主要是:还不能从根本上明晰产权,承包期间企业获得的只是资产的使用权、产品供销权和经营自主权,不能从根本上确立资产增值和有效经营的责、权、利关系,还容易引发企业的"短期行为"。具体表现是:在承包期中拼设备;重产出轻投入;消费基金膨胀;在承包基数上做手脚等。为解决这些弊端,一些企业又在实行承包制基础上推动改革向股份制方向发展。

改革产权制度试行股份制改造

国有企业经营承包制改革,经历了"一包就灵"的成效,也佐证了企业行为短期化的流弊。中共十二大提出坚持多种经济形式和经营方式共同发展的方针,为另一种方式的股份制改革试点提供了政策支持。

随着城市经济改革的推进,国有企业改革取得了一定的成绩。但大都是在原有产权制度和计划体制框架内进行,没有解决政企分开问题,企业仍是行政部门的附庸,而且不能正确处理企业所有者、经营者和一般职工的关系,以至企业发放奖金、补贴失控,完成国家下达的生产和财务计划的情况越来越差;承包的办法大大刺激了短期行为,承包者所得不免挖了财政和国有资产的墙脚,企业整体经济效益下滑。在这种情况下,股份制改革的思路日益受到了重视。

早在城市经济改革之初,邓小平在谈到国有企业改革时,就提出了探索公有制新的实现形式的要求。1980年5月,在中央书记处研究室和国家劳动总局联合召开的劳动就业座谈会上,时为北京大学经济系副教授的厉以宁第一次提出可以用大家集资的办法,兴办一些企业,企业也可以通过发行股票扩大经营,以此来解决就业问题。这个提议当时没有引起什么反响。

3个月后,中央召开全国劳动就业工作会议,厉以宁再次提出实行股份制问题,支持的人就多了,于光远、童大林、冯兰瑞、蒋一苇、王珏、赵履宽、鲍恩荣、胡志仁等经济学家都表示同意,说股份制是个好办法。1984年,厉以宁针对企业承包经营暴露出来的问题提出,仅仅从所有权和经营权分离的角度,对企业的经营权进行改革已经不行了,必须深入到企业所有权的改革,深入到企业财产组织形式的改革上来,改革的方向就是实行股份制。厉以宁作为股份制的积极倡导者,后来得到一个"厉股份"的雅号。

其实,以社会募股方式筹集资金的尝试在实践中已有出现。1980年8月人民银行抚顺支行最早代理企业发行211万元股票。1982年7月深圳宝安联合投资公司首次面向全国募集股份资金。当时许多人对股票到底是什么东西不甚了了，一位中央领导同志还发问：老百姓的钱都存在银行里，现在搞股票发行，老百姓用存款来买股票，这不就是存款搬家吗？有什么意义呢？

1984年，世界银行驻中国办事处主任林重庚建议中国可以考虑按照股份制的运作办法，来解决国有企业政企不分、缺乏活力的问题。国务院对此很重视，要求国家经济体制改革委员会进行认真研究。这年4月，国家体改委在江苏省常州市召开了城市经济体制改革试点工作座谈会。会后下发的《座谈会纪要》指出，对城市集体企业和国有小企业要进一步放开，搞活的办法是"允许职工投资入股，年终分红"。在《纪要》的影响下，1984年7月，北京天桥百货股份有限公司宣告成立。该公司首次向社会公开发行股票300万元。不过，"天桥百货"的股份制还远不规范，股票是定期3年，保息还本。这实质上还是一种企业债券。

在"坚持多种经济形式和经营方式共同发展"方针的鼓舞下，1984年11月14日，经人民银行上海分行批准，由上海飞乐电声总厂、飞乐电声总厂三分厂、上海电子元件工业公司、工商银行上海市分行信托公司静安分部几家共同发起，设立上海飞乐音响股份有限公司，向社会公众及职工发行股票。总股本1万股，每股面值50元，共筹集50万元股金，其中35%由法人认购，65%向社会公众公开发行。上海飞乐音响股份有限公司成为上海市第一家股份制企业。同时，飞乐音响公司这次发行的股票，没有期限限制，不能退股，可以流通转让。就是说，这是中国改革开放以来第一张真正意义上的股票。正因为"飞乐音响"实现了我国证券市场从无到有、零的突破，飞乐股票被外国新闻界称为中国经济改革取得突破性进展的标志。这一年，上海试行股份制改革的还有豫园商场等企业。股份制的试点范围开始逐步扩大。

1986年7月，国务院决定重新组建交通银行。这是我国第一家全国性的股份制金融企业，它的成立标志着股份制已引入金融业。继此之后出现的深圳发展银行，是由国家、企业和私人三方合股的区域性股份制商业银行。该行于1987年5月在吸收特区内6个信用社资金的基础上，以自由认购形式向社会公开发行人民币普通股（每股面值20元），在管理上实行股东大会制和董事会领导下的总经理负责制。这是在建立资金市场和推进银行企业化方面的一项重要改革。

对于已经起步的股份制试点，中央给予了积极支持。1986年12月，国务院在《关于深化企业改革增强企业活力的若干规定》中明确指出："各地可以选择少数有条件的全民所有制大中型企业，进行股份制试点。"不过，鉴于在实行股份制经济方面还缺乏经验，对于股份制的性质、作用还有不少问题需要探讨，加之某些地区、某些企业在试行股份制时出现了任意提高股息率和分红率，随意低估国家资产，以及有关法规不健全等问题，国务院采取了慎重稳妥的方针，以使各地的股份制试点逐步向规范化方向发展。

深圳发展银行于1987年5月以自由认购形式向社会发售79.5万普通股，因当时社会上对股票缺乏认识，实际认购了39.65万股，仅完成计划的49.9%；发行价格为每股20元，实收金额793万元。1988年2月，该行又以自由认购形式发行港币优先股10万股，发行价格为每股100港元，实收股金1000万港元。这是中国首家挂牌买卖股票的金融机构，也是首家发行外汇优先股的银行，因而颇受世人的关注。

随后，深圳市金田实业股份有限公司（原为深圳市纺织工业公司下属的国有企业），于1988年2月发行股票2.74万股，每股面值为100元人民币。其股份构成为：国家股（市纺织工业公司持有）为1.1万股，占总股份的40.1%；企业集体股为1.1万股，占总股份的40.1%；法人股（发展银行）1000股，占总股份的3.6%；内部职工股4400股，占总股份的16%。这是深圳市首家由国有企业改组成的股份有限公司，也是国内首家探索设置企业股、内部职工股的股份公司，它的改革也引起了社会的关注。

自从中央明确提出实行国有企业股份制试点以来，股份制改造发展很快。1991年，全国共有各种类型的股份制试点企业3220家（不包括乡镇企业中的股份合作制和中外合资、国内联营企业），其中工业企业1781家，占试点总数的55%；商业企业942家，占30%；金融企业171家，占5%；建筑企业58家，交通运输企业28家，其他行业企业240家。原属于全民所有制的企业占22%。

作为现代企业通行的一种资本管理形式，股份制对搞活国有大中型企业的积极作用，在试行期间已初露端倪。它使国家与职工个人共同拥有企业的产权，利益、风险牢牢地联系在一起，为企业经济效益的不断提高提供了内在动力。这种经营管理形式不仅规范了投资各方的权利、义务，而且由于有了集中投资、稳定经营、分散风险的经营机制，有利于吸收社会闲散资金，控制、缓解消费膨胀，同时对吸收外资、发展外向型经济也起了促进作用。

开展所有制结构改革初见成效

在体制改革多方面展开的同时，所有制结构改革也按照中央的要求，与体制改革相辅相成地开展起来。

发展社会主义有计划的商品经济，需要更好地贯彻国家、集体、个体一齐上的方针，以调动一切积极因素发展生产力。按照这一精神，1985年11月，国务院发展研究中心就生产资料所有制结构改革问题召开了专题讨论会。会议认为，执行第七个五年计划期间必须把所有制结构改革放到重要地位，使经济运行体制的改革同所有制结构改革结合进行。所有制结构改革的方向，应是在发挥全民所有制经济主导作用的前提下，寻求新的更加适合社会主义有计划商品经济发展要求的所有制结构。按照这一思路，所有制结构改革主要从三个方面积极推进：

一是放宽政策，大力发展集体经济和个体服务业，适当发展个体经济和私营企业，以适应发展社会生产力和改善城镇居民日益提高的物质生活需要。到1986年底，全国乡镇企业已由1984年的140多万个发展到1200多万个，总产值达到3300亿元，首次超过农业总产值，对推动农村经济发展起了巨大作用。全国集体、个体服务业网点已发展到160.9万个，从业人员369.9万人。其中供销社以外的集体所有制网点13.8万个，从业人员107.6万人；个体网点141.1万个，从业人员189万人。到1987年，全国城镇个体工商户，已由1978年的10多万户发展到500多万户。到1988年，全国私营企业发展到4万余户。他们的生产经营活动，填补了大企业生产经营上的一些空白，丰富了市场，活跃了经济，方便了人民生活。

二是发展"三资"企业。通过引进国外资金，同外商合资办厂、合作办厂和让外商独资办厂，不仅解决了引进先进技术设备、扩大对外贸易和外汇短缺的问题，而且学到了外国先进的生产技术和管理经验，提高了我国企业的经营管理水平和技术水平。到1987年6月，我国已批准建立中外合资、中外合作和外商独资企业8516家，协议合同外资金额达171.76亿美元。这种"三资"企业并没有改变我国社会主义公有制的主体地位，而是对我国社会主义公有制经济的有益补充。它们的存在和发展，不仅有利于提高我国产品的数量和质量，增强我国对外贸易的竞争能力，而且改善了我国的所有制结构。

三是在公有制经济内部发展多种经营方式，改变过去那种单一的僵化的经营模式。这一时期，在公有制经济内部通过所有权与经营管理权的分离而出现了多种经营方式：主要有承包经营方式、租赁经营方式和股份制经营方式。

经过几年的所有制结构改革，原来那种与生产力水平不适应的单一公有制结构得到很大改变。1987年同改革前的1978年相比，在全国工业总产值中，全民所有制企业的产值有相当的增长，其所占比重虽然由77.6%下降到59.7%，但仍占绝对优势；集体所有制经济由22.4%上升到34.6%；个体经济、私营经济、"三资"企业和其他非公有制经济成分则由几乎为零上升到5.7%。在社会商品零售总额中，全民所有制商业由54.6%下降到38.7%，集体商业由43.3%下降为35.7%. 非公有制经济成分由2.1%上升到25.6%。全国城镇个体工商业从业人员由15万人增加到569万人。所有制结构的这种变化，对发展经济、方便生活和安置就业都起了积极作用。

在企业内部，改革劳动制度和分配制度，是搞活企业的又一重要内容。在改革劳动用工制度上，1986年4月，中共中央、国务院发出《关于认真执行改革劳动制度几个规定的通知》，尔后又陆续颁布了《国营企业实行劳动合同制暂行规定》《国营企业辞退职工暂行规定》和《国营企业职工待业保险暂行规定》。从1986年10月起，全民所有制工业企业招收新工人全部实行合同制，实行"老人老办法，新人新办法"，迈出了劳动制度改革的重要一步。与此同时，对职工实行待业保险制度，以便为企业启动辞退职工的机制作好准备。到1987年，国有企业招收新的合同制工人已达680万人，一批大中城市相继成立了劳务市场，促进了各种专业人才和不同类型劳动力的合理流动。

在改革分配制度上，从1985年起，通过落实企业内部的经济责任制，实行了多种形式的工资、奖金分配制度的改革试验。其中包括企业工资总额同上缴利税挂钩，按比例浮动；国家对企业工资进行分级管理；对工资、奖金突破限额的企业，开征工资调节税和奖金税，等等。1986年12月，国务院发布《关于深化企业改革增强企业活力的若干规定》。《规定》指出，为了改进企业的工资、奖金分配制度，在国家规定的工资总额和政策范围内，企业可以自主决定内部职工工资、奖金分配的具体形式和办法，以奖勤罚懒，体现按劳分配、多劳多得的原则。同时改进能源、原材料节约奖的提奖办法，解决"鞭打快牛"的问题。这些改革措施的实施，对于克服"职工吃企业的大锅饭""企业吃国家的大锅饭"的弊端，产生了明显效果。

为建立优胜劣汰的激励机制，这一时期还试行了企业破产制度，以促进企业领导经营机制的改善。1986年上半年，在国务院领导下成立了《企业破产法（草案）》起草小组。同年6月，该小组同辽宁省社会科学院、沈阳市人民政府在沈阳召开了企业破产问题研讨会。会议肯定了沈阳市在集体企业中先行试验破产倒闭制度的经验，认为过去用关、停、并、转的办法给处于困境的企业"输血"是保护落后，不能体现优胜劣汰的竞争机制，应以《破产法》取而代之。

会后一个多月，沈阳市人民政府于8月3日宣布：连续亏损10年，负债额超过全部资产2/3的国营企业——沈阳市防爆器材厂破产，收缴其营业执照。8月26日，沈阳市防爆器材厂破产倒闭处理监督委员会宣告：原沈阳市防爆器材厂资产采取招标方式对其整体拍卖，凡有资金的单位和个人均可投标。同月，沈阳、武汉、重庆、太原四城市在10家企业中试行破产制度，亮"黄牌"限期整顿。此后有5家企业起死回生。这说明企业破产制度对企业改革和发展具有鞭策作用，对搞活企业是一剂有效的"苦药"。在上述试点的基础上，1986年12月，六届全国人大常委会第十八次会议通过了《中华人民共和国企业破产法（试行）》，标志着国有企业改革又前进了一大步。

二、培育和建设商品经济市场体系

国家调节市场和市场引导企业

1984年《中共中央关于经济体制改革的决定》公布以后，改革探索的趋向是逐步加大市场调节的分量，减少计划调节的分量。在计划调节中，又逐步加大指导性计划的比重，减少指令性计划的比重。这是当时人们可以接受的，因为大家都承认过去指令性计划的比重太大了。当市场调节还没有达到占主导地位之前，不会有十分强烈的反对意见。随着改革的深入，要求对计划和市场的关系，"理论上要彻底一些"。

1985年春，中共中央开始起草关于制定国民经济和社会发展的第七个五年计划的建议。总方针是："'七五'计划应该是一个改革的计划。"如果不搞改革，不坚持开放政策，我们制定的发展经济的战略目标就不可能实现。为了考察"七五"计划战略设想的科学性和可行性，中央领导除了在中南海运筹之外，还到全国各地做了大量的深入的调查研究，广泛征求各方面、各阶层的意见。同时，中央还为起草小组邀请了一些"外脑"，其中不仅有一些负有盛名的专家学者，还有相当数量的颇有建树的中青年理论工作者。从不同渠道汇集的许多重要想法和建议，源源不断地传递到起草小组，使酝酿起草"七五"计划的思想框架不断得到充实和深化。

1985年9月16日，中共十二届四中全会讨论并原则通过《中共中央关于制定"七五"计划的建议（草案）》，准备召开中国共产党全国代表会议审议通过。《建议》要求按照十二届三中全会的决定推进经济改革，力争在"七五"期间或更长一些时间里基本上奠定有中国特色的、充满生机和活力的社会主义经济体制的基础。为此，必须主要抓好三个方面的工作。第一，进一步增强企业特别是国有制大中型企业的活力，使它们真正成为相对独立的、自主经营、自负盈亏的社会主义商品生产者和经营者；建设社会主义的市场体系。第二，在计划指导下，继续扩大消费品市场和生产资料市场的同时，逐步开辟和发展资金市场、技术市场和劳动市场；国家对企业的管理逐步由直接控制为主转向间接控制为主，建立主要运用经济手段和法律手段，辅之以必要的行政手段的、新的社会主义宏观经济管理制度。第三，把计划工作的重点转到用经济政策和经济手段进行间接的、更全面的宏观控制的轨道上来。

围绕这三个方面，要配套地搞好计划体制、价格体系、财政体制、金融体制和劳动工资制度等方面的改革，以形成一整套把计划和市场、微观搞活和宏观控制有机地结合起来的机制和手段。

这里最引人注目的,首先是市场体系的问题,就是要把各种生产要素的分配都纳入市场流通的轨道。这是一年前十二届三中全会的决定所没有提出的。其中,资金市场的开辟尤其具有重要的意义。因为在生产的各种物质要素基本上都进入市场的条件下,资金的分配就决定着这些要素的分配和组合。因此,当通过资金市场进行融资活动成为可能的时候,市场在整个资源配置中的调节作用也就会大大加强。

《建议》和"七五"计划在改革的目标模式的选择上,与中央关于经济体制改革的决定相比,包含着重要的补充和发展。在计划和市场的结合中市场的分量加大了,显示出两者结合的一种新的格局。从理论上说,在发达的和比较发达的商品经济中,市场必然要逐步发展形成一个体系,把各种生产要素都纳入其中。只有在这样的条件下,市场机制才能正常地发挥作用,调节资源的分配使之趋向于符合社会的需要。由此,理论界对建设市场体系的问题有了更明确的认识。在上述认识的基础上,中央开始筹备召开中共十三大的工作。

1987年2月,邓小平在谈到中共十三大报告的起草等工作时提出,计划和市场都是发展生产力的方法,不要再讲以计划经济为主了。他指出:"为什么一提市场就说是资本主义,只有计划才是社会主义呢?计划和市场都是方法嘛。只要对发展生产力有好处,就可以利用。""我们以前是学苏联,搞计划经济。后来又讲计划经济为主,现在不要再讲这个了。"[1] 根据邓小平的意见,中央经过讨论提出《关于草拟十三大报告大纲的设想》。该《设想》全篇拟以社会主义初级阶段作为立论的根据,说明由此而来的经济建设的发展战略、发展社会主义商品经济的任务和我国经济体制改革的方向等七个问题。这里所说的"社会主义初级阶段",不是一般地泛指无产阶级取得政权以后的初级阶段,而是特指由中国的历史条件和社会条件所决定的、必须经历而不能逾越的初级阶段。所以必须从自己的国情出发,走自己的路,必须允许以公有制为主体的多种经济成分长期存在,必须允许以按劳分配为主体的多种分配原则长期存在,必须致力于发展社会主义商品经济,促进社会主义统一市场的形成和发育,正确处理计划调节和市场调节的关系等。3月25日,邓小平审阅了这个《设想》,批示说:"这个设计好。"[2]

1987年10月,中国共产党召开第十三次全国代表大会。关于经济体制改

---

[1] 中共中央文献研究室编:《邓小平思想年编(1975—1997)》,北京:中央文献出版社,2011年,第606—607页。

[2] 中共中央文献研究室编:《邓小平思想年编(1975—1997)》,北京:中央文献出版社,2011年,第610—611页。

革，十三大报告对计划和市场的关系作了新的解释，明确提出："社会主义有计划商品经济的体制，应该是计划与市场内在统一的体制"；"计划和市场的作用都是覆盖全社会的。新的经济运行机制，总体上来说应当是'国家调节市场，市场引导企业'的机制。国家运用经济手段、法律手段和必要的行政手段调节市场供求关系，创造适宜的经济和社会环境，以此引导企业正确地进行经营决策"。[①]在肯定市场的作用也是"覆盖全社会的"的前提下，十三大报告强调要加快建立和培育社会主义市场体系，这不仅包括消费品和生产资料市场，而且应当包括资金、劳务、技术、信息和房地产等生产要素市场。这就确定了以市场为取向的改革新思路，使市场因素有可能转变为相对独立的经济体制因素。

从过去不承认商品经济，到承认发展社会主义有计划的商品经济，再到确认新的经济体制"是计划与市场内在统一的体制"，"计划和市场的作用都是覆盖全社会的"，要加快建立和培育社会主义市场体系——中共十三大总结几年来改革开放实践积累的经验，在计划与市场关系的理论上取得了重大突破。

围绕建设市场体系的综合改革

伴随着理论探索与交锋的跌宕起伏，中国改革开放实践一直在风浪中前进。1978年以前，我国在计划经济体制下，实行的是主要工农业产品的统购包销制度，企业无权销售自己的产品，因而消费品市场、生产资料和生产要素市场难以形成。要改变这种局面，必须允许工农业产品自销和委托商业、物资、外贸部门代销，允许生产企业共同参与生产资料的自由购销，参与工业品消费资料和农副产品的自由购销，并着手改革价格体系，以建立统一的社会主义市场。为此，中共中央和国务院提出了开展商业体制和价格体系改革，在横向联合中培育社会主义市场体系的任务。

1984年7月14日，国务院批转的商业部《关于当前城市商业体制改革若干问题的报告》中提出，改革日用工业品一二三级批发层次，合并批发站与市批发公司，建立城市贸易中心，逐步形成开放式、多渠道、少环节的批发体制。7月19日，国务院又批转国家经济体制改革委员会、商业部、农牧渔业部《关于进一步做好农村商品流通的报告》。这份报告指出，从总体上看，目前我国农村商业体制与商品生产迅速发展的形势很不适应，必须进行根本性改革。报告提出的主要措施是：发展国有、集体、个体多种经济形式，多种经营方式，实行

---

① 中共中央文献研究室编：《十三大以来重要文献选编》（上），北京：人民出版社，1991年，第27页。

多渠道流通；继续减少统购、派购品种；对完成国家统购、派购任务的农副产品和非计划产品，实行议购议销，价格根据市场供求情况，随行就市，有升有降；改变农副产品按行政区划、行政层次统一收购和供应的批发体制，砍掉不合理的经营环节；加快供销合作社体制改革；积极发展农副产品加工业，全民、集体、个体一齐上；大力发展交通和商业经营设施。

根据上述两个文件的精神，1984年至1987年间，从中央到地方陆续改革了商品批发体制，把供销社由公办改成民办、集体所有制的合作商业，多种经济成分、多功能的贸易中心和批发交易市场得到迅速发展，农贸市场，零售商店，服务、维修、饮食网点大量增加，并允许农民进城开店，积极为外地前来经商人员开辟场地，从而打破城乡分割和地区封锁，活跃了商品市场。

培育社会主义市场体系不但需要疏通流通渠道，还要求进行价格体系的改革。无论消费品和生产资料市场，还是资金、技术、信息等生产要素市场，都必须遵循等价交换原则，建立一个合理的价格体系。我国原有的价格体系基本是由单一的国家行政机关定价，商品的价格并不真正反映商品价值，这种情况阻碍了商品经济的正常发展。对此，1984年5月，国务院在《关于进一步扩大国营工业企业自主权的暂行规定》中提出，工业生产资料属于企业自销的和完成国家计划后的超产部分，一般在不高于或低于20%的幅度内，企业有权自定价格，或由供需双方在规定幅度内协商定价，从而开始冲破了国家单一定价的价格体系。

进入全面改革阶段以后，价格体系改革步伐逐步加快。1985年1月，国家取消了上述关于企业自主定价不高于20%的限制。同年2月，全国经济工作会议又提出长期积压和超储的长线产品，可以随行就市，把平价转为议价，产销直接见面。3月，六届全国人大三次会议通过的政府工作报告又决定：合理调整农村粮食购销价格和棉花收购价格并实行合同定购，把其余农副产品的价格逐步放开，实行市场调节；适当提高铁路短途运价，以利于调整运输结构；适当拉开质量差价和地区差价，减少和淘汰质次价高、不适合市场需要的产品，促进商品的合理流通；对原材料、燃料等重要生产资料，计划分配部分的价格基本不动，按规定企业自销部分，实行市场调节。

培育市场体系不仅涉及流通和价格问题，而且还有市场的扩展问题。几年来在扩大企业自主权的基础上，企业之间出现了不同形式的横向经济联合，促进了商品流通和统一市场的发展。这是我国经济生活中的一个新事物，是对条块分割、地区封锁的有力冲击，得到了党中央和国务院的重视和推动。1986年3月23日，国务院发布了《关于进一步推动横向经济联合若干问题的规定》。《规定》指出，企业之间的联合，是横向经济联合的基本形式，是发展的重点。可以不受地区、部门、行业界限的限制，不受所有制的限制。发展横向经济联合，应当有利于形成和发展商品市场、资金市场和技术市场，有利于打破条块分割；应当维护企业在经济联合中的自主权，促进物资的横向流通，加强生产与科技的结合，发展资金的横向融通。

这个《规定》发布后，我国横向经济联合迅速发展起来。据1986年5月2日《人民日报》报道，江苏、浙江、安徽、江西等省和上海市进行的横向经济联合呈现了四个特点：第一，上海市先进技术的辐射面已达四省所属的12个省辖市和17个地区，上海的技术输出使长江三角洲城乡差别正在缩小。第二，沿海城市同皖、赣革命老区的市场渠道已经打开，带动了老区经济的发展。第三，四省一市已开始横向融通资金，加快了各地的资源开发。第四，跨省市的经济联合体相继出现。在上海经济区内，有十多个规模不等的小经济区正在酝酿建立。大小经济区配套，使经济网络更加畅通，加快了区域性经济的发展。同时，北方12个城市和两个地区在天津召开市长联席会，决定建立了环渤海经济区，开展多方面、多层次、多种形式的横向经济联合。

横向经济联合开展最为迅速的是综合改革试点的城市。其特点是形成以大中型企业为龙头，以城镇集体企业和乡镇企业为两翼的多层次、多渠道、多形式的城乡经济联合体。许多联合体，已从物资交换、生产协作等单联合形式向以原材料开发、加工、科研和产品销售等配套的多功能联合方向发展，由地区性联合向全国性联合扩展。随着横向经济联合的发展，社会主义有计划商品经济的市场体系开始形成。其标志是，消费品市场日渐广阔、完善，生产资料市场也从无到有建立起来。

适应发展商品经济和培育社会主义市场体系的需要，国家开始尝试建立以间接调控为主的宏观经济调节体系。就是要"从直接调控为主向间接调控为主过渡"，为此必须在计划、投资、财政、税收、金融以及城市综合体制等方面进行一系列改革。主要是针对原有体制的集中过多、管得过死、忽视价值规律和市场作用等弊端而展开。从中央到地方都逐步缩小了指令性计划，扩大了指导性计划，并适当下放了计划管理的权限。到1987年，国家指令性计划管理的工业产品品种已由1984年的120种左右减少到60种，其产值占工业总产值的比重，由40%下降到17%左右；国家统配物资由1984年的259种，减少到26种。在商业方面，国家直接计划管理的商品，也由188种减少到23种；小商品和计划外商品都改由市场调节。市场调节的产品品种和数量在逐步扩大。与此同时，在下放管理权限方面，继1984年以前对重庆、武汉、沈阳等城市实行计划单列后，又陆续决定对大连、广州、哈尔滨、西安、青岛、宁波等城市和海南行政区实行计划单列，赋予其省级经济管理权限。这些措施进一步下放了国家的计划管理权，增强了这些地区和企业发展经济的活力。

投入产出包干，是投资体制的一项重要改革。国家陆续下放了一部分投资审批权，并推行投入产出包干制。到 1987 年，国家计委审批的生产性建设项目和技术改造项目的资金限额，由 1984 年的 1000 万元以上，提高到 3000 万元以上，把 3000 万元以下的投资权限下放给地方。至于非生产性建设项目，原则上由各省市自行审批。1987 年，在全社会投资总额中，国家投资只占 25.4%，扩大了地方和企业的投资权限。1979 年后，国家曾对石油、冶金（钢铁）、煤炭、有色金属、石油化工、电力等部门先后实行了不同内容的投入产出包干制。1986 年开始，又对铁路部门也实行投入产出、以路建路养路的包干制。这种办法的实行，对加快生产发展，提高经济效益，促进资金流转的良性循环，起到了积极作用。

改革财税体制，是用经济手段实行间接宏观调控的重要措施。针对我国财政体制长期以来实行统收统支、吃大锅饭，以致资金使用不讲效益等弊端，1984 年以前就把"统收统支"体制，改为"划分收支、分级包干"（俗称"分灶吃饭"）体制。从 1985 年起，国务院又将"划分收支、分级包干"制，改为"划分税种、核定收支、分级包干"的财政管理体制。同时，对广东、福建两省分别实行定额上缴包干和定额补贴包干体制。按税种划分收入的尝试，为日后实行分税制积累了经验，促进了地方开辟财源、增收节支的积极性，又保证了国家财政的不断增长。这一时期的财税改革，还包括在 1984 年以前实行第一步利改税的基础上，于 1984 年 10 月又开始实行第二步利改税。其主要内容是把企业上缴利润部分改为以调节税上缴国家财政。同时开征了增值税、资源税、建设税等新税种，以增加税收的经济调节能力。

改革金融体制，提高资金使用效益，调节宏观经济发展方向，是建立间接宏观调控手段的又一重要措施。之前金融体制改革主要是努力建立以中央银行体制为主体、多种金融机构相配合的新型金融体系。从 1985 年 1 月起，信贷管理实行"统一计划、划分资金、实存实贷、相互融通"的原则，开始打破过去存在的"大锅饭"。1986 年 1 月，国务院发布《中华人民共和国银行管理暂行条例》，分别就中央银行、专业银行、其他金融机构、货币发行管理、信贷资金管理等问题作出专门规定，加快了改革步伐。到 1987 年，全国金融改革试点已由 1986 年的 5 个城市发展到 27 个城市和一个省（广东省），还进行了基层银行企业化经营和开放资金市场等方面的试验。1986 年 7 月，经国务院批准成立了交通银行，这是一个综合性、股份制银行，经营存、贷和外汇业务，为银行的进一步改革探索新路子。1987 年 4 月，我国又成立了第一家企业自办的银行——招商银行。此外，我国还先后设立了中国国际信托投资公司、中信银行及各地的信托投资公司、租赁公司、财务公司，城市信用社系统也建立并发展起来。一个多层次、多功能的新型金融体系开始形成。

进行综合改革试点，发挥城市的功能，是搞活企业、培育市场和搞好宏观经济调控的配套工程。我国城市经济体制综合改革试点从 1981 年就已开始,进入全面改革阶段以后,步伐日渐加快。1985 年,国务院批准的综合改革试点城市已有 7 个。此外,还有各省、市、自治区人民政府批准的综合改革试点城市。到 1986 年底,这类综合改革试点城市已发展到 72 个。

就 72 个综合改革试点城市的总体情况来看,出现了 6 个方面的可喜变化:一是企业的经营自主权扩大,分配制度趋于合理,企业开始获得发展的内在动力;二是所有制结构经过初步调整和改革,更加适应我国生产力发展的水平;三是商品市场迅速发展,价值规律对生产和需求的调节作用显著增强;四是同国外的经济技术交流和国内的横向经济联系有了较大的发展;五是城市开始发挥经济中心的功能,在带动和协调社会经济发展方面起着越来越重要的作用;六是初步改革了国家管理经济的方式,在加强和改善宏观管理方面做了有益的探索。

从 1984 年 10 月至 1987 年,从中央到地方,在探索宏观经济管理体制方面取得了一定的进展,积累了一些经验。但是,对于如何使经济在微观上搞活,宏观上不乱,稳步地推动经济增长,避免大起大落,仍是一个需要继续着力解决的问题。

三、启动价格体系及管理制度改革

放与调相结合的价格双轨制方案

改革的锋芒突破计划经济体制的防线后,并不是顺势而下,步入坦途的。当触及经济的核心——价格问题时,现实的矛盾日渐凸显,改革变得步履维艰。由于计划经济体制的严重弊端之一,是长期以来对生产资料实行单一的计划价格控制,许多生产资料的价格严重偏离价值,给扩大再生产造成很大约束和障碍。在全面的经济改革中,改革这种不合理的价格体系和管理制度也就势在必行。

相对于计划经济体制的诸项改革来说,价格改革是难度最大、风险最高的一项改革。原来改革的过程和方向设计是:除极少数重要生产资料外,绝大多数生产资料价格放开,实行市场调节。但考虑到如果一步到位,全面实行价格的完全市场化,会引起过大的社会震荡,各方面难以承受,因此就设想计划和市场两套机制并行,同时实行计划调节和市场调节两种运行机制。这就是在 1985 年中国正式形成的价格双轨制。

价格双轨制包括主要农产品收购价格、主要工业产品出厂价格、紧缺商品价格的双轨制,即同一城市、同种商品同时存在计划内、计划外两种价格的状态,国家计划任务内的实行国家牌价,超计划生产部分和按国家规定的比例允许企业自销部分实行市场价格,这是经济体制转换时期新旧体制并存的反映。另外,还包括利率双轨制、汇率双轨制和其他广义价格的双轨制,这些都是从过去单一的计划价格转向未来的有控制的市场价格的过渡措施。

价格双轨制是中国经济改革中最具本国特色而其他国家无法复制的一项重大改革。虽然对于这一改革有着各种不同角度的评价,但是任何"事后诸葛亮"式的评价,都不能离开这项重大改革所发生时的特定历史背景。从1979年经济体制改革以来,计划经济的控制在其边缘上已经松弛,非国有经济开始受到市场需求的指引,价格也逐渐向市场化方向发展。随着企业自主权的扩大,国家开始允许国有企业超计划生产的产品有不超过20%的价格浮动权,这样更推动了价格多元化的发展。但由于没有统一、合法的市场渠道,计划外产品的价格浮动范围是有限的,而且呈扭曲的多元形态存在。问题在于,在占统治地位的计划价格体系中,供需缺口相对较小的一般工业消费品,计划控制较弱,而对供需关系严重失衡的生产资料,计划控制尤其严格。因此,当时面对的现实情况是,生产资料在计划控制的低价格下供需关系极度失衡,因其对中下游产品的传导作用,导致整个价格体系严重扭曲。

价格信号的失真,使得扩大企业自主权等激励企业发展的各项措施失去导向。价格改革已成为城市改革乃至中国经济改革的一个要害问题。对此,国务院价格研究中心的田源等人提出了对严重扭曲的价格体系必须进行大步调整的建议。青年经济学者周小川、楼继伟、李剑阁等人在自己的研究中,则提出用"小步快调"的办法,主张不断校正价格体系,既减少价格改革过程的震动,又可以逐步逼近市场均衡价格。无论大步调,还是小步调,都是"调"的改革思路。

正是在中央亟需解决城市经济改革"拦路虎"的大背景下,1984年3月,由《经济学周报》等单位发起,准备在秋天召开一次"全国中青年经济科学工作者讨论会"。这次会议主要是"以文入会",出席会的代表完全由论文水平确定。最终从1300篇论文中确定了与会代表124人。9月,这个会在浙江省德清县莫干山召开,价格改革是会议最主要的议题。这次会议后来以"莫干山会议"而闻名。

时任国家体制改革委员会宏观规划组处长徐景安出席了这次会议。会议讨论分成7个组,徐景安被分在第一组——价格组。徐景安回忆说,关于价格改革的小组讨论吵得热火朝天。田源是价格研究中心出来的,主张"调";张维迎是按论文选来的,主张"放"。过去都是"调"的思路,现在有了"放"的第二种思路。华生作为中国经济学界最高荣誉——孙冶方奖1986年的得主,当时还是中国社会科学院研究生院的在读研究生。他提出"先改后调,改中有调"的第三种思路。其核心要点是:在当时计划经济还占统治地位的情况下,"保护"和封闭存量（保护和赎买既得利益），培育和发展增量（市场和新生力量），走理想务实的增量渐进改革路线，通过增量这个新轨的壮大，逐步解决存量这个旧轨。① 这就是莫干山会议上"双轨制"的含义。

当时各方面的担心是在计划经济为主的情况下，一下放开价格控制太不现实，容易引起社会动荡；同时市场发育也需要一个过程。在市场不完备时，市场均衡价既难以实现，也未必优化。会后，华生作为"第三种思路"的代表，被要求向当时在杭州的中央财经领导小组秘书长张劲夫汇报。华生为会议纪要单独写了《用自觉的双轨制平稳地完成价格改革》报告，提出从生产资料价格改革入手，用5年左右的时间实现和完成整个价格体系的调整和价格管理体制的改革。"双轨制"这一概念，就在给中央的报告中首次出现。国务院领导很快接受了这个政策建议。

实际上，在中国实行双轨制之前，一物多价不仅是一种相当普遍的客观存在，而且已经被引入了价格政策。其中，影响最大的就是农产品收购的超购加价政策。1978年末，为了克服农产品严重短缺的局面，中央决定不仅把粮食统购价格提高20%，而且，对于农民超过国家定额销售的粮食，再加价50%。在包产到户实行后，这一政策产生了极大的激励效果。换句话说，中央之所以能够接受双轨制的政策设计，一个重要原因是粮食收购、部分生产资料等事实上已经实行了价格双轨。当然，"自觉地利用双轨"来推动市场化改革与"被动"接受价格多轨的现实，对于改革的进程会产生完全不同的影响。

莫干山会议后，徐景安根据会上的讨论撰写了一份报告，题为《价格改革的两种思路》。报告提出，能源、原材料调价之所以不易解决，是由于国家计划供应和统一分配的能源、原材料比重仍很大。所以要采取"先放后调，以放促调"的办法，其好处：一是把价格改革这个十分复杂、难以决策的大系统，分解为一个个行业、一类类产品的小系统，改起来容易预测、决断和施行。二是利用指令性计划外的浮动价、议价创造的市场机制，促进计划价格的改革。这不仅调整了不合理的价格体系，又改革了僵化的价格管理体制。三是把计划、物资、价格统起来配套改革，既缩小了指令性计划，又搞活了物资购销，还改造了价格体系，为企业放活、简政放权、政企分开创造了条件。这份报告送上去，很快得到国务院主要领导的批复："价格改革的两种思路很开脑筋。总题目是如何使放、调结合，灵活运用，因势利导，既避免了大的震动，又可解决问题。"② 由此，"放调结合"的双轨制成为我国价格改革的指导方针。

---

① 许知远：《实施与争论——探寻价格"双轨制"改革实施的背后》，《经济观察报》2006年9月21日。
② 徐景安：《我所经历的经济体制改革决策过程》，参见高永中主编《中国共产党口述史料丛书》第二卷，北京：中共党史出版社，2013年，第253页。

1985年3月，国务院下文首次废除对计划外生产资料价格的控制，标志着价格双轨制改革正式实施。单一的国家定价改为国家定价、市场调节价和国家指导价并存，基本上适应了有计划商品经济发展的要求，大大缩小了农产品与工业品的剪刀差（比价），推动了农业生产的发展。农产品收购价格总水平，1986年比1978年提高77%，而工业品在农村的销售价格，1986年与1978年相比只提高14%。同量的农产品所能换到的工业品数量，1986年比1978年大约增加54%。这就极大地调动了广大农民发展商品生产的积极性。

调整工业品价格，促进了工业生产的协调发展。1986年同1978年比较，采掘工业产品价格上升55%，原材料工业产品价格上升45%，加工工业产品价格上升13%。基础原材料工业品价格的调整促进了基础工业生产的发展，长期供不应求的煤炭、水泥和线材等短线品种，供求已基本平衡，煤炭已出现买方市场。价格改革激活了商品经济，使商品供应状况有了较大改善。工业品和副食品供应，由于多数价格放开，促进了花色品种的增加和商品质量的提高。

不过，实行价格双轨制只能是一个过渡性的政策设计。世界银行一直关注和支持中国经济的改革，他们对中国实行"价格双轨制"的决策大吃一惊，强烈置疑。在他们看来，同样的商品，两种价格，不仅不合理论，也有违常识。一个世界银行专家小组正式向中国有关方面提出建议，价格双轨不能久拖，要尽快实现并轨。

在国内，对双轨制带来的弊端的批评也开始了。吴敬琏等经济学家提出，双轨制既不是计划理论，又不符合市场理论，就等于在同一条道路上实行可以靠左行驶和靠右行驶的双重规则，必然助长权力寻租现象，造成腐败蔓延。事实上，在价格双轨制下，最先盛行的是"倒批文"，有相当一批人利用官场人脉和关系，或暗中行贿，从主管部门拿到受计划内控制的各种批文，去倒卖紧缺重要生产资料和进口商品。官商结合、倒卖物资，将计划内倒到计划外，从计划与市场高低悬殊的价差中淘金渔利，成为不少官员腐败的温床。"寻租"这个西方经济学概念，成为人们关注的焦点。实践表明，价格双轨制的实施推动了计划价格向市场价格逐渐转轨，但也催生了中国第一批凭借权钱交易而产生的暴富者。这些内外交织的矛盾和问题，对中央决策层形成了很大的压力，以致急于在1988年推行向市场并轨的价格改革方案。

物价改革闯关的惊险一跃与受挫

中央很早就酝酿了价格改革的问题。1984年10月《中共中央关于经济体制改革的决定》即指出："我国现行的价格体系，由于过去长期忽视价值规律的作用和其他历史原因，存在着相当紊乱的现象，不少商品的价格既不反映价值，也不反映供求关系。不改革这种不合理的价格体系,就不能正确评价企业的生产经营效果,不能保障城乡物资的顺畅交流,不能促进技术进步和生产结构、消费结构的合理化,就必然造成社会劳动的巨大浪费,也会严重妨碍按劳分配原则的贯彻执行。"因此,"价格体系的改革是整个经济体制改革成败的关键"。

中央确认,"价格是最有效的调节手段,合理的价格是保证国民经济活而不乱的重要条件,价格体系的改革是整个经济体制改革成败的关键"。这个认识无疑是正确的。但是,由于价格改革的牵动面广,风险较大,中央的态度十分谨慎,步子一直迈得不大。1988年,当改革进入第十个年头的时候,许多深层次矛盾已经成为我国进一步改革所面临的突出障碍。

第一,国民经济中总需求与总供给的平衡问题并没有解决好,传统发展模式和传统体制模式中存在的普遍扩张冲动和有限的供给增长之间的矛盾,始终困扰着改革与发展。第二,传统体制模式中的经济效益普遍低下的问题并没有解决。整个经济发展缺乏后劲。第三,搞活企业和改善经济运行机制的矛盾没能很好解决。在企业内部还缺乏把长远利益和短期利益结合起来的机制,自我改造、自我发展的意识不强,对宏观经济和市场环境的适应能力差,出现了企业行为短期化的倾向。

由于上述矛盾的存在,中央在考虑下一年经济工作时决定把步伐放慢一些。1987年9月召开的计划会议和经济体制改革工作会议提出,1988年经济工作的方针是:"收紧财政和信贷,控制需求,稳定物价,保持经济的平衡和稳定发展。"会议对1988年具体的宏观控制目标,如货币增发量、市场零售物价指数、外汇结存、农业生产和工业生产增长率、城乡人民的平均实际收入等都向下做了调整。总的方针是"稳定经济,深化改革"。但是,由于对1987年的经济形势、经济生活中存在的问题、困难及其产生的原因分析不够,不少地方、部门和单位对治理整顿的必要性、紧迫性和艰巨性缺乏认识,以致"稳定经济,深化改革"方针和很多措施没有得到有效贯彻。1988年初开始,放松了对财政信贷的控制,使社会需求又开始膨胀起来。

改革的实践证明,物价改革这一关是绕不过去的。这是因为,扭曲的价格体系和僵化的价格管理体制,与中共十三大提出的"国家调节市场,市场引导企业"的新经济机制是背道而驰的。一方面,在市场经济条件下,价格环境是企业生产经营最重要的外部条件,是反映资源稀缺程度的最基本的信号。但是,旧的价格体系所反映的信号却是扭曲的:越是紧缺的资源,价格管理部门管得越死,价格越不能动,亏损也越多。其结果是引导资源大量涌向价高利大的长线部门,导致产业结构恶化。另一方面,作为一种权宜之计,实行了几年的生产资料价格"双轨制",已经成为经济持续、稳定增长和各方面改革进一步深化的严重阻碍。在"双轨制"条件下，一物多价使企业很难进行科学的经济核算，很难进行平等的竞争。

据估计，当时在双轨制运行下，每年的价差、利差和汇差总额达2000亿元～3500亿元，占国民生产总值的20%～30%。如此大的价差是与政府官员手中的审批权力紧密联系在一起的，使得掌握计划内价格者的权力有价，"寻租行为"也由此泛滥。事实表明，价格双轨制已经成为导致经济秩序混乱的重要原因，要理顺经济关系，保持国民经济的健康发展，就必须进行价格改革，尽快建立起新的经济体制。

进入1988年后，同时暴露出来的几个方面的尖锐矛盾，愈发表明改革不合理的价格体系和价格管理体制的必要性和紧迫性，中央对于坚决进行价格改革的意见也趋于一致。5月19日，邓小平在会见外宾时，对价格改革的意义作了说明，他说："理顺物价，改革才能加快步。""最近我们决定放开肉、蛋、菜、糖四种副食品价格，先走一步。中国不是有一个'过五关斩六将'的关公的故事吗？我们可能比关公还要过更多的'关'，斩更多的'将'。过一关很不容易，要担很大风险。""但是物价改革非搞不可，要迎着风险、迎着困难上。"这是邓小平在公开场合第一次将价格改革称为"闯关"[①]。

1988年上半年，根据中央的要求，国务院相继出台了一系列调整物价的措施。4月1日，经国务院批准，国家物价局、商业部决定调整部分粮、油的收购价格。4月5日，国务院发出《关于试行主要副食品零售价格变动给职工适当补贴的通知》，主要副食品（肉、蛋、菜、糖）的价格补贴由暗补改为明补；从5月以后，彩色电视机实行浮动价格，国产的一般机型上浮20%～30%；经国务院批准，从7月28日起放开名烟名酒的价格，同时提高部分高中档卷烟和粮食酿酒的价格。

与此同时，价格改革系统方案的制定也提上了日程。5月30日至6月1日，中共中央政治局在北京召开第九次全体会议。会议提出，价格和工资制度改革需要有通盘的考虑和系统的方案。价格和工资制度改革，既要理顺关系、促进生产，又要使大多数群众生活水平逐步有所提高。会议决定要制定价格、工资改革的系统方案。会后，中央责成专门机构，组织有关部门研究此后五年特别是1989年的价格、工资改革和配套措施问题，经过几上几下的论证，提出了关于价格、工资改革的初步方案。

8月15日至17日，中共中央政治局在北戴河召开第十次全体会议，讨论并通过了《关于价格、工资改革的初步方案》。会议认为，价格改革的总的方向是：少数重点商品和劳务价格由国家管理，绝大多数商品价格放开，由市场调节，以转换价格形成机制，逐步实现"国家调控市场，市场引导企业"的要求。根

---

① 参见《邓小平文选》第三卷，北京：人民出版社，1993年，第262—263页。

据各方面的条件和现实的可能，此后五年左右的时间，价格改革的目标是初步理顺价格关系，即解决对经济发展和市场发育有严重影响、突出不合理的价格问题。会议还特别强调："目前我国经济正处于充满活力、蓬勃发展的时期。进行价格改革、工资改革，时机是有利的，尽管面临的问题不少，但克服困难的潜力和回旋余地很大。"

然而，这次会议对经济形势的估计显然是过于乐观了。中共中央政治局讨论和通过重大改革方案的消息，引起国内外的高度关注。尽管具体实施方案还需进一步征求意见，讨论、审议和正式通过，但对物价改革高度敏感、还来不及作好心理准备的人们立即受到震动，出现了始料未及的情况。

本来，在1988年初，投资需求和消费需求重新开始膨胀起来，物价涨幅已经很大，再加上一些大的价格改革措施集中出台，到7月份，物价上升幅度已达19.3%，创下历史的最高纪录。尽管中央一再强调要"采取强有力措施综合治理通货膨胀"，但社会上已经产生通货膨胀预期。中央政治局会议通过价格改革方案的消息一经传开，人们误以为9月1日物价要全面放开，新一轮前所未有的大幅度涨价即将开始。于是，价格改革方案的通过成为新中国成立以来最大的一场抢购风潮的导火索。

继四五月份的抢购风潮之后，各大中城市又出现了一轮更为凶猛的抢购风潮。其特点：一是波及面广，从8月中旬开始，北京、上海、天津、重庆、西安、福州、成都等大城市和部分乡村都出现了抢购现象。二是涉及范围大，抢购的主要对象涉及50个大类500多种商品，大到几千元的高档商品，小到易消耗生活用品，均在抢购之列。三是盲目性大，消费者的购买行为已经不是为了消费，而是为了保值。结果，很多商场积压多年的残次商品也在这次风潮中被出售。四是卷入的人多，几乎遍布社会各阶层，而以有固定工资收入的居多。面对年初以来物价持续大幅度的上涨，各阶层群众普遍产生购物保值的心理，一有风吹草动，就会立即卷入到盲目的抢购风潮中去。

人民群众对于物价上涨的恐惧心理和由此导致的抢购风潮，成为这次价格改革闯关难以逾越的障碍。面对这一情况，中央立即调整对策。8月30日，李鹏总理主持召开国务院第二十次常务会议。会议重提"稳定经济，深化改革"的方针，特别申明：价格改革方案中提到的"少数重要商品和劳务价格由国家管理，绝大多数商品价格放开，由市场调节"，指的是经过五年或更长一点时间的努力才能达到的长远目标。会议指出："目前改革方案还在进一步修订和完善之中。明年作为实现五年改革方案的第一年，价格改革的步子是不大的，国务院将采取有力措施，确保明年的社会商品零售物价上涨幅度明显低于今年。"

价格改革闯关受挫，原因是多方面的，但是，选择在通货膨胀较为严重的年份来搞这场难度最大的改革，无疑是主要的原因之一。当时，对于价格改革这一关非闯不可，可以说不论在经济理论界还是在中央决策层都已达成共识。然而，对于实行价格改革所必需的条件和时机，或者说，在通货膨胀严重的1988年全面铺开价格改革，究竟合适不合适，认识上并不一致。比如六七月间，《人民日报》连续发表《改革有险阻，苦战能过关》的评论员文章，《过关有风险，关后是平川》的采访记，认为"只强调价格改革如何困难、要冒风险，这恐怕不太全面"，"应该正面大讲特讲：价格改革可以产生巨大的经济效益和社会效益"，并认为"近几年来，我国的经济增长速度都超过了5%，这就为现在进行物价调整提供了较好的条件"。可见当时舆论宣传口径的盲目乐观。

实际情况恰恰相反，尽管当时经济增长速度较高，但经济结构不合理的矛盾较为突出，特别是作为国民经济基础的农业增长相对缓慢，价格改革的社会环境并不有利。上述舆论宣传，实际上反映了在价格改革方面急于求成的情绪。当时中央对于这种急于求成的宣传所造成的危害，缺乏足够的警觉，认为进行价格改革"时机是有利的"。这个判断，是一个重大失误。当年7月，不论物价涨幅还是老百姓的通货膨胀预期，都已临近警戒线。在这种情况下，任何较大的价格改革措施出台，都可能引起更大的市场风潮。中央会议和当时的舆论宣传却忽视了这个基本情况，仍然大张旗鼓地宣传"长痛"不如"短痛"，显然是不合适的。以后的事实证明，正是这种急于求成的舆论宣传，造成一种物价立即要全面大幅度上涨的紧张气氛，加重了群众的心理负担，致使价格闯关受挫。

另一种看法则比较冷静和客观。在国家计委召集的经济专家座谈会上，薛暮桥提出：不能靠通货膨胀来维持不正常的高速度，同时在通货膨胀下不可能理顺价格，改革也难以深化。他认为，唯一正确的办法是"釜底抽薪"，用三年时间压缩基建投资、降低货币发行量，抑制通货膨胀并逐步消化积存下来的"隐蔽性"通货膨胀，在此基础上再逐步理顺价格，建立社会主义商品经济新秩序，为深化改革铺平道路。换句话说，这个意见是主张在深化价格改革之前，必须首先治理好经济环境。但是，当时主张马上物价闯关的呼声甚高，薛暮桥的意见没有引起中央有关负责人的重视。

经济学家钟伟将这个准备不足的举措，称为"是从计划体制到市场体制的'惊险一跃'"。但是，这"惊险一跃"之后，综合配套措施没有及时跟上，放调结合的双轨制在一段时间内变成了"只放没调、放也不畅"的跛足戏。首先是出现了价格改革准备工作不足，未正式出台就诱发了抢购风潮和通货膨胀。之后双轨乃至多轨价格的存在以及由上而下的权力寻租、倒卖投机活动，导致了社会的强烈不满和失稳。这些弊端是在发展过程中才逐渐显现出来的。

价格改革闯关受挫，致使上面所提到的几个方面的矛盾进一步激化。首先，社会总需求超过总供给的矛盾进一步扩大。1988年，在花费很大力气压缩基建项目的情况下，全国固定资产的投资仍然增长18.5%，非生产性投资达到510亿元；全年社会商品零售总额比1987年增长27.8%，售予社会集团的消费品零售额增长20.3%。这种投资与消费的双膨胀，使社会供需差率由1987年的13.6%扩大到16.2%。

其次，在供求总量不平衡的同时，国民经济结构性矛盾更为突出。从整个国民经济的发展来看，工业和农业的增长极不协调。1988年，工业增长率高达20.7%，而农业增长率只有3.2%。在两大产业内部，结构性矛盾也很突出。在农业内部，牧、副、渔业增长较快，均超过10%，而粮食下降2.2%，棉花下降1.1%，油料下降13.6%。在工业内部，以非农产品为原料的轻工业增长较快，各种高档耐用消费品增长得更快。而能源、原材料和交通运输能力的发展却明显滞后，与整个国民经济的高速发展很不协调。

再次，物价涨幅居高不下，通货膨胀日趋严重。1988年，零售物价指数比1987年平均上升18.5%，其中12月份比上年同月上升26.7%，职工生活费用价格总水平平均上升20.7%。同时，全年货币超量发行，到9月底，货币净投放量已达395.4亿元，比1987年全年增发的货币量还多159.4亿元，市场流通货币量已达1900亿元。物价连月持续大幅度上涨，货币增发速度大大超过同期国民经济增长和物价上涨水平，两种情况互为因果，愈演愈烈，这在新中国的历史上是少见的。

最后，由于抢购风潮，经济秩序愈加混乱。许多单位插手生产资料的经营，钻国家计划内计划外、国内国外差价的空子，抢购、囤积、加价、倒卖，致使生产资料的价格暴涨。在这种混乱的经济秩序下，不仅难以实施任何改革措施，也不可能真正赢得经济的稳定增长。

总之，在价格改革闯关受挫之后，中国的改革和经济建设所面临的形势是十分严峻的。更为严重的是，经济方面的尖锐问题如果任其发展下去，必然导致政治上的不稳定局面，过去已经有过这方面的教训。"亡羊补牢，犹未为晚。"采取什么方针、政策、措施争取渡过这一关口，就成为中央必须解决的关键问题。

治理整顿与深化改革并行的方针

物价闯关受挫，证明了价格体制改革不能"孤军深入"，要与治理发展环境和整顿经济秩序协调进行。1988年下半年，中共中央及时作出关于治理整顿、深化改革的决策。对于价格改革贸然"闯关"来说，这是一个比较重大的转折。8月，中共中央在北京召开各民主党派负责人、无党派爱国人士民主协商会和在京经济专家座谈会，分别就《关于价格、工资改革的初步方案》征求意见。与会者对治理经济环境、整顿经济秩序、继续深化改革，提出了具体的建议。"治理整顿，深化改革"的方针开始取得各方面的共识。9月15日至21日，中共中央政治局召开中央工作会议，正式作出治理经济环境、整顿经济秩序、全面深化改革的决定。会议指出，治理整顿，既是深化改革的必要条件，也是深化改革的重要内容。会议还提出了坚决抑制通货膨胀、深化改革的若干重要政策建议。24日，中央政治局又召开了第十二次全体会议，讨论并通过了中央政治局在中共十三届三中全会上的工作报告。这个报告的主要内容，就是阐述"治理整顿，深化改革"的指导方针。

1988年9月26日至30日，中共十三届三中全会在北京举行。这次全会确定，把明后两年改革和建设的重点突出放到治理经济环境和整顿经济秩序上来。全会对"治理经济环境，整顿经济秩序"的方针作了阐释：治理经济环境，主要是压缩社会总需求，抑制通货膨胀。整顿经济秩序，就是要整顿目前经济生活中特别是流通领域中出现的各种混乱现象。在这两方面都要采取坚决有力的措施。治理经济环境，整顿经济秩序必须同加强和改善新旧体制转换时期的宏观调控结合起来，必须同努力增加农副产品、适销的轻纺产品以及能源原材料等方面的有效供给结合起来。治理经济环境和整顿经济秩序是长期要注意的大问题，最要紧的是以后两年一定要抓出成效。为推动治理整顿工作在全国展开，中共中央、国务院采取了被称为"三板斧"的措施：

治理整顿的第一板斧，是清理整顿公司。1988年物价上涨幅度太大，其中起到推波助澜作用的有1986年以来出现的一批由各级党政机关兴办起来的各类公司。这些公司对生产流通曾经起到过一定的促进作用，但其中有相当一部分公司政企不分，官商不分，专事转手倒卖，牟取暴利。这就是人们常说的"官倒"。对于这些"官倒"的破坏作用，人们有目共睹。任其发展下去，会给改革发展带来极其严重的不利影响。为此，中央发出《关于清理整顿公司的决定》共十条：清理的重点是1986年下半年以来成立的公司，特别是综合性、金融性和流通领域的公司；坚持纠正公司政企不分的问题，取消公司的政府行政职能；各级机关（包括各级党的机关、国家权力机关、行政机关、审判机关），均不得用行政费、事业费、专项拨款、预算外资金和银行贷款投资开办公司；严格执行中央、国务院关于党和国家机关干部不得经商办企业的规定；各类公司必须按照核定的经营范围依法经营，严禁转手倒卖重要生产资料和紧俏耐用消费品，赚取非法利润；所有公司都必须依法纳税；严格公司审批手续等。

治理整顿的第二板斧，是严格控制社会集团购买力。国务院明确规定：凡属于社会集团购买力范围的支出，各地区、各部门、各单位都要从严控制，坚决压缩；对县以上单位实行直接控制，对县以下单位实行间接控制；把原来的

19种专项控制商品扩大到29种,由社会集团购买管理机关审批,并到指定商店购买;建立严格的管理制度;对直接控制的社会集团购买力的单位,各级财政部门和主管机关要根据集团购买力压缩指标,相应核减单位预算和企业管理费计划;实行首长负责制,对违规者从严处理。

治理整顿的第三板斧,是加强物价管理,严格控制物价上涨。1988年10月24日,国务院作出了《关于加强物价管理严格控制物价上涨的决定》,决定:坚决稳定群众生活基本必需品的价格;坚决制止农用生产资料乱涨价;严格执行计划外重要生产资料的最高限价;对已经放开的工业消费品价格,也要进行管理和引导;整顿流通领域的价格,取缔中间盘剥;整顿城市公用事业和服务行业收费;严肃物价法纪,对违纪者严加查处。国务院还提出了控制1989年物价上涨幅度的目标。

从当时严峻的经济形势来看,中央的这三板斧砍到了点子上。清理整顿公司的工作很快在全国展开。1988年9月,国务院宣布对"流通领域"的公司进行清理整顿和审计。

根据十三届三中全会的决定,从1988年9月起,国务院相继采取一系列治理整顿的措施,压缩投资和消费需求,加强对物价的调控和管理,整顿经济生活特别是流通领域中的各种混乱现象。经过半年左右的治理整顿,取得初步效果,一度过旺的社会需求开始得到控制,过高的工业生产速度有所回落。严峻的经济形势有所好转。

推进治理整顿坚定不移深化改革

1989年春夏之交,由西方一些国家的敌对势力对我国加紧进行思想渗透和政治渗透,试图在我国扶植反共反社会主义势力的国际大气候与中国自己的小气候所决定的,包含当时苏联、东欧社会主义各国政局日趋动荡在国际上和中国国内所产生的影响,首都北京发生了一场内乱。在中共中央政治局在邓小平和其他老一辈政治家的支持下,平息了这场政治风波。

1989年6月23日至24日,中共十三届四中全会对中央领导层进行了调整,全会选举江泽民为中央委员会总书记。同年11月,中共十三届五中全会批准邓小平辞去中共中央军事委员会主席职务的请求,同时决定江泽民为中央军委主席。全会对邓小平身体力行为废除干部领导职务终身制作出表率,表示崇高的敬意。

十三届五中全会对前一阶段的治理整顿工作作了充分肯定的评价。同时认为国民经济中一些深层次问题没有得到解决,难关尚未渡过。五中全会把一度被延误的治理整顿工作重新提上议程,作出了《中共中央关于进一步治理整顿和深化改革的决定》,提出用三年或者更长一些时间基本完成治理整顿任务。即努力缓解社会总需求超过社会总供给的矛盾，逐步减少通货膨胀，使国民经济基本转上持续稳定协调发展的轨道，为到本世纪末实现国民经济总产值翻两番的战略目标打下良好的基础。

根据十三届五中全会的精神，从1989年下半年开始，全国采取有力措施，继续贯彻治理整顿的方针：一是通过压缩固定资产投资规模和控制消费基金增长过快势头，遏止通货膨胀，使社会总需求大于总供给的矛盾趋于缓和。从1989年10月起，物价上涨幅度降到10%以下，1990年全国零售物价仅比上年上涨2.1%。二是调整基本建设投资方向，调整产业结构。在基本建设投资中，基础产业投资、生产性投资以及薄弱环节投资比重增加，一批重点建设项目建成投产，增加了社会有效供给。三是整顿经济秩序，特别是流通领域的秩序。到1990年底，全国已撤并了十几万家公司，流通领域公司盲目发展的状况得到控制。党政机关办的各种公司绝大多数已经撤销或者同机关脱钩，机关干部在公司兼职或任职的问题基本上得到解决。

治理整顿重新加强了国家对国民经济的宏观管理，又有人借机出来批评市场取向的改革。这些人说："所谓市场取向，就是资本主义取向。"指责"搞全面市场经济实际上把全民所有制，即《宪法》里讲的在整个国民经济中起主导作用的全民所有制经济瓦解掉"。"资产阶级自由化有两个方面，所有制方面公有制要改为私有制；经济运行方面让我们改革计划经济，搞市场经济。"还有一些人批评经济特区"多一分外资，就多一分资本主义"；"三资企业多了，就是资本主义的东西多了，就是发展了资本主义"，等等。这些批判，使中共十三大以来逐渐明确的中国改革的市场取向，陷入了进退两难的困境。

在这期间，以薛暮桥、吴敬琏为代表的一些经济学家，不仅坚持改革的市场取向，还进一步认为商品经济就是市场经济。吴敬琏在1990年、1991年两年内发表了多篇文章，深入浅出地阐释市场经济。由于大力主张市场经济，吴敬琏被冠以"吴市场"的别称，同主张股份制的厉以宁的"厉股份"一样，最初都带有某种贬义。

1990年7月5日，江泽民等几位中央政治局常委邀请一些经济专家座谈经济形势和对策。座谈会一开始，就在改革应当"计划取向"还是"市场取向"这个问题上发生了激烈的争论。多数人主张"计划取向"，强调社会主义只能在公有制的基础上实行计划经济，市场调节只能在国家计划许可的范围内起辅助作用，不能喧宾夺主。薛暮桥、吴敬琏等少数人据理力争，强调必须坚持十一届三中全会以来的改革路线，维护"市场取向"的改革方向，认为重提"计划经济与市场调节相结合"，是从中共十三大后退。薛暮桥在会上发言，会后又给中央主要领导人写了一封长信，提出要及时建立在市场作用基础上运用财政税收、银行信贷等经济手段进行宏观调控的经济管理体制的建议。[1]

1991年10月至12月间,中共中央领导人邀请一些经济学家讨论以下几个问题:用马克思主义观点看战后资本主义经济的发展和现状;苏联解体、东欧剧变的根本教训是什么;怎样建设有中国特色的社会主义。从10月17日到12月14日,一共开了10次会。参加会议的多数经济学家论证了苏联解体的根本原因,在于经济没有搞好,改革没有给普通老百姓带来实惠,人民对僵化的社会主义丧失了信心。与会者批评了国内仍然坚持计划经济的观点,强调必须把握改革的市场方向。

针对国内外对中国是不是还继续坚持改革开放的种种疑虑,中央要求必须正确认识和处理治理整顿和深化改革的关系。第一,治理整顿绝不意味着改革停顿不前,更不是不要改革。治理整顿不仅将为改革的深入和健康进行创造必要的条件,而且它本身需要改革的配合。第二,在集中力量进行治理整顿期间,改革要围绕着治理整顿来进行,并为它服务。第三,治理整顿和深化改革都不是目的,它们都是为了实现经济的持续、稳定、协调发展。因此,决不能把治理整顿同深化改革割裂开来,更不能对立起来,对治理整顿不积极也就是对改革不积极。基于上述认识,在治理整顿期间,改革在整体推进上虽然有所放慢,但在一些方面还是迈出了步伐。

在工业方面,主要是进一步完善企业承包责任制,搞活大中型企业。企业实行承包制,对企业的发展有一定的作用,但也不是一包就灵,而且它本身存在一些不可克服的弊端,特别是对国有大中型企业而言。1991年9月,中央召开工作会议,专门研究搞活国有大中型企业的问题,并提出了20条措施,即为改善企业外部条件,国家增加对企业技术改造的投入,逐步缩小对大中型企业的指令性计划,适当提高企业折旧,增加新产品开发基金,继续补充企业流动资金,适当降低贷款利率,降低国有工业企业的所得税率,给予部分企业外贸自主权,对"三乱"进行治理,抓紧清理企业"三角债",进一步进行组建大型企业集团的试点工作。为了改善企业内部条件,除坚持完善承包责任制外,还进一步健全企业领导体制,积极推进劳动工资改革,进一步把国有大中型企业推向市场,加快企业技术进步,加强企业内部管理,继续进行股份制试点,并在国有企业中进行采用乡镇企业和"三资"企业机制的试点。

在农业方面,中央要求各级党组织和各级政府从思想上端正对农业的基础地位的认识,并在行动上进一步完善家庭联产生产责任制,发展农业社会化服

---

[1] 参见吴敬琏《改革:我们正在过大关》,北京:生活·读书·新知三联书店,2001年,第335—337页。薛暮桥:《薛暮桥回忆录》,天津:天津人民出版社,2006年,第336—337页。

务体系和农产品市场，建立粮食专项储备制度。1991年11月，党的十三届八中全会专门研究农业问题，并通过了《中共中央关于加强农业和农村工作的决定》。由于全党高度重视农业，我国农业摆脱了长期徘徊的局面，为治理整顿和经济发展赢得了主动。

在对外开放方面也作出不少新的重大决定。最引人注目的是1990年4月，国务院批准上海浦东开发开放，实行经济技术开发区和某些经济特区的政策。浦东新区的开发开放迅速启动，成为吸引外资，拉动经济发展的一个新的增长点。

从1989年治理整顿开始，经过三年的努力，到1991年底，我国投资和消费需求双膨胀的局面有所缓解，通货膨胀得到控制，流通领域混乱现象得到整顿，经济秩序有所好转。农业生产连续两年丰收，扭转了前四年的徘徊局面。工业生产从1990年下半年开始逐步恢复到正常年份的增长速度。1991年外商直接投资达119.77亿美元，比1989年增长一倍多。对外贸易实现顺差。这样，3年治理整顿工作以取得明显成效而基本结束。

四、外交战略调整和"一国两制"方针

和平与发展指导下的外交转型

根据国际形势的变化，中国领导人对全球性战略问题的认识，从过去战争与革命的主题，转变到和平与发展的主题上来，提出"和平与发展是当今世界的两大问题"的重要论断，为中国外交战略的调整提供了理论指导。中国独立自主的和平外交呈现出更加积极、主动、活跃的良好局面。

中共十一届三中全会以来，与改革开放和进行现代化建设目标相适应，中国的外交政策也逐步实行了调整。其基本主题是，更加鲜明地坚持独立自主的和平外交政策，为实现国家现代化争取较长时间的国际和平和安宁。并同世界人民一道，维护世界和平，谋求共同繁荣和发展。坚持和平共处五项原则，不同任何一个大国结成同盟或战略关系，不联合一家去反对另一家，进一步加强与第三世界即发展中国家的团结与合作。这就是以和平与发展为主题的外交新战略。

中国外交战略的调整首先是适应中国国内发展战略转变的需要。1980年1月16日，邓小平在《目前的形势和任务》的讲话中，规定了中国在20世纪80年代三项主要任务：一是反对霸权主义，维护世界和平；二是台湾回归祖国，实现祖国统一；三是加紧国内以经济建设为中心的现代化建设。并强调国内现代化建设是这三项任务的核心和基础。为此，他指出："我们自己也确确实实需

要一个和平的环境。所以，我们的对外政策，就本国来说，是要寻求一个和平的环境来实现四个现代化。"①

外交战略的转变，反映了中国领导人对战争与和平的形势作出新的判断。战争与和平问题是关系世界人类命运的根本问题。第二次世界大战后，各国政府从不同立场观点出发，对这个问题提出自己的看法，并作为本国政府外交政策的基本依据。回顾 20 世纪 60 年代以来，在国内阶级斗争扩大化的"左"倾思想影响下，中国过分强调了战争是不可避免的。"文化大革命"期间进一步强化了这种意识，当时的战略口号是"备战、备荒、准备打仗""深挖洞、广积粮、不称霸"。在这种思想指导下，把准备打仗作为迫在眉睫的行动纲领。从备战出发，中国用了十几年时间，投入 2000 多亿元搞三线建设，虽然对建设国防的战略后方具有重要意义，但总的经济效益很低，给国民经济发展带来很大浪费和损失。

随着党和国家工作重点转移到经济建设上来，国家发展战略发生根本性转变，这包括对国际形势的科学分析和外交方针的调整。1985 年 4 月，邓小平在谈到国际问题时，提出了"和平和发展是当代世界的两大问题"的重要论断。他指出，对中国的发展，从政治角度说，中国现在是维持世界和平和稳定的力量。中国发展得越强大，世界和平越靠得住。总起来说，世界和平的力量在发展，战争的危险还存在，但是制约战争的力量有了可喜的发展。第三世界的力量，特别是第三世界国家中人口最多的中国的力量，是世界和平力量发展的重要因素。等到中国发展起来了，制约战争的和平力量就会大大增强。再从经济角度来说，现在世界上真正大的问题，带全球性的战略问题，一个是和平问题，一个是经济问题或者说发展问题。和平问题是东西方问题，发展问题是南北方问题。如果处于南方的大多数第三世界国家得不到适当的发展，北方的欧美、日本发达国家的资本和商品出路就有限得很，如果南方继续贫困下去，北方就可能没有出路。②

基于上述分析，中国领导人对全球性战略问题的认识，从过去战争与革命的主题，转变到和平与发展的主题上来。形成"和平与发展是当今时代主题"的重要理论，为中国外交战略的调整提供了理论指导。

战争与和平始终是世界各国普遍关心的问题。长期以来，苏美两国在全世界的霸权主义扩张和激烈的军备竞赛是世界不安定和动乱的主要根源，潜藏着战争的危险。世界各地所发生的国际性战争和武装冲突，大多数是超级大国争夺霸权酿成的苦酒。美苏两国所拥有的核武器对人类生存和世界和平构成巨大威胁。因此，反对超级大国的霸权主义争夺和军备竞赛，要求全面禁止和彻底

---

① 《邓小平文选》第二卷，北京：人民出版社，1993 年，第 241 页。
② 《邓小平文选》第三卷，北京：人民出版社，1993 年，第 105—106 页。

销毁核武器，维护世界和平是全世界人民的共同心愿。

当今世界，和平因素的增长超过战争因素的增长，存在制止战争，维护和平的可能性。首先是和平力量的发展壮大。这种力量包括发展中国家、发达国家和美苏国内人民的力量。第三世界发展中国家，包括中国在内要求独立自主发展本国的经济，迫切需要一个和平安定的国际环境。欧洲和日本等发达国家，因为不满于超级大国的强权政治，与美苏两国的矛盾也有所发展。中国和发展中国家在国际事务中地位的提高，使20世纪80年代的世界进一步向多极化发展。这些因素的发展势必削弱超级大国的霸主地位，使其行动受到不同程度的制约。

其次，战后世界经济的发展，特别是生产和资本国际化的高度发展，使资本主义各国之间，资本主义国家与当时的社会主义国家之间经济相互依存、相互渗透的趋势日益加强。核武器的发展改变了某些传统的战争观念。对核战争后果和"核冬天"的担忧，已超出了地域的、种族的、政治的和意识形态的界限。

再次，美国与当时的苏联，两国实力处于相对均衡状态，他们各自手中的核武器都足以数次毁灭对方，在这种"恐惧平衡"中，双方都认识到在核战争中不可能有胜利者，所以都不敢贸然发动战争。当然战争是一个复杂的问题。世界仍然动荡不安，存在许多热点，维护和平的道路还是艰难的、曲折的。20世纪80年代中期以后，苏美关系出现了明显的松动，军备竞赛的势头有所减弱和控制，在一些地区问题上对话开始代替对抗，地区冲突和"热点"正在走向政治解决。战争的因素在减少，同时世界各国更加注重国内经济的发展。未来国际问题的竞赛将不仅是军事竞赛，而主要是科技、经济等综合国力的竞赛，这个观点愈来愈被更多的国家所接受。

推动中国对外战略转变的，还有中美关系出现摩擦和中苏关系出现松动迹象的因素。1981—1982年间，中美关系出现严重障碍，美国对华政策比前一时期有所后退，虽然1982年中美"八一七"公报使中美关系在美国新一届政府确定下来，但中美关系中的阴影依然存在。

另一方面，苏联入侵阿富汗，使它在世界上空前孤立，美国政府对苏政策由弱转为强硬。为摆脱不利局面，苏联对外政策出现局部调整。1982年，苏联领导人先后发表3次讲话，表示要打开苏中关系，承认中国对台湾拥有主权，明确表示苏联对中国没有领土要求，愿意解决边境问题，就苏中关系的改善达成一个协议。这些虽然还不能表明苏联对华政策有了实质性的变化，但至少表明它在策略上从以压为主转向以和为主，中美苏三角关系的上述情况，为中国对外战略转变提供了条件。

1985年6月，邓小平在中央军委会议上的讲话指出：十一届三中全会以后，我们对国际形势的判断和对外政策有两个重要的转变。第一个转变是对战争与和平问题的认识。过去的观点一直是"战争不可避免,而且迫在眉睫",经过仔细观察,得出结论:"在较长时间内不发生大规模的世界战争是可能的,维护世界和平是有希望的。"由此改变了原来认为战争的危险很迫近的看法。第二个转变是对外政策。过去有一段时间,我们搞了"一条线"的战略,就是从日本到欧洲一直到美国这样的"一条线"。现在我们改变了这个战略,这是一个重大的转变。现在我们坚持独立自主的外交路线和外交政策,高举反对霸权主义、维护世界和平的旗帜,坚定地站在和平力量的一边,谁搞霸权主义就反对谁;谁搞战争就反对谁。所以中国的发展是和平力量的发展,是制约战争力量的发展。中国不打别人的牌,也不允许任何人打中国牌。这就增强了中国在国际上的地位,增强了中国在国际问题上的发言权。[①]

1986年3月15日,六届全国人大四次会议的政府工作报告,对中国独立自主的和平外交政策作了全面的阐述,把它的内容和基本原则概括为十个方面:1. 中国从本国人民和世界人民的长远利益和根本利益出发,把反对霸权主义、维护世界和平、发展各国友好合作和促进共同经济繁荣,作为自己对外工作的根本目标;2. 主张世界上所有国家不论大小、富贫、强弱一律平等,坚持反对以大欺小、以富压贫、以强凌弱;3. 在任何时候任何情况下都坚持独立自主,对一切国际问题都根据其本身的是非曲直决定自己的态度和对策;4. 决不依附于任何一个超级大国,也决不同他们任何一方结盟或建立战略关系;5. 信守和平共处五项原则,不以社会制度和意识形态的异同定亲疏、好恶;6. 把加强与发展同第三世界国家的团结与合作作为中国对外工作的一个基本立足点;7. 反对军备竞赛,反对把这种竞赛扩大到外层空间;8. 坚持长期实行对外开放,中国的开放政策面向全世界;9. 支持联合国组织根据宪章所进行的各项工作;10. 中国重视各国人民之间的交往。

这十项政策包括了三个基本点:一是反对霸权主义,维护世界和平;二是在和平共处五项原则基础上同世界各国发展友好关系;三是加强同第三世界国家的团结与合作。中国独立自主的和平外交政策,与现代化和改革开放的国内政策相一致,因而具有明确的目标和坚实的基础。

独立自主积极活跃的和平外交

经过对外战略路线的调整,20世纪80年代中国的对外关系出现了更加积极、主动、活跃的良好局面。

---

① 《邓小平文选》第三卷,北京:人民出版社,1993年,第105—106页。

中美关系。1979年1月1日，中美两国正式建立外交关系。1月28日至2月5日，邓小平应美国总统卡特的邀请，作为中华人民共和国领导人第一次访问美国。1月30日，邓小平在美国外交政策协会等六个团体联合举行的招待会上阐明了中国政府对处理中美关系问题的基本原则，指出，中美两国社会制度不同，意识形态也有根本区别。但是，在当今的世界上，我们之间有着不少共同点。我们两国人民的利益和世界和平的利益，都要求我们从世界的全局着眼，用长远的政治和战略观点来看待和处理中美关系。这是我们友好相处和广泛合作的重要基础。中美两国之间的经济往来，对于双方都有好处。联合公报重申的上海公报中关于反对谋求霸权的各项原则对我们双方是一个约束，对各国人民是一个保证，对霸权主义是一个遏制。我们两国都信守自己的承诺，就可以对维护亚洲、太平洋地区以至世界的和平和安全起到积极的作用。在谈到台湾问题时指出，统一祖国，这是全体中国人民的夙愿。我想，曾经在一百多年前经受过国家分裂之苦的美国人民，是能够理解中国人民统一祖国的民族愿望的。至于用什么方式解决台湾归回祖国的问题，那是中国的内政。按照我们的心愿，我们完全希望用和平方式来解决这个问题，因为这对国家对民族都比较有利。应该说，中美关系正常化以后，这种可能性将会增大。当然，这并不完全取决于我们单方面的愿望，还要看形势的发展。[1] 邓小平这次访美，为中美关系的长远发展定下了政策基石。

经过两国高级领导人互访增进了相互了解，中美关系在许多领域都有较大的发展。1979年至1985年，中美在贸易、科技、文化、民航、海运、领事、教育、卫生等领域签订了一系列协定。在贸易方面，两国双边贸易额从1972年的零，发展到1986年的73亿美元。1986年底美国在华直接投资协议总额已达27亿美元。在科技方面，1983年美国政府正式宣布对华进行技术转让的新规定，将中国从美出口管制，列入与美国友好的非盟国一组内。1978年至1985年底，中国政府共派赴美留学人员约1万人。美方共派来华留学人员5000多人。在军事领域，几年来都有军方高层领导人互访。

但是，中美关系仍然存在障碍。台湾问题始终是中美关系发展的主要障碍。1980年8月，美国总统候选人里根在讲话中声称希望使美国同中国台湾的关系成为"官方关系"，受到我国的严正驳斥。1981年6月，美国务卿黑格访问中国，转达里根总统的话，表示美国愿意向中国出售武器，并放宽高技术产品向中国出口的限制，但仍坚持向台湾出售武器。后经中美双方多次谈判，终于在1982年

---

[1] 中共中央文献研究室编:《邓小平思想年编（1975—1977）》,北京：中央文献出版社,2011年,第219页。

8月17日达成协议。双方发表"联合公报",重申中美上海公报和建交公报所规定的原则,"仍是指导双方关系所有方面的原则"。美国政府声明,准备逐步减少对台湾的武器出售。但是,到1987年的5年来,美方售台武器金额仍高于公报的规定。美国国会还不止一次就有关台湾问题提出干涉中国内政的议案。在中美双边贸易方面,多年来中国对美贸易有巨额累计逆差,而美国国内贸易保护主义给中美贸易关系的发展构成很大的威胁。美国对中国技术出口控制仍然很严格。

20世纪80年代后期,中美关系进入了一个务实平稳发展时期。随着世界局势的演变,美苏关系出现缓和,中美苏三角关系格局发生变化,中美关系中的战略因素逐渐淡化,双方注重经贸合作,双边关系得以全面开拓。然而美国对华政策中的"人权"因素在增加,中美关系出现新的不稳定因素。但双方保持了频繁的高层接触,表明在总体上中美关系仍保持了发展的势头。

中日关系。中日关系的发展总体上令人满意。20世纪80年代初,中日坚持了"和平友好、平等互利、长期稳定、相互信赖"发展双边关系的四原则。这是在中日和平友好条约基础上的新发展。两国领导人互访频繁,其他高级官员也多有互访,两国间建立了多种经常性的磋商形式。一是中日政府成员会议,从1980年以来已举行过5次全体会议。二是中日外交当局定期协商。三是1984年成立中日友好二十一世纪委员会,作为中日两国政府咨询机构。四是中日民间人士会议。

日本是中国主要的贸易对象国之一。中日贸易从1971年的10亿美元,增长到1986年的138.6亿美元,占中国外贸总额的23.2%。中日文化交流和其他往来也全面开展。至1986年底,中日两国结成友好省市关系的共95对。中国派往日本的公费留学生近3000人。中日关系存在的问题,主要是日本如何对待过去军国主义发动的侵略战争以及如何处理与台湾的关系。1982年和1986年两次发生掩盖日本军国主义侵略罪行的教科书问题。1985年,日本首相以公职身份参拜供奉日本战犯的"靖国神社"。在日台关系上,日本亲台势力不断鼓吹"两个中国"。这些举动损害了两国关系的发展。同时中国对日巨额贸易逆差也日益成为发展中日经济关系的障碍。

中苏关系。20世纪80年代以来,中苏之间意识形态的论战已经停止,边境对峙状况得到缓和,中苏关系开始松动。1982年至1986年,双方政府特使(副外长级)就如何改善两国关系问题共进行了9轮内部磋商。中国方面提出,中苏关系要正常化,必须清除三大障碍,即苏联必须减少在中苏边界的驻军,不再支持越南侵略柬埔寨,必须从阿富汗撤走苏联的军队。但是,苏方借口"不涉及第三国"而加以回避。尽管如此,两国关系仍有所改善。先后恢复和发展了中国东北、内蒙古、新疆地区同苏联远东及其5个加盟共和国的地区边境贸易。双方签署了中苏两国政府经济技术合作协定和成立中苏经济贸易、科技联合委员会协定。

1985年戈尔巴乔夫就任苏共中央总书记后，为适应国内改革和加速经济发展，对外政策和战略也进行了较大调整，以缓和为主调，并急于想改善同中国的关系，表示将从蒙古撤出"相当大部分"苏联军队，同意中苏边境河流以主航道为界的原则。1987年月，中断了9年之久的中苏边界谈判在莫斯科重新举行，进展顺利。

1988年，整个国际形势出现了有利于中苏关系改善的变化。戈尔巴乔夫根据他的"新思维"，对其外交政策，特别在柬埔寨问题、阿富汗撤军问题上作了重大调整。中苏两国外长在莫斯科讨论了中苏关系正常化问题，中苏政治关系出现了实质性的突破。1989年5月15日至18日，苏联总统戈尔巴乔夫访问中国，这是中苏关系经历了30年之久的分裂、对抗之后，第一位苏联最高领导人的来访。16日，邓小平与戈尔巴乔夫举行了中苏高级会晤。邓小平用"结束过去，开辟未来"八个字，宣布中苏两国两党关系实现正常化。5月18日，双方发表联合声明。中苏两国形成了新的不结盟、不对抗、不针对第三国和睦邻友好的国家关系。两党关系虽然恢复，但意识形态色彩已经淡化，并从属于国家关系。

中国与西欧的关系。20世纪80年代开始以来，随着中国改革和开放政策的实行，中国和西欧国家的双边关系在广度和深度上都有了迅速发展。中国把西欧看作一支制约战争、维护世界和平的重要力量，赞赏西欧联合自强的努力和推动世界向多极化方向发展的主张。中国和西欧之间没有根本的利害冲突，经济上可以相互取长补短，促进共同发展。所有这些，是中国与西欧发展友好合作关系的基础。中欧关系的发展，首先表现为政治关系的加深。中国领导人和西欧国家领导人互访频繁。其他级别的领导人和专业团组互访更是不胜枚举。中国与西欧贸易关系不断扩大。1986年双方贸易总额达到138亿多美元，占中国对外贸易总额的18.6%，科技、文化、教育、军事等方面的交往和合作也得到发展。

中国与第三世界国家的关系。中国外交政策的中心内容之一，是更加积极地支持第三世界的斗争和发展经济的努力，促进发展中国家的合作，支持发展中国家谋求建立世界经济新秩序的努力。中国领导人先后访问了缅甸、泰国、巴基斯坦、尼泊尔、孟加拉国、菲律宾、马来西亚、新加坡、墨西哥以及非洲11国。第三世界国家有20多位领导人访问了中国。通过这些访问，老朋友的关系更加密切，个别曾一度同我国疏远的国家也恢复了友好关系。中国并在国际会议上阐明了改变不公正、不平等的国际经济关系的立场，以及建立国际经济新秩序的原则。

对外援助和经济合作是加强与第三世界国家团结的一个重要方面。新中国成立以来的对外经济援助，对加强友好往来，维护世界和平发挥着重要作用，但也存在着对外经援超出国力的承受能力等问题。十一届三中全会以后，中国调整了对外经济援助工作,在国力允许的情况下继续履行国际义务。在发展与第三世界国家经济关系中执行了"平等互利,讲求实效,形式多样,共同发展"的四项原则。中国的对外开放政策,包括对第三世界国家开放。几年来,中国同第三世界许多国家的经济合作、贸易往来、文化交流都有了新的发展。

20 世纪 80 年代的中国外交,显示出更加活跃的特点。正如有些国际舆论指出的,中国独立自主的和平外交正处于"最主动、最活跃、最积极的全盛时期"。

"一国两制"构想及在香港的运用

用"一个国家,两种制度"的办法,实现和平统一祖国的目标,这是中国和平外交总政策在解决国家统一问题上的具体体现。这个构想是从 20 世纪 70 年代末中国共产党对台方针的战略性调整开始的。

实现台湾与大陆的统一,是中国政府坚定不移的方针。新中国成立后,中国政府主要是立足于武力统一,争取和平解放。1955 年万隆会议以后,毛泽东、周恩来多次重申和平解放台湾的愿望和方针,由于国内外条件不成熟未能实行。随着中国在联合国及其他国际组织合法席位的陆续恢复,各国纷纷同中国建交并断绝了与台湾当局的关系。1979 年 1 月中美建交,美国承认中华人民共和国是中国唯一合法政府,并断绝与台湾的外交关系。由此,提出和平统一祖国方针的条件趋于成熟。

1979 年 1 月 1 日,全国人民代表大会常务委员会发表《告台湾同胞书》,宣布了用和平方式统一祖国的方针,不再提"解放台湾"的口号。不仅寄希望于台湾人民,也寄希望于台湾当局。为了促进双方的了解,建议首先实现通航、通邮、通商和探亲旅游。在如何实现统一的问题上,国家领导人表示一定要考虑现实情况,尊重台湾现状和台湾各界人士的意见,采取合情合理的政策和办法,不使台湾人民蒙受损失。

1979 年 1 月 24 日,邓小平在会见美国客人谈到台湾问题时说:"我们的政策和原则合情合理。我们尊重台湾的现实。台湾当局作为一个地方政府拥有它自己的权力,就是它们可以拥有自己一定的军队,同外国的贸易、商业关系可以继续,民间交往可以继续,现行的政策、现在的生活方式可以不变,但必须是在一个中国的条件下。"总的要求就是一条,一个中国,不是"两个中国",爱国一家。[①]1 月 28 日至 2 月 5 日邓小平访美期间,在同美国参议院、众议院议员谈话中、在美国外交协会等六团体的招待会上的讲话中指出:"我们不再用'解

---

① 中共中央文献研究室编:《邓小平思想年编(1975—1997)》,北京:中央文献出版社,2011 年,第 217 页。

放台湾'这个提法了。只要台湾回归祖国,我们将尊重那里的现实和现行制度。我们一方面尊重台湾的现实,另一方面一定要使台湾回到祖国的怀抱。""至于用什么方式解决台湾归回祖国的问题,那是中国的内政。"[1]

1981年9月30日,全国人大常委会委员长叶剑英发表《关于台湾回归祖国实现和平统一的方针政策》的重要谈话,进一步阐明了中国政府和平统一祖国的九条方针。除了重申通航、通邮、通商等政策外,又提出了实行和平谈判的方式,即"举行中国共产党和中国国民党两党对等谈判,实行第三次合作"。具体阐明了我党关于统一后台湾制度的方针。"台湾可作为特别行政区,享有高度的自治权,并可保留军队。中央政府不干预台湾地方事务。""台湾现行社会、经济制度不变,生活方式不变,同外国的经济、文化关系不变。私人财产、房屋、土地、企业所有权、合法继承权和外国投资不受侵犯。""台湾当局和各界代表人士可担任全国性政治机构的领导职务,参与国家管理。"九条方针具体阐明了中国政府和中国共产党对台湾国民党当局的态度及统一后对台湾的基本政策,实际上已提出了"一国两制"的基本原则。

1982年9月,邓小平在会见英国首相撒切尔夫人时,首先提出"一国两制"的概念。12月,五届全国人大五次会议通过的《中华人民共和国宪法》规定:"国家在必要时得设立特别行政区,在特别行政区内实行的制度按照具体情况,由全国人民代表大会以法律规定。"为实行"一个国家,两种制度"提供了法律依据。1983年6月26日,邓小平在会见美国新泽西州西东大学教授杨力宇时,除重申叶剑英九条声明外,着重阐明中国统一后台湾"可以有自己的独立性,可以实行同大陆不同的制度。司法独立,终审权不须到北京","大陆不派人驻台,不仅军队不去,行政人员也不去。台湾的党、政、军等系统,都由台湾自己来管。中央政府还要给台湾留出名额"[2]。

1984年,邓小平在会见外国客人和港澳同胞时,多次就"一个国家,两种制度"的构想,以及提出"一国两制"的背景、条件、依据、前景、意义等作了全面阐述。他说,所谓"一国两制","具体说,就是在中华人民共和国内,大陆十亿人口实行社会主义制度,香港、台湾实行资本主义制度"。"中国的主体必须是社会主义","但允许国内某些区域实行资本主义制度,比如香港、台湾"。

邓小平指出,"一国两制"构想是一项重大的战略决策,并非权宜之计。大陆与台湾,谁也不好吞掉谁,用武力收回对各方都不利,要用和平方式解决问题,就

---

[1] 中共中央文献研究室编:《邓小平思想年编(1975—1997)》,北京:中央文献出版社,2011年,第219页。

[2] 《邓小平文选》第三卷,北京:人民出版社,1993年,第30页。

必须充分照顾到香港和台湾的历史和实际情况。但是，不保证香港和台湾继续实行资本主义制度，就不能保持它们的繁荣和稳定，也不能和平地解决祖国统一问题。"一国两制"至少50年不变，这也是从中国的实际出发的。中国达到小康水平以后，要接近发达国家，还需要50年的时间，需要实行开放政策。"保持香港的繁荣稳定是符合中国的切身利益的。""同样地，本世纪末和下一世纪前五十年也需要一个稳定的台湾。""在小范围内容许资本主义存在，更有利于发展社会主义。"[①]

1984年5月15日，六届全国人大二次会议《政府工作报告》中提出的"一个国家，两种制度"的构想，获得大会通过。"一国两制"构想是邓小平有中国特色社会主义理论的重要组成部分，其基本内容是：在祖国统一的前提下，国家的主体坚持社会主义制度，同时在香港、澳门、台湾保持原有的资本主义制度和生活方式长期不变。这一构想，既体现了实现祖国统一、维护国家主权的原则性，又充分考虑台湾、香港、澳门的历史和现实，体现了高度的灵活性，是推进祖国和平统一大业的基本方针。实行"一国两制"，有利于祖国统一和民族振兴，有利于世界的和平与发展。

在和平统一、"一国两制"方针下，在台湾问题上，党和政府采取了一系列具体政策和措施，促进了双方的了解和缓和。1979年元旦，在发表《告台湾同胞书》的同时，国防部长徐向前宣布停止炮击金门，实现了自1958年起20年来海峡两岸的真正停火。1月17日，中共中央批转中央统战部等六个部门《关于落实对国民党起义、投诚人员政策的请示报告》。1981年9月28日，又发出关于落实居住在祖国大陆的台湾同胞政策的通知。11月26日，制定了对去台湾人员亲属的政策。对上述人员政治上落实政策，生活上给予照顾，房产、财产清退，"文化大革命"中搞错了的给予平反。

1981年10月9日，胡耀邦在纪念辛亥革命70周年大会上，宣布以共产党人的身份，邀请蒋经国以下人员来大陆探亲观光。对台宣传不再使用敌对和刺激性语言，包括过时的标语口号。在福建沿海停止"海漂"（即对台宣传），扩大对台湾间接的经济贸易往来。中共中央"一国两制"的构想及上述具体政策在台湾岛内外逐渐引起了强烈的反应。1980年以来，海峡两岸出现了一股和缓松动的暖风，要求"三通"的呼声日益高涨。几年来，民间交往的坚冰已经打破，回大陆定居、探亲、访友、采访、观光的人员日益增多。

"一国两制"的构想，首先在解决香港问题上得到成功的运用。香港自古以来就是中国领土，从1842年起被英国殖民者强行租借。1949年中华人民共和国成立时，为了打破帝国主义对中国的经济封锁，采取了保留香港作为国际通道

[①] 《邓小平文选》第三卷，北京：人民出版社，1993年，第58—59、67、103页。

的方针政策，但从来不承认历史上中英关于香港地区的三个不平等条约，声明将在适当时机收回香港主权。十一届三中全会以后，中国政府决定在1997年收回香港主权。问题在于，要用和平方式收回香港主权，必须实行中、英、港三方都能接受的方案。

1982年9月24日，邓小平在人民大会堂福建厅会见来华访问的英国首相玛格丽特·撒切尔夫人，就香港问题进行会谈。一开始，撒切尔夫人表示，当年英国与清政府签订的三个条约是有效的，必须遵守。要求在1997年后继续维持英国对整个香港地区的管辖。邓小平当即回答，香港问题是个主权问题，中国在这个问题上没有回旋余地，"主权问题是不可以讨论的问题。现在时机已经成熟了，应该明确肯定：1997年中国将收回香港"。中国和英国就是在这个前提下来进行谈判，商讨解决香港问题的方式和办法。不管用什么方式，谈判的题目就是一个，归属问题。"如果在15年的过渡期内香港发生严重的波动，怎么办？那时，中国政府将被迫不得不对收回的时间和方式另作考虑。"[1]

邓小平的话斩钉截铁，在主权问题上丝毫没有回旋的余地。关于收回香港主权，邓小平表示，可以用"一个国家，两种制度"的方案来解决。在这个基本框架下，其他的问题都可以谈。这次会谈整整持续了两个半小时。会谈后，中英发表公告，宣布双方同意将会继续通过外交途径就香港问题进行谈判。从1982年10月开始，中英关于香港问题的谈判先后进行22次谈判。

1984年5月，六届全国人大二次会议通过的《政府工作报告》详细说明了中国政府解决香港问题的方针："我国将在1997年恢复对香港行使主权，这是坚定不移的决策。为了继续保持香港的稳定和繁荣，我国在恢复行使主权后，对香港将采取一系列特殊政策，并在五十年内不予改变。"中国关于"一国两制"和平收回香港主权的方针，得到英国政府的赞同。

1984年9月26日，中英在北京草签了关于香港问题的联合声明。12月20日，《中华人民共和国政府和大不列颠及北爱尔兰联合王国政府关于香港问题的联合声明》及三个附件在北京正式签字。联合声明宣布：中国政府决定1997年7月1日对香港恢复行使主权，英国政府声明届时将香港交还中国。中国政府对香港问题的基本方针政策，由中国政府在联合声明中郑重地宣布并作了说明。这些政策包括：根据中国宪法第三十一条的规定，设立香港特别行政区；除外交和国防事务外，由香港当地人自己管理，享有高度自治权；香港的现行社会、经济制度不变，生活方式不变，法律基本不变；香港将继续保持自由港和国际金融、贸易中心的地位，继续同各个国家和地区以及有关的国际组织保持和发

---

[1]《邓小平文选》第三卷，北京：人民出版社，1993年，第12、14页。

展经济关系；英国和其他国家在香港的经济利益将受到照顾。

1985年4月，六届全国人大三次会议批准了《中英联合声明》，并作出成立中华人民共和国香港特别行政区基本法起草委员会的决定。5月27日，在北京举行了中英联合声明批准书互换仪式。联合声明即日起宣布生效。从此，香港进入了12年的过渡期。

邓小平多次讲过，我国政府在1997年恢复行使对香港的主权后，香港现行的社会、经济制度不变，生活方式不变，法律基本不变，香港自由港的地位和国际贸易、金融中心的地位也不变。北京除了派军队以外，不向香港特区政府派出干部。派军队是为了维护国家的安全，而不是去干预香港的内部事务。我们对香港的政策50年不变，我们说这个话是算数的。我们对香港的政策长期不变，影响不了大陆的社会主义。[①] 邓小平用一句"马照跑、股照炒、舞照跳"的幽默语言，表达了保持香港生活方式不变的承诺。

进入过渡期后，中方的首要任务是制定香港特别行政区基本法。起草基本法属于中国内政范畴，但也是兑现中方在联合声明中的承诺。1985年4月，六届全国人大三次会议决定成立基本法起草委员会，姬鹏飞为主任委员，委员59人，其中香港委员23人。经过4年零8个月的努力，终于完成了一个特殊法典的起草工作。1990年4月4日，七届全国人大三次会议正式通过并颁布实行《中华人民共和国香港特别行政区基本法》及其三个附件——《香港特别行政区行政长官的产生办法》《香港特别行政区立法会的产生办法和表决程序》《在香港特别行政区实施的全国性法律》，以及香港特别行政区区旗、区徽图案。对于这部基本法，英方给予了肯定的评价。

1985年中英联合声明生效后，中英香港问题联合联络小组随即成立。于当年7月在伦敦举行第一次会议，此后每隔一段时间轮流在北京、香港、伦敦三地举行会议，1988年中英联合联络小组正式进驻香港。联合联络小组的合作一度是有成效的，经过磋商，先后解决了一些关系香港未来经济发展的重大问题。

澳门自古就是中国的领土。16世纪中叶被葡萄牙逐步占领，1840年鸦片战争后由葡萄牙人执掌管治权。继香港回归问题解决之后，中国与葡萄牙政府就澳门问题开始谈判。1987年4月13日，《中华人民共和国政府与葡萄牙共和国政府关于澳门问题的联合声明》在北京正式签字。联合声明宣布，中华人民共和国政府将于1999年12月20日对澳门恢复行使主权，并设立澳门特别行政区。中国政府对澳门的基本方针政策与香港相同。1993年3月，八届全国人大一次会议审议通过了《中华人民共和国澳门特别行政区基本法》。

[①] 《邓小平文选》第三卷，北京：人民出版社，1993年，第58—59页。

中英关于香港问题的联合声明和中葡关于澳门问题的联合声明的签署，圆满地解决了中国对香港、澳门恢复行使主权的问题，也为香港、澳门的长期稳定和繁荣提供了坚实的基础。这是中国政府"一国两制"，和平统一祖国战略方针的成功运用。同时也为和平解决国际历史遗留问题和国际争端，维护世界和平提供了一种范例，具有重大的国际意义。

稳住阵脚和沉着应对外部压力

1989年上半年，东欧社会主义各国局势发生激烈的动荡，执政的共产党、工人党领导的政权内外交困，受到强烈的冲击，形势岌岌可危。在国际大气候的影响下，我国国内发生政治风波，很快被平息下去。一时间，国际形势出现恶化，以美国为首的西方一些国家打着保护"人权"的旗号，对中国实行所谓"经济制裁"，冻结经济援助和贸易，中断正常的外交往来，攻击中国为稳定政局采取的措施，多方施加压力，干涉中国内政。

中国共产党和中国政府坚决顶住了外部的强大压力。1989年6月16日，邓小平在同几位中央负责人谈话时说："整个帝国主义西方世界企图使各国都放弃社会主义道路，最终纳入国际垄断资本的统治，纳入资本主义的轨道。现在我们要顶住这股逆流，旗帜要鲜明。因为如果我们不坚持社会主义，最终发展起来也不过成为一个附庸国，而且就连想要发展起来也不容易。""现在国际舆论压我们，我们泰然处之，不受他们挑动。但是我们要好好地把自己的事情搞好。"[1]

中国领导人认为这种外部压力只是暂时的。西方国家掀起的这股反华浪潮，虽然在国际上引起不少震动，但它的影响毕竟是暂时的、局部的，没有也不可能改变当前国际形势发展的总的趋势。在这次反华逆流中，各国的态度也不是铁板一块。西方一些经济界人士，还是想长期同中国做生意。

紧接着，1989年下半年，国际局势更加动荡不安。9月之后，东欧国家发生剧变，执政的共产党纷纷垮台，社会主义制度瓦解，苏联国内的动荡也有增无减，社会主义在全世界面临着挑战，西方国家一些人受到鼓舞，加紧对中国施行"以压促变"的策略。

面对国际大变局，中国处变不惊。邓小平提出总的策略是"稳住阵脚，冷静观察，沉着应付"。中国自己要稳住阵脚。要维护我们独立自主、不信邪、不怕鬼的形象，绝不能示弱。对东欧国家的动乱，邓小平说，东欧、苏联乱，是不可避免的，至于乱到什么程度，还要冷静地观察。现在的问题不是苏联的旗

---

[1]《邓小平文选》第三卷，北京：人民出版社，1993年，第311—312页。

帜倒不倒,而是中国的旗帜倒不倒,首先中国自己不要乱。沉着应付,就是不要锋芒毕露,四面出击,咄咄逼人,到处树敌。不要引起别人惧怕,不要吹。发达国家对我们有戒心,我们还是友好往来。朋友还要交,但心中有数,不随便批评别人,指责别人,过头的话不要讲,过头的事不要做。唯一的办法是我们自己不乱。改革开放政策稳定,中国大有希望。①

邓小平的上述战略策略思想被概括为:"冷静观察、稳住阵脚、沉着应付、韬光养晦、有所作为。""韬光养晦"的含义就是要紧紧抓住经济建设这条主线,埋头苦干,发展自己。只有发展自己才能够解决很多的问题。目的就是要立足于自身的发展和壮大,才能在国际事务中发挥更大的、积极建设性作用。中国作为一个有国际影响力的大国,才能在国际舞台上有所作为。

打破西方的制裁,关键是处理好与美国的关系。事实上,美国也经不住与中国的关系彻底破裂,一面以压促变,一面与中国保持一种非正式的联系。中国的方针是不示弱,也不对抗,从容地谋求关系松动。邓小平在会见应邀来华访问的美国前总统尼克松时说,中国是真正的受害者,中国没有做任何一件对不起美国的事。他请尼克松转告布什总统,"结束过去,美国应该采取主动,也只能由美国采取主动行动。美国是可以采取一些主动的。"尼克松回国转告后,布什政府对中国采取了一种"对话和接触"的政策,除了战略上的考虑外,也有经济上的现实考虑。1990年5月,布什总统顶住了美国国会的压力,宣布把对华最惠国待遇延长一年,未使中美关系继续恶化下去。但是也开了一个先例,使每年审查所谓最惠国待遇问题,成了考验中美关系的一个敏感点。

由于中国国内政局稳定及周边外交的成功,使西方政治上孤立中国的企图流于徒劳,中国市场的巨大潜力又使西方各国都不甘心让人后。1990年夏季,西方政界和商界呼吁松动对华制裁的声音多起来。日本政府尽管附和西方7国参与对华制裁行动,但不久便强烈要求解除对华制裁,无论从地缘政治看,还是从经济利益看,制裁中国都对日本极为不利。1990年7月,在日内瓦召开的西方7国首脑会议发表政治宣言,称允许各国自行判断取消或维持对华制裁。由于日本的坚持,会议同意日本向中国提供冻结了1年多的对华贷款。以此为契机,日本率先恢复了对华贷款,双方各层次的交往也逐渐恢复。事实上,西方7国的其他成员国都在悄悄地与中国修复关系和寻求经贸合作项目。香港媒体评论说:"坚冰已经打破,不久就会解冻。"

局势的发展的确如此,1990年9月25日,世界银行宣布恢复向中国提供6.5亿美元贷款。10月22日,欧洲共同体12国外长会议决定,立即取消在政治、

---

① 《邓小平文选》第三卷,北京:人民出版社,1993年,第320—321页。

经济和文化方面对中国的制裁。10月25日，法国也宣布将恢复与中国进行新贷款谈判。10月30日，德国议会通过决议，取消对华制裁。11月2日，亚洲银行表示，亚行年底恢复对华贷款。12月10日，世界银行宣布，对华贷款将恢复到1989年以前的水平。

美国的态度也在松动，除了经贸利益以外，主要是认识到美国在处理国际事务中，离不开与中国作为联合国安理会常任理事国的合作。1991年11月，美国国务卿贝克应邀来中国访问，终于打破了美国不与中国进行官方往来的禁令。尽管在人权问题上双方分歧仍然很大，但在保护知识产权、核不扩散、朝鲜半岛缓和等问题上双方取得了谅解。

1991年8月，苏联发生了"八一九"事件，共产党垮台，各加盟共和国纷纷独立，导致12月25日苏联国家解体，原来拥有的超级大国地位随之崩塌。苏联解体和东欧剧变，是20世纪末期国际形势发生的最重大变化，它标志着维系战后世界格局的雅尔塔体系的终结，两极世界对抗的结束，这对国际局势和国际关系的变化，对世界社会主义运动的发展，都具有极大的影响。这是自俄国十月革命以来社会主义遭受的最严重的挫折，对中国在政治上构成了一定的冲击，西方有人预言社会主义已经彻底失败，希望"多米诺骨牌"倒向中国。中国领导人对社会主义前途表现出坚定的信念，并不担心西方能够联手对付中国。为了应对世界格局的变化，邓小平先后提出了一系列对外战略策略方针。

第一，不以社会制度和意识形态定亲疏，在和平共处五项原则基础上同所有国家发展友好合作关系。邓小平指出："尽管东欧、苏联出了问题，尽管西方七国制裁我们，我们坚持一个方针：同苏联继续打交道，搞好关系；同美国继续打交道，搞好关系；同日本、西欧国家打交道，搞好关系。这一方针，一天都没有动摇过。中国的肚量是够大的，这点小风波吹不倒我们。"[1]

第二，坚持反霸，但决不当头，埋头发展自己。苏联东欧剧变后，国内外都有人主张中国扛起社会主义阵营大旗，第三世界有一些国家希望中国当头，西方舆论也经常把"世界共产主义的新中心""第三世界的领袖"等头衔，加在中国头上。对此，邓小平多次告诫说，"我们千万不要当头，这是一个根本国策"[2]。既不要当社会主义国家的头，也不要当第三世界的头。中国永远不称霸，中国也永远不当头，但是在国际问题上还是要有所作为。他还说，即使将来中国强大了，也永远不当头，不称霸，不谋求势力范围，不搞集团政治，不干涉别国内政。要埋头实干，做好自己的事——以经济建设为中心和改革开放。

---

[1]《邓小平文选》第三卷，北京：人民出版社1993年，第359页。
[2]《邓小平文选》第三卷，北京：人民出版社1993年，第363页。

第三，稳定周边，立足亚太，走向世界。邓小平这一国际战略布局，从 1989 年以后逐渐明朗化。他认为，中国既是个大国又是一个小国，应该立足于亚太地区来为世界的和平与发展作出更大的贡献，而稳定周边，又是立足亚太的前提条件。为此，中国一方面致力于国内稳定，一方面及时调整对外关系布局，积极开展对亚太地区发展中国家的外交与经贸合作。

苏联解体后，中国本着上述原则，先后同新独立的国家立陶宛、拉脱维亚、爱沙尼亚、哈萨克斯坦、乌兹别克斯坦、塔吉克斯坦、吉尔吉斯斯坦、土库曼斯坦、阿塞拜疆、格鲁吉亚、亚美尼亚、乌克兰、白俄罗斯、摩尔多瓦等国建立了外交关系。其中最关键的是实现了由中苏关系向中俄关系的平稳过渡。1991 年 12 月，中国同俄罗斯联邦以签署《会谈纪要》的方式建立了外交关系，中俄两国不仅继承了 20 世纪 80 年代以来中苏关系已经取得的成果，而且使两国关系进一步得到发展。

中国独立自主的和平外交政策，突出特点是不同任何大国建立同盟关系，对一切国际问题都根据其本身的是非曲直来决定自己的态度和对策。如邓小平所指出："中国的对外政策是独立自主的，是真正的不结盟。中国不打美国牌，也不打苏联牌，中国也不允许别人打中国牌。中国对外政策的目标是争取世界和平。在争取和平的前提下，一心一意搞现代化建设，发展自己的国家，建设具有中国特色的社会主义。"[①]

综观 20 世纪 90 年代，是中国外交非常活跃并取得丰富成果的时期。中国与世界各国的关系在和平共处五项原则的基础上得到普遍改善和发展，特别与周边国家的睦邻友好进一步巩固，同广大发展中国家的团结合作大大加强。这一时期对外关系的一个重要特点，是适应冷战结束后大国关系的变化，中国相继同俄罗斯、美国、英国、法国、加拿大、意大利、日本、巴西等各大国，建立了面向 21 世纪的各种类型的伙伴关系。这些不同类型的"伙伴关系"，都是一种不结盟、不对抗、不针对第三国的新型关系。

在迈向 21 世纪风云变幻的国际形势下，中国始终站在时代的前沿，放眼全局和未来，提出一整套国际战略思想和方针，开拓了中国外交理论和实践的新格局。经过改革开放的不断推进，中国与世界的政治经济联系日趋紧密：中国的发展离不开世界，世界的繁荣和稳定也离不开中国。中国经济的快速发展给西方国家、周边国家以及发展中国家带来了诸多重要机遇和现实利益。新世纪的中国外交将继续为国家现代化建设，为祖国完全统一，为世界和平与发展做出更大的贡献。

---

① 《邓小平文选》第三卷，北京：人民出版社 1993 年，第 57 页。

第六章 市场经济

　　东风吹来满眼春——1992年邓小平南方谈话掀起新一轮思想解放的大潮，引导改革开放闯过"足将进而趑趄"的难关，冲破僵化的计划经济体制。中共十四大顺应世界大势和时代潮流，做出了抓住时机，加快发展的历史性抉择——毫不动摇地坚持以建设有中国特色社会主义理论为指导的基本路线，确定建立社会主义市场经济体制目标，加快改革发展的步伐，全方位对外开放，促进中国经济和社会发展向新的台阶迈进。以此为标志，中国改革开放和现代化建设进入了初步建立社会主义市场经济体制的发展阶段。

一、确立发展社会主义市场经济

南方谈话的时势背景和紧迫性

中国经济体制改革,首先触动的是根深蒂固的"计划经济崇拜"。中共十三大以后,不少人对实行市场取向的改革而不再提计划经济,始终无法接受。他们并不了解,计划经济的弊端不在于有计划,也不在于采用计划的方法,而在于它本质上是一种管制经济、命令经济,其实质是对企业、对生产者的独立性、自主性的否定。这是计划经济的根本缺陷。

对于计划经济与市场经济,邓小平早在1979年会见美国客人时就讲了一个很明确的观点:"说市场经济只存在于资本主义社会,这肯定是不正确的。社会主义为什么不可以搞市场经济,这个不能说是资本主义。我们是计划经济为主,也结合市场经济,但这是社会主义市场经济。""市场经济不能说只是资本主义的,社会主义也可以搞市场经济。"[1]

当时占主流的指导思想,是以计划经济为主体,市场调节作为补充,只能在计划经济的"鸟笼子"里给市场调节划出一块空间以补充不足。至于市场经济,则被视为资本主义的专有名词。1984年中共十二届三中全会提出发展"有计划的商品经济"后,各地从过去仅限于发展商品市场,扩大到发展商品、资金、劳务、技术四大市场,促进了经济快速发展。市场力量灵活多样的发展,同国有企业扩大自主权落实不到位,国有经济仍缺乏活力的状况,形成鲜明的对比。

1987年准备召开中共十三大,邓小平有针对性地指出:"计划和市场都是方法嘛。只要对发展生产力有好处,就可以利用。"对计划经济或以计划经济为主,现在不要再讲了。[2]根据这个指导性意见,中共十三大报告没有再提计划经济,确定了市场取向的改革新思路,使市场因素有可能转变为相对独立的经济体制因素,形成一种相对优化的资源配置机制,从而成为中国经济发展的体制性驱动因素。

但改革的进程总要引起新旧体制之间的摩擦与冲突,一方面产生推进经济转轨的内在动力,另一方面也积累了一些深层矛盾,反过来制约改革的推进。1988年价格改革"闯关"失利,宏观经济秩序紊乱加剧,中央不得不进行治理

---

[1]《邓小平文选》第二卷,北京:人民出版社,1993年,第236页。
[2]《邓小平文选》第三卷,北京:人民出版社,1993年,第203页。

整顿，以致经济体制转轨的步伐有所放慢。一些本来就反对市场取向改革的理论家、政治家，马上抓住机会，借题发挥，将所有问题一股脑归结为改革出现了"方向性错误"，认为选择市场取向就削弱了计划经济等，试图重新回到计划经济体制的老路上去。

更极端的是，一些人把计划和市场的问题同社会主义制度的存亡直接联系起来，提出关键是一个姓"社"还是姓"资"的问题。他们断定"市场取向等于资本主义取向"，"市场经济等于资本主义经济"；甚至不由分说地断言："市场经济，就是取消公有制，这就是说，要否定共产党的领导，否定社会主义制度，搞资本主义。"一时间，市场化改革被说成是"资本主义和平演变"的主要表现，过去盛行的"防止资本主义在中国复辟"的口号重又出现，以"反和平演变为中心"取代"以经济建设为中心"的主张呼之欲出，大有动摇社会主义初级阶段基本路线之势。

由于受到理论和实践的双重困扰，中共十三届四中全会后，中央没有再提市场取向的改革目标，而是重提"计划经济与市场调节相结合"。经济体制的某些方面也出现向旧体制的"复归"，一些地方为了自身的既得利益，又开始实行地方保护或截留企业自主权；城镇集体经济中出现了一种新的"平调风"；许多已经放开的市场价格，在经济一度萧条中又转为实行计划价格。一些单位和部门还针对市场经济理论进行有组织的批判，在干部、群众中间引起极大的混乱，使改革实践无所适从。

与此同时，扩大对外开放亦举步维艰。随着1989年宏观经济紧缩以及经济运行的滑坡，特别是美国为首的西方国家对中国实施所谓"制裁"，中国对外开放的进程遭遇巨大阻力。1989年实际利用外资额不仅没有增长，反而绝对减少。1990年略有回升，也仅达到1988年的水平。更严重的是，作为我国对外开放"窗口"的经济特区以及利用外资的政策也遭到非难。这样，就挑起了继发展商品经济之后有关改革取向的第二次大争论。

1990年7月5日，中共中央政治局常委会邀集一些经济学家座谈经济形势和对策，座谈会一开始，就在改革的取向上发生激烈的争论。主张计划取向的人，强调社会主义只能在公有制基础上实行计划经济，市场调节应在国家计划许可的范围内起辅助作用，而不能"喧宾夺主"。他们说，1988年的通货膨胀是由于前些年颠倒了这种关系，采取了"市场取向改革"的错误路线的结果。薛暮桥、吴敬琏等学者据理力争，强调必须坚持十一届三中全会以来的改革路线，维护市场取向改革的正确方向；并且直言不讳地向在座的中央政治局常委们指出，目前中央文件中使用"计划经济与市场调节相结合"的提法，是从十一届三中全会和十三大后退,应当恢复原来的提法。[①]

针对计划与市场问题的争论,1990年12月24日,邓小平在同几位中央负责同志谈话时指出:"我们必须从理论上搞懂,资本主义与社会主义的区分不在于计划还是市场这样的问题。社会主义也有市场经济,资本主义也有计划控制。不要以为搞点市场经济就是资本主义道路,没有那么回事。计划和市场都得要。不搞市场,连世界上的信息都不知道,是自甘落后。"1991年邓小平在上海过春节,他在同朱镕基等上海市负责同志的谈话中指出:"不要以为,一说计划就是社会主义,一说市场就是资本主义,不是那么回事,两者都是手段,市场也可以为社会主义服务。"[②]

根据邓小平谈话的精神,上海市委和《解放日报》组织班子,写作和发表了署名"皇甫平"的文章,说明了计划和市场只是资源配置的两种手段和形式,不是划分社会制度的标志,并提出要防止陷入某种"新的思想僵滞"。然而,即便知道这篇文章有邓小平谈话的背景,某些批判者仍然对"皇甫平"及其后续文章进行了讨伐和围攻。

当时拥有话语权的《当代思潮》《真理的追求》《高校理论战线》等刊物,连篇累牍刊登文章,质问究竟是"推行资本主义化的改革,还是推行社会主义改革"?所谓"资本主义化的改革","说到底,一个是取消公有制为主体,实现私有化;一个是取消计划经济,实现市场化"。对于发展私营经济,更严厉地斥责为"妄图把我国的社会主义制度通过改革开放,和平演变为资本主义制度"。某些"理论家""政治家"拿着大帽子吓唬人,扭住市场经济属于资本主义的"公式"不放,武断地指责主张市场取向就是搞资本主义。这就为进一步改革开放和加快发展再次设置了思想障碍。

透视20世纪80年代末、90年代初的历史背景,中国面临着三大现实困境:发展速度严重滑坡,改革进程近乎停滞,开放步伐陷入停顿。时称"口欲言而嗫嚅,足将进而趑趄"。如任其发展下去,社会主义初级阶段的基本路线可能会被扭转,中国实现现代化的"三步走"战略不免归于"流产",改革开放事业将被中途搁置。有当代经济史学者指出:问题的严重性在于,中国的社会主义改革开放进程处在一个进与退的关口上,尚未突破不可逆转的"临界点"。传统的计划经济体制因素和市场经济体制因素在资源配置中的作用范围,基本上是势均力敌,平分秋色,力量对比格局尚未发生根本性变化。由于改革步伐趋缓,旧的体制因素局部复归,以至有可能计划经济体制因素重新取得支配地位的局

---

① 吴敬琏:《改革:我们正在过大关》,北京:生活·读书·新知三联出版社,2001年,第314页。
② 《邓小平文选》第三卷,北京:人民出版社,1993年,第364、367页。

面。这种局面一旦出现，又可能构成政治上、思想上、理论上出现向传统模式复归的体制基础。[①]

一句话，在1992年到来之际，中国正处在社会主义改革开放不进则退的临界点上，处在前进方向抉择的十字路口。

"三个有利于"标准澄清理论是非

这时，邓小平卸任中华人民共和国中央军事委员会主席这最后一项职务已近两年。然而，作为有着非凡经历的政治家，邓小平始终渴望中国能够尽快走上发展壮大之路，他对改革因"意识形态门"掣肘而放慢速度很不满意。现在，他以一个普通共产党员的身份，义无反顾，挺身而出，要公开地为改革呐喊助力，协助新一代中央领导集体扫平前进道路上的障碍。

1992年1月18日至2月21日，88岁高龄的邓小平先后到武昌、深圳、珠海、上海等地视察，并发表了一系列重要讲话，通称南方谈话。邓小平深知，要令世界刮目相看地扩大社会主义的经济基础，必须加快改革开放为中国发展注入新的活力。他选择去南方，就是要到他亲自倡导并不断创造奇迹的经济特区去，在那里找到对改革思想的有力支持。

在中国改革的前沿，在对外开放的窗口，邓小平不仅向陪同他的广东省、深圳市党政负责人，而且向所有在场的、热情洋溢的普通干部、群众，反复讲述了发展这个"硬道理"。他说：对于我们这样发展中的大国来说，经济要发展得快一点，不可能总是那么平平静静、稳稳当当。要注意经济稳定、协调地发展，但稳定和协调也是相对的，不是绝对的。发展才是硬道理。这个问题要搞清楚。如果分析不当，造成误解，就会变得谨小慎微，不敢解放思想，不敢放开手脚，结果是丧失时机，犹如逆水行舟，不进则退。所以他一再强调"改革开放胆子要大一些"，"经济发展得快一些"，力争隔几年上一个台阶。[②]

针对几年来甚嚣尘上的姓"社"姓"资"的争论，特别是对于那些起劲地指责经济特区姓"资"的人，邓小平批评说：对办特区，从一开始就有不同意见，担心是不是搞资本主义。深圳的建设成就，明确回答了那些有这样那样担心的人。特区姓"社"不姓"资"。有的人认为，多一份外资，就多一份资本主义，"三

[①] 赵凌云：《转轨与摩擦：1979—1991年中国二元经济体制格局的历史分析》，《中国经济史研究》2006年3月。

[②] 参见《在武昌、深圳、珠海、上海等地的谈话要点》，《邓小平文选》第三卷，北京：人民出版社，1993年，第370—383页。

资企业"多了，就是资本主义的东西多了，就是发展了资本主义。这些人连基本常识都没有。"三资"企业受到我国整个政治、经济条件的制约，是社会主义经济的有益补充，归根到底是有利于社会主义的。

邓小平一针见血地指出："改革开放迈不开步子，不敢闯，说来说去就是怕资本主义的东西多了，走了资本主义道路。要害是姓'资'还是姓'社'的问题。判断的标准，应该主要看是否有利于发展社会主义社会的生产力，是否有利于增强社会主义国家的综合国力，是否有利于提高人民的生活水平。"这"三个有利于"标准的提出，制止了把改革认知分歧极端政治化的倾向，为中国市场导向的改革扫除了障碍。

邓小平在谈话中一再强调："改革开放胆子要大一些"，"看准了的，就大胆地试，大胆地闯"。为了支持改革者放开手脚，邓小平以高度的政治智慧提出"不搞争论"。他说，不争论，是为了争取时间干。一争论就复杂了，把时间都争掉了，什么也干不成。这样，就有效地阻止了动辄以政治大帽子吓唬人，无端封杀改革实验的不良政治倾向。

但是不争论，并非没有倾向性。邓小平以他长期的政治经验分析道：现在，有右的东西影响我们，也有"左"的东西影响我们，但根深蒂固的还是"左"的东西。有些理论家、政治家，拿大帽子吓唬人的，不是右，而是"左"。右可以葬送社会主义，"左"也可以葬送社会主义。中国要警惕右，但主要是防止"左"。邓小平不容置疑地点明："把改革开放说成是引进和发展资本主义，认为和平演变的主要危险来自经济领域，这些就是'左'。"这个鲜明的政治表态，意味着公开同过去那种僵化、教条、极"左"的观念形态彻底划清了界限。

从武昌到深圳、珠海两个经济特区，再到他始终寄予厚望的上海，邓小平将"发展才是硬道理"这个"七字箴言"，走一路，讲一路，很快传遍了大江南北，深得人心。他有针对性地警告说："不坚持社会主义，不改革开放，不发展经济，不改善人民生活，只能是死路一条。基本路线要管一百年，动摇不得，只有坚持这条路线，人民才会相信你，拥护你。谁要改变三中全会以来的路线方针政策，老百姓不答应，谁就会被打倒。"

邓小平毫不含糊地警告，对于那些大问姓"资"姓"社"而根本不顾发展的理论家、政治家来说，无异于当头棒喝！这些人所反对的一个主要目标是市场经济，他们把市场经济和资产阶级自由化、资本主义复辟、帝国主义和平演变阴谋硬拉在一起，造成了新的思想混乱和政治禁区。

在中国改革开放和现代化建设的关键时刻，邓小平视察南方并发表重要讲话，高屋建瓴地阐述了关系党和国家前途命运的一系列重大问题，以非凡的政治智慧和巨大的理论勇气，冲破禁区，明确提出社会主义也可以搞市场经济，解决了多年来困惑中国改革的难题，从而为建设有中国特色的社会主义指明了继续前进的方向，同时也为在中国建立社会主义市场经济体制的改革目标奠定了思想理论基础。

社会主义市场经济的历史定位

邓小平南方谈话犹如平地一声春雷，唤醒了中国，轰动了世界。将一场新的思想解放风暴吹遍全国，吹散了人们心头的犹豫、焦虑和疑问，引导中国闯过"足将进而趑趄"的难关。这立即在国际社会引起轰动。亚洲、欧美等许多国家的新闻报刊，都对邓小平南方谈话作了集中报道，称"邓旋风"将推动中国改革开放迈开更大的步伐。美国及一些西方国家此时还沉迷于用"经济制裁"给中国施压，却发现一位退出政界的老人竟"能让一个人口众多的民族在极短时间内来个180度大转弯"，简直"难以置信"。美国合众国际社报道：中国的经济引擎停转了3年之后，当它进入新一年之际便把它的经济改革和对外开放政策转到了高速发展的档位。

以江泽民为核心的新一代中央领导集体高度重视邓小平的南方谈话，从中受到极大的鼓舞和鞭策。2月21日，邓小平结束南方视察返回北京。2月28日，中共中央即整理了邓小平在武昌、深圳、珠海、上海等地的谈话要点，作为中央2号文件下发至县团级党委，传达到全体共产党员。3月9日至10日，中共中央政治局召开全体会议，认真讨论了邓小平的南方谈话，并决定用谈话的精神统一全党的认识。会议强调，必须坚定不移地贯彻执行党的基本路线，抓住当前有利时机，加快改革开放步伐，集中精力把经济建设搞上去，沿着有中国特色的社会主义道路继续前进。会议要求全党同志特别是各级领导干部，要认真学习邓小平关于建设有中国特色的社会主义的一系列重要论述，进一步提高全面贯彻执行党的基本路线的自觉性。

南方谈话在中国思想界推动了一场以防"左"反"左"为内容的大讨论，再次引发了在整体规模上的思想大解放。全国新闻媒体大力宣传、深入解说南方谈话，把人们思改革、求发展的精神充分调动起来，广大干部、群众受到莫大的鼓舞。在新的思想解放的推动下，全国很快掀起一股强劲的改革大潮。这预示着中国改革开放新阶段的到来。

6月9日，江泽民在与邓小平预先沟通后，来到中共中央党校省部级干部进修班，就领会和落实邓小平南方谈话精神、加快改革开放问题发表了开拓性的讲话。他强调要正确认识计划与市场的问题及其相互关系，在国家宏观控制下，更加重视和发挥市场在资源配置上的作用。他批评了"左"派理论家将改革与"走资本主义道路"混为一谈,并批驳了认为党的中心任务应该是"反和平演变"的极端错误观点。江泽民表示,在不久将要召开的党的十四大报告中,他更倾向于使用"社会主义市场经济体制"这个新的提法。把这个关系深化改革、加快发展的方向性目标提出来,为的是在党的高级干部中取得共识,以为即将召开党的代表大会正式提出建立社会主义市场经济体制的改革新目标,做好充分的思想准备。

1992年10月12日至19日,中国共产党第十四届全国代表大会在北京召开。大会顺应世界大势和时代潮流,做出了"抓住时机,加快发展"的历史性抉择——毫不动摇地坚持以建设有中国特色社会主义理论为指导的基本路线,以建立社会主义市场经济体制为目标,加快经济改革的步伐,进一步扩大对外开放,促进中国经济和社会发展向新的台阶迈进。大会明确提出我国经济体制改革的目标是建立社会主义市场经济体制。就是要使市场在社会主义国家宏观调控下对资源配置起基础性作用。在所有制结构上,以公有制包括全民所有制和集体所有制经济为主体,个体经济、私营经济、外资经济为补充,多种经济成分长期共同发展,不同经济成分还可以自愿实行多种形式的联合经营。在分配制度上,以按劳分配为主体,其他分配方式为补充,兼顾效率与公平,合理拉开收入差距,又防止两极分化,逐步实现共同富裕。在宏观调控上,国家把人民的当前利益与长远利益、局部利益与整体利益结合起来,更好地发挥计划和市场两种手段的长处。大会要求,围绕社会主义市场经济体制的建立,要抓紧制定总体规划,有计划、有步骤地进行相应的体制改革和政策调整。

大会确立邓小平建设有中国特色社会主义理论在全党的指导地位。指出这个理论第一次比较系统地初步回答了中国这样的经济文化比较落后的国家如何建设、巩固和发展社会主义的一系列根本问题,是马克思列宁主义基本原理与当代中国实际和时代特征相结合的产物,是毛泽东思想的继承和发展,是全党和全国人民集体智慧的结晶,是中国共产党和中国人民最可珍贵的精神财富。

中共十四大提出了必须努力实现十个方面关系全局的主要任务,第一就是围绕社会主义市场经济体制的建立,加快经济改革的步伐;第二就是进一步扩大对外开放,更多更好地利用国外资金、资源、技术和管理经验。以此为标志,中国的改革开放和现代化建设事业进入了初步建立社会主义市场经济体制的发展阶段。

二、初步形成全方位对外开放的布局

浦东开发开放的新理念新模式

中国改革开放提速,最引人注目的是上海浦东加快开发、开放。浦东,指上海市黄浦江以东、长江口西南、川杨河以北大约350平方公里地域范围,由于历史上黄浦江两岸没有桥梁和隧道连通,浦东虽然与繁华的上海外滩、南京路仅一江之隔,但经济发展远远落后于上海老市区。"宁要浦西一张床,不要浦东一间房",老上海以此来形容浦东的落伍。谋变与探索,摆在上海人面前。

1987年中共上海市委、市政府向中央提出:开发浦东不搞"特区"而搞"新区",不搞"开发区"而搞"功能区"。不搞"特区",意味着浦东开发建设将不倚重国家给予的特殊政策,而是靠新思路、新理念和新的发展方式,达到利用新区开发,带动整个上海和长江沿岸地区发展的目的;不搞"开发区",则决定了浦东不是功能单一的工业项目聚集地,而是集工业、金融、高科技、生物医药等为一体的产业群。浦东发展凸显在一个"新"字上。首先,这是按照自己的客观条件量身定做的"新区",是一块国家发展的"试验田",而不是复制深圳模式;其次,这是一个从国家区域发展总体战略出发,探索区域协调发展的新模式。有了上海几年的筹划和充分的前期研究工作,1990年4月18日,国务院正式宣布开发开放上海浦东,提出以浦东开发开放为龙头,进一步开放长江沿岸城市,尽快把上海建成国际经济、金融、贸易中心之一,带动长江三角洲和整个长江流域地区经济的新飞跃。

1991年1—2月,邓小平在视察上海期间向朱镕基等上海市负责人讲道:我们说上海开发晚了,要努力干啊!当初确定深圳、珠海、汕头、厦门四个经济特区,主要是从地理条件考虑的,但没有考虑到上海在人才方面的优势。浦东如果像深圳经济特区那样,早几年开发就好了。这不只是浦东的问题,是关系上海发展的问题,是利用上海这个基地发展长江三角洲和长江流域的问题。他叮嘱说:"抓紧浦东开发,不要动摇,一直到建成。"[1]

为了加快上海浦东新区的开发和开放,1990年以来,党中央、国务院批准浦东新区除了在财政税收政策、产业政策、保税区政策等方面实行经济特区的优惠政策以外,还允许外商在上海,包括在浦东新区增设外资银行,先批准开

---

[1]《邓小平文选》第三卷,北京:人民出版社,1993年,第366页。

办财务公司，再根据开发浦东的实际需要，允许若干家外国银行设立分行。在浦东新区实行土地使用权有偿的政策，使用权限50年到70年，外商可以承包土地成片开发。1992年邓小平南方谈话以后，国务院又在项目审批权和资金筹措权方面给予上海重要的优惠政策——授权上海市扩大5类项目的审批权：自行审批在外高桥保税区内的中资和外资从事转口贸易的企业；自行审批浦东新区内国营大中型企业的产品出口经营权；扩大上海市有关新区内非生产性项目以及生产性项目的审批权；在中央额定的额度范围内自行发行股票和债券，允许全国各地发行的股票在上海上市交易。同时，给予上海在5个方面配套资金的筹措权，以加速浦东的开发开放。

上海充分利用中央给予浦东的特殊优惠政策，解放思想，加快步伐，采取多种措施加快浦东的开发开放。总体规划将原定350平方公里的开发开放区域加以延伸，新区行政区域总面积定位于522.7平方公里。设有陆家嘴金融贸易区、金桥出口加工区、张江高科技园区和外高桥保税区四个开发区。随着开发开放的加快，浦东新区迅速成为上海新兴高科技产业和现代工业基地和上海新的经济增长点，成为20世纪90年代中国改革开放的重点和标志。

浦东优越的地理位置，整个上海经济技术基础较雄厚的支撑，国家给予的更加开放的优惠政策，使浦东的开发开放受到国内外的广泛关注，尤其是允许新区内设立一批金融机构，增强了对国内外投资者的吸引力。国外金融投资者捷足先登，纷纷前去设立银行或财务公司。到1993年，在浦东新区设立了20多家国内外各类金融机构，其中有6家国内专业银行分行，3家保险公司和一家财务公司的分支机构，有2家中外合资财务公司，1家中外合资国际银行和6家外资银行，初步形成良好的金融环境。

其他外商投资企业也十分踊跃，到1992年，已建立外商投资企业700多家，投资总额达32.3亿美元，相当于浦东开发前10年总和的20倍。工业项目占96%以上，有一批著名的跨国公司，如美国的杜邦公司、德国的巴斯夫公司等相继在浦东新区投资。还有一大批项目正在洽谈，其中有90多个项目已获批准。同时，还新批准了1119家外资企业，投资总额达85.3亿美元。

开发浦东，预算8000亿元。这对于把相当大比例的财政税收上缴中央的上海而言，根本就是一个天文数字。必须摒弃旧观念，创新谋出路。浦东开拓者们选择了"两手抓"：一只手从资本市场上募集资金；另一只手在土地上做文章，引入"土地批租"的新模式，就是把部分土地由农村集体所有权和使用权转为国家所有、国家管理；然后，财政进行一定投入（如对土地进行"七通一平"）取得土地资本，再将之与金融资本，社会、企业、个人资本结合，从而为重点开发提供启动资金，逐步形成"土地吸附资金—资金提升土地价值—土地更大规模吸附资金—新区不动产迅速升值"的良性循环。这一思路的确立，最初也受到各种诘难。有关部门甚至十分严肃地责问：浦东搞"土地批租"的理由是什么？有没有政策支撑？随着邓小平南方谈话深入人心，有关政策支撑的矛盾很快化解了。

辛勤的付出，换来了可喜的回报。浦东的土地批租是在"规划先行"的方式下进行的，投资者不仅不能"圈地"，买了地就要高标准地把楼宇一个个建起来。如 1.7 平方公里的小陆家嘴地区平均 1 平方公里可以产生 150 亿元的 GDP，仅金茂大厦一年的税收就高达 7 亿元。25 平方公里的张江高科技工业园，有着相当于美国硅谷一半的芯片设计企业。浦东金桥出口加工区，1 平方公里土地的工业年产出可达 61.7 亿元。这些"奇迹"的取得，源于浦东开发定位之初，就是谋全局而不是谋一域，把眼光放在引领整个长江流域的腾飞上。

上海人打造浦东，坚持的是"要建就建世界一流"的理念。这不仅体现在花重金请外国人进行规划设计，采纳国际上"让人和自然融合"的现代设计理念，还体现在营造符合国际惯例的商务环境上。在被誉为中国离世界"最近"的地方——张江高科技工业园，不少国际惯例的通用法则在这里畅通无阻。如允许注册资本分期注入，允许企业以智力和人力资本入股，对科技型企业不再限定具体的经营范围。企业注册快的只用 1 天，慢的也只需 3 到 5 天。如今，张江高科技工业园已有占据产业链高端的芯片设计企业 150 家，数量相当于美国硅谷的一半。使用国际语言，参照国际准则，让浦东在对外交往上长袖善舞。众多跨国公司看好浦东、看好上海，正是缘于这种内在气质。

"浦东是中国改革开放的一个象征"——邓小平当年讲这句话，是站在一个很高层面上的定位和期许。随着加快改革开放步伐，积极推进功能开发，浦东新区的经济结构不断合理调整和优化升级，接近或超过世界水平的现代工业很快代替了传统工业。其中有六大支柱产业：以中美合作通用轿车为领导的汽车产业；以中日合资超大规模集成电路为龙头的电子信息产业；以中德合建不锈钢板基地为骨干的钢铁产业；以中德、中美化工合作为主发展起来的石油化工及精细化工产业；以中日合资为主发展起来的家用电器产业；以上海医药工业与一批世界著名医药企业联手发展起来生物医药产业，形成一批结构优化、科技含量高的高新技术产业群。1997 年，这六大支柱产业人均创税近 2 万元，实现产值共 480 多亿元，约占浦东工业总产值的三成半。

在邓小平南方谈话和中共十四大精神的鼓舞下，上海浦东采用多种形式吸引国内外资金，引进高起点的技术、知识密集型产业，发展高新技术产业，在短短几年内，把一向不为外人所知的浦东迅速建设成为具有合理的布局结构，先进的综合交通网络、完善的城市基础设施、便捷的通讯信息系统以及良好的自然生态环境的高层次的现代化新区，在带动上海，辐射整个长江流域对外开放、加快改革和发展方面，起到越来越重要的作用。

浦东新区的开发开放，让上海再度成为中国经济成长的龙头，其长远效应巨大。从 1990 年至 2004 年，浦东新区的 GDP 从区区 60 亿元增加到 1790 亿元；浦东新区以上海 1/8 的人口、1/10 的土地面积，创造了上海 1/4 的 GDP 和工业总产值，1/2 的进出口贸易总额和 1/3 的利用外资总额，这等于在 15 年里再造了一个上海。浦东新区的陆家嘴，成为中国金融的核心区，以及跨国公司总部最密集的区域。

海南洋浦开发区的波折与振起

1992 年新起的改革开放大潮，给 1988 年才建省不久的海南省也带来了很大机遇，首先是解决了"洋浦开发"的遗留问题。洋浦半岛位于海南省西北部儋县境内，面积约 150 平方公里，这里气候炎热，雨量蒸发快，是个"十种九不收"的荒芜之地。但它三面环海，港湾深阔，不聚泥沙，风平浪静，又是个天然良港，可建成国际贸易的货物集散地。开发洋浦大有前途，但长期以来因国力有限而搁置。

1983 年，海南行政区洋浦港筹建办公室成立，开始设法吸引外资来开发洋浦。1988 年海南建省后，日本熊谷组（香港）有限公司同意按照国际投标惯例，以 2000 元一亩的价格租下洋浦，进而投资 300 多亿元进行开发建设。这一举动如果成功，最深层的意义就是外商可以获得中国成片土地使用权。但在当时，"出租洋浦"遭到了激烈的反对。在全国政协七届二次全会上，有科学界 5 位委员慷慨陈词，对把洋浦出租给外国人提出异议，表示这是有关国土主权的重大问题。在一片反对声中，开发洋浦的计划只好搁浅。

邓小平南方谈话后，洋浦开发再次提上议事日程。3 月 13 日，国务院正式批准海南省吸引外商投资开发建设洋浦经济开发区，进一步推动海南经济特区建设，吸收外商开发经营洋浦地区的 30 平方公里土地，建设洋浦经济开发区，使之成为以技术先进的工业为主导，第三产业相应发展的外向型工业区。对洋浦开发区实行封闭式的隔离管理，在区内实施保税区的各项政策措施，为外商提供良好的投资经营环境，为进出口提供方便。这一决定，使海南赢来了难逢的发展机遇。

人们终于想明白了，出租土地、吸引外资是在资金短缺的情况下尽早实现中华腾飞的良策。原先激烈反对者也坦诚地反思："当时，我们对洋浦的情况的确了解不够，并没有实地考察过洋浦，更不清楚洋浦 30 平方公里出租后，涉及国家主权的军事、外交、海关、司法、税务等管辖权均在中方。所以，把洋浦与旧中国的租界地混同了。"洋浦开发的波折终于在1992年画上了圆满的句号。

8月18日,海南省省长刘剑锋代表省人民政府与熊谷组(香港)有限公司总经理于元干,在北京钓鱼台国宾馆正式签署了《洋浦经济开发区国有土地使用权出让合同》。这是迄今为止经中国政府批准的最大的外商投资开发经营的成片土地。以熊谷组(香港)有限公司为首的7家海外和内地企业在香港签订协议,组成海南洋浦土地开发有限公司,计划在15年内投入180亿元港币用于洋浦开发区的基础设施建设,总投资将达1300多亿元港币。

作为海南特区开发和对外开放的重点项目,洋浦开发区的投资环境得到进一步改善,各项优惠政策得到落实,吸引了一大批有远见的国内外投资商。日本樱花银行、三井集团、德国西门子公司、韩国大宇集团、瑞士贸易投资考察团等跨国公司、大财团,陆续前往洋浦进行实地考察。据有关资料统计,截至1995年5月,区内登记注册的企业总数达7562家,注册资本175亿元,其中外资企业298家,注册资本6873万美元、8.5亿港币,有美国、新加坡、日本、加拿大、德国,以及我国香港、台湾等20个国家和地区的投资商在洋浦登记注册。洋浦开发商熊谷组(香港)有限公司负责人于元平先生在接受记者采访时满怀信心地表示:洋浦开发肯定要干出世界一流水平。

沿海沿江沿边立体开放新格局

1992年,与上海浦东加快开发开放相呼应,中国政府进一步开放沿海、沿边、沿江和省会城市,逐步形成多层次、全方位的开放格局。

3月,国务院决定对外开放黑龙江省黑河市、绥芬河市,吉林省珲春市和内蒙古自治区满洲里市等我国东北部地区的4个边境城市,加强对俄罗斯和其他周边国家经济技术交流与合作,加快边境地区的经济发展。

5月,国务院决定进一步对外开放广西壮族自治区的南宁市、凭祥市、东兴镇和云南省的昆明市、畹町市、瑞丽县、沙口县。南宁、昆明两个省会将实行沿海开放城市的政策。与此同时,国务院还决定开放长江沿岸的芜湖、九江、岳阳、武汉、重庆5个内陆城市。至此,长江沿岸10个主要中心城市已全部对外开放。

继上海、天津、深圳设立保税区后,5月,我国又兴建了大连、广州两个保税区。同时,山东、浙江、江苏、福建等沿海省份也正在筹建保税区。由于实行比其他开放地区更加灵活、更加优惠的政策,保税区已经成为继沿海开放城市、经济特区、经济技术开发区之后,又一个中国对外开放的新领域。

同月,国务院决定批准给予新疆维吾尔自治区类似沿海乃至特区的8条优惠政策与措施。核心内容是：形成以乌鲁木齐为龙头，以伊宁、博乐、塔城为窗口，以沿周边国家开放带为前沿，以铁路沿线开放为依托，以东部省区为后盾，覆盖全区的开放网络和多层次、多渠道、多形式合作、多元化市场的开放格局，使新疆成为东联西出的枢纽和连接东亚与西亚、欧洲的现代"丝绸之路"的活跃区。

8月，国务院决定进一步对外开放边境省会城市哈尔滨、长春、呼和浩特市，外加石家庄市；决定太原、合肥、南昌、郑州、长沙、成都、贵阳、西安、兰州、西宁、银川11个内陆地区的省会城市实行沿海开放城市的政策。

在筹划全方位对外开放格局的同时，中央开始关注中西部地区未来的发展和前途。中共十四大报告提出：我国中部和西部地区资源丰富，沿边地区还有对外开放的地缘优势，发展潜力很大，国家需要在统筹规划下给予支持。8月，国家计委召开西北地区经济规划座谈会，论证了西北地区作为我国重要的能源、原材料工业后备基地，加快其资源开发和经济发展，对整个国民经济发展具有重要作用。会议提出发展规划的基本思路是：抓住时机，加快改革开放步伐；以市场为纽带，以外贸为突破口，联合起来走"西口"（即西部口岸）；打通西北通道，进入中亚市场，逐步走向世界，以此带动资源开发、基础设施建设和第三产业的发展，实现整个区域的经济发展和繁荣。

经过统筹规划和整体部署，我国东、西、南、北、中对外开放的立体布局初步形成。东部，以浦东为龙头，带动长江三角洲地区，纵深向着整个长江流域各省的城市带辐射。与浦东相连，稍北部的渤海湾正扬起对外开放的风帆。北起丹东，南至青岛沿海，是中国的"黄金海岸"。环渤海地区的山东、河北、天津、辽宁三省一市，成为对外开放的又一个亮点。它与南部沿海的广东、福建南北呼应，呈现珠联璧合之势。

1992年，环渤海的青岛、天津、唐山、大连等18个城市和地区已同世界160多个国家和地区建立了贸易、经济、技术合作关系。大连是东北对外开放的先锋。三资企业在1992年已有272家，约占全国14个开发区的1/3，利用外资的情况高居于各开发区之首。天津直辖市采取向海边倾斜的方略，利用贷款滚动开发，建成一座现代化工业园区，吸引了300多家三资企业、6亿美元前来投资。烟台、威海、潍坊、东营、秦皇岛、沧州等地市也在向着海洋型经济发展。

中国西部曾有过对外开放的辉煌历史。2000多年前的古丝绸之路，形成了一条联结西域与欧洲的经贸、文化交流的纽带。如今，在陕西西安建立了国家级高科技产业开发区，以旅游、外贸为先导，全方位对外开放。1992年1月至7月，外贸出口、引进外资和旅游都创历史同期最高水平。甘肃提出了进口、出口、引进外资、合资等开放政策后，1992年头4个月创建的三资企业超过了1991年全年总和。

新疆大力发展边境贸易,利用与独联体国家以及巴基斯坦、蒙古等8个国家接壤的5400多公里的边境线十多个边关的优势,定出40条优惠政策,为发展边贸鸣锣开道。1992年1月至4月,出口额是上年同期的5.67倍;货运量超过1991年的总和。

内蒙古在4200公里的边境线上,铁路、公路、水路并举,10多个边境口岸对外开放,以边贸为龙头,扩大开放,同70多个国家和地区建立了经贸技术关系。1992年头3个月外贸总额大增,比上年同期增长2倍以上。青海、宁夏为西部内陆省份,努力开发特色商品,扩大了出口。青海省在日本、独联体国家办起了中资企业。宁夏在1992年创出口商品新纪录。

中国南部沿海的广东、福建、浙江是最早对外开放的省份,吸引外资和进出口贸易都走在全国前列。1992年,国务院批准北部湾对外开放。广西北海、钦州、防城三大港口作为大西南的出海口,腹地所及云南、贵州、四川、湖南西部、安徽西部等广大内陆地区。在广西长达1000多公里的边境线上,中越边境贸易额不断增加。南宁市在河内举办的边贸交易会,仅6天时间就签约25项,合同金额突破8亿元。

中国东北部,辽宁以大连为龙头,逐步向内延伸,与营口、盘锦、锦州、锦西、沈阳等连成一条开放带。辽东半岛因地理位置优越,对外开放走在了吉林和黑龙江的前边。吉林则利用与朝鲜、俄罗斯边界相连的优势,将延吉、珲春、图们江作为对外开放的窗口,大力吸引外资,发展了与朝鲜、俄罗斯、日本等国的经济技术合作关系。黑龙江省与俄罗斯有3000公里长的边境线,开放了12个对俄口岸,成为仅次于广东的口岸大省。省内19个边境县市与俄罗斯各国建立了广泛的经贸合作关系,仅黑河市就有贸易伙伴700多个,遍布整个独联体,并且与美国、日本、英国、加拿大、新加坡、菲律宾等数十个国家和地区发展了经贸关系。

再加上中部11个内陆省份的对外开放,1992年我国全方位、多层次对外开放的格局基本形成,为1990年代中国加强对外经济贸易合作,主动应对经济全球化浪潮创造了良好条件,打下了可靠基础。

三、加快建设和培育生产要素市场

改革流通体制大力发展商品市场

商品市场是发展社会主义市场经济重要的生产要素市场,是建设市场经济体系的重要一环。根据中共十四大提出要继续大力发展商品市场特别是生产资料市场的决定，全国各地商品市场的建设与发展有了很大推进。

一是大力建设现货批发市场，以中心城市为依托，逐步建立起以全国性批发市场为龙头，以区域性批发市场为骨干，辐射全国，交易集中，信息畅通，具有现代化水平和调控能力的工农业产品批发市场网络。其中，全国性与区域性批发市场以及交易所已发展到100多个，主要经营粮食、生猪、食糖、蔬菜以及金属、木材、石油、化工、机电、煤炭等生产资料大宗商品。各种专业批发市场成为商品流通领域的生力军，主要经营社会广泛需求、品种丰富多样的日用品。

二是期货交易的探索取得一定进展。改革开放后，我国陆续建立了郑州粮食批发市场、深圳有色金属交易所、上海金属交易所、苏州商品交易所等期货市场。中共十四大后，又在煤炭、化工、石油、黑色金属等重要产业，分别建立了引进期货市场机制的大型生产资料交易市场或交易所，并相继成立了一批专业的期货经纪公司，一些期货咨询、研究机构应运而生。1993年1月，厦门国际商品期货交易所开业，参与芝加哥、纽约期货市场交易，与国际市场接轨。我国期货行业初具规模。但期货市场的发育仍处在探索和试验的阶段。

三是原有的城乡集贸市场，随着农产品、小商品和日用工业品价格的放开，进入发展的高峰期。到1995年底，全国共有集贸市场82892个，成交额11590亿元，是1990年的5倍多。

经过规划和整顿，初步形成了布局合理、各类市场比较健全的局面。这样，一个包括生产资料和生活资料在内的、批发与零售相结合、大中小相结合、有形市场与无形市场相结合、现货市场与期货市场相结合的多层次、多种运行方式并存的商品市场网络初步形成，为建立全国统一的市场体系奠定了基础。

在流通体制改革方面，首先是继续改革国有流通企业，更新流通方式和流通业态。1992年以后，国有大中型流通企业按照建立现代企业制度方向逐步进行改制，转换经营机制；中小企业分别实行了"改、转、租、包、卖、并"；在不断提高服务质量的同时，积极发展多种经营形式，其中连锁经营、代理制、配送制、公司＋农户等新的流通方式已日益显露其优越性；超市、便利店、专卖店、仓储式商场、购物中心等多种业态呈现一片蓬勃景象。

为解决商品资源分散、多头管理、价格失控，影响市场稳定等问题，国务院重点改革了粮食、棉花、原油和成品油、化肥及副食品的购销体制。

一是理顺购销渠道，减少流通环节。国家必须掌握必要资源，如必须收购社会商品粮的70%～80%，掌握化肥的20%。棉花暂时实行市场、价格、经营"三不放开"政策。同时，批发环节以国有企业（或供销社）为主渠道，不允许未经批准的企业或单位到产地擅自采购，或以产销挂钩等办法变相买卖。

二是建立储备制度和风险基金。粮食、棉花、食油、食糖、肉类，以及油品、化肥都建立了专项储备，并建立了相应的风险基金。

三是粮食等国有企业建立两条线运行机制，即实行政策性业务和商业性经营分开运作，机构、人员也彻底分开。明确各级粮食行政管理部门及其领导的粮管所、粮库是政策性机构，承担掌握粮源、吞吐调节、稳定市场、救灾等政策性业务，所需费用由财政补贴；明确国有粮食零售企业是商业性经营单位，主要承担粮食零售业务，实行独立核算、自主经营、自负盈亏。

针对商品市场出现假冒伪劣商品，谋取暴利和不正当竞争等问题，各级工商管理部门、技术监督部门加强了对市场的管理和监督，为查处假冒伪劣商品、整顿市场秩序做了大量工作。国家陆续颁布《反不正当竞争法》《消费者权益保护法》《经济合同法》《广告法》《商标法》《产品质量法》等法律法规，各地"依法治市"，规范市场行为，取得一定成果。由于市场发育还不健全，法律法规调控体系还不完备，市场秩序混乱问题仍时起时伏。这说明，整顿治理市场秩序是建立社会主义市场经济体制过程中的一项长期任务。

土地开发催生新兴的房地产市场

根据尽快形成全国统一的开放的市场体系的要求，中共十四大以后，以开始启动住房制度改革为契机，催生了一个新兴的房地产市场。

长期以来我国实行的是住房福利供给制，由国家（单位）包建房、分房，按职务、资历、家庭人口等条件无偿分配，房屋使用实行低租金、高补贴，管理、维修费用均由国家房屋管理部门或单位承担。这种用行政手段分配住房、低租金使用住房的制度，使国家（单位）背上沉重负担，广大居民和职工群众日益增长的住房需求无力解决；由于房源紧缺，单位、社会上住房分配不公现象引起普遍不满。凡此种种，我国住房制度陷入了困境。

1980年1月，中央党校副校长苏星在《红旗》杂志上发表题为《怎样使住宅问题解决得快些？》的文章，最早提出"住宅是个人消费品的重要组成部分，应该走商品化道路"。一石激起千层浪，理论界随之展开了一场关于住宅属性、房租应如何收取等问题的大讨论。

正当京城的理论研讨方兴未艾之际，喜欢"只干不说"或"先干再说"的深圳人，已经不声不响地进行试验了。1980年，深圳经济特区干了一件从未有过先例的事，由特区房地产公司与香港妙丽集团合作，深圳出地，对方出钱，共同开发罗湖小区。一年之后，中国第一个准商品房小区东湖丽苑建成，一次推出 108 套房，仅 3 天便售罄。东湖丽苑小区，称得上是中国房地产业的一个起点，无论住房商品化，还是按揭贷款，物业管理，都创下了全国第一。当时住宅小区的土地是政府划拨的，还不是完全意义上的商品房，但与外资合作建房的模式获得高层的认可。

1982 年，深圳开始悄然进行土地资本化探索，按城市土地等级不同收取不同标准的土地使用费。这使内资企业独立进行房地产开发成为可能。上述探索归结为土地所有权与使用权可以分离的理论观点，由此提出了将土地使用权作为商品转让、租赁、买卖的具有开拓意义的改革方案。

1987 年 9 月 8 日，深圳市以协商议标形式出让有偿使用的第一块国有土地；9 月 11 日以招标形式出让第二块国有土地；12 月 1 日又以拍卖形式出让第三块国有土地使用权。三块土地的出让金加起来，政府得到了 2336.88 万元的城市建设资金。这是中华人民共和国成立以来首次土地拍卖活动，在国内外引起轰动。

中国土地"第一拍"当时被称为"惊天之举"，因为我国宪法明文规定："任何组织或者个人不得侵占、买卖、出租或者以其他形式非法转让土地。"深圳人大胆实验，突破陈规，取得土地拍卖的改革成果，需要在法律上得到确认。1988 年 4 月，全国人大常委会通过《中华人民共和国宪法（修正案）》，修正条款规定："土地的使用权可以依照法律的规定转让。"这是中国土地商品化的历史性突破，没有深圳的"一拍"和宪法条款的"一改"，就没有后来的中国房地产市场。

如果说，深圳经济特区开创了中国房地产商业开发的几个第一，催生了新兴的房地产市场，那么，海南自 1988 年建省，便成为房地产大规模投资开发的一片热土。当年"十万人才下海南"的"闯海人"中，有相当一批民营房地产业的开拓者，从跌宕起伏、波诡云谲的房地产市场中脱颖而出。许多后来在全国叱咤风云的房地产商，几乎都有在海南曾经复杂、粗放、无法可依的市场竞争环境中进行商业运作的经历。后来，这批民营企业家学会了自省、自我控制、遵纪守法和规避风险，逐渐成为具有现代商业意识以及丰富实践经验的现代企业管理者。

随着住房商品化改革从少数试点城市向全国扩展，新兴的房地产业被迅速拉动崛起。邓小平南方谈话之后，房地产开发建设形成全国性的热潮。各地房改向前推进，促进了住房金融体制的配套改革。1992 年前半年，国内各大银行已设置了 1269 个房地产信贷部，工商银行则在各地分行建立了 1000 多个营业机构，积极为房改服务。

上海也出台了开发房地产的优惠政策，采用土地批租的方式直接向外商提供土地的使用权。一种是可建造厂房办生产性企业以及为生产性企业服务的办公大楼的工业用地；一种是可以建设住宅，经营房地产业的商业用地；还可以成片开发，建设工业园区等。而且批租的土地可以转让和抵押。上海的房地产开发不仅在浦东，而且在有着危棚简屋 365 万平方米的浦西，也加快了改造旧城区的步伐。1992 年 10 月底，上海共批租 78 幅地块，总面积达 67 公顷，共拆迁 76 万平方米房屋，其中危简房和二级旧里弄房占 89.9%，动迁受益居民 2.8 万多户。

总的来看，1992 年出现的经济建设热潮，是对邓小平南方谈话的一种积极的回应，是中外投资者对我国经济发展充满信心的一种实际行动。这股热潮加速了我国房地产市场的建立，缩短了对房地产市场的培育期，使得各级政府部门能够有针对性地制定有关房地产的各项法规，提出规范房地产市场的政策措施。但当时我国房地产业还处于改革和发展的起步阶段，土地的有偿使用各地都在试点，土地有偿出让面积仅占全部土地供应量的 4%～6%。房屋的商品化程度也不高，经济发展快的地区商品房出售供不应求，还需要在建立社会主义市场经济体制的过程中，进一步推动房地产要素市场的发展。

值得注意的是，在各地的"房地产热"中，的确伴随着很普遍的炒地皮、炒"楼花"的买空卖空现象，使得本来就不成熟的房地产市场出现令人担忧的混乱状况，尤其是土地级差收益未能进入财政收入，房地产增值幅度大，税收未能相应跟上。由于土地使用权转让和房屋产权交易缺乏严格的法律法规监管，随着大规模开发建设全面展开，夹杂其中的房地产炒作风趋势而起。

社会主义市场经济需要在房地产领域充分发挥市场对资源配置的基础性作用，同时也要发挥国家政策引导、法律规范、监督管理等宏观调控的作用。对于国有土地的出让所形成的地产一级市场，需要有强化国家宏观管理的控制手段，决不能造成土地收益的大量流失。但对于进行土地使用权转让和房屋产权交易形成的二、三级市场，又需要真正放开、搞活。问题在于如何保证房地产交易行为能够依照市场规则办事。经济发展中的"热"并不一定与"乱"画等号，关键在于政府必须通过培育、引导、规范，使房地产市场热而有序，活而不乱。

引入证券交易系统构建资本市场

资本市场亦称长期金融市场，是发展市场经济必不可少的生产要素市场。中国建立社会主义市场经济体系的一个重要环节，就是要积极培育和发展包括债券、股票等有价证券在内的金融资本市场。

关于国有企业能否实行股份制，经历过理论上的反复探讨和争论。城市经济体制改革中，一些地方开始进行国有企业股份制改革试点工作，引起了各方面广泛的争论。固守"左"倾教条的人断言:"股份制是资本主义的,推行股份制就是搞私有化。"有人则以列宁的论述作依据,认为证券市场会造成一大批以"剪息票"为生的"食利者阶层",将极大地败坏中国社会主义的声誉。

冲破思想藩篱的阻力确实不是一件容易的事。上海飞乐音响股份有限公司在创办之初,就有人说,搞股份制,这不是要培养一批"食利阶层"吗?有人甚至说:股份制的主张,实际上是"明修国企改革的栈道,暗度私有化的陈仓",给股份制改革造成很大的压力。这时,邓小平出来讲话了。1986年11月,美国纽约证券交易所董事长约翰·范尔霖率代表团来北京,受到邓小平的接见。邓小平对范尔霖说:你们有个纽约股票交易所,我们中国也可以试试嘛。邓小平还把一张上海飞乐音响股份有限公司50元面值的股票送给范尔霖先生,表明了中国政府支持发展股份制的态度。这个极具象征意义的举动,在国内外引起了很大的反响。《朝日新闻》发表整版评论,认为中国企业将全面推行股份制,中国经济终将走向市场化。

实际上,有关债券、股票交易的业务已经开始进行尝试。如1986年9月,中国工商银行上海信托投资公司静安证券业务部,被批准在全国首家开办股票柜台交易,股票开始在小范围流通市场上登台亮相。1987年9月,深圳证券公司正式成立开业。1988年,中国人民银行在各省组建了33家证券公司,财政部也组建了一批证券公司。

从现代市场经济来看,在证券公司或投资公司营业部分散进行股票、债券的柜台交易是一回事,建立一个公开、透明、集中、规范、可在全国范围自由上市流通的证券交易市场则是另一回事。社会主义要赢得与资本主义相比较的优势,就必须大胆吸收和借鉴人类社会创造的一切文明成果,吸收和借鉴当今世界各国包括资本主义发达国家的一切反映现代化生产规律的先进经营方式、管理方式。而最终把国外成熟的证券市场经验引入中国的,是一批从海外留学归来的青年学者。

1988年7月8日,由时任中国农业发展信托投资公司总经理王岐山、中国新技术创业投资公司总经理张晓彬发起,在北京万寿宾馆召开了一个"金融体制改革和北京证券交易所筹备研讨会"。参加座谈会的,有中国经济领域最有实权的部门领导,更延揽了几位从海外归来的青年学者。会议主要议论"关于设立北京证券交易所"的方案。会上,请在美国主修国际金融的王波明等人,从专业角度介绍了国外的证券监管体制,讲解了建立资本市场的意义在于,搞了资本市场,企业制度改革、投融资体制改革、税收体制改革、会计制度改革等相关配套改革都会被带动起来,将推动中国改革开放事业向深入发展。会后,王波明等人起草了给中央的报告,总题目为《中国证券市场创办与管理的设想》,

包括《筹建北京证券交易所的设想和可行性报告》《建立国家证券管理委员会的建议》《建立证券管理法的基本设想》等几个文件，相当于设计了一个中国证券业的整体框架。这个报告后来被称为"白皮书"。

"白皮书"送进中南海后，得到中央高层的重视。姚依林副总理召集国家经委、国家体改委、财政部、人民银行负责人开会听取汇报。会议认为，资本主义搞股份制是规范的，是商品经济发达的产物。不管有什么困难，也要搞出来公有制下的股份制，这样经济的灵活性可以大大增加。会议决定，有关证券市场的研究和筹划工作归口到国家体改委；先由基层自发研究，然后变为国家有组织的研究和筹划。这在后来被称为"民间推动，政府支持"[①]。

因为"股票交易所"这个词太敏感，中央要求少说多做，低调筹备。为此，王岐山等人召集几大信托投资、产业公司出资，组建了一个民间机构"北京证券交易所研究设计联合办公室"，简称"联办"。其成员大都是海外留学归来的青年学者，他们关于促进中国证券市场法制化和规范化的政策建议，被中央采纳，从而在把资本市场引入中国的进程中适逢其时地贡献了自己的才智。

联办的设计方案最初把股票交易所设在北京。时任上海市市长朱镕基正在筹划开发浦东，预算需几千亿元，他热情邀请并支持联办到上海，合作筹办上海证券交易所。经过复杂的设计、试验，1990年12月，中国内地第一家证券交易所——上海证券交易所正式成立开业；1991年7月深圳证券交易所成立开业，标志着我国股票市场由场外分散交易进入场内集中交易。

在帮助筹建上海、深圳交易所期间，北京联办以美国NASDAQ计算机联网交易为蓝本，设计建立了"STAQ"（证券交易自动报价系统）。随后，上交所、深交所和北京联办申请的STAQ系统相继投入运营。至此，以"两所一网"为标志的中国证券市场正式建立起来，交易手段一开始就实现了电脑配对、无纸交易，既提高了市场流通效益，又有效地杜绝了黑市交易。中国证券交易市场的建立，遵循"拿来主义"原则，直接借鉴了国外的成熟经验和现代交易手段，起点是比较高的。

接下来是加快规范化股份制公司上市的步伐。由于股票在中国大地诞生之初，"姓社姓资"的身份还不明朗，股份制公司向社会招股、募集资金的工作只能谨慎地试行。1992年邓小平在南方谈话中，针对股份制问题的争论指出："证券、股市，这些东西究竟好不好，有没有危险，是不是资本主义独有的，社会主义能不能用？允许看，但要坚决地试。"[②] 这种支持发展证券市场的坚定态度，从中

[①] 参见王波明《将证券市场引入中国》，《财经》，2008年7月。
[②] 《邓小平文选》第三卷，北京：人民出版社，1993年，第373页。

央到地方打消了对股份制改革的思想顾虑。

随后,中共十四大明确地提出:"股份制有利于促进政企分开,转换企业经营机制和积聚社会资金,要积极试点,总结经验,抓紧制定和落实有关法规,使之有秩序地健康发展。"鉴于我国的股份制改革还处于探索试验阶段,中央有关部门陆续制定了《股份制企业试点办法》《股份有限公司规范意见》《有限责任公司规范意见》及股份制企业财会制度、人事管理制度等14个配套文件。随着这些规范性文件的发布实施,各地的股份制改革加快了步伐。到1992年底,全国3700多家股份制企业中,有69只股票分别在上海和深圳证券交易所公开上市。法人股流通试点也取得进展。另有3只公有法人股在中国证券市场研究设计中心开通的全国证券交易自动报价系统上市交易。

股份制最大的特点,是产权关系明晰。实行股份制改造以后,企业的资产由国有股、法人股和个人股三大块构成,其最高权力机构不是政府部门,而是股东代表大会;最高决策机构是由股东代表大会选出的董事会。政府作为国有资产的代表者,以股东的身份通过董事来影响企业运转,而不能无制约地直接干预企业。企业的重大决策都是由股东大会决定而不是由政府拍板。国家、集体和自然人三方面的股东被共同利益拧成一股绳,任何一方都不会同意将公司发展基金挪用于企业内部职工的福利、奖金而导致失控,也不会以牺牲股本增值和长远利润为代价来满足一时的利益。这就从根本上抑制了消费基金无限制地膨胀,培育了企业的自我发展机制。如1992年,深圳18家上市公司总资产增加5倍,净资产增加12.5倍,净资产利润率达35%;上市公司的内部管理有所加强,已初步达到改革的预期目的,显示了股份制企业特有的活力。[1]

引导证券市场逐渐走向规范化发展。1992年,在邓小平南方谈话利好消息的刺激下,处在发育期的沪深股市也呈现出亢奋态势。5月,上海证券交易所改"涨停板"为股价全面放开,上证指数在5天内从616点急剧上蹿到1420点,股民们每天将上海唯一的交易点挤得水泄不通。股民们宁愿"屈尊"在露天大棚里席地而坐,聆听广播行情,委托下单。深圳股市热有过之无不及。8月,深交所新发行5亿公众股,公告发售认购抽签表500万张,凭身份证办理,中签率为10%。此公告一出,深圳邮局迅即被全国雪片般飞来的身份证淹没。发售前两天,有来自天南海北的150万炒股大军涌入深圳,在全市300个发售点排成了长龙。结果发售工作出现集体舞弊现象,无法控制情绪的人群潮水般涌向市政府,酿成重大恶性事件,导致沪深股市双双遭受重挫。

---

[1] 参见王燕军《浪潮再起——邓小平南巡后的深圳》,北京:中国财政经济出版社,1997年,第31—32页。

早期股市灰色的一面，令中央高层警醒。1992年10月，国务院证券委员会成立，朱镕基副总理兼任主任，其办事机构是中国证券监督管理委员会，简称证监会。这标志着全国统一的证券管理体系的初步形成。这一年，国家体改委还会同其他部委发布了《股份制企业试点办法》等十几个法规文件，为企业进行股份制改造的规范化提供了依据。1993年，国务院颁布了《股票发行与交易管理暂行条例》，这是在上海、深圳地方性法规的基础上，中国证券市场第一部统一的全国性法规。

随着越来越多的股份公司上市，交易方式日趋完善，通过股票市场开辟吸引外资新渠道的尝试取得重大进展，这就是发行人民币特种股票（简称B股），使中国企业在境外上市募集资金。1992年年初，上海真空电子器件股份有限公司成为首家发行B股的上市公司，被24个国家和地区的230家股东抢购一空，上市后走势基本良好。接着，深圳中华自行车、南方玻璃等几家股份有限公司相继发行B股，在海外引起了阵阵"B股热"。境外证券商纷纷代理包销中国B股，巨额B股在几天之内就被认购告罄。沪深两市所发B股面值仅2.8亿元人民币，却实收现汇2.4亿美元，获得数倍溢价发行收入。

按照国际惯例，我国已建立了上海、深圳证券交易所这样具有现代化操作方式的场内集中交易市场，同时建立了北京"全国证券交易自动报价系统"这样以计算机联网为依托的无形的场外交易市场。这两种市场都是不间断地运作的。总的看来，邓小平南方谈话以后，我国证券市场发育程度有了明显提高。股票集中交易市场正常运行，债券发行市场化起步良好，B股发行开辟了吸引外资的新渠道，证券价格形成机制初步市场化，地方法规和统一的全国性法规陆续出台，呈现了证券市场发展的良好势头。

当然，中国证券市场总体上还处在发育阶段，它的进一步发展还面临着许多根本性问题，有的是操作技术不成熟的问题，更多的是体制上还没有理顺的问题。比如，如何保证企业股份制改造的规范化，如何提高上市公司的质量，如何建立健全统一的证券监管体系，如何解决国有股、法人股的股权流通等一系列问题，都有待在证券市场的进一步发展中认真研究，加强立法，逐步地加以解决。

改革劳动工资制培育劳动力市场

建立和发展社会主义市场经济，就要建立和发展与之相适应的劳动（后称人力资源）市场，坚持以按劳分配为主体、多种分配方式并存的劳动制度，体现效率优先、兼顾公平的原则，这是深化中国劳动工资制度改革的基本任务。

深化劳动工资制度改革的新进展。自 1985 年城市综合配套改革以来,计划经济体制下高度集中、平均主义的劳动工资制度已有了很大改进。过去劳动者一踏进企业的门便成为"单位人",一般不能流动也不得辞退的状况有了很大改变。面向社会,公开招工,择优录用的新办法,取代了多年实行的"子女顶替""内招职工"的老办法。新招工人普遍实行劳动合同制,有利于打破"铁饭碗",实现劳动者和生产资料的优化组合。在工资奖金制度方面,许多企业实行多种形式的内部分配制度,按照经济责任制严格考核,着重体现按劳分配,多劳多得原则。

国家机关和事业单位,从 1985 年起实行新的工资制度。国家机关行政人员和专业技术人员改为以职务工资为主的结构工资制,将原有的基本工资、副食品价格补贴、行政经费、节余奖金,与工资改革增加的工资合并在一起,分为基础工资、职务工资、工龄津贴和奖励工资 4 个组成部分。教学、科研、卫生等事业单位的行政人员和专业技术人员,根据各行各业的特点,实行以职务工资为主要内容的结构工资制,或者以职务工资为主的其他工资制度。

经过几年的改革,过去个人吃企业、单位的"大锅饭",企业、单位吃国家的"大锅饭"的平均主义局面逐步被打破。劳动工资制度中利益调节的成分从无到有,从少到多,由从属地位逐渐占据了主要地位。但在实施过程中,仍存在着不少缺陷,主要问题是:

第一,平均主义依然存在,按劳分配原则还没有切实贯彻,工资方面合理的收入差距没有拉开,现行劳动工资制度还不能起到最大限度地调动职工积极性的作用。第二,缺乏工资随物价上涨或生活费用上涨而相应调整的机制。第三,工资制度过于一律,抹杀了行业之间、不同性质的工作之间的差别,企业自主权基本上没有摆脱国家规定的工资等级标准。第四,职工工资的正常增长缺乏规则。第五,企业的福利开支增多,范围扩大,职工福利的企业化、单位化弊病反而有所加强。

1992 年,劳动工资制度的改革开始进入新阶段。这年 6 月,国家颁布了《全民所有制企业转换经营机制条例》,把国有企业的劳动、人事、工资制度的改革内容,在企业的 14 项自主经营权中加以明确。其中规定:企业按照面向社会、公开招收、全面考核、择优录用的原则,自主决定招工的时间、地点、方式、数量;企业有权决定用工形式,可以实行合同化管理或者全员劳动合同制;企业有权在做好定员、定额的基础上,通过公开考评、择优上岗,实行合理劳动组合;企业有权依照法律、法规和企业规章,解除劳动合同,辞退、开除职工;企业有权根据职工的劳动技能、劳动强度、劳动责任、劳动条件和实际贡献,决定工资、奖金的分配档次;企业有权制定职工晋级增薪、降级减薪的办法,自主决定晋级增薪、降级减薪的条件和时间。

这个条例的实施，使国有企业在转换经营机制的改革中，加大了劳动用工和工资分配改革的力度。据不完全统计，1992年，在劳动用工方面，全国合同制工人已有2542万人；近9万户国有企业的3000万职工参加了各种形式的劳动用工制度改革。在企业内部分配方面，改变过去统一的等级工资制，较普遍地实行技能工资、计件工资、责任承包、效益承包、费用包干、营业额计纯利提成等分配办法。

10月，中共十四大提出，要建立与市场经济体制相适应的劳动就业制度和管理体制，以市场取向为主，以市场机制为劳动力配置的基础，建立起在国家政策指导下，以健全的法律保障为基础的统一的劳动力市场体系。这就为劳动制度的改革指明了方向。

深化劳动工资制度改革，由过去偏重于政策调整转入着力进行制度创新。现行劳动用工制度中固定工制与合同工制并行，容易造成新旧制度和两部分职工之间的矛盾，最终会影响劳动合同制的推行。但固定工制是历史上长期形成的，短期内还不可能纳入合同制的轨道。为此，许多省市进行了搞活固定工制的试点，主要办法有优化劳动组合、合同化管理、择优上岗、试工制等。许多国营企业还试行了"厂内待业""就业市场化，失业公开化"，促进企业向市场化转轨。

"八仙过海，各显神通。"1992年以后，各省市都在积极探索与建立市场经济体制相适应的劳动工资制度的改革思路，我国劳动制度改革取得很大进展。到1994年底，全国进行劳动制度区域配套改革的地（市）有57个，县（市）176个（不含地市所含的市县）。《中华人民共和国劳动法》的颁布，推动全国劳动、工资、社会保险三项制度改革工作进一步快速发展。1994年全国实行三项制度综合配套改革的国有企业近3万户，职工人数1300万人。

以推行劳动合同制度为重点的企业用工制度改革，已由试点转向全面推进，劳动关系的法制化程度不断提高。1994年，全国实行全员劳动合同制的企业职工人数4500多万人（含其他企业新招的合同制工人）。企业工资分配制度改革，初步建立了与职工岗位差别、劳动贡献相联系的工资分配制度。到年底，全国实行岗位技能工资制等企业内部工资分配制度改革的企业近3万户，职工2770万人。实行工资总额同经济效益挂钩的企业达10万户，职工人数4500万人。

社会保险制度改革继续进行。到1994年底，实行基本养老金计发办法改革试点的国有企业职工人数为2764万人；有80%以上的国有企业进行了医疗保险制度改革；全国有22个省、自治区、直辖市的868个市县参加工伤保险改革试点。此外，还实行了基本养老保险基金的部分积累模式，并开始进行基本养老保险实行社会统筹与个人账户相结合的改革探索。同时，还进行了医疗保险实行社会统筹与个人账户相结合的试点。

第三产业大发展拓宽再就业市场

劳动工资制度的改革,从根本上说,是以市场机制为基础解决劳动力的合理配置问题。我国是一个劳动力充裕的大国。1993年,全国劳动力资源总数为8.2亿人,从业人员60590万人。其中,工资劳动者占从业人员总量的45.7%。在城镇职工中,国有单位职工11094万人;城镇集体经济单位职工3603万人;其他各种经济类型单位职工343万人。1993年,全国城镇需要安置就业的人员总数为1147万人,全年共安置就业705万人,其中,到国有单位的有310万人,到城镇集体经济单位202万人,到其他各种经济类型单位98万人,从事个体劳动的有95万人。从上述情况来看,这一时期的就业安置仍以国有单位、集体单位为主体,但已有了其他一些就业渠道,只是还没有充分发挥它们吸纳富余劳动力的作用,社会就业压力依然较大。

随着国有大中型企业转换经营机制的改革不断深入,国有企业职工下岗人数逐年增加,其数量大、分布广,矛盾十分突出。另外,各级行政、事业单位进行机构改革,精兵简政,又有大量分流的富余人员需要安置。这就提出了如何开发利用以及合理配置劳动力资源的问题,进一步拓宽就业渠道显得尤其紧迫。

由于过去长时期在政策观念上抑制商品经济的发展,我国把发展农业(第一产业)、工业(第二产业)列在产业政策的重要地位,而对商业、服务业等第三产业历来重视不够,发展不足。改革开放以后,第三产业开始有了一定发展,尤其是各地兴办了多种多样的劳动服务公司,对解决长期遗留的严重就业问题起到很重要的作用。但这些服务性公司仍属于机关、企事业单位办社会的性质,大多作为机关、企业事业单位的附属机构,并未在国家的产业政策中占有相应的位置。

20世纪90年代初,我国的一、二、三产业中,在国民生产总值中之比为26.2∶45.1∶28.7;在社会劳动者总数中之比为59.8∶21.4∶18.8。[①] 第三产业的比重大大低于世界相同发展阶段的其他国家。如印度,第三产业的比重比我国高出13个百分点。为了促进市场发育,提高经济效益和效率,扩大劳动就业,我国在制定"八五"规划时,提出了发展第三产业问题。

1992年6月16日,中共中央、国务院发布《关于加快发展第三产业的决定》,

---

① 参见国家统计局编《中国统计摘要·1994》,北京:中国统计出版社,1994年,第8、20页。

指出：第三产业的加快发展是生产力提高和社会进步的必然结果。加快发展第三产业的目标是：争取用十年左右或更长一些时间，逐步建立起适合我国国情的城乡社会综合服务体系和社会保障体系；20世纪90年代第三产业增长速度要高于一、二产业，力争其增加值和就业人数占国民生产总值和社会劳动者总数的比重，达到或接近发展中国家的平均水平。

10月，中共十四大确认第三产业的兴旺发达，是现代经济的一个重要特征；发展我国商业、金融、保险、旅游、信息、法律和会计审计咨询、居民服务第三产业，不仅有利于促进市场发育，提高服务的社会化、专业化水平，提高经济效益和效率，方便和丰富人民生活，而且可以广开就业门路，为经济结构调整、企业经营机制的转换和政府机构改革创造重要条件。要发挥国家、集体、个人三方面的积极性，加快第三产业的发展，使之在国民生产总值中的比重有明显提高。11月间，国务院召开全国加快第三产业发展工作会议，对这项工作做了具体部署。

1993年以后，我国的第三产业进入快速发展阶段。各地方、各部门充分动员各方面的积极性，国家、集体、个人一起上，特别是放手让城乡集体经济组织和私营企业、劳动者个人兴办投资少、收效快、劳动密集、直接为城乡生产和生活服务的行业，积极推动有条件的企事业单位分离服务性机构，自主经营，独立核算，并鼓励行政、事业人员从机关分离出来，从事服务行业。各类服务性企业抓住加快改革发展的大好时机，迅速成长起来。不仅城市的商业、生活服务业蓬勃发展，形式更加灵活多样，服务更加快捷便利，而且农村的产前、产中、产后服务也普遍展开；信息、咨询、技术、法律和会计服务等新兴行业不断涌现，资产评估、业务代理、行业协调等中介服务机构迅速增长；金融保险业作为市场经济的主要行业，不但营业网点激增，而且经营手段、运行方式日益走向电子化、数字化。交通运输、邮电通讯、科学研究等基础行业，也逐步改变主要由国家投资和经营的局面，地方和其他服务企业积极地参与，在这些领域中引入了竞争机制。

总的来看，这一阶段我国第三产业无论数量和质量都有长足的发展。到1996年第三产业增加值占国民生产总值的比重上升到31.1%。其中，从业人数增长较快，占全社会劳动者总数的比重，于1994年首次超过第二产业，1996年达到26%。特别是我国个体、私营经济进入快速增长期，非公有制经济单位在吸纳社会劳动力方面，发挥了越来越重要的作用。据国家统计局的统计数字，1993年至1996年，国有经济从业人数增长3%，集体经济从业人数下降11%，而增长最快的是城乡私营企业的就业人数。其中，城市私营企业就业增长233%，增长了两倍多；农村私营企业增长195%，接近两倍。城乡个体私营经济新增就业人数共达 2875 万人。可以说，这是改革开放新阶段我国劳动力分布中一个最突出的特征。[①]

经过各方面几年来的努力，我国初步建立起职业介绍、待业保险、就业训练和劳动就业服务企业相互联结、有机结合的劳动就业服务体系。在国家宏观计划和政策指导下，企业自主用人，个人竞争就业，城乡统筹协调，社会提供服务的具有中国特色的劳务市场，正在初步形成。

这一期间，经济和社会发展又出现了新的矛盾和问题。由于产业结构和企业组织结构调整过程中，城镇职工失业和富余人员下岗呈现日益增多的趋势，许多职工再就业难、基本生活缺乏必要的保障的状况日益突出，由此，"再就业"问题被提上重要议事日程。1993 年，国家劳动部提出了实施再就业工程的设想，这是劳动部门为解决失业时间超过六个月的长期失业工人再就业问题而创办的一项社会工程，主要是通过综合运用政策扶持和就业手段，依靠政府、企业、社会以及下岗人员的共同努力，实行企业安置、个人自谋职业、社会帮助安置相结合，促使下岗人员尽快实现再就业。

据统计，1994 年底，全国城镇登记失业人数为 470.4 万人，登记失业率达 2.8%。平均失业周期从前几年的 4 个月增加到 6 个月。到 1996 年，全国尚有下岗职工 814.8 万人，占职工总数的 7.3%，其中国有企业 524 万人。为解决这一日趋严重的社会问题，国家劳动部先后在上海、青岛、沈阳、成都、杭州等 30 个城市进行再就业工程试点。1995 年 3 月，劳动部向国务院呈送了《劳动部关于实施再就业工程的报告》，建议各地区、各部门逐步全面实施再就业工程，重点帮助失业 6 个月以上的人员和生活困难的下岗职工尽快实现再就业。国务院很快予以批准和转发，推动了再就业工程向纵深发展。到 1996 年底，全国已有 200 个城市组织实施了再就业工程。

各地劳动部门实行积极的就业政策，努力拓宽就业渠道，在政策上支持非国有企业的发展，特别是鼓励劳动密集型的中小企业更多地吸纳劳动力，积极发展第三产业，增加就业岗位；采用有效措施调节劳动力在城乡之间、城区之间的合理流动，使劳动力的配置适应区域经济发展的需要，实现宏观层次上的劳动力供求平衡；健全就业服务体系，加快职业介绍、就业训练、失业保险和就业服务企业的发展，使之成为面向社会的服务网络；建立覆盖面广、服务水平高的职业介绍体系，每个地、市、县都建立起具有固定场所和相应设施、人员配备合理、服务项目齐全的职业介绍机构，鼓励、支持和规范其他社会团体及个人举办职业介绍服务机构；进一步发挥就业训练中心的作用，加强就业和

[①] 参见刘伟《中国私营资本》，北京：中国经济出版社，2000 年，第 172—173 页。

再就业训练,扩大训练范围,提高训练质量;进一步发挥失业保险在促进再就业中的作用,等等。

经过多方努力,再就业工程取得初步进展。到 1995 年底,全年共收缴失业保险金 35.3 亿元,支出 18.9 亿元,其中用于失业救济、促进再就业 15.1 亿元。各级劳动部门一年内共为 261 万人次提供了失业救济。通过实施再就业工程,帮助 140 万长期失业者和企业富余职工实现了再就业。1996 年,各级劳动部门积极发展以职业介绍、就业训练、失业保险和劳动服务企业为主要内容的就业服务体系。到年底,全国有各类职业介绍机构 3.1 万多家,共介绍 890 万人次就业,同时组织了 425.5 万人参加各类就业训练。全年通过实施再就业工程,帮助 160 多万名企业下岗人员实现了再就业。

由于再就业工程是一项非常复杂的社会系统工程,如何妥善安置企业下岗人员,维持他们的基本生活并实现再就业,还需要在社会主义市场经济体制建立过程中,逐步建立健全适合我国国情的社会保障体系,还有赖于进一步深化整体配套改革,逐步地解决就业压力、下岗人员基本生活保障和维护劳动者的劳动权利等一系列新的社会问题。

四、加强和改善宏观调控及其机制

市场化热潮中伴生出种种乱象

中国从南到北新起的改革大潮,风起云涌,热浪滚滚,一时间"上项目热""开发区热""房地产热""集资热""股票热"波及全国。局部地区、局部领域形成投资高增长、货币高投放、物价高涨和高贸易逆差等经济过热局面,产生诸多乱象和隐患,严重破坏了金融秩序和市场秩序,直接影响到我国经济的正常发展。国内投资和消费总需求的严重膨胀,亟须加强中央政府的宏观调控,采取切实有效的措施予以遏制和解决。

全国的"房地产热",以海南省表现最为突出。据统计,1992 年和 1993 年,投资海南房地产开发的资金占社会固定资产投资的三分之一强,海口市房地产业的投资差不多占当年固定资产投入的一半,国内外的投资高达 87 亿多元。1992 年海南全省财政收入的 40% 是直接或间接地由房地产而来,而在海口市则更是高达 60% 以上。滚滚而来的财政收入,为海口市的基础设施建设奠定了基础,并由此带动了商业、服务业、建筑业等相关产业的发展。

在轰轰烈烈的房地产开发建设中,很少有人意识到,所建楼宇和商住房,真正用于居住和商务活动的只有30%左右，其余大都是投机者用于进行炒作的。许多预售的房子还在图纸上，就已经被炒来炒去，几易其主。由于不是作为最终消费的房地产交易，最后便有了"击鼓传花"的结局——1993年下半年，国家加强了宏观经济调控的力度，海南的房地产热突然来了个大刹车：大量资金沉淀，一大批被套牢的投资者叫苦不迭。经济泡沫一旦散去，留下的是大片撂荒的工地和"烂尾楼"。

与房地产热遥相呼应的是开发区热。据统计，1992年，全国新设立开发区2000多个，其中经国务院和省（区、市）批准的仅占1.1%。不少地方不仅擅自兴办开发区，还擅自制定优惠政策，主观上想更多地招商引资，实际造成了很大混乱。海南是"开发区热"的主要源头，共有104个开发区，但经省政府批准的只有15个。

在巨大利益的诱惑下，"圈地风"很快在全国刮起来，一个最引人注目的地方是广西北海。北海被誉为"北部湾明珠"，其地理位置、资源优势、开发前景十分理想，是我国西南各省份唯一的出海通道。1992年下半年，"热浪"袭击北海，一下子涌来全国各地和海外的大批商贾，他们上下连通，跑马圈地——华侨投资开发区、北海四川国际经济开发区、现代产业城、乡镇企业城等14个连片开发区相继铺开摊子。原来默默无闻的小渔村成为一片热土。至1992年岁末，北海已对几千家投资者批租土地共计7.5万亩，仅用了不到一年工夫！[①]

从海南省到北部湾边城，"圈地风"在北京、上海、广州等大城市也刮起来。1992年内，北京市经行政划拨的土地达24000余亩，土地划拨量是上年的3倍多。深圳市在实行土地有偿出让的第6个年头，其招标出让的土地也仅占土地供给总量的25.2%，大部分还是采取行政划拨方式。在重利的吸引之下，湖南、四川等地大大小小的公司、单位，多方筹集资金涌向广东发"地皮财"，连教委、体委、计生委、工会这些所谓"清水衙门"也不甘寂寞，把教育、卫生经费拿出来作"以钱生钱"的资本。截至国务院下令禁炒地皮之时，湖南全省银行乱贷款、乱拆借投入到房地产上的资金已达数十亿元。这些钱全被冻结在地皮上，严重影响了当地经济的正常运行。

"股票热"点燃了千万普通人追求财富的梦想。在沪深股市看上去日日翻新、不断蹿红的利好驱动下，趋之若鹜的股民们将"股市有风险，入市须谨慎"的警告弃之脑后，紧盯住股市巨大的增值功能。证券公司内外，干部、员工、乡镇企业主、复转军人、退休老人、家庭主妇，为了一个共同的目标聚到一起，人群中传诵着一个又一个"股票神话"。股票之热，热到让人捧不起、放不下……

[①] 王治安：《靠谁养活中国》，成都：四川人民出版社，1997年，第39—40页。

房地产热、开发区热、股票热直接导致资金需求激增。而银行不可能满足这种需求的无度膨胀，从而出现种种大规模的非法集资，其一般年利率在15%～30%。巨大的利益导致了大量资金在银行系统外"体外循环"。据资料显示，1993年1月至4月政府计划外集资在500亿元以上；到年底，全国计划外集资规模高达1000亿元。非法集资的危害是巨大的，它在破坏金融秩序和金融运行的同时，直接影响到我国经济的正常发展。

　　金融秩序混乱是与金融机构违规运行有着密切关系的。由于监管力度不够，有些地方的银行账外经营十分严重，高息揽存屡禁不止，公款私存问题十分突出。另外，一些地方和部门现金管理松弛，银行承兑汇票和远期信用证业务管理薄弱，挪用客户储蓄资金炒买股票事件时有发生，外汇指定银行违反外汇管理法规的现象不断出现。由于脱离了信贷监督，导致账外经营中的不良资产比重大幅增加，相当一部分形成坏账，给国家资金造成了很大的损失和风险。金融秩序混乱，导致企业"三角债"拖欠严重，流动资金急剧减少，金融机构不得不进行货币超量投放。到1993年2月以后，达到历史同期的最高水平。而银行存款却出现了比上年同期减少的情况，大量货币投放出去却不见回笼。

　　近乎疯狂的开发区热、房地产热、股票热和集资热，在宏观经济层面造成"四高"和"两乱"的严重局面，即投资高增长、货币高投放、物价高涨和高贸易逆差；以及金融秩序混乱、市场秩序混乱。这些现象表明，邓小平南方谈话推动中国经济驶上了快车道，经济发展很快跃上高位运行，局部地区、局部领域已经出现经济过热局面，国内对投资和消费的总需求严重膨胀，必须及时采取切实有效的措施，加强中央的宏观调控加以解决。

重拳破解债务链增强调控能力

　　在热浪滚滚的经济热中，一些国有企业的状况令人担忧。告别国家统购包销的产品经济，汇入市场经济的海洋之中，有相当一批国有企业不在转换经营机制上下功夫，仍然走粗放型增长的老路，只顾千方百计上项目，加大固定资产投资，而不是从根本上解决经营效益低下的问题，结果非但不盈利，也不能自负盈亏，还要靠国家补贴过日子。企业手头无钱周转，就靠拖欠别的企业的应付款勉强维持。尤其是金融秩序混乱，导致流动资金急剧减少，企业"三角债"拖欠情况更为严重，破坏了正常的经济秩序。到1991年下半年，全国各企业之间连环拖欠的"三角债"已累计达3000多亿元，其中80%是全国800多家大型国有企业相互拖欠的。几年以来，年年清欠，却越清越多，形成了一个积重难返、几成无解的连锁债务链困局。

1991年4月，朱镕基从中共上海市委书记调任国务院副总理兼国务院生产办公室、经济贸易办公室主任。朱镕基到任后的"第一战"，就是赶赴"三角债"纠结最深的东三省，亲自坐镇，现场清欠。他提出注入资金、压贷挂钩、结构调整、扼住源头、连环清欠等一套铁拳式的解决措施，只用了26天，清理拖欠款125亿元，东北问题基本解决。

8月31日，在朱镕基的主持下，国务院召开全国清理"三角债"工作会议。会议用长途电话、传真、电报向全国各地方政府下达了一道口气强硬的"军令"："各地务必在1991年9月20日21时以前，将你省（区、市）固定资产投资拖欠注入资金情况（银行贷款、自筹资金和清理项目数），报至国务院清欠办公室，如果做不到，请省长、自治区政府主席、市长直接向朱镕基副总理汇报，说明原因。"同时要求新华社、《人民日报》、中央电视台、中央人民广播电台等媒体给予监督，详细披露各地清欠的进展情况。

9月20日，根据全国各地汇总到北京的情况，到21时为止，40个省、市、自治区及计划单列市已有141亿元贷款注入5094个有拖欠的固定资产投资项目上，占全国清理"三角债"工作会议确定的贷款注入数的76%。吉林省、黑龙江省、山东省、湖北省、湖南省、贵州省及沈阳市、长春市、重庆市等省市的清欠贷款已全部注入到位。同时，各地同步注入自筹资金29.8亿元。只用了20天时间，全国清理"三角债"的工作已经全面启动运行，进入连环清理阶段。

国务院清欠办要求，全国清理"三角债"从9月20日到10月20日为连环清欠期。在这个期限内，各地要继续抓紧清欠资金的注入，特别要抓紧落实自筹资金的注入；同时要督促有拖欠的企业在收到清欠款后，尽快办理偿还欠债款项的手续，使已注入的清欠资金快速运转。各地专业银行也要保证将注入清欠资金及时汇给专户，进入连环清欠，不得延误滞留，更不准挤占挪用。在全国连环清理期间，各地要树立全局观念，该向省外付款的要及时付款，不许搞地方保护主义，如有违纪要严肃查处。在国务院的高度重视和推动下，各地抓紧有限的时间进行动员、培训。计委、经委、银行、财政等部门夜以继日地进行拖欠项目审查和清理工作，逐项逐笔地核对项目拖欠情况，力争尽快办完资金注入手续。

此次固定资产投资拖欠清理牵涉范围广，涉及方方面面的利益关系，情况复杂，操作起来难度也相当大。之所以能在这样短的时间里顺利启动，一是国务院的决心大，各级领导重视，准备工作既迅速又扎实；二是清欠方法有改进，先试点后推开，找准了形成拖欠的主要源头；三是清欠措施配套，注入资金、压贷挂钩加上必要的停产、限产，着眼于结构调整。

至1992年8月17日，我国清理三角债工作取得重大进展。据报道，截至

7月末，除少部分不符合贷款条件及国家产业政策的项目外，全国基本建设和技术改造建设在1991年底以前形成的拖欠已基本清理完毕，比原计划提前一年。两年来国家共注入510亿元资金清理三角债。并采取从固定资产拖欠源头入手进行清理的科学方法，共解开企业债务链2000多亿元，获得投入1元资金清欠4元的良好效果。这一进展为大中型企业缓解了债务链负担，从而为国民经济合理增长创造了良好条件。国务院要求各地区、各部门新上项目时资金不能留缺口，防止新的拖欠。

这次全国大清欠行动，雷厉风行，令行禁止，取得显著成果，使困扰了中央和各地政府、企业数年的"三角债铁链"终于被解开。这不仅为随后展开的"治乱降热"的宏观调控创造了条件，同时树立起中央治理宏观经济的权威。

适度从紧十六条治乱降热措施

还在邓小平南方谈话后我国经济驶上快车道的时候，世界银行的经济专家就及时发出警告说，中国经济列车可能要超速，中国经济运行正面临发展过热的危险。另据国家宏观监测系统显示：我国经济运行在1992年上半年处于"绿灯区"，而到了10月份以后即处于"黄灯区"与"红灯区"的交界点了。许多现象表明，如果不采取有效措施加以控制，中国经济将成为脱缰的野马，给持续发展带来严重不良后果。

1993年第一季度过后，中共中央、国务院从坚持搞好结构调整的战略高度，对经济过热、金融秩序混乱等现象加强宏观调控。中央强调：强化宏观调控，不是实行经济全面紧缩，而是进行结构调整，把不该搞的停下来，集中资金保证重点。要根据优化产业结构的原则，按照国家的产业政策调整资金投向，加强基础设施和基础产业。

5月上旬，国务院发出《关于严格审批和认真清理各类开发区的通知》。严格规定，设立经济技术开发区、保税区、高新技术产业开发区、国家旅游度假区、边境经济合作区的审批权在国务院。各地对未经国务院或省、自治区和直辖市人民政府批准而自行兴办的各类开发区，进行一次认真的清理检查。对缺乏基本建设条件，项目、资金不落实，过多占用耕地或占而不用的开发区，要坚决果断地停下来。土地要还耕于农，严禁弃耕撂荒。

5月9日至11日，江泽民总书记在上海主持召开华东六省一市经济工作座谈会。在总结已经取得的成绩基础上，江泽民指出：当前我国经济发展中出现的一些矛盾和问题，从根本上讲，是经济体制转换过程中发生的问题。对当前经济中存在的问题，必须采取有力措施，切实加以解决。解决这些问题，不能沿用过去的老办法，而应通过改革，主要运用经济手段、法律手段，辅之以必要的行政手段，加强宏观调控的力度，对经济运行进行有效的驾驭，使经济生活中的矛盾得以缓解，努力保持和发展经济的好形势。

5月下旬和6月初，国务院连续举行会议，研究解决经济发展中突出问题的措施。随后，国家计委经过与财政、银行等有关部门研究，形成《中共中央、国务院关于当前经济情况和加强宏观调控的意见》，以中发〔1993〕6号文件正式下发各地执行。文件提出一系列加强和改善宏观调控的措施，主要包括实行适度从紧的财政货币政策；整顿金融秩序；控制投资规模；增加有效供给；运用进口调剂国内市场；整顿流通环节；加强价格监管等。文件指出：在解决问题时，要切实贯彻"在经济工作中要抓住机遇，加快发展，同时要注意稳妥，避免损失，特别要避免大的损失"的重要指导思想，把加快发展的注意力集中到深化改革、转换机制、优化结构、提高效益上来。

6号文件决定采取加强和改善宏观调控的措施共有16条。总体上分两大类。一类是以整顿金融秩序为重点的"治乱"措施；另一类就是以整治经济过热为重点的"治热"措施。"治乱"措施共5条：1.坚决纠正违章拆借资金。2.坚决制止各种乱集资。3.进一步完善有价证券发行和规范市场管理。4.加强房地产市场的宏观管理，促进房地产业的健康发展。5.强化税收征管，堵住减免税漏洞。

"治热"措施共11条：1.严格控制货币发行，稳定金融形势；2.灵活运用利率杠杆，大力增加储蓄存款；3.严格控制信贷总规模；4.专业银行要保证对储蓄存款的支付；5.加强金融改革步伐，强化中央银行的金融宏观调控能力；6.投资体制改革要与金融体制改革相结合；7.限期完成国库券发行任务；8.改进外汇管理办法，稳定外汇市场价格；9.对在建项目进行审核排队，严格控制新开工项目。10.积极稳妥地推进物价改革，抑制物价总水平过快上涨；11.严格控制社会集团购买力的过快增长。

中央6号文件是我国建立社会主义市场经济体制以来第一个宏观调控文件。文件提出的16条宏观调控措施中，有13条是采用经济手段，不是"走老路"。其特点是把解决当前经济工作中存在的问题，作为加速建设社会主义市场经济的动力，力求通过加快形成社会主义市场经济体制的办法，来解决当前经济发展中出现的问题。思路是新的，方法手段也是新的，成为我国主要用经济手段即间接机制来调节国民经济的具有开创意义的起点。

为了切实贯彻十六条意见，中央特别要求：各地区、各部门都要从大局出发，加强组织纪律性，做到令行禁止，坚决维护中央对全国宏观经济调控的统一性、权威性和有效性。6号文件下发后，中央又接连发出了7个指示，把国务院的 10 个督察组派到 20 个省区（后来又增加了 7 个省）。督察组成员不仅仅来自中央经济部门，也包括专司人事和党纪的中央组织部和中央纪律检查委员会。与此同时，宣传舆论上下一致呼吁：局部服从整体，下级服从上级，全党服从中央，保证中央政府政令畅行。

建立市场经济体制的总体规划

在加强宏观调控期间，一些著名经济学家不断向中央谏言：加速发展首先要加速改革，只讲发展不讲改革，肯定要出乱子。他们强调，不能再拖延时间了，只有彻底改革中国的财政、税收、金融、投资、价格体制，中央政府才有可能真正拥有市场经济下的宏观调控手段，中国经济才有可能走出计划体制下的治乱循环。经济学家的意见很清楚，中央 6 号文件无疑是一剂猛药，但是要长治久安，靠的是制度建设。

在这样的氛围下，经中央政治局常委会批准，1993 年 5 月底，中央组成 25 人的文件起草组，在中央政治局常委会领导下开始起草《关于建立社会主义市场经济体制若干问题的决定》。中央要求《决定》在如何建立社会主义市场经济体制上，要比中共十四大前进一步，在推进改革的政策措施上要有突破，长远目标要明确，起步要扎实。经过 3 个半个月的紧张工作，相继完成和修改的第一稿至第四稿，报请中央财经领导小组、中央政治局常委会审议。经修改形成的征求意见稿，于 9 月底下发全国各省、自治区、直辖市以及中央和国务院各部门、军队各大单位征求意见。同时，中央政治局常委会先后召开党内老同志、各民主党派和工商联负责人以及无党派知名人士、经济理论界专家学者共三个座谈会，通报情况并征求对《决定》稿的意见。

中央下发的《决定》征求意见稿，分 10 个部分，共 50 条。第一部分是总论，讲我国经济体制改革面临的新形势和新任务，对社会主义市场经济体制勾画了一个基本框架，明确推进改革需要注意把握的主要之点。第二部分到第五部分，分别论列了社会主义市场经济体制基本框架的几个主要方面，即建立现代企业制度、培育和发展市场体系、建立健全宏观经济调控体系、建立合理的个人收入分配和社会保障制度。第六到第九部分，分别阐述农村经济体制改革、对外经济体制改革、科技体制和教育体制改革、加强法律制度建设 4 个专题。最后一部分，讲加强和改善党的领导问题，强调这是建立社会主义市场经济体制的政治保证。这 10 个部分，构成了建立社会主义市场经济体制的总体蓝图。

这个决定稿在理论和政策上有突破，思想性和指导性都比较强，具有鲜明的导向性。一是将建立社会主义市场经济体制的目标具体化，是继续深化改革的纲领性文件；二是总结了我国改革开放的基本经验并借鉴市场经济发达国家的有益经验，回答了改革实践中提出的许多重大问题；三是完整阐述了社会主义市场经济体制的主要内容，指明了企业改革的方向，对转变政府职能和建立宏观调控体系作出了明确部署，特别是明确了财政体制和金融体制改革的方向；四是强调了建立社会主义市场经济体制要解决许多极其复杂的问题，提出积极而又稳妥地全面推进改革的方针。相比中共十四大以前，人们对市场经济还知之甚少，对要不要搞市场经济还有争论，仅过了一年，党对建立社会主义市场经济体制就取得广泛的共识，这是一个巨大的变化。

1993年11月，中共十四届三中全会通过《中共中央关于建立社会主义市场经济体制若干问题的决定》，制定了社会主义市场经济的总体规划和基本框架，其中一个重要内容是建立健全宏观经济调控体系。《决定》指出：社会主义市场经济必须有健全的宏观调控体系。宏观调控的主要任务是：保持经济总量的基本平衡，促进经济结构优化，引导国民经济持续、快速、健康发展，推动社会全面进步。宏观调控主要采取经济办法，近期要在财税、金融、投资和计划体制的改革方面迈出重大步伐，建立计划、金融、财政之间相互配合和制约的机制，加强对经济运行的综合协调；计划提出国民经济和社会发展的目标、任务以及需要配套实施的经济政策；中央银行以稳定币值为首要目标，调节货币供应总量，并保持国际收支平衡；财政动用预算和税收手段，着重调节经济结构和社会分配；动用货币政策与财政政策，调节社会总需求与总供给的基本平衡，并与产业政策相配合，促进国民经济和社会的协调发展。

另一个重要内容是转变政府职能。《决定》规定政府管理经济的职能，主要是制定和执行宏观调控政策，搞好基础设施建设，创造良好的经济发展环境。同时，要培育市场体系、监督市场运行和维护平等竞争，调节社会分配和组织社会保障，控制人口增长，保护自然资源和生态环境，管理国有资产和监督国有资产经营，实现国家的经济和社会发展目标。政府运用经济手段、法律手段和必要的行政手段管理国民经济，不直接干预企业的生产经营活动。

十四届三中全会通过的这个重要决定，确定了建立国家宏观经济调控体系的总目标，明确了加强和改善宏观调控的方向、任务、重点和基本原则。更重要的是，它对20世纪末初步建立社会主义市场经济体制做了总体规划，基本形成后来被称为"四梁八柱"的改革基本任务框架。

形象地说，"四梁"是指农村改革、所有制改革、市场体系建设、政府职能转变和机构改革。"八柱"是指宏观调控体系改革（包括财税、金融）、社会保障体制改革（包括收入分配、社会保障、医改、房改）、科技教育体制改革以及对外开放。把对外开放另行单列，国内改革基本任务正好是八项，即财税、金融、收入分配、社会保障、医改、房改、科技、教育,构成"八柱"。建立一个全新的社会主义市场经济制度,这八项改革缺一不可。由此,中国改革的进程就从过去单纯的"问题导向",转入与有明确方向的"目标导向"相结合,从而进入积极推进一些重点领域和关键环节改革的攻坚突破阶段。

五、多措并举实现宏观经济软着陆

分税制改革奠定财税新体制基础

根据建立社会主义市场经济体制的总体规划,我国加快了对传统财税体制进行改革的步伐。长期以来,我国经济管理体制在管理权限上,主要是对地方、部门、企业实行统收统支的财政管理体制。这种财政体制在工业化初期曾经发挥了重要的作用。随着经济的发展,统收统支的财政体制束缚生产力发展的一面很快暴露出来。以行政手段为主的财税调节机制,忽视了价值规律和市场机制的作用,导致了经济运行缺乏效率和应有的灵活性。

改革开放以后,这种状况开始得到改变。从1980年起,我国开始实行地方财政包干制度,到1988年,逐步形成多种形式的地方财政大包干体制。这种财政体制的具体做法有:收入递增包干、总额分成包干、总额分成加增长分成包干、上缴额递增包干、定额上缴包干、定额补助包干等6种形式。从执行的效果上看,财政包干制对强化地方财政预算职能起了不可估量的作用,并稳定了中央财政收入的增长。但是,随着实践的不断发展,财政包干制的弊病又日益显露出来。

一个突出的问题是,改革开放后国民经济持续高速增长,综合国力大大增强,但财政状况越来越困难。据统计,1978—1994年,我国国民生产总值增长了10.9倍,财政收入只增长了3.9倍,财政支出增长了4.67倍。财政收入占GDP的比重持续下降,由1978年的31.2%下降到1994年的11.8%,16年下降了19.4个百分点。这意味着中央政府直接运用资金调节经济的能力下降了。

另一方面,在中央和地方财政收入分配上,偏重保证地方财政支出需要,而中央财政支出的安排则处于一种相对次要的地位。从财政包干的内容来看,1988年前的财政包干通常是先划定地方财政的支出基数,再确定上缴中央财政的比例。对收不抵支的,中央还给予定额补助或定额递增补助。这样,无论发达地区或欠发达地区的财政支出都是有保障的,而中央财政支出成为唯一的变量。另外,由于地方财政支出基数的确定仅取决于历史上实际的支出情况,这就造成各地尽可能地扩大包干期内的支出规模(发达地区动用历年结余,欠发达地区则搞赤字预算），以争取下一个包干期内获得较高的支出基数，导致中央财政收支难以平衡，财政赤字居高不下，日趋困难。这反映了在财政支出上地方与中央的博弈。

再一个方面，由于地方财政包干指数不是以经济发展水平为标准，而是以历史上财政收支基数为标准，这就造成中央财政对一些传统上财政支出基数较低的省负担过重。虽然财政包干制在名义上已把中央和地方财政分开，但财政包干从执行之日起，中央和地方就存在着互挖互挤的现象。地方抱怨中央改革政策"只开口子，不拿票子"，就想方设法"挤"上缴中央的收入，减税让利，藏富于企业，地方办事所需资金则通过向企业集资、摊派等形式进行。而中央在财政收支紧张时，又往往采取收回部分财权或向地方"借款"的方式来应急。这种"互挖互挤"的现象，也形成一种中央与地方的博弈关系，使得财政包干指数难以落实。

随着经济体制改革的深入，财政地方包干的体制越来越不适应发展社会主义市场经济的需要。尤其是1992年以来，有的地方在加快发展的过程中，出现了越权自定减免税政策，财政赤字增加，财税部门自办公司以及一些单位骗税漏税等现象，成为影响我国经济运行秩序的一个重要因素。总之，财政包干体制已经难以为继，出路唯有改革。

针对上述情况，从1993年上半年开始，中央加强了对财税的整顿工作，要求强化税收征管，堵住减免税漏洞；不再出台新的减免税政策；加强对外商投资企业的税收征管，防止外商转移利润和逃税、避税；清理关税和进口工商税的减免等。7月22日，朱镕基在向国务院总理办公会议汇报时，就如何进行财税整顿的问题，提出了"整顿财税秩序，严肃财经纪律，强化税收征管，加快财税改革"的24字方针。

23日，朱镕基副总理在全国财政、税务工作会议上发表讲话。针对一些地方财税秩序混乱的现象，他批评说，随意减免税收，不规范地给企业以优惠，甚至竞相攀比给外资企业提供最优惠的条件，这不利于平等竞争，不符合市场经济的原则；行政干预、长官意志、主观随意性，正是传统计划经济的典型做法。市场经济是规范化、法制化的经济，必须接受法律、法规及行政纪律的约束。朱镕基批评那些办有公司的财税部门说："你去办公司，谁办得过你？你又是裁判，又是教练员，又是运动员，那打球谁打得过你？不能这样干，这样会腐败的。"他强调，财政、税务部门办的公司，特别是商业性金融公司，一律要限期与财税部门脱钩。为此，朱镕基向全国财税部门提出了必须严格遵守的"约法三章"：第一，严格控制税收减免；第二，严格控制财政赤字，停止银行挂账；第三，财税部门及所属机构，未经人民银行批准，一律不准涉足商业性金融业务，所办公司要限期与财税部门脱钩。①

财税改革实行分税制。7月全国财税工作会议后,国务院成立了财政和税制改革领导小组,负责起草财税改革方案。11月《中共中央关于建立社会主义市场经济体制若干问题的决定》有一段专门论述财税体制改革,包括三项内容:一是把现行地方财政包干制改为分税制,建立中央税收和地方税收体系;二是改革和完善税收制度,推行以增值税为主体的流转税制度;三是改进和规范复式预算制度。这个决定公布后,经过数据计算、税负平衡、设计税种等准备工作,工商税制改革和分税制改革就紧锣密鼓地开始进行。

1993年下半年,财政部和税务总局两个办公楼晚上经常灯火通明。那时税务系统已普遍使用计算机,大大提高了效率。税务总局制定改革方案,开了很多座谈会,包括纳税人的、地方政府的、专家学者的、海外人士等。中央高层非常关心和支持分税制改革,江泽民总书记先后分片主持召开了各省市自治区的书记、省长座谈会,解释政策,听取意见,消除地方对分税制的疑虑和误会。

朱镕基副总理主抓财税改革工作。他亲自带队,用了两个多月的时间,带领相关部门的同志先后走了13个省,同省里面对面地算账,就中央财政返还基数、地方税收划缴中央的比例征求意见,深入细致地做工作。时任财政部副部长项怀诚回忆说,每次随行都不轻松,经常加班加点,有的时候通宵达旦,车轮大战。事后朱镕基半开玩笑地说,自己那段日子是东奔西走,南征北战,苦口婆心,有时忍气吞声,有时软硬兼施,总算跟各省把地方财政收入返还基数、基期等问题谈下来了。

1993年下半年,财政部等有关部门几乎全部精力都扑到了分税制改革上。因为工商税制以及分税制,要从1994年1月1日开始实行,当时变动非常大,很多工作是非常紧急的。原先38个税种精简为8个,流转税方面实行新的增值税、消费税和营业税,个人所得税要正式立法,许多税制要公布。按照一般情况,一个新的税制从中央贯彻到基层,大致要两个月,然而时间不允许,这几个税法和暂行条例是1993年12月31日签署的,要是用公文的程序按部就班地发下去肯定不行。所以采取特殊办法,于1994年1月1日在《人民日报》上全文刊登四个税法或条例,一竿子插到底。好在国家税务总局早已把这些税法的主要内容提前在内部释放出去了,办了很多培训班,改革的精神和具体办法已经贯彻到基层。总的看来,这次财税改革的准备工作比较充分,执行也比较顺利。

中央和地方实行分税制,原来的税务系统一分为二,一个是中央直接管理的

---

① 中共中央文献研究室编:《十四大以来重要文献选编》(上),北京:中央文献出版社,2011年,第311—312页。

国家税务局系统，一个是地方政府管理的地方税务局系统。原有系统的分家很容易造成矛盾，瓶瓶罐罐，财产物资，引起争执也在情理之中。但从总体上看，中央政府和地方政府在处理税务分家问题上是非常谨慎的，税务系统内部也很配合，使这次税务分家非常顺利，对分设以后加强税务工作起了非常好的作用。

1994年2月8日，1月份的财政收支报表出来了，收入比上年同期增长62%，这是从来没有过的速度。财政收入数据显示，1994年每个月的财政收入都比上年同期增加，全年财政收入增长了869亿元，比上年增加20%，这在以前历史上是少有的。财政部上上下下紧张忙碌了大半年，终于过上了一个舒心的春节。

进一步加强宏观调控机制和能力。分税制财政体制实行后，中央财政收入占财政总收入的比例下滑的局面得到根本扭转，财力和财权过于分散的状况初步改观。中央宏观调控能力显著增强。1994年中央财政收入占财政总收入的比例达55.7%，比上年的22%提高一倍多。中央财政收入达2906.5亿元，绝对值也超过了2311.6亿元的地方财政收入。这是改革开放以来的第一次。中央财政收入的提高，使中央的权威和宏观调控能力得到强化。此后中央财政收入占比略有波动，但一直稳定在50%左右，财政集中度明显提高。这就为进行经济宏观调控，推进改革和促进社会稳定创造了条件。

分税制改革后，财政收入大幅度增长的效果几乎是立竿见影的。由于中央和省在税收返还基数上有一定的激励机制，地方组织征管税收工作的积极性显著提高。1994年地方划中央"两税"（25%）增长19%，超过了中央核定的增长16%的指标。在全国39个省、自治区、直辖市和计划单列市中，有31个超过了核定的增长目标。划地方的消费税和增值税（75%）属于地方主要固定收入的项目有了大幅度的增长，地方企业所得税收入摆脱了多年来一直徘徊不前的局面。1995年，地方本级预算收入完成预算数的119.1%，远超过核定100.5%的增幅。

这次税改，将农业税、农林特产税划归地方税种，激发了地方政府在这些方面加强税收征管工作的积极性，形成农业各税收入的快速增长。在分税制改革后最初的5年间，国家财政支农支出仅增加了68%，而农牧业税收增加了近2倍，比农业产出增长幅度高出近1倍。全国税收收入从1994年的5070亿元增长到1999年10314亿元翻一番，仅用了5年时间，远远超过了GDP的增长速度，由此也带来税收收入"取之于民"，如何更好地"用之于民"等新的问题。

自1994年实施财政体制改革以来，我国财政工作发生了天翻地覆的变化。财政收入由1993年的4349亿元，增加到2007年的51300亿元，14年平均年增长19.3%。这一切充分说明了1994年的分税制改革功不可没。可以毫不夸张地说这是一次广泛而深刻的改革，它奠定了中国特色财政新体制的基础。

当然，分税制改革中也存在一些问题，如实行分税制后，地方政府不仅要承担行政管理、义务教育、农业支出、社会治安、环境保护等多种地方公共产品的提供，同时还要支持地方经济发展。这是支出责任的下放，而中央财政集中度却不断提升，导致地方政府巨大的收支矛盾。这表明，我国中央与地方政府、省与市县政府之间的财政关系还缺乏宪法和法律保障，财政体制缺乏内在的稳定性，行政垂直集权和财政分权相冲突以及地区间财政不平衡程度过高等问题，有必要通过进一步深化改革进行调整和解决。

整顿金融秩序深化金融体制改革

中央加强宏观调控的一项重要内容，是整顿金融秩序、严肃金融纪律，同时加快推进金融体制改革。由于我国金融业发育的时间较晚，起点比较低，改革所涉及的层次比较浅，还没有超出社会主义有计划商品经济的理论与政策框架，所以金融体制依然存在不少问题。1992年以后出现的金融秩序混乱局面，就是金融体制各种问题的一个总暴露。

约法三章坚决制止金融秩序紊乱。1992年下半年投资膨胀引起的经济过热中，金融业出现了许多问题，银行违章拆借和非法集资尤为严重。支持这次投资膨胀的资金来源渠道，已不单是国家银行的信贷膨胀，一个重要的资金来源，就是国家银行的资金以非贷款方式大规模流出，以及社会集资规模的异常扩大。首先是银行违章拆借资金大幅度上升。一些金融机构违反规定，直接参与炒卖房地产等经济活动，甚至被卷入恶性的诈骗案中。因此，严肃金融纪律，整顿金融秩序，成为这次经济宏观调控的重点和突破口。

1993年中央6号文件提出的治乱措施，涉及金融部门的问题较多。为了切实保证整顿金融秩序的各项措施得到贯彻执行，7月初，国务院任命朱镕基副总理兼任中国人民银行行长，国务院召开了全国金融工作会议。朱镕基参加了几次座谈会，并于7月7日在全国金融工作会议上作总结讲话。他指出金融工作的主要问题，是没有严格按照规章制度办事，发生了不少违章违纪的事情，甚至还有不少大案要案。金融秩序混乱，纪律松弛，已经达到影响改革开放和经济发展的程度。一是违章拆借，这是导致固定资产投资规模过大的一个重要原因，银行起了推波助澜的作用；二是非法集资，这不都是银行的事，但有很大的危害，导致资金成本越来越高，风险越来越大；三是金融管理混乱，恶性案件不断发生，并暴露出许多诈骗案件；四是滥设金融机构，擅自或变相提高利率，结算纪律松弛。会议要求坚决杜绝企业为得到贷款给银行送干股和银行参股拿回扣等不正当的做法。

在全国金融工作会议上，朱镕基严令各地银行行长必须在规定期限内收回计划外全部贷款和拆借资金。对于地方政府的一些官员任意插手银行业务，对贷款、投资方向施加行政影响和干预，致使一些贷款、投资不能收回，银行不良资产累加等现象，朱镕基毫不容情地批评说："自己不勤政，又吃吃喝喝，乱批条子，任人唯亲，到处搞关系，把国家财产不当一回事，你还坐在主席台上面做报告，下面能不骂你？！"对于一些银行顶不住压力，使中央银行对货币和信贷的控制难以奏效，朱镕基严厉地批评说："有些地方的银行不能坚持原则，把'金库'的钥匙都交给了人家！你顶不住就要报告，你不报告就是失职，不能怕得罪人。"[①]这里涉及当时银行系统的干部任免归当地政府管辖的人事制度。为了克服地方政府的行政干预，银行系统后来由中央、地方双重领导方式改为中央垂直领导。

朱镕基对银行系统也提出了必须严格遵守的"约法三章"：第一，立即停止和认真清理一切违章拆借，已违章拆借出的资金要限期收回；第二，任何金融机构不得擅自或变相提高存贷款利率；第三，立即停止向银行自己兴办的各种经济实体注入信贷资金，银行要与自己兴办的各种经济实体彻底脱钩。他强调说，各级银行都要认真贯彻执行"约法三章"，否则，将严肃追究当事人和主要负责人的责任。

由于中共中央、国务院行动果断，措施得力，整顿金融秩序、加强宏观调控很快取得初步成效。银行违章拆借得到制止，到 8 月 15 日，已经收回违章拆借资金 727 亿元，占全部拆借出资金的 1/3。社会上非法集资的现象得到初步控制；储蓄滑坡的局面得以扭转，六七两月储蓄存款增加额比 1992 年同期多增加 396 亿元；开发区热、房地产热及股票热有所降温，生产资料价格也有所回落。

将政策性金融与商业性金融分离

在整顿金融秩序的同时，中央开始全面推进金融改革。改革的具体目标是：建立在国务院领导下，独立执行货币政策的中央银行宏观调控体系；建立政策性金融与商业性金融分离，以国有商业银行为主体、多种金融机构并存的金融组织体系；建立统一开放、有序竞争、严格管理的金融市场体系。1993 年 12 月 25 日，国务院发布了《关于金融体制改革的决定》。这个《决定》是从计划金融体制向着适应社会主义市场经济要求的现代金融体制转变的重要一步。

贯彻该决定的精神推进金融体制的改革，首先从加强中央银行职能和基础建设入手。为保证全国统一货币政策的贯彻执行，中国人民银行总行掌握货币

---

① 中共中央文献研究室编：《十四大以来重要文献选编》（上），北京：人民出版社，1995 年，第 345 页。

发行权、基础货币管理权、信用总量调控权和基准利率调节权得到明确认定。改革后人民银行将成为在国务院领导下独立执行货币政策的中央银行，不再直接承担大量政策性信贷任务和其他财政性融资职能。其次，改革和完善货币政策体系。人民银行货币政策的最终目标是保持货币的稳定，并以此促进经济增长。人民银行根据宏观经济形势，灵活地、有选择地运用法定存款准备金率、中央银行贷款、再贴现利率、公开市场操作、中央银行外汇操作、贷款限额、中央银行存贷款利率等政策工具，调控货币供应量。

积极推进政策性银行的建立，是强化中央银行职能的配套改革措施。建立政策性银行的目的是：实现政策性金融和商业性金融分离，以解决国有专业银行身兼二任的问题；割断政策性贷款与基础货币的直接联系，确保人民银行调控基础货币的主动权。新建政策性银行实行自担风险、保本经营、不与商业性金融机构竞争的原则，其业务受中国人民银行监督。1994年先后组建的政策性银行有：国家开发银行、中国进出口信贷银行、中国农业发展银行。

国家开发银行办理政策性国家重点建设（包括基本建设和技术改造）贷款及贴息业务，不办理商业信贷业务。中国进出口信贷银行为大型机电成套设备进出口提供买方信贷和卖方信贷，为中国银行的成套机电产品出口信贷办理贴息及出口信用担保，不办理商业银行业务。中国农业发展银行，承担国家粮棉油储备和农副产品合同收购、农业开发等业务中的政策性贷款，代理财政支农资金的拨付及监督使用。上述政策性银行都设立监事会。监事会受国务院委托，对政策性银行的经营方针及国有资本的保值增值情况进行监督检查；对政策性银行行长的经营业绩进行监督、评价和记录，提出任免、奖惩的建议等。

上述政策性银行成立后，中国工商银行、中国银行、中国建设银行、中国农业银行将原有的政策性业务分离出去，转变为四大国有商业银行，按现代商业银行经营机制运行。加上交通银行以及相继成立的中信实业银行、光大银行、华夏银行、招商银行、福建兴业银行、广东发展银行、深圳发展银行、上海浦东发展银行和城市合作银行、农村合作银行等，逐步形成了我国商业银行体系。

加强金融立法加大央行调控力度。金融体制改革最终要形成一个统一开放、有序竞争、严格管理的金融市场。为了努力实现这个目标，中央以完善货币市场和完善证券市场为突破口，加强法规约束和法治建设，进一步完善金融立法工作。

在完善货币市场方面，主要是严格管理货币市场，明确界定和规范进入市场的主体的资格及其行为，防止资金从货币市场流向证券市场、房地产市场。所有金融机构均可在票据交换时相互拆借清算头寸资金。中国人民银行制定存、贷款利率的上下限，进一步理顺存款利率、贷款利率和有价证券利率之间的关系；

各类利率要反映期限、成本、风险的区别，保持合理利差；逐步形成以中央银行利率为基础的市场利率体系。要严格监管金融机构之间的融资活动，对违反有关规定者要依法查处。

在完善证券市场方面，财政部停止向中国人民银行借款，财政预算先支后收的头寸短缺靠短期国债解决，财政赤字通过发行国债弥补。政策性银行可按照核定的数额，面向社会发行国家担保债券，用于经济结构的调整。邮政储蓄、社会保障基金节余和各金融机构的资金中，要保有一定比例的国债，全国性商业银行可以此作为抵押向人民银行融通资金。调整金融债券发行对象，金融债券停止向个人发行。人民银行只对全国性商业银行持有的金融债券办理抵押贷款业务。

此外，在企业股份制改造的基础上规范股票的发行和上市；完善对证券交易所和交易系统的管理；创造条件逐步统一法人股与个人股市场、A股与B股市场。1994年1月1日起，人民币牌价汇率与市场汇率并轨，实行以市场供求为基础的、单一的、有管理的浮动汇率制度，实行银行结售汇制，取消外汇留成、上缴和外汇收支指令性计划，成立中国外汇交易中心，建立了银行间的外汇公开交易市场。

在完善金融立法方面，1995年，《中国人民银行法》《商业银行法》《票据法》《保险法》《担保法》《全国人大常委会关于惩治破坏金融秩序犯罪的决定》等法律、法规相继颁布实施。特别是《中国人民银行法》和《商业银行法》的颁布，标志着我国金融事业步入了法制化建设的轨道，对各专业银行向国有商业银行转化和拓展业务具有重要指导意义。各大商业银行、政策性银行按照"两法"确立的金融市场法规体系，大力拓展各项银行业务，积极支持改革开放和现代化建设，确保国有资产保值、增值，促进我国银行业与国际接轨，开创我国金融事业改革与发展的新局面。

1996年，中国人民银行加大了间接调控探索的力度，建立了全国统一的银行间同业拆借市场并基本放开了拆借利率。国务院决定农村信用合作社与中国农业银行脱钩；各地城市合作银行继续增加。保险业完成了中国人民保险公司的财产险、人寿险和再保险分设。中国人民银行代表我国政府宣布，从1996年12月1日起，我国实现了人民币在经常项目下的可兑换（自由兑换）。外资金融机构不仅数量增加，而且在上海浦东新区开展人民币业务试点。为加强对个体私营经济和民营企业的金融服务，实行股份制的中国民生银行于1997年初获准成立开业。中国金融市场开始走向竞争有序、管理规范化、法治化发展。

粮油销价放开结束长期票证经济

市场经济不是单独某一个领域、某一个产业的经济，而是所有领域、所有产业综合的、宏观的经济。价格作为市场调节的直接传导，势必对经济领域产生多方面的连带影响。因此，在价格双轨制向市场价格过渡的过程中，仍需注重控制住价格的过度上涨。

随着治理整顿后市场供求关系的变化，计划价格与市场价格之间的差额已经大大缩小。进入1992年，不仅供求关系宽松了，政治环境也宽松了，这一年是价格放开最多的一年。其中，生产资料的价格放开得最多。如1991年底，国家物价局和国务院有关部门管理的生产资料和交通运输的价格有737种，1992年就放开了648种。1991年底，国家管理的农产品收购价格有60种，1992年就放开了50种。轻工业产品除了食盐和部分药品等品种外，也全部放开了。1993年，钢铁产品价格和大多数机械产品价格实现了价格并轨。1994年，陆上原油价格和煤炭价格也实现了价格并轨。[1]

作为国家重要的统购统销物资，粮食价格的放开也有很大推动力。因为长期以来，国营粮店对城镇居民的粮食销售价格，低于国家从农民那里收购的价格，差额由财政补贴。1991年，粮价补贴高达400多亿元，国家财政不堪重负。为此，1991年5月1日起，国家曾大幅度提高粮油销售价格，由于采取措施得力，全年商品零售价格没有突破预定目标，物价上涨幅度仅为2.9%。这就为粮价进一步向市场并轨提供了有利的时机条件。

1992年邓小平南方谈话后，国务院决定从4月1日起，再次提高粮食销售价格，同时仍给城镇居民适当补贴。这样一轮接一轮地渐次推进，老百姓对粮价改革的承受力明显增强了，不会去盲目抢购。这次粮油销价上调后，除相关的制成品价格有所上涨外，肉、禽、蛋、鲜菜及各类工业消费品基本上未"搭车涨价"。另外，1992年底，全国各地的库存粮食比较多，占压了不少资金，也需要通过市场消化一部分。

鉴于连续两次大幅度提高粮油统销价格，并没有出现人们担心的带动物价大幅度上涨的局面，1992年11月1日，中国政府宣布全面放开粮食购销价格和经营，城镇居民的定量口粮和军供用粮实行购销同价。这一重大举措，是向着最终取消凭票证供应，实行敞开供应迈出的关键一步。进而促使维持了近40年的粮食统购统销政策的历史宣告结束。

---

[1] 参见杨继绳《邓小平时代——中国改革开放纪实》，北京：中央编译出版社，1998年，第396页。

1993年，随着粮食购销价格全部放开，省际的粮食流通取消了国家计划调拨而全部通过市场进行。国家鼓励粮食产区和销区直接进行合同定购，并大力发展期货市场交易、批发市场交易、企业间交易和集贸市场交易等，形成粮食多元流动的格局。经过各方面的努力，全国性、区域性、地区性的三级粮食批发市场体系初步形成，粮食流通企业也全面走向市场，这标志着中国粮食流通体制基本进入市场调节轨道。

与此同时，国家将原有的粮食集中管理制度改为实行粮食分级管理制度，并建立了粮食收购保价制度及相应的风险基金和储备制度，坚持稳购放销。在这样的形势下，停止粮票流通便成了顺理成章的事。普通老百姓一觉醒来忽然发现，40年来一直被视为城里人基本生活保障的粮票、油票等定量供应票证，几乎在一夜之间不知不觉被取消，作废了。自1955年起在全国城镇居民中统一实行的粮食定量配给制度就这样被送进了"历史博物馆"。多少年城镇居民攥在手里的各种票证，开始被赋予了另外一种意义——收藏价值。可以说，这是粮食流通体制较为彻底的一次市场化改革。

以间接调控为主获得软着陆成功

除了放开粮食购销价格以外，1992年中央和地方都相继出台了一些加快价格改革的政策措施，主要是下放一批轻工业商品价格的管理权限，将一部分商品价格管理权限由中央下放给各省、自治区、直辖市；各省、自治区、直辖市也相应将一批商品价格和服务收费管理权限下放给下一级政府。全国统一放开食糖、卷烟等一大批生活日用商品的零售价格。除了中央和省管商品价格外，各地其他商品价格也基本全部放开。

国家还在价格结构性调整方面迈出重大步伐。除实现粮食"购销同价"外，还实行"计划内平价转计划内高价"的新办法，提高原油的出厂价格；再次大幅度提高铁路和水路货物运价；两次提高统配煤出厂价格，并相应提高民用燃料价格；提高统配化肥价格。对水泥、钢材等一些建筑、建材类生产资料，也逐步向市场形成价格并轨。

同时，国家逐步建立健全价格宏观调控体制，主要包括：1.重要商品的价格调节基金制度和重要商品的储备制度；2.价格宏观调控体制和调控机制以及与之相适应的中观（指省、市、区一级）调控体制；3.全面、准确、及时反映价格总水平变动的价格指数体系和价格预警系统；4.居民基本生活必需品和服务价格的监审制度。1995年以后，还增加对无形资产的管理、对房地产等要素市场价格管理等管理内容。同时加强价格法制建设，逐步建立以《价格法》为核心，适应社会主义市场经济体制要求的一套价格法律体系，进一步规范价格行为，维护公平、公开、公正的价格竞争秩序。

通过上述协调进行的一系列价格市场化改革，我国在商品价格形成机制方面发生了很大的变化。1993年以后，政府定价的比重已经降到很小了。按社会零售商品总额计算，95%已经放开；在农副产品收购总额中，90%已经放开；在生产资料销售额中，85%已经放开。实际上，即使是在西方市场经济国家，政府管理的价格也有20%左右，中国放开价格的比重不比西方国家低。可以说，整个国民经济的商品价格已经放得差不多了。这表明，经过多年的持续努力，我国已经基本改变了高度集中的价格管理体制，初步形成了以市场形成价格为主、多种价格形式并存的局面。这一系列重大突破，没有引起市场的震荡，经济稳步持续增长，社会保持稳定。这标志着价格改革最棘手的"大关"终于闯过来了。改革决策和推行部门不由得轻松地舒了一口气。

下一步，是如何缚住通货膨胀欲出笼的老虎。随着1992年下半年出现经济过热局面，到1993年3月份，全国零售物价涨幅攀升到10.3%，以后一直以两位数逐月攀升，引起1994年价格的惯性上涨，全国商品零售价格指数上升21.7%，居民消费价格指数上升24%，这是改革开放以来我国物价涨幅最高的一年。物价持续上涨，直接影响到城乡居民的生活和社会稳定，因此，抑制通货膨胀，把较高的物价上涨率降下来，成为宏观调控的首要目标。在这方面，农业部曾在1988年为缓解我国副食品供应偏紧的矛盾提出来一项"菜篮子"工程。从实施效果来看，它重点解决了市场供应短缺问题，对稳定市场、民心发挥了重要作用。为此，中央决心再次强调狠抓工作，并切实实行"菜篮子"市长负责制。

1994年初，中央连续召开会议部署菜篮子工程。1月27日，全国菜篮子和粮棉油工作会议召开。3月23日，全国农村工作会议明确了"米袋子、菜篮子分别由省、市长负责"。随后出台的抑制通货膨胀的4项紧急措施，就包括认真抓好农业生产和"菜篮子"工程，增加有效供给；加强政府对市场物价的调控管理，建立粮食和副食品价格风险基金，加强对20种居民基本生活必需品和服务价格的监审；果断采取若干平抑物价的经济措施，加强物资的调运和调剂，保证市场供应。

同时，国务院还狠抓"米袋子"工程，即指实施种好粮、卖好粮、管好粮和吃好粮的一项计划。"米袋子"工程实行省长负责制，要求从粮食的种植，一直到收购、运销和市场价格的调控，省长要一抓到底。狠抓"菜篮子"和"米袋子"工程，调动了农民的生产积极性，粮食供给的大幅度增加，食品价格和整个市场零售物价得以稳定，使人民生活的基本层面得到有效保障，这为进一步实施更大范围的宏观经济调控措施创造了有利条件。

1994年8月26日，国务院召开第七次全体（扩大）会议，正式确定把抑制通货膨胀作为下半年宏观调控的首要任务。9月6日，国务院又召开全国进一步加强物价管理工作电视电话会议。中央一方面采取措施抑制过旺需求，卡住通货膨胀的源头。另一方面采用多种手段，对市场实施有效的监督。从1994年第四季度开始，国家计委和国家统计局逐月公布30个省（自治区、直辖市）和三十几个大中城市的物价指数，把控制物价上涨作为考核各级政府政绩的一项重要指标；国务院每年组织全国规模的物价大检查，重点检查居民基本生活必需品、服务项目和农业生产资料价格；检查的重点行业是教育、医疗、电力、铁路、邮电的收费价格。同时以法治价，严格执行《反不正当竞争法》《消费者权益保护法》《价格管理条例》和《关于制止暴利行为的暂行规定》等法律法规，充分运用法律武器，加强市场管理，维护市场秩序。对垄断性行业乱涨价、牟取暴利、价格欺诈、扰乱市场秩序及损害消费者合法权益等行为，坚决查处，依法严厉打击。

此外，国家在建立若干重要商品的风险机制方面也取得重要进展。从1994年开始，中央有关部门组织建立与完善商品储备制度，建立了重要商品的中央和地方两级储备调控体系。中央储备的重要商品包括粮食、食用植物油、食糖、猪肉、盐、优质化肥、农膜原料、农药、成品油等。地方储备的具体品种，由各地根据当地的实际情况确定。与此同时，建立各种价格风险基金。1994年根据国家要求逐步建立的有：粮食价格风险基金；成品油价格风险基金；化肥价格风险基金；副食品价格调节基金。各项风险基金的资金来源，原则上要求由各级财政予以解决。

由于措施得力、方向正确，通货膨胀这只"欲出笼的老虎"终于被关入笼中。从1995年初起，物价总水平上涨幅度逐月回落，实现了本年度物价上涨幅度控制在15%以内的调控目标，抑制通货膨胀取得初步成效。1996年物价上涨率进一步大幅度回落，明显低于年初确定的10%左右的调控目标。至此，这次宏观调控的主要目标已经达到，物价问题不再是影响我国改革、发展、稳定的主要因素。但防止物价涨幅反弹，为改革与发展创造宽松的经济环境，仍是我国宏观调控应时刻密切关注的主要问题。

通过加强宏观调控和深化改革多措并举，自1992年下半年至1993年上半年以来我国国民经济中各种过热、过高和过乱的不正常现象得到了有效的遏制，宏观经济逐渐走上了正轨。这种宏观调控获得成功的一个突出特点，是用"点刹车"而不是用"急刹车"的办法，逐渐平稳地实现经济"软着陆"，整个过程中没有出现大起大落的波动和大的经济损失。国民经济的运行经过一段过度扩张之后，平稳地回落到适度增长区间，经济增长率逐步平稳地回落到适度区间，物价上涨率也回落到适度水平。在显著地降低物价涨幅的同时，又保持了经济的适度快速增长。

总的来看，1993年上半年以后我国进行的宏观调控，主要采取了经济的、法律的措施，又辅之以行政的手段，既进行了直接的调控，又采取了从根本上解决问题的改革措施，尤其是较好地运用了间接调控方式；既体现了邓小平关于"发展才是硬道理"的思想，又获得了高位运行的国民经济实现"软着陆"的巨大的成功，使我国宏观经济出现了"高增长，低通胀"的良好局面。这充分显示了中共中央、国务院在驾驭复杂经济工作方面日益成熟，不但坚持了微观放开搞活和总量基本平衡的统一，实现了速度和效益的同步增长，而且通过不断实践和探索，逐步建立起一套适应社会主义市场经济体制、以间接调控为主的宏观调控体系。

六、规划科教兴国和可持续发展战略

适应时代要求提出科教兴国战略

在宏观经济调控工作取得积极成效的基础上，中共中央立足于实现到20世纪末的发展目标，并着眼于21世纪前10年的发展，相继提出科教兴国的基本方略、可持续发展战略等重要思想。这使中国经济社会发展从20世纪90年代中期开始展现出一系列新的特点和发展趋向。

综观人类文明发展史，科学技术的每一次重大突破，都会引起生产力的深刻变革和社会的巨大进步。中华人民共和国成立后，我国集中有限的财力物力，取得初步建立比较完整的工业体系的巨大成就，创造了"两弹一星"等辉煌成果，大大增强了综合国力和国防实力，其中科学技术起到了关键性的作用。十一届三中全会以来，我国的科技事业有了长足的发展，已经培养出一支960万人的科技队伍，其中有高级职称的约70万人；已建立起学科门类比较齐全的科学技术体系，独立科研机构发展到5200多个，企业和高等院校所属科研机构5000多个。我国科技工作已初步形成了面向经济建设主战场、跟踪高技术研究并推动其产业发展、加强基础性研究三个层次的布局，科技工作的机制和格局发生了深刻变化，活力大为增强。但是，与日新月异的世界科技先进水平相比，我国还有很大差距。

20世纪90年代初，以高技术为中心的科学技术革命已波及世界各主要国家和地区。以信息、生物、新材料、新能源、航天和海洋开发等为代表的高技术群，迅速向社会的各个领域渗透，引起生产方式和产业结构的巨大变化，使世界范围内的社会生产力不断出现飞跃。高技术的竞争成为各国经济实力、军事实力以及综合国力竞争的关键点。随着高技术和高技术产业的迅猛发展，世界各主要国家及国家集团之间在科技方面已进入一个战略竞争时期。如何应对这场全球性的竞争，成为90年代我国发展战略中一个必须明确加以解决的重大问题。

为此，1992年中共十四大报告强调说，振兴经济首先要振兴科技。只有坚定地推进科技进步，才能在激烈的竞争中取得主动。科技进步、经济繁荣，从根本上取决于提高劳动者的素质，培养大批人才。必须把教育摆在优先发展的战略地位，努力提高全民族的思想道德和科学文化水平，这是实现我国现代化的根本大计。十四大报告把科技进步和发展教育并列提到国家发展战略的地位，反映了中共中央审时度势，适应世界科学技术革命浪潮的历史主动性。

1993年5月，国务院召开全国科技工作会议，部署科技体制改革和科技发展工作。朱镕基代表国务院作了题为《加快经济发展关键要靠科技进步》的讲话。他指出：从当前的国际环境和国内条件看，靠大量投资和消耗自然资源带动经济增长，盲目地追求数量和速度，不仅会使我们丧失机遇，而且会使我们付出沉重的代价。事实证明，科技的投入产出比、科技产业的劳动生产率是传统产业的几倍甚至几十倍。因此，只有扬长避短，在发挥社会主义制度优越性和市场经济体制长处的同时，充分发挥科技第一生产力的优势，并使三者有机结合起来，才能使国民经济再上一个新的台阶。

为了发展我国的科技事业，国家抓紧进行国际通行的院士制度建设。1994年1月，党中央、国务院决定将原中国科学院学部委员改称中国科学院院士，以利于进行国际学术交流，体现其权威性和荣誉性。同年6月，中国工程院正式成立。该院是由工程技术界的优秀专家组成，是工程技术界的最高荣誉性、咨询性学术机构。中国科学院院士和中国工程院院士是中国科学技术界和中国工程技术界的最高学术称号，成为中国1700万科学工作者和工程技术人员的杰出代表。

为了真正落实科技是第一生产力的思想，1994年8月国务院领导在北戴河会议研究制定"九五"计划及2010年长期规划的思路时，提出了"科教兴国"问题。随后，国家科委组织力量，先后深入全国各地进行调研，广泛听取地方和部门领导、科技和经济部门负责同志、科学家、专家们的意见和建议，于11月向国务院领导作了关于科技工作的汇报。国务院办公会议决定准备召开全国科学技术大会，由国家科委起草、制定《中共中央、国务院关于加速科学技术进步的决定》。

《决定》首次正式提出了实施科教兴国战略，并作了明确表述：科教兴国，是指全面落实科学技术是第一生产力的思想，坚持教育为本，把科技和教育摆在经济、社会发展的重要位置，增强国家的科技实力及向现实生产力转化的能力，提高全民族的科技文化素质，把经济建设转移到依靠科技进步和提高劳动者素质的轨道上来，加速实现国家的繁荣强盛。

1995年5月26日，由中共中央、国务院召开的全国科学技术大会在北京隆重开幕。这是一次具有历史意义的盛会，是动员全党、全国人民贯彻《决定》精神，在全国实施科教兴国战略的大会。在这次会议上，江泽民指出：当前，无论是从国际环境还是从国内条件来看，全面落实科技是第一生产力的思想，都是我国社会主义现代化建设中的一项十分艰巨和紧迫的战略任务。党中央、国务院决定在全国实施科教兴国战略，是总结历史经验和根据我国现实情况所做出的重大部署。科教兴国，是顺利实现三步走战略目标的正确抉择，必将大大促进生产力质量和水平的提高，使社会生产力有一个新的解放和更大的发展。中央要求党政第一把手都要亲自抓第一生产力，把科技进步摆在经济和社会发展的重要位置，多渠道增加对科技和教育的投入，真正把实施科教兴国战略落到实处。

全国科学技术大会后，中共中央关于制定"九五"计划和2010年远景目标的建议进一步提出：今后15年促进科技和教育发展的工作任务和重点：一是要抓好改革，充分发挥科技教育现有基础的作用，这方面的潜力是很大的。二是抓好重点，科技要抓好技术开发与推广、发展高技术及其产业、加强基础性研究，使科技与经济更好结合起来；教育要抓好"九五"期间基本普及九年义务教育，并积极发展职业教育和成人教育，提高高等教育质量，优化教育结构。三是随着经济发展和国家财力的增加，逐步增加对科技和教育的投入。1996年，八届全国人大四次会议正式提出了"九五"计划和2010年远景目标，"科教兴国"成为我国迈向21世纪的一项基本治国方略，对国家持续发展和社会全面进步具有长远的战略指导意义。

为全面落实科教兴国战略，农业、工业、国防、财贸等行业和部门都提出了依靠科技振兴行业的发展战略。各省、市、自治区及各地（市）、县（市）也制定了科教兴省、科教兴市、科教兴县的发展战略和发展方针，加速了地方科技事业和经济的发展。1996年，国家科技领导小组成立。到1997年6月，全国共有26个省（市、区）和计划单列市成立了科技领导小组。到1997年底，全国已有20多个省、200多个城市制定了以科技促进经济发展的计划。

1997年9月，中共十五大重申了实施科教兴国战略和可持续发展战略的重要性和紧迫性，强调要切实把教育摆在优先发展的战略地位，把发展教育和科学作为文化建设的基础工程。

1998年3月，在九届全国人大一次会议中外记者招待会上，新任国务院总理朱镕基郑重宣布："科教兴国是本届政府最大的任务。"朱镕基直言不讳地说：过去因为没有资金，贯彻得不好。钱到哪里去了呢？政府机关庞大，"吃饭财政"，把钱都吃光了。其次，在各级政府的干预下进行了不少盲目的重复建设，几十亿、几百亿的一个项目，投产之后没有市场，相反把原有的一些企业挤垮了。这就使得中央的财政和银行都拿不出钱来支持科教兴国的方针。因此，本届政府决心精简机构，减掉一半的人，同时制止重复建设，把钱省下来贯彻科教兴国的方针。会后，新一届政府成立了国家科技教育领导小组，朱镕基任组长，充分表明了中国政府实施科教兴国战略的坚定决心。

一个月后，中国科协主办的"科技进步与产业发展专家论坛"第三次大会，正式宣布从1981年到1997年的10多年里，我国科技进步对国民经济的贡献率达到31.65%。同年5月，为了严格执行《教育法》《科技进步法》，落实《中国教育改革和发展纲要》《中共中央、国务院关于加速科学技术进步的决定》中的有关规定，国务院办公厅转发了财政部的有关通知，要求各级政府财政部门保证预算内教育和科技经费拨款的增长幅度高于财政经常性收入增长。并规定对财政预算执行中的超收部分，也要相应地增加教育和科技的拨款，确保全年预算执行结果实现法律规定的增长幅度。

科教兴国思想的理论创新意义，不仅在于构成了今后相当长时期内我国的宏观发展战略，更在于它建立在深刻把握中国这样一个12亿人口的发展中大国并将长期处于社会主义初级阶段的基本国情的基础上，对中国社会主义现代化的发展道路和发展动力的科学性选择与确定。

制定新世纪可持续发展战略规划

在积极倡导科教兴国的同时，与其相辅相成的另一项跨世纪战略部署——可持续发展战略也得到了全面的阐发和初步实施。

提出"可持续发展"战略，是中国政府与国际社会在发展观念上的一次成功接轨。早在20世纪五六十年代，人们在工业化所形成的环境压力下，对粗放型经济增长方式产生了怀疑。1972年联合国在瑞典首都斯德哥尔摩召开人类环境会议，来自113个国家的1300多名代表第一次聚集在一起讨论地球的环境问题。大会通过了划时代的文献《人类环境宣言》。1980年由世界自然保护同盟等组织、许多国家政府和专家参与制定的《世界自然保护大纲》，第一次明确提出了应该把资源保护与人类发展结合起来的可持续发展的思想。1983年成立的世界环境与发展委员会（WCED），经过世界各国的专家900多天的工作，于1987年向联合国提出了题为《我们共同的未来》的报告。报告中提出了可持续发展的经典定义：可持续发展是指既满足当代人的需要，又不损害后代人满足需要能力的发展。这一定义得到当今国际社会的广泛认同。

1992年在巴西里约热内卢召开的联合国环境与发展大会，是一次确立可持续发展作为人类社会发展新战略的具有历史意义的大会。183个国家和地区的代表出席了大会，其中有102位国家元首和政府首脑。会议通过《里约环境与发展宣言》和《全球21世纪议程》，第一次把可持续发展由理论和概念推向行动。里约会议为人类举起可持续发展旗帜、走可持续发展之路作了有力的动员。跨世纪的绿色时代或可持续发展时代从这次会议真正迈出了实质性的步伐。

可持续发展作为一种新的发展观和发展战略，改变了过去人类与自然的对立关系，而致力于建立新的和谐关系，要求经济、社会的发展必须同资源开发利用和环境保护相协调，在满足当代人需要的同时，不危及后代人满足自己的需求。这同那种片面强调经济发展的传统战略，忽视经济、社会、环境协调发展的做法形成了鲜明的对比。可持续发展思想符合经济、社会、环境和生态系统的内在联系和要求，是人类发展观、文明观上具有革命性的进步。

1992年联合国环境和发展大会结束后，中国政府即对可持续发展战略做出了果断、快速的反应。6月，里约会议要求各国根据本国情况制定各自的可持续发展战略、计划和对策，李鹏总理代表中国政府作出了履行《21世纪议程》等会议文件的庄严承诺。7月，国务院环境保护委员会举行第二十三次会议，决定由国家计委、国家科委等部门组织编制《中国21世纪议程：中国21世纪人口、环境与发展白皮书》（简称《中国21世纪议程》）。经由52个部门300余名专家组成的工作小组的努力，于1993年4月完成第一稿，共40章，120万字，184个方案领域，初步形成了人口、经济、社会、资源、环境等各方面的可持续发展战略、政策和行动框架。经五易其稿，1994年3月国务院常务会议讨论通过。

《中国21世纪议程》的出台引起了国际社会的很大反响。1994年召开的中国21世纪议程第一次高级国际圆桌会议，推出了《中国21世纪议程优先项目计划》，向世界表明了中国实施可持续发展战略已经付诸行动。联合国开发计划署和联合国可持续发展委员会称中国在可持续发展方面是领先世界的"旗舰"。联合国开发计划署署长斯贝思先生在第一次高级国际圆桌会议闭幕式上说："《中国21世纪议程》的制定和这次会议的召开是自1992年联合国环发大会以来，在环发领域，国际上发生的最重大的事件，表明了中国领导人具有的才华、胆略和卓识远见。"

《中国 21 世纪议程》是制定我国国民经济和社会发展中长期计划的指导性文件。它从我国具体国情出发，提出了人口、经济、社会、资源和环境相互协调的对策和行动方案，构筑了一个综合性的、长期的、渐进的可持续发展战略框架。《议程》确立了我国可持续发展战略的 4 个主要目标，一是在保持经济快速增长的同时，依靠科技进步和提高劳动者素质，不断提高发展的质量；二是促进社会的全面发展与进步，建立可持续发展的社会基础；三是控制环境污染，改善生态环境，保护可持续利用的资源基础；四是逐步建立国家可持续发展的政策体系、法律体系，建立促进可持续发展的综合决策机制和协调机制。

《议程》全文由可持续发展总体战略、社会可持续发展、经济可持续发展、资源的合理利用与环境保护等 4 个部分组成，广泛涉及可持续发展的对策，立法与实施，费用与资金机制，团体公众参与，人口、居民消费与社会服务，消除贫困，卫生与健康，人类住区和防灾减灾，经济政策，可持续的能源生产和消费，水、土、森林、矿产、海洋等自然资源保护与可持续利用，生物多样性保护，荒漠化防治，保护大气层和固体废物的无害化管理等一系列方案领域。该议程构成了我国可持续发展战略的总体框架。

《议程》强调可持续发展一般原则应与中国作为发展中大国的基本国情相结合。把经济、社会、环境视为密不可分的整体，主题词是发展，把经济建设搞上去是作为发展中国家的中国第一位的任务，关键是要在经济和社会发展中，实现资源持续利用和环境保护相协调。人口、资源和环境是影响中国未来发展的关键方面，它们对中国社会经济发展的压力和制约是许多国家都没有经历过的。因此，控制人口、用好资源、保护环境构成了中国可持续发展行动框架的战略重点。中国走可持续发展之路需要进行系统的能力建设，议程从机制、立法、教育、科技和公众参与等方面提出了重大举措，并为中国可持续发展的国际合作创造了适宜契机与良好环境。《议程》充分注意到中国环境与发展战略和全球环境与发展战略的协调，对各种全球性问题提出了相应的对策与行动方案。

从 1992 年开始，在制定《议程》的同时，中国政府在推动可持续发展方面采取了一系列重大行动：提出了中国环境与发展十大对策；建立了推动可持续发展战略实施的组织保障体系；制定了国家、各部门和地方政府不同层次的可持续发展战略；将可持续发展战略纳入国民经济和社会发展计划之中；加快可持续发展的立法进程，加强执法力度；组织和动员社会团体及公众参与可持续发展；本着建立新的全球伙伴关系的精神，积极开展环境与发展领域的国际合作。

为了充分发挥政府宏观调控在实施《议程》中的积极作用，国家计委和国家科委在联合国开发计划署支持下，于1994年开展了"将中国21世纪议程纳入国民经济和社会发展计划研究与培训项目"。该项目历时两年，结合可持续发展战略要求，对编制"九五"计划和远景目标提出了一系列对策和建议。作为贯彻可持续发展的重要举措，国务院于1996年7月召开了第四次全国环境保护会议。会后作出了《国务院关于环境保护若干问题的决议》，批准了《国家环境保护"九五"计划目标和2010年远景目标》。

同时，国家还制定了两项配套的行动计划。第一项，提出了"九五"期间全国12种主要污染物排放总量的控制指标，要求在全国范围内通过各种有力措施，坚决控制其增长。第二项，制定了《中国跨世纪绿色工程规划》，主要是针对一些重点地区、重点流域和重大环境问题提出具体污染治理工程规划，拟重点治理三河（淮河、海河、辽河）三湖（太湖、滇湖、巢湖）的水污染和西南、华中、华南、华东地区的酸雨以及30个重点城市的大气污染。截止到1997年1月31日，全国共取缔、关停60725个严重污染企业，达到应取缔、关停企业数的85%。

中国政府推进可持续发展进程，一开始就十分重视提高决策管理人员实施可持续发展的能力，提高公众的可持续发展意识。《中国21世纪议程》出台之后，中国各级政府举办了各种不同类型的培训班，以转变各级决策管理人员的传统发展观念，增强可持续发展意识。此外，还在一批高等院校设置了环境保护学科、系、院；筹建有关可持续发展的科研机构、学会、研究会等学术团体，开展有关可持续发展的课题研究；在中小学教材中增加了环境教育的内容，培养青少年的环境意识。中国的新闻媒介开展了一系列宣传活动，电视、电台和报纸杂志先后开辟专栏，广泛宣传和详细介绍了中国可持续发展战略的由来、内容及战略意义。中国的新闻出版部门出版了大量有关可持续发展的书籍和刊物。中国各级政府还召开了一系列可持续发展的重要会议。

在中央的大力推动下，到1996年底，我国30个省、自治区和直辖市已有2/3以上成立了地方21世纪议程领导小组及其办公室。一些省（区、市）分别制定了地方21世纪议程和行动计划，包括我国人口最多的四川省、能源基地山西省、西部欠发达的贵州省等。同时，国务院有关部门作为推进《议程》的重要组成部分，也分别制定了本行业的21世纪议程和行动计划，如中国林业、环境保护、海洋、水利等21世纪议程。

总的来说，党中央、国务院采取的一系列适合中国国情的政策措施，将我国生态环境建设和保护推进到一个新阶段。当然，我国生态环境的现状，是由各种复杂的社会历史因素所形成的。从某种意义上说，我国的环境保护还没有摆脱西方工业化国家曾经走过的"先污染,后治理"的路子,重点地区和城市的环境治理,大都是在污染严重到相当程度后才开始的。传统的产业结构、较低的技术水平、粗放的生产方式、经济活动的急功近利、管理和执法不严等,这些因素综合在一起造成了我国生态环境的恶化。尽管几年来的重点治理取得了一些成效,但从现实来看,环境污染和生态破坏加剧的趋势尚未得到基本控制,距离环境质量的根本性改善,相差更远。一些地方甚至出现边治理边污染的情况,整治和改善的任务相当艰巨。因此,实现经济建设和资源、环境相协调的可持续发展,将是我国今后一项长期的战略方针。

第七章 结构调整

　　1997年，中共十五大作出高举邓小平理论的伟大旗帜的重大决策，坚定改革开放和现代化建设的历史走向，更加完整地阐述了社会主义初级阶段的基本路线和纲领，在建立和完善中国社会主义初级阶段的基本经济制度、所有制结构，建设社会主义民主政治和法治国家，建设社会主义文化等方面作出一系列新的论断。这些理论创新，系统地回答了中国向何处去的根本问题。遵循中国共产党"三个代表"重要思想，中共中央、国务院继续深化各领域的改革，在所有制结构、产业结构和区域经济结构的调整方面取得重要进展，为把建设中国特色社会主义事业全面推向21世纪打下良好基础。

一、任凭风浪起积极应对机遇和挑战

把一个什么样的中国带入新世纪

1997年2月19日,中国改革开放的总设计师邓小平逝世,享年93岁。时隔5年,"发展才是硬道理"的七字箴言犹闻在耳,中国便失去了这位带领国家在危难中奋起,让普通老百姓富裕起来,并在国际事务诸多领域发挥过重大影响的卓越领导人。

邓小平与世纪同行,走过了波澜壮阔的一生。从山河破碎、风雨如晦的旧中国,到创建一个享有主权、独立和尊严的新中国;从社会主义革命和建设的伟大成就和曲折探索,到开辟改革开放伟业、实现国家全面振兴,邓小平与中国人民的命运如此紧密地联系在一起。邓小平的业绩、思想、品德、风范,作为一个伟大时代的象征,深深镌刻在亿万人民心中。如今,坚冰已经打破,航道已经开通。"毛泽东使中国人站起来,邓小平使中国人富起来"——普通老百姓用朴实无华的语言,概括出邓小平的历史性贡献。

邓小平是一位具有世界影响的领袖,但他始终说自己是中国人民的儿子。他把对祖国的忠诚和热爱融入了历史,把对中国、对世界和人类的巨大贡献留给了后人。如同他深情地爱着自己的祖国和人民一样,祖国人民也深情地爱戴他。在送别的日子里,人们用"小平走好"的朴质语言,表达了对这位中国人民的伟大儿子的崇敬。

"邓小平逝世不仅对中华人民共和国,而且对全世界都是一个巨大的损失"——时任联合国秘书长安南到中国常驻联合国代表团哀悼时写下这样一句话。这位联合国最高行政长官对记者说:"邓小平不但帮助中国走向了现代化,而且把中国推向了国际社会的主流。今天,中国事实上已经成为世界舞台上的主角之一,并将继续担当这一角色。邓小平的功绩受到全世界的颂扬。人们将永远怀念他!"连日来,各国领导人和各方面的国际朋友,都为世界失去了这位伟大人物表示深切哀悼。毋庸置疑,邓小平作为一位世界公民,享有崇高的国际声望和荣誉。国际社会不分国籍、不分信仰,一致称赞邓小平成功地带领中国进行了历史性的经济改革,极大地提高了中国人民的生活水平,带领中国走进国际社会的主流,并高度评价他对人类社会和世界进步作出的重大历史贡献。

一代伟人留下的丰厚的遗产正在中国开花结果。

在20世纪90年代后期,世界经济格局发生了巨大变化,以信息技术为主要标志的高新技术革命来势迅猛，经济与科技的结合日益紧密，知识经济迅速兴起，经济全球化的进程大大加快。面对即将到来的21世纪，世界各国都在加紧研究和实施跨世纪发展战略。中国正处在经济高速发展，经济体制转型和经济结构转换的关键时期，必须站在世纪之交的时代新高度，充分重视经济全球化的趋势和知识经济的新崛起，积极应对由此带来的机遇和挑战，才能在激烈复杂的国际竞争中掌握主动，立于不败之地。这里关键的问题是把一个什么样的中国带入新的世纪。

从国内形势来看，一方面，经济发展取得显著成绩，经济结构调整取得明显进展；改革开放取得新的突破，市场在资源配置中的基础性作用明显增强，宏观调控体系的框架初步建立；以公有制为主体、多种经济成分共同发展的格局进一步展开；对外经济、技术合作与交流继续扩大，对外贸易和利用外资大幅度增长；人民生活水平显著提高，人民衣食住行条件明显改善。另一方面，随着改革的不断深入，经济、政治和社会中一些深层次、结构性问题，也日益明显地暴露出来，主要表现在：国民经济整体素质和效益不高，经济结构不合理的矛盾仍然比较突出，特别是国有企业活力不强；收入分配关系尚未理顺，地区发展差距还明显存在，城乡部分群众生活比较困难；人口增长、经济发展给资源和环境带来巨大的压力，等等。

国际环境方面也存在复杂情况。一方面，改革开放和现代化建设的外部环境进一步改善，中国的国际影响日益扩大。在世界范围内，和平与发展的时代主题没有改变，国际形势总体上趋向缓和。另一方面，冷战思维依然存在，霸权主义和强权政治仍然是威胁世界和平与稳定的主要根源。某些西方国家依仗其经济军事实力把他们的社会制度和意识形态强加于别国的图谋，并未稍减。建立公正、平等的国际政治、经济新秩序，还有待长期的斗争和努力。

在国内外有利的、不利的因素错综交织在一起，各种复杂矛盾凸显出来的历史关头，有关中国发展的路在何方，出现了这样那样的议论，夹杂着各种各样的揣测、担忧，更有形形色色的"建言"，由国内、海外的不同信息渠道发出，或明或暗地传播于公众，转呈于高层，意在影响中央的决策，乃至中国未来的走向。特别值得注意的是，当着中央认真研究新矛盾、新问题，积极寻求解决办法的关键时刻，曾经严重困扰改革进程的意识形态争论，在一度沉寂之后又再次泛起，对改革的不断深化提出质疑。而这次挑起论争的焦点，由姓"社"姓"资"改换为姓"公"还是姓"私"。

这次论争中有一种具有代表性的观点，就是否定实行社会主义市场经济以来我国所有制结构的调整和变动，认为国有经济比重的下降、非公有制经济比重的上升，"会对我国社会经济的基础产生严重的影响"；认为国有企业通过股份制改造逐步建立现代企业制度，必然造成国有资产的流失；国企改革"抓大放小"，实质上是一种"私有化"的主张；对于我国私营企业主的数量增加和实力增强，认定为"一个民间资产阶级已经在经济上形成"，数以千万计的个体生产经营者"其中一部分是民间资产阶级的后备军"。因而主张"资产阶级应是今后十年我国国内政治安全工作所予以注意的主要对象"。甚至有人危言耸听地提出："资产阶级的形成是对我国无产阶级专政的潜在威胁"，而"党内资产阶级化的利益集团联盟"，则是"威胁我国国家安全的最大隐患"，并断言"社会主义和资本主义谁胜谁负的问题，在我国远未解决"，"阶级斗争有可能重新上升为我国社会的主要矛盾"[1]。这股思潮完全远离了改革开放近20年来中国人民的伟大实践，导致人们的怀疑和担忧，干扰了现行改革政策的有力推行。

面对国内外的复杂形势，江泽民总书记用三句话表明了中央领导层的态度：一句是要有"主心骨"，邓小平理论就是我们的"主心骨"，这样就心中有主意，有主见，有主张；一句是"我自岿然不动"，即无论遇到什么困难，什么议论，什么压力，都要坚持邓小平理论的正确方向不动摇。这也引出第三句话，叫作"任凭风浪起，稳坐钓鱼船"[2]。邓小平逝世后，中共中央领导集体正是按照这三句话去做，不断坚持正确的主张，抵制错误的意见，坚定中国改革开放和现代化建设的历史走向。基本做法是稳住大局，务求稳中求进，保持宏观经济政策的连续性、稳定性和必要的灵活性，努力把总量控制与结构调整、宏观调控与微观搞活、深化改革与促进发展、经济发展与社会发展等重大关系的处理更好地结合起来。

验证"一国两制"香港澳门主权回归

1997年，《中英联合声明》确定中国政府收回香港主权的时间到期。

从1985年起长达12年的过渡期里，中国全国人大通过了《中华人民共和国香港特别行政区基本法》；成立香港特别行政区筹备委员会；选举产生并经国务院任命了第一任行政长官，选举成立临时立法会；组建完成中国人民解放军驻香港部队，香港过渡期的工作圆满就绪。

6月30日午夜至7月1日凌晨，中英香港政权交接仪式在香港隆重举行。英国国旗和香港旗在英国国歌乐曲声中落下。中华人民共和国国旗和香港特别行政区区旗一起徐徐升起。国家主席江泽民发表讲话宣布：根据中英关于香港

---

[1] 参见马立诚、凌志军《交锋——当代中国三次思想解放实录》，北京：今日中国出版社，1998年，第246—247页、276—279页。
[2] 参见龚育之《党史札记》，杭州：浙江人民出版社，2002年，第12—13页。

问题的联合声明，两国政府如期举行了香港交接仪式，宣告中国对香港恢复行使主权。历史将会记住提出"一国两制"创造性构想的邓小平。江泽民指出：香港回归后，中国政府将坚定不移地执行"一国两制""港人治港"、高度自治的基本方针，保持香港原有的社会、经济制度和生活方式不变，法律基本不变。香港回归后，中央人民政府负责管理香港的外交事务和防务。香港特别行政区依据基本法享有行政管理权、立法权、独立的司法权和终审权。香港居民依法享有各项权利和自由。香港特别行政区将循序渐进地发展适合香港实际情况的民主制度。香港回归后，将继续保持自由港的地位，继续发挥国际金融、贸易、航运中心的作用，继续同各国各地区及有关国际组织发展经济文化关系。所有国家和地区在香港的正当经济利益将受到法律保护。

1997年7月1日这一天，作为海内外所有中国人永远纪念的日子而载入史册。经历了百年沧桑的香港游子回归祖国母亲的怀抱，标志着香港同胞从此成为祖国这块土地上的真正主人。香港的发展从此进入一个崭新的时代。

香港回归两年后，"一国两制"方式再次成功实现。在中葡两国积极合作的基础上，双方妥善解决了澳门回归中国的各种历史遗留问题，为顺利实现澳门的和平交接准备了条件。根据《中华人民共和国澳门特别行政区基本法》，经过澳门永久性居民组成的推选委员会的选举，国务院任命了澳门特别行政区第一任行政长官。

1999年12月19日午夜至20日凌晨，中国、葡萄牙两国政府澳门政权交接仪式在澳门文化中心花园馆隆重举行。中华人民共和国国旗和澳门特别行政区旗庄严升起，标志着中国政府恢复对澳门行使主权。国家主席江泽民发表讲话说，中国政府按照邓小平提出的"一国两制"的伟大构想，成功地解决了香港、澳门问题。"一国两制"在香港、澳门的实践，已经并将继续为我国最终解决台湾问题发挥重要的示范作用。回到祖国怀抱的澳门，必将迎来更加美好的未来。澳门由此开始步入"澳人治澳"、高度自治的时代。

坚定改革开放现代化建设历史走向

1997年9月，中国共产党召开第十五次全国代表大会，作出了高举邓小平理论伟大旗帜的重大决策，并对邓小平理论的科学体系作了系统的概括。中共十五大继承前人又突破陈规，更完整地阐述了社会主义初级阶段的基本路线和纲领，对建立和完善中国社会主义初级阶段的基本经济制度、所有制结构，建设社会主义民主政治和法治国家，建设面向现代化、面向世界、面向未来的，民族的科学的大众的社会主义文化等问题作出一系列新的论断。这些理论创新，系统地回答了中国向何处去的根本问题,对于把建设中国特色社会主义事业全面推向21世纪具有重大意义。

中共十五大在所有制理论上取得突破和创新,明确提出"公有制为主体、多种所有制经济共同发展,是我国社会主义初级阶段的一项基本经济制度";准确地论述了公有制的主体地位,正确分析了国有经济的主导作用主要体现在对国民经济的控制力上;提出公有制实现形式可以而且应当多样化;改革的任务是要努力寻找能够极大促进生产力发展的公有制实现形式;指出股份制是现代企业的一种资本组织形式,有利于提高企业和资本运作效率,资本主义可以用,社会主义也可以用;明确提出非公有制经济是社会主义市场经济的重要组成部分;允许和鼓励资本、技术等生产要素参与分配,并依法保护私有财产权。

中共十五大的这些论述,有针对性地廓清了那些把国有企业实行股份制改造看作是私有化的错误观点,打破了抽象论争姓"公"姓"私"的思想障碍。同时,突破了长期将非公有制经济置于"补充"地位的历史局限,进而解除了对发展非公有制经济的种种束缚和非议。这对于改变现行政策中对私营经济的某些不必要的限制和歧视性做法,从政策法律体系方面健全和巩固公有制为主体、多种所有制经济共同发展的基本经济制度,具有非常现实的意义。

9月19日,中共十五届一中全会选举了中央政治局委员、候补委员、中央政治局常务委员会委员。江泽民当选中央委员会总书记,决定江泽民为中央军事委员会主席。

1998年3月,九届全国人大一次会议选举产生了新一届中央政府。新任国务院总理朱镕基把本届政府的施政纲领概括为"一个确保,三个到位,五项改革"。"一个确保",就是在亚洲金融危机使中国面临严峻挑战的形势下,确保当年中国的经济发展速度达到8%,通货膨胀率小于3%,人民币不能贬值。"三个到位",就是用3年左右的时间,一是使大多数国有大中型亏损企业摆脱困境进而建立现代企业制度。二是彻底改革我国的金融系统,在本世纪末实现中央银行强化监管,商业银行自主经营的目标。三是完成中央和地方政府的机构改革。"五项改革"分别是:粮食流通体制改革、投资融资体制改革、住房制度改革、医疗制度改革、财政税收制度改革的进一步完善。

防范化解亚洲金融风险总体部署

1998年3月中国新一届政府就职伊始,首先面对的是起于1997年的亚洲金融危机迅速蔓延,不但波及中国台湾、香港地区,而且对中国内地经济构成较大威胁的复杂形势。当时国际外汇投机商对东南亚国家货币的轮番冲击,已产生多米诺骨牌式的连锁反应，许多国家和地区相继陷入危机，汇市、股市剧烈波动。1998年初，国际炒家重拳出击印尼盾，金融风暴迅速波及北美和西欧市场。4月以后，日元大幅贬值再次引起东亚汇市、股市双跌，导致世界经济新一轮动荡。这次金融危机是二次大战后50年来影响最广、冲击力最大的一次全球性金融危机，它使许多国家出现不同程度的经济衰退，以致现任领导人辞职下台，政府更迭，政局动荡。

8月，国际炒家趁日元汇率持续下跌之机，对与人民币关联度最高的港币发动大规模狙击。香港庆祝回归的喜庆气氛尚未消散，亚洲金融风暴便已黑云压城。香港特别行政区政府在请示中央政府后，果断决策入市干预。以国家外汇储备为后盾，前后动用逾千亿港元入市，在股市、汇市、期市同国际"金融大鳄"索罗斯展开了惊心动魄的大搏斗，坚决顶住了国际金融炒家空前的抛售压力，毅然全数买进，独立支撑托盘，终致国际金融炒家弹尽粮绝，落荒而逃，有力地捍卫了港元与美元挂钩的联系汇率制度，保障了香港经济安全与稳定。

香港金融保卫战是经济实力的较量。在保卫战爆发前夕，香港不仅自身拥有820亿美元的外汇储备，而且还有中央政府1280亿美元的外汇储备作为坚强后盾。此役中央政府以坚定的支持维护了香港回归后的金融秩序稳定，这在奉行"积极不干预政策"的香港战后历史上还是第一次。事实上，真正吓退国际"金融大鳄"的，是以强硬态度力挺香港金融市场的中国政府。与此同时，为了帮助亚洲国家摆脱金融危机，中国履行了自己的诺言不对人民币实行贬值，并通过国际机构和双边援助来支持东南亚国家的经济，充分展现了负责任的大国风范。

中国与亚洲各国有着密切的经济贸易及金融联系。由于中国大陆外汇的资本项目尚未允许自由兑换，流入的外资又主要从事直接投资项目，所幸没有被直接卷入金融风暴之中。但是，亚洲金融危机的不断加剧，周边国家和地区经济增长速度下滑，支付能力下降，进口需求萎缩，不可避免地对我国的出口和利用外资带来不利影响。1998年，我国外贸出口增幅从上年的20%猛跌至0.5%。实际利用外资也低于上年的水平。由于我国吸收外商直接投资有80%左右来自日本、韩国、新加坡等，这些国家和地区在金融危机中实力下降，资本市场低迷，增加了我国吸收外商直接投资和对外融资的难度。1998年上半年，日本对华实际投资额比上年同期下降31%。发生危机的国家货币贬值后，其商品价格下降，对我国企业在国际市场的竞争压力加大。这段时期，我国各口岸走私活动猖獗，造成海关税收大量流失。由于外贸出口增长大幅回落，外资流入明显减少，以致1997年底我国出现了经济增长速度减缓的趋势，并面临人民币贬值的压力。

这次金融风暴来势迅猛，涉及面广，后果严重，引起中国政府的高度关注和警觉，并及时采取应对措施，防范和化解亚洲金融危机的蔓延给我国带来的影响。1997年11月，中共中央、国务院召开全国金融工作会议，对进一步深化金融改革和整顿金融秩序，防范和化解金融风险做了总体部署。

在过去几年宏观经济调控有效控制货币信贷供应，稳住币值和汇率的基础上，一方面，针对国民经济出现买方市场的新形势下，部分企业开工不足，市场商品销售不旺，贷款拖欠严重等问题，中央银行在适度从紧的财政政策和货币政策下，主动调整政策操作力度和调控方式，使货币政策的目标，能够保持物价涨幅略低于经济增长；货币供应量适度，保持货币的流动性；调控方式和力度适当，注意预调和微调，防止波动起伏过大。

另一方面，针对亚洲金融危机对我国出口、旅游、资本流入造成巨大冲击，国内外经济环境严峻的情况，央行采取了一系列主动调控措施：取消贷款规模控制，给商业银行以充分的贷款自主权；改革存款准备金制度，增强金融机构贷款的扩张弹性；连续几次降低存贷款利率，减轻企业利息负担，激励投资预期；下调贴现和再贴现利率，调整贴现机制，改善企业资金流通环境；恢复央行债券回购业务，增强商业银行再融资的能力；加强政策性指导，鼓励商业银行增加对农田水利、铁路公路、市政设施、高新技术产业和住房消费的贷款，并大力支持企业加大技术改造力度。这些有针对性的措施，为扩大国内需求，增加有效供给，在经济增长中提高防范风险的能力创造了必要的条件。

平衡国际收支，保持人民币汇率稳定，是中国政府应对金融风暴影响的一项重大决策。亚洲金融危机之后，大多数东南亚国家的货币对外贬值达50%以上。此外，新加坡元、新台币、日元的汇率下跌幅度也达10%～20%。这使得我国出口贸易处于极为不利的地位。在亚洲金融危机迅速蔓延的形势下，中国能否保持人民币汇率稳定，成为世界各国关注的话题。国际社会，尤其是东南亚各国把支撑亚洲金融危机的希望，寄托在人民币不贬值上。

我国自1994年改革外汇管理体制以来，实行以市场供求为基础的、单一的、有管理的浮动汇率制度。由于经济持续高速增长，出口不断扩大，外资大量流入，外汇储备迅速增加，本外币汇率一直保持稳定，人民币实际有效汇率呈稳中趋升走势。东南亚发生金融危机后，外贸出口和外商投资下降，对人民币汇率造成很大压力。党中央、国务院反复权衡利弊，正确分析了汇率变动将对国内、国际产生的复杂影响，确定中国宏观政策目标的实现需要人民币汇率的稳定，而不是依赖于人民币的贬值来促进出口增长。为此，1998年起我国采取了一系列措施保持人民币汇率稳定。

一是千方百计扩大出口。通过增加出口信贷、提高出口退税率、加快退税速度和简化出口程序、扩大生产企业自营出口权等措施，支持和鼓励出口；积极调整出口产品的结构，推进市场多元化战略，大力开拓国际新兴市场，支持和鼓励有条件的企业到境外开展加工贸易等，使我国外贸出口迅速回升。

二是努力稳定利用外资规模，提高利用外资的质量和水平。认真办好现有的外商投资企业，依法保护外商投资的合法利益，不断改进对外资企业的服务，逐步实行国民待遇；加大招商力度，吸引著名跨国公司来华投资，允许多种所有制吸引外资，允许发展中外中小企业之间的合作，积极有步骤地推进服务业领域的对外开放等，使外商投资有所增长。

三是加大外汇管理力度，通过开展外汇大检查，完善外汇管理法规，实行海关、银行与外汇管理部门之间电脑联网等有力措施，加大打击和处罚力度，坚决严厉打击和查处逃套汇和外汇黑市等违法活动，对外汇资金流动起到了"开源、截流、堵漏"的效果。

由于坚定地贯彻中央的一系列措施，中国在十分困难的条件下实现了人民币汇率的稳定，不仅维持了香港特别行政区的经济金融稳定，成功地避免了亚洲其他国家和地区货币轮番贬值的恶果，而且保护了外商在华投资的利益，增强了外商在中国投资的信心。中国在周边许多国家货币纷纷贬值的强烈冲击面前，努力保持人民币汇率稳定，为缓解亚洲金融危机的影响和各国经济的恢复作出了积极的贡献。在这个过程中，中国自身承担了很大风险，付出了相当大的代价。

国际社会对中国政府坚持人民币汇率不贬值普遍表示欢迎和钦佩。1998年1月，美国联邦储备体系理事会主席艾伦·格林斯潘在中南海同朱镕基会见时，对中国保持人民币汇率稳定对亚洲以至世界经济发展作出的贡献给予高度评价。全世界从中国政府维护大局的努力中看到，中国的确是一个负责任的大国，是世界经济中一个不可缺少的稳定因素。中国的国际地位和威望得到进一步提高。

扩大消费需求有效拉动经济增长

中国政府应对亚洲金融危机影响的又一项重要抉择，是扩大国内需求。1996年我国宏观经济实现"软着陆"后，长期困扰经济生活的商品供不应求的局面已被打破，原来"皇帝女儿不愁嫁"的卖方市场根本改观，初步形成了一般商品供大于求的买方市场。这表明，我国基本摆脱了短缺型经济，开始由卖方市场向买方市场转变，经济发展的主要阻碍已经由生产领域转到流通和消费领域，由供给约束转为需求约束。这本来是促进国内经济结构调整的良好机遇。但是，亚洲金融危机给中国经济增长造成不确定因素，市场转变过程中一些新情况、新问题凸显出来。

一方面，在国内市场商品过剩的表象背后，实际上是低结构状态下的生产能力严重过剩和经济要素日趋过剩。许多企业为扩大市场，竞相压价，导致商品价格持续下降，相当多的经营者被迫在成本线以下抛售，供给方的利润普遍被压低到银行利率以下，社会上大量资金难以找到更有利的投资场所。另一方面，在外向依存度很高的情况下，又面临一个普遍需求下降、生产过剩的国际经济环境。全球经济特别是世界贸易增长放缓；各国传统产品生产能力普遍过剩；国际贸易保护主义进一步抬头，特别是发达国家强化了非关税壁垒，包括质量标准壁垒、环境无害化壁垒、反倾销壁垒、知识产权壁垒等，增加了国内企业参与国际竞争的难度。此外，世界经济不确定因素增多，国际资本流动加快，增大了金融风险的突发性和破坏性。

在国内卖方市场向买方市场转变阶段，国际经济又呈现萎缩趋势的情况下，我国需要持续保持经济适度快速增长，以满足现有人口生活水平提高的需要，满足每年新增人口达到全国平均生活水平的需要，并支持香港特别行政区的繁荣稳定。为此，1998年3月召开的九届全国人大一次会议提出当年经济增长率8%的目标。朱镕基总理在记者招待会上指出：实现这些目标的主要手段是提高国内的需求。这个需求就是加强铁路、公路、农田水利、市政、环保等方面的基础设施建设，加强高新技术产业的建设，加强现有企业的技术改造。

从1998年上半年经济运行的情况看，实现增长8%的目标难度还很大。一是亚洲金融危机加剧，我国出口在持续22个月增长后出现了负增长；二是在买方市场条件下，通过扩大消费拉动经济增长加大了难度；三是1998年夏季我国发生了特大洪涝灾害，灾区经济和人民生命财产损失严重，增加了经济快速增长的困难。为此，中共中央、国务院确定采取更加有力的措施，实施更加积极的财政政策，加大基础设施建设力度，大力拓展消费领域，继续扩大国内消费需求，并要求全党和全国上下把中央确定的各项重大决策和措施落到实处，努力完成1998年国民经济和社会发展的各项目标。这样，就明确提出了扩大国内需求的方针，原来适度从紧的财政政策转为积极的财政政策。1998年，中央采取了一系列扩大内需的政策措施，主要包括以下几个方面：

一是调整投资计划，扩大投资规模。全社会固定资产投资增长幅度由原来的10%调整为15%～20%，总投资增加2200亿元，投资的重点放在农林水利、基础设施和基础工业、高技术产业、城镇居民住宅建设、企业技术改造等方面。在加强上述领域建设的同时，进一步拓宽投资领域，加大投资力度。6月份，国务院决定集中力量对国有粮库、城乡电网、城市经济适用住房及生态环境建设增加投资。

二是采取积极的货币政策，落实建设资金。8月，经九届人大四次会议批准，由财政部向国有商业银行增发1000亿元国债，安排了农林水利、交通通信、城市基础设施、城乡电网建设与改造、中央直属粮库、经济适用住房六个方面2300多个项目的建设，其中60%左右为在建项目。同时，新增1000亿元中长期银行贷款投资，与新增国债专项投资配套使用。所有新增资金，都被安排优先用于对经济增长拉动力强、产业关联度大、符合发展规划的项目，重点安排在建项目并注意向中西部地区倾斜，以确保资金使用的经济效益和社会效益。

三是做好抗洪救灾和灾后重建工作。1998年基础设施建设的重中之重是灾后重建、整治江湖、兴修水利。用于这方面的总资金比较多，其中既有国债，也有地方的投工投劳。灾区群众每户都按照一定标准得到了建房补贴。农村电网改造与建设扩大规模，已经涉及1500个县，将使广大农村地区有电用不起的状况得到根本性改观。按照国务院把灾区重建与水利建设结合起来的部署，1999年国家继续集中必要的资金，加快大江大湖的治理，重点加固长江、黄河等江河的中下游干堤。在受灾较重的南方省份，有计划地实施平垸行洪、退田还湖、移民建镇，并禁止围湖造田，恢复河湖行洪能力。继续加强主要江河控制性工程建设，提高对洪水的调蓄能力。搞好长江、黄河中上游生态环境建设，停止天然林砍伐。此外，国家还单独编制灾后重建的投资计划，增发专项用于灾后重建、兴修水利、保护环境的债券。

实践证明，适时地将适度从紧的财政政策和货币政策，转变为实施积极的财政政策和货币政策，对1998年经济的拉动起了关键作用。尽管已是下半年，新增2000亿元的资金及时投入建设，对经济的刺激作用很大。中央银行还充分运用利率杠杆，在上年几次下调存贷款利率的基础上，又连续三次下调存贷款利率和商业银行准备金率，并及时提高出口退税率。这些经济调控措施逐步发挥作用，刺激了企业投资和居民消费增长。

1998年8月份起，各项经济指标完成情况明显上升。全年固定资产投资比上年增长14.1%，基本达到了预期水平。一大批大型基础设施项目交付使用，如兰州经西宁到拉萨的通信光缆提前建成，使全国通信光缆骨干网基本形成；沪杭高速公路、京郑铁路电气化、广州地铁一期工程、陕甘宁气田、河北桃林口水库等竣工投产；二滩水电站、黄河万家寨水利工程等部分建成投产。

总的来看，扩大内需的方针政策收到了明显成效。据国家统计局资料，1998年，我国国民经济总体运行良好，改革和发展的各项目标基本实现。国民经济扭转了上半年增幅回落的状况，保持了较快增长的态势。全年国内生产总值79553亿元，比上年增长7.8%。全年社会劳动生产率比上年提高6.9个百分点。由于投资的拉动，工业增长速度加快，居民消费逐步回升，物价总水平有所下降。国际收支平衡，人民币汇率稳定，外汇储备继续增加。

由于出口增长幅度下降，消费领域未能出现热点，加强基础设施建设投资，事实上成为带动经济增长最重要的因素。中国在化解亚洲金融风暴影响和国内抗洪救灾之年，基本实现了年初确定的经济增长目标，与周边一些国家经济衰退的情况形成鲜明的对照。这一良好态势，不仅增强了国内外对中国经济发展前景的信心，而且有助于稳定香港经济和缓解东南亚国家面临的困难，赢得了国际社会的普遍好评，提高了中国的国际声誉。

二、强化金融监管职能防范金融风险

改革中央银行管理体制强化职能

实行社会主义市场经济以来，国民经济货币化程度逐步提高，资本市场已开始对宏观经济运行发生直接影响。随之而来的一个突出问题，是经济生活中金融隐患和金融风险不断地加大。具体表现是：国有银行不良资产比重高，资本金不足，应收未收利息不断增加，抗御风险能力脆弱。非银行金融机构不良资产比重更高，有些不能支付到期债务，少数已资不抵债，濒临破产。有些地方和部门擅自设立大量非法金融机构，一些单位和个人非法从事或变相从事金融业务，名目繁多的非法集资活动相当严重，潜伏着支付危机，挤兑风潮在有些地方时有发生。股票、期货市场违法违规行为大量存在，部分上市公司质量不高，一些地方擅自设立股票（股权证）交易场所，隐藏着很大风险。不少金融机构和从业人员弄虚作假，违法违规经营，账外活动、不正当竞争屡禁不止，内外勾结、金融诈骗等犯罪活动猖獗，大案要案越来越多。

从1993年起，中央相继采取政策措施，整顿金融秩序，并颁布《中国人民银行法》《商业银行法》规范银行的行为；清理、撤并信托投资公司，清理乱拆借、账外账；严肃查处违法违规案件，严厉打击非法集资的金融犯罪，取得一些成效。但金融领域的深层次问题还没有触及，历史上多年积累的严重问题并没有解决。

1997年亚洲金融危机发生后，中央把防范金融风险列为维护国家经济安全的重要方面，突出强调依法加强对金融机构和金融市场包括证券市场的监管，规范和维护金融秩序，有效防范和化解金融风险。同年11月，中共中央、国务院召开全国金融工作会议，对解决金融改革和发展中的重大问题做出了具体部署。中央分析产生金融领域问题的原因是多方面的，主要是：金融体制不适应改革和发展的要求，金融法制不健全，金融监管薄弱，管理混乱，纪律松弛；经济建设中盲目上项目、铺摊子，重复建设，经济结构不合理，经济效益低下，企业高负债运营，有些信贷资金用于财政性支出，加上前些年的房地产热、开发区热，造成大量不良信贷资产，其中大部分已成为呆账、坏账，无法收回；企业、金融机构和社会各方面信用观念薄弱，缺乏金融风险意识。特别是"政银不分、政企不分"，一些地方、部门领导干部行政干预过多，动辄干预金融机构的正常经营活动，使得人民银行不能依法履行职能、职责，国有商业银行不能依法行使经营自主权。

严峻的现实表明：国有企业不改革，资本金严重不足，高负债运营，银行会被拖垮；而银行体制不改革，国有企业仍可以靠不断地向银行借钱，随意拖欠贷款本息取得资金来源，国有企业机制也不可能转变。因此，深层次的金融改革势在必行。针对金融领域存在的问题，中央决定深化金融改革采取的措施是：改革中国人民银行管理体制，强化金融监管职能；完善金融系统党的领导体制；加快国有商业银行和中国人民保险（集团）公司商业化改革步伐，完善政策性金融体制；严格规范各类金融机构业务范围，坚决改变混业经营状况；积极稳步地发展资本市场，适当扩大直接融资；建立规范化的信贷资产质量风险管理制度，降低不良资产比例；理顺和完善证券监管体系，进一步整顿和规范证券市场秩序。

鉴于中国人民银行按行政区划设置分支机构的体制，不利于资源的市场配置，容易受地方经济利益的掣肘，特别是难于抵制地方行政干预的压力等弊病，1998年11月，中国人民银行跨行政区设立分行的改革全面启动。原中国人民银行省级分行全部撤销，另按经济区在全国9个城市设立中国人民银行一级分行，即天津、沈阳、上海、南京、济南、武汉、广州、成都、西安9个分行；同时在北京和重庆两个直辖市设立总行营业管理部。其主要职责是：对辖区内银行和非银行金融机构实施全面的监管，领导二级分行有关货币信贷政策的业务及对外汇、外债和国际收支的管理。这项改革，突出了中央银行组织体系的垂直领导，强化了中央银行实施货币政策独立性以及对金融机构监管的独立性、专业性和权威性。

根据我国幅员辽阔、金融机构分散的状况，按照"适当集中，巡回监管"的原则，在不设立一级分行的省会（自治区、直辖市）城市设立金融监管办事处，作为中国人民银行一级分行的派出机构，对所在地银行和非银行金融机构实施现场检查，查处一级分行交办的典型重大金融违规案件等。原省会城市分行改为中国人民银行二级分行，除继续执行中央银行的职责外，适当充实部分职能，承担省级行政区内各项经济金融统计、发行库业务、金库业务和电子清算业务。原有地、市分行基本保留，适当调整，将工作重点转向金融监管。调整县（市）支行的职能，加强对农村金融机构的监管。

1998年6月，经中共中央批准，中央金融工作委员会正式成立，国务院副总理温家宝担任中央金融工委书记。中央金融工委受党中共中央委托，主要负责贯彻落实党的路线、方针、政策，领导金融系统党的建设工作，不领导金融业务。金融系统党的领导体制进一步完善，为金融机构垂直领导体制的建立和保证金融安全、高效、稳健运行提供了有力的组织保障。

中央银行管理体制的改革，将商业银行置于央行的有效监管下，所受地方行政干预的空间相对缩小。同时实行资产负债比例管理和风险管理，为商业银行真正自主经营、自负盈亏、自担风险创造了条件。由此，加快了国有商业银行自身的商业化进程。国有独资商业银行改为按经济区划和业务量来确定分支机构的数量、设置地点和规模。强化垂直领导，统一管理，分级经营，统一核算，以克服商业银行内部实际存在的多级法人现象，提高资产的流动性和安全性。

同时，建立从严治行、严格规范的商业银行内部约束机制。按照《商业银行法》，各国有商业银行把负债比例指标、风险指标进行分解，层层落实责任制和制定业务操作规程，建立信贷授信授权、审贷分离、分级审批制度，贷款早期预警制度，把提高资产质量、防范和化解资产风险，作为商业银行经营管理的中心环节。这些改革措施，使国有商业银行各级机构的经营观念、经营方式有了很大转变，过去盲目追求资产扩张而忽视资产质量的状况有了明显改观。

鉴于多年来国有商业银行在经营过程中形成的不良贷款不断累积，资产质量和经济效益低下的矛盾日益突出，为了解决经济运行中的重大隐患，中央决定在试点的基础上逐步建立金融资产管理公司，专门负责收购和处理国有独资银行累积的不良信贷资产。1999年4月20日，经国务院批准，国内首家经营商业银行不良资产的中国信达资产管理公司宣布成立。同年10月，中国华融、长城和东方资产管理公司相继成立。这四家国有独资金融企业注册资本金均为100亿元人民币，由财政部全额拨付。主要任务是收购、经营、处置由工、农、中、建四大国有商业银行剥离的不良资产，以最大限度地保全资产、减少损失为主要经营目标。

四大资产管理公司成立后，很快分别收购、经营、处置了来自四大国有商业银行及国家开发银行约1.4万亿元不良资产，肩负起化解不良资产风险、维护金融体系稳定和国有资产保值增值的历史重任。众所周知，银行不良资产与国企亏损是二而一的关系。金融资产管理公司以市场的方式介入国有企业的改革之中，因而将会进一步推动国有企业的改革。它可以通过企业改组、债务重组、股改上市等方式转换企业经营机制，提高企业的管理水平。

在加快深化金融改革的同时，国务院和中国人民银行还进一步加强金融监管工作。为了更好地坚持分业经营、分业管理的原则，1998年12月，经国务院批准成立了中国保险监督委员会（简称保监会）。2003年又成立中国银行业监督管理委员会（简称银监会），负责统一监管银行、资产管理公司、信托投资公司及其他存款类金融机构。至此，我国金融监管体系形成证监会、银监会、保监会三分天下的格局，避免了交叉监管和监管真空，进一步强化了金融监管职能。

严格监管查处金融违规违法活动

1998年起，我国加大了金融监管的力度。根据中央关于坚决制止和严肃查处金融违规违法活动，打击经济犯罪，保障国有资产安全的精神，各地普遍开展了执法大检查。整顿重点放在非法设立金融机构、账外经营、高息揽存、公款私存等金融运行中比较突出的问题。对违规经营的金融机构和金融案件中涉及的负责人，按有关规定进行严厉的处罚。任何金融机构一旦出现严重违法违规经营行为，负责人及经办人将被撤职以至开除公职。对金融犯罪，则诉诸法律。由此，我国先后关闭了一批违规经营、资不抵债的金融机构，进行财产清理。

1997年1月14日，中国人民银行发布公告，鉴于中国农村发展信托投资公司严重违法违规经营，造成巨额亏损，以及其他严重问题，不能支付到期债务，为维护金融秩序稳定，保护债权人的合法利益，根据有关法律，决定关闭中国农业发展信托投资公司，指定中国建设银行清理其债权债务。1998年7月13日，国务院通过《非法金融机构和非法金融活动处理取消办法》，为维护金融秩序，保护社会公众利益，打击非法金融机构和非法金融活动提供了法律依据。

治理整顿金融秩序，重症须用猛药。1998年6月21日，刚成立三年的海南发展银行成为我国首家被关闭的银行。海发行作为海南省政府相对控股的一家股份制商业银行，在诞生之初就因资产质量不高、财务状况不良而"先天缺血"，在海南建设退潮时又走上了"高息吸存"的违规之路，最终因并入了28家负债累累的城市信用社，又无法承受原储户、现储户两路挤兑大军的巨大支付压力，被央行饬令关闭，其债权债务指定由中国工商银行托管。人们在市场经济环境的历练中恍然领悟到，在当今中国，像银行这样似乎"屹立不倒"的大牌金融机构，原来也是可以倒闭的！

紧接着，6月22日，中国人民银行又宣布关闭中国新技术创业投资公司。这是继中农信之后央行以行政手段断然关闭的第二家非银行金融机构。中创公司成长的13个年头，既戴过辉煌创业的花环，也隐埋下了一朝颓然的祸根。从如日中天时资产总值上百亿元、重点投资90余项，到严重违规经营、无法支付到期巨额债务，"其兴也勃焉，其衰也忽焉"。中农信、海发行、中创的相继被关闭，表明化解金融风险就必须付出成本代价。

猛药治乱行动并未就此中止。1998年10月6日，广东国际信托投资公司（简称广信）被央行关闭，海内外金融业界大哗。广信是仅次于中国国际信托投资公司的中国第二大信托投资公司，在广东改革开放历史上起过重大作用，更主要的它是中国在海外融资方面确定的10家有权发债的"窗口"金融机构之一，在国际债市和海外投资者眼里，这是带有政府信誉支持和政府组建背景的一块金字招牌。到1997年底，广信先后从海外融资总计50多亿美元，自身也发展成为总资产高达327亿元人民币的特大型综合金融投资实业集团。然而，随着中央对畸形膨胀的信托业进行整顿，广信这家公司盲目投资，急剧扩张，乱拆借，高息吸储，账外经营、管理混乱等严重问题暴露出来，以致不能支付巨额到期境内外债务，主要是境外债务24亿美元，终因严重资不抵债被央行宣布关闭清算，并吊销其营业执照。此公告一经宣布，在香港上市的广信企业即刻停牌，而内地红筹公司股价亦受广信事件影响逆市下跌，尤以广东省企业为甚，包括广南集团、粤海投资、越秀投资和越秀交通等几家，在香港股市引起一场"广信冲击波"。

"广信破产是个痛苦的、不得已的选择，是两害相权取其轻的结果。"时任广东省分管金融工作的常务副省长王岐山对《财经》杂志记者说。从现状看，这个公司严重资不抵债，管理混乱，问题过于严重。从中国改革的全局和经济长远发展的需求来看，采取先关闭、后申请破产的方式来"引爆"广信的债务危机，有可能把一件坏事变成好事。中国的金融机构也能依照市场准则和法律申请破产，其实这表明我们在市场化的道路上往前大大走了一步。[①]

过去国有金融机构出了问题，都是由国家来承担债务责任，中农信当年全数优先偿还外债就是先例。这次广信破产，根据1997年全国金融工作会议关于"各级地方政府对自己的金融机构负责"的精神，即"谁的孩子谁抱"的原则，中央政府对广信的债务不再统一安排偿还。除自然人存款以外，所有债权人包括国外债权人都只能依照法律获得部分清偿，粗算起来清偿率至多五成，而且内外债一视同仁。这使境外债权人一时很难接受。但是，市场经济原则在世界各国是通行的。中国从1995年宣布不再对有地方政府背景的信托投资公司在海外融资进行国家担保，随后又确定对外债进行全口径管理，因此中国政府对广信破产不承担偿还主权债务的责任。

在遵循市场经济规律的新的环境下，由广信的破产，结束了地方政府透过"窗口"金融机构到海外发债融资的历史。以此形成企业和地方政府借、用、还的自律机制。而国内外债权人也要付出一定的代价。面对庞大的债务规模，广东省政府拒绝了外资金融机构让中国政府托底的幻想。这表明，以原则和市场规则说话，新的合乎市场原则的信用机制和金融秩序就会建立起来。美国《华

---

① 参见《王岐山纵论广信粤企事件》，《财经》1999年第3期。

尔街日报》对此评论道：缺乏心理准备的债权人尽可以怨气冲天，但也应当承认，由此次广信破产，"中国终于将其金融机构推向了市场秩序"。

经过深化金融体制改革和强力整治金融秩序，我国不仅有效地抵御了亚洲金融危机的冲击，防范和化解了国内金融风险和隐患，而且逐步建立起与社会主义市场经济发展相适应的金融机构体系、金融市场体系和金融调控监管体系，显著提高了金融业经营管理水平，基本实现了全国金融秩序明显好转。据中国人民银行宣布，2001年，工、农、中、建四家国有独资商业银行，首次实现了不良贷款的净下降，不良贷款余额比年初减少907亿元，不良贷款率为25.36%，比年初下降3.81个百分点。其中，建设银行和北京、上海、浙江等省市不良贷款比例已降到15%以下。

依法治市理顺完善证券监管体系

1998年，中国证券市场经过近10年的试验和探索，在开拓直接融资渠道、促进企业转换经营机制方面取得了显著成绩，对扩大吸引外资和对外开放产生了积极影响。但由于立法滞后，缺少监管手段，证券市场发展中也潜藏着不少隐患。主要是证券经营机构普遍存在内部管理不健全、风险控制不严、证券从业人员素质不高等问题，利用内幕消息违规经营现象时有发生；上市公司和发债企业以筹资为主要目的，大都未能借助市场转变经营机制，促进资产重组，加快企业发展；有的上市企业不规范披露信息，损害了投资者的利益。为此，全国金融工作会议把彻底清理和纠正各类证券交易中心和报价系统非法进行的股票（股权证）、基金等上市活动，列为加强金融监管，防范金融风险的重要内容。

为了理顺和完善证券监管体系，建立集中统一的监管体制，1998年中央决定将中国证券监督管理委员会列为国务院直属机构，作为全国证券期货市场的主管部门。原国务院证券委的职能并入中国证监会，中国人民银行有关证券监管的职能移交中国证监会，地方证券监管部门也改为以中国证监会为主领导。证券监督管理体系的完善，有效地促进了我国证券市场逐步走向规范、稳健发展。

规范证券市场，关键在依法治市。到1998年底，中国证监会已先后颁布实施了250多项法律法规。其中，最重要的是历时6年起草、反复修改，经九届全国人大常委会第六次会议通过的《中华人民共和国证券法》，于1999年7月1日正式实行。《证券法》的出台，确定了我国证券市场活动的基本规则，主要是证券的发行、交易活动必须实行公开、公平、公正原则，禁止欺诈、内幕交易和操纵证券交易的行为；坚持证券业和银行信托业、保险业分业经营。分业管理原则，严禁证券公司挪用客户交易结算资金。并对非法或违法从事证券发行、交易的行为，严格规定了应负的法律责任。《证券法》的颁布实施，对规范上市公司、证券公司及各类中介组织的经营运作，严格市场监管，保护投资者的合法权益，保障证券市场健康发展，起到了重要作用。

我国证券投资者90%以上是散户，并大多从事短期炒作，投机性大于投资性。积极培育规范的机构投资者，是促进证券市场健康发展的重要举措。1998年以来，国家清理了原有的投资基金，选择、培育了一批守法经营、规范运作的机构投资者入市，按照《证券投资基金管理暂行办法》，先后成功发行了十几只规范的封闭式基金，允许保险公司以一定比例的资金通过购买基金间接入市，建立全国性的社会保障基金以积极的姿态参与股市，逐步改变证券市场的投资者结构，在培育理性的、长期的机构投资者，促进证券市场稳定发展方面迈出了坚实的一步。

1998年3月，美国纽约股票交易所主席兼首席执行官理查德·格拉索参观了上海证交所。他惊奇地称赞——上海证券交易所在7年时间里就有超过400家公司上市，而同样的情况纽约股票交易所用了整整100年，所以可以说中国的证券市场是很有活力的，其发展速度给人留下了深刻的印象。

军队和权力部门与经商彻底脱钩

1998年下半年备受国内外舆论关注的另一个热点，是"中国军队驶出商海"。在亚洲金融危机迅速蔓延的大环境下，国内走私活动日益猖獗，其范围之广、规模之大、危害之烈，达到前所未有的程度，使中国损失了上千亿元人民币的关税，更加重了国内的通货紧缩。1998年7月21日，江泽民在中央军委常务会议上讲话指出，中央决定在全国范围内进行一次大规模的反走私联合行动和专项斗争。目前走私活动在不少地方严重存在，突出特点是法人走私，内外勾结。军队、武警部队和公安、国家安全、检察等政法部门的一些单位和人员也参与其中。这就更增加了走私活动的严重性和反走私斗争的复杂性。江泽民强调说："为了从根本上防止消极腐败现象，进一步加强军队的党风廉政建设，中央已下定决心作出一个重大决策，这就是军队、武警部队必须'吃皇粮'，必须停止一切经商活动。"[①]

实际上，我国市场经济的发展有一个特殊板块——"染上军绿色的市场"。从1985年起，军队被允许进入民用领域从事商业活动，盖源于改革开放初期国家财政紧张、国防军费逐年递减的特殊历史背景。为此，邓小平提出"军队建设必须服从于大局"，"军队要忍耐"的意见。当时中央支持军队自办企业，以

[①]《江泽民文选》第二卷，北京：人民出版社，2006年，第181页。

解决财政紧张、军费不足的困难，但同时对军队企业也提出了"自我完善，自我发展，自我约束"的要求。十多年过去，各军队单位的所属企业大大得益于国家在工商税收、经营范围等诸方面给予的相当宽松的条件，经营实力以几何级数急遽扩大。军队从商的弊端也日渐明显。某些公司以军队背景的神秘性和特权力量在市场上走动，事实上已在挑战建立公平市场秩序的艰苦努力；由于产权关系和管理水平的制约，一些军队所属的公司既缺乏经济效益又热衷于寻租，滋生腐败；而军队领导机关及各部队一旦耽溺于经商致富，就不能不说是在腐蚀军队的斗志和职业精神。

正如江泽民在中央军委常务会议上所指出："大量事实已充分说明，军队搞经营性商业活动，弊端很多，主要有：一是容易分散军队干部和机关的精力，影响军队的建设；二是容易与民争利，与地方争利，造成军队和地方的矛盾，影响军政军民关系；三是容易使商品交换原则渗入到军队的政治生活中来，影响和侵蚀干部战士的思想作风，滋生腐败现象。总之，会严重损害我军的形象和战斗力。军队中走私案件和其他经济犯罪案件所以不断发生，搞经商活动是一个重要的根子。"[①] 因此，停止军队经商是建设市场经济体制的必然选择，也是基于反腐败和遏止以权谋私的需要。

"兵马未动，粮草先行。"1998年3月，九届全国人大一次会议通过国防开支预算增加近13%，其中相当部分用以解决军队"吃皇粮"问题。在国防军费问题得到改善的条件下，与从重打击走私活动相配合，中央正式宣布军队和武警部队不再从商的决定。同时宣布：军队和武警部队全部"吃皇粮"。

1998年夏季，我国长江流域发生新中国成立以来罕见的特大洪涝灾害，人民解放军和武警部队出动30余万官兵投入抗洪抢险斗争。他们发扬一不怕苦、二不怕死的革命精神和不怕疲劳、连续作战的作风，起到了中流砥柱的作用。就在抗洪斗争取得决定性胜利之后，10月6日，中共中央、国务院、中央军委即召开了"军队武警部队政法机关不再从事经商活动工作会议"，对停止军队、武警部队、政法机关经商等问题进行了具体部署，下决心使经营性企业与军队和权力部门彻底脱钩。

这次会议上，成立了一个由国家经贸委牵头负责的"交接工作办公室"，包括国家经贸委、国家计委、国防科工委、公安部、安全部、监察部、民政部、财政部、人事部、劳动和社会保障部、外经贸部、人民银行、税务总局、工商局、解放军总政治部、总后勤部及武警总部共16个部门，负责协调全国军队、武警部队和政法机关企业的交接、清理和规范工作。各省、自治区、直辖市也相应

---

① 《江泽民文选》第二卷，北京：人民出版社，2006年，第178页。

成立了本地的交接工作办公室。

"军令如山，令行禁止"。从10月底开始，整个停止军队经商的清理工作就进入了"移交和接收阶段"。所有的军警企业在登记造册、审核确认之后，分层次向全国或省、自治区、直辖市交接办公室移交。至11月下旬，人们就看到了移交、接收工作的第一批成果，计有148家军队大型企业集团已经移交到国家经贸委，并在国家经贸委登记、注册以及申报了资产总额。它们下属还有903家企业及工厂，也一并随企业集团移交；其余的军队企业则移交至地方交接办公室。

11月30日上午，广东省军队武警部队驻粤企业交接仪式在广州举行。广州军区、南海舰队、广州军区空军、广东省军区、武警广东省总队所属的368家企业，北京军区、济南军区、兰州军区、成都军区及海军广州舰艇学院等单位的22家驻粤企业，即日起全部移交广东省。据悉，移交给广东省的390家企业，以工业、旅游、房地产开发和商贸为主业，主要分布在广州、深圳、珠海、汕头、惠州和韶关等地，共有员工6700余人，企业净资产约20多亿元。在此之前，天津、江西、海南等地军队系统已分别将所属企业移交地方。随后，驻北京的军队、武警部队也将68个经营性企业全部移交给北京市。这些企业涉及房地产开发、医药化工、建筑材料、汽车修理等行业，总资产14亿元，净资产3.5亿元，员工2300人。

这次军地交接工作真正做到了雷厉风行。到12月15日，新华社正式公布，全国所有军队、武警部队所办的经营性企业，均从这一天起与军队、武警部队彻底脱钩，由全国交接工作办公室和各省、自治区、直辖市交接工作办公室接收。据透露，此次脱钩涉及军企6000余家，资产规模约为2000亿元。其中约900家继续作为国有企业存在，其余部分或在脱钩过程中关闭，或被归并到接受移交的企业。至此，中央作出的军队、武警部队一律不再从事经商活动的重大决策顺利实现。从7月下旬到12月中旬，不到5个月时间，多少年来盘根错节的中国"军"字号商业阵营正式谢幕，以华丽的转身告别了商场。

政法部门经商的弊病除与军企大致类同之外，又因其国家执法部门的特殊地位而更具敏感性、危害性。实际上，在全国沿海、陆路各口岸，有不少政府公务人员暗中为汽车、石油、通信、家电等大宗商品的走私活动提供"保护伞"，保其通道畅行。其中，有个人行为，也有组织行为，某些政法部门保护走私活动在当地老百姓中甚至成为公开的"秘密"。有道是"其身正，不令而行；其身不正，虽令不从"。这次中央关于政法机关停止经商的部署，国家执法部门首当其冲，更须"令行禁止"，有令必行，有禁必止。

中央政法部门迅速展开行动。7月31日，最高人民检察院就宣布全部撤销高检院机关服务中心所办的中国卓立经济贸易开发公司等4家公司。至9月初，高检院对全国检察机关经商情况的摸底登记和统计报表工作已全部完成，并宣布撤销（含撤股）公司25个，拟撤销的经营性公司已停止一切经营活动。到11月30日，高法、高检两院实际上已提前实现了与所办经营性企业彻底脱钩的任务。公安部、安全部、司法部所属经营性企业的处理审批工作也于11月中旬结束，开始着手按照规定程序办理撤销、移交手续。

截至12月15日，全国政法系统有上海、天津、北京、河北、吉林、辽宁、江苏、福建、山东、湖北、广东、海南、四川、广西、陕西15个省、自治区、直辖市的政法机关完成了与所属经营性企业脱钩的任务。其他地方也完成了对企业分类处理的审批工作，正在按照法定程序抓紧办理有关手续，全部脱钩按计划在年底前实现。据统计，这次军队、武警部队和政法机关与企业脱钩，共撤销企业19241户，移交6491户，解除挂靠关系5557户。[①] 对于接收的企业，属于大型企业和企业集团的，以及经国务院批准关系到国计民生的主要行业的重点企业，其领导班子干部职务仍由中央确定。在财务上，由中央来管理的企业，其资产管理及有关的财务关系由财政部负责，地方管理企业则由地方财政部门负责。所有企业都要按照属地原则参加社会保险统筹。移交企业的资产将实行无偿划转，有关债权债务一并移交，资不抵债、亏损累累的企业，则由原主管部门停产整顿，或者关闭安置。

1998年"脱钩"大行动最后廓清市场的一局棋，是中央党政机关与所办经济实体及所管理的直属企业脱钩。国家经贸委主任盛华仁继续担纲首要执行人角色，牵头成立了中央党政机关脱钩工作小组，研究制订了总体处理意见和具体实施方案，经报中共中央、国务院批准，开始实施脱钩企业的移交、整顿工作。这项工作与军队、武警、政法机关"脱钩行动"一起，构成了划清市场与权力界限这盘棋中步调一致、前后有序的布局。

按照党中央、国务院的部署，这次脱钩所涉及的企业分为两大类进行清理。一类是金融类企业，由中央金融工委和中国人民银行负责；一类是非金融类企业，由中央大型企业工委和国家经贸委负责。脱钩后，将对这些企业进行重新组合，该撤销的撤销，该改组的改组。改组后，规模大、面向全国的企业作为中央企业，其人事由人事部和中央大型企业工委管理，资产和财务由财政部管理；改组后的小企业，根据中央的有关指示，全部下放给地方。

经审核确认，在机构改革后的129个中央党政机关部门和单位中，上报脱钩的非金融类直属企业和企业集团公司总共有530家。经财政部和中国人民银

---

① 参见尉健行1999年1月13日在中共中央纪律检查委员会第十五届第三次全体会议上的讲话。

行对这些脱钩企业的财务会计决算进行审查确认,其资产总额为11198.5亿元,约占全国非金融类国有企业资产总额的10.8%;负债总额为7073.9亿元,资产负债率为63.2%;营业销售收入6328亿元,利税总额27.5亿元;涉及职工人数285万人,其中离退休职工有106万人,占了近四成。在这些脱钩企业中,资产总额和营业收入均超过5亿元的大型企业有126个,占全部脱钩企业的23.8%,而冠有"中国"字头的企业亦达到197家,占了37.2%。这些企业有一半以上集中在北京地区。

按照国务院"统一部署、统筹安排、区别对待、分类实施"的方针,530家非金融类脱钩企业合并重组为337个,分别交由中央管理或交由地方管理。在交由中央管理的96家企业中,有26家是列入国务院确定的120家试点企业集团或512户重点企业名单的企业;企业资产总额和营业收入分别达到5亿元以上的41家;涉及国计民生主要行业的重点企业,具有一定经济实力和竞争力的19家。另有76家脱钩企业并入以上大型企业或企业集团,交由中央管理。交由地方管理的企业总共是63家。另有超过四成的135家企业将被调整或停产整顿、撤销、兼并与破产。[①]

1998年这次涉及万亿元人民币价值的国有资产大清理,大盘点,从政企分开、军企分开的角度,基本解决了让权力离开市场的问题。同时,通过几千家企业的移交和接收,较为系统地掌握了原来蒙着各种神秘面纱和权力背景的党政军系统直属企业的家底,为进一步进行国有企业的结构调整和战略性重组创造了条件。

三、国有经济有进有退优化结构布局

抓大放小国有经济的战略性改组

随着改革开放不断深入,国有企业生存和发展的外部环境发生了很大变化。针对国有资本过于分散,国有经济的战线过长,资源利用效率不高等诸多问题,中央决定优化国有经济的结构布局,对国有企业实施战略性改组,集中力量搞好大中型企业,采取多种形式放活小企业。

改革开放以来,国有企业的改革经过十多年的探索,取得了一定的进展。但是由于长期以来积累的问题很多,加上国民经济总体在改革发展过程中不断

---

① 参见曹海丽《党政军直属企业"脱钩手术"在继续》,《财经》1999第6期。

出现新情况、新问题，使国有企业改革增加了难度。作为国民经济的支柱力量，我国国有经济占用着约70%的社会经济资源。但是这些资源没能得到有效的利用，反而出现国有企业大面积的经营亏损和资产流失，这种状况影响了国民经济的持续稳定发展和整体效益的改善。1997年，国务院发展研究中心"国有经济的战略性改组"课题组，由经济学家吴敬琏领衔撰写的课题报告中分析说——国有经济的不景气状态，是由三个层面的问题造成的：

一是从国民经济的整体看，随着市场化进程的加快和国民收入结构的改变，国家拥有的资本愈来愈不足以支撑巨大的国有经济"盘子"。改革开放以来，国家通过银行将数以万亿元计的居民储蓄注入国有经济，但这部分资源利用效率不高，且有相当数量的流失，使得国有银行不良资产不断积累，蕴蓄着金融系统的潜在危机。二是从国有经济的分布看，由于国有资本分散于过多的企业和行业，国有经济的盘子虽大，单个企业资金却过少，以致不能实现规模经济，难以进行重大技术更新，竞争能力很差。同时，国家应予保障的领域却因财力分散而无法保障。三是从企业层面看，由于国有经济长期采取政企不分、政府直接经营企业的经营方式，使它所掌握的资源不能得到有效的利用；改革开始以后，又片面强调对企业放权让利，使收益与约束不对称的矛盾日益尖锐。所有这些，都使国有企业的亏损增加，效益下降。这三个层面的问题是互相影响的。由此可见，国有经济的问题既源于国有企业体制的产权界定模糊、政企职能不分等缺陷，导致经营机制僵化，又源于国有经济战线过长，布局过散。这两方面的因素交织在一起，单独处理哪一个问题都难于收到良好的效果。[①]

据统计，截至1995年底，我国29.1万户国有工商企业的资产总额为9.6万亿元，其中近三分之二是负债（主要是银行贷款）形成的，属于所有者权益的部分占三分之一多。扣除非生产性（如住宅、学校、医院等）资产，真正用于生产经营活动的国有资本数量实际上不足3万亿元，并且遍布于从城市饮食店到远程导弹生产等几乎所有的工商领域。国有资本过于分散和国有经济战线过长的局面，导致诸多问题：难以形成有国际竞争力的大型企业；难以解决技术水平低，设备和产品老化等问题；大量企业高负债经营，导致不计成本、乱铺摊子等企业行为方式的扭曲；国家没有足够的财力去解决旧体制下长期积累的历史遗留问题。如何破解国有经济的难题？吴敬琏领衔的课题报告中明确提出："出路在于对国有经济进行战略性改组。"这意味着要适当收缩国有经济的现有战线，优化国有经济的布局与结构，从整体上搞活国有经济和提高整个国民经济的素质。

[①]《吴敬琏文集》（中），北京：中央编译出版社，2013年，第597—598页。

改革初期，国企改革的政策措施的着眼点，是力图把每个国有企业都搞活、搞好。但是随着改革不断深入，企业生存和发展的外部环境发生了很大变化，买方市场逐渐形成，市场竞争日趋激烈，企业优胜劣汰已不可避免。要把几十万个国有企业全部搞好，既不可能，也无必要。由此，从1995年起，中央强调要着眼于搞好整个国有经济，搞好大的，放活小的，并酝酿对国有企业实施战略性改组。

"抓大放小"，实际上各地已进行了多年的试点工作。1996年国家确定重点抓好在各个行业、各个领域起主导作用的300户大企业，1997年又扩大到520户。这些企业在独立核算的国有工业企业中，户数不到1%，但销售收入占61%，实现利税占85%。抓住了这些大企业，就抓住了"关键的少数"。国家在信贷、技改、上市融资等方面，对这些企业给予优先考虑，有力地促进了现代企业制度的建立和企业竞争力的增强。对于量大面广的国有小企业，则根据不同情况，采取改组、联合、兼并、租赁、承包经营和股份合作制、出售等多种形式放开搞活，使一大批国有小企业寻找到适合自身发展的具体形式，增强了活力。

实行兼并破产，是促进国有资产向优势企业集中的一种形式。1994年国家选择18个城市进行"优化资本结构"试点；1996年扩大到58个城市；1997年进一步扩大到111个试点城市。至1998年，国有经济的调整和重组力度加大，所涉及的兼并企业有2980户，涉及资产总额4150多亿元人民币，职工560万人，其中99.7%是国有大中型企业，重点是纺织行业企业压锭和减员增效。全年全国共有3380户国有企业破产终结。几年来，国家用于国有企业兼并破产的银行呆坏账准备金核销规模已达900亿元，涉及企业5800多户。非试点城市也有一大批国有企业通过兼并破产，优化了资产结构，使现有资产得到有效利用。

实行债转股，是化解国企高负债经营的简便办法。债转股的初衷，是为了解决国有商业银行的不良贷款，把银行对一部分企业的债权转为股权，并由特定的金融资产管理公司收购，将这部分不良资产从银行剥离出去。一些省地级国有大中企业长期绩效很差，亏损严重，负债累累，既无法上市，又卖不出去，成为当地政府的沉重包袱。根据中央出台"债转股"的政策，在股市停牌的南京熊猫集团被列为全省第一批债转股的企业，一下子解决了数亿元的债务负担。我国特大型国有企业鞍钢集团公司由于负债率过高，经营出现困难。经该公司申请，国家经贸委推荐以及债权银行审核，通过中国华融等几家资产管理公司认真评审后，同意对鞍钢实施债转股。由华融等债权人和鞍钢共同出资组建新的有限责任公司，使鞍钢的负债率从71%降至40%，每年可减少利息支出近5亿元。

国企改革的实践证明，运用多样化的资产处置方式，对债转股所收购的债务进行重组，对于打破国有企业产权一元化格局具有良好效果。通过资产重组、资产置换等途径,可以实现企业产权结构的多元化。这些途径和方式对于建立现代企业制度是非常有效的。

此外,国家还通过联合、兼并、控股等形式进行资产重组,抓紧培育了一批大企业集团。如 1997 年 11 月,地处江苏的金陵石化、扬子石化、仪征化纤、南京石化四家大型国有企业和江苏省石油集团,打破条块分割,实现强强联合,组建起注册资本 120 亿元、总资产 542 亿元、职工 14.57 万人的中国东联石化集团公司。这是第一家由国务院确定进行试点的国家授权投资的机构和国家控股公司,采取以资本为纽带的母子公司体制。由此,拉开了中国组建跨地区、跨行业、跨所有制、进而实现跨国经营的大企业集团的序幕。随后,齐鲁石化公司兼并山东淄博化纤总厂和淄博石化厂,涉及资产总额达 30 多亿元,被称为最大的一起企业兼并案。

截至 1998 年 6 月 30 日,在国家工商局登记注册的企业集团已有 203 家,进行企业集团名称注册的达 1311 家。企业集团在朝规范化方向发展方面取得重大突破:一是组建了中国石油、中国石化、宝山钢铁三个特大型集团公司,并由它们进行国家授权投资的机构和国家控股公司的试点。二是试点企业集团的改革与发展取得积极进展,多数集团公司改造成为国有独资公司,有的开始改造成为国家授权投资的机构。1998 年 7 月,中国石油天然气集团和中国石油化工集团完成了重新组建工作,9000 亿元的资产经过划拨,形成了集石油勘探开发、炼油、批发、零售等上下游一体化和产销一体化的两大全能型企业,大大提高了我国石油石化工业的集约化程度和国际竞争能力。

同步加大综合配套改革的力度

在实行国有经济战略性改组的同时,立足于为企业创造良好的外部环境和必要条件,促进国有企业平等参与市场竞争,中央加大了综合配套改革的力度,使之与企业改革相互衔接,同步推进。1994 年起,国家对财税、金融、投资和计划等宏观经济体制相继进行了重大改革。

财税体制按照统一税法、公平税负、简化税制和合理分权的原则,进行了重大改革,实行了以增值税为主体的流转税制度。金融体制改革以银行商业化、利率市场化为取向,实行资产负债比例管理和风险管理,加快了改革步伐。投资体制改革以实现资金来源多元化和投资主体多元化为目标,逐步建立法人投资和银行信贷的风险机制。计划体制改革逐步由高度集中的直接管理转向间接调控为主。外经外贸体制改革扩大了企业的外贸出口经营自主权,逐步降低了进口商品的关税税率,缩小了非关税措施管理的范围。外汇体制改革实现了汇率并轨和人民币经常项目下的自由兑换，等等。这一系列的配套改革，按照统一的尺度与原则，规范了国有企业与国家的关系，使国有企业以普通市场主体身份与其他各种类型的企业一起参与市场竞争，从而加快机制的转换，把国有企业真正推入了市场。

与此同时，中央还围绕解决国有企业人员过多、债务负担过重等重点难点问题，推进了社会保障等方面的配套改革。中央指出，搞好国有企业的减员增效、下岗职工的基本生活保障和再就业工作，不仅是重大的经济问题，也是重大的政治问题；不仅是现实的紧迫问题，也是长远的战略问题。各级党委和政府一定要作为头等大事抓紧抓好。6月，中共中央、国务院发出《关于切实做好国有企业下岗职工基本生活保障和再就业工作的通知》，提出当前和今后一个时期主要解决国有企业下岗职工的基本生活保障和再就业问题，把保障他们的基本生活作为首要任务，并力争每年实现再就业的人数大于当年新增下岗职工人数。争取用五年左右的时间，初步建立适应社会主义市场经济体制要求的社会保障体系和就业机制。

国企改革的攻坚战，率先在以上百亿元名列国企亏损榜首的纺织行业打响。纺织行业长期在计划经济体制下运行，多年重复建设导致棉纺生产能力总量过大、低水平重复生产严重，退休和富余人员比其他行业更多，造成亏损严重，负担沉重，职工生活困难。国家将纺织行业的压锭、减员、增效作为国有企业改革的突破口，限期压缩1000万落后纱锭。如果劳动力密集、亏损负债沉重的纺织行业问题解决了，其他行业的问题也能够解决。

1998年1月，上海市以"壮士断腕"的气概，毅然实行"压锭、减员、增效"，首批将12万落后棉纱锭回炉报废。这是按照国务院关于"三年压锭1000万"的要求砸下的第一锤。在砸锭大锤起落之间，上海纺织系统"再就业服务中心"实际上已提前运行了整整两年。在破解国有企业"人、债、包袱"三个历史性难题的探索过程中，大上海无愧于老国企基地的昨日荣光。在"再就业服务中心"的制度安排下，上海总计150万人的下岗职工大多突出重围，二次就业。以建立社会保障体系为依托，企业积淀多年的重负在强有力的"避震器"下安全化解。在上海市政府倾力推出发展多元投资、盘活资产存量、实施兼并破产、债转股等一系列政策措施的拉动下，市属国有企业的巨额债务得以合理削减，重新轻装上阵。

立足于整体搞活国有经济，中央关于"鼓励兼并，规范破产，下岗分流，减员增效，实施再就业工程"的国企改革思路，在全国普遍推开。与此相适应，政府努力为国有企业参与市场竞争创造必要的条件，帮助国有企业减轻历史形成的沉重负担，在推进社会保障配套改革方面，初步建立起企业下岗职工基本生活保障制度，社会统筹与个人账户相结合的养老、失业保险制度，城镇居民最低生活保障制度。同时，逐步将计划经济年代国有企业所办的学校、医院、托儿所、幼儿园等服务设施移交给社会，实行社会化管理。国家通过多渠道帮助国有企业补充资本金，对一部分有条件的企业通过证券市场上市直接融资，同时开展了发行企业可转换债券的试点。在积极搞好外部配套改革的同时，企业内部的配套改革也在进一步深化。

国企规范上市建立现代企业制度

1999年，是国有企业改革和脱困的关键一年。从春天开始，江泽民总书记先后到内蒙古、四川、湖北、陕西、山东、辽宁等地考察，相继主持召开西南、中南、西北、华东地区国有企业改革和发展座谈会。他一再强调，全面推进国有企业的改革和发展，是一个非闯不可也绕不过去的关口。打好这场攻坚战，不仅关系到国有企业改革的成败，也关系到整个经济体制改革的成败。

9月，十五届四中全会通过的《关于国有企业改革和发展若干重大问题的决定》，就国有企业改革和发展的主要目标与指导方针、国有经济布局的战略调整、推进国有企业战略性改组、建立和完善现代企业制度等难点问题提出了具体政策措施。在推进国有企业改革和发展的十条指导方针中，明确提出国有经济"有进有退，有所为有所不为"的方针，界定了国有经济需要控制的行业和领域。包括：涉及国家安全的行业，自然垄断的行业，提供重要的公共产品和服务的行业，以及支柱产业和高新技术产业中的重要骨干企业。这种界定，对于国有经济缩短过宽的战线，从一般性竞争领域退出去，而在关系国民经济命脉的重要行业和关键领域占支配地位，同时为其他各类所有制经济腾出发展的空间，具有战略指导意义。

按照中央《决定》，国有企业改革作为经济体制改革的中心环节继续推进。其中，国有大中型企业的股份制改造步伐加快。从国有大中型企业的资本金构成来看，主要问题是国有独资企业过多，部分股份制企业中的国有资本占比例过高，限制了企业活力增强和效益提高，加大了政企分开的难度，影响了法人治理结构的形成和充分有效地发挥作用。为此，各地积极推动国有企业投资主体的多元化改造，鼓励和支持地方与企业根据自己的情况大胆实践和探索，培育和引入新的投资主体。

一方面，减少国有独资企业的数量，鼓励国有大中型企业通过规范上市、中外合资和相互参股等多种形式，依法逐步改制为多元股东结构的有限责任公司或股份有限公司。对关系国民经济命脉和国家安全的重要企业由国家控股，对其他企业则不必都要控股。另一方面，对已经实行股份制改造的一般性国有企业，创造条件使股权适当分散，减少国有股的比重。对上市公司，按照国家批准实行的向二级市场转配股的办法，减持国有股；对非上市公司，鼓励在扩股、新增投资和新上项目时，广泛吸收非国有资本入股，以降低国有股的比重；引导大企业之间相互之间投资、参股，必要时由国有资产管理部门在相同或相关行业实行资产划拨。

为了加快我国的国防现代化建设，中共中央、国务院、中央军委决定对国防科技工业体制进行改革，将传统体制下的核工业、航天、航空、船舶、兵器等军工总公司，改组为实行现代企业制度的集团公司。1999年7月1日，国防科技工业十大集团公司宣告成立，即中国核工业集团公司、中国核工业建设集团公司、中国航天科技集团公司、中国航天机电集团公司、中国航空工业第一集团公司、中国航空工业第二集团公司、中国船舶工业集团公司、中国船舶重工集团公司、中国兵器工业集团公司、中国兵器装备集团公司。

朱镕基出席成立大会并作重要讲话。他指出，国防科技工业是重要的战略性产业，是国防现代化的重要物质技术基础，是综合国力的重要体现。各军工总公司改组为若干集团公司是改革国防科技工业管理体制，增强企业活力和竞争力，加速国防现代化建设的重大举措。目的在于建立起适应社会主义市场经济发展要求的政企分开、产研结合、供需分离、精干高效的管理体制，为跨世纪长远发展打好基础。

经过一系列努力，至2000年底，国务院及各地选择的按现代企业制度要求进行试点的2714户国有大中型企业中，已有2066户进行了公司制改革。列入520户国家重点企业中的国有及国有控股企业中，有430户进行了公司制改革，占83.7%。其中282户整体或部分改制为有限责任公司或股份有限公司，实现了投资主体多元化。改制企业初步建立起现代企业制度的框架，公司法人治理结构已基本形成，在实现政企分开，转换经营机制，加强企业管理，分离企业办社会职能和分流富余人员等方面，迈出了重要步伐。特别是一批大型企业和企业集团按照国际惯例进行资产重组后，在国际资本市场成功上市，为这些企业加快改革和迅速提升国际竞争力创造了条件。

从中央政府承诺国有企业三年脱困，扭亏为盈的目标来看，2000年国有及国有控股工业实现利润2392亿元，比1997年的806亿元增长1.97倍。1997年亏损的6599户国有大中型企业，已经通过不同形式减少4799户，占72.7%。重点监测的14个工业行业中，2000年有12个行业整体盈利，煤炭、军工两个行业亏损额也大幅度减少。1997年全国仅有19个省（自治区、直辖市）的国有企业盈利，到2000年全国31个省（自治区、直辖市）全部实现盈利，达到整体扭亏或盈利增加。在国有大中型企业改革与脱困取得重大进展的同时，国有小型企业改革继续推进，通过多种形式放开搞活国有小企业，并把"放小"与"扶小"结合起来，促进了企业经营机制的转换和经营状况的改善。2000年国有小型企业实现利润48.1亿元，结束了连续6年净亏损的局面。

在国有经济"有进有退、有所为有所不为"的指导方针下，国有企业开始从一般竞争性产业领域逐步退出，而在基础产业和影响国计民生的重要产业中的地位得到了加强。经过这一轮改革，经营性国有资本在产业分布上发生了重大变化。首先，国有企业的数量大幅度减少。1995年，国有企业有近12万家，到2003年减少到3万多家；但利润总额增长了4.76倍，由1995年的665.6亿元，增加到2003年的3836.2亿元；利税总额由1995年的2874.2亿元，增加到2003年的8451.7亿元，增长了1.94倍。其次，国有企业向基础产业等领域集中。截至2000年，基础产业领域国有资产的总量达到36664.5亿元，是1995年17326.7亿元的2.1倍；占全部国有企业国有资产的比重达到63.7%，比1995年提高了8.8个百分点。

总的来说，经过国有经济的战略性改组，提高了国有资本对国民经济的控制力。1995—2001年，我国社会资产总额年均递增9.8%，国有企业资产总额年均递增10.4%，高于前者0.6个百分点。国有企业总资产在社会总资产中的比重，基本上保持在53%左右，并没有因为退出一般性竞争领域而导致比重下降。不仅如此，国有资本还通过控股方式，直接控制和支配着2962亿元的非国有资本，通过参股、合作方式间接影响2.8万亿元的非国有资本。尤其是国有企业作为国有资本的经营者，在上游能源性行业进一步巩固了强势地位，这些行业包括钢铁、能源、汽车、航空、电信、电力、银行、保险、媒体、大型机械、国防工业等。总之，国有企业的角色不是被削弱而是更为增强了，国有经济在整个国民经济中仍然保持主体地位和相当强的控制力。

国有企业改革与脱困目标的基本实现，为进入新世纪国有企业改革与发展奠定了良好基础。当然，这只是一个阶段性成果，国有企业改革与发展中的一些深层次矛盾和问题还没有得到根本解决。国有企业总体盈利能力仍然不强，脱困基础还不牢固；现代企业制度建设还不够完善，企业经营机制尚未根本转变。相当一部分国有企业经营粗放，管理落后，技术开发和技术创新能力不足，不适应经济体制转轨和增长方式转变的要求；一些企业领导素质不高，对企业监管不力，有的甚至恶意经营、贪污腐败，造成国有资产的流失，使企业陷入困境。这些矛盾和问题，主要是在过去几十年传统计划经济体制下形成和积累下来的，有些是在国有企业的市场化改革发展到一定阶段突出地表现出来。

从几年来检察机关查处的国有企业职务犯罪的案件可以看出,国有企业中触犯法律的腐败问题比较严重。社会上普遍关心、反映强烈的是假借改制的名义,盗用国有资产的问题。1999年,国家审计署对1290家国有及国有控股的大中型企业进行审计,发现国有资产流失达228.8亿元。这表明,国有产权的现行管理制度仍然存在缺陷,尤其是国有产权的多级委托代理链条,以及国有产权所有者"虚置"或"缺位",成为资产流失的主要根源。要化解国有资产流失的风险,必须加紧进行相应的法律法规体系建设,使对国有产权的经营和监管真正落到实处。

四、调整所有制结构非公经济大发展

乘改革大潮顺势而上的企业家群体

随着国有经济战略布局的调整,在一般性竞争领域出现"国退民进"的趋势,非公有制经济发展取得显著经济效益和社会效益,为整个国民经济作出重要贡献。特别是为促进我国所有制结构的改进,为加快国有企业改制、拓宽下岗职工再就业渠道创造了条件。中央将坚持公有制为主体、促进非公有制经济发展统一于社会主义现代化建设中,就为民营经济在新阶段的发展提供了更大的空间和条件。

在改革开放的时代背景下,中国的非公有制经济是指除国有企业、集体企业及外商投资企业之外的所有经济主体,大体包括个体工商户和私营工商企业,民营科技企业,股份合作制企业,非国有控股的股份制企业,非国有控股的三资企业,国有民营、公有私营企业等几个部分。相对于国有经济、国有企业而言,一般也统称为民营经济、民营企业。

改革开放以后,私营经济一步步地打破禁忌得到初步发展,其间曾引起关于"雇工剥削"的争论,一波三折。到1987年中共中央5号文件提出对私营经济"允许存在,加强管理,兴利抑弊,逐步引导",才放宽了政策尺度。1988年七届全国人大一次会议通过《宪法修正案》,宪法第十一条增加规定:"国家允许私营经济在法律规定的范围内存在和发展。私营经济是社会主义公有制经济的补充。国家保护私营经济的合法的权利和利益,对私营经济实行引导、监督和管理。"中国私营经济的发展开始有了法律保障。

根据《宪法修正案》,国务院颁布了《私营企业暂行条例》,将"企业资产属于私人所有、雇工8人以上的营利性的经济组织"定性为私营企业,明确鼓励私营经济发展。1989年开始在国家统计上单列了"私营经济"项目，而当时全国登记注册的私营企业只有9.1万户，投资者21万人，雇工人数241万，注册资本84亿元。其数量和规模都很小，几乎不足为道。1989年以后的几年间，私营经济遇到资金不足、原料紧张、货源没有保障等问题，发展跌入低潮。全国注册的私营企业维持在10万户左右，并时有减少。

直到1992年邓小平发表南方谈话和中共十四大召开，我国非公有制经济才真正迎来了重新振起的历史转机，开始进入快速发展时期。1995年分税制改革，私营企业纳税属于地税，越来越成为地方财政收入的重要部分，从而有力地改变了许多地方政府过去轻视私营企业的态度。特别是1997年中共十五大宣布"非公有制经济是我国社会主义市场经济的重要组成部分"后，1999年全国人大再次修宪，明确了"在法律规定范围内的个体经济、私营经济等非公有制经济，是社会主义市场经济的重要组成部分"，而不再限于只是"社会主义公有制经济的补充"。

用国家根本大法对"公有制为主体、多种所有制经济共同发展"的基本经济制度作了法律定位，就消除了建立市场经济的制度性障碍。这是中国社会主义改革尤为重大、深刻的历史成果之一，它为中国经济发展和社会进步更加充满活力，更主动地参与国际经济合作与竞争奠定了基石。经过国家政策的鼓励、引导和法律规定逐渐明朗化，中国的个体私营经济如同凤凰涅槃般得到了超常的恢复和发展。

北京财经作家吴晓波积数年之功写了一本《激荡三十年》的畅销书，着力书写乘着改革开放的大潮顺势而上的企业家们为国家为社会创造巨大财富的历程。其中，最鲜活，最传神的莫过于那些在传统体制松动的缝隙下"野蛮生长"起来的民营企业家。

1984年，中国科学院计算所的柳传志，创办了一家后来名叫联想的"国有民营"公司，从一个普通工程师转型为成功的经理人，然后又以中国式的智慧让联想顺利完成了资本人格的塑造，进而并购了IBM公司的全球PC业务，开始新一轮的国际化扩张。

广铁工程段的一名给排水技术员王石，枕着一本被翻烂的《大卫·科波菲尔》睡在深圳建筑工地的竹棚里。王石的第一桶金来自倒卖玉米。后来又去倒外汇指标，获利颇丰。他从深圳第一次拍卖国有土地使用权一事受到启发，转身进入房地产业，很快成为业内巨擘万科集团的领军人物。

兄弟同心，其利断金。四川的刘氏三兄弟刘永行、刘永言、刘永好，一同参加了1977年的高考，都上了分数线，却因为"出身成分"不好没被录取。三兄弟另谋出路，合伙去办养殖场，将企业做成中国最大的民营企业之一希望集团。

老三刘永好跻身金融业，一度成为中国第一家股份制商业银行民生银行的第一大股东，并曾和他的家族名列《福布斯》中国富豪榜之首。

转业军人任正非于1988年和几个朋友在深圳创办了注册资本仅为2.1万元的华为公司。数年后，华为抓住中国电信网络全面更新改造之机，从诺基亚、爱立信等跨国公司激烈竞争的格局中绕路而出，以自主程控交换技术在一些边远城镇电信局取得突破，继而迅速抢占全国市场份额。华为如今已成为中国第一流的电信设备制造商、供应商，其产品和服务遍及世界170多个国家，服务于全球1/3人口，并在美国、德国、瑞典、俄罗斯、印度等国设立了十几个研发中心。

李书福最早是在街头给人照相起家，办过冰箱配件厂和冰箱厂。完全出乎意外，国家一直未对民营资本开放的汽车制造领域，却被这个草根企业家打开了。如今，浙江吉利控股集团在海外已有26家代理商和128个销售服务网点，并经中国政府部门批准，成功并购了全球豪华汽车品牌沃尔沃集团、戴姆勒股份公司，成为第一大持股股东。

李东生、陈伟荣、黄宏生，当年是广州华南工学院（华南理工大学前身）无线电班的同班同学。他们各自学有专攻，又创业有成，后来分别成为TCL、康佳、创维三大国产电器品牌的掌门人。极盛的时候，这三家公司的彩电产量之和占全国总产量的40%。

1997年，海外留学归来的丁磊在广州创办网易，员工3人，创始资金50万元，而6年以后就攀上了中国首富的宝座。同年，王志东和张朝阳也分别拿到海外投资，创办了新浪和搜狐。中国公众从此进入了一个由门户网站、电子邮箱、搜索引擎和风险投资等全新概念打造出来的互联网世界。

在差不多同时，身为电子工学院讲师的马云，正在创办中国第一家互联网商业信息发布站"中国黄页"。后来他回到杭州创立了阿里巴巴网站，成为国内最大的电子商务公司。作为后起之秀这些网络公司从诞生的第一天起，就有着清晰的产权结构，并融入了国际化背景。

一部以改革开放为背景的企业史，活跃着一批叱咤商海、长于弄潮的民营企业家，他们以独具的敏锐和胆识，拼搏和冒险精神，适逢其时地自主创业，促使其所代表的私营经济、民间资本从无到有，从小到大，从低到高，从弱到强，逐步在整个社会经济中占到了相当的份额，形成一支不可忽视的经济力量，由此来推动僵硬的大一统公有制经济逐步转变为适合于中国发展需要的混合经济。中国经济成长的轨迹，是与他们的艰苦创业和努力奋斗息息相关，密不可分的。

私营经济成为经济发展新的增长点

从局限于"社会主义公有制经济的补充",到成为"社会主义市场经济的重要组成部分",中国的个体私营经济呈现了逐年快步增长的趋势。不仅堂堂正正地登上了国民经济的舞台,而且成为充满生机与活力的组成部分。据统计,到2001年,全国登记的个体工商户为2423万户,私营企业202.86万户,从业人员达7474万人,注册资金21648亿元,共创产值19878亿元,实现社会商品零售额19675亿元。这些数字分别比90年代初增加了十几倍、几十倍,甚至上百倍。在过去10年间,个体私营经济对中国GDP的贡献率已从不到1%上升到20%以上,平均每年提高近2个百分点。这表明,个体私营经济已成为我国经济的一个新的增长点。在沿海一些地区,已成为经济发展的支柱。它在满足国家与人民多样化需求,解决社会就业,保持社会稳定以及为国家提供税收和社会捐助等方面,发挥着积极作用。

民营科技企业是这些年来迅速发展起来的新兴企业,到2001年,全国民营科技企业的总数约为20万家。据科技部2000年对计入统计的86000多家民营科技企业的调查,企业长期员工已达560万人,技工贸总收入14639亿元,实现利润1005亿元,上缴税金780亿元。这些指标连续几年的年增长幅度都超过30%,并且总收入超过亿元的民营科技企业已有2214家,其中超过10亿元的187家,超过20亿元的76家。这些民营科技企业成为中国参与国际竞争的重要力量。

另外,我国改革开放初期异军突起的乡镇集体企业,普遍进行了改制。按照"抓大、转中、放小"的思路,对规模大、效益好的大型企业,以产品为龙头,以资本为纽带组建企业集团;或通过兼并、联合、重组等多种办法改组为公司制企业。对面广量大的中型企业,广泛吸纳社会法人、境外资本和内部职工参股入股,组建有限责任公司和股份合作制企业。对一些小型、微利、亏损的企业,以全额置换为主,实行拍卖、转让,盘活存量资产,收回集体投资,转用于扶持骨干、重点企业或兴办新的优势项目。通过改制,全国乡镇企业中有83%~86%已成为私营企业或股份合作制企业,混合型经济已成为拉动乡镇企业增长的重要因素。例如江苏省乡镇企业管理局2000年11月中旬的一份材料称:"全省乡镇工业增加值净增额的95%来自个体私营企业。"

总的来看,无论是个体私营企业,还是改制后非国有控股的股份制、股份合作制企业,它们作为整个民营经济的组成部分,已经成为我国国民经济发展的重要支撑力量、经济体制改革的重要推动力量、经济与科技一体化的重要带动力量和实现社会稳定的重要经济支柱。从未来发展趋势看，民营经济还将保持强劲的发展势头，面临着前所未有的良好机遇。

2000年1月正式生效的《个人独资企业法》，引起普通人的关注。相比1994年生效的《企业法》中公司注册资本最低也要10万元的规定，《个人独资企业法》没有对注册企业的资本规定"底线"，本意是降低创办企业的"门槛"，让更多的个人投资创业自己当老板。取消注册资金限制是对"穷人"投资权利的尊重和保护，有助于改变只有"富人"才能当老板的陈规。无论怎样，这是有个人投资意愿的创业者在跨进新千年时收到的一份"新年大礼"。

回顾一下我国经济发展中的诸多"亮点"，人们会处处感受到"民间"的力量。这种民间力量不仅造就了一批有着非凡活力的民营企业家和民营大企业，如海尔、美的、苏宁、健力宝、娃哈哈等普通老百姓耳熟能详的民族品牌，而且造就了联想、四通、同方、方正、华为、复星等民营高科技企业。事实上，把民间力量与高科技、高成长型企业联系在一起，更具现实意义。知识、技术和企业家精神的更好结合，正在创造出超乎人们想象的巨大的财富。

民营企业借壳上市向现代企业转变

经过20多年的发展，私营经济初创时期的一些家族企业，或类似"桃园三结义"式的企业，开始向着实行现代企业制度，构建法人治理结构，聘请职业经理人掌管经营的方向转变，并且通过参股、控股、收购等方式参与国企改革和转制的进程，形成了一些巨型集团。同时，民间资本活跃在股票、期货、房地产等领域的游资，据测算约在2000亿元～3000亿元。

随着民营经济资产规模的迅速扩张，私营企业的"血统"也日趋多元化、复杂化。在国有企业"抓大放小""国退民进"的实施中，相当一批资不抵债、严重亏损或扭亏无望的中小企业通过兼并、拍卖、破产、转制，实现了存量资产的流动与盘活。据观察，与国有大型企业行动滞缓、方式单一相比，私营企业和外资企业是产权市场上最为活跃的一族，其跨地区、跨行业对国有中小型企业进行兼并、参股、控股、竞拍、收购的势头十分强劲。这预示着私营企业的产权结构也将由单一变为多元，逐渐向社会所有的方向转变。

无论政府管理高层如何评判，1997—1998年民营企业受让上市公司股份，进而成为控股大股东的景象，在沪深股市频频展现；一批出类拔萃的民营企业家旋即坐上董事、监事，乃至董事长、总经理的交椅。耐人寻味的是，中国股市原本首先是扶持国有大中型企业上市筹资的。尽管民营企业已经被认为是中国经济增长最富潜力和实力的一翼，要想获得上市资格却相当不易，以至国有、民营一视同仁的"公平上市待遇"落不到实处。此事在全国人大会议上闹得沸沸扬扬,民营企业家却自有主张,不露声色地打"迂回战"。一时间,通过收购兼并达到控股地位,成为民企间接上市的首选。而以协议收购形式控股上市公司,更被视为一条"低成本、高胜算"的途径。

弄潮于"收购"浪尖的民营企业大多创立在三年以上,符合业绩"包装"年限的"底线"。其主业多为高新技术产业和国家支持的新兴行业,效益显著,经营勃勃有生气。这一时期国民经济忙于宏观调控,民营企业抓住了经济收缩期成本低的优势,从高科技切入,投入小,产出高。如主营生物医药的武汉红桃K集团,创立仅三年,1997年即以4.93亿元净资产,实现净利润3.56亿元,其创利水平很难有国企望其项背。开始收购上市公司的民企,绝大部分有鲜明的主业,在发展上更注重长期投资。有关的地方政府对民企收购上市公司提供了重大支持,并不因为国有股出让的对象是民营企业而漫天要价,有的价格还略有偏低,并且政府部门还想方设法为民企收购创造条件。

据统计,截至1997年底,我国的上市公司总数为745家,民营企业的比例不到3%。而1998年头几个月,深沪两地已有武汉长印、广华化纤、福建福联、东湖高新、望春花、四砂股份、龙舟股份、绍兴百大,以及南油物业、四川金路等公司,迎来了民营企业的大步入主。加上已然"换庄"的托普软件、五一文、四通高科、武汉电缆等一大批企业,1998年成为中国民营企业借壳上市数量最多、质量亦最佳的一年。尽管证监会官员声称"民企上市不存在法律障碍",但民营企业纷纷"买壳"曲线上市,实际上正在绕过民企上市或明或暗的障碍。无论如何,市场终究用它的力量作出了平衡。

在市场经济环境里,现代金融是企业生存的重要保证,任何企业在发展中都需要补充资金。尽管民营经济已经初具规模,作用越来越显著,但许多民营企业连经营所需的流动资金都经常发生困难。多年来圈内流行着国有银行"嫌贫爱富",民营企业"借贷无门"的说法,确是不争的现实。中国四大国有银行拥有全部存款资源的80%,而国有企业占了全部信贷资源的70%。一方面,国有银行不断用居民储蓄存款成千上万亿地向国有企业"输血",为国企改制和扭亏增盈"买单";另一方面,民营中小企业因为缺少抵押物或质押品,很少或者根本无法获得银行贷款。"借贷无门"成了制约民营经济发展的瓶颈。

时任全国工商联主席的资深工商业家经叔平,想为解决这个难题略尽绵薄之力,1993年12月他以个人名义写信给时任国务院副总理兼人民银行行长朱镕基,提出由工商联牵头组织一家以向民营企业投资为主的股份制商业银行。经过一年多的审批及半年多的筹备,中国民生银行于1996年1月成立开业,资本金只有13.8亿元。59位股东不全是民营背景,有11家国有企业或国有控股企业，总持股量为15%。非国有的民营资本则占绝大多数股份。民生银行被定位为"首家主要由非国有制企业入股的全国性股份制商业银行"，报纸上更乐于宣传"中国'民'字号银行出世"。业内人士普遍认为，这是新中国第一家在产权意义上全新的民营银行，其董事会和股东大会真正名副其实地由"我投资、我获利、我担风险"的民营企业老板说话算数，并能为民营企业贷款难解决一部分问题。至2000年上半年，民生银行各项存款总额已近400亿元，贷款余额243亿元，各项资产486亿元。更让海内外刮目相看的是，民生银行的利润增长在国内金融业独占鳌头，开业四年半，税后利润已近10亿元。

开办民营银行的路还在继续探索。中国江浙一带乡镇经济向来发达，民间资本的力量一直呼啸有声。2002年初，于苏南地区诞生的张家港、常熟、江阴三家首批股份制农村商业银行，创造了中国金融业史上的新角色。在三家农村商业银行股东结构的构成上，没有一家真正"公"字号的面孔。私营企业主、社会自然人、工商个体户、银行内部职工占有90%以上的股份，剩下不到10%由一些转制后的乡镇企业、股份合作制、个人独资企业认股。这样高的民间资本结构在国内算得上是头一份了。

三家银行各向社会募集1亿元人民币，仅两三天时间就完成了全部募股。投资人从各地纷纷赶来，争先恐后把钞票交到银行柜台上，并在股东名册上郑重而激动地签下自己的名字。对于有大把"闲钱"的个体私营老板来说，"能当上银行股东平时想都不敢想"。虽然银行募股很快就结束了，仍有很多人怀揣支票、手提现金登门要求参股。如果不是受到限制的话，1亿多元的总股本远远不够满足民间资本投资银行的意愿。

在此之前，当地国家金融机构市场化之后并不愿意向个体户和一般私营业主贷款，而是向借款大户和明星企业倾斜，被称为"越富的越追着给钱"。民间的小企业及个体户主也不愿意向正规的金融机构借贷。江浙一带自发的民间金融如地下钱庄等，在民间融资需求上占有很大的市场空间，但其高达20%～30%的利率，暗含着金融欺诈以及隐蔽性强、不可控制等金融风险，终究无法走出"灰暗"地带。因此，民营银行在苏南试刀，更适合当地经济发展的要求。这种民营金融模式反过来又进一步激活了民间资本的投资需求。

首任中国民生银行董事长经叔平认为，民营银行是我国未来间接融资需要大力发展的主体。这种以非国有资本为主的股份制商业银行，从根本上解决了体制问题，实现了完全市场化运作，割断了体制内生成金融风险的机制。不断壮大民营银行整体规模，不但有利于形成低风险高效率的良好局面，更有利于缓解结构性矛盾，推动中国产业结构快速升级。

两个"毫不动摇"方针提供更大发展空间

总的来看,中共十五大以后,随着国有经济战略布局的调整,在一般性竞争领域"国退民进"的势头有增无已。情况表明,非公有制经济的发展已经取得了明显的经济效益和社会效益,为国民经济作出了很大贡献。特别是促进了我国所有制结构的调整,拓宽了就业领域,成为国有、集体企业职工下岗再就业的重要渠道,缓解了国有企业在改革过程中的压力,促进、加快了国有企业转制的步伐。仅以解决就业问题来说,全国平均每位企业主以33万元的私人注册资金,可以创造除自己之外的6个就业岗位。在国企改革的过程中,个体私营企业每年都要安置上百万国有企业下岗职工。不但个体私营经济拥有7000多万从业人员,如果连同在改制后的乡镇企业就业的1亿多农民,非公有制经济实际吸纳的劳动力达2亿人左右。这对于稳定中国社会所起的作用是无法替代的。

事实上,我国的非公有制经济,特别是私营经济的发展速度和规模扩张如此之快,主要是因为适应生产力发展的要求,适应市场经济的运行机制,具有产权明晰、利益直接、风险共担、机制灵活等特点,因而能在市场经济大潮中拼搏滚打,经受优胜劣汰的考验,胜者发展壮大,败者另寻出路,有特别强的适应力和生命力。民营科技企业之所以迅速发展,主要也在于具有"四自"(自筹资金、自愿组合、自主经营、自负盈亏)为主的创新机制,能够把科技这个第一生产力和人才这个第一资源有机结合起来,尽快地将科研成果转化为现实的生产力。没有多种所有制的经济,就不会有相互补充和竞争,也就不可能有市场经济。

总之,改革开放以来,非公有制经济在我国的所有制结构中,与国有经济、集体经济已经"三分天下有其一",大大改变了长期以来单一公有制结构对市场经济的不适应性。非公有制经济的存在和发展,是与社会主义市场经济共命运、同兴亡的。在发展社会主义市场经济的整个过程中,非公有制经济有其长期存在和发展的客观必然性。

回顾改革开放的历史,非公经济的"正身"之路可谓漫长。然而,制约民营企业可持续发展的瓶颈之一,仍然是来自于国家政策上的不完善。从国家的宏观政策层面上看,虽然宪法已确认非公有制经济是我国所有制结构的重要组成部分,但其生产经营仍无法得到足够的法律保护。民营企业在参与国际市场竞争、国内市场准入及融资方面仍面临着一些明显的体制性障碍。这些法律与政策盲区,使民营企业在法治环境、政策环境和市场环境方面都遭受不平等的待遇。可以说,中国民营企业的成长环境一直是残缺不全的。一些民营企业在运作、财务和税收上存在的某些不规范行为，从一个侧面反映了企业运营的手续太繁杂、门槛过高、税费征收不合理，也折射出民营企业普遍缺乏金融支持、获取资金的渠道相当狭窄等问题。几年来国家为民营企业创造平等待遇的政策虽然不少，但许多政策在执行时都走了样。比如在竞争性生产领域，名义上各地都消除了准入门槛，但又普遍存在着"明宽暗管"、无形屏障过多的现象。如有人所形容的，政府某些"准入"政策像个"玻璃门"，看起来进得去，要进去却会碰得头破血流。

对于民营企业的生存环境，有民营企业家认为，目前制约民营企业发展的体制性、政策性障碍依然存在，相关法律法规不够完善，市场准入限制较多，有些政策不公平，企业融资渠道不畅，税赋较高，乱收费等"三乱"现象严重，侵犯企业合法权益的事件多有发生，政府管理体制和服务体系还不健全，个别国有大中型企业在市场竞争中，利用国家特殊政策，垄断市场，恶意竞争。从某种意义上讲，在经过改革更加强势的国有企业面前，民营企业正逐渐失去资源优势、体制优势、管理优势和人才优势。

从政府的基本对策看，促进非公有制经济的发展，必须根据需要继续完善这方面的法律。主要是在法律上充分体现"私有财产与公有财产一体保护"的原则，进一步确认和保障私人资本与投资的合法权益，使私营企业主放下心来加大投入，扩展规模，搞好经营管理，进而激励更多的人积极参与社会财富的创造与积累。同时也要建立合理的制度，加强对民营企业的监督、管理和引导，使其健康发展。

政府部门在促进民营经济发展方面，有许多工作需要做，最重要的是在国内对所有企业实行国民待遇。据调查，当时在我国国有企业准进入的80多个领域中，外企可以进入的有60多个，占75%，而民企只能进入40个领域，这显然是不合理的。按照中央的政策，凡是鼓励和允许外商投资进入的领域，都应鼓励和允许本国民营企业投资进入，并享受同等的优惠政策。在税收、贷款、工商管理等方面要与其他经济成分一视同仁，尤其要帮助民营企业解决融资难的问题。在外贸政策方面，应扩大民营企业的进出口权与进出口服务代理权，使民营企业享受同等的退税待遇与便利。

针对社会上对民营经济不公正的质疑，2002年中共十六大鲜明地提出了两个"毫不动摇"：第一，必须毫不动摇地巩固和发展公有制经济；第二，必须毫不动摇地鼓励、支持和引导非公有制经济发展。同时提出："坚持公有制为主体，促进非公有制经济发展，统一于社会主义现代化建设的进程中，不能把这两者对立起来。"这就为民营经济在新阶段的发展提供了更大的空间和条件。

根据中共十六大的精神，2005年2月《国务院关于鼓励支持和引导个体私营等非公有制经济发展的若干意见》（俗称"非公经济36条"）正式出台。"36条"围绕消除对非公有制经济的歧视性障碍，从7个方面加大对非公有制的支持，五大领域的市场准入放开。过去，电力、电信、铁路、民航、石油等垄断行业和领域非公经济很少进入。"36条"出台后，一些垄断行业和领域、公用事业和基础设施领域、社会事业领域、金融服务领域，甚至国防科技工业建设领域，都允许非公经济进入了。把平等待遇落到实处，民营企业就可以全线参与到整个国民经济的发展中去大展身手。

从另一方面看，改革开放以来，我国的民营经济虽然有了很大恢复和发展，但总体上还处于发展的初级阶段。大多数企业规模很小、自有资金不足。据调查，私营企业平均每户注册资本才80多万元，平均每户用工12人，管理落后，信息不灵，产品粗糙，假冒伪劣产品的问题也相当突出。这种状况不适应现代市场经济发展的要求。另一个突出问题是，许多民营企业都是由出资人实行家族式管理方式，这种方式在起步阶段具有凝聚力强等优点，但有很大的局限性，如家长个人决策，接班人世袭，任人唯亲，产权封闭等。虽说现代企业制度并不排斥家庭企业，但随着企业规模的不断扩大，家族式管理方式的弊端必然会明显地暴露出来。面对国际国内越来越激烈的市场竞争，民营企业必须树立自立自强意识，在改革中求生存，在竞争中求发展。

就未来发展趋势而言，中国的民营企业一要千方百计上水平、上规模，大力提高产品质量，增加适销对路的品种，创名牌，以名牌带产业，努力开拓国内、国际市场。二要实行现代化管理，淘汰落后的家族式管理方式。尤其是产权多样化的私营企业，应在企业内部建立规范的法人治理结构，引进职业化经理人治理，体现所有权和经营权分离。三要打破产权封闭的模式，以资产为纽带，以优势企业和名牌产品为龙头，组建各种类型的企业集团，从产权多元逐步实现资本的社会化，走股份制和股份合作制的路子。民营大企业群体一旦成长起来，就会大大加快我国现代化的进程，增强国家的综合实力，提高人民的生活水平。

五、产业结构调整转变经济增长方式

大力加强基础产业重点发展支柱产业

20世纪末期，全球性产业结构大调整的趋势有增无已，许多国家都在加紧调整本国的产业布局，淘汰、转移传统产业，加快发展高新技术及新兴产业，大大加快了世界经济的集约化进程。适应世界经济迅速变化的趋势，1997年中共十五大提出了转变经济增长方式的战略性任务，要求从长期依靠扩大建设投资规模的粗放型增长方式，向依靠科技进步和提高劳动者素质、提高经济效益的集约型增长方式转变。

为了促进国民经济持续、快速、健康发展，适应国内外市场的变化，我国开始加快产业结构调整的步伐。主要是以市场为导向，集中力量解决关系国民经济全局的重大问题，在加强基础产业，加快发展支柱产业，支持高新技术产业和新兴产业发展，用先进技术改造传统产业，大力发展第三产业以及优化产业组织结构，提高产业技术水平，促进产业合理布局等方面取得了重大进展。

经过新中国成立以来特别是改革开放20多年的建设和发展，我国已建立起独立的、门类比较齐全的工业体系，奠定了比较扎实的工业基础，并在国民经济中发挥着主导作用。但是，中国工业发展也面临不少矛盾和问题，突出表现为结构不合理。一是规模不经济，产业集中度低。我国年销售收入500万元以上的机械企业达4万余户，前300户的集中度仅为20%。我国煤炭企业多达4万家，94户重点煤矿的生产集中度不到40%。我国现有汽车厂120多家，年产量之和只相当于国外一个中等汽车厂。二是工艺、技术、装备落后，资源利用率低。据对钢铁、煤炭、有色金属、石油化工等16个行业调查，多数大中型企业关键技术的开发和应用水平与国际先进水平有相当大的差距。我国能源综合利用率仅为32%左右，比国外先进水平低10多个百分点。三是产需矛盾突出，低水平生产能力过剩与高附加值产品短缺并存。我国主要工业品中，有80%以上的产品生产能力利用不足或严重不足，而每年还要花大量外汇进口国内短缺产品。四是区域结构趋同，重复建设严重。由于传统计划经济的长期影响，地区自成体系，重复建设。产业结构趋同，地区封锁和分割严重，影响生产要素在区域间的合理流动和优化配置。

从总体上看，中国工业已经具有相当的基础，但由于结构不合理，极大地制约着工业潜力的发挥和经济效益的提高。为此，必须依托现有工业，加快改造改组和结构优化升级的步伐，大力培育支柱产业，以促进国民经济的持续增长。自1994年国务院颁发《九十年代国家产业政策纲要》以来，国家重点加强了铁路、公路、邮电、能源、水利等基础产业建设。几年来，以交通运输和邮电通信为基础设施建设的重点，国家除增加预算内财政建设资金外，运用市场机制.多方筹集资金，如建立专项建设资金、提高公用设施收费标准、鼓励联合投资和股份投资、努力吸引外资等，建立稳定的资金来源，集中力量建设了一批重点骨干工程。

到1996年，铁路建设了京九线、南昆线、宝中线、侯月线、南疆铁路、广深线、兰新复线、浙赣复线等干线和北京西客站等枢纽，并重点对西南现有铁路实行以电气化为主的扩能改造,新增交付营运里程6300多公里,使全国总运营里程达到6.6万多公里,电气化的比重占19%,有力改善了铁路运行状况;中国自行设计的广深准高速铁路的建成运行,成为我国准高速和高速铁路的试验田。公路新增和改造10.5万公里。港口吞吐能力新增1.38亿吨,新建机场12个。通信局用和程控交换机容量突破1亿门。这期间,沪宁高速公路、江阴长江大桥、秦皇岛港煤码头四期、广州港新沙一期、桂林两江机场、上海浦东机场、京九广、西兰乌光缆干线、北京邮政枢纽等一批骨干项目先后交付使用,北京国际机场扩建等工程也取得很大进展。

为改变农业的生产条件和解决电力等能源"瓶颈",水利建设进一步受到重视。甘肃规模宏大的"引大入秦"自流灌溉、黄淮海平原灌溉、万家寨水利枢纽、治理太湖、淮河等一批骨干工程建成或部分建成使用。国家特大型项目长江三峡、黄河小浪底两大跨世纪水利枢纽工程加紧施工,建设进展顺利,先后于1997年合龙。广西岩滩水电站、二滩水电站、大亚湾和秦山核电站、神府东胜煤田、兖州矿区、西部油田等一大批能源项目的建设,吉化等乙烯工程的建成,宝钢、武钢、攀钢、天津无缝钢管、抚顺特钢等短线板管产品和一批有色产品的增产,使能源、原材料的供应都有新的进展和增长。至1996年,长期制约国民经济发展的"瓶颈"约束已经明显得到缓解,长期困扰我国经济的重要生产资料全面短缺现象已经基本消除,我国经济发展的后劲大大增强,有力地保证了国民经济持续、快速、健康发展。

工业化发展过程实质上是以主导产业更替为主要标志的阶段性演变过程。20世纪80年代我国主要实行轻工业"补课",纺织、食品和家电是支柱产业;20世纪90年代我国开始进入重化工业发展阶段,工业化发展的主要任务逐步转移到提高装备工业的水平,用现代工业技术替代传统工业技术上来。但是,我国主导产业更替进度缓慢,1992年,在国民生产总值中,机械工业仅占6.2%,建筑工业占6%,石化工业占3%,汽车工业占1%,电子工业仅占0.8%,显然起不到支柱产业的作用。其规模不经济、技术水平落后等问题更没有明显改观,许多专用成套设备、大量运输机械、投资类电子产品和石化产品等仍依赖进口。

根据上述情况,中共十四大初步提出振兴机械电子、石油化工、汽车制造和建筑业,使它们成为国民经济的支柱产业的构想。通过对1996—2000年"九五"计划的制定,逐步认识到必须对支柱产业确定有限目标,择优扶持,集中突破,注意提高,加强自主开发能力,形成经济规模,提高产品附加值和市场占有率。1995年,中央正式确定新时期的支柱产业为:1.以开发和制造大型成套装备为重点的机械工业;2.以发展集成电路、新型元器件、计算机和通信设备为重点的电子工业；3. 以开发和深度加工合成纤维、合成树脂、合成橡胶为重点的石油化工；4. 以发展经济型轿车和重型汽车为重点的汽车工业；5. 以建设城乡住房和公共工程为重点的建筑业。

为在解决基础产业"瓶颈"制约的同时，支持支柱产业的发展，中央特别强调要集中力量，在支柱产业的有限目标上构造局部优势，扭转普遍出现的"轿车热""乙烯热"等重复建设现象。新支柱产业是技术和资金密集的产业，又必须具有必要的经济规模，因此，它们的形成，主要通过建立健全投融资机制，利用间接金融和直接金融两种渠道，扩大资金来源，积极引进先进技术，对现有企业进行技术改造，加强先进技术的消化和创新，实行进口替代；同时实行企业间的优化组合，进行规模经营，并按现代企业制度组建企业集团，改变原来分散细小、技术和管理严重落后的局面，提高新支柱产业在市场特别是国际市场的竞争能力。1995年以来，国家有计划地重点在石化、汽车、机械、电子等支柱产业和钢铁、电力等基础产业，引导企业打破地区、部门、行业和所有制的界限，对资产存量进行优化组合，实行专业化分工合作，发展规模经营，取得了明显成效。

一向被批评为散乱的汽车工业，经改组联合后，1997年重点汽车企业的市场份额不断扩大。全国123家汽车厂中产量在1万辆以上的有17家，占全国总产量的90%，其中上海上汽、长春一汽和武汉二汽的产量约占1/3。1998年7月，广州决定和日本本田各自出资50%，成立广州本田汽车有限公司。仅几年工夫，广州本田各类中高档轿车在全国已是名声大噪。到2005年，广州本田年产量将达20万台，实现产值400亿元。按照1∶1.7的带动系数匡算，广州本田带动的橡胶、化工、机械、钢铁、石油等行业的产值将高达700亿元左右。

在企业改组中，强强联合取得重大突破。1997年地处湖北的三家大型钢铁企业——武钢、冶钢、鄂钢宣布联合；上海宝钢与上海地区其他钢铁企业正式组成集团；齐鲁石化公司对淄博化纤总厂、淄博石化厂进行兼并，这些都是有别于过去的重大兼并活动。特别是地处江苏的仪化集团有限公司、扬子石化公司、南化集团公司、金陵石化公司四个特大型企业及江苏省石油集团，联合组建中国东联石化集团，实现了强强联合，涉及净资产256亿元，销售收入400亿元，更有力地优化了石化企业的资源配置。这些企业集团经过内部调整，特别是经过技术改造，有力地促进了本行业的发展。如石化工业，实行乙烯装置技术改造，迅速扩大了生产能力，利用联合的优势，形成了石油、化工、纤维、化肥一体化发展的格局，其支柱产业地位日益显现。

注重以先进技术改造提高传统产业

新中国成立以来，我国经济长期追求数量型的高速增长，采取的是粗放、外延型的增长方式，使国有经济在布局与结构方面存在很多不合理问题，大体可概括为"长、散、小、差"四个字，即战线太长、布局过散、企业规模偏小、产业素质较差。改革开放以后，由于体制转轨需要一个较长过程，加上"放权让利"的诱导，地方出自本身利益，争相上马一般加工工业，加剧了重复建设，生产能力大量闲置。据统计，一般机床、彩电、冰箱、洗衣机生产能力的利用率在50%以下，空调、复印机等利用率在40%以下，微型计算机组装能力利用率只有14%。而高水平加工能力严重短缺。如数控机床、集成电路、新兴元器件及一些专用成套设备等，多数不能制造或质量不过关，只能依赖进口。同时，许多工业企业追求"大而全""小而全"，专业化程度低，规模细小分散，行业的集中度低，规模效益很差。

我国钢的年产量1996年已超过1亿吨，然而这1亿吨钢是由1700家钢厂生产出来的，其中60%以上的钢厂年产钢在20万吨以下。全国的轧钢厂更多，有3000多家。但是，我国在每年放空近2000万吨小型材生产能力的同时，还要进口大量的板材、管材。高附加值钢材的市场基本上被进口产品占领。汽车工业最能综合反映制造技术水平，1995年我国生产汽车150万辆，却是由122个整车厂生产出来的，其中年产1万辆以上的只有六七个企业，绝大多数年产量不足1万辆。[①] 而同期美国仅通用汽车一家公司的年产量即达715万辆。

加工工业存在的这些问题，已成为我国工业结构另一突出矛盾，也是我国工业水平低、效益不高的一个重要原因。如何提高加工工业水平，成为转变经济增长方式的首要任务。为此，国家在培育新的支柱产业的同时，注重提高加工工业的技术层次，进行了大量的工作。

一是加大投资体制改革的力度，建立投资的自我约束机制，国家严格控制新建项目，凡能够依靠现有企业改造扩建的，就不铺新摊子，特别是低水平的重复建设项目，更加从严控制。1995—1996年，基础产业方面增加了一些必要的新建项目，加工工业则主要是在原有企业的基础上进行扩建或技术改造。同时在现有企业中坚决淘汰落后的过剩生产能力，对落后产品限产压库。

二是鼓励企业依靠技术进步，转变经济增长方式，开发技术含量高、适销对路的产品。在这方面已有一批企业取得了明显成效。如船舶工业依靠科技进步，

---

① 桂世镛：《论深化国有企业改革和调整国有经济布局》，《经济研究》1997年第11期。

自主开发与引进消化国外先进技术相结合，加快设备工艺更新，积极开拓国际市场，手持订单连续5年居世界第三，其中90%以上出口，成为我国重加工工业中能够同国际跨国公司竞争的一个重要行业。陕西秦川机床集团公司在外国机床大量进入国内市场、机床行业普遍困难的情况下，积极跟踪国内外市场需求，实施技术领先战略，开发高技术产品，成为世界磨齿机类产品中品种最多、质量优良的厂家，产品出口美、日、韩等20个国家和地区，实现利税连续16年年均增长15%以上。

三是促进沿海地区加工工业加快升级换代，使其成为新的支柱产业和高新技术产业的基地；如老工业中心城市上海，1992年以来加速引进外资，通过技术嫁接和自主创新，使一大批国有老企业"脱胎换骨"，传统工业逐步退出。由此，使上海形成了汽车、通信、石化和精细化工、电站设备、钢铁、家电六大支柱产业，其产值1998年已占全市工业总产值的48.2%，而且高新技术企业已达761家，信息、现代生物和医药、新材料三大产业正在形成规模。中国上海与美国通用合作生产的别克牌轿车，国产化水平已达42%。通过在北美的试车对比，证明其质量已胜过美国本土生产的同类型轿车。

为了进一步发挥结构优化效益，中共十五大再次提出调整和优化经济结构的任务，并着重强调要改造和提高传统产业，发展新兴产业和高技术产业，推进国民经济信息化；继续加强基础设施和基础工业，加大调整、改造加工工业的力度，振兴支柱产业，积极培育新的经济增长点；把开发新技术、新产品、新产业同开拓市场结合起来，把发展技术密集型产业和劳动密集型产业结合起来；鼓励和引导第三产业加快发展。中共十五大以后，随着国家宏观经济政策的适时转变，我国的产业结构调整也转向了整体推进技术进步和产业升级的新阶段。

市场导向加快技术进步产业升级

1998年，为克服亚洲金融危机的严重影响，中国政府作出扩大内需的对策，由适度从紧的宏观政策转向实行积极的财政政策和货币政策。这就为支持企业技术改造，促进产业优化升级提供了难得的机遇。通过连续几年增加国债建设投资，我国不仅建成了一大批基础设施、基础工业建设项目，而且集中必要力量，对重点行业、重点企业、重点产品和重大先进装备制造业加大了技术改造投入，并向老工业基地倾斜，形成整体推进技术进步和产业升级的强大动力和明显的结构效益。

1999年中共十五届四中全会通过的《关于国有企业改革和发展若干重大问题的决定》进一步提出，要实现国民经济持续快速健康发展，必须适应全球产业结构调整的大趋势和国内外市场需求的变化，加快技术进步和产业升级。国有经济在国民经济中的重要地位，决定了国有企业必须在技术进步和产业升级中走在前列。其方向和重点是：以市场为导向，用先进技术改造传统产业，围绕增加品种、改进质量、提高效益和扩大出口，加强现有企业的技术改造；在电子信息、生物工程、新能源、新材料、航空航天、环境保护等新兴产业和高技术产业占据重要地位，掌握核心技术，占领技术制高点，发挥先导作用。

鉴于我国工业化任务尚未完成，当前及今后一个时期，冶金、石化、轻纺、机械制造、建筑材料等传统产业在我国仍然有广阔的市场需求，仍然是我国综合经济实力的重要支柱，也是我国参与国际竞争的比较优势所在，中央要求必须抓住机遇，充分利用以信息技术为代表的新技术革命的成果，正确处理好改造传统产业与发展高新技术产业的关系，使二者紧密地结合起来。要围绕增加品种、改善质量、节能降耗、防治污染和提高劳动生产率，在能源、冶金、化工等传统行业，支持一批重点企业的技术改造，逐步实现主要行业关键技术从消化和引进国外为主，转向自主开发为主，优化技术结构和产品结构，使传统产业得到振兴。

1999年下半年，为了拉动国内需求、支持工业结构调整和产业升级，中央作出增发国债、支持企业技术改造的决定。当年就安排了90亿元国债用于企业技术改造的贴息，这相当于过去10年国家技改贷款贴息额的总和。2000年和2001年又分别安排了105亿元和70.4亿元国债用于技改。国家对技术改造支持力度之大，政府对银行贷款和企业投资方向的导向作用之强，为新中国成立以来所仅有，标志着我国企业技术改造工作进入了整体推进的新阶段。

两年多来，国债专项资金技术改造项目得到顺利实施，办成了一批国家多年想办而办不成的事情，为国有企业改革与脱困目标的实现作出了积极贡献，对促进产业结构调整和经济发展发挥了重要作用。首先是带动了技改投资的增长。国债技改项目的启动，不仅调动了企业技改的积极性，还引导了贷款投向和其他社会资金投入。三年国债贴息资金265.4亿元，却带动了社会总投资2810亿元，其中银行贷款1721亿元。平均1元国债资金带动了10元社会投资用于技改。2000年国债技改项目全面启动实施后，全年技改完成投资比上年增长13.2%；2001年1—9月技改投资继续快速增长，比去年同期增长24.1%，比全国固定资产投资和基本建设投资平均增幅分别高出8.3%和12.4%。

国债技改项目的实施，推动了工业结构调整，促进了产业优化升级，使我国工业的整体水平有了新的提高。冶金、有色、石化、纺织、机械、电子信息和造纸工业等7个重点行业围绕"质量、品种、效益"进行改造和技术升级，并加快高新技术的产业化，主要产品性能、质量明显提高、拉动了国内有效供给，扩大了出口，为应对我国加入 WTO 后面临的激烈竞争创造了良好的条件。这次国债技改项目，头两年由 520 户国家重点企业和 120 户企业集团承担的比例达 50.7%。通过改造与改革、改组和强化管理相结合，突出重点，择优扶强，这批企业经过改造后，技术装备水平基本与国际先进水平接轨，核心竞争力明显增强。

还有一项重要进展是，通过国债技改项目的实施，推动了重点行业耗能大户应用科技手段、先进设备节能降耗减排，使工业主要污染源初步得到治理，可再生资源的开发、清洁生产和环境保护工作取得积极进展，增强了企业的可持续发展能力和核心竞争力。据国家经贸委的统计，1999 年至 2001 年国家共安排技改国债专项资金 265.4 亿元，安排国债技改项目 880 项。截至 2001 年 10 月底，已建成投产 164 项，至年底还有 125 项建成投产，大多数项目则可在 2002 年底前完工。[①] 国债技改工作全面展开，实施顺利，成效显著。

在东北老工业基地，鞍山钢铁公司对热连轧进行重大技术改造，生产工艺和技术装备水平已跻身世界先进行列。2001 年前 9 个月热连轧板卷实现销售收入 44.5 亿元，利润 4.2 亿元。若问最好用的热轧板是哪家生产的，美国的冷轧业界普遍认为，首推中国鞍钢。这是自 1999 年以来连续 3 年用国债资金支持技术改造取得的显著成效之一。

结合技术进步和技术改造，广东实行的"产业梯度转移"战略引人注目。2002 年 2 月，惠州市引进了中国最大的中外合资项目——总投资 40.5 亿美元的中海壳牌石化项目，外方投资者为全球著名的英荷壳牌有限公司。"壳牌"落户，引得 28 家全球著名化工企业争先恐后来惠州商谈合作事宜，国内大型化工企业更是纷至沓来。"壳牌"龙头一摆，整个产业链就活了，一个世界级规模的石化城随后在惠州诞生。

打造新兴产业和高新技术产业基地

随着产业结构调整的深入，一个新兴的信息产业在我国迅速崛起。自 1998 年国务院新组建信息产业部，我国信息产业的投资力度明显加大，产业结构不断优化，市场开发向新的深度和广度推进，网络运行、经济运行的质量和效益进一步提高。电子信息产品制造业经济运行状况良好，产业规模迅速扩大。通过实现政企分开、邮电分营和电信重组，全行业破除垄断经营，全国已形成中国电信、中国联通、中国移动、中国卫星、中国网通和吉通公司等骨干企业与 3000 多家中小企业相互竞争、共同发展的局面。

---

① 《人民日报》2001 年 11 月 16 日。

"九五"期间，电信业务收入5年平均增长24.5%，比GDP增长速度高出十几个百分点。电话业务发展尤为迅猛，固定电话和移动电话用户总数2000年突破2亿户，上了一个大台阶。尤其是移动电话发展速度令人瞠目，从初创至发展到1000万用户用了10年时间，而从1000万用户到2001年超过1亿用户，只用了不到4年的时间，创下了世界之最。这样的跨越式发展，不仅在中国通信史上是空前的，而且在世界上也是罕见的。中国电话网规模在世界的排名，从1990年的第15位、1995年的第4位提升为2000年的第2位，10年时间一跃进入世界前列。

从一、二、三产业的发展来看，结构性变化十分明显。各地区对传统产业的倚重程度越来越低，第三产业在经济结构中的比重越来越高，有些地方还占据了举足轻重的地位甚至"半壁江山"。几年来，旅游业的迅速发展在第三产业中尤为显著。特别是1999年国务院出台新的法定休假制度，五一、十一两个7天长假，培育了红红火火的假日经济。第一个"黄金周"到来时，大江南北，人来人往，消费热浪滚滚，旅游收入141亿元。2000年十一长假，国内旅游再掀热浪，全国旅游人数超过5500万人次，旅游综合收入超过220亿元。到2001年，国内出游人数达到7.84亿人次；我国旅游接待入境人数达8900万人次，快速发展为世界最大的旅游市场。据统计，2001年我国旅游收入已近5000亿元人民币，相当于国内生产总值的5.5%。[1]

按照整体推进技术进步和产业升级的要求，以国家级高新技术开发区为核心，一批城市正逐渐成为全国新兴产业基地。其中，北京、上海、深圳引领中国高新技术的局面尤为引人注目。国家科技部和长城企业战略研究所2002年初发表的一份报告说，京、沪、深三地是各自区域的增长极，且在产业发展方面各有千秋，在自身创新经济活跃发展的同时，也向外显示出愈来愈强的辐射功能。[2]

北京市积极推进工业经济的战略性调整，大刀阔斧淘汰和改造能耗物耗高、污染重、技术含量低的传统产业，加快发展电子信息、生物工程、新医药、光机电一体化等新兴产业。北京致力于把中关村科技园区建设成为全国知识经济的核心，同时进一步扩大创新空间，部分郊县工业园也逐步成为高新技术产业带的组成部分，并且沿京津高速公路向外辐射形成高新技术产业带。北京经济技术开发区已拥有中国北方微电子基地、北京集成电路设计园、生物芯片国家工程研究中心以及诺基亚星网工业园等国家产业化基地，并初步形成了生物技

---

[1] 参见《燕赵都市报》2002年5月20日。
[2] 参见新华网2002年5月16日。

术与新医药、微电子产业、数字技术与电子信息、电力电子技术与光电一体化、材料科学与新能源等五大支柱产业。其中，尤其以电子信息为代表的高新技术业发展最为迅速。2001年高新技术产业实现总产值1222亿元，占工业总产值的43%，其中电子信息产业实现产值846亿元，占全部高新技术产业产值的69%。

上海着力构筑产业新基地，已形成由漕河泾新兴技术产业开发区和张江高科技园区、大学科技园区等6个科技园区组成的高新技术产业园区，技术领域门类比较齐全，层次比较合理。以这些开发和技术园区为动力源，上海全面拉开打造微电子产业基地的帷幕。上海是长江三角洲经济的龙头，与上海紧密相连的南京、苏州、无锡、常州、镇江、南通、杭州、宁波、绍兴、嘉兴、湖州、温州12个城市，逐渐接受上海部分产业的转移，构建环上海的高新技术生产基地和出口基地。这些城市的国家级开发区正加快与上海的有序联动、优势互补，以迅速形成以上海为中心的沿沪宁、沪杭甬两条高速公路延伸的高新技术产业带。初步的分工格局是：苏州为电脑产品生产基地，杭州为通信产业基地，常州为精密机械产品生产基地，无锡为集成电路产业基地。

深圳十年如一日，倾心发展高新技术产业，成为中国高新技术产业最早的基地之一。在广东，流传着"深圳造就东莞"的故事。深圳开始致力于产业升级时，属于传统产业的服装、制鞋、箱包等"三来一补"企业生存环境发生变化，纷纷离开深圳到附近的东莞安家落户。结果1998年，深圳的出口增长率仅为3.6%，东莞却高达25%，成就了东莞外向型经济的发展。但随之而来的，是"产业梯度转移"效应的展现。在此期间，深圳的高新技术产品产值每年有50%以上的增长，至2001年在全市工业总产值中所占比重已升至42.3%。随着高新技术产业为主的经济规模不断扩大，深圳对整个珠江三角洲地区的扩散功能不断增强。深圳市2001年加工贸易出口完成312亿美元，占全市外贸出口总值的84%，其中高新技术产品出口达110多亿美元。从信息行业的产值总额上看，深圳已领先于上海和北京，成为全国信息技术产品的最大生产基地。

六、区域经济结构调整迎来历史机遇

关于区域发展的"两个大局"战略构想

区域经济结构的调整，是我国经济结构调整的一个重要组成部分。在20世纪即将结束，21世纪快要到来的历史时机，按照邓小平关于我国区域经济发展的"两个大局"的思想，根据我国的可持续发展必须充分发挥各地区的比较优势、逐步缩小地区差异的客观要求，中共中央、国务院适时地做出了实施西部大开发的重大战略决策。这是一个带有全局性的大思路、大战略，是一项规模宏大的系统工程。它为中国特色社会主义事业在21世纪的发展开辟了广阔的前景，提供了前所未有的历史机遇。

中国是一个区域经济、文化、社会发展很不平衡的大国。东西部地区发展不平衡，历来是关系现代化全局的重大问题。在新中国成立初期，根据区域发展不平衡的历史状况以及存在帝国主义战争威胁的国际环境，我国曾实行把工业建设重点从沿海逐步移向内地的方针，有学者概括为"均衡战略"。在第一个五年计划建设时期，全国固定资产总投资中有53.5%投在中西部地区；苏联援建的156个基本建设项目中，有4/5分布在内地。到上世纪六七十年代，国家在西部地区进行了大规模的"三线"建设，在西部地区共形成固定资产原值1400亿元，约占全国固定资产的1/3，初步形成了具有一定规模、以重工业暨国防工业为主体，门类大体齐全的工业体系，建成或初步建成一批国有骨干企业。这对于改变中国区域经济严重不平衡的格局，促进中西部地区的发展，初步缩小地区差距，起到了积极的作用。

毋庸讳言，直到"文化大革命"结束以前，我国在中西部的工业建设实际上付出了高昂的代价。那个年代主要是从国际形势紧张、战争威胁严重的估计出发，"三线"建设在部署上要求过急，摊子过大，许多项目考虑不周，仓促上马；出于一切服从于战备的考虑，重工、军工项目安排过多，且项目不配套，而对如何协调区域经济的发展缺乏整体考虑和规划；另外，在建设方针上强调"山、散、洞"的原则，许多重要项目建在偏远山区，分散闭塞，交通不便，给生产、生活造成诸多困难，具有很大的盲目性和片面性。历史地看，我国"三线"建设有得亦有失，既为中西部发展打下初步基础，也存在较大失误，有相当一部分项目损失浪费严重，不能及时发挥效益或效益低下，长期未能形成综合生产能力。十一届三中全会以后，中央对"三线"工业进行了调整，许多国防军工企业通过技术改造，逐步转为民品生产或军民品结合生产，开始面向市场，逐渐提高和发挥了经济效益。

改革开放之初，国家一开始实行以发展东部沿海地区为重点，以提高经济效益为目标的区域发展方针。整个经济布局、投资重点和相关政策向东部倾斜，大大加快了东部地区的发展，同时带动了中西部一些地区的开发。这是从过去的"均衡战略"转向"非均衡战略"阶段。到20世纪80年代末，我国各地区大体上都实现了工农业总产值翻一番的第一步战略目标。由于之前实行"非均衡"战略，中西部地区和东部地区在投资增长速度和在总投资中所占份额、资金积累能力、国家投资的配套能力、对外引资能力以及对外开放的环境条件等方面的差距，愈来愈突出地显现出来。

总结我国区域发展的实践经验，1988年10月邓小平提出了"两个大局"的战略构想。他指出："沿海地区要加快对外开放，使这个拥有两亿人口的广大地带较快地发展起来，从而带动内地更好地发展，这是一个事关大局的问题。内地要顾全这个大局。反过来，发展到一定的时候，又要求沿海拿出更多力量来帮助内地发展，这也是个大局。那时沿海也要服从这个大局。"[①] 关于何时实行这"两个大局"的转换，邓小平在1992年南方谈话中指出，"可以设想，在本世纪末达到小康水平的时候，就要突出地提出和解决这个问题。到那个时候，发达地区要继续发展，并通过多交税和技术转让等方式支持不发达地区"[②]。就是说，在经历一段非均衡发展，积累了较强的经济实力和综合国力之后，要适时地向区域经济均衡发展这个大局转变。

改革开放20年来，我国尚未解决基本温饱问题的居民，主要集中在中西部的老、少、边、穷地带。这种状况既不利于社会的稳定，也影响区域经济的运行效率和国民经济整体的发展。为此，从制定"九五"计划开始，国家对区域经济发展作了重大调整，明确提出东西部地区协调发展的方针，要求更加重视支持内地的发展，实施有利于缓解地区差距扩大趋势的政策，并逐步加大力度，积极朝着缩小差距的方向努力。"九五"期间，国家采取积极措施为区域经济发展重点西移准备条件。首先是加大对中西部基础设施建设和重要资源开发的力度。重大工程项目在中西部建设的比重大大增加。如耗资巨大的长江三峡水利枢纽工程、黄河小浪底水利枢纽工程；南昆铁路、兰新复线、新疆吐鲁番—哈密的铁路建设；塔里木盆地石油开发；图们江三角洲开发区和晋陕蒙能源基地的建设等，对周边地区产生了巨大影响。

1994年我国实行税制改革后，国家逐步取消了经济特区和开放城市、开放地带对外商投资的税收优惠，但仍允许中西部地区继续给予适当优惠，鼓励和吸引外商投资向中西部扩展。1995—1997年，外商直接投资在中西部地区总投资中的比重由9.6%提高到13%。随着东部地区产业结构升级和经济发展集约化程度的提高，一些传统的劳动密集产业通过联合经营等多种方式，逐渐转移到中西部地区生产。如，约有85万棉纺锭正由东部迁往中西部，制糖工业也从广东、福建向广西、云南、新疆转移。此外，国家增加了促进地区协作的基金，提高了对区域发展的调控能力。这些措施，使中西部与东部经济增长率的差距有所缩小。但是，东部地区占国内生产总值一半以上且不断增加的格局，还没有根本改变。

---

① 《邓小平文选》第三卷，北京：人民出版社，1993年，第277—278页。
② 《邓小平文选》第三卷，北京：人民出版社，1993年，第373—374页。

总揽全局提出实施西部大开发战略

1997年中共十五大以后，国家宏观经济政策向积极的财政政策转变，促进了"九五"计划后三年建设任务的顺利完成，我国综合国力显著增强，全国基本实现小康的第二步战略目标可望实现，促进区域经济协调发展的体制条件和政策环境也发生了一些深刻的变化。至此，突出地提出和解决东西部发展不平衡问题的时机和条件已趋于成熟。

1999年6月17日，江泽民主持召开西北五省区国有企业改革和发展座谈会，就加快中西部地区发展发表重要讲话。他说，加快开发西部地区，是全国发展的一个大战略、大思路。改革开放以来，沿海发达地区运用自身较好的经济基础、优越的地理位置和国家支持的政策，经济和社会发展已经积累了相当的实力。现在，加快中西部地区开发的时机已经到来。西部地域广大，自然资源丰富，有巨大的发展潜力，也是一个巨大的潜在市场。加快发展西部地区，可以促进各种资源的合理配置和流动，为国民经济的发展提供广阔的空间和巨大的推动力量。[①] 这是中共中央统揽全局，发出实施西部大开发战略的第一声号令。

1999年11月，中共中央、国务院召开中央经济工作会议。会议从调整地区经济结构，促进区域经济、城乡经济协调发展的高度，把实施西部大开发战略列入党和国家的工作日程。会议强调：不失时机地实施西部大开发战略，直接关系到扩大内需、促进经济增长，关系到民族团结、社会稳定和边防巩固，关系到东西部协调发展和最终实现共同富裕。西部大开发是一项宏大的工程，必须统筹规划，突出重点，有步骤、分阶段地实施。国家要逐步加大对西部地区的投入，并通过政策引导吸引更多的国内外资金、技术和人才。

2000年3月，九届全国人大三次会议通过的《政府工作报告》，进一步对当前和今后一段时期要集中力量抓好的几个方面的工作做了具体部署。国务院确定：中国西部开发的区域范围，包括新近设立的重庆直辖市、四川省、云南省、贵州省、西藏自治区、陕西省、甘肃省、青海省、宁夏回族自治区、新疆维吾尔自治区、内蒙古自治区和广西壮族自治区（统称西部地区），共计12个省、直辖市、自治区，国土面积685万平方公里，占全国陆地总面积的71.4%；1999年末人口3.58亿人，占全国总人口的28.5%；国内生产总值1.54万亿元，占全国的17.5%。后来，国务院又决定把湖南省湘西土家族苗族自治州、湖北省恩施土家族苗族自治州、吉林省延边朝鲜族自治州，包括在西部开发的区域范围内。这样，全国总共30

[①]《江泽民文选》第二卷，北京：人民出版社，2006年，第342—343页。

个少数民族自治州全部纳入大开发之列。

西部地区不仅地域广阔，而且具有可持续发展多方面的有利条件：

——能源矿产资源比较丰富。水能资源占全国的80%以上，天然气储量占70%以上，煤炭储量占60%左右，还有稀土、钾磷、铜铝铅锌镍等贵稀矿产资源，我国已发现的160种主要矿产中，西部地区均有相当储量。

——农牧业资源条件得天独厚。西部地区地域辽阔，未利用土地较多，草地面积占全国的2/5，耕地面积占全国的1/4以上，水资源年均总量占全国的一半左右，光热资源丰富，气候类型多样，物种资源独特，农业和农村经济发展的潜力很大。

——旅游资源具有组合优势。历史上，西部曾经是中国最繁荣的地区之一，有过著名的"丝绸之路""开元盛世""西夏王朝"等。西部地理风貌独特、民族风情多样、人文遗迹丰富，自然、社会与文化因素相结合，使西部旅游资源独具魅力。

——市场潜力大，劳动力成本低。西部地区有3亿多人口，仅四川、重庆两省市就有1.2亿人，目前人均收入水平还比较低，劳动力平均成本只有沿海地区的40%左右，未来经济增长的空间广阔，人力资源的开发也有很大潜力。

——产业和技术发展已有一定基础。新中国成立后，"一五""二五"计划和"三线"建设时期，在西部地区布局了一大批项目，所建成的老工业基地、国防工业企业、科研院所和高等学校，是一些重要技术及其人才集中的地方，具备了生产协作配套的基本条件。

——西部地区是通往亚欧一些国家的重要通道。它与周边十几个国家接壤，是东亚地区及我国东中部地区通往中亚、西亚、南亚和东南亚以及蒙古、俄罗斯的陆地必经之路，发展对外经济贸易大有可为。

西部地区经济和社会发展的制约因素主要是：西部地区基础设施仍然薄弱，水利设施不足，交通路网单薄，电网建设落后，电话普及率较低；生态环境恶化问题突出，林草植被减少，水土流失严重；经济结构不合理，农业生产条件较差，工业技术水平较低，资源优势尚未形成经济优势，第三产业发展滞后，企业机制不活，市场化程度低，对外开放水平不高；贫困地区、边远民族地区、老工业基地困难较多，社会事业发展水平较低。因此，实施西部大开发，是一项规模宏大的系统工程和十分艰巨的历史任务。

西部地区横跨5个民族自治区，又有20多个少数民族与境外同一民族跨国界而居。通过开发西部促进民族地区的经济发展，改善少数民族的生活条件，是维护民族团结、保持边疆稳定、巩固国防的有力保障。

根据西部地区历史与现实的情况，中央确定西部大开发的重点工作是：加快基础设施建设；切实加强生态保护和建设；积极调整产业结构；大力发展科技教育，加快人才培养；加大改革开放的力度；不断提高人民生活水平。这些工作部署，体现了调整区域经济结构、促进区域经济协调发展的新思路。

乘潮而起扎实推进振兴西部的伟业

中共中央发出西部大开发动员令之后，国务院迅即展开实施。1999年全国计划会议确定在西部新开工建设十大工程，安排310亿元投资用于西部在建的78个大中型项目。国务院成立西部开发领导小组办公室，先后出台一系列配合大开发战略的政策措施。2000年起，国家计划把国债投资和国家拨款的70%投向中西部地区，把外国政府提供的优惠贷款和国际金融组织对中国贷款的70%投入中西部地区建设。西部各省、市、自治区抓住这一历史机遇，加紧制定各自的发展蓝图。东部地区的企业家纷纷把目光转向西部，掀起西部建设投资的热潮。物产丰饶、人文荟萃的我国西部地区开始了新的崛起。

2000年，西部地区交通、能源和水利建设积极进行。西安至南京和重庆至怀化铁路、重庆轻轨、青海涩北经西宁至兰州输气管线等新开工项目进展顺利。年终岁尾，甘肃5条高等级公路同时通车，兰州、敦煌两个机场扩建相继完工。兰州结束了没有立交桥、没有高速路的历史；甘肃终结了只能起降小飞机的历史。加上宝（鸡）兰（州）铁路二线106公里路段开通，构筑了甘肃省公路、铁路、航空三足鼎立、快速发展的交通事业的新格局。2000年11月，贵州省洪家渡水电站、引子渡水电站、乌江渡水电站扩机工程同时开工建设，标志着西部大开发"西电东送"重点工程全面启动。

在生态环境保护和建设方面，退耕还林、天然林保护工程、环京津风沙源治理、天然草原的恢复和建设等生态建设工程进展顺利。退耕还林还草试点工作稳步推进，2000年试点地区共完成退耕还林还草面积579万亩（累计面积1129万亩），占计划的102%；完成宜林荒山荒地造林种草717万亩，占计划的102%；平均造林合格率达90%以上。

除了加大西部开发的投资力度外，西部地区人才开发、科技教育和社会发展的步伐明显加快。从2000年开始，国家有关部门重点选取并启动了涉及环境保护与生态建设和优势资源增值转化两大方面的19个项目示范工程，表明西部地区国家高新技术产业化建设取得可喜进展。此外，东部地区与西部地区之间、西部大中城市与贫困地区之间中小学教育对口支援开始实施，国家支持贫困地区义务教育工程也向西部地区倾斜。

2001年"十五"计划开局，当年国家支持西部开发的国债资金和预算内资金大大超过上年；新开工12个重点工程，工程总投资约3000亿元；青藏铁路、西电东送、西气东输、公路国道主干线、江河上游水利枢纽、青海钾肥、退耕还林、防沙治沙等20多个重点工程相继启动。这些纵横交错的巨大工程，正以恢宏的气势在中国大地上，自西向东、从南向北纵横延伸，不但改善着西部地区的基础设施和生态环境面貌，而且有效配置了各种资源，扩大了内需，为国民经济的持续发展提供了广阔的空间和巨大的推动力。

在中央财政和铁道、交通、水利、农业、林业、人事、民族、税务、环保等各部门以及国家开发银行、国有与民营商业银行的有力支持下，在东部地区政府和企业、中西部各省、市、区政府和广大干部群众的通力合作下，我国的西部大开发在交通、能源、生态环境建设和科技教育、民族团结、社会发展等各个方面，都取得了令世人瞩目的进展。

2001年6月29日，西藏各族人民热切盼望的高原大动脉——青藏铁路格尔木至拉萨段全线开工，进展顺利，列车驶上世界屋脊的日子已不再遥远。10月13日，西安—南京铁路全线铺轨正式启动，这是我国铁路"八纵八横"路网的重要骨架，将开辟西北、西南至中南、华东地区的便捷通道。2001年12月15日，全长1709公里，贯穿四川、贵州、广西三省区的西南公路出海通道，正式建成通车，将西南地区成都、贵阳、南宁等重要城市与西南地区唯一的出海口——广西的防城港、北海港、钦州港连接起来，为大西南地区提供了一条快速、便捷的出海公路运输通道。这是我国国道主干线"两纵两横三个重要路段"的组成部分。

2002年2月5日，西部大开发标志性工程"西气东输"宣布5个试验段正式开工。这项总投资723亿元、2005年年初实现新疆至上海正式通气的工程，不仅将造福于沿线西、中、东部各省、区人民，而且对优化我国能源消费结构、改善环境具有重要战略意义。中央批准西气东输工程实行新的投资体制，在上游气田开发、管道建设和下游天然气销售上，都对外资采取了开放政策，同国内外金融界各项谈判进展顺利。西气东输工程将成为我国最大的中外合资项目之一。

中国实施西部大开发3年以来，外商直接投资西部的合同金额大幅上升。国际石油巨头英荷壳牌集团、埃克森美孚公司与俄罗斯天然气工业股份公司联合投资建设西气东输工程，香港中华电力公司在贵州投资建设西电东送工程，香港商人在四川投资建设成都至绵阳高速公路，法国公司在成都以BOT方式建设城市供水厂，英国BP公司在重庆投资建设醋酸项目……在西部一大批重大项目的建设工地上，活跃着外商和外国工程技术人员的身影。美国可持续发展专家、前总统经济政策顾问安德森表示，中国进行西部大开发是全球可持续发展的一个重要组成部分，中国的发展模式将会对世界的发展作出重大贡献。

至 2005 年，西部大开发实施 6 年来，GDP 翻一番，平均每年增长 10.6%，超过全国 9.4% 的增长率。青藏铁路、西电东送、西气东输、水利枢纽等标志性项目已建成使用，累计投资金额达 1 万亿元人民币。人口 3000 万的新设直辖市重庆，已经吸引世界 500 强中超过 30 家巨型企业的投资。跨国巨头争相西进，在成都等城市建立研发中心，因为那里有廉价成本和受过良好教育的人才。

当然，西部大开发仍存在一些不容忽视的问题，包括西部的贫困问题仍未得到根本解决；地区差异仍呈扩大势态；西部地区开放程度较低，开发资金来源紧缺；科技教育体系仍不健全；投资环境问题成为西部招商引资的最大障碍等。由于政策调整关系，经济差距形成明显的社会差距，一部分地区和群体处在弱势，经济成果不能惠及社会各方面。有分析人士认为，"十五"期间，西部的 GDP 总量基数低，政府投资一拉动，经济增量变大，比较容易翻番。而到了"十一五"期间，这两个因素不存在了，基数变大，增量相对地不会比过去更大，所以西部地区要继续快速发展将遇到一定难度。

为了促进西部经济增长，西部地区今后将大力发展能源及化工、重要矿产开发及加工、特色农牧业及加工、重大装备制造、高技术产业和旅游与文化等六大类特色优势产业。中国国家信息中心有关专家表示，根据当地比较优势和自然禀赋，西部发展六大产业是有条件的，西安、成都、重庆等地拥有较强的工业基础，以前老三线建设在这里有一批产业、企业。六大优势产业中的能源及化工产业，由于油气资源接续区都在西部，油气资源及深加工、重化工项目投入很大，产值都很大。在国家政策的扶持和全国一盘棋的协同下，广袤辽阔的西部地区势将展现经济社会振兴的美好前景。

第八章 诸方协同

中共十五大以后，我国改革开放进入城乡内外、科教文卫各个领域统筹发展，国计民生、社会保障各项事业协同推进的阶段。在农村，继续深化改革，调整和优化农业结构，促进乡镇企业二次创业，启动税费改革减轻农民负担。在社会领域，大力推动科技创新，深化教育改革，促进社会文化繁荣发展取得重要进展。深入进行外贸体制改革，推动对外贸易总额快速增长。中国加入世界贸易组织（WTO）的谈判旷日持久终获成功，使中国经济得以广阔的市场空间和发展潜力与国际经济进一步互接互补，推动经济全球化最终朝着均衡、普惠、共赢的方向发展。

一、推进农村改革与发展再创新

坚持家庭承包经营制度长期稳定

改革开放以来,我国农村发生了一系列深刻的变革:突破了政社合一的人民公社体制,实行以家庭联产承包为基础、统分结合的双层经营体制;突破了"以粮为纲"的单一结构,发展多种经营和乡镇企业,全面活跃农村经济;突破了统购统销制度,面向市场,搞活农产品流通;突破了单一集体经济的所有制结构,形成了集体经济为主、个体私营经济共同发展的格局,给农村带来翻天覆地的变化,广大农民生活明显改善。中共十四大后,农村家庭承包经营不仅在基本政策上是明确的,而且得到法律保障。然而,在农村改革发展的实践中,每当农业出现波动时,仍有人提出家庭承包经营"不适用论",一些地区更是借着搞规模经营、产业化、结构调整等名义,采取多留机动地、搞高发包价、中止承包合同等各种方式收回农民的土地承包经营权,这在农村中造成很多混乱。许多干部群众反映说,农民最希望的就是家庭承包经营的政策不要变。只要政策稳,农民就有了"定心丸"。

1998年9月22日,在纪念农村改革20周年之际,江泽民专程到农村改革发源地安徽省凤阳县小岗村考察。针对那些动摇农村经济基本制度的倾向和做法,江泽民指出:深化农村改革,首先必须长期稳定以家庭承包经营为基础的双层经营体制。这是党的农村政策的基石,任何时候都不能动摇。"稳定家庭承包经营,核心是要稳定土地承包关系。这既是发展农业生产力的客观要求,也是稳定农村社会的一项带根本性的措施。中央关于土地承包的政策是非常明确的,就是承包期再延长三十年不变。而且三十年以后也没有必要再变。"[①]

10月,中共十五届三中全会通过了《中共中央关于农业和农村工作若干重大问题的决定》,进一步明确:家庭承包经营,"不仅适应以手工业劳动为主的传统农业,也能适应采用先进科学技术和生产手段的现代农业,具有广泛的适应性和旺盛的生命力,必须长期坚持"。[②]1999年3月九届全国人大二次会议通过《宪法修正案》,把"以家庭承包经营为基础、统分结合的双层经营"作为农

---

① 《江泽民文选》第二卷,北京:人民出版社,2006年,第213页。
② 中共中央文献研究室编:《十五大以来重要文献选编》(上),北京:人民出版社,2000年,第561页。

业基本经营制度载入根本大法。

为了长期稳定土地承包关系，完善家庭承包经营制度，中央进一步就延长土地承包期30年的政策作出具体规定：一是要求第一轮承包期到期的地方，一律将土地承包期延长30年不变。对于随意缩短承包期、收回承包地、多留机动地等错误做法，要切实纠正。二是在土地承包经营期限内对个别承包经营者之间承包土地做适当调整的，必须经村民会议2/3以上成员或者2/3以上村民代表的同意，并报乡镇和县级农业行政主管部门批准。三是实行土地适度规模经营必须坚持具备条件和群众自愿的原则，不许强制。四是抓紧制定确保农村土地承包关系长期稳定的法律法规，赋予农民长期而有保障的土地使用权。

在稳定土地家庭承包权的同时，允许土地使用权依法有偿转让。1995年3月国务院批转《农业部关于稳定和完善土地承包关系的意见》中提出，在坚持土地集体所有和不改变土地农业用途的前提下，在承包期内允许土地使用（经营）权依法有偿转让；少数经济比较发达的地方，本着群众自愿原则，可以采取转包、入股等多种形式发展适度规模经营，提高农业劳动生产率和土地生产率。2001年中央进一步提出：土地使用权的流转必须在坚持家庭承包经营制度的前提下进行，必须坚持"依法、自愿、有偿、规范、有序"的原则。承包期内土地使用权流转的决策权在农户，流转收益也应归承包农户。乡镇政府和村级集体经济组织不能剥夺农户的自主决策权强迫流转，更不能在土地使用权流转中侵犯农民的利益，把截留土地流转收益作为乡村增收的手段。[①] 在中央政策的推动下，农民土地使用权有偿转让已呈现出多样化的形式，除转包、转让外，还有租赁、入股、抵押等多种形式。

经过近20年的改革和发展，我国农业和农村经济出现新的形势。从总的方面看，1995—1997年农业连续丰收，农产品供求关系格局发生了重大变化，主要农产品的供给较为充裕，部分农产品由过去短缺转变为大体平衡。粮食生产能力3年提高5000万吨，上了一个新台阶，进入总量基本平衡、丰年有余的历史阶段。这是从中央到地方支持和加强农业发展的重大成果。这一期间，在农业、农村、农民问题上也出现了一些新情况和新问题。

第一是主要农产品销售不畅，价格下跌。粮食储备达历史最高点，储备费用和超储库存补贴激增，粮价和销售量下降又使亏损增加，财政负担加重。农业生态环境继续恶化，生态问题更尖锐地提了出来。第二是乡镇企业过去为弥补短缺经济不足而兴办的小煤炭、小水电、小水泥、小纸厂、小化肥五小企业，

---

① 温家宝：《在全国农村"三个代表"重要思想学习教育工作电视电话会上的讲话》，《人民日报》2001年7月11日。

因浪费资源、污染严重而面临关闭。乡镇企业普遍存在的政企不分、重复建设、银行贷款沉淀等问题，导致生产增幅下降，新吸收劳动力的数量减少，亏损面扩大，经营状况比较困难，急需二次创业。第三，由于农产品市场竞争激烈、生产成本和销售价格波动、消费需求变化等原因，农业生产出现增产不增收情况。

新的形势变化表明，在农产品基本摆脱短缺的情况下，增加农民收入已成为农村经济发展中的主要矛盾，而农民收入的增加，除继续努力减轻其负担外，主要依赖于农产品流通的搞活、农业结构的调整和优化以及乡镇企业的进一步发展。

深改粮食流通体制理顺购销关系

努力解决"三农"问题的一项迫切工作，是理顺我国的粮食购销体制。粮食是关系国计民生的战略物资，在粮食供求初步平衡、丰年相对有余后，建立适应社会主义市场经济要求和中国国情的粮食流通体制，对于保证粮食安全、经济发展和社会稳定具有重大意义。

20世纪90年代以来，我国曾几次改革粮食流通体制，但基本没有打破"大锅饭"的旧格局。就突出问题来看，一是国有粮食系统冗员过多，400万职工只有1/4在一线工作，成本费过高，相当一部分粮款被"大锅饭"吃掉了；二是国有粮食企业亏损包袱越来越重，1997年末，全国粮食企业历年亏损和不合理资金占用有2000亿元的窟窿，其重要原因是政企不分，大量经营亏损与政策性亏损混在一起，使财政不堪重负；三是粮食价格形成机制不完善，粮食风险基金保障能力不足，粮食企业经营机制转换滞后，加剧了市场的波动。这既不利于保护农民的生产积极性，也不利于保护消费者的利益，严重制约了粮食生产和流通。

为了解决粮食生产与购销方面的矛盾和问题，1998年3月，国务院总理朱镕基在中外记者招待会上宣布，本届政府施政纲领的五项改革之一，就是深化粮食流通体制的改革。本次改革的原则为"四分开、一完善"，即政企分开、储备与经营分开、中央与地方责任分开、新老财务账目分开，完善粮食市场的价格形成机制。随后又提出"按保护价敞开收购农民余粮、粮食收储企业实行顺价销售、粮食收购资金封闭运行"的三项政策，粮食流通体制改革由此展开。

在粮食阶段性供大于求、市场粮价低迷的情况下，政府按保护价收购农民余粮，有利于稳定市场粮价、稳定粮食生产、保护农民种粮积极性。但在实际操作中超出了原来政策设计的预想。一是按保护价收购不适当地排除了流通环节的私人粮商；二是有些粮企利用顺价销售，把营运成本摊入销售价格，实际转嫁到消费者身上，导致粮食的市场需求量走低。针对出现的问题，政府逐步调整和完善粮改方案，在销区取消粮食定购任务，放开市场，放开粮价，放开私人粮商经营，并在浙江率先进行粮食购销市场化改革。2000年7月，国务院确定了"放开销区，保护产区，省长负责，加强调控"的粮改思路，将销区放开的范围从浙江扩展到8个省区，使粮食流通体制向着市场化方向迈出了一大步，很快取得明显效果。

以最早进行粮食购销市场化改革的浙江省为例，农业资源配置和粮食经济的运行发生了可喜的变化，出现了"农业增效，农民增收"局面。主要表现在以下四个方面：

第一，从"定购"到"订单"，确立了新型的粮食产销关系。全省粮食购销、加工企业与99万户农民签订了高达64万吨的粮食订单，相当于2000年全省粮食订购任务的55.7%。不少地方对优质品种粮食实行优质优价，订单农业调动了农民种植"高效粮食"的积极性。

第二，粮食市场体系建设全面启动。杭州、宁波、温州等大中城市口粮批发市场，金华、衢州、嘉兴等饲料粮批发市场，沿海港口粮食进出口中转市场，三个层次分明的粮食市场体系已经形成。同时，粮食市场主体日渐多元化，省内各级粮食批发市场从事粮食经营的非国有企业已占到80%以上。

第三，优势互补促进农业区域结构的优化。全省进一步调减了粮食播种面积，用于扩大蔬菜、瓜果、花卉苗木等经济作物和出口农产品生产。随着浙江粮食市场的全面放开，黑龙江、湖北、江西等粮食主产省纷至沓来，省际粮食购销合作得到迅速发展。

第四，促进了农业结构优化调整。浙江全省涌现出300多个万亩以上的效益农业产业带，提高了农业的效益和农民收入。2001年浙江农民来自农业的收入增长了10.1%，在全国独树一帜。

从发展的眼光来看，放开销区的粮改方案还是一个过渡方案。粮改涉及方方面面的复杂利益关系和约束条件，需要有一个过渡时期。但只有加快实现全国范围的粮食购销市场化，才能真正搞活粮食流通，促进农业增效和农民增收。

引导农民调整优化农业结构布局

解决"三农"问题的关键之一，是调整和优化农业结构。实际上，不少农产品出现滞销降价，只是一种结构性的相对过剩。中国是一个自然灾害较多的国家，在农业生产靠天吃饭的格局还没有根本改变的情况下，必须做好以丰补歉、防灾救灾的准备。因此，政府坚持把农业放在一切工作的首位，增加对农业的投入，特别是抓了以水利为重点的农业基本建设，努力改变农业的生产条件。积极引导农民调整和优化农业结构，提高农产品的品质，以适应市场和人民生活日益提高的需求。

如粮食，在坚持稳定增产、确保供求总量平衡的前提下，把提高粮食质量放在首位。一方面压缩市场滞销的低质早籼稻的生产，依托科技优势，加快推广优良早稻品种；另一方面积极增加市场供应不足的专用粮食的生产，以减少进口专用小麦、饲料玉米等的数量。

又如棉花，对其生产布局也进行了合理调整，其中生产优质棉的新疆棉区，努力稳定种植面积，并着力解决棉花的调运问题；冀、鲁、豫和长江流域棉质差的部分地区，则适当减少种植面积，以平衡供求，稳定棉花价格。此外，畜牧业、渔业、果品业、蔬菜业等的生产，也都根据各自的特点和市场需求的变化，调整品种结构，提高产品质量。

在优化农业结构中，生物技术、信息技术等高新技术的研究与开发应用，在加快优良品种选育和繁育方面，发挥了越来越大的作用。以中科院院士袁隆平为首的杂交水稻研究人员，成功地使水稻在利用三系法杂交大面积高产的基础上，品质有了很大的改善，对促进粮食结构的优化发挥了重要作用。

再如，由28个省区财政部门支持建立的安徽蚌埠、河南博爱等31个有一定规模的现代科技示范园区，将农业科研成果与先进种植技术综合配套应用，培育和推广了包括各类反季节蔬菜水果、特种畜禽水产、新品种粮油等一大批优质农产品，在1998—1999年短短一年多时间里，已经显示了强大的生命力和产生了巨大的经济效益。

此外，在加强科技对农业的投入的同时，结合大江大河的治理和环保工程的建设，把过度开垦、围垦的土地，有步骤地退耕还牧、还草、还湖，注重了土地资源的合理利用。

积极推进乡镇企业的第二次创业

解决"三农"问题的另一个关键，是推进乡镇企业的二次创业。乡镇企业是实现农业现代化和农村小康的必由之路，也是城乡接合实现我国工业化、城镇化的特有道路。20世纪90年代以来，我国农民收入有1/3来自乡镇企业，乡镇工业的增加值占全国工业的半壁江山。在我国进入买方市场后，发展乡镇企业既是继续加强农业、稳定农村、提高农民收入的关键，又事关启动农村市场，促进国民经济良性循环的大局。中央强调发展乡镇企业是一个长期方针，也是一项大的战略。

1996年10月颁布的《乡镇企业法》，明确了乡镇企业不是一般意义的中小企业，而是植根于农业、农村、农民的企业。面对几年来商品低水平过剩的形势，乡镇企业着重进行了调整和优化结构、加快技术创新、深化企业改革的工作。鉴于乡镇企业的产权模糊，地方政府平调企业财产和干预企业生产经营的情况比较突出，各地普遍进行了乡镇企业产权制度改革。一是股份合作制企业大量增加，约占乡镇集体企业的15%；投资主体和产权主体走向多元化和混合化，非集体资本占集体企业资本总量的比例已达62%。二是多种形式的经济技术联合发展很快，加速形成了以资产为纽带的集团，其营业收入在乡镇企业总量中的占比大幅提升。三是企业承包、租赁、兼并、拍卖、破产等项改革措施配套进行，盘活了存量资产。四是农民新办个体经济大量增加，原有集体企业也转制一部分成为私有，使农村个体、私营经济发展步伐明显加大，成为乡镇企业发展中一个重要的增长点。

乡镇企业经过近20年发展，生产经营涉及国民经济许多领域，但并不具优势，而且多数企业素质较低，特别是进入买方市场后，竞争力明显下降。为此，各地加快了结构调整步伐。在乡镇企业比较发达的地区，对于矿产资源型企业，除少数已有一定规模，管理、技术和治理污染达到一定水平的企业仍然保留外，其余有的被淘汰，有的利用所积累资金另寻新路。如山西省农村小煤矿按国务院有关规定关停后，有相当一部分人组织成建筑施工队，走向建筑市场。

农副产品加工企业进一步发展，并与农业产业化经营有机结合。全国从事农副产品加工的35万家乡镇企业中，有越来越多的企业利用农副产品的资源优势，实行种植、养殖、加工与贸工农一体化经营，或与"米袋子""菜篮子"工程相结合，成为带动农业产业化经营的龙头企业。不仅对农副产品深度加工，大幅度增加附加值，而且积极发展储藏、保鲜和运销等，从生产到流通扩展自己业务，并从原料到成品注意质量的提高，形成了一批受市场欢迎的名牌产品，成为乡镇企业增长的主力，有力地促进了乡镇企业与农业的良性循环。

在结构调整中，乡镇企业注意与城市企业协调、互补，按照国家的产业政策，发展与大企业配套产业，主动转向环保或其他有特色企业；利用小企业灵活的优势，进一步推动产学研结合，发展高新技术产业；结合小城镇的建设，发展第三产业。在结构调整中，凡是比较成功的企业，都加强了技术改造，不断提高产品的技术层次，加速科技成果的转化。这几年在我国转让的专利技术中，有一半以上被乡镇企业购买，有的集团企业还自办了科研所，不断消化、吸收、创新技术能力。总的来看，技术进步在乡镇企业的经济增长贡献份额中已达45%以上。乡镇企业二次创业进展顺利。

减轻农民负担启动农村税费改革

农民收入水平是衡量一个国家现代化进程的重要指标之一,它既反映了农民生活水平的高低,更反映了农业现代化建设的实际能力。中共十五大以来,党和国家把农民增收放在整个国民经济的突出位置,列为重要的政策目标之一。但总的来说,城乡居民收入差距仍然较大。2001年,全国城镇居民人均可支配收入为6859.6元,比农村居民人均纯收入高出1.9倍。这表明增加农民收入的工作依然任重而道远。

增加农民收入与减轻农民负担,是二而一的问题。在实行家庭联产承包制的条件下,我国农民的负担主要包括以下四个方面:一是依法向国家缴纳的税收,主要是按照1958年《中华人民共和国农业税条例》规定缴纳农(牧)业税;按照1994年《国务院关于对农业特产收入征收农业税》规定缴纳农业特产税。还有按1951年起一直都在实行的《中华人民共和国屠宰税暂行条例》缴纳屠宰税。二是根据1991年《农民承担费用和劳务管理条例》规定,按照不超过上年农民人均纯收入的5%,向乡镇政府和村级组织缴纳村提留和乡统筹费[①]。三是按照《农民承担费用和劳务管理条例》规定,每个农村劳动力每年承担15～30个标准工日的劳动积累工和义务工(简称"两工")。四是各级政府和有关部门出台的涉及农民负担的其他行政事业性收费、政府性基金、集资和各种摊派。根据国务院税费改革工作小组办公室的统计数字,1998年农民的税费总额1224亿元,包括了农业税、附加税、特产税、屠宰税、三提五统、教育集资以及以资代劳款、地方行政性收费。其中农业税仅为300亿元,而乡统筹、村提留占大头,共约为600亿元,余为其他费用。

回顾农村改革,一开始就极大地解放了农业生产力,使农民迅速摆脱贫困,解决了温饱。农民种粮和售粮积极性空前高涨,津津乐道于"交够国家的,留够集体的,剩下都是自己的"。然而,农民的喜悦很快被"卖粮难"冲淡,接着受到粮食部门"打白条"、不兑现的伤害。1985年起,农产品统派购制度被取消,农业税相应地从实物税过渡到以货币计税。1996年粮价下跌后,基层政府的实际农业税收入减少,各地纷纷出台"教育集资""农村发展资金"等新的收费名目,使税费总额大幅度增加,农民被沉重的集资摊派负担压得喘不过气来,以致流传着这样一首民谣:"头税(农业税)轻,二税(三提五统)重,三税(集资摊派)是个无底洞。"

在中国历史上,明末清初思想家黄宗羲考察赋税制度得出,历代税赋改革,

[①] 村提留指公积金、公益金、管理费,简称"三提";乡统筹指农村教育事业费附加、计划生育、优抚、民兵训练、修建乡村道路费,简称"五统"。二者并称"三提五统"。

每改革一次，税就加重一次，而且一次比一次重；而且农民卖粮还要受商人的一层剥削。清华大学秦晖教授把历史上农民负担循环往复、不断加重的情况概括为"黄宗羲定律"。怎样才能跳出这一怪圈，成为当代决策者需要解决的一个难题。

1998年，针对农村"三乱"问题凸显，国务院组成农村税费改革工作小组，进行新一轮改革的设计工作，并从2000年起在安徽省进行试点。改革方案为：取消屠宰税，取消乡镇统筹款，取消教育集资等专门面向农民征收的行政事业性收费和政府性基金；用三年的时间逐步减少直至全部取消劳动积累工和义务工；调整农业税政策、调整农业特产税征收办法，规定新农业税税率上限为7%；改革村提留征收和使用办法，以农业税额的20%为上限征收农业税附加，替代原来的村提留。通过农村"费改税"改革，农民负担的农业税及附加合计8.4%。

2000年4月，按照国务院批准的方案，改革在安徽全省85个县（市、区）推开，收效十分明显，绝大多数农民的负担水平都有下降。一年中，全省农民总的税费负担37.61亿元，比改革前同口径税费负担减少11.64亿元，减幅达23.6%。加上取消屠宰税和农村教育集资，全省农民总税费负担减少16.9亿元，减幅达31%。同时，全省对各类涉农收费、集资等进行了清理，一次性取消各种收费、集资、政府性基金等50多种。平均下来，每个农民一年少交几十块钱，受到农民的欢迎。

然而，改革的瓶颈随之显现。据安徽省测算，农村税费改革后，全省减少收入13.11亿元，平均每个县减收1542万元。其中，乡镇减收10.41亿元，村级减收2.7亿元。其他试点地区也遇到类似的问题。在中国行政体制的链条上，县以下本来就是薄弱环节，拖欠工资、债务沉重、财力虚空相当普遍。一旦收入缺口增大，问题接踵而来。在改革前，乡镇建设农田水利设施、发展乡镇企业、农业开发以及农村教育等公共事业，大都是通过"三提五统"和向农民收费来筹集偿债资金，早已是寅吃卯粮。改革后，收费、集资的口子被堵死，债务更难消化。乡镇干部利益受到直接冲击，种种抱怨开始汇集、放大。来自基层的声音相当强烈，以至2001年4月，国务院决定暂缓扩大农村税费制度的改革试点，原来的"加快推进"变成了"稳步实施"。

为了保证改革试点工作能顺利推进，经反复研究论证，开始采取中央财政向地方"输血"的办法。2000年中央财政向安徽提供了11亿元的专项转移支付；2001年增加到17亿元。中央为推动改革试点支付了很大成本，但是输血毕竟不是治本之道。中央税费改革工作小组提出要进行配套改革，就是乡镇政府"减人、减事、减支"。然而，全国4.5万个乡镇，财政供养人员1000多万人，"三减"谈何容易？

改革开放以来，我国基层行政机构的膨胀相当惊人。过去农村人民公社实行政社合一体制，党委、政府两套班子一般只有二三十人，人员工资和办公经费均由县财政拨款。1985年农村完成了撤社建乡，人民公社被数万个乡镇政府所取代。除乡镇党委、政府、人大、政协几套班子以外，代表上级部门的派出机构"七所八站"应运而生——乡镇直属的有农机站、农技站、水利站、城建站、计生站、文化站、广播站等；县直部门与乡镇双层管理的有司法所、土管所、财政所、派出所、林业站、法庭、卫生院等；"条条管理"的机构有税务分局（所）、邮政（电信）所、供电所、工商所、信用社等。

经过多年演变，乡镇机构之庞大令人叹为观止。在各个乡镇，党委系统有正副书记3至4人，另有党委委员5至7人，下设宣传、组织、统战、纪检、政法、武装、妇女、共青团等部门；政府系统正、副乡（镇）长3至4人，下设6至8个办公室，有党政办、农业办、乡企办、建设办、科教文卫办、政法办、财贸办、计生办等。一般来说，乡镇党政系统行政人员有七八十个，加上勤杂人员达百余人，这还不包括其他的职能部门。全国4.5万个乡镇，财政供养人员（包括离退休人员和教师在内）1280万人，还有380万名村干部。这意味着平均每40个农民就供养1名干部。[①]

正因为如此，湖北省监利县棋盘乡党委书记李昌平写信给朱镕基总理，反映了当地农民负担如"泰山"，乡、村两级债台如"珠峰"，中央扶持农业、保护农民积极性的政策很难落到实处等严峻情况。李昌平痛心疾首地说出"现在农民真苦，农村真穷，农业真危险"。这反映了相当一部分农村的现实。

很明显，中国农村问题盘根错节，税费改革正处在一个关节点。农民减负，县和乡、村就要减收，农村基层政府和基础教育就难以保持正常运转。这个两难局面，已经提出了超越农民减负范畴的更深层次的问题。为此，2001年2月，中央召开全国市县乡镇机构改革会议，决定加快推进乡镇机构改革，大力精简机构、压缩人员、节减开支。会议同时决定加大中央和省两级财政的转移支付力度，对农村税费改革提供必要的财力保证。2002年中共十六大以后，中央进一步实行工业反哺农业、城市支持农村，以工促农、以城带乡的战略，推动农村税费改革取得重大进展。

二、科技引领建设国家创新体系

提高国家整体创新和竞争能力

20世纪90年代后期，经济全球化进程不断加快，国际竞争中出现了许多

[①] 参见任波《农村税费之变》，《财经》2002年第15期。

新的特点，使得国家整体的创新能力日益成为国民经济增长的质量和参与国际竞争能力大小的决定性的因素。当今世界正处于一个知识经济初见端倪的时代，科技创新越来越成为解放和发展生产力的重要基础和标志。发达国家对国家创新体系的研究，已从单一地强调技术创新转移到既重视技术创新又重视知识的生产、储存、转移和应用。展望新世纪，科技发展的交叉性、综合性、多样性以及知识空前快速地生产、传播和转化，将极大地推动经济发展和社会进步。有鉴于此，中共十五大以后，我国开始启动面向21世纪的国家创新体系建设。

随着科技体制改革的不断深入，我国科技事业取得了长足的进步，国家创新能力有了较大提高，一批重大科技成果在国际上产生了重大影响，为我国经济建设和社会发展解决了大量重大科技问题。但中央清醒地看到，我国创新能力与国家发展需求和国际先进水平相比差距较大，在某些领域还有进一步拉大的迹象。首先是中国科技国际竞争力落后于经济国际竞争力，1996年中国GDP排世界第7位，而中国科技国际竞争力排在世界第28位。其次，中国知识创新和技术创新效率不高，1996年中国从事科学研究和企业科技研究的总人数均列世界前4名，而科学研究和专利指标的国际竞争力分别排在世界的第32位和第21位。中国创新能力不强，一方面与科技投入不足和市场机制发育不完善有关，另一方面与现行创新体制及运行机制不尽合理有关。

经过多年的经济体制改革，中国企业的创新能力在增加，但因政企不分尚未根本解决，企业还没有真正成为技术创新的主体。大部分科研机构已走向市场，但分层次的、适合国家和市场需要、长期与短期目标平衡的科研体系尚待建设。科研机构和大学分工合作及产学研结合亟须加强，科技中介力量需着力培养和扶持。短期行为、低水平重复、投资分散的状况需要扭转。如果不及时采取有力措施大幅度提高国家创新能力，势必影响中国在21世纪知识经济时代的国际竞争力，影响实现第三步战略目标的进程。

早在1986年3月，王大珩、王淦昌、杨嘉墀、陈芳允4位科学家向国家提出要跟踪世界先进水平，发展中国高技术的建议。经过邓小平批示，国务院批准了《高技术研究发展计划纲要》，即"863"计划。这项中国高技术研究发展的战略性计划，包括生物、信息、自动化、新材料、新能源、航天、激光7个研发领域。"863计划"经过10年的实施，取得一系列重大成果，有力地促进了中国高技术及其产业发展。

1996年3月，江泽民在接见"863计划"实施10周年工作会议代表时提出：创新是一个民族进步的灵魂。创新也是国家兴旺发达的不竭动力。中华民族是勤劳智慧的民族，也是富于创新精神的民族，现在我们更要十分重视创新。要树立全民族的创新意识，建立国家的创新体系，增强企业的创新能力，把科技进步和创新放在更加重要的战略位置，使经济建设真正转到依靠科技进步和提高劳动者素质的轨道上来。

1997年底，中国科学院向中央提出一份题为《迎接知识经济时代，建设国家创新体系》的研究报告，系统地提出了中国为应对知识经济时代的挑战，建设国家创新体系的设想与步骤。江泽民对研究报告作了重要批示，要求中国科学院先走一步，真正搞出中国自己的创新体系。6月，国务院科教领导小组第一次会议审议并原则通过中科院提交的进行"知识创新工程"试点的汇报提纲，决定由中科院率先进行国家知识创新工程试点。之后，试点工作按照"成熟一项，启动一项"的原则不断推进。这标志着国家创新体系建设开始启动，并成为我国跨世纪发展战略的重要组成部分。

中科院率先承担知识创新工程

作为中国科技界的"国家军团"，中国科学院承担了国家创新体系的试点任务。1996年12月28日，中科院在北京的4个数学类的研究所实行合并，新的机构叫数学与系统科学研究院。原来4个所一共有166位研究员，而新机构里只留下60个位置，有106位研究员不得不面对一个新的选择：入选的60位研究员将作为学术骨干，获得比以往优厚得多的科研经费，在研究领域大展身手，而且每月的工资翻倍。中科院让某类学科的将近2/3的研究员"下岗"，这无异于在院内引发了一场"地震"。正是经历了这样的巨大震动，中国科学院真正走出了一条自主创新之路，一批青年人才脱颖而出，排在世界前列的创新成果不断涌现，创新能力和国际影响力大为增强。

1998年，中国科学院首批启动的国家知识创新工程试点共12项：在调整学科布局和组织结构的基础上，一是组建3个国家科研中心，即上海生命研究院、数学与系统科学研究院、国家天文观测中心；以科研所为核心结合高技术企业；二是组建6个国家研究基地，即北京物质科学研究基地、北京信息科学技术研究发展基地、上海高技术研发基地、东北高性能材料与先进制造技术研发基地、北京地球科学研究基地、西北资源环境与可持续发展研究基地；三是在3个研究所开展制度创新和机构改革试点，即实行机构开放、人员流动、公平竞争、择优支持、评价从优、动态调整的新机制，建立和完善年度预算拨款制度、研究所理事会制度和科研人员聘任年限制度，加强国内外学术交流与合作，促进知识和人才流动。这项知识创新工程试点，是以知识创新为核心，将体制创新、机制创新、队伍建设创新、文化与环境建设创新集于一体的社会系统工程。其战略目标，是在重大的、战略性的、综合性的、前沿的科学技术上为国家民族作出前瞻性的贡献。这对于提高我国科研手段的现代化，形成一批跨学科的综合研究中心和研发基地，建立良好的科技支撑条件具有重大战略意义。

围绕知识创新工程试点，中国科学院开展了深层次的运行机制改革，进行了建院50年来涉及面最广、影响最为深远的学科布局和组织结构调整，初步形成了生物工程、基因技术、信息与自动化、能源、新材料以及农业高新技术、人口与健康、生态与环境、空间技术和地球科学等重要方向的学科布局。有9000余名科研人员进入知识创新工程试点，从国内外引进近200名优秀人才参与试点工作，取得了一批重大科技创新成果。1999年中国科学院登记的科技成果达792项，比前3年的平均成果数增长25%。该院专利申请量也有显著增加，其中60%为发明专利，远高于全国水平。

技术创新系统是由与技术创新全过程相关的机构和组织构成的网络系统。它的核心是企业，还包括政府部门、科研机构、高等院校、其他教育培训机构、中介机构和基础设施等。还在1996年8月，国家经贸委正式启动并组织实施了"技术创新工程"，把研究开发、生产、销售和获得商业利益作为一个系统工程整体推进，全面增强我国企业的竞争能力，加速形成有利于自主创新的技术进步机制，以推动经济体制和经济增长方式的转变，促进国民经济持续快速健康发展。

1999年8月20日，中共中央、国务院发布决定，对加强技术创新，发展高科技，实现产业化，推动社会生产力跨越式发展做了总体部署。随后，中共中央、国务院在北京召开全国技术创新大会，发出了"向新科技革命进军，向社会主义现代化建设的广度和深度进军"的号召，对进一步实施科教兴国战略，建设国家创新体系，加速科技成果向现实生产力转化做了具体部署。这些重大举措，为"真正搞出中国自己的创新体系"开通了道路。

推进国家科研机构企业化转制

多年来，我国制定和实施的多项科技计划和工程，为建设国家创新体系打下了良好的基础。由科技部主持的国家星火计划、火炬计划和重大科技成果推广计划等，促进了新知识和技术的实际应用。

国家星火计划自1986年实施以来，依靠科学技术促进了农村经济的发展。星火计划80%的开发项目面向乡镇企业，提高了乡镇企业的技术和管理水平，推动了城乡一体化进程。10年来，星火计划向全国推荐了500多项星火技术装备，促进乡镇企业的技术更新和技术改造，培育了上百个产值超亿元、利税超千万元的星火企业和产业集团，使农村面貌发生了跨越式变化。同时，通过将科学技术植入农村经济，发展农村工业项目，引导和带动农村种养殖业、农副产品加工业向资源型产品和产业发展，有力地促进了农村产业结构、产品结构的调整和劳动力的转移，加速了传统农业向现代农业转变。截至1996年，在全国共建立了127个国家级星火技术密集区和217个星火区域性支柱产业，并在全国建立了40个国家级星火培训基地，累计培训农村技术、管理人才3680万人次。星火计划通过科技项目的开发，推动农村专业化、规模化、现代化生产的发展，增加了广大农民的收入，使农民切身感受到科技就是财富，深得广大农民欢迎。许多国际友人称星火计划是"使农民有钱"的计划。

国家火炬计划自1988年实施以来，有效地推动了我国高新技术产业化的进程，产生了巨大的经济效益和社会效益。火炬计划通过项目与国家和地方资源的结合，产生了一批有竞争力的高新技术企业，推动了高新技术产业的发展。截至2001年，全国共实施火炬计划项目2.1万多项，认定国家火炬计划重点高新技术企业780家，实施重点国家级火炬项目501项。2001年，正在实施的3501个国家级火炬计划项目实现工业总产值1297.6亿元，利润138.4亿元，利税率达到20.5%，明显高于一般工业性项目。

几年来的科技体制改革，促进了我国知识创新能力和技术创新能力逐步提高，但是创新环境中存在的深层次问题，尤其是旧体制的惯性，还制约着国家创新体系的进一步成长，科技与经济和社会发展需要脱节的问题还没有从根本上得到解决。一是科技管理体制条块分割，科研单位和社会经济领域彼此隔离，科研与市场需求和生产需要缺乏紧密联系，大量科技成果得不到及时转化；二是有限的科技资源得不到合理配置和充分利用；三是科研机制落后，科研机构在内部用人制度、分配制度、奖惩制度等方面存在平均主义和论资排辈现象，科研人员的主动性和创造性未能得到充分发挥。另外，我国科技经费的投入尚处于较低的水平。这些问题不利于科技创新和培养创新人才，影响了加快经济发展和社会进步。

为改变上述状况，国家首先加大对科技事业的投入，并保持科技投入总量逐年增长。1999年全国科技经费筹集总额为1460亿元，比上年增长12.5%，其中研究与开发经费678亿元，增长17%。从1998年起5年内，中央财政陆续投入25亿元用于国家重点基础研究。1999年国家对基础研究的总投入为49亿元左右。从1998年至2000年，连续较大幅度地增加自然科学基金对创新课题的支持，并安排经费54亿元，支持中科院开展知识创新工程试点工作。在加大投入的同时，改革投入方式，实行公开公平评估选题制，由对科研机构、科技人员的一般支持，变为以课题和项目为主的重点支持。

为了从体制上解决科技与经济"两张皮"的问题，1999年国务院决定对10个国家局所属242个应用型科研机构进行管理体制改革，通过转成企业、进入企业和转为中介机构等方式全部实行企业化转制，并为此制定了一系列鼓励政策。例如，对这些科研机构原有的正常事业费继续拨付，主要用于解决转制前已经离退休人员的社会保障问题；基本建设项目投资在过去5年平均水平的基础上，结合在建项目实际情况，继续由中央给予两年的补助支持；从转制之年起5年内，免征企业所得税、技术转让收入营业税和科研开发自用土地的使用税等。

在首批242个科研机构企业化转制成功的基础上，2000年7月，科技部召开全国科技体制改革工作座谈会，全面推进国务院部门属和地方属应用型科研机构的转制工作。国务院制定了有关政策，一是落实技术与管理参与分配的原则；二是在内部管理和分配方面，高新技术成果作价入股可达到公司或企业注册资本的35%，只要双方同意还可以超过这个比例；三是对科研机构、高等学校转化职务成果，可以从转化的净收入中提取不低于20%或不低于科技成果入股作价金额20%的股份，奖励成果完成人或对转化有贡献的人员；四是允许国有高新技术企业从近年国有净资产增值部分中拿出一定比例作为股份，用以奖励有贡献的职工特别是科技人员和经营管理人员。

另外，在科研机构和科技企业内部，全面推行聘用制，实行专业技术职务聘任与岗位聘用并轨，根据自身发展需要，自主决定本单位不同职务等级的任职条件和比例，自主决定内部分配，拉开收入档次。制定有关政策措施，培养、留住和吸引高层次人才，尤其是吸引海外高层次人才以各种方式为国服务。同时，建立和完善国家科技评价体系和奖励制度。国务院发布了新的国家科学技术奖励条例，主要精神是强化国家需要和市场导向，根据各种科技活动的不同特点，实行相应的评价标准和方法，精减奖项数目，提高奖励力度。利用奖励这一杠杆，引导科技人员进行知识创新、技术创新和科技成果转化，激励他们积极创业。

针对我国科技成果转化不够、产业化程度低的问题，中共中央、国务院在有关决定中指出，要加强对技术创新和高新科技成果商品化、产业化的方向和重点的宏观引导。注重在我国有优势、产业关联度大、市场前景好以及有利于解决国民经济重点、难点问题的技术和产业领域，优选一批重大项目，集中力量，协同攻关，取得突破。

高新技术产业化构建创新基地

有中国"硅谷"之称的北京中关村经过多年发展，已具有相当规模。1999年6月5日，国务院作出关于加快中关村科技园区建设的批复，把科技园区建设列入北京市总体规划。国务院的批复犹如巨大的"助推器"，推动中关村朝着国家科技创新示范基地、科技成果孵化和辐射基地、高素质人才培养基地的目标攀登。国务院批复下达后,中关村不再把重点放在为企业争取更多的优惠政策上,而是通过立法规范经济行为、建立"一站式"办公和电子政务服务系统等,努力营造与国际通行规则接轨的市场经济平台。这不仅方便了企业,还降低了工商部门的工作成本。经过一年多的发展,到中关村注册无经营范围的各类企业已近2万家。在新注册的高新技术企业中,以高新技术成果出资的企业有360家,技术成果比例均在60%以上。2001年,平均每天有7家高新技术企业诞生,是园区成立以来注册科技企业最多的一年,对全国高新科技产业化进程起到示范作用。

中关村经济发展的主动力是依托清华、北大、中科院等雄厚的科技实力,以及具有市场垄断技术的大企业。联想、方正、长城、同方等"村"内电脑产品已占全国半壁江山,软件技术产品销量占到国内市场的40%,出口量约占1/3。2002年初,世界软件"巨人"美国微软公司宣布与北京中星微电子公司联手,把中方开发的宽带多媒体通信技术产品推向全球市场。由留美博士创办的中芯微系统技术公司,研制成功首枚具有国际先进水平的"中国芯"方舟一号,轰动了世界。第三代国际互联网技术,工频等离子垃圾处理技术,大唐电信研制的第三代移动通信系统,与微软捆绑的汉王手写体输入法等,都是科技创新的"亮点"产品。

位于京城北郊的上地信息产业基地,是中关村科技园区的中试生产基地。经过10年的建设,以电子信息产业为主导的基地南区已基本建成,入驻企业546家,面积近50公顷的北区精品工程正在紧锣密鼓地进行。自联想电脑生产线首家在上地开工以来,基地共有北大方正、清华同方、用友、科利华、三菱四通、IBM中国研究中心、美国通用电气公司等500家企业投入生产,形成具有一定规模的计算机软硬件及周边产品的研究开发生产企业群体。截至2001年底,上地基地工业总产值达到290亿元,上缴税金8.5亿元,创造了每公顷3.65亿元产值的"钻石效益"。

翻看中关村的发展数字,2001年园区技工贸总收入2014.2亿元,增加值455.7亿元,均比1998年翻了一番;上缴税费89.4亿元,比1998年翻了两番;高新技术产业增加值占全市GDP的比重为16.2%,比1998年增加了5个百分点。3年来,园区对全市工业经济增长的贡献率始终保持在60%左右。园区内企业科技创新能力大为增强,共承担国家高技术计划(863计划)项目300多个,约占全国的30%;承担基础研究计划项目52个,占全国的41%;实施国家火炬计划227项;申请专利1.2万件,研制开发出一批拥有自主知识产权的国内顶尖、世界先进的重大技术创新项目以及具有一定市场前景的高新技术产品4000多项。

相应的是，中关村年薪100万美元的职业经营者已达100余人，出现了"知本家"致富群体。良好的创业环境建立起激励科技企业家发展的新机制。

"北有中关村南有张江园。"作为国家级高科技园区和上海高新产业基地，张江已成为新世纪浦东新一轮开发的新亮点。2001年，园区的信息技术产业和生物医药产业实现了跨越式发展。园区已完成土地开发面积10平方公里，引进项目383个，投资总额超过65亿美元，各项指标均超过此前8年开发建设的总和。集成电路和生物医药两大产业链初步形成，"药谷"和"硅谷"初展风采。张江"鼓励成功，宽容失败"的创新文化日益浓厚，越来越多的海内外创新人才慕名而来，仅集成电路领域的中高级人才就达7000多人，构筑了国内首屈一指的人才高地。

1999年，国务院批准设立的科技型小企业技术创新基金正式启动，当年支持了1000多家科技型小企业的技术创新发展。技术创新基金加大了国家扶植力度，促进了民营科技企业的快速发展。据新华网2002年4月2日发布的统计数字，我国民营科技企业已从1999年的7.9万家发展到15万家，企业长期员工559.1万人，2001年技工贸总收入为1.47万亿元。资产总额2万亿元，全年实现净利润1006亿元，上缴税金700亿元。民营科技企业人均创利润分别是国有企业的6.1倍，是乡镇企业的7.5倍。总收入1亿元以上的民营科技企业有1400家，占企业总数的2.57%，其中超过10亿元的有187家，超过20亿元的有76家。销售总额排名在前三名的分别是：联想276亿元，华为222亿元，方正101亿元。一些超大型民营科技企业逐年增加。

在高新技术产业化过程中，科技中介服务体系起了重要推动作用。各地建立的孵化器、孵化园尤其引人注目。孵化器是指为培育创业企业的成长而提供工作场所、仪器设备、资金、中试、信息咨询等服务的专门机构或企业。在西方国家，这些服务大多数是由营利性企业提供。而中国由于民间资源的缺乏，早期的孵化器多是由政府设立的一种有形设施。因政府的资源有限，服务范围受到很大限制，许多很有希望的企业失去了发展壮大的机会。随着高新技术产业化的推进，北京、上海、西安、成都等不少地方由企业同政府联手建立孵化中心，或吸引投资基金等商业性组织参加孵化工作，在更大范围内进行社会化的孵化服务，有效地培养了中小科技企业成功创业和迅速成长。

至2001年10月，我国已建有250余家孵化器，共孵化科技企业10463家，这些企业年收入总额达535.7亿元，创造就业机会30余万个。我国的孵化器初具规模，但也面临完善创业环境、加快产学研一体化、拓展融资渠道、强化与风险投资的结合，改革现有的孵化器运作机制等课题，需要进一步研究解决。

产学研结合加强国际科技合作

面向经济建设主战场,我国高等学校坚持走产学研相结合的道路,加强科技成果向现实生产力转化,推动高技术产业发展,自主创办或与社会联办了一批科技企业,成为我国高技术产业的重要组成部分。随着经济体制改革和教育体制改革的深化,高等学校科技产业正在由小型化、分散化逐步走向集团化、规模化,由高校自主创办逐步走向与社会联办,由单一经营逐步走向多品经营,由国内市场走向国际市场,呈现出一派千帆竞发、百舸争流的新气象。

几年来,高校科技企业以每年30%的增长速度发展,出现了一批备受社会关注的企业,如北大方正、清华同方、东大阿尔派等。这些企业依靠持续创新能力,跃居全国高技术企业前列,跻身国际市场;企业坚持"以人为本",密切结合产业实践,不仅吸引了一大批创新人才,而且培养了一批具有创新能力和市场眼光的企业家、管理人才,形成了发展高技术产业的人才群体。他们以"技术+资本"的方式,增强了在市场中的融资能力,还通过租赁、兼并和承包等形式,扩大了企业经营规模,实现了基础研究、高技术研究、科技开发和产业化的良性循环。

进入世纪之交,全国高等学校近2000家科技企业正在形成高技术产业群。越来越多有远见的企业家认识到高校在发展高技术产业方面的优势,积极寻求同高校合作。上海新黄浦集团公司与复旦大学携手合作,进行人类新基因的研究、开发、产业化工作;上海汽车工业总公司在上海交通大学等高校建立了一批工程研究中心,作为汽车工业发展的技术依托;清华大学先后与国内68家国有大型企业和28家国际上著名的跨国公司进行合作,成立了大学与企业合作委员会;通用汽车、IBM等全球大牌公司都先后出资在高校建立了研究开发机构。通过多种形式的合作,大大增强了高校科技产业的优势,使高校与企业在人才、技术、设备等方面互利互惠,共同发展,提高了科技成果转化为现实生产力的能力和水平。

经国务院批准成立的53个国家级高新技术产业开发区和若干高新技术产业开发带,已成为我国改革开放的重要窗口和发展高新技术产业、推进体制创新的重要基地。它们培育了联想、方正、四通、华为、长虹、东大阿尔派、托普等一大批著名的高新技术企业,为探索社会主义市场经济体制下发展中国自己的高科技产业作出了重要贡献。

高新技术产业化离不开国际科技合作。随着经济全球化步伐的加快,知识的国际流动量在不断增加。产品从创新到在国际市场上流通的时间不断在缩短。

利用这一趋势，可缩小我国与发达国家的距离。为此，一要鼓励科研部门、企业及高校广泛开展国际合作；二要采取特殊政策，吸引有国外高技术企业任职资历的留学人员回国办企业，报效祖国；三是中国企业也要走出国门，在海外办合资企业，学习国际先进经验，提高国际市场的占有率。

国家创新体系是一个开放的体系。多年来，科技部、中国科技协会不断加强中外科技界在基础研究及环境、气候等全球性问题研究和高技术领域的合作与交流。到2000年，我国有550名科学家在国际科联等各种国际科技组织和专业机构中担任领导或重要职务。越来越多的中青年科学家在国际组织中崭露头角，参与了国际地圈生物圈计划等多项全球性研究的实施工作。为加强我国与国际科技界的合作，国家制定了《"十五"期间国际科技合作发展纲要》，并推出"国家重大国际科技合作计划"。其指导方针是：根据我国国民经济、社会发展和科技事业发展需要，按照国家经济发展战略和科技发展战略部署，以平等互利、成果共享、保护知识产权、尊重国际惯例的原则，积极开展全方位、多层次、宽领域的国际科技合作与交流，进一步发挥国际科技合作的先导、服务、支撑和纽带作用。国际科技合作的重点将放在支持高新技术产业化上，促进高新技术产业走向世界，推动企业的技术创新活动向国际惯例靠拢，积极主动地融入国际社会。

进入21世纪，中国的国际科技合作交流规模不断扩大，形式和层次向更高水平发展。中国已同152个国家和地区建立了科技合作关系，与96个国家签订了政府间国际科技合作协定。国际科技合作与交流活动，其形式已从过去学习考察、参加国际学术会议、展览会等方式，发展到合作研究、联合设计、联合调查、合办实验室和研究机构、合资开办高技术企业、支持留学人员回国建立科研基地，以及中国企业科技人员到境外参与合作研究等多种形式。合作领域也从传统技术、基础学科，扩大到生物技术、空间科学、信息、自动化、新材料、新能源、激光等高技术领域的合作。

针对我国科技工作整体水平不高，创新能力不强，在不少核心技术上仍然受制于人等问题，国家一手抓科技创新，加强战略性高技术研究，提高我国的自主创新能力，特别是有自主知识产权的原始性创新，为发展高新技术产业提供强大后劲；一手抓体制创新，通过引入"产、学、研、金（融）、政（府）"有机结合、良性互动的新机制，进一步优化科技资源配置，改善高新技术产业化的环境。同时，进一步加强以企业孵化器和生产力促进中心为代表的科技中介服务体系的建设，加快用高新技术改造传统产业，特别是大力推进国民经济和社会发展的信息化，以信息化带动工业化，发挥后发优势，以实现社会生产力的跨越式发展。

从总体上看，改革开放以来，中国科技体制改革取得了丰硕的成果，科学技术发展极大地推动了经济增长和社会进步，也有力保障了国家安全。未来15～20年，是我国全面建设小康社会和实现经济增长模式根本转变，走新型工业化道路的关键阶段。面对新的形势，在充分肯定成绩的时候，要清醒地看到，随着国民经济和社会的快速发展，科技创新供给能力不足已成为我国科技发展的基本矛盾。我国科技体制改革已进入了攻坚阶段，但一些制度性障碍仍然阻碍着科技事业的发展：一是体制分割造成部门之间、地方之间、产学研之间缺乏有效的协调和合作；二是未能形成与国民经济发展同步增长的科技投入机制；三是社会公益性科研事业发展严重滞后；四是企业技术创新能力较低；五是缺乏有效的科技积累与科技资源共享机制。新情况、新问题表明，科技体制改革还有很长路要走。

三、教育体制改革的深化与发展

全面推进素质教育和基础教育

中国教育面对的总形势，是在发展中国家办世界上最大规模的教育。1985年颁布的《中共中央关于教育体制改革的决定》，是中国教育按照面向现代化、面向世界、面向未来的需要，进行制度变革的起点，对中国教育改革和发展产生了历史性作用。这一阶段教育体制改革的内容，一方面是把发展基础教育的责任交给地方政府，实施"基础教育由地方负责，分级管理"原则，以调动地方政府的办学积极性；另一方面是扩大高等教育办学自主权，其目标之一是建立中央统一领导、地方分级管理、学校自主办学、社会参与管理的运行机制，调动中央、地方、学校与社会各方办学的积极性，共同发展教育事业。这种体制被称为"地方负责、分级办学、分级管理"。基本特征是"简政放权"。

1992年，中共十四大提出"必须把教育摆在优先发展的战略地位，努力提高全民族的思想道德和科学文化水平"。1993年2月中共中央、国务院印发了《中国教育改革和发展纲要》。《纲要》提出到20世纪末，我国教育发展的总目标是：全民受教育水平有明显提高；城乡劳动者的职前、职后教育有较大发展；各类专门人才的拥有量基本满足现代化建设的需要；形成有中国特色的、面向21世纪的社会主义教育体系的基本框架。再经过几十年的努力，建立起比较成熟和完善的社会主义教育体系，实现教育的现代化。在保证必要的教育投入和办学条件的前提下，《纲要》对全国基本普及九年义务教育、高中阶段职业技术学校、高等学校、全国基本扫除青壮年文盲等各级各类教育发展规定了具体目标。这是指导我国教育体制改革，实现中国教育跨世纪发展的一个纲领性文献。

1995年3月，八届全国人大三次会议通过了新中国成立以来第一部《中华人民共和国教育法》，自9月1日起施行。《教育法》的颁布，为我国逐步走上依法治教的轨道提供了法律依据。为推动《教育法》的贯彻实施，国家教委要求逐步按照事权和财权相统一的原则，实行政府教育经费支出在财政预算中单独列项。同时，在县级以上地方政府设立义务教育专项资金，尽快建立和完善教师工资按时足额发放的保障机制及监控机制；进一步发挥教育督导机构对教育法规执行情况的行政监督职能。按照《中国教育改革和发展纲要》和《教育法》，各级党委、政府和全社会各行各业的人们一致行动起来，关心和支持教育事业。包括港、澳、台同胞、海外侨胞和外国友好人士也纷纷捐资助学，在国家有关法律和法规范围内进行的国际合作办学方兴未艾。社会各界踊跃向扶助贫困地区失学儿童的希望工程捐款。

随着科教兴国战略的实施，"九五"时期我国教育事业出现蓬勃发展的局面。基础教育加强了由"应试教育"转向素质教育的努力；中等教育积极探索建立职业教育与普通教育共同发展、相互衔接、比例合理的教育体系；学前教育和特殊教育取得长足发展；对外教育交流与合作不断扩大；高等教育快速增长，社会力量办学不断涌现。农村地区特别是贫困地区的基础教育、职业教育、成人教育"三教统筹"，对推动农村经济发展和社会进步发挥着积极作用。基本普及九年制义务教育和基本扫除青壮年文盲工作取得重要进展。截至1999年底，基本实现了"两基"的目标。

在这个基础上，中共中央、国务院向全党全社会提出了"全面推进素质教育，培养适应21世纪现代化需要的社会主义新人"的任务。为了给实施素质教育创造条件，教育改革着重调整现有教育体系结构，扩大教育规模，拓宽人才成长的道路，减轻升学压力；加快改革招生考试和评价制度，改变"一次考试定终身"状况；调整和改革课程体系、结构、内容，建立新的基础教育课程体系；大力提高教育手段的现代化水平和教育信息化程度；努力改变教育与经济、科技相脱节的状况，促进三者密切结合；通过优化结构，建设全面推进素质教育的高质量的教师队伍。

鉴于基础教育中的"应试教育"倾向，使中小学生课业负担过重成为社会广泛关注的热点，国家教育部门抓教育观念、教育思想的转变，出台"减负"的具体措施，改革考试评价制度，取消小学升初中的考试。在中考的内容和方法上逐步体现综合素质的导向，较大规模地扩大高中阶段和高等学校的招生数量，构建职业教育、成人教育和普通高等教育之间的"立交桥"，逐步改变千军万马过高考"独木桥"的现象，全面推进素质教育的瓶颈。

针对基础教育分级管理逐级放权到乡镇，导致许多地方农村义务教育经费不落实，挪用教育经费、拖欠教师工资情况严重等问题，2001年5月国务院制定了《关于基础教育改革与发展的决定》，提出"分级管理，以县为主"的原则。一是明确各级政府责任，加强对农村义务教育的领导和管理；二是建立义务教育经费保障机制，保证农村义务教育投入；三是完善人事编制管理制度，加强农村中小学教育队伍建设；四是建立健全监督机制，保证农村义务教育健康发展。为了解决一些地方教师工资发放困难等问题，国务院决定把教师工资发放纳入公务员工资发放保障体系中统一组织实施，确保教师工资发放的资金来源。对财力不足、难以落实的县，由省财政实行专项转移支付办法予以保证。中央对地方转移支付新增部分，也首先用于教师工资发放。

各地政府还对中小学的人事制度进行改革。重点是做好中小学校定编工作；积极推行教师聘任制度，逐步建立起"能进能出、能上能下"的新的用人机制；改革校长选拔任用制度，做好教师队伍人才流动和调整优化工作等。

高等教育多种形式及重点建设

在全面加强基础教育的同时，高等教育的改革也取得相应进展。高等学校兼具知识创新、知识传播和人才培养等多种功能，是知识创新的重要场所和国家创新体系的重要组成部分。为了保证高等教育的质量，国家教育部门从1995年起，在高等学校开展了加强大学生文化素质教育工作。通过加强文学、历史、哲学、艺术等人文社会科学和自然科学方面的教育，提高大学生的人文素养、科学素质以至整体素质。几年来，各高校把思想政治素质、文化素质、业务素质和身体心理素质的培养结合起来，把传授知识、培养能力、提高素质结合起来，努力为国家培养基础扎实、知识面宽、有创新能力的高质量、高素质人才。教育部还对高等学校教师实施了人才工程，国家投入2亿元，有数百所高校和几万名教师参加。对一批经过整合优化的专业进行综合改革试点，建设一批有特色的系列课程、教材和教学软件，建设一批教学基地和实验教学示范中心，培训一大批中青年骨干教师，建设若干个高职教师培训基地，有力提升了高校教师的教学能力和教学水平。

"211工程"是指面向21世纪、重点建设100所左右的高等学校和一批重点学科的建设工程。于1995年11月经国务院批准后正式启动。这是新中国成立以来由国家立项在高等教育领域进行的重点建设工作，是中国政府实施科教兴国战略的重大举措，是中华民族面对世纪之交的国内外形势作出的重大决策。

"211工程"启动以来进展顺利。截至2000年,国务院共批复98所学校立项。本着为国家现代化建设服务和合理布局的原则,共安排了602个重点学科建设项目,包括人文社会、经济政法、基础科学、环境资源、基础产业和高新技术、医药卫生、农业等重点学科。同时,为提高高等教育的整体水平,还安排了服务全国的"211工程"公共服务体系建设项目,包括:中国教育和科研计算机网和重点学科信息服务体系(简称CERNET)、中国高等教育文献保障体系(简称CALIS)和学校校内服务体系建设。1998年,教育部又决定实施支持部分高等学校创建世界一流大学和高水平大学的"985"工程,相继获批的高校39所。之后,国家将高等教育"211工程"和"985"工程等重点建设项目统筹为"双一流"建设。据统计,"九五"期间上述建设资金总量为110.37亿元,另有配套设施建设经费73.32亿元。"双一流"建设,为我国高等教育的发展注入了强大动力,为经济建设、社会发展提供了有力支持。

我国还积极发展高等职业教育。到2000年全国已有高等职业学校162所,原有部分专科学校也在向高等职业教育方向发展,部分普通高校也举办了高等职业教育。高等学校自学考试作为教育制度的一项创新,为边工作、边接受教育者提供了便利条件,较好地解决了工学矛盾。实施现代远程教育工程是一项基础性建设。目标是形成开放式的教育网络,构建终身教育体系,使更多的人接受高等教育。这项工作取得了积极的进展,主要包括网络课程建设、高等学校教师教育技术培训,开展现代远程教育、网络课程教学、中央电视大学人才培养模式和开放教育试点、函授教育现代化和自学考试远程助学试点等。现代远程教育工程的发展,将进一步适应知识经济和信息时代的发展,培养出更多的符合社会要求的人才。

1999年,中共中央、国务院作出了扩大高等教育规模的决定。当年秋季,全国各类高等学校实际招生280万人,比1998年扩招30%。其中,普通高校招生约160万人,增长47.4%,高考录取率达到49%,比1998年提高13个百分点。2000年,普通高校招生超过200万人,比上年增长25%以上;研究生招生名额比上增长30%。这些政策措施,使我国高等教育规模有了一定扩展,但还远不能满足社会的教育需求。

改革开放以来,我国的教育经费在总量上逐年增加,但国家财政对教育的投入占GDP的比重,多年来在百分之二点几徘徊。相应的是,高等学校毛入学率为10.5%,不仅远远落后于发达国家的50%以上,甚至达不到一般发展中国家15%的水平。在"穷国办大教育"的国情下,国家鼓励社会力量办学就有了相当的成长空间。至1999年底,全国社会力量举办的普通中学和职业中学有3500余所;具有颁发学历文凭资格的民办高等学校有37所,其他非学历民办高校已达1240

所，在校人数高达118万人。由此构成了一块庞大的体制外教育资源。市场的力量是不容忽视的。由于贴近人才市场需求，民办高校在一定程度上占有竞争优势。比如在课程设置方面，会计电算化专业就是从民办中国科技经营管理大学发展起来的，由于适合社会就业需要，如今成为各高等院校纷纷设置的专业学科。湖南的一项调查表明，民办学校有72.8%的专业设置是社会急需而公立学校所缺少的。

1999年后，"教育产业化"的口号在社会上曾一度流行，民办院校纷纷开拓各种筹资渠道，揣着钱找教育部门审批的企业家也并不少见。许多办学实体急功近利，招生方式鱼龙混杂，从资金筹集、教师聘用到千方百计挖生源，都有很多"灰色地带"，造成了办学秩序某种程度的混乱。对此，国家教育部门加强了对民办高校的规范管理，促使社会力量办学在有序竞争中健康发展。同时也应该肯定，很多民办高校"不花国家一分钱"，为社会培养了数量可观的人才，对我国教育资源的增量功不可没。相对公立学校而言，民办高校包括其他形式的社会力量办学，还面临一些不平等待遇，有待于各级政府按照"积极鼓励、大力支持、正确引导、加强管理"的方针，逐步予以改变。

深化高等学校管理体制的改革

中国教育的总局面，是"穷国办大教育"。有关资料显示，各类高等学校在校学生家庭经济困难的人数约占20%，其中特困生占10%。这一问题得到党中央、国务院的高度重视，自1994年起，中央每年都动用总理预备金，专项用于对中央部委所属高校家庭经济困难学生的资助。多年来，教育部、财政部和各地政府一直致力于建立一种比较完备的资助困难学生的体系。经过各方面的共同努力，这一体系已初步建成。主要包括奖学金、勤工助学、特别困难学生补助、学费减免以及包含国家助学贷款在内的学生贷款5个方面。2002年5月国家决定设立国家奖学金，用于资助高等院校中家庭经济困难、品学兼优的学生完成学业。

为充分调动广大教师的积极性，国家进一步改善教师的工作和生活条件。各高校陆续建立和完善教师岗位津贴制度，使高校教师的收入有了较大幅度的提高。对关键岗位的带头人给予较高岗位津贴，以留住、培养和吸引优秀人才。在住房方面，据教育部门统计，1998—2000年，全国用于教师住房建设的资金投入达千亿元。到2000年底，共建成教师住房1.4亿平方米。按照国务院不把高校筒子楼带入21世纪的要求，1998和1999两年，以中央专项投入加上学校及主管部门配套资金共计40.5亿元，对中央部委属高校1800多栋筒子楼进行改造，6万多户高校青年教师迁入新居。随着工作和生活条件的改善，教师已逐步成为令人尊重和羡慕的职业。

为了深化教育管理体制改革，我国还配套进行了投资体制、办学体制、内部管理体制及教育教学等各方面的改革。我国高等教育长期存在的一个问题，是管理体制条块分割、行业部门办学校、学科偏窄、学校规模偏小、力量分散。这既浪费了本来就有限的财力和教育资源，又不利于人才特别是高素质的综合性人才的培养，赶不上世界发达国家的高等教育水平。为改变这一局面，我国开始对教育资源进行优化配置，对一些高校进行合并重组，以充分发挥综合优势，提高办学质量和办学效益。

1998年，高等教育管理体制改革加快了步伐。经过"共建、调整、合作、合并"等多种方式，至2000年，国务院原部委管理的400余所高校多数改为由中央和地方共建、以地方为主管理，一些需由国家管理的学校由行业主管部门划归教育部管理。全国共有612所高校合并组建为250所。各地广泛开展合作办学，加强学科建设，建立了一些高校园区，不少高校互相开放实验室、互聘兼课教师、相互选课和承认学分，联合组建统一的后勤服务实体，初步实现了高等教育资源的优化配置和优势互补。

随着高等教育的迅速发展和高校扩大招生，高校后勤设施严重不足，"学校办社会"问题已成为高校发展的严重制约因素。按照中央的要求，全国高等学校打破原来计划经济条件下"学校办社会，后勤小而全"的自我服务封闭式的旧格局，转换后勤管理体制和运行机制，实行资源共享、优势互补，逐步形成依靠社会力量办后勤的新格局。高校后勤社会化改革由属地政府主持，按照市场法则和教育规律，采取高校后勤联合、吸引社会参与等方式，使高校后勤机构与人员规范分离出学校，改变过去"一校一户办后勤，校校后勤办社会"的状况，初步形成教育系统联合办后勤与协调组织社会力量办后勤相结合的新局面。

至2000年，按照《中国教育改革和发展纲要》提出的目标，我国高等教育管理体制改革任务基本完成。这次改革，适应了经济社会发展和科技进步对高层次人才的要求，有利于增强高校知识创新和培养创新人才的能力，为21世纪高等教育的进一步发展奠定了基础。

联合共建与强强合并优势互补

为了提高高校的科研水平和创新能力，国家积极促进科研机构、高等学校和企业之间多种形式的合作。主要是：鼓励有条件的科研机构与高校合并或共建重点实验室、工程研究中心、网络式科研中心；鼓励高校、科研机构和企业的科研人员相互兼职或互派访问学者，联合培养研究生，共享科研设备和资料；鼓励科研机构进入企业，高校在企业建立实习基地和运用自己的科技成果开办中小型科技企业等。2000年，在高校集中的地区已经建立了15个高校科技园，高新技术企业销售收入超亿元的高等学校有50多所，初步培养了一批科技企业家和创新创业人才，形成一支大学科技园管理和服务人才队伍。

按照教育同经济结合的方针，高校与地方、与企业联合办学成为一个热点。许多高等院校以前所未有的热忱和力度，把办学、服务、发展的触角伸向社会经济的各个角落。北京大学成立了首都发展研究院，依靠北大多学科的综合优势和相关学科的人才，为北京市政府及相关部门提供政策建议和政策咨询，提供各方面的人才支持。清华大学与北京市政府共同组建北京清华工业开发研究院，主要是为高新技术产业发展、产业结构调整、传统产业提升改造提供技术支持和项目支持，并为科研成果转化提供场所、资金的"孵化器"。校际的联合也出现新局面。北京大学和北京航空航天大学成立北大工程研究院，以利于充分发挥北大文理学科和北航工程技术学科的优势。该研究院以高新工程技术为主要研究方向，以综合、交叉、边缘、新兴学科为主要生长点，实行产学研相结合，努力提高两校的科学研究和高新技术开发水平，培养具有创新精神和实践能力的高层次工程技术人才，为我国经济建设、科技进步和社会发展服务。

1998年5月，江泽民在北京大学建校100周年校庆大会上提出："为了实现现代化，我国要有若干所具有世界先进水平的一流大学。"为实现这一目标，高等教育改革在优化教育资源配置、合理调整学校布局结构的基础上，组建了一批真正意义的综合性大学。一些国内一流大学实行强强合并，实现优势互补，有力地促进了学科间的渗透、融合，为发挥综合优势，培养高素质的创新人才，使高等教育的质量和水平迈上一个新台阶创造了有利条件。

1998年9月，经国务院批准，浙江大学、杭州大学、浙江农业大学和浙江医科大学4所高校率先实行合并，组建新的浙江大学，成为我国学科最齐全、办学规模最大的一所综合性大学。4校合并使浙大的学科覆盖了除军事学之外的11个学科门类，共有145个本科专业、13个专科专业，有博士后流动站12个，一级二级学科博士点124个，二级学科硕士点192个；在校学生3万多人，其中硕士研究生3500名、博士研究生1500名，另有外国留学生300多名，有教授800余名、副教授1600余名，其中有中国科学院院士7名、中国工程院院士6名。这项重大的改革举措，被称为打造高等教育的"航母"，很快在发挥综合优势，培养高素质的创新人才，服务于国家重点科技研究和地方经济建设等方面显示了经济效益和社会效益。

创建世界一流大学，是清华大学几代人的梦想，而学科建设是创建一流大学的核心。清华很早就开始了综合学科的新布局，相继成立经济管理学院、人文社会科学学院、生命科学研究院等。1999年11月，中央工艺美术学院正式并入清华大学，更名为清华大学美术学院。"九五"期间，清华本着"发展工科优势，加速理科、人文社会学科和经济管理学科的发展，力争在生命科学和医学方面有所突破"的指导思想，积极调整学科布局，通过"211工程"重点建设了信息、材料、核能等5个学科群和人居环境等6个重点学科，还自筹经费建设了生命和环境两个学科群；又先后成立法学院、传播系、公共管理学院、美术学院、应用技术学院、医学科学研究中心，相继复建理学院、社会学系、政治学系、哲学系等，并经教育部批准筹建医学院。至此，清华从原来的理工科大学，名副其实地成为一所拥有理、工、文、法、医、经济、管理、艺术等多学科的综合性大学。

2000年4月，北京大学和北京医科大学正式合并，组建新的北京大学。北医大是全国医学院校中首批进入"211工程"建设的学校，也是全国规模最大的医学院校，而北大是中国最著名的综合大学，两个院校合并重新组建新的北京大学，可谓强强、大大联合，其目标是要建设成真正的世界一流大学。同年6月，经教育部、国防科工委和建设部批准，为我国国防科技事业发展作出重要贡献的哈尔滨工业大学与哈尔滨建筑大学合并，组建新的哈尔滨工业大学。原哈尔滨工业大学在宇航科学、机电控制及自动化技术、机械制造和热加工技术等领域处于国内前列地位。原哈尔滨建筑大学在土木工程、市政与环境工程等学科领域已达到国内一流水平。合并后的新哈尔滨工业大学将拥有3.5万名在校生，67个专业，8个国家级重点学科和12名院士。

回顾改革开放以来教育改革历程，其利弊得失要放到教育发展的具体环境和背景中予以评价。这一阶段教育改革中的一个突出问题，是农村义务教育一度出现困境，凸显了农村教育投资体制的滞后，有待国家加大财政的转移支付逐步解决。再一个问题是，教育机构应该是基于公益而非"经济驱动"的事业性组织。但一个时期以来时兴的"教育产业化"口号，实际上损害了公平因素。不仅是民办学校，包括公立学校节节攀高的收费制度，在很大程度上造成了学生受教育机会不均等与不公平。在市场经济环境下，政府的教育职能主要是承担作为国民素质教育的义务教育的责任。政府举办的公立教育的主要功能是保障公平，尤其是保障处于不利地位阶层和人群的教育机会。教育的竞争性、选择性、多样化服务等，可以通过民办教育和市场需求来体现，而公共教育决不能搞"产业化"。

总之，"穷国办大教育"依然是中国现阶段的基本国情，教育投入依然严重不足与教育事业应适当超前发展之间的矛盾；优质教育资源匮乏，城乡差距、地区差距很大与人民群众期盼教育公平、接受高质量教育需求之间的矛盾；义务教育发展现状与广大学生家长对子女接受教育的选择性需求之间的矛盾，依然存在。这些问题，只能通过深化教育体制改革，加快教育发展逐步地加以解决。

四、促进社会文化事业繁荣发展

创新文化理念和调整文化政策

随着改革开放进入新阶段，经济发展和社会进步取得显著成就，我国的社会文化事业也获得进一步繁荣和发展。1997年，中共十五大全面阐述了社会主义初级阶段的文化基本纲领，就是以马克思主义为指导，以培育有理想、有道德、有文化、有纪律的公民为目标，发展面向现代化、面向世界、面向未来的，民族的科学的大众的社会主义文化。2000年江泽民提出中国共产党"三个代表"重要思想，其内涵之一，就是要始终代表中国先进文化的前进方向。

在当代中国，发展先进文化，就是立足于建设中国特色社会主义实践，着眼于世界科学文化发展前沿，不断发展健康向上、丰富多彩的，具有中国风格、中国特色的社会主义文化，满足人民群众日益增长的精神文化需求，促进全民族思想道德素质和科学文化素质的不断提高，为我国经济发展和社会进步提供精神动力和智力支持。发展中国特色社会主义文化，要坚持"为人民服务、为社会主义服务"的方向和"百花齐放、百家争鸣"的方针。在文化建设上将"弘扬主旋律"和"提倡多样化"有机地相结合。这些有关中国特色社会主义文化的认知，是在发展社会主义市场经济的时代环境下的一种理念创新。在创新理念的基础上，党和政府的文化政策做了进一步的调整。首先是摒弃了长期以来"文艺从属于政治"等"左"的口号，同时向文艺工作者提出坚持正确的创作思想，郑重考虑作品的社会效果，多出精品，把美好的精神食粮贡献给人民，反对一切腐朽思想文化的侵蚀等基本要求。

1997年1月，中共中央发出《关于进一步做好文艺工作的若干意见》，提出了一系列新的文化政策。如：树立精品意识，实施精品战略；一手抓繁荣，一手抓管理，健全和规范文化市场；大力开展基层群众文化活动，倡导文明健康的生活方式，建设社区文化、村镇文化、企业文化、校园文化等，提高人民群众的文化生活质量；古为今用，洋为中用，推陈出新，正确认识、利用古代和外国文化遗产，建设社会主义新文化；扶持和发展少数民族文化，切实保证各民族自由地保持和发展本民族的文化；对新闻、传播、出版事业，提出"坚持党性原则，坚持实事求是，坚持团结稳定鼓劲，正面宣传为主，把握正确舆论导向"的方针。上述文化政策的调整，为大力发展和繁荣文学艺术、新闻出版、哲学社会科学、广播影视等文化事业营造了良好的政策环境，为促进社会文化与经济、政治共同繁荣和进步提供了有力保障。

文化领域管理体制的各项改革

为了促使文化建设适应市场经济和社会发展的需要，国家采取有力措施对文化管理体制进行改革，初步形成了演出团体、演出公司与演出场所三类演出经济实体分工配合、协作发展的主导格局。除了国有演出单位以外，集体、个体、中外合作合资等多种演出实体也得到扶持和发展。

在演出体制上，专业演出团体普遍实行了以市场为导向的内部体制改革，大多实现了管理权与经营权的合理分离，经营能力迅速提高，涌现了一批具有较强经济实力的大型演出公司，形成了演出市场的基础构架。许多国有演出场所以演出为主业，积极开展多种经营。各类演出单位面向市场转变生产经营机制，提高生产经营能力，使演出市场基本度过了最困难的转型期。营业演出逐渐取代计划演出而成为整个演出活动的主要部分。政府举办的艺术节、评奖、会演、调演、节庆活动等计划演出虽然比例缩小，但因规模大，水平高，影响广泛，具有很强的示范性和导向性。营业演出作为满足广大人民群众演出消费的主要形式，越来越成为演出单位生存和发展的基础。

从演出类型来看，在政府的提倡与扶持下，高雅艺术的演出场次和观众人次大幅度增长，社会反响热烈；通俗艺术演出继续保持强劲发展势头，演出市场的品类结构逐渐得到优化。专业演出团体走出剧场小舞台，迈向社会大舞台，积极为经济建设服务，为各行各业服务。演出场地由剧场扩展到体育场馆、歌舞娱乐场所、旅游景点，扩展到部队、学校、厂矿、企业，扩展到农村广阔天地，演出形式日益多样化。农村演出市场在专业演出团体与民间剧团、民间艺人的双重推动下走向活跃。国际来华演出与国内演出团体出国演出健康发展，促进了中外文化交流。

电影业管理体制也进行了改革。我国原有电影业体制是依照苏联的管理模式建立的，电影生产与发行放映政企合一，从中央到地方设立垂直管理的发行放映体制，按指令性计划指标生产和发行放映电影。随着我国改革开放的深化，这种"条块结合"管理体制的弊端日益突出，难以形成全国统一放映、竞争有序的电影市场。电影制片企业由于没有经营自主权，出品的影片不能直接面向市场，积极性、创造性受到影响。

从1993年起，国家广播电影电视部相继进行电影业管理体制改革，将国产故事片由中影公司统一发行改由各制片单位直接与地方发行放映单位见面；电影票价原则上放开；影片发行权拥有单位可以直接向北京等21家省、市的各级发行放映单位发行（11家老、少、边、穷省区除外）；进一步放开农村16毫米拷贝经营权，任何一级公司和集体、个体的放映单位都可以自由购买和经营，等等。电影业管理体制的改革，放开、搞活了电影市场，出现了电影发行放映的良好局面。但是，随着电视、录像业及VCD家庭影院的迅速普及，很快使电影业市场受到强烈冲击。经过继续改革和探索，许多城市开始出现一批现代化影院，如北京的时代广场影院、武汉的"环艺"、上海的"嘉华"、湖南的长沙大剧院等，都有外方股份投入。这些影院设备豪华，服务周到，经营理念先进，而且潜在经济效益惊人。尤其是1999年中美世贸谈判达成协议，中影公司每年从国外引进20部制作精湛的优秀大片，既适应了当代电影观众对文化娱乐的多层次的需求，又在电影票房市场形成竞争格局，我国电影院线逐渐走上良性循环轨道。

我国文化领域的其他行业，也采取很多改革措施，以适应建立社会主义市场经济体制的需要。经过改革，这些文化行业出现了新的面貌。同时，国家加强了对文化管理的立规立法工作，制定了一批文化法规，如营业性演出管理条例、音像制品管理条例、娱乐场所管理条例以及知识产权保护方面的法规等，使文化部门和文化工作者有章可循，有规可守。此外，国家还相继制定了《中华人民共和国拍卖法》《经纪人管理办法》《美术品经营管理办法》《传统工艺美术保护条例》《城市雕塑建设管理办法》《加强美术市场管理工作》等一批艺术品经营法规。这些立法及建章立规工作，充实了中国特色社会主义文化建设的法律法规体系，促使我国文化管理工作逐步走向规范化、法治化轨道。

文学艺术社会科学多样化发展

改革开放促进了中国文化艺术事业的繁荣和发展。文学、戏剧、电影、电视、音乐、舞蹈、美术、曲艺等各个门类，作品数量之多，形式、风格、流派之多样，体裁、题材、主题之丰富，都是前所未有的。各艺术品种不断推陈出新，创作十分活跃，新人层出不穷。多种多样的艺术形式得到了国家的大力扶持。国家无论在评奖机制、政策激励等方面都为促进文学艺术的发展和繁荣做了多方面的努力，使这些艺术类型无论在坚持"主旋律"，还是"多样化"的探索方面都取得了相当的实绩。

这一时期，我国文化艺术界涌现了一批思想深刻、艺术精湛、雅俗共赏的优秀作品，在历届"五个一工程"奖，"文华"奖，电影"百花奖""金鸡奖"，表演艺术"梅花奖"，鲁迅文学奖，茅盾文学奖的评选中崭露头角，大放异彩。电影创作取得丰硕成果，一批国产影片不仅获得了广大观众的喜爱，并且陆续在国际电影节获奖，赢得了世界声誉。电视剧创作以每年近8000部集的规模进占国内外荧屏市场。传统艺术得到有效发掘和保护，昆曲艺术入选首批世界"人类口头和非物质遗产代表作"。

文艺创作源泉的勃涌，培养了一支人才辈出的文艺大军。文坛老一代作家不懈耕耘，不时有新作问世；与新中国一起成长的一批著名作家大多保持旺盛的创作活力，以成熟的思考和感悟吸引着大量的读者；改革开放初期崭露头角而今人到中年的作家群，成为当前文学创作的中坚力量，日益丰厚的积累，日渐纯熟的技巧形成独特的风格，把他们人生的黄金时期变为创作的收获季节。"70年代出生作家"是一支风华正茂的文学新军，其实力和势头也令人刮目相看。他们思想活跃、感觉敏锐和富于探索精神，显示了充沛的创作活力。

为了推动文化艺术事业发展，国家各级财政逐年加大投入力度，积极调整支出结构，转变投入方式，使文化经费总量持续增长。1996—2000年"九五"期间，全国文化、文物、广播电影电视和新闻出版事业财政经费投入大幅度增长。其中，文化事业费财政拨款年均增长14.96%，达到67.03亿元；文物事业费财政拨款年均增长9.91%，达到11.70亿元；广播电影电视事业费财政拨款年均增长6.39%，达到49.57亿元；出版事业费财政拨款年均增长23.09%，达到3.39亿元。

国家还制定税收优惠政策，对大中小学课本、少年儿童报纸刊物、科技图书和期刊等出版物实行增值税先征后退的办法。中央和省级财政按宣传文化企业上缴所得税列支出预算，建立宣传文化发展专项资金，至2000年共拨付宣传文化发展专项资金近30亿元，先后资助了一批重点图书的出版、优秀影片的摄制及重点文化设施的建设，取得了良好的社会效益。为了引导和调控文化事业发展，国务院决定从1997年1月1日起在全国范围内开征文化事业建设费，各种营业性娱乐场所，广播电台、电视台、刊物等广告媒介单位及户外广告经营单位，由税务机关在征收营业税时按营业收入的3%一并征收，分别缴入中央、省级金库，建立专项基金，用于文化事业建设。

哲学社会科学是我国文化建设的重要组成部分，在社会主义现代化建设中有着十分重要的地位。一个阶段以来，由于偏重科学技术等自然科学的发展，社会上曾一度出现轻视社会科学作用的现象。针对这一情况，中共十五大报告强调：积极发展哲学社会科学，对于坚持马克思主义在我国意识形态的指导地位，对于探索中国特色社会主义的发展规律，增强认识世界、改造世界的能力，有着重要意义。

在中共中央、国务院的重视下，我国的哲学社会科学获得很大发展。一是学科建设更加完善。适应经济社会发展的需要，原来缺项的一些学科，如政治学、社会学等逐步建立起来，一些综合性和交叉性的新兴学科陆续建立。二是原有一些学科的研究在广度和深度上都有发展。三是学术研究硕果累累。国家资助的"七五""八五""九五"等哲学社会科学规划研究项目，以及青年基金项目，全部如期完成和出版，其中涌现了一批高质量的学术成果。

尤其重要的是，经济学、法学、政治学、社会学等多学科的理论研究和观念更新，对国家战略规划、方针政策的制定起到了直接推动作用。改革开放以来，包括社会主义初级阶段、市场取向的改革、社会主义市场经济、混合所有制结构、产权制度改革以及依法治国、建设法治国家等许多重大理论突破，都是经过社会科学界反复研讨、充分论证而正式确定的；国家各项改革政策措施及法律法规的制定和出台，都与相关领域的专家学者的研究、论证和建议分不开，越来越成为我国进行科学决策不可或缺的组成部分，并成长起一大批为改革发展提供对策研究、调查分析、政策咨询和框架设计的智囊型中青年社会科学工作者群体。

在我国逐渐向市场经济转型的过程中，商品交换法则日益浸入社会生活和精神领域，引发了诸如见利忘义、权钱交易等消极现象，一些领域出现道德失范，诚信缺失，给社会经济秩序和正常生活秩序带来严重损害。社会主义市场经济既是秩序经济，又是以诚信为本的道德经济。越是加快发展，越要把加强诚信意识、道德约束、敬业守法、自强自律等方面的建设放在重要地位。为此，中央提出要把依法治国与以德治国紧密结合起来，指出："法治属于政治建设、政治文明；德治属于思想建设、精神文明，二者缺一不可，也不可偏废。"[1] 按照中共中央制定发布的《公民道德建设实施纲要》，各级党政部门积极开展多种形式的公民道德建设活动，推动了社会主义精神文明和中国特色社会主义文化建设的发展。

繁荣文化市场推进文化产业化

改革开放以来，中国文化市场蓬勃兴起。1985 年，国务院批准国家统计局将文化艺术类经营作为第三产业的一个部分列入国民生产统计的项目。随后，

---

[1] 参见江泽民《论"三个代表"》，北京：中央文献出版社，2001 年，第 135 页。

国家各项文化经济政策的出台，为发展我国的文化市场、文化产业创造了政策环境。抓住国家大力推进第三产业发展的历史机遇，各地文化产业迅速壮大起来。全国文化市场及文化产业健康有序地发展，不仅活跃丰富了广大群众的文化生活，而且为解决社会就业、增加国家税收做出了贡献。

据统计，"九五"期间，全国文化市场经营单位累计上交国家各种税金106.5亿元；累计创增加值706.9亿元，占文化产业增加值总额的69%，成为文化产业中的支柱行业。另据截至2000年底的统计，文化部门主管的文化娱乐业、音像业、演出业、艺术品经营等门类的产业单位有22.3万个，从业人员91.9万人，上交各项税金20.2亿元，创增加值118.9亿元。相比之下，社会所办文化产业发展更为迅猛，到1998年已达到政府文化系统的2.7倍，从业人员的1.5倍，所创增加值的1.5倍。初步形成了由文艺演出市场、电影电视市场、图书音像市场、文化娱乐市场、文化旅游市场、艺术培训市场、艺术品市场、广告传媒市场等多种门类构成的文化市场体系框架。

然而，相对于改革开放年代的社会需求来说，我国文化产业的发展还很不充分，总量规模偏小，社会化、产业化程度低，结构不合理，尚不能满足人民群众日益增长的精神文化需求。据1998年统计，全国文化产业的增加值仅占GDP的0.75%，占第三产业增加值的2.3%。文化产业从业人员只占总就业人数的0.4%，城镇居民人均文化娱乐消费仅占其消费性支出的2.2%。[1]这种状况不仅远远低于发达国家水平，也低于一般发展中国家水平。为了改变文化产业发展不足的状况，2000年10月中共十五届五中全会通过的关于"十五"规划的建议醒目地提出："完善文化产业政策，加强文化市场建设和管理，推动有关文化产业发展"；"推动信息产业与文化产业的结合"。由此，发展文化产业正式成为国民经济和社会发展战略的重要组成部分。

在世纪之交，中国的文化产业已成长为一个涵盖文化艺术业、新闻出版业、广播电视电影业、音像制品业、演出业和文化娱乐业等在内的现代产业群。各个门类的文化产业在蓬勃发展中异彩纷呈，具有各自发展的面貌和不同特点，总的趋势是不断走向产业升级，并逐步向国际化发展。其中，传播媒体产业的长足发展，格外引人瞩目。反映传媒业发展状况的一个重要标志，是大型产业集团的迅速崛起。

在20世纪，世界传媒业大市场与大集团交互作用、并行推进经济社会发展的势头强劲，特别是20世纪90年代末，各国出版与传媒业之间跨媒体、跨国

---

[1] 参见范伟《繁荣文化市场，发展文化产业——访中华人民共和国文化部部长孙家正》，《文明与宣传》2002年第10期。

界大规模兼并收购的事件频频发生，中国传播媒体的产业化经营、集团化运作已成为一种趋势和潮流。这是发展市场经济进程中的必然产物，也是发展我国社会主义文化阵地强有力的支撑。

我国出版集团的建设经历了三个发展阶段。最初是有关出版社在自愿的基础上建立跨地区的松散联合体。1992年开始加强出版业的联合，进行出版、印刷、发行企业集团的试点，当时还是以行政区划为基础，由地方政府批准形成联系紧密的企业集团，集团内部仍以行政隶属关系而非产权关系为主。经过多年的探索，1998年12月，以广东出版集团和上海世纪出版集团成立为标志，出版集团建设进入了以政府为主导，以资产为纽带，在明晰产权关系的基础上试点组建国有集团阶段。此后，由国家新闻出版行政部门批准的出版发行集团有11个，包括以图书出版为主体的7个出版集团，以出版物发行企业为主的4家发行集团，还有中央部委、省（自治区、直辖市）政府批准成立的若干出版集团、党刊集团、印刷集团及发行集团。

我国出版发行集团经过短短几年的发展，初步建立起现代企业制度，规模、实力、效益都有明显增强和提高。在出版集团建设方面，主要是与原隶属的新闻出版局实行局社分家，建立董事会、监事会，推行法人治理结构；厉行改革，实行全员聘任合同制，对富余人员实行多种形式的下岗分流，同时面向社会招聘集团急需的人才；建立图书音像配送中心，实施数字化出版工程等。许多综合性出版社按照专业领域建立了分社、分公司，实行集团化管理，逐步走上集约化发展道路。有的集团还启动资本经营战略，通过买壳或直接上市方式推进股票上市工作。在发行集团建设方面，主要是以资产为纽带，通过企业重组，体制创新及连锁经营战略的实施，为建立全国统一的竞争有序的文化大市场注入活力。

在出版业的改革发展中，民间书业逐渐成长为一支竞争力量。中国书业分为出版、发行、零售三个环节，传统上分别由国家出版社与新华书店管理。改革初期，个体书商在零售业出现，渐次进入批发领域。更有一些书商善于畅销书策划，同正规出版社合作拿到书号后，从组稿、出版到发行都由书商自己投资，发行量越大，成本越低，由此形成了活跃在体制边缘的"二渠道"。这种合作出书的方式，虽未得到官方的认可，但普遍为业内接受。至20世纪90年代以后，更有一批大型的高品位民营书店出现，如北京的风入松书店、国林风书店，始办于南昌的席殊书店等，以会员俱乐部的形式发展了相当庞大的读者群。随着不断有大的业外资金，各地涌现了一批集策划、设计、编辑、排版、印刷、发行为一体的图书公司和工作室，民间书业开始向产业化迈进。尽管还受到体制上的种种限制，民间资本进入出版领域已成为活跃中国书市的不可忽视的力量。

我国报业集团的建设发展迅速。1996年1月，广州日报社经批准在全国率先组建了第一家报业集团。1997年，中共中央宣传部、国家新闻出版（总）署加大了以党报为龙头组建报业集团的工作力度。至2001年，全国经批准先后组建了南方日报、光明日报、经济日报、北京日报等16家报业集团。这些报业集团通过兼并重组，均已形成几家、十几家报刊的规模。各集团报刊发行量都在200万份以上，实力明显增强。报业集团的出现是中国报业适应社会主义市场经济新形势，顺应国际报业发展潮流，参与国际报业竞争的需要，也是报业由规模数量向优质高效转化、由粗放经营向集约经营转化的重大举措。

在报业的市场化改革中，一批由党报创办的都市报应运而生，如《南方都市报》《三湘都市报》《楚天都市报》《三秦都市报》《燕赵都市报》《华西都市报》等，很快成为异军突起的生力军。都市报脱出其母体党报、机关报受制于体制、机制和观念的束缚，一改老式晚报只是"日报之补充"、消遣娱乐型的办报思路，定位于面向城市人群传播，具有明显市场运行特征，新闻性与服务性并重的综合性市民报纸，一开始便带着全方位的大信息量，强烈的服务性、实用性、可读性等"适销对路"的特点勇闯市场，打开报业竞争的格局。经过几年的发展，像南方报业集团的《南方都市报》等，已成为"读者一报在手，尽知天下事"并且在全国具有广泛影响的新型综合性报纸。

与都市报群雄并起的，还有北京的《财经》半月刊、上海的《新民周刊》、深圳的《南风窗》等一批当代意识、公共意识很强的期刊，从理念到操作，都呈现出一片办报办刊的新天地——始终关注社会公平、公正、正义；情系平民百姓，民生新闻上头条，为普通人生存状况的改善反映呼号，出谋划策；以公共新闻出彩，以深度跟踪调查和舆论监督见长，力求用宽大的报道领域和海量信息满足不同人群知情权的需要；灵活的敲门发行，低价位竞争；广招能人主政，不拘一格用人才，高薪高位吸引才俊，等等。多年来，这些报刊在各种目光和评价中，或顶住压力坚持关注民生、为民代言的主旨，或"把批评当补药吃"而迅速成长起来，成为报刊产业重要的新闻生产力，成为当今社会一支重要的舆论力量。作为中国民众重要的沟通渠道，作为中国社会平衡各种利益的舆论手段，这些贴近公共领域的报纸期刊愈来愈受到公众的欢迎。

中国电视业也在深化改革中探索产业化道路。其中，电视业的"湖南现象"格外醒目。新创立的湖南经济台一开始就定位明确：自负盈亏，商业化运作。短短几年间，以经济台为先锋的湖南几家电视台及新开频道，把大众娱乐节目推向一个高潮，收视率相当高。一些节目被十几家外省市电视台买下播出权，湖南卫视上星后更把影响扩展到全国。湖南电视业在新闻播报上的投入也是大手笔，经济台率先在国内租用直升机抢拍突发新闻，实现直播。当然，电视业火爆的"湖南现象"后面或许隐藏着某些"大众娱乐化"的缺陷，但至少提供了一种电视业走向产业化的模式和前景。①

20世纪八九十年代以来，世界范围信息技术突飞猛进地发展。"九五"期间，我国的信息技术产业以年平均25%～30%的增幅快速增长，为文化内容在前所未有的规模上创作与传播开辟了广阔的新天地。互联网在中国出现短短几年时间，发展速度相当惊人。网络带来的文化冲击，首先改变了人们接受信息的方式。作为继舞台、书报、广播和电视之后的"第四媒体"，网络为普通人在第一时间接受所需各种信息提供了可能。

新浪、搜狐、网易等门户网站率先提供快捷方便的新闻信息服务，成为众多网民不可或缺的重要信息来源。大批具有官方背景的传统媒体迅速跟进，利用自己拥有的新闻和信息资源优势建立了数千个网站。1997年1月1日中国最大的报纸《人民日报》开办网络版之后，全国各大报纸纷纷"触网"，把网络建设当成报业发展的重要手段。如今，许多重要新闻事件是通过互联网第一时间获得传播和报道的，大大加强了信息的公开性、透明度和时效性。无论是政府网站、各种专业网站还是个人网站，都提供了适合各种不同人群所需要的大量文化信息，它超越了地域界限，实现了资源共享，并将可利用的文化资源扩大到全球范围。网络已经开始全面地介入和改变中国人的生活。

互联网为新的文化形式的发展提供了平台。它的快捷、方便、灵活、自由的特点可以包容各种文化的新形态。如网络文学给许多无名作者展现自己的创作才能提供了条件。许多中外优秀曲目通过互联网的FLASH（动漫结合）不胫而走，广为流传。E-mail提供了更加便捷的相互沟通和传递信息的途径，QQ提供的网上聊天新工具，带来了虚拟空间的语言互动，这些都迅速改变着当代人沟通和交流的方式。各种在线互动游戏也成功地创造了文化娱乐的新形态。更有博客（Blog）作为一种"通过网络链接表达个人思想，按照时间顺序排列，并且不断更新的出版方式"，正在成为社会公众越来越盛行的表达工具。博客文章中反映了大量的民间智慧、意见和思想，凸显了网络的知识价值，成为引人注目的文化现象。互联网所创造的多种多样的文化新形态，预示着文化市场网络化的巨大潜力，并日益成为新的时代潮流。

民族文化与世界文化交互融通

在世界多极化、经济全球化的时代背景下，文化的发展和不同文化之间的

---

① 参见曹海丽《电视台革命："湖南现象"》，《财经》2000年3月。

相互交流，成为世界不同社会和民族共同发展、互利共赢的重要环节。对外文化交流是我国文化工作一个重要组成部分，也是我国实施对外开放政策和国家外交工作的一个重要方面。改革开放以来，我国对外文化交流迎来了争妍斗丽、欣欣向荣的新时期。对外文化交流的规模和范围不断扩大，交流的广度和深度不断发展，内容与形式更加丰富多彩，渠道与层次更加多样。中国政府十分重视对外文化交流工作。1996年召开的全国对外文化工作会议，确定了新形势下对外文化工作的原则，即"把握方向，服从大局，以我为主，择精取优，扩大影响，促进友谊"。1997年中共十五大提出："我国文化的发展，不能离开人类文明的共同成果。要坚持以我为主，为我所用的原则，开展多种形式的对外文化交流，博采各国文化之长，向世界展示中国文化建设的成就。"为走向21世纪我国开展对外文化交流工作确定了指导思想。

加强和改进对外文化工作的管理，一方面要适应社会主义市场经济的要求，按照有关的方针政策，参照国际惯例和经验，研究制定并不断完善对外文化交流法规，对政府交流项目和商业交流项目、中央项目和地方项目、引进项目和派出项目，均有明确的法制规范，将对外文化交流管理纳入法制化的轨道；另一方面要巩固发展"上下结合、官民并举"的机制，开展多层次的对外文化交流，以适应日益扩大的对外开放的需要。例如，建立对外文化交流微观主体的法人资格认证制度、对外文化交流经纪人制度，提倡以民间身份体现国家利益、文化与企业结合的交流方式等。经过长时期的探索和实践，一个"以我为主，政府主导，中央与地方相结合，官方与民间并举，引进与输出并重，多渠道、多层次、多方位、多形式"的对外文化工作格局已基本形成。

改革开放以来，在吸收人类社会创造的一切文明成果的基本方针指引下，我国的对外文化交流工作不断加强，中外文化交流事业蓬勃发展。至1999年，中国与世界上121个国家签订了文化合作协定，与160多个国家和地区有不同形式的文化往来，与数千个外国和国际文化组织保持着各种形式的联系。交流范围涉及文学、艺术、文物、图书馆、博物馆、新闻、出版、广播、电影、电视、体育、教育、科技、卫生、青年、妇女、旅游等方面。随着对外开放的不断扩大，中国文化走向世界成为时代的趋势。中国电影在国际电影节连续多次获奖，并与电视节目等一同开辟国际市场。中国音乐、舞蹈、杂技、美术等各个门类的艺术家参加高水平的国际艺术比赛，频频取得优异成绩。

中国与世界的文化联系极大地拓宽了中国人的视野，也促进了世界对于中国的了解。中国经济的高速成长和综合国力的扩大，也为中国文化的传播奠定了基础。当然，文化市场的开放和中外文化的交流也面临着一些挑战。首先，文化的输出和输入的不平衡非常明显。相对于西方文化的输入，中国文化的输出仍有相当大的差距,让世界了解中国还有很长的路要走。其次,扩大对外开放带来了西方消费文化的涌入,也为我国的文化安全和民族文化的保护提出了新的课题。

从总的发展趋势来看,中外文化交流的空前活跃,对于中国文化艺术走向世界,让世界了解中国,对于借鉴世界优秀文化成果,繁荣发展我国文化艺术,对于推动中国与世界各国之间的友好和合作,产生了广泛而深刻的影响。这一切,为中华文化与世界文化的相互融通和借鉴创造了前所未有的良好条件。

五、初步建立社会保障体系框架

建立完善多层次保险保障制度

随着国民经济向市场化转轨和结构调整的不断深入,建立和完善适应社会主义市场经济的社会保障体系成为一项十分紧迫的任务。改革开放以来,我国逐步建立起城镇企业职工基本养老保险制度、基本医疗保险制度、失业保险制度和城镇居民最低生活保障制度,初步形成了社会保障体系的基础框架。中共十五大把建立社会保障体系,提供最基本的社会保障,列为积极推动结构调整的各项配套改革的重要内容。根据这个精神,中国加快了建立和完善社会保障体系的步伐。

为了统一领导和协调社会保障管理体制的改革和建设,1998年国务院机构改革中,组建了劳动和社会保障部,把过去由多个行政部门分别管理的社会保险改变为由劳动和社会保障行政部门统一管理。各级劳动和社会保障部门也建立了相应的社会保险经办机构,承担社会保险具体事务的管理工作。

我国从1984年开始进行基本养老保险制度改革试点。进入20世纪90年代以后,中国人口老龄化进程加快,60岁和65岁以上的人口已分别占总人口的10%和7%。按照国际通行标准,我国人口年龄结构开始进入老龄化阶段。整个社会老年人的社会保障任务越来越重。1997年国务院制定了《关于建立统一的企业职工基本养老保险制度的决定》,开始在全国建立统一的城镇企业职工基本养老保险制度,实行社会统筹与个人账户相结合的模式。基本养老保险覆盖城镇各类企业的职工。城镇所有企业及其职工必须履行缴纳基本养老保险费的义务。对于新制度实施前参加工作、实施后退休的老职工,还要加发过渡性养老金。

1998年,国务院颁布了《关于建立城镇职工基本医疗保险制度的决定》,开始在全国建立城镇职工基本医疗保险制度,实行社会统筹与个人账户相结合的模式。基本医疗保险基金原则上实行地市级统筹。基本医疗保险覆盖城镇所有用人单位及其职工。所有企业、国家行政机关、事业单位和其他单位及其职工，必须履行缴纳基本医疗保险费的义务。单位缴纳的医保费一部分用于建立统筹基金，一部分划入个人账户；个人缴纳的医保费计入个人账户。统筹基金和个人账户分别承担不同的医疗费用支付责任。

1999年，国务院颁布实施《失业保险条例》，加强了失业保险制度建设。失业保险覆盖城镇所有企业、事业单位及其职工；所有企业、事业单位及其职工必须缴纳失业保险费。失业保险待遇主要是失业保险金按月发放，标准低于最低工资标准、高于城市居民最低生活保障标准。领取失业保险金的期限根据缴费年限确定，最长为24个月。

1993年，我国开始对城市贫困居民社会救济制度进行改革，到1999年，全国所有城市和有建制镇的县城均建立了最低生活保障制度。同年，国务院正式颁布《城市居民最低生活保障条例》，为城市所有居民提供最基本的生活保障。城市居民最低生活保障资金列入地方政府财政预算，标准根据当地维持城市居民基本生活所必需的费用确定。家庭人均收入低于最低生活保障标准的城市居民均可申请领取，经过家庭收入调查，领取与最低生活保障标准的差额部分。

1998年，国务院确定了推进社会保障制度改革"坚持三个重点、两个确保、一个统一"的工作目标，将促进国有企业下岗职工再就业，深化养老保险制度改革，推动医疗保险制度改革作为重点，确保国有企业职工的基本生活，确保离退休人员养老金的发放，努力实现社会保险的统一管理。在中共中央、国务院的高度重视和指导下，各级党委、政府及劳动和社会保障部门在保障国有企业职工基本生活，促进国有企业下岗职工再就业方面，在深化养老保险制度改革，推进医疗保险改革，促进失业保险向法制化迈进方面，都取得了重要进展，结束了我国长期以来社会保险多头管理、分散决策和缺乏统一规划、统一组织实施的局面。

在养老保险方面，过去存在着制度不统一、行业统筹与地方统筹分割、统筹层次低以及离退休人员保险金欠发等严重的局面。国家劳动和社会保障部重点推进了三方面改革。一是加速推进基本养老保险制度向统一的企业职工基本养老保险制度并轨的步伐。至1998年12月，全国93%的省、自治区、直辖市都已建立社会统筹与个人账户相结合的养老保险基本制度，并按照统一的制度运行。二是完成全国行业统筹养老金统一移交地方管理工作。行业统筹养老金是在特定历史条件下形成的，全国共有铁路、煤炭、水利、邮电、交通、有色金属、建筑、电力、石油天然气、银行、民航11个行业实行了行业统筹。为加速养老保险的统一管理，劳动和社会保障部、财政部联合组成移交工作组，顺利完成了11个行业所属2000余个企业、1400万职工、421万离退休人员的养老金统一移交地方管理的交接工作。三是加快省级统筹养老金的步伐。根据国务院的决定，各地在所辖范围内，将所有用工形式，包括国有企业、集体企业、外商投资企业、私营企业以及城镇个体经济组织及其从业人员基本纳入省级养老金统筹；在费用征缴和待遇发放上，实现全额征缴与全额发放。至1998年底，全国共有21个省、自治区、直辖市实现了省级统筹，使基金的调剂功能大大加强。

在失业保险方面，一是适应我国经济体制改革，提高了失业保险费的征缴标准，并实行了个人征缴费。从失业保险基金中拨付部分资金，调剂用于国有企业再就业服务中心，保障下岗职工基本生活。二是构建比较完善的失业保险制度。中共中央、国务院确定，下岗分流和实施再就业工程是过渡到完善的社会保障体系的必要桥梁。当前和今后一个时期，主要解决国有企业下岗职工的基本生活保障和再就业问题，争取用五年左右的时间，初步建立适应社会主义市场经济体制要求的社会保障体系和就业机制。

根据中央确定的"两个确保"目标，各级党政部门采取各种措施，在确保国有企业下岗职工的基本生活方面，国有企业普遍建立下岗职工再就业服务中心，向下岗职工发放基本生活费，并为他们缴纳社会保险费，所需资金由政府财政、企业和社会（主要是失业保险基金）三方面共同筹集。同时，组织下岗职工参加职业指导和再就业培训，引导和帮助他们实现再就业。在确保离退休人员的基本生活方面，主要是保证按时足额发放基本养老金。为此，国务院确定建立国有企业下岗职工基本生活保障、失业保险、城市居民最低生活保障"三条保障线"。三条保障线相互衔接，有力实施，对保障职工和城市居民基本生活，保持社会稳定发挥了重要作用。

全面推行住房分配货币化改革

中国住房制度的改革，直接关系到城镇居民的切身利益和生活条件的改善。最早从1991年起，开始分期分批试点，向居民个人出售新旧公房、合理调整公房租金，逐步向全国推进。1994年7月，国务院作出关于深化城镇住房制度改革的决定，首次提出建立以中低收入家庭为对象、具有社会保障性质的经济适用住房供应体系，建立以高收入家庭为对象的商品房供应体系；首次提出全面推行住房公积金制度，鼓励集资合作建房，加快城镇危旧住房改造。1995年国家开始实施安居工程，以成本价向中低收入家庭出售，并强调"加快住房建设和推进城镇住房制度改革是各级人民政府的重要职责"。

经过几年的努力，各地房改取得了初步成效。但由于实行了几十年的福利分房制度涉及各层面利益矛盾太多，平衡矛盾的工作十分繁难，推广住房商品化进展缓慢。尤其是1993年以后，我国发生经济过热和高通货膨胀，国家采取了适度从紧的宏观调控政策，基本建设速度趋缓。相连带的问题是，在城镇居民和职工住房条件亟待改善的情况下，房地产市场泡沫破裂，出现了商品房大量积压的现象。至1997年底，全国空置商品房7000万平方米，空置率15.3%，几年来大量的建房资金在房地产中被套牢。

商品房大量空置，主要是因为房价过高，普通居民平均年薪1万~2万元的收入，与购买几十万元的商品房相距甚远。另一个原因是公有住房租金过低，据统计，1997年全国公有住房与商品房的租售比率为1400∶1，大大高于国际公认比较合理的100∶1的比率，难以激起公房使用者自己掏钱买房的欲望。从另一方面来看，中国经济实现"软着陆"后，多年的卖方市场开始向买方市场转变，许多居民家庭中高档耐用消费品已达到饱和，城乡居民储蓄存款余额至1997年底接近5万亿元。在国家确定扩大国内需求，增加有效供给的大政策下，实行货币化分房，将城乡居民的储蓄存款合理地引向住房消费，有了一定的实施基础。而在全国商品房空置率过高的情况下，国家选择停止实物分房为突破口，拉动房地产业发展，对于促进经济适度增长是一个靠得住的增长点。

1998年7月3日，国务院发出的"国发23号"文件，决定停止住房实物分配，逐步实行住房分配货币化。这个文件首次提出建立和完善以经济适用住房为主的多层次城镇住房供应体系。首次提出调整住房投资结构，重点发展经济适用住房（安居工程），加快解决城镇住房困难居民的住房问题。首次明确所有商业银行在所有城镇均可发放个人住房贷款。首次提出建立业主自治与物业管理企业专业管理相结合的社会化、专业化、市场化的物业管理体制。首次提出以保持经济适用住房价格的稳定为重点，做好房地产价格调控和住房价格新体系的建立工作，并要求继续发展集资建房和合作建房，多渠道加快经济适用住房建设。文件规定，从1998年下半年起，出售现有公有住房原则上实行成本价；对最低收入家庭租赁由政府或单位提供的廉租住房租金，实行政府定价；对高收入家庭购买、租赁的商品住房，实行市场调节价。

城镇住房制度改革关系到改革、发展、稳定的大局，涉及每个干部、职工的切身利益，必须充分考虑国家、单位、个人的承受能力，使改革获得广大群众的理解和支持，在保持社会稳定的前提下健康向前推进。为此，国务院提出的基本原则是：坚持在国家统一政策目标指导下，地方分别决策，因地制宜，量力而行；坚持国家、单位和个人合理负担；坚持"新房新制度、老房老办法"，平稳过渡，综合配套。在促进住房商品化的同时，发展住房金融，培育和规范住房交易市场。

房改面对的是如何使"住房分配不公"多年积累的存量资产，合理合法地进入市场的问题。根据我国大多数城市的实际情况，中央采取了渐进的增量改革方案。尽管住房投资、消费主体市场化趋势不可避免，许多城市面对"水深难测"的单位利益，不得不选择"逐步到位"的实施方案。例如首都北京，党政军各大机构云集，中央单位人员占从业人员总数 28.5%。各省市地方政府及外埠大公司、大企业在北京设立了 1 万多个联络办事机构，有 5000 多家外国公司设有驻京机构，外加 1 万多家三资企业，导致北京的商品房集团购买力始终居高不下，约占市场 70%～80% 的份额，并大多带有福利分配的性质。而个人购房仅占 16%～20%，占全部住房需求的 5%。而在深圳情况就大为不同，个人购房占住宅销售的 83%，上海则占到 55%。[①]

随着房改大局已定，1998 年国家建设部连续三批下达了经济适用房的建设规模，总建设面积达 2.1243 亿平方米，总投资 1703 亿元，并安排了 711 亿元的指导性信贷计划，投资额达到年初计划的 4 倍。经济适用房含有政府政策的支持，以低房价见称，大体符合大多数中低收入家庭的承担能力。各大银行通过住房金融体制改革，纷纷推出住房按揭，其贷款上限提高到七至八成，手续也较为简便。

然而，停止福利分房既带来了房市繁荣、居住条件改善，也带来了房价扶摇直上。2000—2003 年，全国房价年涨幅还在百分之三四，到了 2004 年，直线拉升到 15%，上海、杭州、南京等热点城市的部分房价甚至在短短一年内翻了一番。宏观调控接踵而至。2005—2006 年，国务院连续发布关于加强房地产市场引导和调控的措施、做好稳定住房价格工作的意见、调整住房供应结构稳定住房价格的意见等。从官方数据上看，全国房价平均涨幅下降到百分之七点几、百分之五点几。但老百姓的感觉是"按下葫芦浮起瓢"。从 2006 年开始，北京、广州、深圳等地房价一飞冲天；到 2007 年，不仅东部房价强烈弹升，中西部房价也狂飙突进，普涨行情逐月走高，全国房价无可争辩地进入上行通道。三五年前，许多居民因为凑不齐数十万元的首付而想缓一缓，而如今，购房梦不是越来越近而是越来越遥远了。

中国楼市为何如此火爆？《瞭望》新闻周刊记者徐寿松在文章中分析说：透支消费、分配不均使然。温州炒房团、山西矿主购房团等"通吃全国"的盛宴，造成高房价、高成交的旺市，掩盖了中等收入人群买不起房的现实。从政府方面看，若干年来各地在"市场化改革"的背景下，"圈地造城""借地生财"汇成一股潮流，国务院规定以经济适用住房为主的"多层次住房供应体系"的政

[①] 参见高梁《房改与北京房地产市场》，《经济管理文摘》2000 年第 23 期。

策要求被冷落,被遗忘了。经济适用房占住宅总投资的比例不到5%,且逐年下降;有的城市竟没有制定经济适用房、廉租房的规划安排。回过头来反思,当年过分强调房地产全盘市场化对拉动内需的作用,的确是顾此失彼,甚至走向了重市场、轻保障的误区,使本该在保障体系内解决安居问题的居民,被裹挟进商品房市场之中,这就导致了老百姓常说的"十年一觉安居梦,房价已上九重霄"。[①]

历史地看,我国的住房制度改革,使居民住房状况发生了翻天覆地的变化,更多的城市家庭拥有了自己的房产。在城镇人口大量增加的前提下,城镇人均住房面积从1978年的不足7平方米升至27平方米。房地产业的兴旺发展带动了几十个行业,起到拉动国民经济增长的重要作用,这是有目共睹的。但是要将住房商品化、社会化同在社会保障体系内低收入居民家庭的安居问题统筹加以解决,还有很长的路要走。

城镇医药卫生体制改革的启动

我国职工公费医疗和劳保医疗制度,是在计划经济体制下形成的,对保障职工群众身体健康曾发挥过重要作用。但随着改革的深化,这项制度越来越不适应现实要求。在一些经济不发达地区,一部分老国有企业,职工基本医疗得不到保障的问题比较突出。此外,在城镇从业人员中,非公有制单位从业人员已占1/3,人数还在不断增加,其中大部分人没有治病就医的制度保障,造成一些社会不安定因素。据1997年的统计,全国职工医疗费用为773.7亿元,比1978年增加了28倍,年递增19%。迅速膨胀的医疗费用支出,使国家财政和企业单位不堪重负。一方面,部分职工的基本医疗得不到保障;另一方面又存在着大量浪费现象。据有些省市的调查估计,由小病大养、一人看病全家吃药等造成的医疗费用的浪费,约占20%,达100多亿元。因此,全面推进医疗制度改革势在必行。

1998年,国务院专门成立医改领导小组,组织有关部委制定了《关于建立城镇职工基本医疗保险制度的决定》,提出医改的目标是:用三到五年的时间,在我国初步建立起城镇职工基本医疗保险制度,实行社会统筹与个人账户相结合,覆盖城镇全体劳动者,并逐步形成包括基本医疗保险、企业补充医疗保险和商业医疗保险等多种形式的医疗保险体系。关于医改需要把握好的几个重点问题,一是坚持"低水平、广覆盖",保障职工基本医疗需求。二是实行基本医疗保险费由单位和个人共同负担,形成新的筹资机制。三是建立社会统筹与个

---

① 参见徐寿松《房改20年:楼顶上的中国》,《瞭望》新闻周刊,2008年3月5日。

人账户相结合的基本医疗保险制度，明确统筹基金和个人账户各自的支付范围，并要分别核算，不能相互挤占。四是合理确定基本医疗保险统筹范围，加强基金管理。五是加快医药卫生体制改革，降低医疗成本，提高医疗服务质量和水平。

城镇职工医疗保险制度的改革，直接牵涉我国医疗卫生体制和药品生产流通体制的改革。改革开放以来，我国医疗卫生事业取得了前所未有的发展，在为人民服务和为现代化建设服务方面发挥了重要作用。广大医护人员为保护和增进人民健康作出了很大贡献。我国医药产业快速发展，已成为令人瞩目的新兴产业。但由于医药卫生体制改革滞后，存在的问题和矛盾越来越突出，主要是医疗费用增长过快；卫生资源配置条块分割，结构不合理，浪费和短缺并存，运行成本高，总体利用效率低；医疗机构经济补偿机制不合理，"以药养医"助长了不正之风，缺乏公平竞争，医疗服务质量不能让广大患者满意；药品生产流通秩序混乱，药品虚高定价和回扣促销等不正之风没有得到有效遏制。因此，必须加快医疗卫生体制改革的步伐。

2000年7月，全国城镇职工基本医疗保险制度和医药卫生体制改革工作会议在上海举行。李岚清副总理在会议讲话中分析了现行医药卫生体制存在的问题和矛盾，强调改革的总体目标是，用比较低廉的费用提供比较优质的医疗服务，努力满足广大人民群众的基本医疗服务需要。因此，必须同步推进基本医疗保险制度、医疗机构和药品生产流通体制三项改革，才能有效地实现医改目标。

"三医联动"改革引入了竞争机制，一定程度打破医疗医药机构的垄断，有利于遏制医药费用不合理的攀升。病人和医保机构可选择若干家定点医院、药店，患者可选择医院、医生，促进了医院、药店、药房、医生之间的竞争。实行医药分开核算、分别管理，对医疗机构的药品收入实行"收支两条线"管理，切断与药品营销之间的直接经济联系，解决了一部分"以药养医"带来的问题。实行药品集中招标采购等办法，可使医药购销中的不正之风得到一定治理。大力发展社区卫生服务，并与综合医院、专科医院实行合理分工，逐步向"小病在社区，大病进医院"方向发展。

然而，三项医改也暴露出一些问题。一是城镇职工基本医疗保险制度的覆盖面有限，在一些地方，甚至像广州这样的经济发达城市，也有国企下岗职工、民营企业职工，特别是农民合同制职工、城镇个体工商户等自谋职业者没有参加医保，其他采取各种灵活方式就业的人员，由于流动性大，大部分也没有参加医保。由于医疗保险规定的用药范围过于狭窄，相当一部分有效药物属于自费药，很多病人所需药物都在参保范围之外，致使报销后的医药费用仍然让市民难以承受，出现"小病不保，大病又保不了"的现象。在医疗费用依旧居高不下的情况下，个人医疗费用的支出仍然沉重。

另一个问题是，改革中一些公立医院明显呈现出非公益性的商业化倾向。科室要完成一定创收指标，医护人员才有奖金拿。由于医院层层搞创收，就导致一些医院"一切向钱看"。医生、护士多拿了奖金，带来的却是"看病贵"，增加了病人的负担。由于社区医疗卫生服务还不到位，很多医疗资源都集中在大城市，尤其集中在三甲公立医院，病人就医纷纷选择大医院，造成大医院就医人数无限制膨胀，老百姓"看病难"成了社会关注度很高的问题。

在医疗体制改革的逐步推进中，我国地方性医改的实践在各地不断上演。如江苏宿迁市政府把当地的公立医院、乡镇卫生院拿出来拍卖，称之为对劣质医疗资源的市场化改造。改制医院分别被改造成股份制、合伙制、混合所有制、个人独资医疗机构，民营卫生资产占比超六成。虽然政府在改制中获得卫生发展基金，也引进优质医疗资源，使医疗服务能力有所改进，但是公立医院、卫生院大多被拍卖后，政府如何履行公共服务职责，保证群众的基本医疗服务，特别是对改制医院采取措施保障行使公共服务职能，这些问题实际上没有解决，暴露出公共医疗事业市场化的弊端。

2000年以后，民营医疗市场开始在我国兴起，很快形成相当的规模效应。民营医院在全国已有多个实力雄厚的医院集团，如民营性质的南京长江医院集团、上海同济医院集团、凤凰医院集团、上海南洋医院集团、沈阳东方医疗集团、广州协佳医院集团、深圳博爱集团、广州仁爱集团等，它们大都是在医院连锁或医院资源共享的基础上发展起来的。与公立医院相比，民营医院更注重提供良好医疗服务，因为很清楚自身相对公立医院的优劣势，很重视医患之间相互沟通，在医疗或咨询过程中，治疗方案、用药档次、服务费用等都与病人进行交流探讨，医患双方处于信任、透明的环境中，提高了社会对医院的综合满意度。在专科特色上，主要依据医疗市场规律，以社会需求为导向，选择能够发挥自己优势的方面，找准目前公立医院服务能力不足、群众需求量大的短缺项目，将民营医院办成专科医院或有专科特色的综合性医院。

值得重视的是，在市场导向的改革大潮中，国家医疗卫生事业应属于公益性福利事业，政府不能退出公共医疗卫生服务领域，更不能把保障居民健康的责任推给社会。政府履行公共服务职责，既要加大政府投入，规范公立医院收支管理，也要将一部分公立医院改制，吸收社会资金，扩大医疗服务供给，解决好群众最关心、最直接、最现实的基本健康权益问题，保证群众公平享有安全、有效、方便、廉价的公共卫生和基本医疗服务。

总的来看，通过中央和地方上下联动，共同努力，初步形成我国社会保障体系的基本框架。其主要特征是：基本保障，广泛覆盖，多个层次，逐步统一，还需朝着保障制度规范化、管理服务社会化的方向发展。

六、积极主动参与经济全球化进程

深化外贸体制改革的成效显著

20世纪90年代以来，我国逐步形成了多层次、多渠道、全方位对外开放的新格局。日益扩大的对外开放，越来越深入地影响和改变着中国的经济与社会生活，推动中国积极进入世界资本市场、技术市场、人才市场、产品市场，参与国际范围的经济分工与竞争，既发展了自己，也为世界作出了贡献。至20世纪90年代后期，世界经济形势发生了深刻的变化。世界科技革命突飞猛进，各国加快了经济结构调整和产业升级的步伐，国际资本规模不断扩大，流动速度加快，巨型跨国公司成为全球资源配置的重要角色。不同区域、不同国家、不同领域间的经济联系不断加深和相互依存，世界经济的一切主要方面和一切主要过程都在深度上和广度上融入了一体化格局，大大加快了经济全球化进程。

体现在中国的对外开放上，大批跨国公司看好中国市场，相继开始在中国投资生产和销售产品。在多种消费品领域和部分生产资料领域，出现了中国自主品牌与跨国公司的国际品牌竞争的局面。由于中国对外开放逐步完善投资环境，来自世界各地的投资和先进技术源源不断进入中国。按照国家发布的产业政策，各地积极吸引外商投资，引导外资主要投向基础设施、基础产业和企业的技术改造，投向资金、技术密集型产业，适当投向金融、商业、旅游、房地产等领域。同时，世界著名的大跨国公司开始进入中国，资金、技术密集的大型项目和基础设施项目从无到有，不断增多，大都具有投资金额大、技术含量高、符合我国产业政策的共同特点。

随着外资的大规模进入，外商投资企业成为中国经济的一个增长点，外资企业经营进出口成为中国外贸进出口保持增长的主要拉动力之一。在沿海地区，外资已成为经济增长和保持繁荣的源泉。广东、福建的投资来源有1/3以上来自境外。跟随外资进入中国的还有优质国际名牌产品。中外合资的上海大众汽车公司和北京吉普车有限公司，短短几年间就将中国轿车工业的水平从20世纪50年代带进80年代末。天津奥的斯、中国迅达、上海三菱等电梯合资企业，使我国电梯工业从手工控制一步跨入电脑制动的90年代。中国的彩色显像管、微电机、小汽车、电梯行业的外资带进了一批先进实用技术，已广泛应用到电子、汽车等行业，为产品的国产化、量产化作出了贡献。

诸多的先进技术、管理经验为我所用，造就了一批现代生产、管理的样板。

如引进世界银行大规模贷款的黄河小浪底水利枢纽工程、长江三峡葛洲坝工程等，通过国际招标，吸引了国际上众多高水平的建筑承包商，给中国水利水电业的发展带来了巨大的影响。大量外商投资企业的建立，还为国家增加了财政收入，而三资企业则以员工较高的工薪收入成为社会就业的热点。1997 年全国约有 1700 万人就业于近 14 万家三资企业。

到 1997 年，中国对外贸易已达到相当规模，进出口总额达 3215 亿美元，占 GDP 的 20%。中国在世界贸易总额中的比重上升到 3% 以上，在世界贸易中的排序由 1978 年的第 32 位，跃升到 1997 年的第 10 位。国家外汇储备 1997 年达到 1400 亿美元。利用外资特别是外商直接投资大幅度增加，使中国连续多年成为吸收外资最多的发展中国家。通过吸收外商直接投资、借用国外贷款和证债券融资等形式，不仅弥补了国内建设资金的不足，而且引进了大量先进、适用技术和管理经验，创造了更多的就业机会，培养了大批具有现代企业管理知识的人才，增加了国家税收和外汇收入，促进了国民经济持续快速发展。

对外经济贸易的加速发展，提高了中国经济的国际竞争力，但也存在一些新的矛盾和问题。例如，国有企业改革和转换外贸经营机制进展迟缓，难以适应激烈的国际竞争；沿海地区加工成本低廉的优势正在减弱，粗放型的出口增长方式已难以为继；引进外资一定程度上存在着产业结构欠合理和地区分布不均衡现象，一些项目技术含量不高，存在低水平重复引进和建设现象；有的部门和地方违反国家利用外资法规和政策，越权审批项目；一些地方对外商投资企业存在乱检查、乱收费、乱摊派、乱罚款现象；有些外商投资企业违法违约经营，逃避税收；有的合资、合作企业的中方权益受到损害；一些利用国外贷款项目效益不好，还款能力差，等等。

针对对外开放中出现的矛盾和问题，1997 年中共十五大确定了努力提高对外开放水平的任务，强调要以更加积极的姿态走向世界，完善全方位、多层次、宽领域的对外开放格局，发展开放型经济，增强国际竞争力，促进经济结构优化和国民经济素质提高。按照中央的部署，我国在深化外贸体制改革，推动外贸增长方式转变，提高利用外资的水平和质量方面迈开更大的步伐，取得新的重要进展。

在加快转换外贸企业经营机制的同时，政府还采取有力措施，加强海关、质检、税务、银行、外汇管理和运输等部门支持外贸企业经营的协调服务机制，改革商会机构，改进商会功能，建立社会中介服务体系，发挥各研究咨询机构和各学会、协会的信息服务功能，形成全国健全的信息服务网络。深入整顿和规范市场经济秩序，严厉打击走私、制假售假、骗取出口退税等违法犯罪活动，标本兼治，为对外贸易和整个经济发展营造良好的市场环境。

深化外贸体制改革的一项重大举措，是进一步放开外经贸的经营权，加快由审批制向登记制过渡。除了对国有大型工业生产企业实行进出口经营权登记备案制外，1998年10月1日，国家外经贸部发布《关于赋予私营生产企业和科研院所自营进出口权的暂行规定》，自1999年1月1日起，凡符合条件的私营生产企业和科研院所，经外经贸部批准，均可自营进出口业务，直接参与国际竞争。全国经批准成立的34万家外商投资企业自成立之日起，即自动享有进出口经营权。

1999年外经贸部分两次批准了全国61家私营企业具有自营进出口权，其中包括刘永好领导的新希望集团。引起社会关注的新闻点有二：一是在经历了50年国字号企业一统出口权之后，外贸体制改革终于有了大动作；二是像新希望集团这样年产值几十亿的大集团，这么多年来竟然一直没有同外国人做买卖的进出口权。就外贸经营来说，有了这两次批准之后，民营企业算是开始和国有企业站到同一条起跑线上了。

至2000年，全国具有外经贸经营权的企业已有2.5万多家，其中有450余家私营企业拿到了自营进出口权；出口创汇的私营企业达到1.27万户，创汇折合人民币740亿元，成为中国外贸出口新的增长点。2001年，外经贸部进一步宣布，本着"自主申请，公开透明，统一规范，依法监督"的原则，对各类所有制企业实行进出口经营权登记和核准制，这标志着多年来的审批制从此退出外贸领域，也意味着非公有制经济在外贸领域的准入限制随之取消。这一年，除原先的"国字号"企业外，还有实际开业的16万家三资企业、1000多家私营企业获得进军国际市场的入门券。经过改革，中国外经贸领域开始呈现出国有外贸公司和生产企业、科研院所、三资企业、私营企业和乡镇企业等多元化市场主体的局面，初步形成各种不同所有制企业共同参与、协调发展的大经贸格局。

与此同时，进出口管理体制改革逐步深化。为适应加入世贸组织的要求，中国连续多次大幅度降低进口关税，平均关税水平由1995年的35.6%降低到2000年的16.7%；非关税措施进一步放宽和规范，1992—2000年，进口配额许可证管理的商品从53种减少到35种，出口配额许可证管理的商品从138种减少到50种，均有大幅度减少。对于少数仍须实行数量限制的进出口商品，则按照效益、公正、公开和公平竞争的原则，实行配额招标、拍卖或规则化分配。通过配额招标，招标商品的经营秩序不断好转，经营队伍不断优化，出口市场保持了基本稳定，同时抑制了国外对中国招标商品提出的反倾销调查。

根据经济全球化趋势，尤其是中国出口市场过于集中在亚太地区和发达国家，容易受到某些西方国家搞经济关系政治化的干扰，中国加紧实施市场多元化战略，积极发展与北美、西欧以外的一些国家和地区双边和多边的经济贸易关系。加强对海外市场的调查研究,开发适合不同文化和民族习惯的商品。合理规划发展海外企业,把有实力、信誉好的企业推向重点市场,在海外建立贸易、组装及售后服务等各种企业。通过多种措施,推进中国多边贸易体系的建立,实现市场多元化战略。

外贸体制改革的不断深化,推动了中国对外贸易的迅速发展。"九五"时期对外贸易规模平均年增长速度达11%。至2001年,中国在世界贸易中的排名上升到第六位,表明中国已成为全球贸易强劲的拉动力。国际经贸界人士这样评价说:中国已被认为是今后几年世界经济重要的增长源,21世纪的世界多边贸易体系如果不包括中国,就不具有普遍性。而世界所看到的,正是一个更加开放的中国。

利用外资向宽领域多元化拓展

为了进一步提高我国利用外资的水平和质量,1997年12月,国务院召开第二次全国外资工作会议。1998年4月,中共中央、国务院下发《关于进一步扩大开放,提高利用外资水平的若干意见》。按照中央的部署,我国进一步改进利用外资工作,继续把吸收外商直接投资作为利用外资的重点;鼓励外商到中西部地区进行投资;适度筹措和切实用好国外贷款。国家严格控制外债规模,改进和规范对外借款管理;进一步拓宽允许外商投资的领域;多渠道多方式吸收外商投资,实行外资来源多元化;积极吸收和引导跨国公司投资;改善投资环境,依法加强对外商投资企业的管理。随着投资领域的逐步放宽,过去被认为是"禁区"的许多领域已陆续对外开放。曾经害怕"肥水外流"的零售商业,已有家乐福、沃尔玛、宜家等一批跨国零售巨头争相登陆中国市场。曾担心外商会操纵我国金融市场的银行业也逐步开放。

截至1999年2月底,外资金融机构在华设立的经营性机构已达191家,总资产达360多亿美元。中国人民银行已批准19家外资银行在上海浦东、6家外资银行在深圳经营人民币业务,并决定外资银行可在所有中心城市设立经营性分支机构。曾被认为是国民经济要害部门而不许外国人染指的港口、机场、铁路等,包括被看作极具投机性的房地产业,也已对外商开放。我国第一批作为试点的中外合资外贸企业已在上海、深圳等地成立。除了少数与国家安全有关而且是国际社会公认不可开放的领域外,外商来华投资已基本上没有什么禁区。

"九五"后期,中国吸引外商直接投资最重要的变化,是大型跨国公司投资额迅速增加。据联合国贸发会议发布的《2001世界投资报告》称,全世界最大的500家跨国公司已有近400家在中国投资了2000多个项目;美国排名前500

名的大公司有一半以上到中国投资。其中包括全球500强第一名的美国通用电气，世界移动通信三大巨头诺基亚、摩托罗拉和爱立信，以及福特、柯达、杜邦、埃克森美孚、安利、东芝、索尼、戴尔、西门子、佳能、米其林、德尔福等。全球著名的汽车制造商如通用、福特、丰田、大众、奥迪、雷诺、奔驰、菲亚特等都在中国设立了合资企业，全球最大的50家汽车零部件厂商超过一半在华建立了合资企业，抢占这一庞大的市场。中国正在成为许多跨国公司重要的生产基地、采购基地和研发基地。

跨国公司在中国投资的特点，一是巨资投向IT产业；二是进行系统化投资，即对一个产业的上、中、下游各个阶段的产品或相关联的企业、行业进行横向的投资，或者是对生产、流通、销售和售后服务等各个环节进行纵向或系统的投资。此外，随着我国交通通信等基础设施的改善，特别是知识密集型服务业的兴起，包括世界十大石油公司之一的雪佛龙等一批跨国公司，开始在中国设立地区总部。在北京，具有跨国公司地区总部性质的投资性公司已多达110家，正在成为跨国公司管理其在中国及周边国家和地区投资和开拓市场的重要战略枢纽。

同时，越来越多的跨国公司在中国设立了形式多样的研究发展中心，有的公司还设立了多个研发中心。这些研发中心主要集中在北京、上海、广州等科研力量比较集中的大城市。中国实施西部大开发后，跨国公司抢滩西部地区格外醒目。仅2000年4—6月份，就有十多家电子信息行业的跨国"巨头"相继来西安建立新产品研究开发基地。2001年的资料显示，世界500强中有60多家在成都和重庆落户，有30多家在西安落户，其中多数驻足高科技领域。引人注目的是，有的跨国公司开始把新产品研发和实验机构直接建在中国西部。如美国IBM公司投资2000万美元，与西安软件产业园合作搭建全球最大的软件网上发行站。[①]

上海浦东新区作为中国吸引外资的重要舞台，已成为国际投资的一个热点。至2001年，浦东共引进70多个国家和地区的外商投资项目7000多个，总投资额近400亿美元。据美国《财富》杂志的一项调查显示，有92%的跨国公司计划在中国设立业务总部，其中25%优先考虑上海浦东。外商投资领域主要向包括汽车、通信、新一代家用电器及生物医药等在内的新兴产业发展。这表明，浦东日益成为吸引国际资本的强磁场，外资已成为浦东开发建设资金、技术创新和出口创汇的重要来源。浦东新区以其独特的优势，骄人的业绩，崭新的观念，为全国提高对外开放水平、有效利用外资谱写了新的篇章。

---

① 陈佳贵、郭朝先：《跨国公司在中国的新动向》，《经济内参》2001年第2期。

为了抓住中国加入世贸组织的历史机遇，充分利用好国内外两种资源、两个市场，积极参与经济全球化竞争，中国政府及时地作出实施"走出去"战略的重大部署。国家鼓励和支持在国际竞争中有实力的中国优秀企业，有计划、有步骤地到国外投资办厂，实现从产品到要素、从资本到技术，全面、主动地进入国际市场，主要是发展中国家市场，目的在于开拓两个市场、两种资源，实行双向开发。

中国境外投资有一批颇具实力的大型企业，如1995年首次进入世界500强的中国石油化工集团公司、中国工商银行、中国银行、中国化工进出口公司、中国粮油进出口公司，在境外都有分支机构或销售网点。值得深思的是，中石化集团1998年的销售收入和全年利润分别为340.25亿美元和1.94亿美元，但中石化也是世界500强中唯一一个雇员超过100万的企业，共有雇员119万人。而世界第一大企业美国通用汽车公司的营业额和利润分别为中石化的5倍（超过1700亿美元）和15倍（近30亿美元），但其雇员只有中石化的1/2。又如中国特大型国有企业宝山钢铁公司的年销售收入30多亿美元，而居于世界500强末位的诺思罗普公司年销售收入约90亿美元。显然，从规模经济，即建立在合理的债务结构、产业结构以及一流技术结构基础上的企业规模上看，中国企业还有相当大的差距。

实施"走出去"战略，堪称范例的是海尔集团。这是在1984年引进德国利勃海尔生产技术成立的青岛电冰箱总厂的基础上发展起来的一家股份制企业。在十几年时间里，海尔集团经过名牌战略、多元化战略、国际化战略发展阶段，不仅使一个亏空147万元的集体小厂，迅速成长为拥有42大门类8600多个规格品种的名牌产品群的中国家电第一品牌，而且依靠成熟技术和雄厚实力在东南亚、欧洲等地设厂，在海外发展了62个经销商，3万多个营销点，并实现了成套家电技术向欧洲发达国家出口的历史性突破。

1997年，美国《家电》杂志公布全世界范围内增长速度最快的家电企业，海尔超过GE、西门子等世界名牌，名列榜首。英国《金融时报》报道：在亚太地区声誉最佳的公司评比中，海尔位居第七，是唯一进入前十名的中国企业。海尔已进入美国10家大连锁店的8家销售，在美国市场投放了近百个系列200多个规格品种的产品，创新的速度让美国家电行业感到巨大的压力。越来越多的美国消费者接受了海尔，关键是他们认为海尔是地地道道的"美国造"。海尔以非凡的魄力为中国企业"走出去"树立了榜样。

把握住机遇成功加入世贸组织

经济全球化进程加快的一个显著特征，是随着冷战格局的结束，世界上绝大多数国家，虽然社会制度、意识形态、发展水平有较大差异，但都相继选择走上了市场经济之路。而市场经济的发展必然要求冲破地域界限，从形成统一的国内市场走向全球大市场。交通、通信特别是信息技术的迅猛发展，大大缩小了空间和时间的距离，方便了商品和生产要素迅速地跨国流动，大幅度降低了交易成本，为加快经济全球化创造了物质技术基础。跨国公司实施全球经营战略，突破国界在全球范围内优化资源配置，成为推动经济全球化进程加快的重要组织力量。虽然经济全球化对发达国家和发展中国家在收益和风险上是不均等的，但发展中国家如果不想长期落后，就必须顺应时代潮流，积极、主动地参与到经济全球化进程中去，力争在广泛的国际经济合作和竞争中发挥"后发优势"，实现跨越式发展。正是基于这个考虑，中共中央作出加快我国加入世界贸易组织谈判进程的重大决策。

世界贸易组织（WTO）是现今世界最具广泛性的国际经济组织之一。其主要职能是制定并监督执行国际经济贸易规则；组织各成员进行开放市场的谈判；建立一种协调解决其成员之间经济贸易争端的机制。因此，WTO 在推进经济全球化中扮演着重要角色。中国是世界上最大的发展中国家，经济总量已跃升为世界第 7 位，外贸出口和进口总值已分别名列世界第 9 位和第 11 位。很明显，中国需要世贸组织，世贸组织也需要中国。WTO 没有中国参加是不完整的，不能真正体现世界贸易组织的世界性。

世界贸易组织的前身是关贸总协定（GATT）。它作为 1947 年成立的世界上第一个准国际贸易体系，同国际货币基金组织和世界银行并称为调节世界经贸关系的三大支柱。中国是关贸总协定的创始缔约国之一。1950 年 3 月，台湾当局为使新中国政府得不到关贸总协定带来的经济利益，非法以中国名义"退出"关贸总协定，致使中华人民共和国几十年来始终徘徊在"关外"。中国实行改革开放以后，1986 年 7 月中国常驻日内瓦联合国代表团正式提出：作为代表全中国唯一合法政府的中华人民共和国，申请恢复在关贸总协定中的缔约国席位（简称"复关"）。1987 年 3 月 GATT 成立了中国工作组，专门负责处理中国复关申请案，由此揭开了中国复关谈判的序幕。

1987—1992 年，复关谈判主要围绕中国是否实行"市场经济"进行。在当时的条件下，中国只能说实行"有计划的商品经济"，不承认搞市场经济，自然难以被 GATT 接受。1992 年中国确定实行社会主义市场经济后，复关谈判开始转入关税、非关税、农产品和服务贸易的实质性谈判。1993 年 11 月，中国国家主席江泽民在美国西雅图参加亚太经合组织（APEC）领导人非正式会议时，提出了中国复关"三原则"：1. 关贸总协定没有中国的参与是不完整的；2. 中国必须以发展中国家的身份复关；3. 中国复关坚持权利与义务的平衡。这三条原则，成为中国进行复关谈判始终遵循的"底线"。

为显示对复关的诚意，1994年中国政府在外贸、外汇、税制方面推出了一系列改革措施，大幅度降低近3000种进口商品的关税，并主动向GATT提出了关税减让、减少非关税措施、服务贸易开放等一揽子方案，以防止主要缔约方"滚动式要价"。经过一系列"冲刺性的谈判"，终因少数缔约方漫天要价，无理阻挠而未达成协议。此后，中国复关进程出现曲折，但仍保持了被西方媒体称为"试水"的非正式谈判和磋商。其间国际大环境特别是中美关系的不稳定，给谈判增加了不确定的因素。

1996年1月1日起，世界贸易组织（WTO）正式取代关贸总协定，成为一个独立于联合国的全球性经贸机构。随着1997年中美高层领导人的会晤和互访，中美双边谈判进入实质性阶段。1999年3月，朱镕基总理在中外记者招待会上表示，现在存在尽快结束谈判的机遇：第一，WTO成员已经知道没有中国的参加WTO就没有代表性，就是忽视了中国这个潜在的最大市场。第二，中国改革开放的深入和经验的积累，使我们对加入WTO可能带来的问题提高了监管能力和承受能力。因此，中国准备为加入WTO作出最大的让步。

同年4月，在国务院总理朱镕基访美前夜，中美双方进行了通宵谈判。然而，克林顿总统临阵退缩，朱镕基访美期间中美最终没能达成全面的协议。但在朱镕基回国后，美方马上派团到北京，就双方遗留下来的问题继续谈判。然而又遇到突发事件：5月8日，以美国为首的北约悍然轰炸中国驻南斯拉夫大使馆。中方作出强烈反应，中断了与美国和欧盟就中国加入WTO正在加紧进行的谈判。直至美国政府就中国使馆被炸事件多次向中方道歉，报告调查结果并给予赔偿之后，在美方主动要求下，才就中国加入WTO重开谈判。

1999年11月9日，美国贸易代表巴尔舍夫斯基率团抵京。双方阵容强大的代表团在外经贸部谈判大楼里唇枪舌剑，谈判形势扑朔迷离。11月13日朱镕基总理在中南海会见巴尔舍夫斯基之后，谈判峰回路转，但美方仍坚持几项条件不肯让步。在最后关头，朱镕基总理直接参加谈判，按照中央和国务院连夜讨论决定的底线当场定盘。11月15日，中美双方终于签署了入世谈判最艰难、最关键的双边协议。

随后，又经过艰苦、复杂而富有耐性的谈判，2000年5月19日，中国与欧盟签署了双边协议。世贸组织中国工作组也就中国入世的议定书开始多边谈判，基本形成了多边法律文件的框架。依据世贸组织规则，我国对涉外法规进行了认真清理，涉及文件达1300多份。同时确定需要新立的法规有22个。2001年6月，美国和欧盟先后就中国参加世贸组织多边谈判的遗留问题与中国达成全面共识。世贸组织中国工作组最终完成了对中国加入世贸的法律文件及其附件的起草工作。9月13日，中国完成了与世贸组织成员的所有双边市场准入谈判。9月17日，世贸组织中国工作组在日内瓦世贸组织总部举行第18次会议，通过了中国加入世贸组织的所有法律文件。这一天，标志着中国参加世贸组织旷日持久的谈判最后结束。

2001年11月10日，在卡塔尔首都多哈举行的世贸组织第四次部长级会议，就中国参加世贸组织进行表决。随着会议主席卡迈尔手中一声槌响，会议通过了《关于中国加入世贸组织的决定》。在经久不息的掌声中，中国政府代表团团长、外经贸部部长石广生走上讲台发言。他说，经历了长达15年的艰苦谈判，我们终于迎来了这一历史性时刻。中国为复关和加入WTO作出了长期不懈的努力，这充分表明中国深化改革和扩大开放的决心和信心。加入WTO不仅有利于中国，而且有利于所有WTO成员，有助于多边贸易体制的发展。它必将对新世纪的中国经济和世界经济产生广泛和深远的影响。

WTO作为面向未来的全球性多边贸易组织，严格实行如下规则：各成员应通过达成互惠互利的安排，大幅度削减关税和其他贸易壁垒；在国际经贸竞争中，消除歧视性待遇，坚持非歧视贸易原则；对发展中国家给予特殊和差别待遇，扩大市场准入程度及提高贸易政策和法规的透明度，以及实施通知与审议等原则，从而协调各成员间的贸易政策，共同管理全球贸易。

中国正式成为WTO的成员，标志着跨入21世纪门槛后中国将进入一个全新开放阶段，即由原来有限范围和有限领域内的开放，转变为真正意义上的全方位开放；由过去以试点为特征的政策性开放，转变为国际通行法律框架下的可预见的开放，亦即按承诺的时间表对外开放；由以往单方面的自我开放，转变为中国与世贸组织成员之间双向的相互开放。这必将有力地推动中国在新的世纪实现经济的跨越式发展和社会的全面进步。

中国加入世贸组织，有利也有弊，但总体上利大于弊。当今世界经济全球化潮流任何国家都回避不了，要不主动顺应潮流，把握自己，趋利避害；要不逆流行事，就可能会被潮流抛在一边。加入世贸组织给中国带来的挑战，主要有两个：一是给国内企业带来的挑战。市场开放了，国外企业和商品更多地进入中国，肯定会有冲击，特别是对那些技术落后、规模小、经营管理水平低的企业冲击更大一些。但是这个挑战是迟早要面对的，在经济全球化大趋势下，中国企业不可能关起门来发展，必须要走向世界，学会利用两个市场和两种资源，在竞争中做大做强。二是对政府的挑战，这才是最大的挑战，政府经济管理的体制、思维、工作方式都要相应变化，必须适应市场经济，尽快提高驾驭市场管理的能力和水平。

中国对加入世贸组织带来的机遇把握得很好，既促进了改革，又加快了发展。

概括来讲，主要有以下几个方面：一是促进改革开放，加快社会主义市场经济体制的建立和完善。为适应世贸组织规则，中国政府相应修改了3000多个法律法规，同时法律的透明化程度大大提高。这实际上是改革，是在"革政府的命"。如果没有世贸组织规则逼着，改革的步伐肯定要慢很多。二是中国市场对外开放，同时外国市场对中国也开放，能够享受到成员之间的最惠国待遇，这就大大扩展了中国的发展空间。加入WTO几年来，中国外贸进出口和引进外资迅猛增长，对于拉动GDP和税收增长，推动产业升级，扩大就业，起到了十分明显的作用。特别是自从加入WTO，中国获得了超过两万亿美元的外汇储备，构成防范金融危机的一道重要的防火墙，同时也提高了中国要求改革国际金融体制的底气。三是可以参与制定规则，在国际上发言权更大了，在持续进行的多边贸易中，中国的发言很有分量，这将有利于维护中国和发展中国家应有的权益，提高中国对多边经济事务的影响力。四是国际通行的市场经济新理念——双赢、平等竞争、法治经济等，由此深入人心。这都有利于中国建立和发展社会主义市场经济。[1]

总的来说，进入21世纪后，中国经济正以广阔的市场空间和发展潜力与国际经济进一步互接互补，中国社会已经进入一个全新开放的进程，经济社会的各个领域都因此而发生着重大的变革。随着投资环境和提供公共产品的服务体系不断改善，中国将从国际资源的跨国流动中获得更大的额，并将积极参与有关国际规则的制定，不断加强与各国间的经济技术交流与合作，继续努力改变当前不公正不合理的国际经济秩序，推动经济全球化最终朝着均衡、普惠、共赢的方向发展。

---

[1] 石广生：《中国"复关"和加入世贸组织谈判回顾》，参见高永中主编《中国共产党口述史料丛书》第2卷，北京：中共党史出版社，2013年，第433—434页。

第九章 提速发展

　　进入21世纪之初，以党的十六大为新起点，中国共产党团结带领全党全国各族人民，在全面建设小康社会进程中推进实践创新、理论创新、制度创新，深刻认识和回答了新形势下实现什么样的发展、怎样发展等重大问题，确立了全面、协调、可持续的科学发展观，抓住重要战略机遇期，聚精会神搞建设，一心一意谋发展，强调坚持以人为本、全面协调可持续发展，着力保障和改善民生，促进社会公平正义，推进党的执政能力建设和先进性建设，成功在新形势下坚持和发展了中国特色社会主义。

一、走全面协调可持续科学发展之路

新世纪全面建设小康社会奋斗目标

2001年作为新世纪第一年,是"十五"计划和我国现代化建设第三步战略部署的开局之年。全年国内生产总值达到95933亿元,比上年增长7.3%,实现了前"两步走"解决人民温饱、基本达到小康水平的目标。在此基础上,中共十六大提出全面建设小康社会的奋斗目标,及时提出和全面贯彻科学发展观等重大战略思想,开拓了经济社会发展的广阔空间,指导我国社会主义现代化建设取得新成就。

2002年11月8日至14日,中国共产党第十六次全国代表大会在北京召开。大会通过《全面建设小康社会,开创中国特色社会主义事业新局面》的政治报告,通过《中国共产党章程(修正案)》和中央纪律检查委员会工作报告,选举产生了新一届中央委员会和中央纪律检查委员会。11月15日,十六届一中全会选举胡锦涛为中央委员会总书记,决定江泽民为中央军事委员会主席。

中共十六大是中国共产党在新世纪新阶段召开的第一次全国代表大会。大会联系改革开放以来的实践,系统总结了十三届四中全会以来13年的十条基本经验,并根据全面开创中国特色社会主义事业新局面的要求,明确提出全面建设小康社会的任务和奋斗目标:"要在本世纪头二十年,集中力量,全面建设惠及十几亿人口的更高水平的小康社会,使经济更加发展、民主更加健全、科教更加进步、文化更加繁荣、社会更加和谐、人民生活更加殷实。"这是实现我国现代化建设第三步战略目标必经的承上启下的发展阶段。经过这个阶段的建设,再继续奋斗几十年,到21世纪中叶基本实现现代化,把我国建设成富强民主文明的社会主义国家。

报告从四个方面提出了我国在新世纪新阶段全面建设小康社会的具体目标:一是经济与社会发展目标,即在优化结构和提高效益的基础上,国内生产总值到2020年力争比2000年翻两番,综合国力和国际竞争力明显提高。二是建设政治文明目标,首次把发展社会主义民主政治,建设社会主义政治文明,与建设社会主义物质文明、社会主义精神文明并列为社会主义现代化建设的重要目标。三是全民族素质目标,即建设社会主义精神文明,提高全民族的思想道德素质、科学文化素质和健康素质,最终形成全民学习、终身学习的学习型社会,促进人的全面发展。四是可持续发展目标,即树立新的发展观,改变传统发展思维和模式，努力实现经济持续发展、社会全面进步、资源永续利用、环境不断改善和生态良性循环的协调统一。

中共十六大确定的全面建设小康社会的奋斗目标，不仅规定了新世纪头20年中国经济发展的任务，而且规定了建设社会主义政治文明、精神文明的奋斗目标，是经济增长、社会进步、生态良好相互联系、有机统一的综合性、系统性目标，是与加快推进社会主义现代化建设相统一，符合中国国情和现代化建设实际，符合人民愿望的目标，进一步体现了社会主义制度的优越性。

实现全面建设小康社会的奋斗目标，必须针对阻碍小康社会建设进程的制约因素，确定新的战略重点，集中力量解决关系全局的关键问题。为此，中共中央、国务院明确了全面建设小康社会的战略重点，强调要夯实全面建设小康社会的物质基础、健全全面建设小康社会的制度保证。

第一，巩固和加强农业基础地位，切实解决"三农"问题。农业、农村、农民问题，关系我国改革开放和现代化建设全局，直接决定全面建设小康社会的进程，任何时候都不能忽视和放松。进入新世纪，"三农"工作仍然要坚持把加强农业、发展农村经济、增加农民收入，作为经济工作的重中之重，在实践中下大功夫解决好。

第二，坚持以经济结构调整为主线，着力提高经济增长的质量和效益。一要加强基础设施建设；二要大力发展高新技术产业特别是信息产业，积极推进国民经济和社会信息化，实现跨越式发展；三要大力发展劳动密集型产业，发挥我国劳动力密集和人力资源丰富的比较优势；四要努力发展服务业，进一步提高服务业对经济增长和扩大就业贡献率；五要进一步加快城镇化进程，统筹协调城乡经济发展，根除"二元经济结构"；六要积极推进西部大开发，促进区域经济协调发展。

第三，大力发展科技与教育，提高科技创新能力和国民素质。一要牢牢把握世界科技发展趋势，加强基础研究和高技术研究，优先发展信息技术、生命科学、新材料等重点领域，大力推进关键技术创新和系统集成，实现技术跨越式发展。二要充分发挥教育在我国现代化建设中的先导性全局性作用，坚持教育优先发展，深化教育改革，优化教育结构，合理配置教育资源，提高教育管理水平和质量。实施培养和吸收国内外专门人才的人才战略。

第四，促进经济发展与人口、资源、环境相协调，增强经济社会的可持续发展能力。要始终把实施可持续发展战略放在十分突出的位置，大幅度增加投入，从源头抓起，坚持标本兼治，走可持续发展的道路。继续控制人口增长；合理开发和节约使用各种自然资源特别是水资源，建设节水型社会。加强油气资源勘探开发和战略资源储备，持之以恒地加强生态保护和建设，强化城乡环境污染治理。

第五，加大体制改革力度，彻底清除束缚生产力发展的体制性障碍。要以完善社会主义市场经济体制为目标，继续推进市场取向的改革，在坚持和完善基本经济制度、深化国有企业和国有资产管理体制改革、健全现代市场体系、加强和完善宏观调控、深化分配制度改革、健全社会保障体系等重大改革方面取得新的突破和重大进展，不断消除束缚生产力发展的体制性障碍，将全面建设小康社会的事业推向前进。

改革开放矛盾凸显开始步入深水区

当人类社会跨入 21 世纪的时候，中国开始进入全面建设小康社会、加快推进社会主义现代化的新的发展阶段。国际局势正在发生深刻变化。世界多极化和经济全球化的趋势在曲折中发展，科技进步日新月异，国际上综合国力的竞争日趋激烈。形势逼人，不进则退。

一方面，我国国民经济持续快速健康发展，经济效益进一步提高，财政收入不断增长。改革开放取得丰硕成果，社会主义市场经济体制初步建立。公有制经济进一步壮大，国有企业改革稳步推进。个体、私营等非公有制经济较快发展。市场体系建设全面展开，宏观调控体系不断完善，政府职能转变步伐加快。财税、金融、流通、住房和政府机构等改革继续深化。开放型经济迅速发展，商品和服务贸易、资本流动规模显著扩大。国家外汇储备大幅度增加。中国加入世贸组织，对外开放进入新阶段。

另一方面，我国正处于并将长期处于社会主义初级阶段，现在达到的小康还是低水平的、不全面的、发展很不平衡的小康。我国生产力和科技、教育还比较落后，实现工业化和现代化还有很长的路要走；城乡二元经济结构还没有改变，地区差距扩大的趋势尚未扭转，贫困人口还为数不少；人口总量继续增加，老龄人口比重上升，就业和社会保障压力增大；生态环境、自然资源和经济社会发展的矛盾日益突出；我国仍然面临发达国家在经济科技等方面占优势的压力；经济体制和其他方面的管理体制还不完善；民主法治建设和思想道德建设等方面还存在一些不容忽视的问题。巩固和提高目前达到的小康水平，还需要进行长时期的艰苦奋斗。

历经 20 多年的发展，中国改革开放开始步入深水区——深化改革的许多领域涉及经济、政治、文化、社会发展等一系列新的重大问题，已经遇到还将不断面临来自各个方面的困难和矛盾。这既是一个充满机遇的黄金发展期，又是一个存在可预见或不可预见风险和巨大挑战的"矛盾凸显期"，有许多新的矛盾和问题需要解决，如社会分配不公导致地区差距和贫富差距拉大问题；权力支配部分资源配置导致腐败丛生问题；经济发展与社会发展不平衡问题；资源环境状况恶化问题，等等。这些都是改革和发展过程中必须妥善解决的重大课题。

具体来说主要的问题是，我国城乡二元社会结构突出，农业发展滞后，农民收入增长缓慢，已成为制约经济发展的重要因素；几十年未能解决的工农差别、城乡差别有继续扩大之势。"三农"问题已成为关系到我国现有的现代化水平能不能维持，经过20多年努力奋斗好不容易创造出来的改革开放成果能不能巩固的大问题。

城市经济社会状况也不容乐观。据统计，随着产业结构调整和国企改革的深入，全国下岗职工和不充分就业人员在经济活动人口中占比增高，城镇失业率上升较快。这将使社会分化和社会矛盾更加突出和复杂。经过多年的改革，人民群众对劳动致富形成的收入差距是能够理解的，并有相应的承受能力，但对于不正当的高收入、分配领域的不公以及钻法律法规不健全的空子非法致富等现象，是非常不满的。社会利益关系如果处理不好，社会稳定必然会受到影响。

在市场经济发育期，贫富差距拉大是一种难以避免的阶段性现象，只有通过发展才能逐步加以解决。但有一部分情况是权力腐败或者说权力资本化的结果。我国在市场经济发展中，确实存在着权力介入经济运行和利益分配而产生"增值收益"的现象，这就是权力资本化。它使相当一部分资本效益和社会财富按照权力规则进行分配。权钱交易、国有资产流失乃至买官卖官，都是权力资本化的表现。任何腐败现象，归根到底都是以损害公共利益来满足个人私利，实质上都是在伤害最广大人民的根本利益，损害人民群众与党和政府的关系。这也是社会大众对腐败问题深恶痛绝的根本原因。

改革开放以来，中国经济社会结构发生了根本性变化，它改变社会经济生活和人们行为方式的深刻程度，所形成社会利益结构多元化的状况，超过了以往任何时期。一方面是经济持续快速发展，一方面是无论发展还是改革，都存在着明显的不平衡。论发展，农业落后于工业，农村落后于城市，西部落后于东部，资源环境保护建设落后于经济建设。论改革，宏观改革滞后于微观改革，政府改革滞后于企业改革，政治体制改革滞后于经济体制改革，等等。形势表明，随着温饱问题的基本解决和改革的不断深入，旧的矛盾解决了，新的矛盾层出不穷，发展中的社会问题日益凸显出来。这是中国向现代化转型期的历史特点。

1992年邓小平在南方谈话中讲"发展才是硬道理"，拉动了中国经济的快速持续增长。进入21世纪后，中国改革发展的现实更进一步证明：不顾资源浪费、能源过度消耗、生态环境遭到破坏的"硬发展"，是没有道理的、不可持续的。中央强调发展是执政兴国的第一要务，绝不是像一些地方只顾片面地追求GDP

增长,而是应该在发展中妥善解决和处理市场经济"双刃剑"的负面问题。否则,必然产生各种社会弊端。

从新世纪开始,随着我国第三步战略部署的实施,社会主义现代化建设进入一个新的阶段,经济社会发展呈现出一系列新的阶段性特征。基于经济社会发展新特征和新因素的考虑,中共中央、国务院及时作出"我国改革发展正处在关键时期"的正确判断。这是一个既有巨大发展潜力和动力又有各种困难和风险的时期,是一个既有难得机遇又有严峻挑战的时期。能不能抓住机遇、解决新问题、实现新发展,是对党和政府的重大考验。

2003年,我国人均国内生产总值首次突破1000美元,到2020年预计将达到3000美元。世界上许多国家和地区的经验表明,在这个阶段,经济社会结构将发生深刻变化,经济社会发展也处在一个重要关口。如果施政得当,就能推动经济社会协调发展,顺利实现工业化和现代化;反之,就可能出现贫富悬殊、失业人口增多、城乡和地区差距拉大、社会矛盾加剧、生态环境恶化等问题,导致经济徘徊乃至社会动荡。为此,国内理论界纷纷讨论"黄金发展期"和"矛盾凸显期"的话题。党和国家领导人也相当重视先行现代化国家正反两方面的经验,并在不同场合多次要求各级党委和政府见微知著,防患于未然,借鉴他国持续发展的经验,避免一些国家搞现代化出现徘徊动荡的教训。

确立全面协调可持续的科学发展观

中国作为13亿人口的大国,现代化转型的困难世所罕见。1978年中国改革从一开始摸着石头过河,就是一个不断克服当面遇到的问题和挑战的过程,也是一个不断试错、纠错、逐渐接近真理性认识的过程。改革之初,我国面临的是几亿人口脱贫脱困的巨大压力,借助体制变革释放出的巨大能量,大部分人口普遍脱贫,一部分人先富起来;20世纪90年代抓住机遇,加快发展,深化改革,扩大开放,使我国越过了人均GDP1000美元的发展里程碑。这些成功意味着执政党正确地应对了当时的问题和赢得了挑战。进入21世纪之后,外部面临资源和市场空前激烈的争夺,内部面临城乡差距与贫富差距扩大,教育、医疗、住房和生态环境不断增长的压力。这些新的问题和挑战,提出了必须转变发展观念,创新发展模式,提高发展质量的全新要求。

2003年8月下旬,胡锦涛在江西考察工作期间,首次就转变发展观念问题明确提出:要牢固树立协调发展、全面发展、可持续发展的科学发展观。同年10月,中共十六届三中全会通过《中共中央关于完善社会主义市场经济体制若干问题的决定》,将"坚持以人为本,树立全面、协调、可持续的发展观,促进经济社会和人的全面发展"作为重大指导原则正式提出,就是从科学发展的角度,明确了城乡之间、不同地区之间、经济与社会之间、人与环境之间、国内发展和对外开放之间需要更加和谐发展。这充分反映了我国改革开放实践发展的经验,也反映了执政党对发展社会主义市场经济规律性认识的不断深化。

全会通过的《决定》对完善社会主义市场经济体制的目标,提出了"五个统筹"的要求,按照统筹城乡发展、统筹区域发展、统筹经济社会发展、统筹人与自然和谐发展、统筹国内发展和对外开放的要求,更大程度地发挥市场在资源配置中的基础性作用,增强企业活力和竞争力,健全国家宏观调控体系,完善政府社会管理和公共服务职能,为全面建设小康社会提供强有力的体制保障。提出主要任务是:完善公有制为主体、多种所有制经济共同发展的基本经济制度;建立有利于逐步改变城乡二元经济结构的体制;形成促进区域经济协调发展的机制;建设统一开放、竞争有序的现代市场经济体系;完善宏观调控体系、行政管理体制和经济法律制度;健全就业、收入分配和社会保障制度;确立促进经济社会可持续发展的机制。

中央提出树立和落实全面发展、协调发展和可持续发展的科学发展观,是推进全面建设小康社会的迫切要求。2004年3月全国人大、政协"两会"期间,胡锦涛全面阐述了科学发展观的深刻内涵和基本要求。他指出:"坚持以人为本,就是要以实现人的全面发展为目标,从人民群众的根本利益出发谋发展、促发展,不断满足人民群众日益增长的物质文化需要,切实保障人民群众的经济、政治和文化权益,让发展的成果惠及全体人民。全面发展,就是要以经济建设为中心,全面推进经济、政治、文化建设,实现经济发展和社会全面进步。协调发展,就是要统筹城乡发展、统筹区域发展、统筹经济社会发展、统筹人与自然和谐发展、统筹国内发展和对外开放,推进生产力和生产关系、经济基础和上层建筑相协调,推进经济、政治、文化建设的各个环节、各个方面相协调。可持续发展,就是要促进人与自然的和谐,实现经济发展和人口、资源、环境相协调,坚持走生产发展、生活富裕、生态良好的文明发展道路,保证一代接一代地永续发展。"[①]

深入学习和实践科学发展观,一是要统筹城乡发展,逐步改变城乡二元经济结构;二是要统筹区域发展,促进东中西部地区良性互动;三是要统筹经济社会发展,促进社会全面进步和人的全面发展;四是要统筹人与自然和谐发展,促进经济社会与资源环境相互协调;五是要统筹国内发展和对外开放,更好地

---

① 中共中央文献研究室编:《十六大以来重要文献选编》(上),北京:中央文献出版社,2005年,第850页。

利用国内外两个市场、两种资源。坚持这五个基本方面统筹发展的思想，是新一届党中央全面贯彻"三个代表"重要思想的要求，对"发展才是硬道理"的内涵、要义、本质的深化和创新，是在社会主义市场经济条件下提出的一种蕴含着全面发展、协调发展、均衡发展、可持续发展和人的全面发展的科学发展观。总的来说，科学发展观，第一要义是发展，核心是以人为本，基本要求是全面协调可持续，根本方法是统筹兼顾。

科学发展观内涵丰富，涉及生产力和经济基础，也涉及生产关系和上层建筑。它把我国现代化建设的总体布局，由社会主义经济、政治、文化建设"三位一体"扩展为包括社会建设在内的"四位一体"，推进了社会主义物质文明、政治文明、精神文明及和谐社会的共同发展。科学发展观的提出，既顺应时代发展潮流，又符合当代中国国情，反映了中国共产党和中国政府对发展问题的新认识。

正是适应现实和长远发展的要求，中共十六届三中全会以后，党中央相继提出了以人为本、实现科学发展、建设社会主义新农村、树立社会主义荣辱观、构建社会主义和谐社会、推进建设和谐世界、加强党的先进性建设等重大战略思想和重大战略任务，这些都是中国共产党对今天的问题和明天的挑战作出的相当富有远见的回应。

从中国改革开放实践中提炼出来的科学发展观，和人类发展观的形成与不断充实完善是同步的。最重要的是，必须把科学发展落实到经济社发展的各个领域、各个方面，形成一整套科学发展的指标体系，过去一切非科学发展的事无论如何不能再搞了。这样，中国的发展就是兼顾社会各阶层利益的发展，兼顾经济效率和社会公平的发展，兼顾全国城乡和各不同地域的发展，兼顾中国与世界的和谐发展，兼顾当代与子孙后代的发展。

进入21世纪的头5年，我国顺利实施了国家"十五"计划建设，我国经济实力、综合国力和国际地位显著提高。"十五"计划确定的主要发展目标提前实现，经济体制改革不断深化，对外贸易迈上新台阶，国家财政收入大幅度增加，价格总水平保持基本稳定，城乡人民生活进一步改善，民族团结不断巩固，各项社会事业取得新进步，社会主义民主政治和精神文明建设继续加强。在此基础上，2005年10月，中共十六届五中全会通过《中国共产党关于制定国民经济和社会发展第十一个五年规划的建议》。我国从1953年开始制定第一个五年计划。从2006年"十一五"开始，"五年计划"改为"五年规划"，凸显我国更加注重发挥市场对资源配置的基础性作用。

《中华人民共和国国民经济和社会发展五年规划纲要》（2006—2010年），坚持以科学发展观统领经济社会发展全局，提出"十一五"期间要坚持"六个必须"的原则：即必须保持经济平稳较快发展；必须加快转变经济增长方式；必须提高自主创新能力；必须促进城乡区域协调发展；必须加强和谐社会建设；必须不断深化改革开放。这"六个必须"，体现了全面贯彻落实科学发展观的基本要求，是相互联系和相互促进的。"十一五"规划是全面建设小康社会进程中的重要规划，是符合我国国情、顺应时代要求的发展目标、指导方针和总体部署。

面对可持续发展问题作出战略调整

中共十六届三中全会以来，在树立和落实科学发展观方面，总的形势是好的，但也存在一些值得注意的倾向。某些地区和部门领导干部头脑里的发展观念与科学发展观的要求还有较大差距。有的依然把"发展是硬道理"简单地理解为"增长是硬道理"，有的依旧把"以经济建设为中心"视为"以速度为中心"，还有的不惜以牺牲资源、环境为代价追求产值，甚至弄虚作假，贪大求洋，热衷于大搞"政绩工程""形象工程"。更有甚者，一些地方借"统筹"之名搞新的形式主义，如打着"统筹城乡"和"城乡一体化"的幌子，动辄提出搞什么"国际一流""超一流"，歪曲和背离科学发展观的真正内涵；有的热衷于贴"标签"、炒概念，以口号代替对"五个统筹"的具体贯彻落实。这些情况表明，转变发展观念的任务仍然十分艰巨。同时也提出了一个问题，就是必须改变单凭GDP指标衡量官员业绩的考评制度，建立以统筹发展的绩效来决定干部升迁的科学考评体系。

还有一个现象值得警惕。有专家分析说，现行的权力结构，更多地表现为一种代表部门利益的权力结构，不同权力部门都在试图控制生产过程和生产领域的资源（如电力、电信、铁路、民航、石油等部门），形成了分散化的利益格局。有些主管部门和地方甚至通过政策设计，将部门利益、地方利益制度化，某种程度上形成公共利益的部门化、地方化。这实质上是新一代既得利益者集团与国家利益、全民利益的博弈。有专家指出，目前财政资金、银行贷款的分配，在很大程度上还是在传统的集权计划体制中兜圈子，很不适应市场经济的要求。由此产生微观竞争机制不对称，即不公平竞争。专家警告说，现行的资源分配体制若不下大气力改革，就有可能成为社会不稳定的导火索。

体制上的困境也暴露出新的问题。一些地方政府为了解决"吃饭"财政问题，把土地资源、国有银行贷款当作最快捷获得财源的途径。尤其是巨额的土地出让金收益，实际上成为地方政府的第二财政来源，被称为"钱袋子"。这个钱袋子在城市财政收入中占额较大，有的占比更高，这就为遍地开花的形象工程、政绩工程提供了源源不断的资金。有统计数据表明，1999年到2003年，我国粮食播种面积累计减少2.1亿亩，每年还要继续减少600万亩耕地，其中建设用地占了很大比重，高产熟地的大量被占用成为非常严重的问题。据专家分析，土地问题实际上是财政、金融、税收等宏观政策交互作用的结果。如财政分税制改革后，一些地方政府财政拮据，纷纷以土地资源来换取大量土地出让金，来填补财政亏空。金融方面，由于建设资金更多的是流向有超额收益的房地产等领域，实际上激励了土地资源变现的套钱方式。另外，各地为争取外商投资，竞相压价出租转让土地，造成大笔财政挂账，又要以新一轮土地圈占来解决财政亏空，以至形成恶性循环。可见解决滥占耕地问题，必须从财政、金融改革上取得新的突破，才能遏止地方政府的利益驱动。

对于这些影响可持续发展亟待解决的重要问题，中央出台规范土地出让金使用办法，规定对地方政府土地出让金的收支，采取在财政部系统（即国库）中设立"国有土地有偿使用专账"的方式，按照国有土地出让金收入的一定比例，建立"国有土地收益基金"，并规定地方政府不得作为当期收入安排使用。土地出让金将全额纳入地方财政预算，实行"收支两条线"，并接受地方人民代表大会的监督。就是说要用民主、公开、科学的方式掌管这个钱袋子，把它真正纳入公共预算。

马克思说过："人类始终只提出自己能够解决的任务。"[①] 中国的发展也只能在历史提供的条件下进行，其结果不能不受到所处历史条件的局限。在改革初期，最紧迫的问题是走出贫困，当时还没有制定矿产资源法、国土资源法、自然资源保护法等相关国家法律，传统产业可以廉价甚至无偿地使用国家资源，所以很难设想资源节约和环境保护会成为社会关注的焦点。这就导致一段时期以来由于片面追求GDP增长，忽视了资源合理利用、生态环境保护等可持续发展问题，在一定程度上走了西方工业化国家"先污染、后治理"的老路。如风景秀丽的太湖、巢湖、滇池等湖泊深受工业废水排放、重金属含量超标之害，生态环境日益恶化；无锡、湖州等太湖水域有害水生物蓝藻大面积暴发，水源地水质遭受重度污染，致使城乡饮用水一度发生困难，陷入尴尬境地。

在这样的背景下，党的十六大以来，中央对可持续发展明确作了战略调整，即大力推进经济增长方式向集约型转变，走新型工业化道路。一是以提高质量效益为中心。二是以科技进步为支撑。三是以节约资源、保护环境为目标，加大实施可持续发展战略的力度，大力发展循环经济，在全社会提倡绿色生产方式和文明消费，形成有利于低投入、高产出、少排污、可循环的政策环境和发展机制，完善相应的法律法规，全面建设节约型社会，并把节能减排作为硬指标列入实施"十一五"规划的一项严格的绩效考核。

---

① 《马克思〈政治经济学批判〉》序言、导言，北京：人民出版社，1971年，第3页。

走新型工业化道路，宁夏回族自治区取得新突破。在宁东6.4万平方公里的土地下面，煤炭探明储量310多亿吨，远景预测储量2000多亿吨，位居全国第六位。挖煤、卖煤、再挖——粗放简单的发展模式困扰着宁夏。2002年，宁东重化工基地被确定为撬动宁夏回族自治区经济增长的支点之后，一条资源高效利用和低消耗、低排放的循环经济之路开始启程。从煤炭到甲醇，再到二甲醚、尿素等煤化工产品，宁夏实现了由煤炭简单输出转向高起点、高附加值的资源高效利用。煤电企业、煤化工项目等以煤炭为中心的产业集群，使煤炭资源彻底实现了价值倍增。宁东羊肠湾矿区过去是一个年产100万吨的老矿井，仅3年时间，就迅速发展成为年产突破1000万吨、国家一流、知识化、数字化、花园式、特大型现代化矿区。

二、科学发展构建社会主义和谐社会

依法治国建设社会主义法治国家

科学发展和社会和谐是内在统一的整体，没有科学发展就没有社会和谐，没有社会和谐也难以实现科学发展。改革开放以来，我国社会总体是和谐的，但也存在不少影响社会和谐的矛盾与问题。进入新世纪以来，中共中央、国务院把构建社会主义和谐社会摆在了更加突出的位置，既要通过发展增加社会物质财富，不断改善人民生活，又要通过发展保障社会公平正义，不断促进社会和谐。中央为此作出一系列决策部署，推动和谐社会建设取得新的成效。

党的十六大把发展社会主义民主政治，确定为全面建设小康社会的一个重要目标，并对建设社会主义政治文明作出部署。党的十六大后，中共中央、国务院在推进物质文明、精神文明建设的同时，也不断推进社会主义政治文明建设，促进社会和谐发展。

坚持和完善社会主义民主制度。2003年2月26日，胡锦涛在中共十六届二中全会上指出："发展社会主义民主政治，建设社会主义政治文明，最重要的是要坚持和完善人民代表大会制度，要坚持和完善中国共产党领导的多党合作和政治协商制度。"[1] 这成为中国特色政治发展道路的主要内容和政治体制改革的重要着力点。

---

[1] 中共中央文献研究室编：《十六大以来重要文献选编》（上），北京：中央文献出版社，2005年，第142页。

2004年9月，适逢全国人民代表大会成立50周年，胡锦涛在纪念大会上发表讲话，从加强立法、监督、与人民群众联系和自身建设4个方面对人大工作提出了明确要求。强调要坚持和完善人民代表大会制度，保证各级人民代表大会都由民主选举产生、对人民负责、受人民监督，支持人民通过人民代表大会行使国家权力，支持人民代表大会及其常委会依法履行职能，密切人大代表同人民群众的联系，使国家的立法、决策、执行、监督等工作更好地体现人民的意志，维护人民的利益。按照上述要求，中共全国人大常委会党组提出了《关于进一步发挥全国人大作用，加强全国人大常委会制度建设的若干意见》，进一步明确了坚持和完善人民代表大会制度的指导思想、工作重点和主要措施。这对于坚持和完善人民代表大会制度，做好新时期、新阶段的人大工作，具有重要的意义。

这一时期，中国共产党领导的多党合作和政治协商制度也不断加强完善。2004年9月，胡锦涛在庆祝中国人民政治协商会议成立55周年大会上讲话，指出人民政协要从5个方面不断提高政治协商、民主监督、参政议政的水平：第一，要坚持以邓小平理论和"三个代表"重要思想统揽政协工作，使人民政协事业真正体现时代性、把握规律性、富于创造性。第二，要按照围绕中心、服务大局的要求开展工作，积极为中国特色社会主义贡献力量。第三，要切实做好各方面的团结工作，不断壮大最广泛的爱国统一战线。第四，要推动政治协商、民主监督、参政议政的制度化、规范化、程序化，进一步发挥人民政协的特点和优势。第五，要重视加强自身建设，发挥政协委员在履行职能中的主体作用。胡锦涛强调说：加强和改善对人民政协的领导，推动人民政协富有成效地开展工作，充分发挥人民政协在国家政治生活中的作用，是加强中国共产党执政能力建设的一个重要方面。各级党委要从提高执政能力的高度，进一步提高对人民政协地位和作用的认识，进一步加强和改善对人民政协的领导，充分发挥人民政协的重要作用。[①]

2005年1月，中共中央政治局召开会议，研究加强中国共产党领导的多党合作和政治协商制度建设问题。同年3月，中共中央正式发出《关进一步加强对中国共产党领导的多党合作和政治协商制度建设的意见》，为多党合作和政治协商制度的完善、发展提供了原则性指导和政策性基础，使党领导的多党合作和政治协商制度向制度化方面前进了一大步。2006年2月8日，中共中央下发《关于加强人民政协工作的意见》，在系统总结人民政协事业发展历史经验和成功做

---

① 中共中央文献研究室编：《十六大以来重要文献选编》（中），北京：中央文献出版社，2005年，第342—346页。

法的基础上，提出了许多新的理论观点、政策思想和具体措施，成为指导新世纪新阶段人民政协事业发展的纲领性文件。

扩大基层民主，是发展社会主义民主的基础性工作。十六大以来的5年，随着村民自治和社区建设的不断深入，我国基层民主政治不断推进和深入：一是民主选举稳步推进。95%的村委会实行了直接选举，参选率在80%以上；30%的城市社区居委会实行了直接选举，参选率接近50%。二是民主决策逐步规范。三是民主管理扎实有效。2004年6月，经中共中央、国务院同意，中办、国办下发《关于健全和完善村务公开和民主管理制度的意见》。在此指导下，村务公开、民主管理工作得到切实加强。

依法治国基本方略不断推进。早在1996年3月，八届全国人大四次会议批准通过《国民经济和社会发展"九五"计划和二〇一〇年远景目标纲要》，其中明确提出："依法治国，建设社会主义法制国家"是我国政治体制改革的目标和方向。1997年9月，中共十五大报告将"建设社会主义法制国家"改为"建设社会主义法治国家"，一字之别，体现了认识的飞跃。1999年3月15日，九届全国人大二次会议通过了新的宪法修正案，增加了"依法治国，建设社会主义法治国家"的内容，将社会主义法治思想以国家根本大法形式固定下来。

依法治国，建设社会主义法治国家，标志着我国政治体制改革进入了新的阶段。依法治国就是确立法律是治理国家的基本手段的地位，牢固树立法律至上、法大于权、法律面前人人平等的现代法律观念，加强对权力的制约，切实保障人民的权利。这一方面体现了中国共产党决心推进执政方式的重大改革，从根本上改变过去"人治"思想的影响，以法律手段来治理国家，使制度和法律不因领导人的交替而改变，不因领导人看法和注意力的变化而改变。另一方面，也体现了依法治国的手段和建设社会主义法治国家目标的有机统一，确立了深化政治体制改革的根本原则和基本目标模式。把依法治国确立为党领导人民治理国家的基本方略，并把依法治国、建设社会主义法治国家作为政治体制改革的核心内容，这是中国共产党推进社会主义现代化建设事业跨世纪发展的重大决策。实行和坚持依法治国，对保证国家经济生活、政治生活和社会生活的有序进行，对维护社会稳定和保障国家长治久安，具有重要而深远的意义。

加快建设中国特色社会主义法律体系。党的十四大到十五大以来，我国加快了立法的进程。总结改革开放和现代化建设的实践经验，全国人大及其常委会经对宪法进行修改完善，先后通过了两个宪法修正案，使国家根本大法更加符合我国社会主义初级阶段的实际，更富有时代精神。为适应发展社会主义市场经济的需要，从1993年3月到1999年2月，全国人大及其常委会共审议通过了法律244件,有关法律问题的决定105件;地方人大及其常委会制定地方性法规6000余件。如为加强基层民主建设,制定了村民委员会组织法;为促进依法行政,制定了行政处罚法、行政复议法、行政监察法;形成了公司法、反不正当竞争法、消费者权益保护法、仲裁法、预算法、审计法、劳动法等专门的法律、法规。

更重要的是,社会主义市场经济立法得到加强。如在规范市场主体方面,对公司法进行了修改,并制定了合伙企业法、个人独资企业法;在规范市场秩序方面,对专利法、产品质量法进行了修改,并制定了合同法、证券法、招标投标法、价格法、拍卖法;在加强宏观调控方面,先后对海关法、个人所得税法、统计法、会计法进行了修改;在落实科教兴国战略方面,制定了促进科技成果转化法、职业教育法、高等教育法;在促进重点产业振兴方面,制定了种子法、煤炭法、公路法、建筑法、乡镇企业法;在加强自然资源和环境保护方面,先后对矿产资源法、土地管理法、水污染防治法、大气污染防治法、海洋环境保护法进行了修改,并制定了节约能源法、气象法、环境噪声污染防治法、防震减灾法、防洪法、消防法、动物防疫法等。初步形成了我国社会主义初级阶段法律体系的框架。

党的十六大后,中共中央、国务院推进依法治国的自觉性、主动性日益增强。全国人大及其常委会继续把发展社会主义民主、健全社会主义法制作为根本任务。国务院郑重宣布履行职责要严格遵守和执行《宪法》和《国务院组织法》,并把依法行政作为政府工作的三项基本准则之一。2006年10月十六届六中全会进一步提出,要完善发展民主政治、保障公民权利、推进社会事业、健全社会保障、规范社会组织、加强社会管理等方面的法律法规,为构建和谐社会提供了法律保障。

十届全国人大及其常委会任期间,共审议宪法修正案草案、法律草案、法律解释草案和有关法律问题的决定草案100多件,立法质量不断提高,立法工作取得重要进展。根据改革开放和社会主义现代化建设实践以及形势发展的客观需要,2004年,全国人大对宪法进行了修改,把完善土地征用制度、保护公民合法的私有财产权、保护非公有制经济合法权益、建立健全社会保障制度、尊重和保护人权等重要内容写入宪法。全国人大还制定了《监督法》《行政许可法》《物权法》《反垄断法》《公务员法》以及《反分裂国家法》等一批重要法律。地方立法工作也取得显著成绩,一系列与国家法律相配套、体现地方特色和时代要求、操作性强的地方性法规相继出台,国家经济、政治、文化、社会生活的各个方面基本做到有法可依,为依法治国、建设社会主义法治国家、实现国家长治久安提供了有力的法治保障。

进一步推进司法体制改革。司法公正是社会正义的一道重要防线，提高法官、检察官和律师的整体素质，是司法公正的重要保障。新世纪以来，中共中央、国务院高度重视推进司法体制改革，于2004年底发布《关于司法体制和工作机制改革的初步意见》，明确了司法体制改革的指导思想、工作原则和目标任务，为司法体制改革指明方向。经过几年的实践，政法机关执法理念进一步端正，司法体制和工作机制进一步理顺，监督制约机制进一步完善，政法队伍整体素质进一步提高，执法环境和执法保障进一步改善，公正、高效、权威的社会主义司法制度正在逐步完善。

构建社会主义和谐社会的总要求

中共中央、国务院关于构建社会主义和谐社会的认识和实践，经历了一个不断探索、逐渐深化的过程。2002年11月，党的十六大把"社会更加和谐"作为全面建设小康社会的六大目标之一明确提出。2004年9月，十六届四中全会首次提出"构建社会主义和谐社会"的重要思想，并要求全党适应我国经济社会的深刻变化，提高构建社会主义和谐社会的能力，把和谐社会建设摆在重要位置，注重激发社会活力，促进社会公平正义，增强全社会的法律意识和诚信意识，维护社会和谐稳定。2005年10月，十六届五中全会把构建社会主义和谐社会确定为贯彻落实科学发展观必须抓好的重大任务。2006年10月，十六届六中全会通过了《中共中央关于构建社会主义和谐社会若干重大问题的决定》，首次确认社会和谐是中国特色社会主义的本质属性，并提出了当前和今后一个时期构建社会主义和谐社会的指导思想、目标任务、工作原则和重大部署。

关于构建社会主义和谐社会的总体要求，胡锦涛指出："我们所要建设的社会主义和谐社会，应该是民主法治、公平正义、诚信友爱、充满活力、安定有序、人与自然和谐相处的社会。"具体来说，民主法治，就是社会主义民主得到充分发扬，依法治国基本方略得到切实落实，各方面积极因素得到广泛调动。公平正义，就是社会各方面的利益关系得到妥善协调，人民内部矛盾和其他社会矛盾得到正确处理，社会公平和正义得到切实维护和实现。诚信友爱，就是全社会互帮互助、诚实守信，全体人民平等友爱、融洽相处；充满活力，就是能够使一切有利于社会进步的创造愿望得到尊重，创造活动得到支持，创造才能得到发挥，创造成果得到肯定。安定有序，就是社会组织机制健全，社会管理完善，社会秩序良好，人民群众安居乐业，社会保持安定团结。人与自然和谐相处，就是生产发展，生活富裕，生态良好。①

总之，在构建社会主义和谐社会的过程中，要正确处理人与社会、人与自然、人与人之间的关系，转变发展方式和生活方式，走生产发展、经济繁荣、生活富裕、民情和谐、环境优化、生态良好的可持续发展之路。从根本上说，实现社会和谐，是科学社会主义的应有之义，是马克思主义的崇高理想追求。马克思主义经典作家认为，未来理想社会是社会生产力高度发达和人的精神生活高度发展的社会，是每个人自由而全面发展的社会，是人与人和谐相处、人与自然和谐共生的社会。

构建和谐社会，实现社会和谐，是中国共产党的根本宗旨的本质要求，是我国人民民主政权性质的鲜明体现，是党带领人民抓住机遇、应对挑战，继续推进中国特色社会主义伟大事业的需要。构建和谐社会，必须更加积极主动地正视矛盾、化解矛盾，切实解决经济社会发展不协调，城乡、区域、经济社会发展不平衡，人口资源环境压力加大，体制机制不完善，民主法制不健全，以及就业、社会保障、收入分配、教育、医疗、住房、安全生产、社会治安等问题，最大限度地增加和谐因素，最大限度地减少不和谐因素，不断促进社会和谐。

中共十六届六中全会的《决定》指出：我们要构建的社会主义和谐社会，既不同于我国历史上一些思想家所憧憬的"大同世界"，也不同于空想社会主义者所描绘的"乌托邦"，而是马克思主义关于社会和谐的思想同当代中国实际相结合的产物。"是在中国特色社会主义道路上，中国共产党领导全体人民共同建设、共同享有的和谐社会。"《决定》强调，要"坚持以科学发展观统领经济社会发展全局，按照民主法治、公平正义、诚信友爱、充满活力、安定有序、人与自然和谐相处的总要求，以解决人民群众最关心、最直接、最现实的利益问题为重点，着力发展社会事业、促进社会公平正义、建设和谐文化、完善社会管理、增强社会创造活力，走共同富裕道路，推动社会建设与经济建设、政治建设、文化建设协调发展"。

根据构建社会主义和谐社会的总要求，《决定》提出了到2020年构建社会主义和谐社会的目标和主要任务，即：社会主义民主法制更加完善，依法治国基本方略得到全面落实，人民的权益得到切实尊重和保障；城乡、区域发展差距扩大的趋势逐步扭转，合理有序的收入分配格局基本形成，家庭财产普遍增加，人民过上更加富足的生活；社会就业比较充分，覆盖城乡居民的社会保障体系基本建立；基本公共服务体系更加完备，政府管理和服务水平有较大提高；全

---

① 中共中央文献研究室：《十六大以来重要文献选编》（中），北京：中央文献出版社，2006年，第706页。

民族的思想道德素质、科学文化素质和健康素质明显提高，良好道德风尚、和谐人际关系进一步形成；全社会创造活力显著增强，创新型国家基本建成；社会管理体系更加完善，社会秩序更加良好；资源利用效率显著提高，生态环境明显好转；实现全面建设惠及十几亿人口的更高水平的小康社会的目标，努力形成全体人民各尽其能、各得其所而又和谐相处的局面。[①]

构建社会主义和谐社会，必须遵循正确的原则。《决定》提出了"六个必须坚持"的基本原则：一是必须坚持以人为本；二是必须坚持科学发展；三是必须坚持改革开放；四是必须坚持民主法治；五是必须坚持正确处理改革、发展、稳定的关系；六是必须坚持在党的领导下全社会共同建设。改革、发展、稳定是中国特色社会主义总体布局中的三个关键环节，也是贯彻落实科学发展观，构建社会主义和谐社会的关键环节。要构建社会主义和谐社会，坚持和发展中国特色社会主义，就必须抓紧抓好这三个关键环节，以改革促进和谐，以发展巩固和谐，以稳定保障和谐。构建社会主义和谐社会战略任务的提出，使中国特色社会主义事业的总体布局更加明确地由社会主义经济建设、政治建设、文化建设三位一体发展为社会主义经济建设、政治建设、文化建设、社会建设四位一体，也使中国特色社会主义的发展模式更加清晰。

推动建设社会主义核心价值体系

进入新世纪以来，中共中央、国务院在全社会大力弘扬爱国主义、集体主义、社会主义思想，倡导树立社会主义荣辱观，在全社会形成热爱祖国、服务人民、崇尚科学、辛勤劳动、团结互助、诚实守信、遵纪守法、艰苦奋斗的良好风尚，社会主义核心价值体系建设取得新进展，为和谐社会建设提供了强有力的精神支撑和社会氛围。

在长期的奋斗过程中，中国共产党人善于把自己的最高理想同全社会的共同理想统一起来，把党的思想理论建设同对广大人民群众的思想教育统一起来，从而形成社会主义核心价值体系，整合起广大人民群众的力量，不断推动革命、建设和改革事业向前发展。

第一，扎实推进公民道德建设，培育良好社会风尚。

2001年9月，中共中央印发《公民道德建设实施纲要》，成为指导未来时期我国公民道德建设的纲领性文件。遵循《纲要》的要求和部署，社会各界共同努力，

---

① 《中国共产党第十六届中央委员会第六次全体会议文件汇编》，北京：人民出版社，2006年，第5—6页。

人民群众积极参与，公民道德建设在实践中扎实推进，社会主义荣辱观深入人心，社会道德风尚发生可喜变化。2003年9月，中央精神文明建设指导委员会发出《关于进一步加强公民道德建设的意见》，紧紧围绕全面建设小康社会的奋斗目标，对加强公民道德建设工作作出新部署。决定将《纲要》印发的9月20日定为"公民道德宣传日"。

从2004年起，在"公民道德宣传日"来临之际，中宣部、中央文明办会同有关部门连续多年举办中国公民道德论坛和公民道德建设系列网谈，进行公民道德建设知识竞赛，持续探讨进一步加强改进公民道德建设的措施和办法，动员社会各界关心、支持和参与公民道德建设。2005年10月，中央文明委召开了首届全国精神文明建设工作表彰大会，授予一批全国文明城市（区）、全国文明村镇、全国文明单位、全国精神文明建设先进工作者、全国创建工作先进城市（区）、全国创建先进单位荣誉称号。2006年2月，中央文明委、北京奥组委又在全国组织开展了"迎奥运、讲文明、树新风"活动。

在全社会公民道德建设不断深入之时，2006年3月4日，胡锦涛在参加全国政协十届四次会议民盟、民进界委员联组讨论时首次提出：要引导广大干部群众特别是青少年树立以"八荣八耻"为主要内容的社会主义荣辱观。其内容为："以热爱祖国为荣、以危害祖国为耻，以服务人民为荣、以背离人民为耻，以崇尚科学为荣、以愚昧无知为耻，以辛勤劳动为荣、以好逸恶劳为耻，以团结互助为荣、以损人利己为耻，以诚实守信为荣、以见利忘义为耻，以遵纪守法为荣、以违法乱纪为耻，以艰苦奋斗为荣、以骄奢淫逸为耻。"这一论述概括精辟，内涵深邃，具有很强的民族性、时代性和实践性，体现了中华民族传统美德与时代精神的有机结合，反映了社会主义基本道德规范和社会风尚的本质要求，明确了社会主义价值观的鲜明导向，对推动形成良好社会风气，构建社会主义和谐社会具有重要意义，公民道德建设形成新的热潮。

在大力倡导社会主义荣辱观的基础上，2007年9月，中华人民共和国成立以来首次评选表彰道德模范活动在北京举行，李明素等53名同志荣获"全国道德模范"称号，孙茂芳等254名同志荣获"全国道德模范提名奖"。这些道德模范为当代中国社会树立新的道德标杆，展示了公民道德建设的丰硕成果。

第二，净化社会文化环境，加强思想道德建设。

2004年2月、8月，中共中央、国务院先后颁发《关于进一步加强和改进未成年人思想道德建设的若干意见》和《关于进一步加强和改进大学生思想政治教育的意见》。同年5月和2005年1月，全国加强和改进未成年人思想道德建设工作会议、全国加强和改进大学生思想政治教育工作会议先后在北京召开。胡锦涛在两次会议上分别发表重要讲话，深刻阐明了新形势下加强和改进未成年人思想道德建设以及大学生思想政治教育工作的重要性和紧迫性，明确提出了相应的指导思想、重要原则和主要任务。两个《意见》、两次会议、两篇重要讲话，有力推动了未成年人思想道德建设和大学生思想政治教育工作的开展。各地各部门认真贯彻中央决策部署，大力实施文化环保工程，组织开展专项行动，强力净化社会文化环境，取得明显成效。

第三，进一步形成全社会共同的理想信念和道德规范。

我国进入改革攻坚期和各种矛盾凸显期，各种利益关系之间的冲突进一步加剧，住房、医疗、教育、劳动保障等社会问题日益突出，对人们的思想观念产生深刻影响，意识形态领域出现了各种社会思潮竞相呈现，理性和非理性因素相互交织，政治、经济、文化因素多维糅杂的复杂局面。种种情况表明，巩固马克思主义在意识形态领域的指导地位，整合多元思想观念和价值观念，在很多关键问题上形成社会共识，在社会整体的范围内形成共同理想，以推动中国特色社会主义事业沿着正确方向顺利前进，面临着非常艰巨的任务。

同时，随着全球化进程加剧，我国与世界各国交往日益密切，各种西方社会思潮、文化观念、价值观念大量涌入。其中既有积极的成分，也有消极的成分。拜金主义、享乐主义、极端个人主义等思想在国内有所滋长，对我国传统的主流价值观念造成很大冲击。这就要求必须在思想文化领域树起一面旗帜，对全体人民尤其是青少年进行系统的马克思主义理论教育、社会主义教育、民族精神和时代精神以及道德观念的教育，以明辨是非，增强民族自豪感，自觉维护我国意识形态安全。

从世界社会主义运动的经验看，执政党在思想文化领域的一个重要经验，就是任何时候都不能丧失对社会主义意识形态的主导权和话语权。正确的态度应该是，一方面必须坚持马克思主义指导，另一方面必须在思想文化领域不断创新。中国共产党和中国人民必须重视自己的意识形态和价值观念建设。而社会主义核心价值体系建设，就是要用不断发展创新的马克思主义来引导人们思想观念的变化，提高意识形态工作水平，使中国特色社会主义理论具有吸引力和凝聚力。

为此，2004年1月，中共中央发出《关于进一步繁荣发展哲学社会科学的意见》和《关于实施马克思主义理论研究和建设工程的意见》，明确提出和布置实施马克思主义理论研究和建设工程。同年4月，中央实施马克思主义理论研究和建设工程工作会议在北京召开，胡锦涛会见出席会议的全体代表并发表讲话。此后，中共中央、国务院和有关部门又不断推出一系列举措，推动马克思主义理论研究和建设工程的实施，并取得丰硕成果。这对于推进中国特色社会主义理论创新，促进社会主义核心价值体系建设，巩固全党全国人民共同奋斗的思想基础，发挥了积极作用。

2006年10月，党的十六届六中全会审议通过的《中共中央关于构建社会主义和谐社会若干重大问题的决定》中，首次明确提出"建设社会主义核心价值体系"这个重大命题和战略任务，以进一步形成全社会共同的理想信念和道德规范，打牢全党全国各族人民团结奋斗的思想道德基础。

2007年6月25日，胡锦涛在中央党校省部级干部进修班讲话时阐明：社会主义核心价值体系包括四个方面的基本内容，即马克思主义指导思想、中国特色社会主义共同理想、以爱国主义为核心的民族精神和以改革创新为核心的时代精神、社会主义荣辱观。这四个方面的基本内容，相互联系、相互贯通、有机统一，共同构成一个完整的社会主义核心价值体系框架。其中，马克思主义指导思想是灵魂，中国特色社会主义共同理想是主题，以爱国主义为核心的民族精神和以改革创新为核心的时代精神是精髓，社会主义荣辱观是基础。

2007年10月，党的十七大报告对社会主义核心价值体系建设作了全面阐释，指出：社会主义核心价值体系是社会主义意识形态的本质体现，要"建设社会主义核心价值体系，增强社会主义意识形态的吸引力和凝聚力"。要巩固马克思主义指导地位，坚持不懈地用马克思主义中国化最新成果武装全党、教育人民，用中国特色社会主义共同理想凝聚力量，用以爱国主义为核心的民族精神和以改革创新为核心的时代精神鼓舞斗志，用社会主义荣辱观引领风尚，巩固全党全国各族人民团结奋斗的共同思想基础。这就进一步明确了建设社会主义核心价值体系的目的和重要任务。

应当看到，在我国社会主义精神文明和社会主义核心价值体系建设取得一系列成绩的同时，也面临诸多挑战，其中最重要的挑战来自关系人民群众切身利益的一系列民生问题的日益突出。从长远来说，社会主义核心价值体系的最终确立，有赖于生产力的不断发展和惠及全民的全面小康社会目标的实现。为此，对于社会主义核心价值体系建设的长期性，必须有清醒的认识。此外，社会主义核心价值体系建设面临多元化社会思潮的冲击和挑战，必须通过不断地理论创新，对于各种社会思潮予以有力回应。最后，社会意识的形成除了受社会存在状况的制约，还有其自身的发展规律，必须充分研究全球化时代思想观念形成和传播的规律，探索和建立开放的价值观共识机制，建立更加有效的传播机制等。

第四，开创社会主义文化建设新局面。

新世纪新阶段，随着经济转轨和社会转型，我国文化赖以存在和发展的经济基础、体制环境、社会条件发生了深刻变化，给文化建设和发展带来了一系列重大影响。党的十六大要求全党同志深刻认识文化建设的战略意义，推动社会主义文化繁荣发展,并提出抓紧制定文化体制改革总体方案的任务。在党中央、国务院的部署下,文化体制改革逐步深化,文化大发展大繁荣的局面初步形成。

1. 推动文化体制改革的深入,进一步解放文化生产力。

2003年6月27日至28日,全国文化体制改革试点工作会议确立了文化体制改革的基本原则:一是确保党对文化工作的领导,确保马克思主义在意识形态领域的指导地位,确保社会主义先进文化的前进方向;二是既要符合社会主义精神文明建设的特点和规律,又要适应社会主义市场经济发展的要求;三是坚持两手抓,一手抓公益性文化事业,一手抓经营性文化产业,前者由政府主导,后者由市场主导。

2005年12月,中共中央、国务院发出《关于深化文化体制改革的若干意见》,明确了深化文化体制改革的指导思想、方针原则、基本目标和主要任务。《意见》提出文化体制改革的目标任务是:以发展为主题,以改革为动力,以体制机制创新为重点,形成科学有效的宏观文化管理体制,富有效率的文化生产和服务的微观运行机制,以公有制为主体、多种所有制共同发展的文化产业格局和统一、开放、竞争、有序的现代文化市场体系;要形成完善的文化创新体系,形成以民族文化为主体、吸收外来有益文化,推动中华文化走向世界的文化开放格局。由此,我国文化体制改革进入新的阶段,公益性文化事业单位改革进一步深化,公共服务能力和水平显著提高。经营性文化事业单位转企改制取得突破性进展,民营演艺业有了较快发展,组建了一大批大型的文化集团。各综合试点地区按照"政企分开""政事分开""管办分离"的原则,进一步转变政府职能。

2. 构筑公共文化服务体系,维护群众基本文化权益。

新世纪以来,我国公共文化服务网络逐渐向农村延伸,县、乡两级公共文化服务网络进一步形成,基本实现了县县有文化馆、图书馆的目标。实施了全国文化信息资源共享工程、送书下乡和流动舞台车工程等一些重大有影响的文化项目,进一步改善了广大人民群众特别是经济欠发达地区群众的精神文化生活,人民群众基本文化权益得到切实维护。国家财政安排"农村文化建设专项资金",支持中西部地区开展有地域特色、适合当地风俗的农村文化活动。公共文化机构充分挖掘优秀民族民间文化资源,开展各种活动活跃农民群众的文化生活。农民自办文化活动蓬勃兴起,已成为新时期农村文化生活的重要形式和国办文化的重要补充。

3. 培养壮大市场主体,形成文化产业新格局。

新世纪以来,我国非公有资本准入的领域进一步放宽。2005年2月,国务院《关于鼓励支持和引导个体私营经济等非公有制经济发展的若干意见》提出:"支持、引导和规范非公有资本投资教育、科研、卫生、文化、体育等社会性的非营利和营利性领域。"同年8月,国务院又下发《关于非公有资本进入文化产业的若干决定》。在相关政策的支持下,非公有资本投资文化领域发展迅速,公有制为主体、多种所有制共同发展的文化产业新格局逐步形成。

4. 加强管理,促进文化市场健康发展。

坚持以先进的科技手段管理文化市场,推进网吧技术监控平台建设、文化内容管理服务系统建设,形成了文化市场信息报送和快速反应机制。坚持集中治理与长效机制建设相结合,开展电子游戏清理整顿工作、网吧专项整顿行动和文化市场集中执法季等治理工作。以改革的精神促进管理,推行连锁化、规模化经营,加强了社会监管和行业自律,文化市场秩序明显好转。制定文化产品进口规划和进口审查标准,建立引进境外文化产品的审批备案信息网络,对文化产品进口实行特许经营制度,加强了对文化进口产品的宏观调控和分类管理,初步形成了以优秀民族文化为主体,同时引进优秀外来文化的文化市场格局。

三、加快重点改善民生的社会建设

政府主导深化医药卫生体制改革

2003年春,一场SARS(即传染性非典型肺炎,简称"非典")疫情在全国蔓延。党中央、国务院迅速采取果断措施,整合全国医疗资源,统一协调非典型肺炎防治工作。针对这次"非典"疫情暴露出我国公共卫生体系和三级卫生服务网络存在的薄弱环节,中央强调要大力加强关系人民群众身体健康和生命安全的公益性科研工作,抓紧建立全国应对公共卫生事件应急处理机制,常备不懈做好应对突发性重大疫病的充分准备。为此,从中央到地方着力强化政府公共卫生管理职能,逐步建立与社会主义市场经济体制相适应的卫生医疗体系;加强公共卫生设施建设,充分利用、整合现有资源,建立健全疾病信息体系、疾病预防体系和医疗救治体系,使全社会的公共卫生服务水平和突发性公共卫生事件应急能力有了很大提高。

2003年"非典"疫情突出地暴露出我国经济社会发展"一条腿长,一条腿短"的问题,彰显出科学发展的必要性,促使中共中央、国务院进一步从地方试点到在全国启动医药卫生体制改革,加大社会医疗保障措施的力度。

看病难、看病贵的成因。城镇居民看病难、看病贵的问题,是关系民生的一件大事。一是药价虚高严重,二是"以药养医"普遍,三是医保水平偏低,四是资源配置不公,但最根本的还是政府重视不够,财政对卫生的投入减少。

2002年我国卫生支出占政府总支出的比率，从原来的6%下降到4%。这个比率不仅远低于发达国家，而且也低于大多数发展中国家。按照国家部委的要求，"原则上政府对卫生事业的投入不低于财政支出的增长幅度"，但事实上政府对卫生事业的投入并没有与财政同步增长，且一度呈下降趋势。因投入不足，导致许多医院"以药养医"，存在医生开大处方、用贵药、过度检查以至吃回扣、收红包等现象。

根据卫生部的统计，我国医疗资源80%在城市，医疗卫生领域的高新技术、先进设备和优秀人才基本集中在大城市大医院。同时，医疗保险发展缓慢，保障能力非常有限。加上药品和医疗器械生产流通秩序混乱，公立医院存在逐利倾向，政府对医疗市场监管不力，以致城乡居民应就诊而未就诊、应住院而没住院的比例逐年升高。为此，2006年1月全国卫生工作会议要求，各地要继续探索缓解群众看病难、看病贵的具体措施和办法，包括公立医院要建平价病房，少开特需医疗服务；对于危重病人和需要救助的病人，要坚持先救治后结算的原则，绝不允许见死不救等。

药监系统腐败大案呼唤医药卫生体制改革。国家药品监督管理局是负责13亿中国人的用药安全的重要监管机构。然而，曾为国家药监局的首任局长，以权谋私，直接或通过其妻、子多次收受贿赂；玩忽职守，擅自同意降低药品审批标准，滥发药品文号，使一些假劣药品流入市场，后被判处死刑。中国药监界的腐败之风引起一场反腐风暴，药监、药学、药典系统又有多个司局级干部被立案调查受到严惩。国家药监系统腐败窝案对国家和人民利益的损害无法计量，药品安全事故频发，"齐二药"事件、"欣弗"事件等一桩桩与药品认证和监管制度相关的公共用药安全事件，让公众越来越怀疑药监系统的监管能力。而药监系统的腐败，又致使医药行业出现许多假药和劣质药品，很多病人为此失去健康的机会，不少患者甚至付出了生命代价。纪检部门在药监行业掀起的反腐风暴，不仅表明国家痛击腐败的决心，也使人们看清了医疗体制的弊端，改革势在必行！

深化医药卫生体制改革正式启动。2006年6月，国务院常务会议决定成立以国家发展改革委和卫生部牵头、16个部门参加的"深化医药卫生体制改革部际协调工作小组"，研究提出深化改革的总体思路和政策措施。深化医院管理体制改革，要实行政事分开、管办分开、医药分开、营利性医疗机构与非营利性医疗机构分开和全行业、属地化管理，完善医院内部运行机制，改革人事制度和收入分配制度，从源头上扭转医疗卫生机构追求经济利益的倾向，坚持把社会效益放在第一位。

2008年4月15日，国务院召开深化医药卫生体制改革工作座谈会，强调深化医药卫生体制改革既是一项长期任务，也是一项紧迫工作。座谈会上，大家就政府投入、医疗保障体系建设、医疗行业监督、医学科研、公立医院管理体制改革、康复医学建设、中医药发展、中西医结合、改进药品招标制、医疗救助以及加强社区医院、乡村卫生院等基层医疗机构建设等方面提出了许多意见和建议。经过广泛征求意见和修改，2009年4月，中共中央、国务院《关于深化医药卫生体制改革的意见》和《医药卫生体制改革近期重点实施方案（2009—2011年）》相继公布，标志着新一轮医改正式启动。

这次医改，包括5个方面：一是新型农村合作医疗（简称"新农合"）；二是在城镇职工和居民中广泛地实行医疗保险；三是加强基层医疗卫生机构建设，城市社区、农村乡镇以及村卫生医疗单位的基础设施建设；四是实行基本药物制度，以改变以药养医的状况，解决群众看病贵的问题；五是推进公立医院改革试点。未来3年，我国计划投入8500亿元，以进一步加快建设覆盖城乡居民的医疗保障体系，完善公共卫生服务体系。随后，国家出台一系列重要举措，切实解决人民群众看病难、看病贵的问题，推动医改工作不断深化。

推进新型农村合作医疗广泛覆盖

中国医疗卫生管理体制有一个症结，就是深受城乡二元社会结构的制约。约占中国总人口15%的城市人口享有2/3以上的卫生保障服务，而约占85%的农村人口却只能享用不到1/3的医疗卫生保障服务。从新世纪开始，党和政府在总结农村卫生工作的成绩与问题的基础上，积极推动实施新型农村合作医疗（简称"新农合"）的试点与普及，为农村医疗保障制度建设带来新的生机。

我国传统农村合作医疗是20世纪人民公社时期发展起来的，在一定程度上解决了当时农村缺医少药的问题。改革开放初期，随着"撤社改乡"改革，人民公社时期的农村基层医疗机构名存实亡，县乡村三级卫生保健网处于瓦解状态，农村初级预防保健也流于失管。之后医疗费用急剧攀升的问题凸显，缺乏医疗保障的农民"小病拖，大病扛"成为普遍现象。1993年起，中央提出要"发展和完善农村合作医疗制度"，先在全国7个省14个县（市）开展试点及跟踪研究工作，但农村合作医疗制度并没有像预期的那样恢复和重建起来。据《中国卫生经济》2000年第5期提供的数据，1997年农村合作医疗的覆盖率仅占全国行政村的17%，农村居民中参加合作医疗者仅为9.6%。其重要原因，是没有形成新的筹资机制，国家对农村合作医疗制度没有投入，完全依赖地方政府；而地方政府的财政支持又非常有限，实际上向农民集资成为合作医疗基金的主要来源。据1997年卫生部等部门对2960户农民的调查，有近1/3农户不愿意参加合作医疗。

随着全面建设小康社会任务的提出,2002年10月,中共中央、国务院作出《关于进一步加强农村卫生工作的决定》,提出"到2010年,新型农村合作医疗制度要基本覆盖农村居民"的目标,要求各级政府积极组织引导农民建立以大病统筹为主的新型农村合作医疗制度和医疗救助制度,实行农民个人缴费、集体扶持和政府资助相结合的筹资机制,重点解决农民因患传染病、地方病等大病而出现的因病致贫、返贫问题。这是国家首次正式提出"新型农村合作医疗"的概念,简称"新农合"。

新型农村合作医疗制度是由政府组织、引导、支持,农民自愿参加,个人、集体和政府多方筹资,以大病统筹为主的农民医疗互助共济制度。2003年1月16日,国务院办公厅转发卫生部、财政部、农业部联合制定的《关于建立新型农村合作医疗制度的意见》,对新型农村合作医疗制度的目标原则、组织管理、筹资标准、资金管理、医疗服务管理和组织实施等做了具体规定和指导。

基本原则。农民以家庭为单位自愿参加,个人先行缴费,乡(镇)集体给予资金扶持,中央和地方各级财政每年安排专项资金配套补贴。坚持以收定支,收支平衡,保证农民享受最基本的医疗服务。

组织管理。一般以县(市)为筹资单位。省、地级政府成立卫生、财政、农业、民政、审计、扶贫等部门组成的农村合作医疗协调小组。各级卫生行政部门内部应设立专门的农村合作医疗管理机构。县级政府成立由有关各部门和参加合作医疗的农民代表组成的农村合作医疗管理委员会,负责有关组织、协调、管理和指导工作。乡(镇)可设立派出机构(人员)或委托有关机构管理。

筹资机制。个人缴费、集体扶持和政府资助相结合。农民个人每年缴费标准不低于10元,经济条件好的地区可适当提高缴费标准。有条件的乡村集体经济组织应对本地合作医疗给予适当扶持,出资标准由县政府确定。地方财政每年对参加合作医疗的农民资助不低于人均10元。中央财政每年通过专款转移支付,对中西部地区参加合作医疗的农民按人均10元安排补助资金。

报销机制。合作医疗基金主要补助参加农民的大额医疗费用或住院医疗费用。有条件的地方可实现大额医疗费用补助与小额医疗费用补助结合的办法。对参加的农民,年内没有动用基金的,要安排进行一次常规性体检。各省、自治区、直辖市要制定农村合作医疗报销基本药物目录。

资金管理。按照以收定支、收支平衡、公平、公正的原则进行管理。专款专用,专户储存,不得挤占挪用。基金由农村合作医疗管理委员会及其经办机构管理,在国有商业银行设立基金专用账户,建立健全基金管理规章制度,合理筹集,及时审核。合作医疗经办机构要定期向合作医疗管理委员会汇报基金具体收支、使用情况，并定期向社会张榜公布，保证参加农民的参与、知情和监督权。

新型农村合作医疗制度采取先行试点，逐步推开的方法。根据国务院办公厅转发的《关于建立新型农村合作医疗制度的意见》，从2003年6月起，全国30个省、自治区、直辖市首批确定了304个试点县，正式启动新农合试点工作，覆盖农村人口9300余万人。为了扎实稳妥地做好试点工作，国务院和卫生部等有关部门还就新农合的组织管理、机构改革、资金筹集管理以及部分特困地区政策等出台多部文件，对做好试点工作起到推动作用。

各级地方政府和相关工作部门相继推出本地试行新农合的具体政策，大力宣传，逐级把关。但有些地方也出现工作粗放，盲目定指标赶进度，虚报参加人数和筹资金额，套取上级财政的补助资金等问题。为此，卫生部、财政部下发紧急通知，要求各地对新农合试点工作进行检查，进一步核实实际参加的农民人数、个人自觉缴纳情况，各级政府资金到位情况，试点基金收入、支付、结存情况，农民的受益情况等，问题得到及时解决。2005年全国试点县达到641个，覆盖人数达2.25亿人，实际参加农民1.63亿人，参合率达到72.6%，全国共补偿参加合作医疗的农民1.19亿人次，补偿资金支出50.38亿元。[①]

2005年，中央根据试点进展制定了扩大试点范围、增加补助的政策。农民个人的参合费用还是10元，中央和地方各增加10元，使人均筹资标准从30元提升到50元。由于受益面逐步扩大，补偿金额增加，农民医疗负担有所减轻，看病就医率提高。经过调查，85%以上的参合农民表示满意。从2007年开始，新农合制度建设由试点阶段转入全面推进阶段。据统计，截至2007年底，全国2448个县（市、区）已基本建立了新型农村合作医疗制度，覆盖7.3亿农民，参合率达85.9%。2008年，参加新型农村合作医疗的人口达到8.15亿，参合率达到91.5%。

由于新型农村合作医疗增加了政府投入的责任，因而在筹资、报销和管理及其保险水平等方面都与传统合作医疗有着根本的不同。一是县级政府的责任加大了、明确了。二是目标明确，到2010年基本覆盖农村居民。三是放宽了参加对象的条件，所有农村居民均可参加。四是扩大了筹资范围，采取以县为单位进行筹资，起步阶段也可采用以乡（镇）为单位，逐步向县（市）统筹过渡。五是明确筹资流程，使政府的投资起到引导筹资的作用，吸引农民个人和地方政府的参与。六是规定以大病统筹为主，把有限的医疗基金用在保"大病"上。七是完善了监督机制。八是新农合制度与医疗救助和医疗商业保险制度相互衔接，共同发挥作用。

---

① 高强：《在2007年全国卫生工作会议上的讲话》，2007年1月30日。

由于建立了与新农合制度相互衔接、互为补充的医疗救助制度，新农合对农民健康的保障作用逐步显现，贫困人口看病就医难问题得到一定改善。当然，这项制度仍需不断完善和推进：一是要探索建立稳定的筹资机制，进一步规范、完善财政补助资金拨付办法，确保中央财政和地方财政的补助资金及时足额拨付到新农合基金账户；二是要形成科学规范的补偿方案，要在保证基金安全的前提下，逐步扩大受益面，提高受益水平；三是要加强医疗服务和医药费用的监管，加强经办机构的能力建设，切实加强农村医疗机构内部管理，建立健全疾病检查、治疗、用药等方面的规范、制度及行之有效的自律机制；四是要加强基金运行管理，健全基金管理制度，形成有效的监管措施；五是要关注乡医保障。总之，新农合制度还有待进一步健全和完善。

坚决处置关系民生安全重大事件

在构建社会主义和谐社会过程中，党中央、国务院高度重视事关社会公平正义和社会和谐稳定的一些社会问题，先后出台一系列政策措施，各地区、各有关部门加大工作力度，经过综合治理取得了明显成效。但是一些问题尚未得到根本解决。其中，部分行业特别是工程建设领域拖欠工程款问题较为突出，一些政府投资工程项目不同程度存在拖欠农民工工资情况，严重侵害了农民工合法权益，由此引发的群体性事件时有发生，影响社会稳定。

鉴于建设领域拖欠工程款问题突出，严重影响了正常的经济秩序，加剧了拖欠农民工工资问题不断发酵，影响了经济的健康发展，2003年11月22日，国务院办公厅印发了《关于切实解决建设领域拖欠工程款问题的通知》。12月9日，建设部、国家发展和改革委员会、财政部、劳动和社会保障部、中国人民银行、中国银行业监督管理委员会六部门联合召开全国电视电话会议，要求坚决贯彻国务院领导指示和国办通知精神，认真清理房地产开发项目和政府投资工程拖欠的工程款。各地要进行一次全面的清理检查，有拖欠工程款的投资项目，要制订切实可行的还款计划，限期清偿，拒不改正的，要加大处罚力度。要加强对建设、开发项目的监管监查，严肃执法，保证农民工按时足额拿到工资。对恶意拖欠、克扣农民工和工人工资的，要严格按照国家规定进行处罚，并追究有关责任人的责任。同时，加强综合治理，从源头上防止拖欠工程款的发生等。国家部委还发出通知，凡地方政府拖欠农民工工资的，要叫停地方的投资项目审批。对恶意欠薪的，司法机关要追究相关责任人和官员的刑事责任。之后几年，建设领域拖欠工程款的问题基本得到控制。

在经济快速发展时期，有一个十分突出的问题是，一些地方、部门对安全生产长期不重视，导致重大人员伤亡的矿难事故频频发生。2002年全国发生安全生产事故高发，达到改革开放以来生产事故发生的顶峰。国家安全生产监督管理局局长一度成为疲于奔波于各地矿山指挥救险、组织排查、处理善后、追究责任最累的官员。

为了加强安全生产工作，防止和减少生产安全事故，保障人民群众生命和财产安全，促进经济社会持续健康发展，2002年6月，九届全国人大常委会会议通过《中华人民共和国安全生产法》，规定国务院和县级以上地方各级人民政府应当制订安全生产规划，并组织实施；应当加强安全生产基础设施建设和安全生产监管能力建设，所需经费列入本级预算。县级以上地方各级人民政府应当组织有关部门建立完善安全风险评估与论证机制，按照安全风险管控要求，进行产业规划和空间布局，并对位置相邻、行业相近、业态相似的生产经营单位实施重大安全风险联防联控。国务院和县级以上地方各级人民政府应当加强对安全生产工作的领导，建立健全安全生产工作协调机制，支持、督促各有关部门依法履行安全生产监督管理职责，及时协调、解决安全生产监督管理中存在的重大问题等。

2003年，原国家安全生产监督管理局升格为国务院直属机构。主要负责依法行使国家安全生产综合监督管理职权；依法组织、协调重大、特大和特别重大事故的调查处理工作，并监督事故查处的落实情况；组织、指挥和协调安全生产应急救援工作等。《安全生产法》正式实施后，各地生产经营单位在法律的约束下，加大了对安全生产的重视程度和在安全生产领域人财物的投入，加上国家安监总局认真履职，严格监管，尤其是安全生产的法制化建设和安全管理系统化管理，包括职业健康安全管理体系、安全评价、事故隐患排除治理、安全生产标准化、双重预防机制等，对于安全生产形势的持续改善和稳定好转起到了很大的推动作用，使我国的安全生产事故逐年持续稳步下降。

另一个值得重视的社会问题是，一些地方在社会事务的处理中，折射出对公共利益和公民权利的漠视，造成无辜群众受到人身伤害的严重事故。一些群众反应强烈的事件，在中央、省市领导的督办下，相关责任人受到法律惩处。这类事件暴露出国务院1982年发布实施的《城市流浪乞讨人员收容遣送办法》，存在着行政部门具有剥夺或限制公民人身自由的权力等法律漏洞。经法学界人士向全国人大常委会建议，温家宝总理主持召开国务院常务会议研究审议，国务院即行废止该"收容遣送办法"，发布了更符合文明进步的《城市生活无着的流浪乞讨人员救助管理办法》的国务院令。

更有2007年多家媒体深度披露的山西"黑砖窑"拐骗民工、童工的非法虐工案，其违反劳动法和保护未成年人权益法的虐工行径罪大恶极，令人发指。

而当地政府部门却失之不作为，长期流于放任与失察，更有部分行政渎职人员参与其中。经胡锦涛、温家宝等中央领导重要批示和中央有关部门督查严办，在山西全面开展"打击黑窑主，解救被拐骗民工和童工"的专项行动，事件才逐渐平息。有一批党员干部、公职人员受到党纪、政纪处理。

食品质量公共安全问题也不容忽视。几年来，从安徽阜阳劣质奶粉，到苏丹红添加剂、注水肉、福寿螺、红心鸭蛋、多宝鱼等食品安全事故屡屡发生。这些关乎千家万户和人民生命健康的食品安全问题，一再成为国内外关注的焦点，以至影响了中国产品的国际声誉。对此，国家在整治食品安全方面频出重拳，严厉查处假冒伪劣食品违法案件，建立重大食品安全事故报告制度，并加强食品安全方面的国际交流与合作。

解决食品安全问题，必须努力形成一套系统的事前管理、市场准入、严格防范和行政执法机制。对于乳制品行业产生的食品安全问题，党中央、国务院高度重视，各地区、各有关部门迅速处置，全力实施对患儿的免费救治，紧急开展原料奶和乳制品全面检查，依法重典治乱，并要求抓好从田地到餐桌每一个环节的监管，使我国食品行业的声誉得以恢复，消费者的信心得以增强，人民生命健康得到可靠的保障。

总的来看，经过20多年的改革与发展，我国社会主义市场经济的基础已经建立，法律法规体系正在逐步健全。可是，经济和财富总量的增长，并不能自然而然地解决新时代条件下产生的复杂社会矛盾。进一步深化改革加快发展，需要一种非常包容非常开阔的历史大智慧，这就要不断充实、丰富和完善科学发展观，继续深化各个领域的改革，不断完善现代法治、法律法规体系，切实规范好各级政府、执法部门包括市场参与者的行为，协调好经济社会发展多方面的相互关系，稳步推进和谐社会建设。

四、扎实推进社会主义新农村建设

深化农村税费改革告别"皇粮国税"

中国绝大多数人口在农村，农业是国民经济的基础产业，农民是发展农村生产力的主体。进入新世纪，"三农"工作仍然坚持把加强农业、发展农村经济、增加农民收入，作为经济工作的重中之重，在实践中下大功夫解决好。2002年12月，中共中央政治局专门召开会议，强调要把"三农"问题作为全党工作的重中之重，放在更加突出的位置。

中共十六大以后，随着我国财政状况的进一步好转，国务院决定在安徽农村税费改革试点取得成效的基础上，进一步扩大农村税费制度改革试点范围，并增加财政的转移支付力度。国务院发文新增了16个试点省（自治区、直辖市），包括河北、内蒙古、黑龙江、吉林、江西、山东、河南、湖北、湖南、重庆、四川、贵州、陕西、甘肃、青海、宁夏。中央财政将向试点省分配专用于税费改革的转移支付资金；确定上海、浙江、广东沿海经济发达省（直辖市）不享受中央转移支付资金，可自费进行扩大改革试点。政策一出，立即得到呼应。全国共有20个省（自治区、直辖市）全面推行农村税费改革，标志着深化农村税费改革已经走向了全国。

从2004年开始，我国财政收入快速增长，当年增加了4000多亿元；2005年增加了5000多亿元。国家财政实力的增强，大大加快了农村税费改革的进程。这两年改革的主要内容是：清理化解乡村不良债务；取消牧业税和除烟叶外的农业特产税；实行取消农业税试点并逐步扩大试点范围；对种粮农户实行直接补贴，对粮食主产区的农户实行良种补贴和对购买大型农机具的农户给予补贴；推进乡镇机构改革、农村义务教育和县乡财政体制改革。经过改革试点，2004年农民人均纯收入达2936元，比上年增长6.8%，是1997年以来最高的一年。深化农村改革的成果立现。

这期间，全国人大代表、全国政协委员关于减免农业税费的提案和建议呼声渐高。据介绍，2001—2005年，国家财政部办理事关取消农业税、提高农民收入等方面的提案、议案总量达4500多件。5年内，财政部先后会同有关部门公布取消、免收或降低标准的全国性及中央部门搭车收取涉农费用项目150多项。与此相应的是，吉林、黑龙江等8个省份率先全部或部分免征了农业税，河北等11个粮食主产区降低农业税税率3个百分点，其他地方降低农业税税率1个百分点。到2005年，全国有28个省份全面免征了农业税。由此，彻底取消农业税，来一个釜底抽薪，切断各部门搭车收费的后路，这样的时机终于成熟了。

在国家财政收入快速增长和农村税费改革取得重大进展的形势下，2005年12月29日，十届全国人大常委会第十九次会议高票通过决定，自2006年1月1日起废止《中华人民共和国农业税条例》，取消除烟叶以外的农业特产税、全部免征农牧业税。这个决定，比原定用5年时间取消农业税的时间表，整整提前了3年。

中国古代从春秋时期公元前594年鲁国实行"初税亩"，到汉代之初形成税制，一直到1958年颁布《农业税条例》并实施至今，被称为"皇粮国税"的这一古老税种已经延续了2600年，最终于2006年走进了历史博物馆。打个比方，在农历丙戌狗年的春节,中国所有的庄稼人都收到了一份"最大的红包"!

农业税作为国家的重要税种,为我国建立完整的工业体系和国民经济体系发挥了重要作用。1949年至2003年,全国累计征收农业税3945.66亿元;农业特产税从1983年开征到2003年,累计征收1366.25亿元。二者相加,总共5300多亿元。[①] 从改革开放后国家财政总收入来看,农业税的总量并不大,税赋比例不到"什一而税",但是在工业化初创期,国家主要从农业提取积累,在那个艰苦年代,农民的贡献是巨大的。历史会铭记新中国几代农民作为纳税人为国家工业化作出的巨大贡献。这也是国家决定实行工业反哺农业,城市支持农村方针的根本原因所在。事实上,2005年我国农民人均纯收入为3255元,平均一个月的收入还不到300元钱,远低于税收的起征点。从这个意义上讲,在现代社会中,如果继续对农民征收农业税,实际上对农民在税负方面是不公平的。所以取消农税不是给了农民特别的优惠,而是还给农民一个平等的待遇。到我国农民真正富裕起来的时候,会跟城里人一样按税收起征点同等纳税。

2006年全面取消农业税后,与农村税费改革前的1999年相比,中国农民每年减负总额超过1000亿元,人均减负120元左右,9亿农民由此得到了"真金白银"的支持。全面取消农业税是国家统筹城乡发展的一个重大举措,表明中国在减轻农民负担,实行工业反哺农业、城市支持农村方面取得了重大进展。"以执政为民为第一要务"的中国共产党跳出了"黄宗羲定律"的怪圈。

应该说,社会主义新农村的建设需要靠财政的投入,但仅仅靠财政的投入并不能解决一切新的问题,一个基础性的、根本性的问题,还是要靠体制的建设和制度的创新。如果没有与社会主义新农村相适应的体制和机制,财政再增加投入实际上浪费很大,最后也没有形成发展的动力。

农村综合改革增强县乡财力保障

全面取消农业税,对规范政府行为、密切干群关系、有效化解农村矛盾、促进农村社会和谐稳定发挥了重要作用。但在一些经济欠发达地区,农业税收几乎是地方政府生存和发展的重要财源。取消农业税后,地方财政必然出现困难,村级债务也会相应增加,这些因素势必影响到农村公共服务的质量。2001年至2006年,中央财政为此累计安排农村税费改革转移支付2634亿元,各地也相应增加了投入。就是说,改革必须由中央财政和地方政府共同为支付的成本"买单"。

实际上,全面取消农业税,并不等于农民负担问题完全解决了,农民负担

---

① 《决策者说:专访陈锡文》,央视国际,2006年3月3日。

反弹的隐患依然存在,减轻农民负担的长效机制尚未建立,深化农村综合改革的任务仍很繁重。中央强调,要进一步加快推进以乡镇机构、农村义务教育和县乡财政体制为主要内容的农村综合改革,努力建立精干高效的基层行政管理体制和覆盖城乡的公共财政制度。要建立健全减轻农民负担的长效机制,继续做好农民负担监督管理工作,严格执行有关制度和规定,切实把减负工作纳入法制化轨道。

为了巩固农村税费改革的成果,2006年9月国务院召开全国农村综合改革工作会议,一是以转变乡镇政府职能为重点,积极推进乡镇机构改革,彻底改变"食之者众、生之者寡"的状况,建立精干高效的农村行政管理体制和运行机制。二是加大农村义务教育管理体制改革的力度。进一步明确各级政府对发展农村义务教育的责任,巩固以政府投入为主的经费保障机制。在保障农村义务教育经费的稳定增长方面,县级以上各级政府的财政要更多地承担起责任。要加快改革农村教育行政管理体制,严格教师资格制度,精减教师队伍,提高教师素质。三是以增强基层财政保障能力为重点,推进县乡财政管理体制改革,提高基层政府的财力保障水平,建立覆盖城乡的公共财政制度,扩大公共财政覆盖农村的范围,促进农民减负增收和农村社会事业发展,巩固农村税费改革成果,全面推进社会主义新农村建设。

按照国务院的统一要求和总体部署,各地积极行动,统筹规划,不断扩大以农村综合改革试点范围,建立健全农民减负增收的长效机制;探索建立"一事一议"财政奖补等村级公益事业建设的新机制,引导农民开展自己直接受益的基础设施建设和发展公益事业。截至2010年底,全国85%的乡镇进行了机构改革,促进了农村基层政府职能的转变,各地整合农村事业站所,精简机构人员,提高社会管理和公共服务水平,加快建立行为规范、运转协调、公正透明、廉洁高效的乡镇行政管理体制和运行机制。

关于农村义务教育改革,普及和巩固农村九年制义务教育,2006年国家决定对西部地区农村义务教育阶段学生全部免除学杂费,对其中的贫困家庭学生免费提供课本和补助寄宿生生活费;2007年扩大到在全国农村普遍实行这一政策。建立健全农村义务教育经费保障机制,进一步改善农村办学条件,逐步提高农村中小学公用经费的保障水平。加强农村教师队伍建设,加大城镇教师支援农村教育的力度,促进城乡义务教育均衡发展。加大力度监管和规范农村学校收费,进一步减轻农民的教育负担。

关于加快县乡财政管理体制改革,一是进一步完善省以下财政体制,提高县乡财政的自我保障能力;二是进一步规范财政转移支付制度,完善中央对地方缓解县乡财政困难的奖补办法;三是改革县乡财政的管理方式,具备条件的地方，可以推进"省直管县"和"乡财县管乡用"的改革试点；四是按照公共财政的原则，进一步调整财政支出结构，增加公共产品和服务的支出比重。在取消农业税后，必须确保财政困难县工资的及时足额发放和基层政权的正常运转。

随着省以下财政体制的进一步完善，全国28个省份有970个县实行了"省直管县财政"，有2.86万个乡镇实行了"乡财县管乡用"。逐步推行"村财乡管村用"，提高了基层财力保障水平。同时，各地进一步完善"农民负担监督卡"制度，深入治理村级组织和农民专业合作社负担加重的问题，加强对农村义务教育、计划生育、农民建房、婚姻登记、生猪屠宰等领域乱收费的重点监督，深入开展行业专项检查，解决农民反映的突出问题。增收和减负，两只轮子转起来，中国农民在致富奔小康的路上越走越轻快。

按照建设社会主义新农村的要求，坚持统筹城乡发展的方略，坚持工业反哺农业、城市支持农村的方针，坚持"多予少取放活"，重点在"多予"上下功夫，国家继续调整国民收入分配格局，要求国家财政支出、预算内固定资产投资和信贷投放，要按照存量适度调整、增量重点倾斜的原则，不断增加对农业和农村的投入。扩大公共财政覆盖农村的范围，建立健全财政支农资金稳定增长机制。

总之，加快建立以工促农、以城带乡的长效机制，必须进一步调整国民收入分配格局，努力创新财政支农机制。让公共财政的雨露更多地滋润农业，让公共财政的阳光更多地照耀农村，让公共财政的支出更多地惠及农民。

统筹城乡发展与推进新农村建设

党的十六大以来，统筹城乡发展切实加强了"三农"工作，农业和农村发展出现了积极变化。2004年12月，胡锦涛在中央经济工作会议上提出：中国现在总体上已到了"以工促农、以城带乡"的发展阶段。2005年10月，党的十六届五中全会提出建设"生产发展、生活宽裕、乡风文明、村容整洁、管理民主"的社会主义新农村的历史任务，为做好当前和今后一个时期的"三农"工作指明了方向。2006年中央发出《中共中央、国务院关于推进社会主义新农村建设的若干意见》，要求各级党委和政府必须按照中央的战略部署，切实把建设社会主义新农村的各项任务落到实处，加快农村全面小康和现代化建设步伐。

中央《意见》强调指出：建设社会主义新农村是我国现代化进程中的重大历史任务。全面建设小康社会，最艰巨最繁重的任务在农村。加速推进现代化，必须妥善处理工农城乡关系。构建社会主义和谐社会，必须促进农村经济社会全面进步。"十一五"时期，必须抓住机遇，加快改变农村经济社会发展滞后的局面，扎实稳步推进社会主义新农村建设。《意见》围绕八个方面对建设社会主义新农村工作做了全面部署：一是统筹城乡经济社会发展，扎实推进社会主义新农村建设；二是推进现代农业建设，强化社会主义新农村建设的产业支撑；三是促进农民持续增收，夯实社会主义新农村建设的经济基础；四是加强农村基础设施建设，改善社会主义新农村建设的物质条件；五是加快发展农村社会事业，培养推进社会主义新农村建设的新型农民；六是全面深化农村改革，健全社会主义新农村建设的体制保障；七是加强农村民主政治建设，完善建设社会主义新农村的乡村治理机制；八是切实加强领导，动员全党全社会关心、支持和参与社会主义新农村建设。这八个方面的建设和发展，对于促使农村整体面貌出现较大改观，进而全面建设小康社会具有重大意义。

新农村建设面临着以下五个方面的现实困境：

一是农民收入水平低、增长缓慢。由于受资源、交通、信息、经济基础等制约，导致农业增效不快、农民增收缓慢、产业效益低下、农村基础建设滞后。

二是农业生产方式落后，不适应市场经济发展的需要，以家庭承包经营为主的双层经营体制一定程度上造成了农业生产过度分散化，经营效率低下。同时，土地使用权流转还有许多障碍，农业生产难以实现适度规模经营。曾经的"公司＋农户"等组织形式，虽然在带动农户进市场方面发挥了积极作用，但存在的问题也很明显，主要是利益分配机制和风险保障机制不健全，公司与农户之间不能真正形成紧密的利益共同体。农户以自给性生产为主、出售剩余产品为辅的格局没有从根本上改变，农业生产日益缺乏竞争力。现有的农业水利工程设施大多是20世纪五六十年代修建的，大部分已年久失修，功能老化，配套设施不全，农业保障功能大为下降，以致近几年受灾面积、成灾面积增大。这说明农业抵御自然灾害的能力下降，靠天吃饭的状况没有根本改变。

三是农村整体上落后于城市，二元结构矛盾突出。农村改革后经济得到了长足发展，但和城市相比，发展水平总体上仍然是落后的，农村经济的社会化、市场化、现代化程度都大大低于城市：城乡收入差距扩大、农村消费能力低、农村教育和文化生活水平落后、基础设施严重不足。农村基础设施等公共产品供给短缺，已成为农业和农村经济社会发展的"瓶颈"。广大农村普遍缺乏道路、水电、通信、邮电等基础设施建设资金，造成水利失修，基础设施老化，抗灾能力下降；生态环境恶化，森林过伐，草原过牧，沙化面积不断增加，水土流失严重，耕地锐减；农业科技人员大量流失，农技进步十分缓慢。

四是农村公益事业举步维艰。在税费改革后的农村，举办公益事业异常困难，分散的家庭经营本来就不好组织，而乡镇体制改革又导致基层政府权力弱化，加之农民不再缴纳农业税费，使农村公益事业的兴办往往因资金短缺成为泡影。

更为突出的是,农民变得非常"散",集体的事情非常难办,甚至办不成,平时开个会都开不拢,在乡村社会中,面临着一个对公益事业如何达成共识的问题。

五是乡村债务依然沉重。数额巨大的村级债务一直是农村发展的一大隐患。税费改革后,农村债务的化解更是难上加难,这表现为:禁止增加债务难,村村通公路的建设资金、项目缺口资金、办公费开支等形成新的村级债务;化解债务难,大多数乡村没有村集体经济作为支撑无从化解;处理债权债务关系难,涉及相关利益链条错综复杂。

按照生产发展、生活宽裕、乡风文明、村容整洁、管理民主的社会主义新农村的目标要求,新农村建设需要着重解决以下问题:

1. 农民收入增长缓慢的问题。1997年以来,我国农民收入增长徘徊在5%以内,呈现出明显的步伐缓慢态势。主要原因是保持农民收入的持续增加所面临的困难很多,单纯依靠提高农产品价格增加收入的空间越来越小;农业生产结构调整滞后于食品消费结构的变化;乡镇企业和城市吸纳农村剩余劳动力的能力下降;资金短缺严重制约农业和农村经济增长,等等。

2. 城乡差别呈扩大趋势问题。近几年,我国城乡发展的差距不仅没有缩小,而且有扩大的趋势,对我国经济社会发展产生了严重的负面影响。根据国家统计局对全国农村贫困状况的监测调查,到2002年底全国农村绝对贫困人口为2820万,贫困发生率为3.0%。初步解决温饱但还不稳定的农村低收入人口为5825万,低收入人口占农村人口的比重为6.2%。据预测,今后20年,即使农民人均纯收入每年增长5.5%~6%,同时城镇居民收入增长6%,城乡收入差距仍达3倍多。

3. 农村社会发展不适应经济发展需要问题。农村的社会发展与经济发展相比,还存在比较明显的滞后和不适应现象,突出表现在农村科技、文化、教育、卫生事业的发展滞后;农村社会保障覆盖面小,保障水平低;生态环境形势严峻等方面。农产品的科技含量低,农村教育资源供给不足,农村文化、教育基础尤其薄弱,不同地区、不同群体之间的受教育机会很不平衡,尤其是城乡之间存在着非常明显的差距。农村卫生事业发展还面临一些困难和问题,资金投入严重不足,卫生机构设施条件差,农民缺乏有效的合作医疗制度,难以抵御重大疾病风险,因病致贫、因病返贫的现象在一些地方非常突出。农村社会保障水平低,城乡差别过大,农民普遍缺乏生活安全感。我国的农业资源还比较短缺,生态环境仍很脆弱,生态环境恶化的趋势还未得到有效遏制,生态环境问题仍很严重。

根据《中共中央、国务院关于推进社会主义新农村建设的若干意见》,各地开始启动新农村建设,探索适合本地特点的新农村建设路子。不少地方采取"示范带动、基础促动、经济拉动"等办法,在镇的统一规划、统一设计下实现了"猪圈、厕所、沼气、庭院、房屋"五位一体，以生态家园建设为示范的新农村初具雏形，许多乡镇实现全村农户沼气化和庭院绿化。基础设施促动成效明显，许多乡镇以水泥路硬化、文化通信建设、农村引水工程为重点，夯实基础促进新农村发展。经济拉动主要以民营经济为主、大力发展当地特色产业，极大促进了农村经济的发展。许多乡镇实现农村经济总收入、人均纯收入大幅增长，增幅均达到10%以上，从而为新农村建设打下了坚实的物质基础。从各地探索新农村建设的实践来看，还需要着重做好以下几方面的工作：

建立统筹城乡发展的长效机制。一是要跳出就"'三农'抓'三农'"的传统定式，打破城乡分割的体制障碍，把农业发展放到整个社会经济的大格局中，把农村进步放到整个社会的全面进步中，把农民增收放到国民收入分配和再分配中，各级政府、各部门都要调整思路，统筹规划政策、公共资源、基础设施及产业布局。二是要充分调动广大农民建设家乡的积极性。要依靠广大农民自力更生、艰苦奋斗，用自己的勤劳和智慧建设美好家园。三是要建立多元投入机制，加大对农业和农村的投入。逐步加大财政对农村的支持力度，强化政府对农村的公共服务，发展农村金融、流通、科技等服务，为农民提供更多更好的服务，积极吸引非公资本投入农业和农村建设。

加快形成农村公共事业发展机制。"十一五"期间，要将义务教育"两免一补"的政策扩大到农村所有的义务教育阶段贫困家庭的学生，并实现对农村义务教育阶段的全体学生免收杂费。要加强农村公共卫生和基本医疗服务体系建设，逐步实现新型农村合作医疗制度对农民居民的全覆盖。

加快形成农村经济发展机制。一是要以农民增收为目标，发展新产业。只有发展富民产业，农民增收致富有了保障，才可以支撑真正意义上的社会主义新农村。二是要以实施"农民知识化"工程为依托，培育新农民。"三农"问题，说到底是农民增收致富问题，核心是提高农民素质问题。积极引导和教育农民遵纪守法、提高修养、崇尚科学、移风易俗，造就一代既有较高思想道德素质，又有一定专业技能、文明守法的新型农民。三是要以农业产业化为动力，组建新经济组织。农村合作经济组织，是农业社会化服务体系和农产品流通体系的重要组成部分，是推进农业产业化经营的一个重要组织形式。要积极扶持发展产业协会等新经济组织，提升农民的组织化程度。四是要以创建文明村镇为先导，倡导新风尚，塑造新风貌。着力整治农村环境，美化净化村容镇貌，尽快改变农村的落后现象。扎实开展文明村镇创建活动，改变农村各种生活陋习，倡导健康、文明、科学的生活方式，创造一个农民群众安居乐业、物质文化生活丰富多彩、人与人和谐相处的良好环境。五是要完善村民自治机制。在转变乡镇政府职能的同时，切实加强农村基层组织建设。通过认真开展保持共产党员先进性教育活动,增强农村基层党组织的凝聚力、战斗力和创造力,为建设社会主义新农村提供可靠的组织保障。

总之,我国已经开始扎实稳步地推进社会主义新农村建设。而推进新农村建设是一项长期而繁重的历史任务,必须坚持以发展农村经济为中心,进一步解放和发展农村生产力,促进粮食稳定发展、农民持续增收;必须坚持农村基本经营制度,尊重农民的主体地位,不断创新农村体制机制;必须坚持以人为本,着力解决农民生产生活中最迫切的实际问题,切实让农民得到实惠;必须坚持科学规划,实行因地制宜、分类指导,有计划有步骤有重点地逐步推进;必须坚持发挥各方面积极性,依靠农民辛勤劳动、国家扶持和社会力量的广泛参与,使新农村建设成为全党全社会的共同行动。在推进新农村建设工作中,要注重实效,不搞形式主义;要量力而行,不盲目攀比;要民主商议,不强迫命令;要突出特色,不强求一律;要引导扶持,不包办代替。这样才能扎实稳步地推进我国农村全面建设小康的进程。

五、社会分层新变化与城市化提速

现代化社会阶层结构基本形成

改革开放推动经济的市场化转型,极大地改变了中国的社会面貌。经济结构、产业结构、区域经济结构的调整,使过去发展很不平衡的城乡之间、地区之间增强了联系互动;非农产业开辟农村工业化前景,新农村建设与小城镇建设相结合,工业反哺农业、城市支持农村等,在很多地方加快了城乡一体化进程。当然,传统社会向现代化转型尚需经历很长的历史过程,但近30年经济转型带来的社会阶层变化已经显现。

在不同的社会发展阶段,有不同的社会阶层结构。在中国传统农业社会农民是最大的社会阶层,占总人口的绝对多数,其他社会阶层只占人口的很小比例。中华人民共和国成立后,在高度集中的计划经济体制下,国家对过去的社会阶层结构进行了革命性改造,结果只剩下"两个阶级和一个阶层",即工人阶级、农民阶级和知识分子阶层,农民阶级仍占绝对多数(1978年为82%)。不论是传统社会的阶层结构,还是计划经济时代的社会阶层结构,都不是现代化的社会阶层结构,都不符合工业化、城市化和现代化社会的特征。

在改革开放之前,中国的社会分层比较单一。理论上是全体社会成员共同占有社会资源(即全民所有),全部社会产品以按劳分配的原则进行分配。而现实生活中公有权却与劳动者相分离，单个社会成员和社会组织完全依照统一的计划指令行事，全社会并不存在拥有各自独立产权的利益主体。从社会分层上看，所有列入国家编制的人员（包括国家机关、企事业单位）统称为干部；直接从事生产的人员分为工人和农民。在城市，干部和工人因社会身份不同，工资收入、福利待遇有很大差异。但在相同社会身份的群体之间差异并不大，几乎都没有严格意义上的财产积蓄。农民占全国人口的绝大多数，基于城乡二元社会结构的分割，工农差别、城乡差别很大，农民的收入水平较低。

在计划经济的条件下，不同社会身份之间的等级界限分明，很多人长期"以工代干"不能转为正式干部，工人、农民更是很难改变自己的社会身份。这种以社会身份划分阶层的不平等关系中潜藏着对立和冲突，不时以尖锐的形式表现出来。如经济困难时期有2000万职工响应政府号召下放到农村，经济形势好转后却不能返回原单位；大量合同工、临时工经较长时期工作后仍不能转为正式工；大批下乡知青要求返城，其职业及社会身份大多未获得妥善解决。历史表明，只有对造成身份不平等的体制实行变革，才能解决这种社会内部的矛盾冲突。

中国经济的市场化转型，实际上推进了单一社会结构向多元社会结构的转变。市场化改革的实质，是逐步打破由国家高度控制的资源配置权和社会财富再分配体系，从而增加了社会成员在再分配体系外获得资源的可能性，从而带来众多的机会，包括自由选择职业、工作地域流动、经济地位上升、社会身份改变等。在市场化改革中，国家逐步简政放权，个体劳动者和私营工商业者通过自主创业走上致富道路。这种制度安排，使原公有制环境下受到抑制的利益关系得到体现，越来越多的社会成员成为各自独立的利益主体。原来完全由国家掌握的资金、原料、生产、销售等经济环节，有相当一部分转为由各个利益主体自行决定和解决。在越来越多独立利益主体逐渐成长的制度环境下，经济结构变化与社会结构变化形成互动，其直接产物是新的社会阶层的出现。

进入21世纪，在经济市场化改革取得重大突破性进展之后，中国共产党开始关注经济转型带来的社会大变动，包括新兴社会阶层的产生，多元化利益格局的形成等，十分强调经济与社会协调发展，着重研究解决过去已有潜伏而现在开始凸显的诸多深层次的矛盾和社会问题。

2001年，江泽民在庆祝中国共产党建党80周年大会上的讲话指出："改革开放以来，我国的社会阶层构成发生了新的变化，出现了民营科技企业的创业人员和技术人员、受聘于外资企业的管理技术人员、个体户、私营企业主、中介组织的从业人员、自由职业人员等社会阶层。而且，许多人在不同所有制、不同行业、不同地域之间流动频繁，人们的职业、身份经常变动。这种变化还会继续下去。"讲话确认这六个新社会阶层中的广大人员,通过诚实劳动和工作,通过合法经营,为发展生产力和其他事业作出了贡献。他们与工人、农民、知识分子、干部和解放军指战员一样,也是社会主义事业的建设者。[①]这代表了执政党清醒的判断,就是立足于社会分层结构变化的客观实际,为党长期执政进一步扩大社会基础,巩固群众基础作出主动应对,并在党的组织建设、宣传理论、统一战线及民主法治建设等方面提出新的工作任务。

关于社会阶层结构,研究者提出了一些看法。如中国社会科学院课题组关于《当代中国社会阶层研究报告》提出,我国现阶段已基本形成"十大社会阶层",即国家与社会管理阶层、经理阶层、私营企业主阶层、专业技术人员阶层、办事人员阶层、个体工商户阶层、商业服务人员阶层、产业工人阶层、农业劳动者阶层、城市无业失业和半失业阶层。报告认为,这种阶层结构变化是良性的,在未来社会发展中将呈现稳定发展的趋势。[②]

在社会阶层结构现代化的过程中,社会流动日益开放,机会日益变得均等,公平竞争成为主要的社会流动机制,能力主义准则取代身份主义原则,成为社会流动的主要依据。尽管当前中国社会阶层结构相对现代化国家还有一定的距离,但是新的社会阶层的出现正在朝着现代化社会演变,一个现代化社会阶层结构的雏形大体形成。

2006年9月,中共中央统战部负责人从其工作范畴出发指出:新的社会阶层人士主要由非公有制经济人士和自由择业的知识分子组成,进入新世纪,全国私营企业450万家,投资人1100万,自由职业者大约1000万人。他们作为改革开放特别是社会主义市场经济发展的产物,呈现快速增加的态势,在我国经济社会中的作用越来越突出。[③]其他相关资料显示,新的社会阶层以及从业人员人数已超过1.5亿,约占总人口的11.5%,掌握或管理着10万亿元左右的资本,使用着全国半数以上的技术专利,直接或间接地贡献着全国近1/3的税收。[④]

虽然对各社会阶层的界说不尽相同,但必须对社会利益结构的变化给予足够的重视,这是毫无疑问的。因为新阶层不仅创造了GDP,提供了就业岗位和税收,并且开始通过合法利益的诉求和社会参与,不同程度地改变着中国社会的政治生态和观念文化,促使在公众社会形成一种合力,多层面地推进着中国社会的现状发生积极的改观,影响着由传统向现代化转型的实际进程。

---

① 《江泽民在庆祝建党八十周年大会上的讲话》,《人民日报》2001年7月2日。
② 参见陆学艺主编《当代中国社会阶层研究报告》,北京:社会科学文献出版社,2002年。
③ 中共中央统战部负责人答《人民日报》记者问,《人民日报》,2006年9月2日。
④ 参见鲁宁《新阶层创造经济社会"新气象"》,《广州日报》,2006年12月28日。

关于社会分层对我国社会发展产生的影响,社会学界的研究认为主要表现在:1.随着阶层的分化和重新组合,各阶层的独立意识及其内部的认同意识逐步增强,通过各种渠道表达了他们对合法利益的诉求和意愿,从而促使国家加快制定并实施维护市场经济健康发展的物权法等民法典,通过法律来保护公民合法的私有财产不受侵犯。2.在多元经济利益主体的背后,孕育着多元政治利益主体,开始出现政治参与的形式和内容的多样化;不同利益群体的对话渠道及对公共政策听证、监督的空间扩大,观念价值趋向多元化。这将促使改变过于集中的政治权力结构,形成更有利于经济社会协调发展的法治环境。3.农民阶层在向非农产业转移、进城务工经商的潮流下经历着大规模的分化。一部分人进入新阶层,或身份还会发生变化,但大多数是离乡不离土。许多在外经商或在乡镇企业经历过闯荡的能人,在村民自治及相关基层民主选举中具有相当的影响力,过去农村政治文明程度较低的社会根基正在瓦解。显然,新的社会分层有利于推动现代民主法治建设的进一步发展。

从另一方面看,社会分层结构的变动,又存在着各种非均衡现象。首先是历史遗留的城乡二元社会结构没有完全打破,农民与工人在收入、社会保障方面还有很大差距。现有上亿农民进入城市务工经商,但在权利义务、劳动保护、身份职业、医疗保险、子女受教育等多方面,尚未享受到与城市居民同等的国民待遇。另外,各阶层之间存在着不均衡。如管理者、技术人员、经理人员和办事人员阶层比其他阶层享受更多的社会福利,而个体工商户、工人、农业劳动者却缺少这些基本权利。城市无业失业和半失业阶层享受基本权利的状况更差,成为社会底层。私营企业主虽有一定经济实力弥补这些缺失,但在生产经营、资金筹措、市场准入等方面仍受到不少限制。与此同时,私营企业主与工人之间在雇佣关系、劳动条件、工薪报酬等方面也存在许多非均衡问题。[①]这些都有待于在经济社会转型中通过深化改革来解决。

社会分化中的非均衡现象表现在分配领域,导致不同利益群体之间,不同社会阶层之间,平均主义与分配不公同时存在,双重矛盾交织在一起,影响到经济社会的协调发展。针对这个情况,胡锦涛明确提出:"要适应我国利益格局变化和利益主体多元化的客观要求,在经济发展的基础上,更加注重社会公平正义、正确反映和兼顾不同方面群众的利益,抓紧完善利益协调机制,以扩大就业、维护社会稳定为着力点,努力让全体人民共享改革发展的成果。"[②]

[①] 参见王春光《当前中国社会阶层关系变迁中的非均衡问题》,《社会》2005年第5期。
[②] 胡锦涛:《在庆祝中国共产党成立85周年暨总结保持共产党员先进性教育活动大会上的讲话》,《人民日报》2006年7月1日。

改革开放确立了社会主义初级阶段以公有制为主体、多种所有制经济共同发展的基本经济制度，承认并保护市场经济的重要基础私有财产权，使经济社会发展迸发出生机和活力。但是，在社会主义制度下，社会公平和社会正义始终都要坚持，关键在如何把它同市场经济环境很好地结合在一起。问题的本质是——"要发展，也要公平"。就是要在市场机制和非市场机制之间寻找合理的平衡。为此，2007年党的十七大报告里有一句话非常醒目："创造条件让更多群众拥有财产性收入。"这就是一个很好的结合点。外界评论普遍认为，只有中国人的智慧才能够创造出这样一个结合的结果。

社会分层结构的新变化，决定了政府工作的一个着重点，是做好各社会阶层、各利益群体的关系协调和利益整合。既要保护新阶层的合法权益，保持可持续发展的动力，又要协调好新老社会阶层的利益平衡，在强调新阶层作用和利益的同时，采取有力措施为弱势社会群体提供基本社会保障，保证基于公平正义的社会稳定。上述社会阶层形势的变化和亟待解决的发展中的问题，提出了改变"全能型"社会管理方式的新要求、新任务。

全能型政府向公共服务型转变

在计划经济年代，政府几乎垄断了全社会所有的资源，主要依靠行政性、指令性计划组织、指挥生产，管理其他一切社会事务，成为对经济和社会生活无所不包、无所不管的"全能型"政府。长期以来管了许多不该管、管不好、本应发挥各种社会力量来分担的事情，导致经济发展滞后，社会简单划一，人民生活没有得到多大改善。

改革开放后，为适应市场取向改革的要求，国家曾多次进行政府机构改革，如实行政企分开，所有权与经营权分开，由直接管理方式转向间接管理方式，由单纯行政手段转向运用经济、法律手段等，取得初步成效。但是，由于长期以来主要靠投资拉动的粗放型经济发展方式尚未根本转变，地方政府片面追求GDP指标的投资冲动难以遏制，以至在经济发展的同时，造成重复建设、资源浪费、环境恶化、效益低下等严重问题；市场经济秩序很不规范，虽然减少或放宽了行政审批事项和市场准入管制，但未能有效解决部门之间相互分割的利益驱动问题，各主管部门对市场和企业的行政干预仍不同程度地存在，抑制了市场配置资源作用的发挥；一些垄断性行业的资源独享和超额利润，商业贿赂与官员寻租，造成市场竞争中机会不平等，市场主体的权益受到侵犯；市场的优胜劣汰机制一方面使资源得到优化配置，另一方面也造成社会成员收入差距拉大，企业破产连带职工下岗，就业压力增大，社会底层群体困难加重，加上地区发展不平衡，导致社会公平公正问题日益突出。这些情况表明，在经济持续快速发展的同时，社会协调机制方面遇到了难题和新的挑战。

在非市场经济社会，由于分工不发达，无法形成把社会个体联结在一起的经济纽带，只得采取全能型政府模式，依靠超经济的政治强力和意识形态的作用去整合社会，导致政府职能的"错位"。改革开放后，虽然政府主导型体制逐渐向市场主导型体制转变，但历史惯性使政府部门仍在一定程度上扮演直接管理经济事务的角色，不能有效地发挥市场机制的作用，这反映了政府职能的"越位"。

换一个角度看，市场机制并不是万能的。垄断的存在、信息不对称、非营利的公共产品领域会导致市场机制运转失灵。市场机制本身也会造成收入分配不公、经济波动等缺陷。而弥补市场失效及其缺陷，正是政府应当介入和发挥作用的领域，即"效率由市场去实现，公平由政府来安排"。实际上，在中国30年的改革之中，政府主导与市场化始终扭结在一起。政府主导可能兼顾公平，但效率难以保证；市场化效率优先，公平难以体现，以至出现公共领域建设的缺失。这又反映了政府职能的"缺位"。

因此，深化国家行政体制的改革，就要从根本上解决政府职能的错位、越位、缺位的问题。尤其是在关系到人民群众切身利益的住房、医疗、教育、收入分配以及基本社会保障领域的改革，既要引入市场机制，又要坚持政府主导，公平和效率二者不可偏废，这样才能维系经济长期健康发展和社会稳定。

随着中国经济社会的转型，社会公共需求的全面增长成为日益突出的现实问题。一是公共需求的主体增大，不仅要解决城镇的中低收入群体的公共需求，还要解决上亿农民进城务工人员的基本公共需求，并要逐步解决8亿农民的基本公共需求。二是公共需求的领域扩大，需要统筹解决就业与再就业、义务教育、公共医疗、低收入居民住房、社会保障与社会救助，以及卫生、食品、生产的公共安全等问题，包括节约能源、保护环境等可持续发展问题。三是基本公共产品的供给与社会需求总量的差距较大。尽管多年来国家对教育、科技、文化、医疗卫生事业的投资额有较大增长，但社会事业投资在财政总支出中所占比例反而有所下降。如1998年国家用于社会事业方面的投资，教育占13.1%，科技占3.3%，医疗占3.8%，2004年这一比例分别降为11.7%、2.9%、3.0%[①]。

与国家投入大量资金用于改善基础设施相比，公共服务体系建设严重滞后，离基本公共服务均等化的目标还有很大距离。这些情况表明，过去因为没有对准经济社会转型中利益格局的变化这个切入点，政府体制改革缺乏压力和内在

---

① 参见迟福林《我国社会矛盾的变化与政府转型》，《人民论坛》2006年第4期。

动力，以至不能摆脱"精简—膨胀—再精简—再膨胀"的无效循环。显然，以往单一偏重经济发展的状况，已不能适应经济、社会双重转型的内在需要了。为了根本解决政府职能"错位""越位""缺位"的问题，国家在实施"十一五"规划期间，明确了行政体制改革的方向和目标是，以转变政府职能和推行依法行政为重点，逐步形成"行为规范、运转协调、公正透明、廉洁高效"的公共行政体制，实现由社会控制向社会服务的重大转变，建立以公共管理为主导的服务型政府。这意味着国家管理社会的方式开始转变。

规范政府的行政行为，不仅是中国经济社会现代化转型的内在要求，还有外部经济全球化趋势的强势推动。中国加入世贸组织的谈判历经15年，最终签订的25个主要协议中，有23个是按照WTO的规则对成员国政府行为的约束和规范。中国现行的经济管理体制和管理方式，存在行政干预较多的现象，部门行业自成体系、相互分割，在很大程度上形成公共权力部门化、利益化的格局。这些都是不符合现代市场经济规则的，需要进行改变。

限制和约束公共权力，是保护公民权利的前提，因此必须完善行政立法，加强依法行政，使政府真正从市场起主导作用的领域退出，转向在公共管理领域有所作为。在完善市场经济体制的过程中，政府应通过完善调控机制、市场监管，打破部门和行业垄断，为企业发展创造宽松的经济环境和公平竞争的市场环境；通过改革社会管理方式，不断优化社会环境，鼓励社会成员积极自主创业，让一切创造社会财富的源泉充分涌流；通过完善公共服务体系，为社会提供更多更好的公共产品，促进人民的物质生活、文化生活和健康水平的不断提高。

为确保公共服务体系建设有足够的财力，过去生产投资型财政必须向公共服务型财政转变，建立为社会提供公共服务、弥补市场失效、由公众实行监督和制约的公共财政体系。这不仅需要调整财政支出结构，加大对公益性、基础性领域的投入，而且要增强政府统一预算的透明度和约束力，建立严格、高效的财政支出管理体系，通过审议、听证、监督制度来规范政府投资行为。同时，要规范政府收支管理，完善政府采购制度，完善社会保障特别是社会救济、社会福利机制，建立健全各种应急处置突发事件机制，提高政府应对公共危机的能力。

建立公共服务型政府，不单是中国经济社会现代化转型的必然趋向，而且是同当代国际社会共同的价值观体系相融合的。如2006年5月，联合国前秘书长安南在北京大学与学生对话时所说：市场化改革并不能带来一切。一些公共的权益需要政府提供保障，政府必须介入以确保公平平等，还要弥合不同地区、人群之间的不平等现象，缩小贫富之间日益拉大的鸿沟。[1] 正是基于以人为本的

---

[1] 参见《瞭望东方周刊》2006年第22期。

现代政治文明理念，中共十六届六中全会明确提出构建社会主义和谐社会的本质要求和战略目标，强调让全体人民共享改革发展的成果。就是说，在基本的公共服务领域，关键是政府要介入，以确保给人民带来公共福利，并使之能够惠及每一个人。这是顺应时代要求的郑重选择和承诺。

在当今世界，信息技术和信息产业突飞猛进地发展，正在打破一切封闭、狭隘和信息不透明、不对称状态，把整个世界推向信息化时代。中国向现代市场经济的转型，利益主体多元化的社会转型，同迅速到来的信息时代相融合，形成了将分散的社会个体联结在一起的经济纽带和社会纽带。随着互联网在全社会的迅速普及和应用，不仅在电子商务、资本市场上演绎着"网络创富"的经济传奇，而且推动着各种各样的社会中介组织迅速成长，大大提升了社会自治的能力。新闻传媒的网络化、大众化，使关系公共利益的资讯信息越来越公开化，透明度日益增强，从而在政府与社会之间形成一个能够提供制约和纠错功能的公共领域。同时，政府向社会适度分权也有了过去所缺少的物质载体，便于将一部分社会管理功能从行政领域分离出去，通过各种社会自治组织结成的社会网络，来分担和分散原由政府独自承担的社会责任和风险。

随着我国社会自治能力的不断提高，大大激发了公民更多地参与、更多地共同行动，一方面有效地监督政府的行政行为，一方面同政府携起手来共同治理社会。通过多种多样的社会中介组织和公益组织，已经和正在动员和集中越来越多的社会力量和闲散资源来参与国家建设，并在政府作用力相对薄弱的领域，帮助政府解决一些容易被忽视的边缘性问题，如"希望工程""光彩事业"等社会公益组织持续推动社会广泛关注和资助处于弱势的社会群体和贫困地区，加快了社会利益协调机制的逐步完善。这对于缩小贫富差距、城乡差距和地区差距，对于实现共同富裕，维护社会稳定，推动社会主义和谐社会建设具有非常重要的意义。

城市化进程的波动起伏与提速

城市化是一个国家从传统社会向现代化转型的过程中，人口从农村向城市集中，第一产业（农业）向第二产业（工业）、第三产业（服务业）转换的历史进程。由于我国改革开放初期采取侧重于发展小城镇的城市化模式，"城镇化"亦成为颇具中国特色的"城市化"代名词。

中国近代城市化是以近代工商业的出现为标志的。从 19 世纪下半叶到 20 世纪中叶，由于受到世界列强的侵略以及军阀割据的困扰，封建土地关系和落后的农业生产力占据主导地位，中国城市化发展极其缓慢且不均衡。中华人民共和国成立后，我国城市化进入了自主发展时期。纵观60余年来的城市化发展轨迹，我国的城市化发展大致经历了以下几个阶段。

城市化起步发展阶段（1949—1957）。

1949年新中国刚成立时，全国仅有城市132座，城市市区人口3949万人，占当时全国总人口的比重及城市化水平为7.3%。随着三年国民经济恢复和开展大规模有计划的工业化建设，到第一个五年计划完成的1957年末，我国城市发展到176座，比1949年增长33.3%，平均每年增长10%；城市市区人口增加到7077.27万人，比1949年增长79.2%，平均每年增长19.9%。城市市区人口占全国人口的比重暨城市化水平提高到10.9%，比1949年增加3.6个百分点。

城市化波动发展阶段（1958—1965）。

1958年开始"大跃进"运动，全国"市市办工业、县县开工厂"，盲目追求工业化速度，导致工业化脱离农业发展这个基础，农村人口爆发性地涌进城市，城市人口急剧增长，我国城市由1957年的176座增至1961年的208座，城市人口由7077.27万人增加到10132.47万人，增长43.2%；城市市区人口占全国总人口比重由10.9%提高到15.4%。城市化水平由1957年的15.4%飙升至1960年的19.8%。

然而，经过三年"大跃进"，城市迅猛发展和城镇人口盲目膨胀，致使许多城市供水、供电严重不足，排水、防洪标准低下，交通、通信条件落后，居民住房紧张，市政设施超负荷运转，表现出过度城市化的特征。1962年开始国民经济全面压缩调整，精简城市职工及其家属2000多万回乡生产，从而被迫撤销了一大批城市。到1965年，全国拥有城市168座，比1961年减少40座；城市市区人口由1961年的10132.47万人下降到8857.62万人，下降12.6%；城市市区人口的比重暨城市化水平由15.4%下降至12.2%。

城市化停滞发展阶段（1966—1978）。

1966年开始的"文化大革命"，使得我国国民经济长期徘徊不前，相应的城市发展也十分缓慢，城市化进程受阻。10年间大量下放城镇人口，被动员到农村插队落户和回乡的城镇青年约有2000万人，下放农村的城镇干部、职工及其家属约有1000万人。1966年到1978年12年间，全国仅增加城市26座，平均每年只增加2座，1978年城镇人口（居住在城镇地区半年及以上的人口）为17245万人，城市化率（城镇人口占全国总人口的比重）17.92%。

总的来看，从1949年新中国成立到1978年党的十一届三中全会以前，我国的城市化进程相当缓慢。在1950至1980年的30年中，全世界城市人口的比重由28.4%上升到41.3%，其中发展中国家由16.2%上升到30.5%。但是中国仅由11.18%（1950）上升到19.39%（1980）。这一时期我国城市化的发展，是在城乡之间相互隔离的"二元社会结构"下进行的。这里所说的二元社会结构，指的是政府对城市和市民实行"统包",而对农村和农民则实行"统制",即由财产制度、户籍制度、住宅制度、粮食供给制度、副食品和燃料供给制度、教育制度、医疗制度、就业制度、养老制度、劳动保险制度、劳动保护制度,甚至婚姻制度等具体制度所造成的城乡之间的巨大差异,构成了城乡之间的壁垒,阻止了农村人口向城市的自由流动。

城市化高速发展阶段(1979—1991)。

1978年改革开放后,我国城市化进入快速发展时期。这一阶段的城市化,是在国民经济高速增长条件下迅速推进的,城乡之间的壁垒逐渐松动并被打破,小城镇发展战略的实施,经济开发区的普遍建立,特别是乡镇企业的发展,带动了中国城市化呈现出以小城镇迅速扩张、人口就地城镇化为特点的高速发展。

以1984年10月中共十二届三中全会通过的《中共中央关于经济体制改革的决定》为标志,我国以城市为重点开展经济体制改革。地方的财政自主权、企业的经营自主权得到扩大,劳动密集型的轻工业、乡镇企业和第三产业发展迅速,城市建设也在加快,这提高了城市吸纳人口的能力,为农村剩余劳动力进城提供了大量的就业岗位,城市对农村劳动力的拉力已经形成。这个阶段以发展新城镇为主,东部特别是东南沿海地区出现了大量新兴的小城镇。1979—1991年的12年间,全国共新增加城市286座,相当于前30年增加数的4.7倍,平均每年新增15座城市。到1991年末,城镇人口增加到31203万人,比1978年增长80.9%,平均每年增长5.8%。城市化率达到26.94%,比1978年提高9个百分点。[①]

城市化发展全面推进阶段(1992—2000)。

进入20世纪90年代以后,中国城市化以城市建设、小城镇发展和普遍建立经济开发区为主要动力,已从沿海向内地全面展开。1992年中共十四大明确了建立社会主义市场经济体制的总目标,城市作为区域经济社会发展的中心,其地位和作用得到前所未有的重视,城市化与城市发展空前活跃。1995年底与1990年相比,建制市已从467座增加到640座,建制镇则从12000个增加到16000多座;从城市人口来看,城市化水平从1990年的26.41%提高到28.62%。1992年到2000年,我国城市化率由27.63%提高到36%,年均提高首次突破1个百分点。

进入21世纪,我国城市化水平又有进一步的提高,到2003年底,全国城镇人口达52376万,城市化水平已达40.53%。全国设市城市660多个,城市人口达3.8亿人,建制镇为20600个,其中县城1660个,非农业人口约1.5亿人。到2011年末,从城乡结构看,城市人口69079万人,比上年末增加2100万人;

---

① 参见陈彬《我国城镇化发展的历史与未来趋势》,国家信息中心网经济预测部,2016年4月8日。

乡村人口 65656 万人，减少 1456 万人；城市人口占总人口比重突破 50%，达到 51.27%，城镇化率首次实现了城镇人口超过农村人口。[①] 中国城市化水平与经济发达国家之间的差距正在逐步缩小。

破除城乡二元结构的政策演变

我国城镇化呈现阶段性发展，在不同阶段，其内涵不断变化。在改革初期，城镇化带有明显的粗放型特征，重外延、轻内涵。其核心任务是调集一切资源发展农村的非农产业，促进人口的就地转移。1978 年以后，在经济高速增长而城乡户籍分隔的背景下，积极发展小城镇就成为可供政府选择的最佳城市化政策。中国的城市化终于由被压制转为松动和放开，过去那种控制城市人口增长和城乡分隔的政策被鼓励小城镇发展的政策所取代。1980 年，在当时城乡分隔、大城市基础设施滞后的情况下，全国城市规划工作会议提出了"控制大城市规模，合理发展中等城市，积极发展小城市"的城市发展总方针。

在改革之初城市化建设发轫的时候，国家百业待兴，没有能力去搞大城市的发展，只能尝试小城镇的发展。毕竟中国农村有广袤的土地，土地资源充足，在农村搞小城镇，可以摊薄建设资金的需求。更重要的是，随着乡镇企业的崛起，将农村劳动力就地转移到当地的小城镇具有现实可行性。于是就出现了偏重小城镇发展的城市化模式。在这种颇具中国特色的模式下，小城镇遍地开花，1984—1996 年的 12 年间，我国建制镇的数量就从 2664 个猛增至 18200 个。

为了贯彻"控制大城市规模，合理发展中等城市，积极发展小城市"的方针，国家开始实行地级市管理县级市制度，地级市数量迅速增加。1983—1998 年 15 年间，共有 100 多座县级市升格为地级市。为了加强小城镇建设，解决农村剩余劳动力问题，1984 年，国务院改革了户籍管理政策，允许农民自带口粮进城务工、经商、落户；同年，国务院又调整了建制镇的标准，批准了乡政府驻地非农业人口在 2000 人以上均可设立建制镇。1986 年，国务院又降低了设市标准，将设市非农业人口的标准由原来的 10 万人降低为 6 万人，县级市随之迅速增加。1986—1996 年的 11 年间，县级市数量净增加 286 座。1985—1992 年，全国城市由 300 座增至 517 座，年均增加 27 座；建制镇由 7186 座增至 14539 座，增加了 7353 个；城镇人口由 24017 万人增至 32372 万人，增加了 8355 万人，人口城镇化率由 23.0% 上升到 27.6%。

1993 年 10 月，建设部召开全国村镇建设工作会议，确定了以小城镇建设为

[①]《中科院报告：中国内地城市化率已突破 50%》，中国新闻网，2012 年 10 月 31 日。

重点的村镇建设工作方针，提出了到21世纪末中国小城镇建设发展目标。会后，建设部等6个部委联合颁发了《关于加强小城镇建设的若干意见》。1995年4月，国家体改委、建设部、公安部等11个部委联合下达《小城镇综合改革试点指导意见》，并在全国选择了57座镇作为综合改革试点。

1997年6月，国务院批转了公安部《小城镇户籍管理制度改革试点方案》和《关于完善农村户籍管理制度意见》的通知。通知认为，应当适时进行户籍管理制度改革，允许已经在小城镇就业、居住并符合一定条件的农村人口在小城镇办理城镇常住户口，以促进农村剩余劳动力就近、有序地向小城镇转移，促进小城镇和农村的全面发展。农村新生婴儿可以随母或者随父登记常住户口。此后，许多小城市为促进经济发展，基本放开了户籍限制；不少大中城市，也放松了外地人口进入本市的限制。

1998年10月，《中共中央关于农业和农村工作若干重大问题的决定》提出"发展小城镇，是带动农村经济和社会发展的一个大战略"，进一步提升了发展小城镇的重要地位。2000年7月，中共中央、国务院发出《关于促进小城镇健康发展的若干意见》。《意见》指出，加快城镇化进程的时机和条件已经成熟。抓住机遇，适时引导小城镇健康发展，应当成为当前和今后较长时期农村改革与发展的一项重要任务。

为了加快城镇化，2001年5月，国务院批转了公安部《关于推进小城镇户籍管理制度改革的意见》。《意见》指出：小城镇户籍管理制度改革的实施范围，是县级市市区、县人民政府驻地镇及其他建制镇；凡在上述范围内有合法固定的住所、稳定的职业或生活来源的人员及与其共同居住生活的直系亲属，均可根据本人意愿办理城镇常住户口；已在小城镇办理的蓝印户口、地方城镇居民户口、自理口粮户口等，符合上述条件的，统一登记为城镇常住户口。这个《意见》，标志着小城镇的发展开始废除城乡分隔制度。有些地方还采取了鼓励农民到小城镇居住和创业的政策。

2003年10月，中共十六届三中全会通过《中共中央关于完善社会主义市场经济体制若干问题的决定》，强调"积极拓展农村就业空间，取消对农民进城就业的限制性规定，为农民创造更多就业机会。逐步统一城乡劳动力市场，加强引导和管理，形成城乡劳动者平等就业的制度。深化户籍制度改革，完善流动人口管理，引导富余劳动力平稳有序转移。加快城镇化进程，在城市有稳定职业和住所的农业人口，可按当地规定在就业地或居住地登记户籍，并依法享有当地居民应有的权利，承担应尽的义务"。[①]

---

① 中共中央文献研究室编：《十六大以来重要文献选编》（上），北京：中央文献出版社，2005年，第469—470页。

总的来看，改革开放以来，中国城市化政策的变化，主要体现在两个方面，一是由过去实行城乡分隔，限制人口流动逐渐转为放松管制，允许农民进入城市就业，鼓励农民迁入小城镇；二是确立了以积极发展小城镇为主的城市化方针。特别是我国应对国际金融风波，中央调整发展思路，以扩大内需作为经济发展的一个重要推动力，而城镇化发展在我国扩内需、调结构、保增长的过程中发挥了重要的作用。

总结经验和走新型城镇化道路

改革开放30多年来，我国城市化快速发展取得如下显著成果。

一是城镇化与工业化发展差距缩小。城镇化是工业化发展到一定阶段的必然结果，工业化通过拉动就业、增加收入、改变土地形态等方式影响城镇化，两者具有极强的关联性。很长一段时间，我国的城镇化远远滞后于工业化。随着各大中城市加大工业园区建设，注重产业发展，工业化率与城镇化率差距在逐渐缩小。数据显示，2011年全国城镇化率为51.27%，工业化率为46.8%，二者之差在5%以内，小于1990年10.3个百分点的差距。

二是城镇体系日益完善，布局日趋合理。城镇体系日益完善表现在：初步形成了"城市+建制镇"的框架体系以及辽中南、京津冀、长三角、珠三角四个成熟的城镇群的格局。从宏观空间看，我国城镇空间合理布局的"大分散、小集中"格局正在形成，表现为与我国地理环境资源基本相协调的"东密、中散、西稀"的总体态势。从微观角度看，我国城市内部空间，中心城区、近郊区以及远郊县的城镇空间结构层次日益显现。

三是人口流动的促进作用增强。伴随着户籍制度的改革和农村剩余劳力的大量产生，我国人口迁移呈现出量大面广的特点，对以较快速度向前推进的城镇化进程起到了促进作用。从全国情况来看，东部地区特别是东南沿海地区是国内人口流入最多的地区，由于经济发展较快，吸引了大量外来务工人口，在相当程度上促进了这些地区的城镇化，使之成为当前人口城镇化水平最高和城镇化进程推进最快的地区。

四是城镇建设成效明显。我国城市建成区面积逐步扩大，住房条件、城市交通、供水、热电、绿化、环境卫生、电信等基础设施体系不断完善，扩大了城镇人口容量，提高了城镇现代化水平。[①]

[①] 参见陈彬《我国城镇化发展的历史与未来趋势》，国家信息中心网经济预测部，2016年4月8日。

从总结经验的角度看,快速城市化也存在质量不高的问题。突出表现为以下几个方面:

一是人口。在城市化加速发展过程中,至少有1.6亿多农民工不能市民化,仍然处于半城市化的状态,没有享受或者没有完整地享受城市居民应该有的国民教育、医疗卫生、社会保障、低保、社会救助,特别是没有享受到住房保障这些公共服务,也没有享受到选举权和被选举权等政治权利。如果扣掉以农民工为主体的没有真正融入城市化的2亿多人口,中国实质的城市化率只有36%。

二是布局。布局的混乱主要表现为一些城市不顾及资源环境承载能力的物理极限,盲目地扩张城市功能,放大城市规模,增大经济总量。这样使全国大跨度的调水、输电、输气、治污的压力越来越大,其中水带来的问题尤为突出,全国657座城市有400多座城市是缺水的,必须依靠地下水维持生产生活,其中110座城市属于严重缺水,须靠超采地下水维系生产生活。而地下水的过度超采已带来部分城市地面的沉降,需要国土资源部门对治理措施进行全面规划。

三是城市形态。土地城镇化与人口城镇化失调,主要表现为土地城镇化发展过快,城市建成区总面积的增长速度远超城镇人口的增长速度。另外,城市土地的扩张主要是为以开发区为主体的生产建设和既有城市居民住房改善提供用地,缺乏为外来迁移人口提供生活用地。多数城市都是围绕原来的中心区进行环形扩张。这种"摊大饼"式的城市扩张模式加剧了"城市病",不利于城镇化的高质量发展。

四是城市化率偏低。2000年,中国的城市化水平为36.2%,比1978年提高18.3个百分点,但由于受到传统体制和户籍制度改革滞后的影响,中国城市化发展仍然严重滞后于工业化发展和经济发展水平。城市化率偏低将成为经济发展、影响社会稳定和实现现代化目标的巨大"瓶颈",也将成为提高国家综合实力和新一轮财富集聚中的一大困难。

五是环境能源。能源和自然资源的超常规利用给中国城市化造成很大压力。城市土地利用的合理平衡,城市的能源清洁化,生态环境(大气环境、水环境、固体废弃物环境、社区环境和居室环境)仍然处于局部改善、整体恶化的状态。城市的生产生活污染、交通工具,尤其是工业"三废"破坏了所在地区的环境生态,也影响了生物的多样性。如何创造环境宜居、良性循环的城市生态系统,仍然是一个长期的任务。[①]

我国现代化建设对城市化内涵的认识,是随着实践发展和科学发展观认识的深化而演进的。改革初期的城镇化带有明显的粗放型特征,外延的无序扩张

---

① 参见范恒山、陶良虎主编《中国城市化进程》,北京:人民出版社,2009年。

带来一些严重问题。首先,小城镇缺乏规模效应和集聚效应。效率低是一个先天缺陷。其次,小城镇发展的最初动力主要来自以乡镇企业为代表的市场力量,导致城镇公共事业上资源配置的失灵,无节制地消耗资源、破坏环境,以及对土地的掠夺式占用。这些缺陷注定了早期的城镇化模式具有过渡性质,对它的调整就成为必然。这种调整至少包括以下几方面的内容:

第一,改变过去片面强调小城镇优先发展的战略,重新认识到大中型城市的作用,开始强调大中小城市与小城镇协调发展的必要性。2001年"十五"规划提出:"有重点地发展小城镇,积极发展中小城市,完善区域中心城市功能,发挥大城市的辐射带动作用。"2002年党的十六大报告更是明确提出:"要坚持大中小城市和小城镇协调发展,走中国特色的城镇化道路。"

第二,改变过去片面强调城镇外延扩张的做法,开始注重城市与城镇功能的完善。2007年党的十七大报告提出:"促进大中小城市和小城镇协调发展。以增强综合承载能力为重点,以特大城市为依托,形成辐射作用大的城市群,培育新的经济增长极。"农村城镇化是第一步,已基本完成。第二步是城镇功能的完善与产业体系的构建,即小城镇的城市化。第三步,大中型城市要实现生产与服务功能的升级,即城市现代化。后两步是当下工作的重点,它与产业结构变迁一起,构成了城镇化内涵转变的核心。

第三,改变过去为城镇化而搞城镇化的粗放做法,减少城镇化的盲目性,注重从经济社会效益全方位评价的角度,发挥对城市化规划的引领作用,不再像过去那样顾此失彼,发现问题又零敲碎打、修修补补。

第四,城镇化的推动力量从过去自下而上的自发力量,转向将市场机制与政府规划有机结合起来,以保证城镇化内涵的转变,要引入政府调节来克服市场失灵,实现二者的有机结合。这成为我国城镇化内涵转变过程中面临的一个迫切课题。[①]

2008年10月,中共十七届三中全会专题研究了新形势下推进农村改革发展问题,审议通过了《中共中央关于推进农村改革发展若干重大问题的决定》。全会突出强调:"我国总体上已进入以工促农、以城带乡的发展阶段,进入加快改造传统农业、走中国特色农业现代化道路的关键时刻,进入着力破除城乡二元结构、形成城乡经济社会发展一体化新格局的重要时期。"《决定》在城镇化方面,提出建立促进城乡经济社会发展一体化制度;逐步建立城乡统一的公共服务制度;统筹城乡劳动就业,加快建立城乡统一的人力资源市场;加强农民工权益

---

① 参见国家发展改革委发展战略和规划司《概念辨析:城市化、城镇化与新型城镇化》,中华人民共和国国家发展和改革委员会网,2016年8月24日。

保护；逐步实现农民工劳动报酬、子女就学、公共卫生、住房租购等与城镇居民享有同等待遇。统筹城乡社会管理，推进户籍制度改革，放宽中小城市落户条件，使在城镇稳定就业和居住的农民有序转变为城镇居民。《决定》强调，坚持走中国特色城镇化道路，发挥好大中城市对农村的辐射带动作用，促进大中小城市和小城镇协调发展，形成城镇化和新农村建设互促共进机制。[①]

随着对城镇化内涵认识的不断深化，2012年11月党的十八大提出新型城镇化概念。新型城镇化，强调人口与经济社会活动在地理空间上的均衡分布。人口从农村向城市的迁移、产业从农业向非农业的转换，是一个系统工程，在特殊条件下，可以有过渡的形式，城镇就是农村与城市之间的过渡带。它符合中国的特点。在地理空间上，新型城镇化已不再局限于人口从农村向城市（镇）的转移，还强调它在城市与城镇之间的均衡再分配。一方面严格控制大城市的规模，一方面合理发展中等城市和小城市，促进人口和生产力的合理布局。

总之，城镇化是我国现代化建设的历史任务。新型城镇化要围绕提高城镇化质量，因势利导、趋利避害，积极引导城镇化健康发展。要构建科学合理的城市格局，大中小城市和小城镇、城市群要科学布局，与区域经济发展和产业布局紧密衔接，与资源环境承载能力相适应。要把有序推进农业转移人口市民化作为重要任务抓实抓好。要把生态文明理念和原则全面融入城镇化的全过程，走集约、智能、绿色、低碳的新型城镇化道路。

---

① 中共中央文献研究室编：《十七大以来重要文献选编》（上），北京：中央文献出版社，2009年，第671、677—678页。

第十章　建设小康

　　2002—2012 年，是我国全面建设小康社会的 10 年。面对复杂多变的国际环境和艰巨繁重的改革发展任务，中国中产党团结带领全国各族人民，紧紧抓住和用好我国发展的重要战略机遇期，战胜一系列重大挑战，坚定不移推进全面建设小康社会进程，巩固和发展了改革开放和社会主义现代化建设大局，奋力把中国特色社会主义推进到新的发展阶段。同时提高了我国国际地位，彰显了中国特色社会主义的巨大优越性和强大生命力。10 年间，我国社会主义现代化事业取得一系列新的重大成就，为全面建成小康社会打下了坚实基础。

一、经济实力和综合国力的全面提升

蓄势培厚全民共享发展成果之基

中共十六大以来，中共中央就深化机构改革、完善社会主义市场经济体制、加强党的执政能力建设、制定"十一五"规划、构建社会主义和谐社会等关系全局的重大问题作出决定和部署，提出并贯彻科学发展观等重大战略思想，推动党和国家工作取得新的重大成就。在新的形势下，中共十七大对实现全面建设小康社会奋斗目标作了全面部署。

2007年10月15日至21日，中国共产党第十七次全国代表大会在北京举行。胡锦涛代表第十六届中央委员会向大会作了题为《高举中国特色社会主义伟大旗帜，为夺取全面建设小康社会新胜利而奋斗》的报告。报告科学回答了党在改革发展关键阶段举什么旗、走什么路、以什么样的精神状态、朝着什么样的发展目标继续前进等重大问题，对继续推进改革开放和社会主义现代化建设、实现全面建设小康社会的宏伟目标作出了全面部署。大会选举产生第十七届中央委员会和中央纪律检查委员会。十七届一中全会选举并决定胡锦涛为中央委员会总书记、中央军事委员会主席。

党的十七大是在我国改革发展关键阶段召开的一次十分重要的大会。大会强调，改革开放是发展中国特色社会主义的强大动力，科学发展、社会和谐是发展中国特色社会主义的基本要求，全面建设小康社会是全国各族人民的根本利益所在。大会根据形势的发展，提出了物质文明、精神文明、政治文明、生态文明四大文明协调发展，经济建设、政治建设、文化建设、社会建设四位一体共同推进全面建设小康社会的新要求。大会号召，全党全国各族人民高举中国特色社会主义伟大旗帜，更加紧密地团结在党中央周围，认真学习贯彻党的十七大精神，万众一心，开拓奋进，为夺取全面建设小康社会新胜利、谱写人民美好生活新篇章而努力奋斗。

2001年，中国申办第二十九届夏季奥林匹克运动会获得成功。国际第二十九届夏季奥运会、残奥会将于2008年在北京举行。其间蓄势准备期为七年。这是对我国政治、经济、社会、文化、外交、国民素质等诸多硬实力、软实力的一次综合考验。2001年的中国，是刚刚迈入WTO的中国，也是美国遭遇"9·11"恐怖袭击以后世界经济减速背景下的中国——中国将在更加开放的环境中获得更大的市场，同时也必须承受更为激烈的国际竞争与大国博弈的压力。在快速的发展变化中准备一次"有特色、高水平"的奥运会，用七年时间完成如此繁难的任务，当然并不轻松。

"必诚于中，始形于外"。在为北京奥运会蓄势的七年间，中国以一个发展中大国的真诚努力，换来了经济实力、综合国力的全面提升：中国的行政体制改革和民主建设迈出重要步伐；社会建设全面启动，文化建设繁荣发展；科学发展观、和谐社会理念深入人心。这样的发展基础，无疑是成功举办一届"有特色、高水平"奥运会的重要基石。

"蓄势七年"间，中国经济增速堪称"再创奇迹"——2001年中国的GDP总值不到11万亿元，2007年达到246619亿元人民币，相当于3.01万亿美元，比上年增长11.4%。根据国家统计局发布的数据，2008年可望超过26万亿元人民币，经济总量继续冲击世界三强位次。更重要的是，这期间的GDP增速始终保持了发展中国家很难做到的"高速与稳定、持续"并存状态：2001—2007年，中国的GDP增速分别为8.3%、9.1%、10%、10.1%、10.2%、11.1%和11.4%。这一连串逐年递增的数据清晰地显示，伴随着申奥成功，特别是中国加入WTO后国际资本的大量涌入和对外贸易大幅度增长，中国经济已经走出20世纪末通货紧缩的阴影，并在国家宏观调控下画出快速稳定持续增长的曲线。

"蓄势七年"间，正逢中国加入WTO后深度融入世界经济，既促进了改革，又加快了发展。申奥成功后持续的奥运景气又为中国经济源源不断注入活力。伴随着更加开放和奥运景气，一些重要经济指标不断被刷新：我国外汇储备已超过1.8万亿美元，成为我国办好奥运、抵御经济风险的重要财力基础；人均国民收入也翻了一番，2007年底城镇居民年均可支配收入接近1.4万元，农民年人均纯收入超过4000元。按照世界银行的评价标准，我国开始由低收入国家步入中等收入国家行列，标志着中国向全面建设小康社会迈出了坚实的一步。

"蓄势七年"间，中国社会发展速度之快、变化之大，成为改革开放以来的一个突出亮点。而这一成绩的取得，离不开全面协调可持续的科学发展理念。筹办奥运推动经济社会发展，经济社会发展又反过来对奥运形成有力支撑，在这种相辅相成的关系背后，是中国政府科学发展理念的深刻践行。随着中国综合国力的不断增强和制度体制的逐渐健全与完善，中外媒体已经看到，中国人民共享发展成果的基础在培厚、领域在扩大、品质在提升。现代奥运会离不开雄厚的经济基础，同样也离不开一个和谐共享的社会氛围。

2001年申奥成功时的中国，宏观经济刚刚走出通缩区间，相对薄弱的经济总量基础，初显上升态势的经济周期，使中国有关发展的理念仍主要集中于"经济的单兵突进"和"GDP崇拜"上。那时多数地方领导最看重的是所在地区的GDP排名；考核干部政绩最重要的指标，是当地的GDP增速和外资引进排名。随着中国加入 WTO 对世界经济的深度融入，经济快速起飞，2002 年 GDP 增速从上一年的 8.3% 上升至 9.9%，提升 1.6 个百分点。经济的快速增长，使经济与社会发展不协调问题日益明显；而全球化和信息化的加速，则使这种不协调被继续放大。

2002 年，中共十六大提出全面建设小康社会的宏伟目标，将发展的目光从经济领域拓展到社会、文化领域。2003 年，十六届三中全会提出了全面协调可持续的科学发展观，逐步取代对经济增长的片面追求，突出强调关注民生以及发展的均衡性、协调性，迅速弥合着过去经济与社会发展的落差，和谐、共享、民生的理念越来越深入人心。2006 年起，中国正式废止农业税条例，这项超过 1000 亿元 "真金白银" 的实惠，实实在在地减轻了亿万农民的经济负担。2007 年，我国全部免除了农村义务教育阶段的学杂费。2008 年起又全面免除城市义务教育阶段的学杂费。教育部并承诺，不让一个考入大学的贫困新生上不了大学——这是我国恢复高考制度 31 年来的首次承诺。

"蓄势七年"间，中国城乡居民社会保障体系建设取得突破性进展。2007 年，全国城镇职工养老保险参保人数突破 2 亿人，基本医疗保险参保人数达到 1.8 亿人；在农村全面建立最低生活保障制度，有 3451.9 万农村居民被纳入低保范围。与此同时，新型农村合作医疗制度、经济适用房、廉租房制度相继推出。一件件改善民生的举措，汇聚成中国发展的实绩。中国社会开始有了民生经济范畴，并衍生出一串惠及普通人的词汇：民生财政、民生工程、民生议题、民生之本、民生账单，等等。

标志性的事件还有日益开放的境外媒体采访权。鉴于北京奥运期间，将有 3 万左右的境外记者前来采访，有关部门要求接待境外媒体的部门和单位要实现采访"零拒绝"；在北京国际广播中心每天举办数场新闻发布会，受邀前来接受媒体采访的，大都是国家部委的高层人士。针对中国会不会在奥运结束后取消媒体开放政策，国家新闻出版署署长柳斌杰表示，"中国的新闻运行体制只会越来越开放、透明和公开，我们有这个自信和能力"。事实上，中国政府已将信息的公开透明作为政治文明建设的重要切入点，并以此作为划定公共权力疆界、规范公共权力运行、保障公民权利的重要前提。国务院工作条例、公务员法、问责制度的相继建立并实施，信息公开条例及一系列监督条例的颁布施行，则从制度层面推进中国的政治文明进程。

从观念形态层面促进中国政治文明建设也取得明显进展，中国高层与公众之间在更多的观念上达成共识。诸如"权为民所用、情为民所系、利为民所谋""立党为公、执政为民""提高干部执政能力"等新的政治观念和执政理念一经提出，立即获得了公众的高度认同，并成为公众评价政府和执政者的新准则。一种善意的政治、一个善治的政府，重要的是能及时倾听和回应公民的政治诉求。"让权力在阳光下运行"，成为政治文明建设运行轨迹的生动注脚。

提高国家文化软实力，是对中国文化建设提出的新要求。2006年11月10日，中国文联第八次全国代表大会、中国作协第七次全国代表大会在北京召开，胡锦涛在讲话中指出："当今时代，文化在综合国力竞争中的地位日益重要。谁占据了文化发展的制高点，谁就能够更好地在激烈的国际竞争中掌握主动权。人类文明进步的历史充分表明，没有先进文化的积极引领，没有人民精神世界的极大丰富，没有全民族创造精神的充分发挥，一个国家、一个民族不可能屹立于世界先进民族之林。"

在建设面向世界，面向现代化，面向未来的民族的科学的大众的社会主义文化的引领下，世界上文化渊源各异的许多国家里，已有200多所"孔子学院"相继落成，让世界媒体感受到中国文化软实力的前行步伐；而中国文化体制改革及其成果，对于从根本上提升中国文化软实力，更具决定意义。截至2008年3月，全国有11家文化企业在A股市场上市，2家文化企业在H股市场上市；组建全国性出版物连锁总部26家、连锁网吧10家、连锁演出票务公司6家，区域性出版物连锁总部49家、连锁网吧近百家、连锁演出票务公司23家，电影院线36条。几年来，全国平均每天生产电视剧40集，观众数以亿计，中国已经成为世界排名第三的电影生产大国和排名第一的电视剧生产大国。

随着我国社会主义文化日益繁荣，人民精神文化需求日趋旺盛，人们思想活动的独立性、选择性、多变性、差异性明显增强，对发展社会主义先进文化提出了更高要求。中共十七大明确提出"使人民基本文化权益得到更好保障"。这里将一向所说"人民对文化的需求"上升到"基本文化权益"的高度，从而拓展了经济社会发展中公民权益的内涵，体现了文化发展中的民生价值，促进了我国文化建设提速。

2008年6月20日，中共中央总书记、国家主席胡锦涛在人民网"强国论坛"上与网民进行了在线交流。中国网民的"幸运网事"被世界各大媒体迅速报道，中外政论家大多认为，这不仅是中国网络文化发展史上的重大事件，也是中国政治文明建设的标志性事件。

中国印、祥云火炬、金镶玉奖牌——中国五千年的文化传承，成为2008北京"人文奥运"的深厚根基。据中国互联网信息中心（CNNIC）发布的统计报告，中国宽带网民数已达到2.14亿人，宽带网民规模居世界第一位。以中国.cn域名注册的数量达1218.8万个，超过美国而成为全球的顶级域名。中国在互联网规模上的突破，是综合国力不断增强的一个重要标志，也是中国提升文化软实力的重要基础。

启动危机管理抗击特大地震灾害

正当中国紧张有序地筹备北京奥运会的时刻，2008年5月12日，四川汶川发生8.0级特大地震，短短80秒，数百万人的生命被推到生死边缘。这是新中国成立以来破坏性最强、波及范围最大的一次地震。面对突如其来的特大灾难，中共中央、国务院迅即启动危机处理机制，举国上下迅速行动起来，投入抗震救灾斗争。旷世罕见的生命大营救，历经险阻的千里大驰援，处处涌动的爱心大奉献，源源不断的物资大保障，共克时艰的社会主义大协作，展现了改革开放30年伟大祖国众志成城、战胜灾难的精神风貌。

特大地震灾害瞬时启动国家危机管理和应急处置机制。震后不到1小时，胡锦涛的重要指示即随电波传遍全国；震后不到两小时，温家宝已乘专机飞赴灾区。中共中央政治局常务委员会连夜召开会议，全面部署抗震救灾工作。抗震救灾总指挥部迅速成立，温家宝任总指挥，指挥机构高效运转。主题只有一个："第一位是救人！""一线希望，百倍努力！"及时通畅的信息披露，举国动员的生死营救，阐释着"生命至上、人民为先"的政治伦理，谱写着"生存第一"的中国人权纪录。

灾难面前大国形象更加开放自信。地震发生不到半小时，震情就得到了公开报道。国家和当地政府连续召开新闻发布会披露最新震情和统计数据，并在互联网上实时更新。相关地方政府迅速通过手机短信发出上百万条安民信息。国务院新闻办公室、受灾地区政府的发布会天天举行。公开透明、全程监督、阳光赈灾，充分保障人民的知情权、参与权、表达权、监督权，推动了中国社会的文明进步。

中国的救灾离不开世界的同情和支持，中国政府宣布接受国际人道主义援助，表达了发展中大国融入国际大家庭的信念。灾难面前公民意识在蓬勃生长。全国许多个城市市民"献血长龙"将血站"挤爆"；一笔笔"特殊党费"表达着7300万党员的忠诚；在全国宣传文化系统"爱的奉献"募捐现场，短短4小时就募集了赈灾款15亿元人民币；近20万各式衣着、各方口音的志愿者向着危险"逆行"，奔赴灾区。抗震救灾筑就了公民意识、公民精神的里程碑——民间爱心涌动，志愿大军汇集，社会资源与政府资源良性互动。灾难中无数普通人用朴素的行动，诠释着主体意识和责任担当。美国一家周刊这样评价，"这里的人民不仅懂得如何哀悼，而且懂得如何给予，中国的'公民精神'并未缺失"。

灾难面前社会主义核心价值观极大发扬。在党中央的统一部署下，人民解放军和武警部队 11 万精锐、20 余个专业兵种雷霆挺进，短短数日全部到位。一支支工程部队逢山开路、遇水架桥，不停地打通生命线，电网通信设施迅速修复。近 400 支专业救援队，4.5 万医务人员源源赶赴一线，覆盖到每一个受灾村庄。集中力量办大事、一方有难八方支援、军民鱼水情、民族一家亲——汶川抗震救灾让世界再次看到社会主义中国和人民的价值取向。在利益诉求日趋多元的当今社会，以人为本，生命至上，越来越成为全民共识的核心价值理念。

恩格斯说过，"没有哪一次巨大的历史灾难，不是以历史的进步为补偿的"。也许人们无法抗拒灾难，但可以选择如何面对灾难。从治河而兴的黄河文明，到浴血重生的新中国；从 1978 年唐山大地震，到 1998 年抗洪抢险；从 2003 年抗击"非典"，到 2008 年初迎战南方雪灾，正是一次次灾难忧患的严峻考验，砥砺着中华民族的伟大精神，推动着中国社会在挫折中奋进，在逆境中前行。实际上，从 2003 年"非典"事件起，中国政府就开始建立一整套突发事件应急体系。汶川大地震中，中国政府的应急反应和危机管理能力广受国际社会关注和赞誉。外电纷纷评论：汶川大地震及时有序的救灾行动，是中国政府最成功的一次危机管理。相关评论和报道见诸《纽约时报》、美联社、美国有线电视新闻网、俄新社等国际著名媒体。

汶川特大地震，给四川人民群众生命财产和经济社会发展造成了巨大损失。在中共中央、国务院的坚强领导下，面对艰巨繁重的灾后恢复重建任务，兄弟省区市及社会各界倾力支援，四川省各级党委、政府精心组织实施，从 2008 年 10 月到 2010 年 9 月，全省人民特别是灾区人民经过两年 700 多个日夜的艰苦奋战，纳入国家重建规划的 29700 个重建项目基本完成。这片曾经山崩地裂、满目疮痍的土地已旧貌换新颜：受灾群众住进了新房，公共服务设施全面上档升级，重建城镇初展新姿，基础设施根本性改善，产业发展优化升级，防灾减灾能力显著提高。灾区从废墟上站立，展示出在灾难后重生、在重建中跨越的生动图景。

鉴于 2008 年 5 月 12 日，我国四川汶川发生 8.0 级特大地震，损失影响之大，举世震惊，经国务院批准，自 2009 年起，每年 5 月 12 日定为"全国防灾减灾日"。

大国诚信成功举办盛大国际赛会

"同一个世界，同一个梦想"是北京奥运会的主题口号，也可以用来形容世界多姿多彩的民族文化的和谐共荣，其所勾勒和期待的，正是一幅和谐世界的图景。"以诚实守信为荣，以见利忘义为耻"——中国的社会主义荣辱观，将诚信二字提到了公民行为道德规范的高度。中国共产党正是从执政者的道德操守出发一再提出严格要求，要求广大党员干部务必牢记和践行全心全意为人民服务的根本宗旨。诚信也深深打上了中国人和中华文化内敛的烙印，平时沉潜深藏，而在最需要的时刻一朝勃发。

在诚实守信的期许中，中国政府和中国人民一路走来，终于走近了北京奥运会大幕将启的时刻。北京真诚地欢迎前来参加盛会的五洲宾朋。中国人民对北京奥运会申办承诺的真诚坚守，对奥林匹克理想的真诚弘扬，仰可证于天，俯无愧于地。

2008年8月8日至24日，是中国人民奉献给世界的16天。北京，这座有着悠久历史而又充满生机活力的城市，让全世界经历了激情和欢乐。16天里，奥林匹克这个展现人类体魄与精神的大舞台，也让世界目睹了太多的精彩故事和传奇。不同国度、不同民族、不同文化的奥运会、残奥会运动员，在北京鸟巢国家体育场五环旗下的伟大聚首，让世界看到人类携手未来的热切向往。奥运会、残奥会上不断刷新的各项纪录，书写着人类超越自我、挑战极限的梦想。这里有力与美的展示，更有精神和意志的壮歌。"更快、更高、更强"，北京奥运主场各国运动员的精彩表现，将体育精神带到一个新的高度，体现了奥林匹克精神充满自信和战胜一切挑战的力量。

有着两千多年历史的奥林匹克运动会与延续五千年传承的中华文化交相辉映，共同谱写人类文明的新篇章。带着举办一届"有特色、高水平"奥运会的庄严承诺，中国人民以最大的努力和最大的热情，为世界搭建了一座和谐竞技的舞台，也为中国打开了一扇通向世界的理解之门。中国从未以这样的角色走进世界的视野。在"鸟巢""水立方"等新建国际标准的各大体育场馆的竞赛场上，中国健儿以51枚金牌、100枚奖牌的优异成绩和崭新风貌令世界瞩目；赛场内外，百万志愿者以他们的亲切微笑和周到服务令世人称颂。这里不仅有成绩、冠军、奖牌，也有汗水、泪水、艰辛，不仅有坚忍、顽强、奋斗，还有和平、自由、公正；不仅有对抗、竞争和拼搏，更有理解、宽容和超越。在这个挑战日益严峻的世界，人类更需要相互理解、相互包容、相互合作，共同分享奥林匹克的价值和精神，搭建团结友谊的桥梁。

第二十九届北京夏季奥林匹克运动会的契机，让中国和世界、世界和中国有了更多的相互了解。北京奥运会所展现的绿色奥运、科技奥运、人文奥运，向全世界从容不迫地呈现了一个改革开放30年更加开放自信的中国。必将在中国现代化进程中产生深远的影响。作为西方文明的奥林匹克精神与中华文明有机融合，惠及中国亿万民众。规则意识、参与意识和公平竞争意识，成为奥林匹克带给中国的宝贵精神财富。这些，将是北京奥运会留下的最重要的一笔无形遗产。

紧接着2008年北京奥运会的又一件关联世界文化的盛事，是2010年的上海世博会。世界博览会是由一个国家的政府主办，有多个国家或国际组织参加，以展现人类在社会、经济、文化和科技领域取得成就的国际性大型展示会。其特点是举办时间长、展出规模大、参展国家多、影响深远。自1851年英国伦敦举办第一届"万国博览会"以来，世博会迅速发展而享有"经济、科技、文化领域内的奥林匹克盛会"的美誉。

2002年12月3日，中国上海申办2010年第四十一届世界博览会成功，为上海的城市建设、环境保护、经济和社会发展、提升城市品位和市民综合素质带来了巨大的机遇和挑战。改革开放20多年来，中国经济腾飞，政局稳定，文化繁荣，综合国力显著增强，已成为世界上经济发展最快和增长潜力最大的国家之一，令世界刮目相看。世博会在中国举办将对中国经济发展和繁荣产生巨大影响。中国有信心办好这样一个大型世界博览会，给世界一个惊喜；有信心展示中国，沟通世界，并对人类发展作出应有的贡献。

第四十一届世界博览会的主题是："城市，让生活更美好"。"和谐城市"是上海世博会主题的精髓。"和谐"的理念蕴藏在中国古老文化之中。中华文化历来推崇人际之和、天人之和、身心之和。同时"和谐"也见于西方先贤的理想。自20世纪后期环境问题和发展问题日趋严重，可持续发展的理念应运而生。各国政府提出的城市发展战略，大多围绕如何重建人与城市、人与自然的和谐，最终达到与未来之间的和谐。实际上，对"和谐生活""和谐城市"的追求和实践贯穿于人类社会的发展历史，并且越来越彰显在人们为明天城市所描绘的蓝图之中。"和谐城市"的理念对城市管理和城市规划提出更新的挑战，诸如城市多元文化的融合；城市经济的繁荣；城市科技的创新；城市社区的重塑；城市和乡村的互动，等等。

2010年5月1日至10月31日，第四十一届世界博览会在上海举行，为期184天。这次世博会的参展方为189个国家和地区，57个国际组织，参加的数量为历次世博会之最。投资成本约450亿人民币。参观人数达7308.44万人。上海世博会在长达半年的时间里，向数以千万计的中外参观者充分演绎了"城市，让生活更美好"的主题，表达着现代人对新型城市、环保城市、更自然化城市、更人性化城市的追求和向往。上海世博会展示着经济的辉煌、科技的进步、低碳的新理念、建筑设计的最新成果等，正像外国媒体所说的，中国利用上海世博会"约会全世界"，并向世界展示中国现代化建设的辉煌成果，这些成果包括经济的、技术的、建筑设计的、自然生态环保的等各方面，但所有的展示基本上是以文化为底蕴、以文化为风格、以文化为主题理念表现出来的。因此，上海世博会具有巨大的文化意义。

如果说，2008年北京奥运会的成功举办是中国"大国文化崛起"的重要象征，那么2010年成功主办上海世博会，更是把这种文化崛起的展现推向一个更新的高度。如果说，北京奥运会更多的是利用奥运会的巨大影响实现中国文化的"走出去"，那么，上海世博会就是实现把世界各国的友人"请进来"，搭建了世界各国文化创意友好比拼和表演的大舞台。把人类最大的体育盛会和最大的文化博览会在短时间内结合在一个国家来举办，既把全世界的目光引来中国，同时也将中国展示给全世界，这是中华民族伟大复兴路上对"大国文化崛起"的一次成功的诠释。

二、行政体制改革和建设创新型国家

深化行政管理体制改革的目标和关键

改革开放以来，我国的行政管理体制基本适应经济社会发展，但仍然存在一些不相适应的方面，影响到各级政府全面正确履行职能，在一定程度上制约着经济社会的发展。为了适应经济社会发展的新任务、新要求，党的十七大报告论述了深化政治体制改革的几个主要方面，其中就有进一步深化行政管理体制改革，建设服务型政府。

改革开放后，我国的行政体制从1982年至2008年，共进行了5次大的机构改革调整。1982年第一次改革主要是精简机构，部委从100个减至43个，直属机构减为15个，办公机构减为3个，国务院共设置61个部门，人员编制从原来的5.1万人减为3万人。不仅大大减少了领导成员的人数，开始建立正常的干部离退休制度，而且一批年轻干部走上领导岗位。但是这次改革之后不久，机构又开始增多。

1988年第二次改革，国务院部委由48个减为41个，直属机构由22个减为19个，非常设机构由75个减为44个，减少人员9700多人。然而，到1991年末，国务院的工作部门又达86个，全国各级党政机关人员达920万人，当年全国行政管理开支达370多亿元，加上事业费共支出1400多亿元，占国家财政支出的37%。国家行政成本远高于世界平均水平。

1993年第三次改革，把政企分开作为转变政府职能的中心内容。改革实施后，国务院组成部门、直属机构从原有的86个减少到59个，人员减少20%。国务院不再设置部委归口管理的国家局，国务院直属事业单位调整为8个。

以上三次机构改革并没有得到全面肯定。实际上，从1982年到1997年，15年间国家党政机关干部人数增加了两倍半，机构改革陷入了精简—膨胀—再精简—再膨胀的循环。

中共十五大以后，1998年第四次机构调整被认为是改革力度最大的一次，要求将政府职能转到宏观调控、社会管理、公共服务方面来，第一次提出完善公务员制度。这次改革，撤销了几乎所有的工业专业经济部门，共10个，如电力工业部、煤炭工业部、冶金工业部、机械工业部、电子工业部、化学工业部等。改革后除国务院办公厅外，国务院组成部门由原有的40个减少到29个，垂直管理、政企不分的组织基础很大程度上得以消除。

2003年第五次改革是个转折点。温家宝总理在国家行政学院省部长班开学典礼上讲话，集中阐述了转变政府职能，并特别强调要把政府定位在服务型政府上。只有这个目标明确了，改革才能实现。有媒体将这一年称为中国行政改革转折年，因为此前的改革都是完善管理型政府，此后的改革目的是建立和完善服务型政府。这一年，除国务院办公厅外，国务院机构减至28个。

2008年2月，中共十七届二中全会审议并通过了《关于深化行政管理体制改革的意见》和《国务院机构改革方案》，贯彻了建设服务型政府的要求，在加大机构整合力度、探索职能有机统一的大部门体制等方面迈出重要步伐。这次行政管理体制改革的总目标，归纳起来就是三个"根本转变"：一是实现政府职能向创造良好发展环境、提供优质公共服务、维护社会公平正义的根本转变；二是实现政府组织机构及人员编制向科学化、规范化、法制化的根本转变；三是实现行政运行机制和政府管理方式向规范有序、公开透明、便民高效的根本转变，建设人民满意的政府。

改革的核心是加快政府职能转变。要合理界定政府部门职能，明确部门责任，确保权责一致。理顺部门职责分工，坚持一件事情原则上由一个部门负责，确需多个部门管理的事项，要明确牵头部门，分清主次责任。健全部门间协调配合机制。切实加快推进政企分开、政资分开、政事分开、政府与市场中介组织分开，把不该由政府管理的事项转移出去，把该由政府管理的事项切实管好，从制度上更好地发挥市场在资源配置中的基础性作用，更好地发挥公民和社会组织在社会公共事务管理中的作用，更加有效地提供公共产品。

改革的内容是探索大部门体制和完善行政运行机制。主要是按照精简统一效能的原则和决策权、执行权、监督权既相互制约又相互协调的要求，紧紧围绕职能转变和理顺职责关系，进一步优化政府组织结构，规范机构设置，探索实行职能有机统一的大部门体制，完善行政运行机制。

改革要加强依法行政和制度建设。要严格依法行政，坚持用制度管权、管事、管人，健全监督机制，强化责任追究，切实做到有权必有责、用权受监督、违法要追究。要进一步加快建设法治政府；推行政府绩效管理和行政问责制度；

健全对行政权力的监督制度；加强公务员队伍建设。

实施大部制改革和建立服务型政府

2008年的"大部制"改革，一般称为改革开放新时期第六次行政体制改革，之前做了较充分的准备。2005年12月，中央政治局围绕深化行政体制改革进行集体学习，胡锦涛强调要深刻认识推进行政管理体制改革的重大意义，加强研究，通盘规划，突出重点，精心部署，坚定不移地把行政管理体制改革继续推向前进。2006年2月，国务院召开深化行政管理体制改革联席会议。国家行政学院第二次承办国务院省部长班，温家宝在开班第一天的讲话中明确指出，推进政府自身建设和管理创新是改革的主要任务，改革的目标是建设法治型、服务型、责任型、效能型政府。2007年10月，党的十七大报告又明确指出：要"加大机构整合力度，探索实行职能有机统一的大部门体制，健全部门间协调配合机制。精简和规范各类议事协调机构及其办事机构，减少行政层次，降低行政成本，着力解决机构重叠、职责交叉、政出多门问题"。

在较充分准备的基础上，《国务院机构改革方案》明确了"大部制"改革的主要任务，是围绕转变政府职能和理顺部门职责关系，探索实行职能有机统一的大部门体制，合理配置宏观调控部门职能，加强能源环境管理机构，整合完善工业和信息化、交通运输行业管理体制，以改善民生为重点加强与整合社会管理和公共服务部门。

所谓大部门制是发达国家普遍采用的行政管理模式，其内阁的部门大多有15至22个，专司决策权，在执行上还引入了市场机制。我国这次"大部制"改革，就是在政府的部门设置过程中，将那些职能相近、业务范围趋同的事项相对集中，由一个部门统一管理，最大限度地避免政府职能交叉、政出多门、多头管理，从而提高行政效率，降低行政成本。总的来说，中国实行"大部制"，能更好地体现以人为本，根治"九龙治水"的弊端，有利于提高政府效率，其关键是转变政府职能，从经济型政府转向依法服务型政府。

2008年3月，第十一届全国人大第一次会议明确了"大部制"改革格局：国务院将新组建工业和信息化部、交通运输部、人力资源和社会保障部、环境保护部、住房和城乡建设部。改革后，除国务院办公厅外，国务院组成部门设置27个。这次国务院改革涉及调整变动的机构共15个，正部级机构减少4个。具体内容包括：

合理配置宏观调控部门职能。国家发展和改革委员会要进一步转变职能，减少微观管理事务和具体审批事项，集中精力抓好宏观调控。财政部要改革完善预算和税政管理，健全中央和地方财力与事权相匹配的体制，完善公共财政体系。中国人民银行要进一步健全货币政策体系，加强与金融监管部门的统筹协调，维护国家金融安全。国家发展和改革委员会、财政部、中国人民银行等部门要建立健全协调机制，形成更加完善的宏观调控体系。

加强能源管理机构。设立国家能源委员会，作为高层次议事协调机构。组建国家能源局，由国家发展和改革委员会管理。将国家发展和改革委员会的能源行业管理有关职责及机构，与国家能源领导小组办公室的职责、国防科学技术工业委员会的核电管理职责进行整合，划入国家能源局。国家能源委员会办公室的工作由国家能源局承担，不再保留国家能源领导小组及其办事机构。

组建工业和信息化部。将国家发展和改革委员会的工业行业管理有关职责，国防科学技术工业委员会核电管理以外的职责，信息产业部和国务院信息化工作办公室的职责，整合划入工业和信息化部。组建国家国防科技工业局，由工业和信息化部管理。国家烟草专卖局改由工业和信息化部管理。不再保留国防科学技术工业委员会、信息产业部、国务院信息化工作办公室。

组建交通运输部。将交通部、中国民用航空总局的职责，建设部的指导城市客运职责，整合划入交通运输部。组建国家民用航空局，由交通运输部管理。国家邮政局改由交通运输部管理。保留铁道部，继续推进改革。不再保留交通部、中国民用航空总局。

组建人力资源和社会保障部。将人事部、劳动和社会保障部的职责整合划入人力资源和社会保障部。组建国家公务员局，由人力资源和社会保障部管理。不再保留人事部、劳动和社会保障部。

组建环境保护部，不再保留国家环境保护总局。组建住房和城乡建设部，不再保留建设部。国家食品药品监督管理局改由卫生部管理。明确卫生部承担食品安全综合协调、组织查处食品安全重大事故的责任。

这次"大部制"改革突出了三个重点：一是加强和改善宏观调控，促进科学发展；二是着眼于保障和改善民生，加强社会管理和公共服务；三是按照探索职能有机统一的大部门体制要求，对一些职能相近的部门进行整合，实行综合设置，理顺部门职责关系。

根据《意见》和《方案》的基本精神，这次行政管理体制改革，作为国家政治改革的重要组成部分，从促进经济社会又好又快发展的需要出发，着力解决一些长期存在的突出矛盾和问题，既迈出了重要的改革步伐，又保持了国务院机构相对稳定和改革的连续性，并为今后的改革奠定了坚实基础，展现了管理理念、管理范围、行政方式、行政基础、干部素质方面的新变化，政府职能渐趋合理、管理手段不断完善、政府行为日益规范、行政能力有效提升。

应该指出,推行"大部制"是一个长期过程,不可能一蹴而就,还有很多问题需要研究,如职能和机构整合问题、决策与执行分开问题等。如实行大部门体制后,有的部门职能更宽,权力更大,可能出现新的部门利益,监督控制更加困难。因此,有必要在建立决策与执行相对分离的权力结构上有所创新。从我国的情况来看,以大部门制改革为契机,将执行性、服务性、监管性的职责及相关机构,分离出来作为大部门的执行机构,将所属事业单位改为独立法人单位,使部门本身主要负责政策制定,而由执行机构和法人单位专门负责政策执行,以逐步形成决策与执行相互制约和协调的权力结构和运行机制。

提高自主创新能力建设创新型国家

创新是一个民族进步的灵魂,是一个国家兴旺发达的不竭动力。党的十七大报告指出:"提高自主创新能力,建设创新型国家。这是国家发展战略的核心,是提高综合国力的关键。"进入新世纪以来,中共中央、国务院从全面建设小康社会、开创中国特色社会主义事业新局面的全局出发,作出了推进自主创新、建设创新型国家的重大决策,这对于推进经济社会和科技发展产生了深远影响。

创新型国家战略,是中国关于建设创新型国家的一系列全局性、长远性的战略谋划、战略思想、战略举措和战略部署的总称。半个多世纪以来,世界上众多国家都在各自不同的起点上,努力寻求实现工业化和现代化的道路,其中一些国家把科技创新作为基本战略,大幅度提高科技创新能力,形成了日益强大的竞争优势,国际上把这一类国家称之为创新型国家。创新型国家是指以技术创新为经济社会发展核心驱动力的国家,主要特征为:整个社会对创新活动的投入较高,重要产业的国际技术竞争力较强,投入产出的绩效较高,科技进步和技术创新在产业发展和国家的财富增长中起重要作用。

从总的趋势看,建立国家创新体系,走创新型国家之路,已成为世界许多国家政府的共同选择。中国特定的国情决定了不可能选择资源型国家和依附型国家的发展模式,只能和必须走创新型国家的发展道路。按关键性指标来衡量,我国的科技创新能力较弱。根据有关研究报告,2004年我国科技创新能力在49个主要国家(占世界 GDP 的92%)中位居第24位,处于中等水平。为此,我国在全面建设小康社会的关键阶段,提出了要把科技进步和创新作为经济社会发展的首要推动力量,把提高自主创新能力作为调整经济结构、转变增长方式、提高国家竞争力的中心环节,把建设创新型国家作为面向未来的重大战略。

改革开放20多年来,我国已经构建了比较完整的学科体系,拥有丰富的科技人力资源,科技发展具有良好基础,完全有条件发挥自身特色和优势,跟上世界新的科技革命和产业变革步伐。同时,也要清醒地看到,面对新形势新要求,我国自主创新能力还不够强,科技体制机制与经济社会发展和国际竞争的要求还不相适应。必须增强机遇意识、忧患意识、责任意识,牢牢把握新的科技革命和产业变革的机遇、世界科技创新格局调整的机遇、经济发展水平不断提高和市场不断扩大的机遇,坚定立足自主创新,深化科技体制改革,为加快建设创新型国家提供体制机制保障,争取在不太长的时间内确保国家创新能力得到大幅提升。

中国作为后发展国家,具有迎头赶上的动力和后发优势。经过改革开放20多年发展,我国具备了实现生产力加速发展的经济基础,并已成为世界制造业中心之一,许多指标位居世界前列,这就为我国生产力发展积聚了巨大的潜能。同时,我国还具备了生产力加速发展的基础设施保障,特别是新型基础设施方面,经过多年来的超常规发展,实力雄厚。据2006年全国科学技术大会相关数据显示,我国科技人力资源总量已达3200多万人,研发人员总数达105万人,分别居世界第一位和第二位。一支充满活力的中青年科技人才队伍正在迅速成长,成为我国科技事业的中坚力量。我国教育事业还将不断培养出新的科技创新人才。我国全社会研发投入稳步增长,2006年全社会科技支出经费总额首次达到4500亿元,全社会研究与试验发展(R & D)经费总支出达3003.1亿元,占GDP的1.4%,居世界第5位。现实条件为我国在一些优势领域实现跨越式发展提供了科技基础和人才保证。

2006年1月9日,胡锦涛在全国科学技术大会上的讲话中指出:"建设创新型国家,核心就是把增强自主创新能力作为发展科学技术的战略基点,走中国特色自主创新道路,推动科学技术的跨越式发展;就是把增强自主创新能力作为调整产业结构、转变增长方式的中心环节,建设资源节约型、环境友好型社会,推动国民经济又快又好发展;就是把增强自主创新能力作为国家战略,贯穿到现代化建设各个方面,激发全民族创新精神,培养高水平创新人才,形成有利于自主创新的体制机制,大力推进理论创新、制度创新、科技创新,不断巩固和发展中国特色社会主义伟大事业。"

根据这个总要求,全国科技大会制定通过了《国家中长期科学和技术发展规划纲要(2006—2020年)》,提出到2020年科技发展的总目标是:基本建成适应社会主义市场经济体制、符合科技发展规律的中国特色国家创新体系;原始创新能力明显提高,集成创新、引进消化吸收再创新能力大幅增强,关键领域科学研究实现原创性重大突破,战略性高技术领域技术研发实现跨越式发展,若干领域创新成果进入世界前列;创新环境更加优化,创新效益大幅提高,创新人才竞相涌现,全民科学素质普遍提高,科技支撑引领经济社会发展能力大幅提升，进入创新型国家行列。

《纲要》明确了建设创新型国家的五个战略重点：一是把发展能源资源和环境保护技术放在优先位置；二是把掌握装备制造业和信息产业核心技术的自主知识产权，作为提高我国产业竞争力的突破口；三是把生物技术作为未来高技术产业迎头赶上的重点；四是加快发展空天和海洋技术；五是加强基础科学和前沿技术研究。

围绕以上战略重点，中共中央、国务院采取了一些重大步骤：

一是大力推进自主创新。加强基础研究、前沿技术研究和社会公益性技术研究，在信息、生命、空间、海洋、纳米及新材料等领域超前部署，集中优势力量，加大投入力度，在一些领域取得了重要突破。适应国家重大战略需求，启动了一批重大科技专项，在能源、资源、环境、农业、信息、健康等领域加强关键技术攻关，实现了核心技术集成创新与跨越。实施重大产业技术开发专项，促进了引进技术的消化吸收和再创新。

二是加强自主创新能力建设。为建设科技支撑体系，我国全面提升了科技自主创新能力，建设了国家重大科技基础设施，实施了知识创新工程；整合研究实验体系，建设了若干世界一流水平的科研机构和研究型大学；构筑起高水平科学研究和人才培养基地；实施了重大科学工程，加强国家重点实验室建设，构建国家科技基础条件平台，促进科技资源共享；建设了一批产业技术研发试验设施，提高产业技术创新能力；加强科普能力建设，实施全民科学素质行动计划。

三是强化企业技术创新主体地位。我国加快建立以企业为主体、市场为导向、产学研相结合的技术创新体系，形成了自主创新的基本体制架构。加强国家工程实验室、国家工程中心和企业技术中心建设，建立了企业自主创新的基础支撑平台。发展技术咨询、技术转让等技术创新中介服务，形成了社会化服务体系。实行支持自主创新的财税、金融和政府采购政策，引导企业增加研发投入。发挥各类企业特别是中小企业的创新活力，鼓励技术革新和发明创造等。

2012年9月，中共中央、国务院印发《关于深化科技体制改革加快国家创新体系建设的意见》。这是指导我国科技改革发展和创新型国家建设的又一个纲领性文件，《意见》的核心是解决科技和经济"两张皮"问题，推进科技与经济的紧密结合，真正把企业建成主导产业技术研发创新的主体。

首先，确立企业在技术创新中的主体地位。企业研发投入明显提高，创新能力普遍增强，全社会研发经费占国内生产总值2.2%，大中型工业企业平均研发投入占主营业务收入比例提高到1.5%，行业领军企业逐步实现研发投入占主营业务收入的比例与国际同类先进企业相当，形成更多具有自主知识产权的核心技术，充分发挥大型企业的技术创新骨干作用，培育若干综合竞争力居世界前列的创新型企业和科技型中小企业创新集群。

其次，提高科研院所和高等学校服务经济社会发展的能力。加快科研院所和高等学校科研体制改革和机制创新。按照科研机构分类改革的要求，明确定位，优化布局，稳定规模，提升能力，走内涵式发展道路。对从事基础研究、前沿技术研究和社会公益研究的科研机构和学科专业，完善财政投入为主、引导社会参与的持续稳定支持机制。技术开发类科研机构要坚持企业化转制方向，完善现代企业制度，建立市场导向的技术创新机制。

同时，注重发展关系民生的科学技术，加快推进涉及人口健康、食品药品安全、防灾减灾、生态环境和应对气候变化等领域的科技创新，满足保障和改善民生的重大科技需求。加大投入，健全机制，促进公益性民生科技研发和应用推广；加快培育市场主体，完善支持政策，促进民生科技产业发展，使科技创新成果惠及广大人民群众。加强文化科技创新，推进科技与文化融合，提高科技对文化事业和文化产业发展的支撑能力。

高科技领域创新成果跻身世界前列

进入新世纪以来，在科学发展观和建设创新型国家战略的指导下，我国高科技领域取得令中华民族骄傲的发展成绩，不仅有力推动了经济社会发展，并且在航天、信息、生物工程等创新技术领域跃居世界前列，引起世界广泛关注，获得高度认可。

中国航天事业始创于20世纪50年代。改革开放后，国家经济实力稳步提升，为航天事业发展注入强大的"推进剂"。1986年，中央政治局扩大会议批准旨在推动高新技术发展的"863计划"，决定拨出100亿元专款，其中40亿元直接用于发展航天事业。1992年，在"863计划"的基础上，中国载人航天工程正式立项，并提出"三步走"战略，中国航天事业获得了更加强大的加速推力。改革开放以来截至2008年11月初，中国自主研制的长征系列运载火箭共进行了107次发射，特别是实施太空行走，成为中国航天大国的重要标志。当神舟七号飞船顺利返回地面时，中国航天的发展速度令整个世界感到惊叹。

我国先后研制了14种型号的长征系列运载火箭，具备了发射各种轨道空间飞行器的能力，在可靠性、安全性、成功率和入轨精度等方面达到了国际一流水平。有7种型号的长征火箭用于国际商业发射，为13个国家和地区提供了卫星发射和搭载服务，进行了29次国际商业发射，发射了35颗商业卫星。中国已成为世界上为数不多能够提供完整配套的发射服务、卫星、地面设备等航天产品及服务的供应商，长征火箭已成为享誉世界的高科技品牌。新一代大型静止轨道卫星公用平台、现代小卫星和月球卫星等关键技术取得突破，初步形成了返回式遥感、通信广播、气象、地球资源、导航、科学探测与技术试验、海洋7个系列。

2008年9月28日，我国航天员在顺利完成首次空间出舱任务后安全返回，神舟七号载人航天飞行取得圆满成功。标志着中国成为世界上第三个独立掌握出舱活动关键技术的国家，中华民族漫步太空的梦想终成现实。神舟号飞船搭载6名航天员三上太空，"嫦娥一号"月球探测工程取得成功，进一步提升了中国的国际地位，增强了我国的经济实力、科技实力和民族凝聚力。大批航天技术转移到工业、农业、服务业等相关领域，促进了相关产业的技术进步和升级换代。在我国1000多种新材料中，近80%是在航天需求的牵引下研制的，有近2000项航天科技成果已移植到国民经济各部门。

中国航天取得令世界瞩目的伟大成就，也锤炼孕育了富有中国特色的航天精神。特别是改革开放以来，航天精神不仅秉承了"两弹一星"精神的实质，也深深地烙上新时代的印记，折射出时代的光辉。同舟共济、团结协作，是中国载人航天事业取得成功的经验；而淡泊名利、默默奉献，是几十万科技大军能够服从大局、听从指挥的品质保证。中国航天人用自己的成就证明，只有坚持自主创新，才能够牢牢掌握航天科技发展的主动权。

改革开放以来，我国电子信息产业发生惊天巨变，已成为国民经济的基础产业、先导产业和支柱产业。电子信息产业堪称"改革开放30年发展最快的产业"之一。从黑白电视到液晶电视，从"摇把子"电话到3G、4G手机，从半导体机到精美的MP4、MP5、MP6，从闭目塞听到网络无处不在，电子信息产业实实在在地改变了我国人民的生活。曾几何时，寻呼机的出现为随时随地传送信息提供了可能，但很快便昙花一现。随着移动通信的便利性以及资费的降低，手机用户成倍飞速增长。从老板手中的"奢侈品"到普通百姓都能拥有的"必需品"，手机的快速普及，成为我国通信业发展惠及民生的最好见证。

截至2008年9月底，我国电话用户数已达9.77亿户，互联网宽带接入用户达7935万户。固定电话用户、手机用户及网民数量均居世界第一。30年来，我国电子信息业一直保持了2至3倍于国民经济的增长速度，电子信息业成功实现了由点到链，由小到大，由引进来到走出去的跨越发展，初步建成了专业门类基本齐全、产业链相对完善、产业基础比较雄厚、创新能力不断增强、宏观调控日益完善的产业体系，软件业快速发展，信息化有序推进，从材料、元器件、专用设备、测试仪器到整机的产业链和价值链日益打造完善。中国电子信息产业的国际竞争力明显提升。

生物技术的顶尖范例是首个中国人基因组图谱问世。2007年10月11日，中国科学家对外宣布，已经成功绘制完成第一个完整中国人基因组图谱（又称"炎黄一号"），这是第一个亚洲人全基因序列图谱。此前，中国科学家已承担了"20世纪人类自然科学史上三大科学计划"之一的国际人类基因组计划1%任务、国际人类单体型图谱10%任务。2006年，由深圳华大基因研究院、生物信息系统国家工程研究中心及中国科学院北京基因研究所的科学家共同发起并承担，用新一代测序技术独立完成了100%中国人基因组图谱。这项在基因组科学领域里程碑式的科学成果，对于中国乃至亚洲人的DNA、隐形疾病基因、流行病预测等领域的研究具有重要作用。该项目有120余名科学家进驻深圳华大基因研究院进行研究，他们平均年龄不到35岁，其中25%具有博士学位及"海归"背景，50%以上有硕士学位，都是涵盖了生物、数学、物理以及计算机类专业知识的复合型人才。经过历时半年的研究，共同完成了"炎黄一号"的绘制，这是首个完全由中国人分析完成的基因组图谱。

"炎黄一号"作为中国人参照基因组序列，从基因组学上对中国人与其他族群在疾病易感性和药物反应方面的显著差异作出了科学解释。这些看似微不足道的差异，很可能在保健、疾病诊断乃至治疗等方面产生十分关键的影响。由此，我国科学家独立完成100%中国人基因组图谱及亚洲人的参照基因组图谱，对于未来人类将可能人手一份"基因身份证"，里面记录着只属于中国人每个个体的生命密码和遗传信息，特别是对某些遗传病缺陷会被早发现、早治疗，有着不言而喻的重要意义。同时将产生重大产业效益。

总起来看，我国在新世纪加快了创新型国家建设，并在航天、电子信息和生物技术等方面取得突破性进展，跻身于世界技术创新的前列，确立了我国若干技术创新成果在国际上相关领域的科技大国地位。

三、建立健全国家惩治预防腐败体系

加强巡视和党内监督的制度化建设

改革开放以来，党和国家高度重视反腐倡廉工作，将反腐倡廉提升至关系党和国家前途命运的战略高度。进入21世纪，中共中央、国务院进一步理清和完善反腐倡廉的思路，着重围绕建立健全惩治和预防腐败体系，作出一系列重大决策和部署，依法治腐的步伐明显加快，民主监督的力度进一步加大，反腐倡廉建设取得新成效。

腐败是社会毒瘤，不仅会阻碍社会正常发展，还会使人们对社会未来失去信心。党的十六大以来，胡锦涛一再指出加强党风廉政建设、反对和防治腐败的极端重要性，强调各级党委和政府一定要从中国特色社会主义事业兴衰成败、党的生死存亡和国家长治久安的战略高度，把反腐倡廉建设放在更加突出的位置。2007年党的十七大修改的党章，第一次把反腐倡廉建设单独列为党的建设的重要组成部分，进一步强调坚决惩治和有效预防腐败，关系人心向背和党的生死存亡，是党必须始终抓好的重大政治任务。

关于反腐倡廉的指导方针和基本思路，中央确立了标本兼治、综合治理、惩防并举、注重预防的方针；在坚决惩治腐败的同时，要更加注重治本、更加注重预防、更加注重制度建设；要抓紧完善惩治和预防腐败体系，把反腐倡廉工作融入经济建设、政治建设、文化建设、社会建设和党的建设之中，拓展从源头上防治腐败工作的领域。

关于反腐倡廉的重点和根本途径，中央提出要把推动贯彻落实科学发展观作为党风廉政建设的重要内容，积极履行监督检查职责，维护党的纪律；把解决损害群众利益的突出问题作为党风廉政建设的工作重点，严肃查处损害群众利益的突出问题；以深化改革统揽预防腐败的各项工作，进一步创新体制，从源头上预防和解决腐败问题；加强廉政文化建设，形成拒腐防变教育长效机制、反腐倡廉制度体系、权力运行监控机制；健全纪检监察派驻机构统一管理，完善巡视制度。

巡视制度的建立，源于1996年1月中央纪委第六次全会关于"中央纪律检查委员会根据工作需要，选派部级干部到地方和部门巡视"的部署，几年来已经成为党和国家反腐倡廉建设的一个有效制度。从1996年4月至1998年8月，中央纪委先后派出7批巡视组，对18个省（自治区）和部委进行了巡视。2000年，中共中央决定由中央纪委和中央组织部联合成立巡视办公室，派出巡视组，对省级党政领导班子特别是主要负责人的工作情况进行监督检查。2001年5月至2003年3月，中央纪委、中央组织部巡视组对8个省（自治区）进行了巡视。2002年中共十六大作出"改革和完善党的纪律检查体制，建立和完善巡视制度"的重大决策。2003年12月，中共中央颁发《中国共产党党内监督条例（试行）》，以党内法规的形式对巡视工作作出了明确规定。

2003年，中央纪委、中央组织部正式组建专门的巡视工作机构，加强巡视组工作，包括地方巡视组、金融巡视组、企业巡视组和国家机关巡视组等。为加强组织领导，中央纪委、中央组织部建立了巡视工作联席会议制度，负责研究、部署、组织、协调巡视工作，下设中央纪委、中央组织部巡视工作办公室作为日常办事机构，负责巡视工作的综合协调、政策研究、制度建设、人员管理等。

中央巡视组的任务是：了解省、自治区、直辖市和中央、国家机关部委领导班子及其成员执行政治纪律的情况；了解省、自治区、直辖市和中央、国家机关部委领导班子及其成员的廉政情况；将巡视情况直接报告中央纪委，重要情况由中央纪委报告党中央。巡视干部的职权主要有：列席省、自治区、直辖市党委常委或部（委）党组的会议及其他有关会议；直接找省、自治区、直辖市和中央、国家机关部委领导班子成员谈话；根据需要，召开有关人员参加的座谈会或找有关人员谈话；查阅会议记录和有关材料。巡视干部直接对中央纪委常委会负责，中央纪委办公厅负责巡视干部的组织、联系、协调和情况综合工作。2003年至2004年，各省（区、市）和新疆生产建设兵团党委也先后组建党委巡视组和巡视工作办公室，作为省级巡视工作机构，负责对所辖市（地、州、盟）、省直部门、县（市、区、旗）、国有企业和高校进行巡视。

中央巡视组的巡视工作实际上把反腐败的关口提前了，加大了事前和事中监督，尽量避免事后监督这个弊端。巡视组的工作方法，主要有调查研究、谈话、查资料和明察暗访等。个别谈话是巡视工作最重要、最基本的工作方式，了解到重要的、真实的情况主要靠个别谈话。截至2008年3月，中央纪委、中央组织部完成了对全国31个省区市和新疆生产建设兵团的巡视，并对16个省区市和新疆生产建设兵团开展了第二轮巡视。巡视工作的开展，在加强对领导班子和领导干部特别是主要领导干部监督，推动被巡视地区和单位党的建设及各项工作方面发挥了重要作用，巡视已成为纪检监察机关查办腐败案件的重要线索来源，推动查处了一批大案要案。

作为行之有效的惩治和预防腐败的具体措施，巡视制度在短短几年间从立题到全面推行，取得的成绩是有目共睹的。这是中央纪律检查委员会认真总结巡视工作经验，重视巡视成果运用，健全巡视工作制度所取得的反腐倡廉的重要进展。

在把反腐倡廉工作融入执政党建设方面，中央要求加强党内监督，发展党内民主，维护党的团结统一，提高党的领导水平和执政水平，增强拒腐防变和抵御风险能力，坚持党的先进性，始终做到立党为公、执政为民。2003年12月31日，中共中央印发了《中国共产党党内监督条例（试行）》。这是中国共产党执政史上一部十分重要的党内法规，标志着党和国家对权力的监督开始进入规范化、制度化的阶段。

《条例》把制度建设放在监督工作的重要位置，分别对集体领导和分工负责、重要情况通报和报告、述职述廉、民主生活会、信访处理、巡视、谈话和诫勉、舆论监督、询问和质询、罢免或撤换要求及处理10种监督制度作出具体规定。紧紧抓住关键环节，凸显了制度的力量。《条例》明确要求：民主生活会情况和整改措施要及时在一定范围通报；党员有权了解本人所提意见和建议的处理结果；上级党组织认为下级领导班子民主生活会不符合规定要求，可以责令重新召开等。为确保决策的民主化、科学化，《条例》规定，凡属方针政策性的大事，凡属全局性的问题，凡属重要干部的推荐、任免和奖惩，都按照集体领导、民主集中、个别酝酿、会议决定的原则，由党的委员会集体讨论做出决定。这一民主程序的规定意味着，对于应当经集体讨论决定的事项而未经集体讨论，也未征求其他成员意见，由个人或少数人决定的，除遇紧急情况外，应当区别情况追究主要责任人的责任。

关于党内高层的监督问题，《条例》规定的监督主体是中央委员，监督客体是中央政治局委员、常委。这是中央委员必须履行的党内监督职责。《条例》根据党章及相关党内法规，明确中央委员对中央政治局委员、常委的意见，应署真实姓名以书面形式或其他形式向中央政治局常委会或中央纪委常委会反映。《条例》对"中央政治局向中央委员会全体会议报告工作"的制度化做了明确规定，体现了中央委员会对中央政治局的监督，也体现了中央政治局在党内监督方面应该对全党起到示范和表率作用。

《条例》明确了党内监督主体的职责，即对党的委员会及其委员，党的纪律检查委员会及其委员，以及党员、党代表开展党内监督的职责，都做出了明确的规定。以往，比较重视上对下、组织对个人的监督，而不够重视下对上、个人对组织的监督。这次《条例》既有上级对下级的监督，也有下级对上级的监督，还有平级之间的监督，构建起一个完整的监督网络、监督体系。《条例》首次以法规的形式，明确党内监督的重点对象是党的领导机关和领导干部特别是主要领导干部。强化责任担当，要求做到有权必有责、有责要担当，用权受监督、失责必追究。同时抓住"关键少数"，重点盯住一把手。强调主要领导干部要自觉接受监督，并规定了一系列的制约措施。《条例》还专门就"舆论监督"问题做出规定，特别对党的各级组织和领导干部正确对待并接受舆论监督，提出了三条明确要求，同时就如何保证新闻舆论监督的健康开展作出相应规定。这在党的历史上还是第一次。

《中国共产党党内监督条例（试行）》发布后，中共中央发出通知要求，党的各级组织一定要从推进党的建设新的伟大工程的高度，充分认识贯彻实施的重要性，认真学习、广泛宣传、严格执行。广大党员干部要进一步提高认识，自觉履行党内监督的职责，正确行使党内监督的各项权利。党员领导干部要切实增强接受监督的意识，主动接受党组织和党员的监督。由此，党中央、国务院加强了对领导机关和领导干部的监督制约。中央纪委、监察部积极贯彻落实党内监督制度。2004年5月，中央纪委、监察部全面实行对派驻机构的统一管理，将派驻机构由中央纪委、监察部和驻在部门双重领导改为由中央纪委、监察部直接领导，增强了派驻机构的独立性和履职效能。

加快推进惩治和预防腐败体系建设

惩治和预防腐败体系，是指由教育、制度、监督并重的惩治和预防腐败的重要举措构成的体制机制和制度体系。党的十六大以来，党中央科学总结反腐倡廉的经验，从加强党的执政能力建设的战略高度，坚持标本兼治、综合治理、惩防并举、注重预防的方针，提出建立健全惩治和预防腐败体系。这是党对反腐倡廉工作规律认识的进一步深化，是从源头上防治腐败的根本举措，对于提高党的执政能力、巩固党的执政地位，具有十分重要的意义。

2005年1月3日，中共中央颁发《建立健全教育、制度、监督并重的惩治和预防腐败体系实施纲要》。《纲要》明确提出了建立健全惩治和预防腐败体系的指导思想、主要目标和工作原则，表明中国对腐败的治理开始从重治理转向重预防，从重在惩处转向重在教育，并加强了制度建设。《纲要》提出，到2010年，要建成惩治和预防腐败体系基本框架，再经过一段时间的努力，建立起思想道德教育的长效机制、反腐倡廉的制度体系、权力运行的监督机制，建成完善的惩治和预防腐败体系。教育、制度、监督，是构建惩治与预防腐败体系的三个层面，如何做到三者并重，处理好"惩"与"防"的关系，是探索建立健全惩治和预防腐败体系的关键。《纲要》体现了注重治本、加大预防腐败工作力度的精神，强调要完善反腐倡廉宣传教育工作格局，把反腐倡廉宣传教育纳入党的宣传教育总体部署，形成反腐倡廉宣传教育的强大合力。标本兼治，要牢牢抓住教育这个基础。

关于建立健全反腐倡廉基本制度，《纲要》提出"四个完善"：一是完善对权力制约和监督的制度；二是完善反腐倡廉相关法律和规范国家工作人员从政行为的制度；三是完善对违纪违法行为的惩处制度；四是完善反腐败领导体制、工作机制。关于推进从源头上治理腐败的制度改革和创新，提出"深化干部人事制度改革、行政审批制度改革、财政体制改革、金融体制改革、投资体制改革、推进司法体制改革"的"六项改革"。要求"健全政务公开、厂务公开、村务公开制度"，即"三个公开"。要求做到"规范工程建设招标投标制度、规范土地使用权出让制度、规范产权交易制度、规范政府采购制度"的"四个规范"。同时，强调提高制度建设的质量和水平，实现制度建设的与时俱进。

在监督方面，《纲要》从监督对象、重点环节和重点部位及监督主体方面提出了许多重要措施：一是加强对领导机关、领导干部特别是各级领导班子主要负责人的监督；二是加强对干部选拔任用工作、财政资金运行、国有资产和金融等环节和部门权力行使的监督；三是充分发挥党内监督、人大监督、政府专门机关监督、司法监督、民主监督和社会监督等监督主体的积极作用，提高监督的整体效能。

《纲要》把教育、制度、监督结合起来，建立起一套防惩结合的反腐体系，表明反腐败工作进入一个新阶段。按照中央的要求，中央纪委、中央组织部、中央宣传部分别发出文件，对贯彻落实工作进行任务分解和整体部署。将《纲要》中确定的231项任务，分解到中央和国家机关65个部委，明确了落实工作的牵头单位和协办单位。31个省（区、市）、新疆生产建设兵团和中直、中央国家机关96个部门制定了贯彻落实纲要的具体意见。

2008年8月，十一届全国人大常委会审议《中华人民共和国刑法修正案（七）草案》时，对于贪污受贿罪的适用范围和量刑标准的两处修改，加大了对犯罪分子的制裁力度。修改后的适用范围由原来的国家工作人员扩大到离职、在职国家工作人员的近亲属、其他和该工作人员关系密切的人，并将巨额财产来源不明的最高刑期由原来的5年提高到最高10年。表明党和政府加强运用法律武器以更大的力度打击职务犯罪。

与此同时，中央纪委、监察部要求各级纪检监察机关要加强对中央强农惠农政策落实情况的监督检查，保证国家关于农村改革发展方针的贯彻落实。对中央出台扩大内需的重大政策措施，中央纪委、监察部会同有关部门及时跟进，全程参与，成立中央政策落实检查工作领导小组，组建检查组，对31个省区市和新疆生产建设兵团开展监督检查工作，加强对投资项目和资金的监督管理，确保4万亿元资金使用安全、有效。

2009年9月，中共十七届四中全会进一步提出"要加快推进惩治和预防腐败体系建设，深入开展反腐败斗争"，并对健全权力运行制约和监督机制进行新的部署，指出要"以加强领导干部特别是主要领导干部监督为重点，建立健全决策权、执行权、监督权既相互制约又相互协调的权力结构和运行机制，推进权力运行程序化和公开透明"[1]。总之，提出建立健全惩治和预防腐败体系，是中共中央、国务院在新形势下对反腐倡廉工作做出的重大战略决策，在我国政治建设全局和党的建设伟大工程中占有重要地位。

在建立健全反腐倡廉制度的同时，我国还积极开展反腐败国际合作。注重预防是当今世界各国反腐败的新动向。各国反腐败实践表明，腐败具有长期性、

---

[1]《中共中央关于加强和改进新形势下党的建设若干重大问题的决定》，《人民日报》2009年9月28日。

复杂性等特点,有些腐败分子甚至会潜伏到其他国家躲避法律制裁。因此,反腐败国际合作很有必要。中国一直注重借鉴国外反腐败有益经验,也愿意与国际进行合作以推进反腐。国家预防腐败局的应运而生,就是中国反腐败与世界合作的新兴事物。

2003年12月10日,中国政府监察部、外交部委派代表签署了《联合国反腐败公约》。按照《公约》规定,加入《公约》的国家须履行设立国家预防腐败机构这一要求。2005年10月27日,十届全国人大常委会第十八次会议通过关于批准《联合国反腐败公约》的决定。2006年1月,中央纪委、监察部成立专门工作小组承办设立国家预防腐败局具体方案的制定工作。同年2月12日,中国正式成为《联合国反腐败公约》的缔约国。2007年5月31日,中央正式批准设立国家预防腐败局,并将该机构列入国务院直属机构序列。2007年9月13日,中国国家预防腐败局正式挂牌。它的成立是中国在反腐败工作上的制度创新。该局的主要职责有三项:一是负责全国预防腐败工作的组织协调、综合规划、政策制定、检查指导;二是协调指导企业、事业单位、社会团体、中介机构和其他社会组织的防治腐败工作;三是负责预防腐败的国际合作和国际援助。

成立国家预防腐败局,是深入推进预防腐败工作采取的一项重大举措,是履行《联合国反腐败公约》,推动反腐倡廉建设向纵深发展的必然要求。随着经济全球化、社会信息化的不断发展,腐败现象呈现复杂化、智能化、国际化的特点,严重阻碍世界各国的可持续发展,直接威胁国际社会的稳定与安全。有效地开展国际合作,形成惩治和预防腐败的国际合力,是各国面临的一项重大任务。据统计,到2007年底,中国政府已与55个国家签订了97项司法协助的协定和引渡条约,并加入《联合国打击跨国有组织犯罪公约》《联合国反腐败公约》等25个具有司法协助内容的国家公约与条约。截至2008年8月,中央纪委、监察部已经与78个国家和地区的反腐败机构建立了友好合作关系,与一些国家监察机构签署了交流合作协议。通过开展多边交流,达到了宣传中国反腐倡廉成就,加深相互理解,加强合作交流的目的。

2006年10月,中国最高人民检察院与马来西亚、南非、英国、美国、澳大利亚等国相关职能部门共同发起成立了国际反贪局联合会,这是一个独立的、非政府的、非政治的、非营利的国际组织,也是当今世界唯一的由各国负责侦查、起诉贪污贿赂犯罪的专门机构组成的国际组织。其宗旨是推进《联合国反腐败公约》的实施,促进国际反贪污贿赂的合作。最高人民检察院以国际反贪局联合会为平台,进一步加强与联合国等国际组织以及世界各国的反贪机构的反腐败合作,共同打击和预防腐败犯罪。截至2008年1月,中国最高人民检察院与82个国家签署了98项检察合作协议或备忘录,有效进行了反腐败国际合作,推动共同打击和预防腐败犯罪取得积极的进展。

依法专项治理权钱交易的商业贿赂

商业贿赂是指经营者在商业交往中，用行贿的办法来取得交易机会和经济利益的行为。它和一般贿赂的不同之处在于，行贿的一方必须是经营者，受贿的一方则是拥有公权力者，二者关系的本质是官商勾结、权钱交易。世界上任何国家在经济发展到一定程度，在社会转型、经济转轨、体制变换过程中，都会经历一段商业贿赂的高发期。发达国家也有类似现象。

商业贿赂在中国向现代化转型过程中滋长，已达到十分严重地步。它背离市场公平交易原则，破坏正常经济秩序和社会公平正义，阻碍企业创新发展，损害中国国际形象，破坏国际投资环境。对此，2005年8月16日，中央纪委召开治理商业贿赂座谈会，决定成立中央治理商业贿赂工作领导小组，专门开展治理商业贿赂行动。这次行动以治理工程建设、土地出让、医药购销等领域的商业贿赂为重点，着重查办政府机关公务员利用审批权、执法权、监管权搞官商勾结、权钱交易的商业贿赂案件。中央领导小组办公室印发了《关于深入推进治理商业贿赂专项工作的意见》《关于治理商业贿赂专项工作中收缴的不当所得的处理意见》《关于对不正当交易行为自查自纠工作进行检查评估的通知》等文件，掀起一场"反商业贿赂风暴"。

在治理商业贿赂的同时，党中央、国务院加强了对行政体制机制的改革完善，以从制度层面堵住发生商业贿赂的缺口和漏洞。中央纪委、监察部配合有关部门推进干部人事制度、财政管理体制、司法体制、投资体制、金融体制改革，积极实施和完善工程建设项目招标投标、经营性土地使用权招标拍卖挂牌出让、产权交易、政府采购等制度，有力推动了惩治和预防腐败体系建设。

随着行政审批制度改革的推进，通过全面清理和严格审核，国务院分三批共取消和调整了1806项审批项目，占68个具有行政审批权的部门和单位中审批项目的50.1%。中央国库集中支付改革扩大到全部中央部门，实施改革的基层预算单位扩大到3643个。29个省级政府制定了企业投资核准管理办法，27个省级政府实施了备案管理办法。金融风险预警体系、金融机构内控机制以及社会信用体系逐步健全。

在制度建设方面，中共十七届四中全会作出新的部署，强调要坚持用制度管权、管事、管人，深化重要领域和关键环节改革，最大限度减少体制障碍和制度漏洞，完善防治腐败体制机制，提高反腐倡廉制度化、法制化水平。一是在深化行政管理体制改革上，加快推进政企分开、政资分开、政事分开、政府与市场中介组织分开,进一步减少和规范了行政审批。二是在深化司法体制和工作机制改革上,加强对司法活动的监督,健全执法过错、违纪违法责任追究等制度,保证公正司法。三是在深化预算管理制度改革上,完善和规范财政转移支付制度,加强了财政性资金和社会公共资金管理,彻底清理"小金库"。四是在健全金融市场机制,加强金融监管和内控机制建设上,完善了金融账户实名制,有效防治和严厉惩处利用证券市场和资本运作等手段进行腐败活动。五是在完善政府重大投资项目公示制和责任追究制上,建立健全防止利益冲突制度,完善公共资源配置、公共资产交易、公共产品生产领域市场运行机制等。

在反腐倡廉建设中,国家还采取开通行风热线、举报电话、网络举报等一系列措施,严厉纠正部分地区、部门存在的损害群众利益的不正之风。全国31个省市区,绝大部分地级市开办了行风热线。2003年至2007年6月底,各级纪检监察机关共受理信访举报644.8万件。为方便群众举报,2008年6月,全国纪检监察机关统一举报电话12388正式开通,同时23个省区市开通了网上举报。

这一时期,各级政府还开展了治理教育乱收费、纠正医药购销和医疗服务中的不正之风、减轻农民负担、集中整治土地征用、房屋拆迁、企业改制、农民工工资支付、安全生产、环境保护、食品药品安全、社会保障基金管理等治理行动,严厉惩治损害群众利益的涉及人和相关单位,逐步形成了一条"纠正、建设、监督、改革"相互结合、相互促进的纠风工作新路子,有效维护了群众利益。2009年,在对耕地保护和节约用地政策以及资源节约和环境保护政策措施落实情况的检查中,查处土地违规违法案件1001件、环保违规违法案件10000余件;中央纪委、监察部和四川、甘肃、陕西等省纪检监察机关共接到抗震救灾资金物资监管方面的群众投诉举报8794件,核查3822件,处分259人;在党政机关和事业单位"小金库"的专项治理上,全国给予党纪政纪处分的298人。[①]

审计严查违法违规及其制度化建设

我国的审计部门恢复于20世纪80年代,按照宪法规定,国家审计署归国务院总理领导,对政府负责的同时也对人大负责。进入新世纪以来,审计部门在揭露问题、处理问题和纠正问题方面颇有成效,世界各国对中国的审计体制给予高度关注。审计署之所以成为广为人知的国务院机构,就在于它秉公执法,敢于向中央国家机关的"潜规则"说"不"。每年全国人大会议的审计报告和计划都会成为记者媒体关注的焦点。

---

① 《北京晨报》2010年1月8日。

自2003年起,每年度国家审计署向全国人大常委会提供的审计报告都按照《审计法》的要求全面公开,报告指名道姓地批评国家有关部委的违规违纪行为,影响很大,百姓期望值很高,被外界形象地称为"审计风暴"。2003年6月25日,国家审计署审计长李金华代表国务院向全国人大常委会提交了2002年度中央财政执行和其他财政收支情况的审计报告。报告中,一大批国家部委被公开曝光,被点名批评的有财政部、原国家计委、教育部、民政部、水利部、交通部等,其中财政部因"疏于管理、监督不力"被点名。报告还披露了几十个机场的建设,效益不高,大部分亏损,包括乡、县财政负债沉重等问题,引起社会广泛关注。该报告在审计署官方网站上当天全文公开,引起社会强烈反响,舆论称之为一场"审计风暴",审计由此进入公众视野。

2004年5月向十届全国人大常委会作的审计工作报告,查出财政部违反预算法问题、社保基金问题、国有资产流失问题等。据对55个中央部门和单位2003年度预算执行情况的审计发现:7个部门采取虚报人员、编造虚假项目等方式,套取财政资金9673万元。对国务院24个部门2003年度决算(草案)审签发现,部门决算编报不真实、不规范的问题仍然存在,主要是少报收入和结余、虚列支出、漏汇少汇部分资金等,涉及金额40.54亿元。审计调查17个省、自治区、直辖市35个地市的税收征管质量,重点抽查了788户企业,发现这些企业2002年少缴税款133亿元,2003年1月至9月少缴税款118亿元。

2004年,发现金融机构3个新的风险点:一是审计工商银行总行及21个分行的资产负债损益情况,查出违规发放贷款以及各类案件线索30起,涉案金额69亿元。二是信贷业务中,一些房地产开发商、汽车经销商和个人采取弄虚作假的手法骗取住房和汽车等个人消费贷款,有的甚至内外勾结,合谋骗取银行资金。三是票据市场管理混乱。审计共发现工商银行违规办理汇票承兑和贴现101亿元。不少民营企业采取关联公司相互担保方式,从商业银行套取巨额贷款,造成信贷资金严重损失。审计原中国人寿保险公司资产负债损益情况,发现擅自改变保险费率、超额退保、非法代理保险业务等不正当竞争问题金额23.74亿元。2004年,审计署向有关主管部门移送各类案件线索114起,213人受到处分,76人被依法逮捕、起诉或判刑。

2005年的"审计风暴",瞄准六大领域。在重大投资项目审计方面,初步选择高等级公路;在政府预算执行审计方面,转向以支出审计为主;在金融机构审计方面,瞄准银监会、农行;在专项资金审计方面,继续关注群众切身利益;在经济责任审计方面,扩大到地厅级领导干部。一年内,有关方面已向主管部门、纪检监察部门和司法机关移送各类案件线索114起,已有121人受到党纪政纪处分,76人被依法逮捕、起诉或者判刑。

2006年度审计项目涵盖诸多领域，包括三峡库区移民和地质灾害防治资金审计、收费公路专项审计调查、三峡枢纽工程审计、已完工世行、亚行项目效益和还贷情况专项审计调查等项目。2006年度中央预算执行和其他财政收支审计发现：环保总局、烟草局、民航总局3个部门多报多领财政资金；南水北调办等部门挤占挪用财政和其他专项资金；供销总社等部门截留、少报和转移资金；供销总社、新闻出版总署等部门截留、少报和转移资金等；民航总局等部门存在超标建设办公楼等问题。2006年中国建立内部审计机构6万多个，内部审计人员20多万人，全年共完成审计项目129万个，查出损失浪费109亿元，增加效益382亿元。

"审计风暴"促使政府财政执行和收支情况发生很大变化：一是各部门认真进行自查自纠。2006年度，53个部门共自查相关问题500多个，涉及金额270多亿元。二是部门本级的违法违规问题大幅度下降，只占审计发现问题的4%。三是中央部门预算执行审计加强了对二、三级单位的审计调查，引起各部门的高度重视。四是边审边改，效果比较明显。在审计期间有关部门整改的问题金额达170多亿元，不少部门不仅很快纠正问题，还制定和完善了相关规章制度，从制度上巩固审计整改的成果，防止年年审、年年犯。

"审计风暴"在继续进行中，公开透明是医治腐败最好的疗法。我国的财政收入主要来源于纳税人，这些钱都是怎么花的，审计署必须对纳税人有个说法。在每年向人大常委会所作的审计工作报告中，都要汇报政府各部门在预算执行和财务收支等方面存在的问题。几乎所有的审计结果，除了涉及国家机密的，都加以公开。充分的公开透明，是建设法治政府的需要，也有利于提高政府的公信力和执行力。

连续不停的"审计风暴"，揭露出一批贪官污吏，牵扯出件件大案要案。仅2004年《中国经济周刊》就列举了审计署调查的十大案例，排在第一位的是国家电力公司原领导班子违法违规金额高达211亿元的大案。通过审计掀起的反腐风暴，使得中央和国家资金更加安全、有效。但是，当审计报告中被提及的问题"盖子"被揭开后，如何解决问题、建立反腐长效机制，是公众更想了解的。应该说，对审计报告披露出的问题，来自被点名单位的抵触、辩解、搪塞等情况都有出现。问题的解决不会一帆风顺。

应该指出，国家审计工作毕竟只能发现问题，却并不能直接解决问题。完善的审计制度，能够保证各种经济问题或腐败现象比较全面和迅速地得到揭露。但是如果没有相应的惩治和解决措施，则审计制度、审计工作可能成为整个行政体系中的"孤胆英雄"，其揭露出的问题可能成为被暴露出来又无法治愈的伤口。从"审计风暴"之后各部门的反应看，都期待审计制度的改革，能够成为解决某些痼疾的突破口，在盘根错节的僵局中找到解决问题的"着力点"。

四、协同国际社会积极应对金融风暴

应对危机的十项举措和一揽子计划

2007年夏，美国发生了房地产业出现大量违约客户不再偿付贷款，造成巨额坏账的次级债按揭贷款危机，简称"次贷危机"，并在2008年逐步引起全球恐慌。为应对这场全球性金融危机，中国政府与国际社会一道积极应对，采取一系列重大举措，保持金融市场和资本市场稳定，保持中国经济平稳较快增长势头并率先回升，成为世界经济复苏的重要引擎。

美国次贷危机爆发后，中国国家主席胡锦涛与美国总统布什通电话，表示中国愿与其他国家合作，解决全球金融市场面临的问题。2008年10月24日，第七届亚欧峰会在北京开幕，来自40多个国家和地区组织的领导人参加。胡锦涛在开幕式上指出："中国正在尽全力抵御国际金融危机"；"中国经济保持良好发展势头本身就是对全球金融市场稳定和世界经济发展的重要贡献"。中国作为此次首脑会议的东道国，将国际经济和金融形势列为首要议题，主动加强与各成员的协调，推动亚欧合作应对危机，显示中国在这场危机下扮演着越来越重要的角色。11月14日，胡锦涛在美国华盛顿召开的二十国集团（G20）峰会上，呼吁提高新兴工业国家的发言权，并在峰会前公布了总额高达4万亿元人民币的经济刺激措施。这是对稳定世界经济的重大贡献，不但显示出中国有足够经济力量防止经济硬着陆，还力促各国领袖为各自举步维艰的经济加大刺激动力。

总的来看，面对全球性金融危机，中国当时拥有1.9万亿美元的外汇储备，在全球经济体中的分量增加，具有较强的经济影响力，成为稳定世界经济的重要因素。中国以积极的姿态参与国际社会解决金融危机的行动，主张建立全球金融对话机制，致力于建立新的公平合理的国际金融秩序，展示了一个和平发展的负责任的大国形象。

由于世界性金融危机愈演愈烈，中国经济的减速越来越明显。自2003年以来，我国经济曾连续5年保持了两位数的高增长，但2008年第三季度GDP增速为9%，主要原因是金融危机导致世界经济低迷，中国的出口大幅度下降，设备投资和消费也出现不稳定因素，迎来国内经济减速的转折点。为此，党中央、国务院立足国内，出重拳刺激经济增长。国务院常务会议研究部署进一步扩大内需、促进经济平衡较快增长的措施，决定在未来两年投资4万亿元人民币以刺激经济,并确定了应对金融危机,进一步扩大内需、促进经济增长的10项措施。主要内容为:1. 加快建设保障性安居工程;2. 加快农村基础设施建设;3. 加快铁路、公路和机场等重大基础设施建设;4. 加快医疗卫生、文化教育事业发展;5. 加强生态环境建设;6. 加快自主创新和结构调整;7. 加快地震灾区灾后重建各项工作;8. 提高城乡居民收入;9. 实施增值税转型改革;10. 加大金融对经济增长的支持力度。

实施上述工程建设,到2010年底约需投资4万亿元。为加快建设进度,会议决定:2008年第四季度先增加安排中央投资1000亿元,2009年灾后重建基金提前安排200亿元,带动地方和社会投资,总规模达到4000亿元。随后,国务院召开省区市人民政府和国务院部门主要负责同志会议,部署落实中央政策措施的各项工作。

中国经济的稳定增长,将有助于国际金融市场恢复正常。国务院常务会议研究部署了确保金融促进经济发展的政策措施。如落实适度宽松的货币政策,促进货币信贷稳定增长;加强和改进信贷服务,满足资金合理需求;加快建设多层次资本市场体系,发挥市场的资源配置功能等。国家发改委向各省、自治区、直辖市重申中央1000亿元资金的投资方向和原则,要求严格依法办事,相关过程要公开透明、"阳光操作",避免千亿资金出现浪费。同时制订和印发工作方案,明确了资金的投入方向、安排原则、建设任务的分工和责任、工作程序和各项管理要求。中央银行也采取措施加大金融支持力度。

进入2009年,金融危机对我国经济影响继续加深。虽然我国经济运行出现了一些积极的变化,但基础尚不稳固,经济下行压力仍然较大。为此,中央在2008年的基础上进一步完善、实施了应对金融危机的"一揽子计划":1. 大规模增加政府支出和实施结构性减税;2. 大频度降息和增加银行体系流动性;3. 大范围实施产业调整振兴规划;4. 大力度推进科技创新和技术改造;5. 大幅度提高社会保障水平;6. 坚持优先发展教育。上述"一揽子计划"和政策措施,注重标本兼治、远近结合、综合协调、相互促进,把扩大国内需求、调整振兴产业、推进科技创新、加强社会保障结合起来,把增加投资和刺激消费结合起来,把克服当前困难和促进长远发展结合起来,把拉动经济增长和改善民生结合起来,对于动员全社会力量共同应对危机,起到了关键性作用。

经过近一年的不懈努力,中国经济增长较快回升。2009年国内生产总值增长接近8.5%。全年粮食产量10616亿斤,比上年增长40多亿斤,首次实现连续3年超万亿斤。农民人均纯收入首次突破5000元大关,实际增长6%以上。金融改革不断深化,经济结构调整加速,对外开放迈出新步伐,全年出口额经过13个月的下降后,12月份出口额高于2008年同期,中国取代德国成为世界上最大的出口国，占全球出口份额的10%。特别是国际金融危机爆发以来，在世界主要经济体增长明显放缓甚至面临衰退时，我国经济依然保持了较高的增速并率先回升，成为带动世界经济复苏的重要引擎。

当然，也不能忽视自身存在的问题。2009年12月召开的中央经济工作会议明确指出：我国经济发展的"基础不牢固，调整难度加大"，总的特点是"形势依然十分复杂"，短期与长期问题相互影响，潜在与现实矛盾相互影响，积极因素和消极因素相互影响，仍处于矛盾凸显期、重要战略机遇期。

努力推动多边经贸和区域经济合作

中国改革开放以来，已经开创出一条适合中国国情又适合时代特征的和平发展道路。特别是20世纪末21世纪初，经济全球化同反全球化两股潮流对抗，亚洲金融危机、全球性金融风暴相继发生，中国领导人不失时机地确定了进一步积极参与经济全球化而又"趋利避害"的国际战略方针，把中国的改革开放推进到新的水平。

在与世界的日益融合之中，中国坚定不移、脚踏实地走向发展和壮大。中国人口约占世界人口的22%，改革开放前的GDP约占世界的3%，人均收入水平处于全球最低国家行列。经过20多年的努力，中国经济在世界经济总量中的占比上升到7%以上，一跃成为全球第四大经济体，贸易总额为世界第三大国，外汇储备居世界第一。从2005年起，中国对世界经济增长的贡献率占14%以上，并逐年提高，仅次于美国排世界第二位。

进入21世纪，中国努力推动多边经贸关系发展和区域经济合作，积极参与制定和实施国际经贸规则，与各国共同解决合作中出现的分歧和问题，促进世界经济平衡有序发展。自2001年12月正式加入世界贸易组织以来，中国严格信守承诺，为开展国际经济技术合作创造更加良好的条件。中国政府清理并修订了约3000部法律、法规和部门规章，涉外经济法律体系不断完善，贸易政策的透明度不断增强。中国依照承诺逐步降低关税，2005年平均关税水平已降到9.9%，并取消了大多数非关税措施。在银行、保险、证券、分销等服务贸易领域加快了开放步伐，在世界贸易组织分类的160多个服务贸易的部门中，中国已经开放了100多个，占62.5%，已接近发达国家的服务贸易水平。

中国积极推动新一轮多边贸易谈判，全面参加了各项议题的谈判，在农业和非农产品市场准入、服务贸易等谈判中，开展一系列多双边磋商，为推动发展中国家成员与发达国家成员相互沟通、减少分歧，发挥了建设性作用。中国和世界贸易组织其他成员一道，为推动谈判取得实质性进展、尽早达成共识作出了重要贡献。

中国－东盟自由贸易区的建设进程正在加快，继实施"早期收获"农产品零关税措施之后，于2004年11月正式签署了《货物贸易协议》和《争端解决机制协议》。2005年7月，自由贸易区减税进程全面启动，为实现自由贸易区建设目标奠定了基础。

几年来，由中国、俄罗斯、哈萨克斯坦、吉尔吉斯斯坦、塔吉克斯坦5国在上海成立的永久性政府间国际合作组织，通称上海合作组织，又增加了乌兹别克斯坦、印度、巴基斯坦，已发展为8个成员，并进入全面务实合作阶段，贸易投资便利化进程全面启动。上合组织与联合国、东盟、独联体等国际或地区组织建立了密切联系并开展合作，成为联合国大会的观察员。

中国还相继启动了中国－南部非洲关税同盟、中国－海湾合作委员会、中国－新西兰、中国－智利、中国－澳大利亚、中国－巴基斯坦等自由贸易区谈判，并与有关国家签署了自由贸易区协定。在亚太经济合作组织、中非合作论坛、中国－阿拉伯国家合作论坛、亚欧会议、大湄公河次区域合作等活动中，中国也是积极和务实的参与者。中国还与150多个国家和地区签署了双边贸易协定或议定书，与110多个国家签署了双边投资保护协定，与80多个国家签署了避免双重征税协定，成为双边贸易投资自由化和便利化的积极参与者。

不同国家之间存在贸易摩擦，这在国际经济交往中是完全正常的。中国遵守国际惯例和世界贸易组织规则，坚持在平等对话的基础上，利用世贸组织的争端解决机制处理贸易摩擦问题，并在制定和实施国内经济政策时切实考虑国际因素和国际影响，注意把握中国经济发展给外部世界带来的经济效应。中国根据自身改革发展的需要，认真考虑中国汇率改革对周边国家、地区及世界经济金融的影响，稳妥推进汇率机制改革，实行以市场供求为基础、参考一揽子货币进行调节、有管理的浮动汇率制度，使人民币汇率在合理、均衡的水平上保持基本稳定。中国不断加强知识产权保护，健全知识产权保护法律体系，加大执法力度，严厉打击各种侵害知识产权的违法行为。

中国是世界上最大的发展中国家，有丰富且素质不断提高的劳动力资源。随着中国经济社会的发展和人民生活水平的提高，中国对资本密集型、技术密集型和知识密集型产品的需求不断增长，给外国产品、技术和服务进入中国市场提供了大量机会，中国已成为国际公认的大市场之一，对外贸易与世界上许多国家的互补性很强。中国出口到美国、日本和欧盟的产品中有70%为劳动密集型产品，而从美国、欧盟和日本进口的产品中80%以上是资本密集型、技术密集型和知识密集型产品。在新的国际分工格局中，中国已经成为全球产业链中不可或缺的重要环节。

中国质优价廉的产品,在满足进口国市场需求的同时,减少了进口国的支出和通货膨胀压力,增进了各国消费者的福利。中国的劳动密集型产品在国际上有着比较优势。1997年以来,随着中国商品进入美国市场,美国消费者每年至少节约数百亿美元的支出。过去10年,中国产品使美国消费者节省了6000多亿美元,仅2004年就节省了近1000亿美元。中国对外互惠互利经贸关系的不断扩大,给中外双方带来了巨大的实际利益。

1978年以来,中国进口年均增长16%以上,加入世界贸易组织3年过渡期间进口了大约1.27万亿美元的商品。2004年,中国成为仅次于美国和德国的世界第三大进口国;进口增加额达1484.7亿美元,占全球进口增加量的9%。2004年中国与美国、日本和欧盟的贸易额分别为1696亿、1678亿和1773亿美元,欧盟、美国、日本已经成为中国的三大贸易伙伴和外资的主要来源地。2004年,中国与亚洲国家和地区贸易总额达6649亿美元,比上年增长34.2%,占中国外贸总额的57.6%。

中国巨大的市场为国际资本提供了投资机会,使各国投资者能够分享中国经济快速发展带来的利益。从1990年到2004年,外来投资者从中国汇出利润达2506亿美元。2004年,美国在华投资企业在中国市场实现销售约750亿美元,美资企业在中国生产的产品出口到其他市场约750亿美元。据中国美国商会2005年调查显示,约70%的美国公司在华赢利,约42%的美国公司在华利润率超过其全球的平均利润率。中国对外投资的不断扩大为东道国经济社会发展带来了机会。到2004年底,中国非金融类对外直接投资净额达448亿美元,遍及149个国家和地区。其中对亚洲国家和地区的直接投资334亿美元,占同期全部对外直接投资的75%。

中国开展对外经贸合作有着巨大潜力和美好前景。加入世界贸易组织以来,从2001年12月至2005年9月,中国平均每年进口近5000亿美元的商品,为相关国家和地区创造了约1000万个就业岗位。据测算,此后几年中国每年进口将超过6000亿美元,到2010年将超过1万亿美元。到2020年,中国市场的规模和总需求将比2000年翻两番。在这一过程中,世界各国都能从与中国的互利合作中找到自己的发展机遇和巨大商机,这将对拉动世界经济增长产生重要的积极作用。

承担国际义务发挥负责任大国作用

毋庸置疑,中国经历20多年的快速发展,以昂扬的姿态出现在21世纪的国际舞台上,已经成为国际政治格局中的一支重要力量。但是,中国发展的道路并不平坦。伴随着"中国崛起","中国威胁论"也在一些国家和地区持续流行。进入新世纪后,面对中国经济和国力强劲增长,所谓"中国军事威胁论""中国环境威胁论""中国文化威胁论"更是广被炒作。

在政府层面,"中国资源威胁论"最明显的例子莫过于优尼科并购案。2005年6月23日,中国海洋石油公司宣布,希望以185亿美元全现金方式收购美国优尼科公司。这本是一桩正常的跨国并购案,却触动了部分美国议员的"敏感神经"。他们认为,中海油收购优尼科将有损美国的能源安全。最终,中海油收购努力付诸东流。

2008年初,在中国南方刚刚经历一场数十年不遇的大雨雪灾害之时,中国威胁论则似更猛烈的"暴风雪"向中国袭来。新加坡《联合早报》的文章称,国际上利用北京奥运会就苏丹达尔富尔问题向中国施压的运动,已经让美国著名导演斯皮尔伯格在压力下请辞北京奥运会艺术顾问。与此同时,借北京举办奥运会,就人权、环保、西藏问题、"中国制造"等敏感议题向东道主全面施压的活动,正逐渐由民间转向官方蜕变,范围也扩大到中国的外交和军事领域。

与北京奥运会直接或间接的坏消息一波接着一波,世界贸易组织首次裁定中国对进口汽车零部件征收大额关税违反贸易规则,英美各大媒体纷纷报道此事。美国连锁超市宣布因顾客疑虑而停售从中国进口的食品,美国奥运团队直接为美国运动员海运2.5万磅的精益蛋白质去北京,宣称保证他们能吃到不含化学药物的肉类。这些行动无不暗藏着"中国威胁"的影子。

事实上,中国为实现人类可持续发展作出了重要贡献。30年来,中国政府和中国人民为争取和平的国际环境进行了不懈努力,十分珍惜世界上爱好和平与追求进步的国家和人民共同奋斗得来的和平国际环境,坚持聚精会神搞建设,一心一意谋发展,并通过自身的发展,不断为世界的和平与发展增添积极因素,促进人类文明进步事业的发展。

中国总结以往发展的经验,借鉴人类现代文明的发展成果,创新发展模式,提高发展质量,坚持探索一条科技含量高、经济效益好、资源消耗低、环境污染少、人力资源优势得到充分发挥的新型工业化道路,努力推动整个社会走上生产发展、生活富裕、生态良好的可持续文明发展道路。中国高度重视节约能源,采取各种节能措施,从1980年到2000年,中国的国内生产总值翻了两番,但能源的年消费量只翻了一番。由于加强了环境保护,20多年来在火电装机容量大大增加的情况下,中国的烟尘排放总量基本控制在1980年的水平。

2004年,中国每万元国内生产总值的能耗比1990年下降了45%。中国已颁布了节能中长期规划,目标是到2020年努力实现年均节能率3%,累计节能14亿吨标准煤。改革开放以来,13亿中国人民的生活不断改善。中国政府使大约2.2亿人初步摆脱了贫困,为2205万城市人口提供了最低生活保障,为6000多万残疾人提供了帮助。人均预期寿命由新中国成立前的35岁上升到2008年的

71.95 岁，达到中等发达国家水平。

几年来，在世界经济波动幅度加大的情况下，中国经济保持平稳较快发展，为世界经济的增长带来了希望和动力。世界银行公布的数据显示，2000 年到 2004 年，中国经济增长对世界经济增长的平均贡献率为 13%。2004 年，世界经济实现了近 30 年来最快的增长，中国经济增长为 9.5%，成为世界经济增长的重要推动力量。2004 年，中国的进出口总额比 3 年前翻了一番，达到 11548 亿美元；进口总额为 5614 亿美元，比 3 年前增长了近一倍。截至 2004 年底，中国累计实际利用外资额达到 7453 亿美元，批准外商投资企业 50 多万个。

亚洲与中国接壤或隔海相望的国家有 20 多个。中国经济持续发展，使周边国家从中受益。从 1999 年到 2004 年，亚太地区经济一直保持 6% 以上的增长速度。为使周边地区能够在稳定的环境中不断发展，在 1997 年亚洲金融危机冲击下，中国克服重重困难，坚持人民币币值稳定和扩大内需的方针，并向重灾国提供力所能及的帮助，为最终战胜金融危机发挥了作用。2003 年，面对突如其来的"非典"疫情，中国政府与周边国家同舟共济，有效遏制了疫情的发展。2004 年底，印度洋地震海啸灾难发生后，中国政府和人民对受灾国的救灾和重建工作提供了及时、真诚的帮助。2005 年 10 月南亚发生地震后，中国政府向灾区人民提供了积极帮助。

总的来说，改革开放 30 年来，中国不仅树立了负责任的经济大国的形象，而且在积极融入和参与世界发展的过程中，也为国际和平公正和谐关系的建立作出了重要贡献。中国在和平共处五项原则的基础上同世界国发展友好合作关系，促进了国家间的和平共处与平等相待。中国坚持与邻为善、以邻为伴、睦邻友好的方针，与周边国家和亚洲其他国家的友好合作关系不断发展，共同利益不断扩大。中国与世界主要大国建立了不同形式的合作关系，对话、交流、合作不断加强。中国不断加强与广大发展中国家的合作，在南南合作框架下，努力实现优势互补、共同发展。中国积极参与处理国际和地区热点问题，既承担着广泛的国际义务，也发挥着负责任大国的建设性作用。

五、经济社会呈现稳定持续发展局面

经济社会体系快速提升连跨新台阶

中共十六大到十七大的 10 年，是我国经济社会发展进程中极不平凡的 10 年，是积极应对国际形势深刻调整，国内发展日新月异的 10 年，是战胜各种风险、困难和挑战，经济总量实现历史性跨越的 10 年。这期间，国际环境波诡云谲，美国次贷危机引发的国际金融危机肆虐全球。国内"非典"、雨雪冰冻灾害、汶川特大地震等自然灾害和重大挑战接连不断，经济形势的复杂性和宏观调控的艰巨性空前加剧。面对国内外复杂环境和一系列重大风险挑战，中共中央团结带领全国各族人民，同心同德，砥砺奋进，实施正确而有力的宏观调控，国民经济实现快速增长，经济社会体系得到快速提升，呈现出稳定健康持续发展的局面。

第一，国民经济连上新台阶，综合国力显著提升。

2002—2012年，国内生产总值年均实际增长10.7%左右，其中有6年实现了10%以上的增长速度，在受国际金融危机冲击最严重的2009年依然实现了9.2%的增速。这一时期的年均增速不仅远高于同期世界经济3.9%的年均增速，而且高于改革开放以来9.9%的年均增速，经济总量连续跨越新台阶，在世界排名位次稳步提升。10年来，我国经济增长对世界经济的贡献也不断提高，贡献率超过20%。特别是2008年下半年国际金融危机爆发以来，在世界主要经济体增长明显放缓甚至面临衰退时，我国经济依然保持了相当高的增速并率先回升，成为带动世界经济复苏的重要引擎。在经济总量稳步增长的同时，人均国内生产总值快速增加。按照平均汇率折算，我国人均国内生产总值由2002年的1135美元提升至2012年的5532美元。

国家财政实力明显增强。经济快速增长带来国家财政收入的稳定增长。2011年，我国财政收入超过10万亿元，比2002年增长4.5倍，年均增长20.8%。财政收入的快速增长为加大教育、医疗、社保等民生领域的投入，增强政府调节收入分配能力提供了有力的资金保障。国家外汇储备大幅增加。我国外汇储备2006年末突破1万亿美元，2009年末突破2万亿美元，2011年末突破3万亿美元，达到31811亿美元，比2002年增长10.1倍，年均增长30.7%，外汇储备规模连续6年稳居世界第一位。

第二，结构调整迈出新步伐，经济发展的竞争力明显增强。

这10年，中央始终坚持把加快经济发展方式转变作为深入贯彻落实科学发展观的重要目标和战略举措，始终坚持把经济结构战略性调整作为主攻方向，坚定不移调结构，脚踏实地促转变，从"快字当头"到"好字优先"，我国结构调整不断迈出新步伐，经济发展的全面性、协调性和可持续性明显增强。

三次产业协同性增强。农业基础稳固、工业生产能力全面提升、服务业全面发展的格局逐步形成。10年间，第一产业年均增长4.6%，第二产业年均增长11.9%，第三产业年均增长11.1%，均保持较快发展态势。制造业大国地位初步确立。信息服务业、快递业等现代物流业、商务服务业、高技术服务业等迅速发展，服务业对经济社会发展的支撑和带动作用日益凸显。

社会需求结构明显改善。在国家扩大内需战略的带动下，内需对经济增长的拉动作用显著增强，尤其是在应对国际金融危机冲击中，内需的强劲增长有效弥补了外需的不足，对实现经济平稳较快发展起到了极为关键的作用。2012年，内需对经济增长的贡献率由2002年的92.4%提高到105%，外需贡献率则由2002年的7.6%转为-4%。

城镇化步伐明显加快。2011年，我国城镇化率首次突破50%，达到51.27%，比2002年提高12.2个百分点，我国城乡结构发生历史性变化。

区域结构不断优化。中西部地区加快发展，经济总量占全国的比重持续上升，区域发展呈现出协调性增强的趋势。2012年，中部地区、西部地区的地区生产总值占全国的比重分别为20.1%、19.2%以上，分别比2002年提高1.3、2.0个百分点。主体功能区建设初见成效，西部大开发、振兴东北老工业基地、促进中部地区崛起等区域发展战略向纵深推进，区域间产业梯度转移步伐加快，中西部地区发展潜力不断释放。

第三，基础设施和基础产业发展实现新飞跃。

农业基础不断巩固和加强。国家高度重视"三农"工作，坚持把"三农"问题放在经济社会发展全局的突出位置，有效克服了自然灾害频发的不利影响，农业综合生产能力稳步提高，特别是取消农业税、实施农业补贴，极大地调动了农民生产积极性。2011年，粮食总产量达到57121万吨，比2002年增长25.0%，年均增长2.5%，连续5年稳定在5亿吨以上，实现半个世纪以来首次"八连增"。

固定资产投资特别是基础设施和基础产业投入快速增长。2003—2011年全社会固定资产投资累计完成144.9万亿元，年均增长25.6%；其中，基础设施投资25.7万亿元，2004—2011年年均增长21.9%。投资规模之大、增速之快为历史所少有。青藏铁路、京沪高铁等一批关系国计民生的重大项目建成投入运行，西气东输、西电东送、南水北调、长江三峡等重大工程进展顺利。

能源生产供应能力稳步提高。2012年，我国能源生产总量达到32亿吨标准煤，比2002年增长1.1倍，是世界第一大能源生产国，能源自给率在90%左右。能源结构进一步优化。非化石能源占一次能源消费比重由2002年的7.3%提高到2011年的8.0%。水电装机规模居世界第一位。

交通运输能力持续增强。铁路建设迎来了史无前例的跨越式发展，高速铁路从无到有飞速发展，制造出时速高达350公里的动车组，标志着我国铁路运输达到国际先进水平。公路建设"五纵七横"国道主干线和西部开发八条公路干线建成。民用航空航线里程达到349.1万公里，增长1.1倍。旅客周转量由2002年的1.4万亿人公里增加到2012年的3.5万亿人公里；沿海规模以上主要港口货物吞吐量达到 61.6 亿吨，比 2002 年增长 2.7 倍。

邮电通信业蓬勃发展。传统业务继续发展，移动电话用户数快速增加。2012 年，固定电话年末用户比 2002 年增长 34%；移动电话年末用户达到 98800 万户，比 2002 年增长 3.8 倍多。快递等新兴业务不断涌现，3G 移动用户迅猛发展，互联网规模快速壮大。2011 年，互联网上网人数达到 5.1 亿人，稳居全球第一。

第四，对外经济和对外贸易实现新跨越。

这 10 年，世界多极化、经济全球化深入发展，世界经济结构加快调整，全球经济治理机制深刻变革。面对复杂多变的国内外形势，中国政府紧紧抓住加入世界贸易组织的机遇，积极应对国际金融危机带来的冲击和挑战，坚持统筹国内国际两个大局，不断加快转变对外经济发展方式，努力促进国际收支基本平衡，我国经济同世界经济的互动和依存不断增强，国际地位和国际影响力空前提高。

中国进出口贸易规模不断扩大。2011 年，货物进出口总额达到 36421 亿美元，比 2002 年增长 4.9 倍，年均增长 21.7%。其中，出口额 18986 亿美元，增长 4.8 倍，年均增长 21.6%；进口额 17435 亿美元，增长 4.9 倍，年均增长 21.8%。进出口贸易总额跃居世界第二位，其中货物出口额居世界第一位，货物进口额居世界第二位。

进出口商品结构不断优化。在出口总额中，工业制成品占比由 2002 年的 91.2% 提高到 2011 年的 94.7%；机电产品由 48.2% 提高到 57.2%；高新技术产品由 20.8% 提高到 28.9%。与此同时，先进技术、设备、关键零部件进口快速增长，大宗资源能源产品进口规模不断扩大。

利用外资规模跃居全球第二。连续多年成为吸收外商直接投资最多的发展中国家，全球排名也上升至第二位。对外投资从无到有，"走出去"步伐不断加快。2003 年，我国非金融类对外直接投资只有 29 亿美元，2011 年增加到 601 亿美元，增长 19.7 倍。对外经济合作迅速发展，对外承包工程业务完成营业额比 2002 年增长 6.2 倍。

第五，人民生活持续改善，享受到更多改革发展实惠。

10 年来，中央坚持民生优先，把保障和改善民生作为一切工作的出发点和落脚点，坚定不移走共同富裕道路，人民生活明显改善，人民群众享有的公共服务水平明显提高，全体人民切实共享改革发展成果。

就业规模不断扩大。2011 年末，我国城乡就业人数达到 76420 万人，比 2002 年增加 3140 万人。其中，城镇就业人数从 25159 万人增加到 35914 万人，增加 10755 万人。乡村就业人数从 48121 万人减少到 40506 万人，减少了 7615 万人。随着工业化和城市化进程的不断推进，城镇吸纳就业的能力不断增强，城镇就业人员占全国的比重从 2002 年末的 34.3% 提高到 2011 年末的 47.0%。农民工数量不断扩大。2011 年，农民工总量达到 25278 万人。

城乡居民收入快速增长。2011 年，城镇居民人均可支配收入 21810 元，比 2002 年增长 1.8 倍，扣除价格因素，年均实际增长 9.2%；农村居民人均纯收入 6977 元，比 2002 年增长 1.8 倍，扣除价格因素，年均实际增长 8.1%。城乡居民收入年均增速是历史上增长最快的时期之一。其中，2010、2011 年农村居民收入增速连续两年快于城镇，城乡居民收入差距有所缩小。

覆盖城乡居民的社会保障体系建设取得突破性进展。初步形成了以社会保险为主体，包括社会救助、社会福利、优抚安置、住房保障和社会慈善事业在内的社会保障制度框架。2011 年末，全国城镇职工基本养老、城镇基本医疗、失业、工伤、生育保险参保人数分别达到 28391 万人、47343 万人、14317 万人、17696 万人、13892 万人。2011 年末全国列入国家新型农村社会养老保险试点地区参保人数 3.3 亿人。全民医保体系初步形成，13 亿城乡居民参保，其中新型农村合作医疗制度从无到有，从有到好。最低生活保障制度实现全覆盖，城乡社会救助体系基本建立。

第六，各项社会事业发展取得新突破。

10 年来，党中央始终坚持经济发展与社会发展相协调，不断加大政策支持力度，科教文卫等各项社会事业全面进步，经济社会发展的协调性进一步增强。

全面实行城乡义务教育，教育公平迈出重大步伐。国民受教育程度大幅度提升，国民平均受教育年限达到 9 年。职业教育快速发展。2011 年，各类中等职业教育招生 809 万人，在校生 2197 万人，毕业生 663 万人。高等教育大众化程度进一步提高。2011 年，全国普通高等教育本专科招生 682 万人，在校生 2309 万人，毕业生 608 万人，比 2002 年分别增加 361 万、1405 万和 475 万人。

科技投入持续增加，科技发展成果丰硕。2011 年，全国研究与试验发展经费支出 8687 亿元，比 2002 年增长 5.7 倍，占国内生产总值的比重由 1.07% 上升到 1.84%。2011 年，技术市场成交额 4764 亿元，比 2002 年增长 4.4 倍。重要科学前沿和战略必争领域取得了一批重大创新成果。千万亿次超级计算机系统"天河一号"研制成功；载人潜水器"蛟龙"号创下了 7062 米的下潜纪录；百亩超级杂交稻试验田亩产突破 900 公斤；嫦娥一号、二号探月卫星成功发射；神舟系列飞船实现了发射、空间出舱活动以及空间科学试验等重大突破，特别是天宫一号目标飞行器与神舟九号飞船顺利载人交会对接，标志着我国载人航天工程第二步战略目标取得了具有决定性意义的重要进展。

卫生工作成效显著。成功应对了突如其来的"非典"、高致病性禽流感、甲型 H1N1 流感等重大疫情。医疗卫生体制改革进入实质性启动阶段。医疗卫生服务体系建设步伐明显加快。2011年末，全国共有医疗卫生机构95万个，卫生技术人员620万人，比2002年末增加193万人。医院卫生机构床位516万张，增加202万张。从2009年起新一轮医改大幕拉开，我国逐步向城乡居民统一提供疾病预防控制、妇幼保健、健康教育等基本公共卫生服务。

文化事业进一步加强。公共文化服务体系建设进入快速、稳定的发展期。2011年末，全国共有公共图书馆2952个，比2002年末增加255个；博物馆2650个，增加1139个；艺术表演团体7069个，增加4482个；有线广播电视用户20209万户，增加10352万户；年末广播节目综合人口覆盖率为97.1%，提高3.8个百分点；电视节目综合人口覆盖率为97.8%，提高3.2个百分点。文化产业异军突起，各项指标均位居世界前列。2011年共生产电视剧469部14939集，动画电视261444分钟；生产故事影片558部，科教、纪录、动画和特种影片131部；出版各类报纸467亿份，各类期刊33亿册，图书77亿册。

第七，节能减排和环境保护得到空前重视。

10年间，我国坚持不懈推进节能减排工作，切实加强生态环境保护，"十一五"规划纲要第一次把"节能减排"列为约束性指标，环境质量持续改善。2011年，七大水系的水质监测断面中，Ⅰ～Ⅲ类水质断面比例占56.3%。在监测城市中空气质量达到二级以上（含二级）标准的城市占监测城市数的88.8%。2011年末，城市污水处理厂日处理能力达11255万立方米，比2002年末增长2.1倍；城市污水处理率达到82.6%，提高42.6个百分点。节能降耗取得明显成效。2012年，单位国内生产总值能耗比2002年下降12%。污染物排放总量得到控制。[①]

总起来看，2002—2012这10年，我国经济社会发展走过了极不平凡的伟大历程，经济社会发展取得举世瞩目的成就，在全面建设小康社会征程上迈出了坚实的步伐。当然，这一时期我国经济发展中不平衡、不协调、不可持续的问题依然突出，支撑经济高速增长的优势有所弱化，经济增长面临的资源环境约束增强，收入分配差距较大，科技创新能力不强，城乡区域发展不平衡，制约科学发展的体制机制障碍等问题依然较多，还需要全面深化改革来进一步解决。

经济总量跃居为世界第二大经济体

中国经济社会发展在2010年出现一个具有标志性意义的转折点。在2011年春意萌动的时节，国家统计局发布了2010年国民经济和社会发展统计公报，一笔笔数据和一张张图表，从各个侧面生动展示了面对极为复杂的国内外环境

---

① 庞松主编：《中华人民共和国70年简史》（下），杭州：浙江人民出版社，2019年，第84—846页。

和各种重大挑战，党中央、国务院团结带领全国各族人民不断加强和改善宏观调控，加快转变经济发展方式和经济结构调整，在经济和社会发展各方面所取得的辉煌成果。

统计公报显示，2010年我国国内生产总值达到397983亿元人民币，比上年增长10.3%，国民经济实现平稳较快增长，国内生产总值增长速度明显快于世界主要国家或地区。国际货币基金组织公布的数据表明，2010年世界经济增速预计将为5.0%。其中美国为2.8%，欧元区为1.8%，日本为4.3%。在新兴和发展中经济体中，俄罗斯为3.7%，印度为9.7%，巴西为7.5%。根据日本政府公布的数据，2010年日本名义GDP为54742亿美元，而中国GDP按平均汇率折算为58768亿美元，已经超过日本成为世界第二大经济体。这也是日本经济体自1968年近50年以来，首次退居世界第三。

我国经济的平稳快速增长，是在非常复杂的国内外经济环境中实现的。国际上，美国次贷危机引发的欧债危机此起彼伏。美国经济的复苏由于失业率居高不下、消费持续萎靡不振，远未达到预期，世界经济复苏之路艰难曲折、步伐缓慢。从国内看，我国接连遭遇异常灾害性气候和特大地震灾害等，强度之大，范围之广历年罕见，旱涝灾害交替发生对农业、交通运输业产生了严重不利影响。2010年夏粮和早稻相继减产，如果不是秋粮丰收，全年粮食生产形势和价格形势可能会非常严峻。从宏观经济来看，前三季度经济增长逐季回落，而9月份之后物价上涨突然加速，又引发持续的通胀预期，对宏观经济的稳定运行构成巨大挑战。

面对复杂多变的国内外形势，党中央、国务院审时度势，科学决策，不断提高宏观调控的针对性、灵活性和有效性，始终把处理好保持经济平稳较快发展、调整经济结构和管理通胀预期之间的关系放在重中之重的位置。在一系列政策的调控下，国民经济在2009年回升向好的基础上不断巩固，经济运行由回落而趋于平稳。从工业数据来看，2010年全年规模以上工业增加值比上年增长15.7%，同比增速稳定在13%～14%的区间内。工业经济增速稳定对整体经济的稳定起了重要支撑作用。

针对严峻的气候条件，党中央、国务院及时部署减灾抗灾，进一步强化一系列扶农、惠农政策措施，在政策的强力推动下，2010年秋粮实现大幅度增产，全年粮食再获丰收，总产量达到54641万吨，创造了历史最高水平，比上年增长2.9%。由此，我国粮食连续7年增产，连续4年产量超过5亿吨。粮食增产对稳定居民消费品价格起了有力支撑作用，全年消费者物价指数CPI上涨3.3%，基本实现全年预期的目标。

外需和内需均实现快速增长。外需方面，全年货物进出口总额29728亿美元，比上年增长34.7%。其中，出口增长31.3%；进口增长38.7%。进出口相抵，顺差 1831 亿美元，比上年下降 6.4%。考虑到 2009 年进出口受到金融危机影响大幅下滑，2010 年的外需增长有一定的恢复性质，但全年进出口总额、出口和进口额均超过 2008 年创造的最高纪录，显示外需已经恢复至金融危机前的水平。

与此同时，内需延续了 2009 年快速增长的势头。其中，全社会固定资产投资比上年增长 23.8%，扣除价格因素，实际增长 19.5%；社会消费品零售总额比上年增长 18.3%，扣除价格因素，实际增长 14.8%。内需结构也有改善。从投资结构看，专用设备制造业投资增长 35.1%，交通运输设备制造业投资增长 31.7%，电气机械及器材制造业和通信设备、计算机制造业投资增长 40.4%，其他电子设备制造业投资增长 48.2%，增速大幅度超过往年投资的平均增速。从消费结构看，金银珠宝类、家具类、汽车类、家用电器和音像器材类等热点消费快速增长，持续旺盛，消费结构升级的步伐在不断加快。初步测算，2010 年内需拉动国内生产总值增长 9.5 个百分点，对增长的贡献率为 92.1%；净出口拉动国内生产总值增长 0.8 个百分点，贡献率为 7.9%，显示了内外需对经济增长的支撑比 2009 年更加协调。这表明，中国国民经济实现了平稳较快增长，应对国际金融危机的成果得到有效巩固和扩大。①

国内生产总值（GDP）是一个国家所有常住单位在一定时期内生产活动的最终成果，是国民经济核算的核心指标，也是衡量一个国家经济状况和发展水平的重要指标。2010 年，中国 GDP 即经济总量超越日本，跃居为世界第二大经济体，这是具有标志性历史意义的大事件。美国《华尔街日报》就用"一个时代的结束"来形容这一历史性时刻。

应该说，中国取得这样的成就，是 30 多年来不断深化改革、扩大开放的一个势所必至的结果。由于我国坚定地实行了社会主义市场经济，特别是近 10 年通过加入 WTO，更深度融入世界经济，充分运用全球的市场、资源、技术和智力，促使经济增速年均接近 10%，这样长时间的高速增长世所罕见，使得中国经济连续多年实现跨越式发展，陆续超越世界七大工业国中的其他国家。据三大国际机构数据（美元折算）显示，中国 GDP 总量在国际上排名位次的变化为：2000 年之前，居第七位；2000 年超过意大利居第六位；2002 年超过法国居第五位；2006 年超过英国居第四位；2007 年超过德国居第三位；2010 年超过日本，经济总量仅次于美国居世界第二位。② 这反映了中国经济状况和发展水平在全球经济的排位上了一个新的台阶。

---

① 谢鸿光：《复杂之年的辉煌成就——〈2010 年统计公报〉评读》，中央政府门户网站，2011 年 2 月 28 日。
② 《中国历年 GDP 总量在世界排名位次变化（1994—2010）》，世界经济网，2017 年 2 月 9 日。

对于我国经济总量在全球排名位次的提升，有专家学者提醒说，全国上下应保持清醒的头脑，不能过分估计以至过于自大。首先，在成为世界第二大经济体的背后，中国经济发展模式亟待转型。在旧有的增长模式下，我国不但透支了国内的环境和资源，也过度透支了中国的人力资本和权益资本。中国改革开放后很长一段时间的发展，走的基本是工业化国家曾经走过的先污染后治理的老路，是一种拼资源、拼人力、高投入、高消耗、高排放的粗放式发展。科学发展观所要求的以人为本、人与自然和谐相处、依靠科技和创新引领经济社会发展的路径，近几年才刚刚起步，与全面协调均衡可持续的科学发展距离还相当远。

其次，现代国际社会普遍重视的并不是一个国家的 GDP 总量，而是这个国家的人均 GDP 指标。它能比较客观地反映一个国家社会的发展水平和发展程度，是衡量一个国家居民人均收入水平、生活水平的重要参照指标，具有社会公平和平等的含义。从这个意义上讲，虽然中国在 GDP 总量上赶超了日本，但在人均 GDP 指标上比日本还差一大截，还有繁重的脱贫任务需要完成。中国有 13 亿人口，是世界上人口最多的国家。因为人口基数大，2010 年的人均 GDP 按平均汇率折算为 4550 美元，居世界 100 位之后。而同年日本的人均 GDP 达 44507 美元，差距近 10 倍，非常明显。客观地看，虽然人均 GDP 指标并不能真正反映中日两国的综合国力，但日本在社会保障、医疗卫生、教育和人均寿命以及环境和生态建设等方面的发展水平，要高出中国很多。尤其是日本城乡发展的相对均衡以及农村农业基本上"水旱无忧"的抗灾能力与抗灾水平，更是让中国望尘莫及。改革开放 30 多年来，中国工业化、城市化进程加快，但农村农业发展滞后拖了我国人均 GDP 的后腿，成为我国经济社会发展的短板，最终也深刻影响了我国的综合国力和国际竞争力。

再次，中国基本均等的公共服务才刚刚破题。除了收入不高和有大量贫困人口以外，在国民所享有的基本公共服务和公共产品方面，在养老、医疗、教育、就业、人口城市化等各方面水平都很低，发展还很落后。这反映出中国的整体经济水平与日本等发达国家仍存在很大差距。

总之，人口多、底子薄、相对资源少、贫困人口多、人民权益和福利水平低等现状，仍是中国的基本国情。对此，全国上下应该保持清醒和自觉的认识。步入世界第二大经济体的标志性意义，只表明中国是一个经济大国，而远非经济强国。我国经济总量的世界排名固然重要，但更重要的是，人民无论在收入上还是在权益上，都应该享受到经济增长带来的实惠和益处。这就是中央一再强调改革发展的成果要全体人民共享的深刻内涵所在。

为了改善基本均等的公共服务水平低的状况，2007 年 10 月，胡锦涛在党的十七大报告中指出，必须在经济发展的基础上，更加注重社会建设，着力保障和改善民生，努力使全体人民学有所教、劳有所得、病有所医、老有所养、住有所居，推动建设和谐社会。这是执政党从全面建设小康社会和构建社会主义和谐社会的高度，从解决人民最关心、最直接、最现实的利益问题出发，在社会建设方面提出的奋斗目标和郑重承诺。

实际上，随着 2010 年中国步入世界第二大经济体，我国在经济总量稳步增长的同时，人均 GDP 也在快速增加。国家统计局数据显示，从 2010 年人均 GDP4550 美元算起，2011 年和 2012 年我国人均 GDP 分别为 5577 美元和 6264 美元，2013 年为 6995 美元，2014 年为 7595 美元，2015 年为 8016 美元，呈逐年增长之势。这就为推进保障和改善民生事业，提高城乡居民的人均收入和生活水平培厚了物质基础。

例如，国家统计局 2012 年统计数据显示，我国民生事业取得实在进展。一是全国城镇新增就业达到 1266 万人。年末城镇登记失业率 4.1%，继续维持在较低水平。全年农民工总量达到 26261 万人，比上年增长 3.9%。表明虽然经济增幅有所回落，但就业形势总体平稳。二是城乡居民收入较快增长。全年农村居民人均纯收入 7917 元，比上年增长 13.5%，扣除价格因素，实际增长 10.7%；全年城镇居民人均可支配收入 24565 元，增长 12.6%，扣除价格因素，实际增长 9.6%；城乡居民收入实际增长快于 GDP 增长，同时，农村居民收入实际增速比城镇快 1.1 个百分点。三是社会保障继续完善。年末参加城镇职工基本养老保险人数比上年末增加 1988 万人，参加城乡居民社会养老保险人数增加 15187 万人，参加城镇基本医疗保险人数增加 6246 万人。年末新型农村合作医疗参合率达到 98.1%，1—9 月新型农村合作医疗基金支出 1717 亿元，受益 11.5 亿人次。[①]

由于我国国内经济和社会发展仍存在一些突出的矛盾和问题，世界经济复苏的趋势仍曲折复杂，这对我国外需继续快速增长和国内物价稳定均构成挑战。因此，中国步入世界第二大经济体只是一个开始，必须坚决贯彻中共中央、国务院的部署，以科学发展为主题，以加快转变经济发展方式为主线，实施积极的财政政策和稳健的货币政策，保持宏观经济政策的连续性和稳定性，构建扩大内需的长效机制，促进经济增长向依靠消费、投资、出口共同协调拉动转变。同时，进一步加大改革开放和自主创新的力度，着力保障和改善民生，努力实现国民经济平稳较快发展，促进社会和谐稳定，将全面建设小康社会不断推向前进。

---

① 《国家统计局副局长解读〈2012 年统计公报〉》，人民网，2013 年 2 月 22 日。

第十一章 时代新篇

2018年党的十八大之后，中国进入全面建成小康社会的决定性阶段。经济社会发展所要解决的主要矛盾和主要任务发生了深刻变化，所处时代的特征也随之改变。中国特色社会主义进入新时代。面对世界经济复苏、局部冲突和动荡频发、全球性问题加剧的外部环境，面对中国经济发展进入新常态等一系列变化，以习近平同志为核心的党中央坚持稳中求进工作总基调，出台一系列重大方针政策，推出一系列重大举措，推进一系列重大工作，战胜一系列重大风险挑战，攻克了许多长期没有解决的难题，办成了许多事关长远的大事要事，党和国家事业取得历史性成就、发生历史性变革建设为中国式现代化。

一、全面建成小康社会战略布局

坚持和发展中国特色社会主义

经过30多年高速发展，中国经济总量已跃居世界第二。在综合国力显著提升，国际影响力显著增强，同时国内面临新矛盾、国际面临新形势的情况下，2012年11月8日至14日，中国共产党第十八次全国代表大会在北京召开。中共十八大是在中国进入全面建成小康社会决定性阶段召开的一次十分重要的大会。胡锦涛代表十七届中央委员会作题为《坚定不移沿着中国特色社会主义道路前进，为全面建成小康社会而奋斗》的报告。大会的主题是：高举中国特色社会主义伟大旗帜，以邓小平理论、"三个代表"重要思想、科学发展观为指导，解放思想，改革开放，凝聚力量，攻坚克难，坚定不移沿着中国特色社会主义道路前进，为全面建成小康社会而奋斗。

大会贯穿始终的主线是坚持和发展中国特色社会主义。大会强调，中国特色社会主义道路、中国特色社会主义理论体系、中国特色社会主义制度，是党和人民90多年奋斗、创造、积累的根本成就，必须倍加珍惜、始终坚持、不断发展。建设中国特色社会主义，总依据是社会主义初级阶段，总布局是社会主义经济建设、政治建设、文化建设、社会建设、生态文明建设"五位一体"，总任务是实现社会主义现代化和中华民族伟大复兴。大会明确提出夺取中国特色社会主义新胜利必须坚持的八个基本要求：坚持人民主体地位、坚持解放和发展社会生产力、坚持推进改革开放、坚持维护社会公平正义、坚持走共同富裕道路、坚持促进社会和谐、坚持和平发展、坚持党的领导。大会提出，在中国共产党成立一百年时全面建成小康社会，在新中国成立一百年时建成富强民主文明和谐的社会主义现代化国家。

大会根据中国经济社会发展实际，确定了全面建成小康社会的目标，即：经济持续健康发展；人民民主不断扩大；文化软实力显著增强；人民生活水平全面提高；资源节约型、环境友好型社会建设取得重大进展。大会根据经济、政治、文化、社会、生态文明建设"五位一体"总体布局和全面建成小康社会目标要求，对推进中国特色社会主义建设作出全面部署，强调要加快完善社会主义市场经济体制和加快转变经济发展方式，坚持走中国特色社会主义政治发展道路和推进政治体制改革，扎实推进社会主义文化强国建设，在改善民生和创新管理中加强社会建设，大力推进生态文明建设，加快推进国防和军队现代化，丰富"一国两制"实践和推进祖国统一,继续促进人类和平与发展的崇高事业。大会选举产生了第十八届中央委员会和中央纪律检查委员会。十八届一中全会选举并决定习近平为中央委员会总书记、中央军事委员会主席。

中共十八大勾画了在新的历史条件下全面建成小康社会、加快推进社会主义现代化、夺取中国特色社会主义新胜利的宏伟蓝图,是中国共产党团结带领全国各族人民沿着中国特色社会主义道路继续前进、为全面建成小康社会而奋斗的政治宣言和行动纲领,为新一届中央领导集体的工作指明了方向。

2012年11月15日,在与中外记者见面会上,习近平代表新一届中央领导集体庄严承诺:"人民对美好生活的向往,就是我们的奋斗目标。""我们一定要始终与人民心心相印、与人民同甘共苦、与人民团结奋斗,夙夜在公,勤勉工作,努力向历史、向人民交出一份合格的答卷。""打铁还需自身硬。我们的责任,就是同全党同志一道,坚持党要管党、从严治党,切实解决自身存在的突出问题,切实改进工作作风,密切联系群众,使我们党始终成为中国特色社会主义事业的坚强领导核心。"[①]党的十八大后,新的中央领导集体肩负起对民族、对人民、对党的责任,以实现中华民族伟大复兴的中国梦为总目标引领新时代新征程,以作风建设为切入口推进党的建设新的伟大工程,以全面深化改革开放为根本动力推进中国特色社会主义伟大事业,党和国家事业很快打开新局面,展现新气象。

实现中华民族伟大复兴的中国梦,是新一届中共中央提出和阐发的宏阔的历史使命。2012年11月29日,习近平在参观《复兴之路》展览时首次提出并阐述实现中华民族伟大复兴的中国梦,指出:"实现中华民族伟大复兴,就是中华民族近代以来最伟大的梦想。这个梦想,凝聚了几代中国人的夙愿,体现了中华民族和中国人民的整体利益,是每一个中华儿女的共同期盼。"[②]中国梦的提出,贯通了中华民族的昨天、今天和明天,传递出新一届中央领导集体勇于担当民族复兴使命的坚定决心和信心。

此后,习近平在十二届全国人大一次会议等重要场合,进一步阐述和丰富了中国梦的基本内涵、实践途径和依靠力量。习近平指出,中国梦核心内涵是中华民族伟大复兴,本质是国家富强、民族振兴、人民幸福。实现中国梦必须走中国道路,这就是中国特色社会主义道路;必须弘扬中国精神,这就是以爱国主义为核心的民族精神和以改革创新为核心的时代精神;必须凝聚中国力量,

---

① 习近平:《论把握新发展阶段、贯彻新发展理念、构建新发展格局》,北京:中央文献出版社,2021年,第21—23页。
② 中共中央文献研究室编:《习近平关于实现中华民族伟大复兴的中国梦论述摘编》,第3页。北京:中央文献出版社,2013年。

这就是中国各族人民大团结的力量。中国梦是国家的梦、民族的梦，也是每一个中华儿女的梦。中国梦归根到底是人民的梦，必须紧紧依靠人民来实现，必须不断为人民造福。中国梦是和平、发展、合作、共赢的梦，不仅造福中国人民，而且造福世界人民。

实现中华民族伟大复兴的中国梦，把国家的追求、民族的向往、人民的期盼融为一体，体现了中华民族和中国人民的整体利益，表达了每一个中华儿女的共同愿景，成为激荡在中国人民心中的高昂旋律，成为中华民族团结奋斗的最大公约数和最大同心圆，成为激励中华儿女团结奋进、开辟未来的一面精神旗帜。

全面建成小康社会的新部署

中国共产党自诞生之日起，就把为中国人民谋幸福、为中华民族谋复兴确立为自己的初心和使命。早在新中国成立前，中共七大在勾画中国革命在全国胜利后的建设蓝图时，就提出了"使中国由农业国变为工业国"的目标。新中国成立后，中国共产党致力于把落后的农业大国建设成为社会主义工业化国家，探索适合中国国情的工业化和现代化道路，提出实现工业、农业、科学技术和国防"四个现代化"的奋斗目标。十一届三中全会开启了中国改革开放和社会主义现代化建设的历史新时期。在深刻总结历史经验和科学分析国际国内形势基础上，党确立了"走自己的道路，建设有中国特色的社会主义"的前进方向，充分吸收中华优秀传统文化的精髓，创造性地用"小康"这一概念来诠释中国式现代化，提出现代化建设"三步走"发展战略，并把到20世纪末"人民生活达到小康水平"作为"三步走"战略的第二步。这个目标已经如期实现。中共十五大对第三步目标作出新的战略部署，提出21世纪第一个十年"使人民的小康生活更加宽裕"的目标，并提出建党一百年时和新中国成立一百年时的奋斗目标。中共十六大进一步提出，要在本世纪头20年全面建设惠及十几亿人口的更高水平的小康社会。中共十七大提出推进全面建设小康社会的新任务。中共十八大提出全面建成小康社会新目标，继续记录了中国共产党为人民创造美好生活不懈奋斗的历程，留下了中国共产党开创中国式现代化新道路一步一个脚印的坚实足迹。

中共十八大以后，随着中国特色社会主义进入新时代，以习近平同志为核心的党中央顺应中国经济社会发展新要求和广大人民群众新期待，提出"到2020年全面建成小康社会"的新的奋斗目标，赋予全面小康更高的标准、更丰富的内涵，并从五个方面提出新的要求：

——经济持续健康发展。转变经济发展方式取得重大进展,在发展平衡性、协调性、可持续性明显增强的基础上,实现国内生产总值和城乡居民人均收入比2010年翻一番。科技进步对经济增长的贡献率大幅上升,进入创新型国家行列。工业化基本实现,信息化水平大幅提升,城镇化质量明显提高,农业现代化和社会主义新农村建设成效显著,区域协调发展机制基本形成。对外开放水平进一步提高,国际竞争力明显增强。

——人民民主不断扩大。民主制度更加完善,民主形式更加丰富,人民积极性、主动性、创造性进一步发挥。依法治国基本方略全面落实,法治政府基本建成,司法公信力不断提高,人权得到切实尊重和保障。

——文化软实力显著增强。社会主义核心价值体系深入人心,公民文明素质和社会文明程度明显提高。文化产品更加丰富,公共文化服务体系基本建成,文化产业成为国民经济支柱性产业,中华文化走出去迈出更大步伐,社会主义文化强国建设基础更加坚实。

——人民生活水平全面提高。基本公共服务均等化总体实现。全民受教育程度和创新人才培养水平明显提高,进入人才强国和人力资源强国行列,教育现代化基本实现。就业更加充分。收入分配差距缩小,中等收入群体持续扩大,扶贫对象大幅减少。社会保障全民覆盖,人人享有基本医疗卫生服务,住房保障体系基本形成,社会和谐稳定。

——资源节约、环境友好型社会建设取得重大进展。主体功能区布局基本形成,资源循环利用体系初步建立。单位国内生产总值能源消耗和二氧化碳排放大幅下降,主要污染物排放总量显著减少。森林覆盖率提高,生态系统稳定性增强,人居环境明显改善。

中共十八大提出到2020年全面建成小康社会的奋斗目标,是中国共产党向人民、向历史作出的庄严承诺。全面建成小康社会,在"四个全面"战略布局中居于引领地位。2015年10月,十八届五中全会对全面建成小康社会进行了总体部署,发出了向全面建成小康社会目标冲刺的新的动员令。中共中央在关于制定"十三五"规划的建议中提出了全面建成小康社会的具体目标要求,规划和设计了未来美好生活的宏伟蓝图:

——经济保持中高速增长。在提高发展平衡性、包容性、可持续性基础上,到2020年国内生产总值和城乡居民人均收入比2010年翻一番,主要经济指标平衡协调,发展质量和效益明显提高。产业迈向中高端水平,农业现代化进展明显,工业化和信息化融合发展水平进一步提高,先进制造业和战略性新兴产业加快发展,新产业新业态不断成长,服务业比重进一步提高。

——创新驱动成效显著。创新驱动发展战略深入实施,创业创新蓬勃发展,全要素生产率明显提高。科技与经济深度融合，创新要素配置更加高效，重点领域和关键环节核心技术取得重大突破，自主创新能力全面增强，迈进创新型国家和人才强国行列。

——发展协调性明显增强。消费对经济增长贡献继续加大，投资效率和企业效率明显上升。城镇化质量明显改善，户籍人口城镇化率加快提高。区域协调发展新格局基本形成，发展空间布局得到优化。对外开放深度广度不断提高，全球配置资源能力进一步增强，进出口结构不断优化，国际收支基本平衡。

——人民生活水平和质量普遍提高。就业、教育、文化体育、社保、医疗、住房等公共服务体系更加健全，基本公共服务均等化水平稳步提高。教育现代化取得重要进展，劳动年龄人口受教育年限明显增加。就业比较充分，收入差距缩小，中等收入人口比重上升。中国现行标准下农村贫困人口实现脱贫，贫困县全部摘帽，解决区域性整体贫困。

——国民素质和社会文明程度显著提高。中国梦和社会主义核心价值观更加深入人心，爱国主义、集体主义、社会主义思想广泛弘扬，向上向善、诚信互助的社会风尚更加浓厚，国民思想道德素质、科学文化素质、健康素质明显提高，全社会法治意识不断增强。公共文化服务体系基本建成，文化产业成为国民经济支柱性产业。中华文化影响持续扩大。

——生态环境质量总体改善。生产方式和生活方式绿色、低碳水平上升。能源资源开发利用效率大幅提高，能源和水资源消耗、建设用地、碳排放总量得到有效控制，主要污染物排放总量大幅减少。主体功能区布局和生态安全屏障基本形成。

——各方面制度更加成熟更加定型。国家治理体系和治理能力现代化取得重大进展，各领域基础性制度体系基本形成。人民民主更加健全，法治政府基本建成，司法公信力明显提高。人权得到切实保障，产权得到有效保护。开放型经济新体制基本形成。中国特色现代军事体系更加完善。中国共产党建设制度化水平显著提高。

这些具体目标要求，与中共十六大以来提出的全面建设小康社会的奋斗目标要求相衔接，与中国特色社会主义事业总体布局相一致，进一步明确了全面建成小康社会的基本内涵，体现了目标导向与问题导向相统一，体现了坚持战略性和操作性相结合。实现到2020年国内生产总值和城乡居民人均收入比2010年翻一番，经济必须保持一定的增长速度。"十三五"时期，国内生产总值每年平均增长速度需保持在6.5%以上，主要经济指标平衡协调，才能实现翻一番目标。

中央明确提出，决胜全面建成小康社会，不是新一轮大干快上，不能靠粗放型发展方式、靠强力刺激抬高速度实现"两个翻番"，否则势必走到老路上去，带来新的矛盾和问题。考虑到更长远时期的发展要求，必须加快形成适应经济发展新常态的经济发展方式，以期为实现其第二个百年奋斗目标奠定更为牢靠的基础。

制定和实施国家总体发展战略

实施重大发展战略是推动党和国家事业发展、实现全面建成小康社会奋斗目标的重要抓手。党的十八大以来，党中央统筹实施科教兴国战略、人才强国战略、创新驱动战略、区域协调发展战略、军民融合发展战略等重大发展战略，极大推动了中国经济社会发展。

——实施创新驱动战略。"十三五"规划专门就实施创新发展战略作出安排，提出把发展基点放在创新上，以科技创新为核心，以人才发展为支撑，推动科技创新与大众创业、万众创新有机结合，塑造更多依靠创新驱动、更多发挥先发优势的引领型发展。明确提出实施国家科技重大专项，在重大创新领域组建一批国家实验室，争取在一定时间内突破重大技术瓶颈，加快新技术新产品新工艺研发应用，加强技术集成和商业模式创新。近年来，中国完善科技创新评价标准、激励机制、转化机制，调动了科研人员的积极性。通过实施知识产权战略，加强了知识产权保护。通过实施"大众创业、万众创新"，促进创新资源高效配置和综合集成，把全社会智慧和力量凝聚到了创新发展上来。创新战略实施硕果累累。2015年11月2日，万众瞩目的大飞机C919总装下线，这是中国第一架自行设计制造、具有完全知识产权的大型客机，反映了中国创新能力大幅提升、创新体系建设迈向世界前列。2016年，中国创新能力位居全球第25位，进入创新型国家行列，中低端技术产品出口全面超过日本。

——实施人才强国战略。一是建设规模宏大的人才队伍。推动人才结构战略性调整，突出"高精尖缺"导向，实施重大人才工程，着力发现、培养、集聚战略科学家、科技领军人才、社科人才、企业家人才和高技能人才队伍。培养一批讲政治、懂专业、善管理、有国际视野的党政人才。善于发现、重点支持、放手使用青年优秀人才。改革院校创新型人才培养模式，引导推动人才培养链与产业链、创新链有机衔接。二是促进人才优化配置。建立健全人才流动机制，提高社会横向和纵向流动性，促进人才在不同性质单位和不同地域间有序自由流动。完善工资、医疗待遇、职称评定、养老保障等激励政策，激励人才向基层一线、中西部、艰苦边远地区流动。开展东部沿海地区与中西部地区、东北等老工业基地人才交流和对口支援，继续实施东部城市对口支持西部地区人才培训工程。三是营造良好的人才发展环境。完善人才评价激励机制和服务保障体系，营造有利于人人皆可成才和青年人才脱颖而出的社会环境。发挥政府投入引导作用，鼓励人才资源开发和人才引进。完善业绩和贡献导向的人才评价标准。保障人才以知识、技能、管理等创新要素参与利益分配，以市场价值回报人才价值，强化对人才的物质和精神激励，鼓励人才弘扬奉献精神。营造崇尚专业的社会氛围，大力弘扬新时期工匠精神。实施更积极、更开放、更有效的人才引进政策，完善外国人永久居留制度，放宽技术技能型人才取得永久居留权的条件。加快完善高效便捷的海外人才来华工作、出入境、居留管理服务。扩大来华留学规模，优化留学生结构，完善培养支持机制。培养推荐优秀人才到国际组织任职，完善配套政策，畅通回国任职通道。近年来实施的"千人计划""万人计划"等人才工程取得明显进展。

——深入实施区域发展总体战略。中国幅员辽阔，促进城乡间、区域间的均衡协调发展，是新时代中国发展的一道必答题。2012年12月，习近平总书记在广东视察时根据广东的区位优势提出，希望广东联手港澳打造更具综合竞争力的世界级城市群，着力增强发展的整体性协调性。2014年中央经济工作会议上，中央首次将"一带一路"建设、京津冀协同发展、长江经济带并提为新的三大发展战略。在京津冀协同发展中，疏解北京非首都功能任务成为重中之重。2017年4月1日，中央决定规划建设河北雄安新区，探索人口经济密集地区优化开发的新模式，打造区域发展新的增长极。此后，党中央相继提出了京津冀协同发展、长江经济带发展、粤港澳大湾区建设、长三角一体化发展、黄河流域生态保护和高质量发展、成渝地区双城经济圈建设等新的区域发展战略，深入推进西部大开发、东北全面振兴、中部地区崛起、东部率先发展等区域经济协调发展的整体布局。形成东西互济，南北协同，陆海统筹，发展"差距"转化为追赶"势能"，单个增长极转变为多个动力源，宜粮则粮、宜工则工、宜商则商，各得其所。随着这些区域发展战略的实施，全国几大区域经济总量不断攀升，经济结构持续优化，区域协调发展成效显著。

——实施军民融合发展战略。这是在国家总体战略中兼顾发展和安全的必由之路，是建设巩固国防和强大军队的现实需要和必然要求。"十三五"规划对实施军民融合发展战略作出部署，明确提出完善军民融合发展体制机制，健全军民融合发展的组织管理、工作运行和政策制度体系。建立国家和各省（自治区、直辖市）军民融合领导机构。推进军民融合发展立法。坚持军地资源优化配置、合理共享、平战结合，促进经济领域和国防领域技术、人才、资金、信息等要素交流，加强军地在基础设施、产业、科技、教育和社会服务等领域的统筹发展。一是探索建立军民融合项目资金保障机制。深化国防科技工业体制改革，建立国防科技协同创新机制，实施国防科技工业强基工程。二是改革国防科研生产和武器装备采购体制机制，加快军工体系开放竞争和科技成果转化，引导优势民营企业进入军品科研生产和维修领域。三是加快军民通用标准化体系建设。实施军民融合发展工程，在海洋、太空、网络空间等领域推出一批重大项目和举措，打造一批军民融合创新示范区，增强先进技术、产业产品、基础设施等军民共用的协调性。四是加强国防边海防基础设施建设。五是深化国防动员领域改革，健全完善国防动员体制机制。六是密切军政军民团结。党政军警民合力强边固防，大力推进政治安边、富民兴边、军事强边、外交睦边、科技控边，提高边境综合管控能力，维护边境地区安全稳定。这些必将极大促进军民融合发展开拓新局面，形成全要素、多领域、高效益的军民深度融合发展新格局。

——加快实施自由贸易区战略。中国自贸区建设起步于2002年，经过10多年的努力，陆续签署了《内地与香港关于建立更紧密经贸关系的安排》以及中国—东盟、中国—巴基斯坦、中国—智利等14个自由贸易协定，涉及22个国家和地区，遍及亚洲、大洋洲、拉丁美洲和欧洲。党的十八大以来，中国自贸区建设明显提速，十八届五中全会提出加快实施自由贸易区战略，并在上海探索建立自由贸易区。加快实施自由贸易区战略是顺应全球自贸区发展大趋势需要，是金融危机后提高国际经贸规则制定话语权的需要，也是中国发展更高层次的开放型经济的重大选择。按照"十三五"规划，一是推进区域全面经济伙伴关系协定谈判，在北京亚太经合组织峰会"北京路线图"指引下，推进亚太自由贸易区建设。二是积极推进同"一带一路"沿线国家和地区建成自贸区。三是推进同不同类型国家和地区建立自贸区，致力于形成面向全球的高标准自由贸易区网络。

2013年建立的上海自贸试验区，以建设开放度最高的自由贸易园区为目标，把制度创新作为核心任务，把防范风险作为重要底线，在建立与国际通行规则相衔接的投资贸易制度体系、深化金融开放创新、加快政府职能转变和构建开放型经济新体制方面，取得了重要成果，激发了市场创新活力，试验区内新注册企业4万家，超过挂牌前20多年的总和。在上海自贸试验区探索取得经验基础上，中共中央、国务院又决定在广东、天津、福建建设自贸试验区，要求以上海自贸试验区试点内容为主体，结合自身特点在促进内地与港澳经济深度合作、推进京津冀协同发展、深化两岸经济合作等方面积极开展差别化探索，形成了各具特色、各有侧重的试点格局。自贸试验区累计总结了100多项制度创新成果，分领域、分层次在全国进行了复制推广。中央要求在深入总结评估的基础上，力争取得更多可复制推广的制度创新成果，进一步彰显全面深化改革和扩大开放的试验田作用。

——实施制造强国战略。党的十八大以来，中国还积极实施制造强国战略，于2015年颁布《中国制造2025》。这是在新的国际国内环境下，中国政府立足于国际产业变革大势,作出的全面提升中国制造业发展质量和水平的重大战略部署。其根本目标在于改变中国制造业"大而不强"的局面,通过10年的努力,使中国迈入制造强国行列,为到2045年将中国建成具有全球引领和影响力的制造强国奠定坚实基础。此外,中国还开始实施国家大数据战略,把大数据作为基础性战略资源,全面实施促进大数据发展行动,加快推动数据资源共享开放和开发应用,助力产业转型升级和社会治理创新。为推动国家大数据战略落地,中国在贵州建立了首个国家大数据综合试验区。

"积力之所举,则无不胜也;众智之所为,则无不成也。"在制定和实施国家总体发展战略的推动下,新时代的中国呈现出鲲鹏展翅,乘风翱翔的万千气象。

二、推进全面深化改革战略布局

全面深化改革总目标及合理布局

改革开放走过35个年头的时候,中国经济社会发展取得巨大成就,同时国内外环境也发生了极为广泛而深刻的变化。如诺贝尔经济学奖得主斯蒂格利茨形象地比喻说,中国已经走出改革初期的浅滩阶段,正站在大河中央,选择彼岸的到岸位置。换句话说,改革进入攻坚期和深水区,相对容易的改革已经完成,剩下的都是难啃的硬骨头,面对的暗礁、潜流、漩涡也越来越多。改革涵盖的领域愈加广泛,触及利益格局的调整愈加深刻,涉及的矛盾和问题愈加尖锐,突破体制机制的障碍愈加艰巨,继续推进改革的复杂性、敏感性、联动性世所罕见。所有发展中的矛盾和问题,只能用改革开放的办法来解决。中国要前进,除了全面深化改革,全面对外开放,别无他途。

中共十八大以后,以习近平同志为核心的党中央提出"全面深化改革、全面依法治国、全面从严治党"三大战略举措,都要为"全面建成小康社会"战略目标服务,统称"四个全面"战略布局。其中,全面深化改革首当其冲。2013年11月,中共十八届三中全会在北京举行。全会审议通过了《中共中央关于全面深化改革若干重大问题的决定》。习近平就《决定(讨论稿)》向全会作了说明:

第一,十八届三中全会首次明确提出把"完善和发展中国特色社会主义制度,推进国家治理体系和治理能力现代化"作为全面深化改革的总目标,这是对改革开放理论的创新。改革开放以来,几乎历次三中全会都研究讨论深化改革问题,所提出的改革目标,大多是针对具体领域的。而这次全会提出的是全面深化改革的总目标，并且围绕这个总目标，明确了深化经济体制、政治体制、文化体制、社会体制、生态文明体制改革和执政党建设改革的分目标，合理布局全面深化改革的战略重点、优先顺序、主攻方向、工作机制、推进方式和时间表、路线图，提出"使市场在资源配置中起决定性作用和更好发挥政府作用"的新观点新论断，形成了改革理论和政策的一系列新的重大突破。

第二，十八届三中全会是在中国改革开放到了一个新的重要关头召开的，作出了自改革开放以来最为系统全面的顶层设计，是中国改革开放进程中的重要里程碑，标志着中国改革开放进入一个新的历史阶段。改革开放初期，中国通过打破群体、区域大锅饭，调整利益关系，极大激发各方面积极性，赢得广泛的社会支持和共识。经过几十年的风雨兼程，中国改革进入攻坚期和深水区，又到了一个新的历史关头，推进改革的复杂程度、敏感程度、艰巨程度更甚于当年，需要在破除体制机制弊端、调整深层次利益格局上实现重要突破。十八届三中全会正是在新的重要关头，对全面深化改革作出总部署、总动员，提出"以更大决心冲破思想观念的束缚、突破利益固化的藩篱"，以思想大解放实现改革大突破，体现了"里程碑"的意义。

第三，十八届三中全会吹响全面深化改革的号角，推动各个领域改革的系统展开和联动发力，推动党和国家事业发生历史性变革，谱写了全面深化改革的新篇章。时代发展到一定阶段，要有效应对中国发展面临的一系列矛盾和挑战，靠零敲碎打调整、碎片化修补都行不通了，必须进行全面的系统的改革和改进。十八届三中全会提出全面深化改革，本身就是对我国改革开放面临新情况、新形势、新问题的一种科学回应，是改革进程本身向前拓展提出的客观要求，也是党对改革规律性认识的深化和系统化。

2013年12月30日，中共中央政治局召开会议，决定成立由习近平任组长的中央全面深化改革领导小组，全面深化改革的进程由此开启。中共中央以前所未有的决心和力度推动许多领域实现历史性变革、系统性重塑、整体性重构，形成了一批改革理论成果、制度成果、实践成果。中国改革开放踏上了以目标为导向的新征程。

新常态引领经济体制深化改革

十八届三中全会通过的《中共中央关于全面深化改革若干重大问题的决定》，全面、清晰地阐述了经济体制改革的核心、方向及重点任务，指出，经济体制改革是全面深化改革的重点，核心问题是处理好政府和市场的关系，使市场在资源配置中起决定性作用和更好发挥政府作用。要紧紧围绕这个核心问题深化经济体制改革，坚持和完善基本经济制度，加快完善现代市场体系、宏观调控体系、开放型经济体系，加快转变经济发展方式，加快建设创新型国家，推动经济更有效率、更加公平、更可持续发展。由此，开启了中国经济发展方式向更高形态发展的结构之变。

"新常态"引领并贯穿中国经济体制改革全过程。2008年，一场国际金融危机席卷全球。中国虽然短期内稳住了增长，但是从2011年起，带动中国经济30年增长的投资、消费和出口的增速同时下降，经济增速从年均10个百分点以上持续下行。习惯了多年的高速增长之后，略有减速，就会让经济运行的很多方面觉得不适应。减速是短期变化还是长期趋势？形势变化是不是难题与希望并存，低迷与活跃并存，供给过剩与供给不足并存？经济结构要调整，但新的结构是什么？内生动力从哪儿来？中国经济需要清醒的瞭望者给出方向。

2013年12月，中共中央召开经济工作会议，深入分析国际国内经济形势变化，确定2014年要继续坚持稳中求进工作总基调，明确要保持政策连续性和稳定性，积极推进重点领域改革。面对2013年一度较大的经济下行压力，习近平在部署第二年经济工作当中，首次用了"新常态"这样的提法。2014年11月，习近平在北京APEC工商领导人峰会开幕式的主旨演讲中，对"新常态"一词做了系统阐述：中国经济呈现出新常态，有几个主要特点，一是从高速增长转为中高速增长；二是经济结构不断优化升级；三是从要素驱动、投资驱动转向创新驱动。"新常态"全面回答了对中国经济发展怎么看的问题。认识新常态，适应新常态，引领新常态，体现了今后一个时期中国经济发展的深层逻辑。

经济发展新常态的重大判断，带来了中共中央经济工作思路的重大调整。2015年11月，在中央财经领导小组第十一次会议上，习近平指出，在适度扩大总需求的同时，着力加强供给侧结构性改革，着力提高供给体系质量和效率，增强经济持续增长动力，推动中国社会生产力水平实现整体跃升。供给侧结构发展不平衡、不充分问题是改革需要面对的主要问题。"供给侧结构性改革"的提出，是继"经济发展新常态"之后作出的又一重大理论创新。它回应了适应经济发展新常态应该"干什么"的问题。

围绕供给侧结构性改革这条主线，中央继而开出了一剂标本兼治的药方——"三去一降一补"。2015年12月中央经济工作会议在京举行。会议提出，2016年经济社会发展特别是结构性改革任务十分繁重，要抓住关键点，主要是抓好去产能、去库存、去杠杆、降成本、补短板五大任务。去产能，积极稳妥化解产能过剩，特别是钢铁、水泥、电解铝等高消耗、高排放行业的过剩产能；去杠杆，消除过高的债务杠杆率，让资金血脉畅行，防范金融风险压力；去库存，主要是打通供需通道，化解房地产库存，稳定房地产市场。降成本，降低制度性交易成本，降低企业税费负担，金融部门为实体经济让利，降低能源价格、物流成本等；补短板，补基础设施老旧不配套短板，补科技创新进步短板、补城乡统筹发展短板等。

中国经济，以壮士断腕的决绝，向旧的发展方式告别。供给侧结构性改革，牵一发而动全身。十八届三中全会提出的深化经济体制改革的诸多任务，都因为供给侧结构性改革这一主线的形成，而呈现纲举目张之势。

——行政审批制度改革稳步推进。结构之变，是全面之变，更是深层之变。深化供给侧结构性改革的深层次着力点，就是进一步处理好政府和市场的关系。为了处理好这一关系，中央将行政审批制度改革作为工作切入口。党的十八大以来，国务院各部门取消或下放行政审批事项618项；取消中央指定地方实施行政审批事项283项。中央政府层面核准的企业投资项目削减比例累计接近90%。工商登记前置审批事项中的87%，改为后置审批或取消。在市场体系建设中建立公平竞争审查制度。"简政放权、放管结合、优化服务"的改革得到了有效落实。

——财税体制改革顺利推行。财税体制改革是中共十八大后经济体制改革的重点领域。十八届三中全会赋予了财政"国家治理的基础和重要支柱"的全新定位。2014年6月《深化财税体制改革总体方案》出台，将财税体制改革任务细分为改进预算管理制度、深化税收制度改革、调整中央和地方政府财政关系三个方面，说明了每项改革的方向、目标、基本框架和内容。同年8月，新修订的《预算法》为深化财税体制改革全局奠定了法律基础。具体税种改革方面，明确提出逐步建立综合与分类相结合的个人所得税制的改革方向。资源税从调整计征方式、扩大征收范围、划分税收收入归属三个方向全面推进，有效发挥出其作为税收杠杆的调节作用，推动经济结构调整和发展方式转变。随后出台《深化国税、地税征管体制改革方案》，提出6大类31项具体举措，以期实现到2020年建成与国家治理体系和治理能力现代化相匹配的现代税收征管体制，为促进经济社会持续健康发展提供有力支撑。

——金融领域改革有序推进。金融是实体经济的血脉。中央高度重视金融领域改革，反复强调金融要为实体经济服务，满足经济社会发展和人民群众需要。随着金融改革有序推进，多元化多层次的投融资体系逐渐完善。利率市场化改革取得进展，存贷款利率管制基本放开。2015年10月24日起，人民币存款利率浮动上限完全放开，标志着利率管制全面放开。同年5月1日起，存款保险条例正式实施。利率调控能力的增强对促进供给侧改革发挥了积极作用。人民币汇率形成机制按照主动性、可控性和渐进性原则加快完善，汇率市场化进程和有关的汇率调控机制、外汇市场建设等有序推进。以上海自贸区金融改革试验为突破口,人民币国际化水平快速提高。在储备货币方面,2016年10月1日国际货币基金组织(IMF)正式将人民币纳入特别提款权(SDR)货币篮子,体现了国际社会对中国经济发展成效的充分认可。此外,多层次银行体系正在构建;存款保险制度实施,金融监管协调机制初步建立;沪港通、深港通、债券通相继开通。

——农村土地制度改革科学有效。农村改革的核心始终是土地问题。中国波澜壮阔的改革大潮,发端于土地,收获于土地,也不断在土地上捕捉着深入推进制度变革的新契机。2014年9月29日,习近平在中央深改领导小组第五次会议上,提出了农村土地制度改革的新思路,即所有权、承包权、经营权"三权"分置,承包权仍归承包户,经营权则流转给愿意种地的经营主体,明晰赋予经营权应有的法律地位和权能。这是继家庭联产承包责任制后农村改革又一重大制度创新。2016年8月30日,中央深改领导小组第二十七次会议审议通过了《关于完善农村土地所有权承包权经营权分置办法的意见》。两个月后,文件正式发布。截至2017年,全国有7000万户农民流转了土地,占全部农户的30%,土地流转面积占到总的承包面积的35%,农业经营规模化程度明显提高。

——进一步完善产权保护制度。"有恒产者有恒心,无恒产者无恒心。"这是2300多年前中国古代先贤孟子对人性的朴素而深刻的认识。2016年5月,在中央财经领导小组第十三次会议上,习近平引用这句话,再次强调产权制度是社会主义市场经济的基石。健全产权保护制度,是全面深化改革进程中的又一项事关全局的重大改革,是建设现代化经济体系、健全社会主义市场经济体制的重要内容。

2013年11月,十八届三中全会提出,公有制经济和非公有制经济都是社会主义市场经济的重要组成部分,都是我国经济社会发展的重要基础;公有制经济财产权不可侵犯,非公有制经济财产权同样不可侵犯;国家保护各种所有制经济产权和合法利益,坚持权利平等、机会平等、规则平等,废除对非公有制经济各种形式的不合理规定,消除各种隐性壁垒,激发非公有制经济活力和创造力。2014年10月,十八届四中全会提出要健全以公平为核心原则的产权保护制度,加强对各种所有制经济组织和自然人财产权的保护,清理有违公平的法律法规条款。2015年,十八届五中全会强调要鼓励民营企业依法进入更多领域,引入非国有资本参与国有企业改革,更好激发非公有制经济活力和创造力。2016年8月,中央深改领导小组第二十七次会议审议通过了《关于完善产权保护制度依法保护产权的意见》。根据中央的这个文件,最高人民法院、最高人民检察院很快出台了配套的具体意见,并抓紧甄别纠正一批社会反映强烈的产权纠纷申诉案件。2017年3月,十二届全国人大五次会议上审议通过《民法总则》,

明确规定法律保护民事主体的财产权利。

——国企体制改革成效显著。深入推进国企改革,是全面深化改革的重要篇章,也是供给侧结构性改革的应有之义。根据中央关于"毫不动摇地巩固和发展公有制经济"的方针,深化国有企业改革,就要继续优化国有企业布局,提高国有企业竞争力,促进多种所有制经济携手共同发展。2015年8月24日,《中共中央、国务院关于深化国有企业改革的指导意见》出台。《指导意见》从改革的总体要求到分类推进国有企业改革、完善现代企业制度和国有资产管理体制、发展混合所有制经济、强化监督防止国有资产流失、加强和改进党对国有企业的领导、为国有企业改革创造良好环境条件等方面,全面提出了新时期国有企业改革的目标任务和重大举措。以此为统领,国企分类、发展混合所有制经济、完善国资监管体制、防止国有资产流失等多个配套文件出台,共同形成了国企改革的设计图、施工图。国企改革"1+N"体系就此搭建完成。到2017年,全国国有企业公司制改制面达到90%以上,中央企业各级子企业公司制改制面达92%,建设规范董事会的央企已有80多家,适应市场竞争要求的决策、执行、监督机制进一步完善。混合所有制改革稳步推进,企业层级提升,拓展到电力、石油、石化、航空、电信、军工等领域。超过三分之二的中央企业引进各类社会资本,进行股权多元化、资产多元化等各方面的混合所有制改革,国有资本功能不断放大。

2017年,供给侧结构性改革的发力点,进一步拓展到农业、振兴实体经济、促进房地产平稳健康发展等多个领域。深化经济体制改革以来,中国主动适应、把握、引领经济新常态,深入推进供给侧结构性改革,进一步激发了中国经济增长的活力,有效拓展了中国经济发展新空间。2012年至2017年的五年间,中国保持经济稳中向好、稳中有进,国内生产总值从54万亿元增长到80万亿元,稳居世界第二,对世界经济增长的平均贡献率超过30%,居世界第一位,成为促进世界经济复苏的主要动力源。

政治体制改革积极稳妥推进

中共十八大报告明确提出:"政治体制改革是中国全面改革的重要组成部分。必须继续积极稳妥推进政治体制改革,发展更加广泛、更加充分、更加健全的人民民主。"据此,十八届三中全会从加强社会主义民主政治制度建设、推进法治中国建设、强化权力运行制约和监督体系三个方面,作出推动政治体制改革的部署。这标志着新一轮中国政治体制改革扬帆起航。

我国的政治体制是基于中国国情在长期实践探索过程中形成的。推动政治体制改革，是以不改变国家的根本政治制度为前提的政治管理体制的改革，包括领导体制、行政机构、干部人事制度、行政法规等方面的改革，是国家政治制度的完善和发展，目的在于调整部分社会政治关系，提高政治与行政管理工作的效能，促进经济、文化、社会等事业的发展。

政治体制改革是整个改革开放事业的重要组成部分，是中国特色社会主义制度自我完善和发展的必然选择。十一届三中全会后，随着经济体改革深入发展，传统政治体制弊端也明显表现出来。2013年11月，十八届三中全会的《决定》提出：要紧紧围绕坚持党的领导、人民当家作主、依法治国有机统一深化政治体制改革，加快推进社会主义民主政治制度化、规范化、程序化，建设社会主义法治国家，发展更加广泛、更加充分、更加健全的人民民主。

中国共产党的领导是中国特色社会主义最本质的特征。中国特色社会主义进入新时代，坚持党的领导，特别是坚持党中央集中统一领导，从根本上保证了深化政治领域改革的正确方向。在中央层面，相继成立了中央国家安全委员会、中央全面深化改革领导小组、中央网络安全和信息化领导小组、中央军委深化国防和军队改革领导小组，加强了党中央对党和国家事业全局中重要工作的直接领导力度和统筹协调能力，提高了决策和执行机制的权威性和效能。从2015年起，每年1月，中共中央政治局常务委员会听取全国人大常委会、国务院、全国政协、最高人民法院、最高人民检察院党组工作汇报，听取中央书记处工作报告。这已成为实现党中央集中统一领导的制度安排。此后，中央相继审议通过了《中国共产党党组工作条例（试行）》《中国共产党地方委员会工作条例》等，规范各级党政主要领导干部职责权限、党政部门及内设机构权力和职能等，为党发挥总揽全局、协调各方的领导核心作用提供了坚强的组织制度保障。

坚持党的领导，使中国这艘巨轮在驶向复兴彼岸时有了坚定而正确的掌舵人，而人民当家作主，就是巨轮航行的力量之源。发展社会主义民主政治，必须以保证人民当家作主为根本，坚持和完善人民代表大会制度、中国共产党领导的多党合作和政治协商制度、民族区域自治制度以及基层群众自治制度，更加注重健全民主制度、丰富民主形式，从各层次各领域扩大公民有序政治参与，充分发挥中国社会主义政治制度优越性。这是全面深化改革对加强社会主义民主政治制度建设提出的总目标。

——人民代表大会制度与时俱进。全国人大常委会通过依法履职，在立法、监督、代表等方面，不断创新人大工作体制机制，形成了很多制度性成果。比如，在立法工作方面，着力推进重点领域立法，立法工作呈现出数量多、分量重、节奏快的特点。2013—2016年，全国人大常委会共制定17部法律，修改95部法律，取得了一批新的重要成果。十二届全国人大三次会议对《立法法》作出重要修改，进一步明确立法权限，对设区的市赋予地方立法权。出台《关于建立健全全国人大专门委员会、常委会工作机构组织起草重要法律草案制度的实施意见》等重要文件，不断健全法律草案征求代表意见、基层立法联系点等制度。在讨论决定重大事项方面，中共中央关于健全人大讨论决定重大事项制度、各级政府重大决策出台前向本级人大报告的部署得到落实，人大讨论决定重大事项的范围和程序进一步完善，人大常委会定期听取和审议国务院、最高人民法院、最高人民检察院工作报告。在监督工作方面，强化公共资源配置和保障改善民生的监督，改进预算初审工作，制定《关于建立预算审查前听取人大代表和社会各界意见建议的机制的意见》，实施全口径预算监督。进一步规范执法检查、专题询问等监督方式，逐渐探索形成6个环节的"全链条"监督工作流程，进一步增强了人大监督的系统性、针对性和有效性。在代表工作方面，在全国人大代表中增加了一线工人、农民、专业技术人员代表的比例和农民工代表人数，切实保证人民当家作主的主体地位。特别是代表列席常委会会议、参加执法检查、参与专门委员会和工作委员会活动日渐常态化。

——协商民主制度化规范化程序化。以协商的方式来调和社会矛盾、求同存异、扩大共识，是深化政治体制改革的重要内容。党的十八大报告提出，"社会主义协商民主是中国人民民主的重要形式"。"协商民主"首次出现在党的代表大会文件中，为深化政治体制改革写下浓重一笔。十八届三中全会进一步将"协商民主"写入全面深化改革的方案之中。2015年，中共中央印发《关于加强社会主义协商民主建设的意见》，政党协商、人大协商、政府协商、政协协商、人民团体协商、基层协商和社会组织协商七种协商民主渠道，从顶层设计的高度，系统谋划了协商民主的发展路径。作为协商民主的专门机构，人民政协生动体现了社会主义民主政治的特色和优势。中共十八大以来，全国政协动员各级政协组织、广大政协委员把为制定和实施"十三五"规划献计出力作为服务大局的主攻方向，2015年集中3个月时间，连续开展56次视察调研和协商议政活动，2016年围绕全面建成小康社会重点难点问题，开展了92项调研议政活动。在人民政协的三项职能中，民主监督具有特殊重要意义。2017年，中共中央办公厅专门印发《关于加强和改进人民政协民主监督工作的意见》，明确了人民政协民主监督的意义、要求和内容、形式、程序、工作机制等，有力地推进了人民政协民主监督制度化规范化程序化。

——发展基层民主的新路径。全面深化改革起于顶层设计，达于广袤乡野。生长于城乡社区的基层协商，为发展基层民主探索着新路径。如在广东增城，下围村的治理纷扰多年，财务管理混乱，村务由少数干部说了算，使投资环境和人居环境一落千丈。2015年中央出台《关于加强城乡社区协商的意见》，对于协商的主体、形式和程序等都作出了具体规范，这让基层协商有了具体的"操作指南"。下围村据此制定了一套议事制度：村中事务要通过村民代表大会来商议，每次的表决议题和内容都会提前通过村里的政务微信平台直接推送给每一个村民。民主商议、一事一议，协商带来了发展效率，下围村集体经济收入在几年间大幅提升，上访大村和问题大村转变为村民自治的模范村。在推进多种协商渠道协商力度的同时，全面深化改革还注重健全决策咨询机制、意见征集和反馈机制等，让民意在政府决策之中显现更多权重。用群众习惯的方式来解决群众身边的问题，基层协商正逐步上升为城乡社区的基本工作制度。

——群众团体改革进展顺利。群团组织以往确实在开展工作过程中存在一些问题，没有很好地充分发挥作用。2015年7月6日，中央党的群团工作会议在北京召开，主要任务是分析研究新形势下党的群团工作面临的新情况新问题，总结成功经验，解决突出问题，推动改革创新。习近平在会上强调，对党的群团工作取得的显著成绩，必须充分肯定，同时必须注重解决存在的问题，特别是要重点解决脱离群众的问题。工会、共青团、妇联等群团组织要增强自我革新的勇气，抓住巩固和拓展党的群众路线教育实践活动成果、开展"三严三实"专题教育的时机，在群团组织中深入推动思想教育、问题整改、体制创新，转变思想观念，强化群众意识，改进工作作风，提高工作水平。会后不久，《中共中央关于加强和改进党的群团工作的意见》颁布实施。2015年11月，《全国总工会改革试点方案》经中央全面深化改革领导小组审议通过，工会改革工作正式启动。2016年8月，中共中央办公厅印发了《共青团中央改革方案》，9月印发《全国妇联改革方案》，12月印发《中国侨联改革方案》。群团组织改革进入快车道。

——法治建设得到加强。2014年10月召开的中共十八届四中全会通过了《中共中央关于全面推进依法治国若干重大问题的决定》。这是中国共产党历史上，第一次专门研究法治建设的中央全会。党的领导是建设中国特色社会主义法治体系、建设社会主义法治国家的政治保证。党要把自己的路线、方针、政策通过法定程序转化为国家意志，成为全国人民共同遵守的法律规范，实现党的主张和人民意志的有机统一。

站在新一轮改革的起点上，如何处理改革和立法的复杂关系，尤显重要。全国人大常委会先后授权国务院在上海自贸试验区及天津、广东、福建三地自贸试验区暂时调整有关行政审批。在2014年中央深化改革领导小组第二次会议上，习近平明确提出了"重大改革于法有据"的要求。就是在全面深化改革中，立法要主动适应改革，注重运用法治思维和法治方式推进改革，实现立法和改革决策相衔接。2015年3月15日，十二届全国人大三次会议高票表决通过了对《立法法》的修改。我国立法步伐不断加快。十二届全国人大及其常委会共通过法律、法律解释和有关法律问题的决定100件。党的主张和人民的意愿通过法定程序转化为国家意志。

伴随着法治建设的步伐，国家监察体制改革试点也顺利展开。2016年10月27日，十八届六中全会公报发布，其中指出："各级党委应当支持和保证同级人大、政府、监察机关、司法机关等对国家机关及公职人员依法进行监督。"这是"将监察机关与人大、政府等首次并列提出"。2016年11月，中共中央办公厅印发《关于在北京市、山西省、浙江省开展国家监察体制改革试点方案》，部署在3省市设立各级监察委员会，从体制机制、制度建设上先行先试、探索实践，为在全国推开积累经验。

党的十八大以来，以习近平同志为核心的党中央沿着民主法治的道路，坚定不移地进行改革，使新时代中国的政治体制进入制度化、规范化、程序化的新阶段。在中国共产党领导下，一幅用民主与法治勾勒的治理图景，越来越清晰地呈现在世人面前，引领中国坚定不移地驶向中华民族伟大复兴的彼岸。

深化社会体制改革进步显著

中国人口众多，社会治理存在诸多难题，社会建设任重道远。中共十八届三中全会把"促进社会公平正义"定为社会体制改革的价值目标，顺应了转型期社会的基本需求。"人民是改革的主体"这一论断，在十八届三中全会通过的全面深化改革的决定中频繁出现，格外醒目。2014年2月，中央全面深化改革领导小组审议通过了《关于深化司法体制和社会体制改革的意见及贯彻实施分工方案》，提出要加快形成科学有效的社会治理体制，促进社会公平正义，保障人民安居乐业。

第一，大力推进精准扶贫。

全面建成小康社会，一个都不能少。消除贫困、改善民生、逐步实现共同富裕，是社会主义的本质要求，是中国共产党的重要使命。长期以来，党和政府做了大量工作，使7亿多农村贫困人口成功脱贫，这一成就得到世界赞誉。但中国扶贫攻坚形势依然严峻，截至2013年底，全国仍有7000多万贫困人口，不少群众贫困程度还很深。2013年11月3日，习近平总书记考察湖南省花垣县湘西十八洞村时首次提出了"精准扶贫"的重要思想。为切实做好扶贫工作，2015年11月27日，中央扶贫开发工作会议在北京召开，中央政治局常委与地方党政主要负责人全部出席。习近平在会上指出："脱贫攻坚战的冲锋号已经吹响。我们要立下愚公移山志，咬定目标、苦干实干，坚决打赢脱贫攻坚战，确保到

2020 年所有贫困地区和贫困人口一道迈入全面小康社会。"会后，发布了《中共中央、国务院关于打赢脱贫攻坚战的决定》公开发布。中办、国办就落实《决定》制定了 10 个配套文件，32 个牵头部门和 77 个参与部门共出台 118 个政策文件或实施方案。

精准扶贫工作扎实推进，一是建起了脱贫攻坚责任制，中西部 22 个省份党委和政府向中央签订责任书。2016 年底对这 22 个省份脱贫攻坚工作进行了督查巡查，开展成效考核，委托专家学者开展第三方评估。明确贫困县必须作为、提倡作为、禁止作为的九项标准。二是党建扶贫发出威力。开展建档立卡"回头看"，扶贫对象识别精准度进一步提高。各地共向贫困村选派驻村工作队 12.8 万个，派出驻村干部 54 万多人。全国选派 18.8 万名优秀干部到贫困村和基层党组织薄弱村担任第一书记，提升带动群众脱贫能力。三是社会力量广泛参与扶贫。东西部扶贫协作首次实现对全国 30 个民族自治州全覆盖。启动"携手奔小康"行动，东部发达地区 267 个经济较强县（市、区）结对帮扶西部 406 个贫困县。国务院国资委组织中央企业设立贫困地区产业投资基金，51 家央企参与出资。根据中央部署，各地积极实施产业扶贫，即发展生产脱贫一批、易地搬迁脱贫一批、生态补偿脱贫一批、发展教育脱贫一批、社会保障兜底一批的"五个一批"工程，扎实推进了精准扶贫工作。

就业，是远离贫困的一服良药，是最大的民生工程。对于贫困群众来说，一人就业往往能带来全家脱贫。党的十八大以来，党中央高度重视就业工作，把它作为提升民生福祉的重要内容，开始实行就业优先战略，就业政策朝着实现更高质量和更充分就业的新目标迈进。在"十三五"期间，90% 以上建档立卡贫困人口得到了产业扶贫和就业扶贫支持，全国累计建设扶贫车间 32688 个，培育贫困村创业致富带头人 41 万多人，创办领办各类经营主体 21.4 万个，各地扶贫车间吸纳贫困人口家门口就业 43.7 万人，中国城镇新增就业超过 6000 万人。

第二，实施户籍制度改革。

一纸户籍，仿佛一堵高墙，将城里人与农村人分隔于墙的两边。户籍不仅仅是一张纸，更依附着人民群众关心的各种权益。十八届三中全会明确提出："加快户籍制度改革，全面放开建制镇和小城市落户限制，有序放开中等城市落户限制，合理确定大城市落户条件，严格控制特大城市人口规模。"2014 年 7 月，国务院发布《关于进一步推进户籍制度改革的意见》，提出建立城乡统一的户口登记制度。取消农业户口与非农业户口性质区分和由此衍生的蓝印户口等，统一登记为居民户口。2016 年 9 月 29 日发布《国家人权行动计划（2016—2020 年）》，提出要落实国务院户籍制度改革方案，取消农业户口与非农业户口性质区分，建立城乡统一的户籍登记制度。"十三五"期间，我国全面实施居住证暂行条例，推进居住证制度覆盖全部未落户城镇的常住人口。根据公安部 2019 年数据显示，1 亿人落户任务提前完成，1 亿多农业转移人口自愿有序实现了市民化，户籍人口城镇化率由 2013 年的 35.93% 提高到 44.38%。中国户籍制度改革进展顺利、成效显著。

第三，全面实施两孩政策。

人是发展的第一要素。伴随着中国经济社会各方面的发展，中国人口老龄化现象突出、人口红利逐渐消失。为了促进人口长期均衡发展，中央科学把握人口发展规律，从中华民族长远发展的战略高度出发决策实施两孩政策。2013 年 12 月，十八届三中全会决定启动实施"单独两孩"政策，十二届全国人大常委会第六次会议表决通过《关于调整完善生育政策的决议》。2015 年 12 月，中共中央、国务院颁发《关于实施全面两孩政策改革完善计划生育服务管理的决定》，两孩政策相继依法顺利实施。针对家庭不想生、生不起、养不起等问题，2017 年 10 月党的十九大报告明确提出，要促进生育政策和相关经济社会政策配套衔接。在国家卫生健康委人口家庭司指导下，中国人口与发展研究中心组织研究人员，依据人口监测等数据，使用人口模型，采用多种方法相结合，开展了两孩政策（包括单独两孩、全面两孩政策）评估工作，多维度评估了两孩政策的实施效果。根据初步测算，单独两孩、全面两孩政策实施以来，2014—2020 年累计新增二孩出生为 1650 万。其中，2014—2015 年单独两孩政策实施期间，累计新增二孩出生为 275 万。2016—2020 年全面两孩生育政策实施期间，累计新增二孩出生为 1375 万。二孩占比从 2013 年的 30% 左右，上升到 2017 年的 50% 左右，之后回落到 45% 左右。我国第七次人口普查数据显示，新增二孩出生导致年度出生增加，实施全面两孩政策后，2016 年、2017 年出生人口数量明显回升，分别达到 1883 万和 1765 万。评估发现，两孩政策实施取得了积极成效，促进了人口均衡发展和家庭幸福和谐。

第四，深化教育体制改革。

教育是民族振兴和社会进步的基石，事关国家未来。一是通过《关于深化考试招生制度改革的实施意见》，全面启动考试招生制度改革，提出改革总的目标是形成分类考试、综合评价、多元录取的考试招生模式，健全促进公平、科学选才、监督有力的体制机制，构建衔接沟通各级各类教育、认可多种学习成果的终身学习立交桥。二是现代学校制度建设迈出关键步伐。坚持和完善普通高校党委领导下的校长负责制，健全党委与行政议事决策制度和协调运行机制。加强学术组织建设，充分发挥学术委员会在学术事务方面的作用。三是教育管理体制改革有力有序推进，先后取消下放 21 项教育行政审批事项，评审评估评价事项减少三分之一。通过《关于深化职称制度改革的意见》,全面推开中小学教师职称制度改革,在中小学设置正高级教师职称(职务),拓宽中小学教师职业发展通道。四是积极稳妥做好教育对外开放工作。2015年,国务院颁布《统筹推进世界一流大学和一流学科建设总体方案》,确定了"双一流"建设的重大举措,重点支持若干所高校和一批学科进入世界一流行列,若干学科进入世界一流学科前列。几年来,教育公平、幼儿教育、师德师风建设也有很大加强。这些举措,推动教育事业取得明显进步。

第五,深化医药体制改革。

党的十八大以来,深化医药卫生体制改革取得明显进展,形成了一批符合实际、行之有效的经验做法。第一,推进公立医院改革。先后颁布《关于城市公立医院综合改革试点的指导意见》《关于整合城乡居民基本医疗保险制度的意见》等文件,截至2016年8月,18个省实现城乡居民医保整合。第二,加强儿童医疗卫生服务改革。儿童健康事关家庭幸福和民族未来,但中国每千名儿童儿科执业(助理)医师数仅为0.49人,低于世界主要发达国家(0.85～1.3人)。2016年3月,中央全面深化改革领导小组审议通过了《关于加强儿童医疗卫生服务改革与发展的意见》,提出要紧紧围绕加强儿科医务人员培养和队伍建设、完善儿童医疗卫生服务体系、推进儿童医疗卫生服务领域改革、防治结合提高服务质量等关键问题,系统设计改革路径,切实缓解儿童医疗服务资源短缺问题。第三,推进家庭医生签约服务制度。2016年4月,中央全面深化改革领导小组审议通过《关于推进家庭医生签约服务的指导意见》。第四,推动改革完善药品生产流通机制。2016年12月,中央深改领导小组审议通过了《关于进一步改革完善药品生产流通使用政策的若干意见》。此外,新食品安全法等法规正式实施,用最严格的监管制度保障"舌尖上的安全";药品医疗器械审评审批制度改革贯彻落实,让患者以更快速度、更低价格用上救命药、放心药;实施《中医药健康服务发展规划(2015—2020年)》,建构医疗康复、老年护理、健康管理、健身养生等新兴产业组合发展的崭新格局。一系列改革举措的实施,推动中国医药卫生事业得到较快发展。2018年12月18日,习近平在庆祝改革开放40周年大会上的讲话中指出,中国建成了包括养老、医疗、低保、住房在内的世界最大的社会保障体系,基本养老保险覆盖超过9亿人,医疗保险覆盖超过13亿人。

第六,加快社会体制改革。

社会体制改革是中国特色社会主义事业总体布局中社会建设的重要组成部分,是一项影响深远的社会变革。中共十八届三中全会明确提出进行社会体制改革,并成立社会体制改革专项小组负责。2014年2月,中央全面深化改革领导小组审议通过了《关于深化司法体制和社会体制改革的意见及贯彻实施分工方案》。几年来，社会体制改革涉及社会领域体制机制的方方面面，有很多亮点，主要表现在以下几个方面：

一是深化就业体制改革。消除城乡、行业、身份、性别等一切影响平等就业的制度障碍和就业歧视，促进以高校毕业生为重点的青年就业和农村转移劳动力、城镇困难人员、退役军人就业，形成大众创业、万众创新的新局面。增强失业保险制度预防失业、促进就业功能，完善就业失业监测统计制度。

二是深化收入分配体制改革。规范收入分配秩序，建立个人收入和财产信息系统，保护合法收入，调节过高收入，清理规范隐性收入，取缔非法收入，增加低收入者收入，扩大中等收入者比重，努力缩小城乡、区域、行业收入分配差距。随着各种调节收入分配政策的力度加大，中国近年来衡量收入差距的基尼系数逐年平缓降低。

三是深化社会保障制度改革。推进实现基础养老金全国统筹，正式启动机关事业单位养老保险制度改革。建立健全合理兼顾各类人员的社会保障待遇确定和正常调整机制。建立公开规范的住房公积金制度，改进住房公积金提取、使用、监管机制。加快发展企业年金、职业年金、商业保险，构建多层次社会保障体系。

四是深化社会治理体制改革。改进社会治理方式，加强党委领导，发挥政府主导作用，鼓励和支持社会各方面参与，实现政府治理和社会自我调节、居民自治良性互动。坚持依法治理，加强法治保障，运用法治思维和法治方式化解社会矛盾。建立畅通有序的诉求表达、心理干预、矛盾调处、权益保障机制。

第七，维护社会公平正义。

作为社会主义核心价值观的重要组成部分，公平正义是人民群众获得安全感和幸福感的重要保障。在一个现代文明国家里，司法就是守护公平正义的最后一道防线。然而，在一些司法案件中，钱与法的交易，权与法的寻租，使个别司法裁判异化为正义污点。十八届三中全会将司法改革确定为全面深化改革的重点领域之一，要求"确保依法独立公正行使审判权检察权"，"健全司法权力运行机制"，"完善人权司法保障制度"，"努力让人民群众在每一个司法案件中感受到公平正义"。

人民有所呼，改革有所应。中共十八大以来，健全产权保护制度、户籍制度改革、精准扶贫精准脱贫、医药卫生体制改革等一项项和人民群众安全感、获得感和幸福感紧密相连的改革出台落地，在中国向现代化转型的历史变革中写下了厚重的一笔。

加快建立生态文明制度体系

继中共十八大将生态文明建设同经济建设、政治建设、文化建设和社会建设一起纳入中国特色社会主义"五位一体"总体布局之后，十八届三中全会的《决定》全面、清晰地阐述了生态文明制度体系的构成及其改革方向、重点任务。《决定》指出："紧紧围绕建设美丽中国深化生态文明体制改革，加快建立生态文明制度，健全国土空间开发、资源节约利用、生态环境保护的体制机制，推动形成人与自然和谐发展现代化建设新格局。""建设生态文明，必须建立系统完整的生态文明制度体系，用制度保护生态环境。要健全自然资源资产产权制度和用途管制制度，划定生态保护红线，实行资源有偿使用制度和生态补偿制度，改革生态环境保护管理体制。"一场关系到人民福祉、关乎民族未来的生态文明体制变革就此开启。

生态文明体制改革同其他各项改革一样，也是从顶层设计开始的。从研究问题到制订方案、从谋划设计到协调推动，生态文明体制改革始终在中共中央"一盘棋"部署下推进。2014年以来，中央全面深化改革领导小组通过了一系列生态文明体制改革文件。2015年5月、9月，中共中央、国务院先后审议通过了《关于加快推进生态文明建设的意见》和《生态文明体制改革总体方案》，形成了生态文明体制的纲领性架构，主体功能区战略和制度、自然资源资产产权制度、资源有偿使用和生态保护补偿制度、生态文明目标评价考核和责任追究制度等"四梁八柱"。生态文明制度建设及顶层设计引导改革超越既有利益格局，环保督察、河湖长制、国家公园等创新举措陆续发布施行，建设美丽中国的框架格局蔚然成形。

——整体谋划国土空间开发。长期以来中国国土空间治理领域在规划、监管、绩效考核等方面存在制度供给过于分散、内在联系不足、协调性较差、实施路径较为模糊的问题，造成国土空间治理的行政效能低下的局面，国土空间治理效果不甚明显。十八届三中全会以后，拉开了国土空间规划的变革时代，从大的方面统筹谋划、搞好顶层设计，首先要把国土空间开发格局设计好。对此，中央高层先后从整体谋划国土空间开发的基本原则、红线意识、区域禀赋等方面作出部署，提出"要按照人口资源环境相均衡、经济社会生态效益相统一的原则"，"要坚持底线思维，以国土空间规划为依据，把城镇、农业、生态空间和生态保护红线、永久基本农田保护红线、城镇开发边界作为调整经济结构、规划产业发展、推进城镇化不可逾越的红线，立足本地资源禀赋特点、体现本地优势和特色"。值得关注的是，为了全面推进整体谋划国土空间开发工作，在国家测绘地理信息局的数据库中,将960万平方公里的国土标注成五彩的色块,以展示将要实现的不同的主体功能:红色是禁止开发区,绿色的大片是二类限制开发区,亮绿色的是一类限制开发区,橙色的是重点开发区。在这个版图上,过去空间性规划重叠冲突、部门职责交叉重复、地方规划朝令夕改等问题正在逐步解决。

——严格的制度和严密的法治为生态文明建设提供可靠保障。党的十八大以来,在生态文明建设领域,制定修改的法律就有十几部。可以说,当今中国,正在以前所未有的速度,构建起最严格的生态环境法律制度。

——环境有价,损害担责。2016年的第一个工作日,中央环保督察组首批进驻河北省。在随后的时间里,督察组相继进驻23个省区市,接受群众举报,约谈省委省政府主要领导,对污染企业调查取证。督察组雷厉风行,敢于硬碰硬,问责人数超过万人。其中,上海、北京、重庆、甘肃、陕西等省市的多个地方,因为对环保工作的重视程度不够被点名批评。这场自上而下的环保风暴前所未有的猛烈,其力量就源于中央深改领导小组及时推出的《环境保护督察方案》。习近平总书记高度重视这份改革方案,要求将环境保护督察作为推进生态文明建设重要抓手,强化环境保护党政同责和一岗双责的要求。

——让责任追究进入生态领域。生态文明建设中有些问题值得重视。这就是有的地方环保考核不达标,但经济社会发展考核优秀;还有的地方政府主动帮排污企业交排污费,以维持该企业创收,增加当地的GDP。督察可以治标,那么,如何治本呢?习近平告诫说:一定要彻底转变观念,再不要以GDP增长论英雄了。2016年12月22日,《生态文明建设目标评价考核办法》正式公布,生态责任成为政绩考核的必考题。国家发改委、统计局、环保部、中组部等部门又相继制定了《绿色发展指标体系》和《生态文明建设考核目标体系》,旨在向错误的发展观、政绩观坚决说"不"。对于不顾生态环境、造成严重后果的人,习近平指出,必须追究其责任,而且应该终身追究。2015年7月1日,中央深改领导小组第十四次会议审议通过了两份改革文件《关于开展领导干部自然资源资产离任审计的试点方案》《党政领导干部生态环境损害责任追究办法(试行)》,领导离任审计、责任追究首次进入生态领域。截至2017年10月,全国审计机关共实施领导干部自然资源资产离任审计试点项目827个,涉及领导干部1210人。

人类是命运共同体,保护生态环境不只是中国的事情,而是全球共同要承担的责任。在这方面,中国以主动应对环境挑战的态度充分彰显了负责任大国的形象。2015年12月12日,里程碑式的《巴黎协定》在经过艰难博弈后终于诞生。时任联合国秘书长的潘基文,评价中国在推动《巴黎协定》达成上作出了历史性的突出贡献。2016年9月,在二十国集团杭州峰会召开前夕,习近平主席将气候变化《巴黎协定》中国批准文书，递交到潘基文手中。尽管中国面临着来自国内经济转型等多重挑战，但是在控制温室气体排放上，中国承诺：到2030年左右，使二氧化碳排放达到峰值，并争取尽早实现；2030年，单位国内生产总值二氧化碳排放比2005年下降60%～65%。这一承诺令世界惊叹。2017年6月，美国宣布退出《巴黎协定》。但别国的态度不影响中国的行动，中国将一如既往地做应对气候变化进程中的"行动派"。

生态文明建设是一项全方位、系统性的变革。自开启全面深化生态体制改革以来，环境污染第三方治理在全国范围实施，用能权、碳排放权、水权、排污权交易稳步推进，培育环境治理和生态保护市场主体的意见相继出台，绿色金融制度促进生态保护的积极作用日渐明显，充满改革创新意味的"河长制"以及随后的"湖长制"在全国范围全面启动实施，天然林商业性采伐在全国范围停止，生态补偿迈出实质步伐，跨界流域补偿基准逐渐明确。2013年到2016年，全国空气质量达标的城市从3个增加到了84个。2016年优良天数比例达到了78.8%，同比提高2.1个百分点，城市颗粒物浓度和重污染天数持续下降。2016年，全国水质优良断面比例同比上升3.2个百分点。大气、水、土壤污染防治三大战役取得了阶段性成效。

民心是最大的政治。生态环境问题不仅是经济问题，也是民生问题、政治问题。新时代在生态环境领域的一项项改革成果，强了信心，暖了人心，聚了民心。

推动形成全面对外开放新格局

40多年来，中国坚持打开国门搞建设，从一个相对封闭的经济体转变成为与世界经济深度融合、日趋开放的经济体，取得了举世瞩目的发展成就。当今世界正处于大发展大变革大调整时期，面对复杂多变的国际形势，在发达国家新兴产业加快发展与发展中国家传统产业低成本优势的"双向竞争"下，以要素成本为核心的中国传统优势明显弱化，迫切需要加快实现外经贸发展新旧动能的转换。

以开放促改革、促发展，是中国现代化建设不断取得新成就的重要保障。党的十八大后，习近平总书记到地方考察的第一站就选择对外开放前沿阵地广东，明确提出"改革不停顿、开放不止步"。在新时代，提高开放型经济水平，推动形成全面开放新格局成为新时代中国对外开放的核心任务。检视十八大以来中国对外开放战略的调整，其变化可谓巨大。新时代中国对外开放战略的重点在于：

第一，构建开放型经济新体制。中共十八届三中全会通过《中共中央关于全面深化改革若干重大问题的决定》，明确提出构建开放型经济新体制。中共十八届五中全会将"开放"列为五大发展理念之一，开启主动、双向、公平、全面、共赢、高质量的新一轮对外开放。党的十九大强调推动形成全面开放新格局。

为促进区域的平衡发展，中国加大了沿边开放力度，特别是推进"一带一路"建设，使沿边地区显得更加重要。2016年5月，为深入贯彻《中共中央 国务院关于构建开放型经济新体制的若干意见》，国家商务部公布了开展构建开放型经济新体制综合试点试验地区名单，选取南昌市、济南市、唐山市、漳州市、东莞市、防城港市，以及上海浦东新区、重庆两江新区、陕西西咸新区、大连金普新区、武汉城市圈、苏州工业园等12个城市和区域进行为期两年的综合试点试验，为"十三五"期间基本形成开放型经济新体制、开创全面开放格局打下坚实的基础。

第二，建立和发展自由贸易实验区。创立自由贸易试验区，为构建开放型经济新体制探路，是中央在经济新常态下构建开放型经济新体制、打造全方位对外开放格局的重大战略部署。2013年8月22日，国务院批准设立中国（上海）自由贸易试验区，其总体目标是经过2～3年的改革试验，加快转变政府职能，积极推进服务业扩大开放和外商投资管理改革，加快探索资本项目可兑换和金融服务业全面开放，着力培育国际化和法制化的营商环境，力争建成具有国际水准的投资贸易便利、货币兑换自由、监管高效便捷、法治环境规范的自由贸易试验区。中共十九大报告提出，赋予自由贸易试验区更大改革自主权，探索建设自由贸易港。2018年4月，习近平在庆祝海南建省办经济特区30周年大会上郑重宣布设立海南自由贸易港。这是我国第一个省级自由贸易港，将中国对外开放推向一个新高度。

第三，推进"一带一路"建设。自2013年习近平主席提出"一带一路"倡议后，"一带一路"相关承包工程建设和直接投资在沿线49个国家渐次展开。"一带"着眼于加快西进战略的实施，"一路"着眼于海洋强国建设，二者构成了中国对外开放新布局的先手棋，体现了中国主动、主导推动沿线国家经济合作，共同打造政治互信、经济融合、文化包容的利益共同体、命运共同体、责任共同体的战略意图。2014年，"一带一路"作为国家级合作倡议，正式纳入中央施政纲领，成为国家的重大战略决策。相关战略规划随即进入制定和实施阶段。

中国领导人通过国际外交场合推进"一带一路"合作，国家各部委制定了所负责领域的"一带一路"倡议落实规划，各相关省、自治区、直辖市制订了相关战略实施方案，确定目标，促进连接国内国际两大市场、利用国内国际两种资源、推动国内国际共同发展的态势形成。"一带一路"倡议得到了国际社会的高度关注，共建"一带一路"倡议及其核心理念写入联合国等成果文件。2014年至2016年，中国同"一带一路"沿线国家贸易总额超过3万亿美元。中国对"一带一路"沿线国家投资累计超过 500 亿美元。中国企业已经在 20 多个国家建设 56 个经贸合作区,为有关国家创造近 11 亿美元税收和 18 万个就业岗位。[①] 中国与 13 个沿线国家签署或升级自由贸易协定,初步形成立足周边、辐射"一带一路"、面向全球的 FTA 网络。"一带一路"为中国开放型经济与世界经济的内外联动提供了中国方案,成为落实陆海内外联动、东西双向互济开放格局,解决中国对外开放不平衡、不充分的空间布局问题的重要抓手。

第五,积极参与全球经济治理,引领全球开放合作。中国高度重视全球治理议题。中共十八大报告指出,要加强参与全球治理能力建设,主动参全球治理进程,深化新兴国家治理合作,重视发挥区域治理作用。促进全球经济治理机制的完善可视为中国能够积极承担责任并展现领导力的重要领域。党的十九大报告强调,中国将继续发挥负责任大国作用,积极参与全球治理体系建设,不断贡献中国智慧和力量。2008 年以来,在应对全球金融危机和欧美债务危机的过程中,中国与国际社会一道共克时艰,推进全球经济治理机制改革,坚定帮助欧洲应对主权债务危机,应邀向 IM 等国际组织增资,推动全球治理机制向着更加公正合理方向发展。

中国和平发展道路需要必要的国际制度来保障,完善确保和平发展的国际制度,是中国外交重要的价值追求,中国在二十国集团(G20)的作为体现了上述意愿,"一带一路"倡议的付诸实施体现了中国塑造国际经济关系的制度化努力。在世界经济仍然处于国际金融危机后的深度调整期,不稳定、不确定因素增多的国际环境下,中国在二十国集团活动中发挥着关键性作用,为全球经济治理的完善提出系列倡议并带头作为,为中国推动国际合作积累了丰富的经验。

党的十八大以来,党中央锐意全面深化改革,推动全面对外开放,吸引外资、对外投资、进出口贸易等领域千帆竞发,全方位、多层次、宽领域的开放特色愈见明显,陆海内外联动、东西双向开放的新棋局更趋成熟。中国对外开放走向制度性开放的新阶段,通过自由贸易试验区和自由贸易港建设、服务业扩大开放综合试点、开放型经济新体制综合试点等各种试点试验,紧紧围绕制度创新这一核心任务,在商事登记、贸易监管、金融开放创新等领域进行系统性制度改革,并注重加强系统集成,逐步完善法治化、国际化、便利化营商环境,以系统性的制度开放促进高水平的对外开放。与此同时,中国对外开放也走向全面而主动的时代,加快构建开放型经济新体制,大力推进"一带一路"建设,积极参与全球治理体系改革和建设,开辟了中国参与和引领全球开放合作的新境界。中国对外开放是全方位、全领域的,全面对外开放新格局正在加快形成。

---

① 《习近平在"一带一路"国际合作高峰论坛开幕式上的演讲》,新华网 2017 年 5 月 14 日。

三、推进全面依法治国战略布局

全面依法治国的目标和工作布局

古语曰:奉法者国强。改革开放以来,中国法治建设取得巨大进步,但同时还存在立法不够科学、执法不够严格、司法不够公正、人民守法意识亟待提高等问题。历史证明,没有社会主义民主和法制,就没有中国的现代化。为了保障人民民主,必须加强社会主义法制,使民主制度化、法律化,并具有稳定性、连续性和权威性。党把发展民主与健全法制确定为国家坚定不移的基本方针。

改革开放以来,中国法治建设从"过渡时期法制"进入"社会主义法制"。1997年,中共十五大提出依法治国,建设社会主义法治国家的基本方略。1999年,"中华人民共和国实行依法治国,建设社会主义法治国家"写入宪法。中共十八大以来,以习近平同志为核心的党中央更加重视依法治国,明确提出全面推进依法治国、加快建设社会主义法治国家的战略任务,并将全面依法治国纳入"四个全面"战略布局,法治国家建设取得了重大进展,全面依法治国迈出重大步伐。

2014年10月23日,中共十八届四中全会召开,以依法治国为主题,确立了"建设中国特色社会主义法治体系,建设社会主义法治国家"的目标,对全面依法治国的基本原则、工作布局和重点任务进行了战略部署。习近平在十八届四中全会第二次全体会议上的讲话中强调:"全面推进依法治国,必须走对路。如果路走错了,南辕北辙了,那再提什么要求和举措也都没有意义了。""中国特色社会主义法治道路是一个管总的东西。具体讲我国法治建设的成就,大大小小可以列出十几条、几十条,但归结起来就是开辟了中国特色社会主义法治道路这一条。"[①] 中国特色社会主义法治道路,本质上是中国特色社会主义道路在法治领域的具体体现。坚定不移走中国特色社会主义法治道路,是立足我国基本国情、顺应我国经济社会发展要求的必然选择。

全面推进依法治国,就要坚持党的领导,坚持中国特色社会主义制度,贯彻中国特色社会主义法治理论。这三个方面实质上是中国特色社会主义法治道路的核心要义,规定和确保了中国特色社会主义法治体系的制度属性和前进方向。

[①] 中共中央文献研究室编:《十八大以来重要文献选编》(中),北京:中央文献出版社,2016年,第183页。

——坚持党的领导,是社会主义法治的根本要求。中国宪法确立了中国共产党的领导地位,这是历史的选择、人民的选择。坚持中国共产党的领导,是党和国家的根本所在、命脉所在,是全国人民的利益所系、幸福所系,是全面依法治国题中应有之义。全面依法治国在中国共产党带领人民的实践中提升为国家的战略布局。社会主义法治必须坚持党的领导,党的领导必须依靠社会主义法治。习近平指出:"坚持党的领导不是一句空的口号,必须具体体现在党领导立法、保证执法、支持司法、带头守法上。"[1] 要把党的领导贯彻到依法治国全过程和各个方面,坚持党的领导、人民当家作主、依法治国有机统一。只有在党的领导下依法治国、厉行法治,人民当家作主才能充分实现,国家和社会生活法治化才能有序推进。

——坚持中国特色社会主义制度。中国特色社会主义制度是中国特色社会主义法治体系的根本制度基础,是全面推进依法治国的根本制度保障。习近平指出:"衡量一个社会制度是否科学、是否先进,主要看是否符合国情、是否有效管用、是否得到人民拥护。"当今世界正经历百年未有之大变局,国与国的竞争日益激烈,归根结底是国家制度的竞争。中国发展呈现出"风景这边独好"的局面,很重要的原因就是我国国家制度和法律制度具有显著优越性和强大生命力。实践证明,我国把马克思主义基本原理同中国具体实际、同中华优秀传统文化结合起来,在古老的东方大国建立起保证亿万人民当家作主的新型国家制度,保障我国创造出经济快速发展、社会长期稳定的奇迹,也为发展中国家走向现代化提供了全新选择,为人类探索建设更好社会制度作出了贡献。

——贯彻中国特色社会主义法治理论。中国特色社会主义法治理论是全面推进依法治国的行动指南。中国特色社会主义法治理论传承中华传统法律文化的精华,借鉴西方法治理论的优秀成果,系统总结了我国社会主义法治建设的实践经验,是马克思主义法治理论中国化的最新成果。中国特色社会主义法治理论内涵丰富,深刻回答了什么是社会主义法治,如何建设社会主义法治的问题。中国特色社会主义法治理论为全面依法治国、建设法治中国提供了科学的理论指导和坚实的学理支撑。

十八届四中全会通过《中共中央关于全面推进依法治国若干重大问题的决定》,对全面依法治国的总目标作出了阐释:在中国共产党领导下,坚持中国特色社会主义制度,贯彻中国特色社会主义法治理论,形成完备的法律法规体系、高效的法治实施体系、严密的法治监督体系、有力的法治保障体系,形成完善

---

[1] 中共中央文献研究室编:《十八大以来重要文献选编》(中),北京:中央文献出版社,2016年,第183页。

的党内法规体系,坚持依法治国、依法执政、依法行政共同推进,坚持法治国家、法治政府、法治社会一体建设,实现科学立法、严格执法、公正司法、全民守法,促进国家治理体系和治理能力现代化。全面依法治国总目标的提出,既明确了全面依法治国的性质和方向,又突出了全面推进依法治国的工作重点和总抓手,对全面推进依法治国具有纲举目张的意义。正如习近平指出:"依法治国各项工作都要围绕全面推进总目标来部署、来展开。"[1]

第一,坚定不移走中国特色社会主义法治道路。道路问题关系全局、决定成败。全面依法治国这件大事能不能办好,最关键的是方向正确与否,政治保证是不是坚强有力。习近平指出:"全面推进依法治国,必须走对路。""在坚持和拓展中国特色社会主义法治道路这个根本问题上,我们要树立自信、保持定力。"[2]

第二,建设中国特色社会主义法治体系是总抓手。全面推进依法治国涉及很多方面,在实际工作中必须有一个总揽全局、牵引各方的总抓手,就是建设中国特色社会主义法治体系。中国特色社会主义法治体系由五大体系组成,即完备的法律规范体系、高效的法治实施体系、严密的法治监督体系、有力的法治保障体系、完善的党内法规体系。其中,法律规范体系是前提和基础,法治实施体系是生命,法治监督体系是关键,法治保障体系是屏障,党内法规体系是核心。

第三,准确把握全面推进依法治国工作布局。十八届四中全会提出全推进依法治国工作布局,即坚持依法治国、依法执政、依法行政共同推,坚持法治国家、法治政府、法治社会一体建设。习近平指出:"全面推进依法治国是一项庞大的系统工程,必须统筹兼顾、把握重点、整体谋划,在共同推进上着力,在一体建设上用劲。"[3] 能不能做到依法治国,关键是党能不能坚持依法执政,各级政府能不能依法行政。习近平强调:"法治国家、法治政府、法治社会三者各有侧重、相辅相成。"[4] 三者相互联系、内在统一,是法治建设的三大支柱,缺少任何一个方面,全面推进依法治国的总目标就无法实现。

第四,准确把握全面推进依法治国的重点任务。如何建设中国特色社会主义法治体系?《决定》给出了答案,即实现科学立法、严格执法、公正司法、全民守法,促进国家治理体系和治理能力现代化。科学立法是全面推进依法治

---

[1]《习近平谈治国理政》第二卷,北京:外文出版社,2017年,第119页。
[2]《习近平谈治国理政》第二卷,北京:外文出版社,2017年,第113—114页。
[3]《习近平谈治国理政》第二卷,北京:外文出版社,2017年,第119—120页。
[4]《习近平谈治国理政》第二卷,北京:外文出版社,2017年,第120页。

国的前提，严格执法是全面推进依法治国的关键，公正司法是全面推进依法治国的保障，全民守法是全面推进依法治国的基础。推进科学立法，关键是完善立法体制，深入推进科学立法、民主立法、依法立法，抓住提高立法质量这个关键。推进严格执法，重点是解决执法不规范、不严格、不透明、不文明以及不作为、乱作为等突出问题。推进公正司法，要以优化司法职权配置为重点，健全权力分工负责、相互配合、相互制约的制度安排。推进全民守法，必须着力增强全民法治观念。

第五，全面推进依法治国总目标必须坚持的基本原则。《决定》明确提出了实现全面推进依法治国必须坚持的五个基本原则，即坚持中国共产党的领导、坚持人民主体地位、坚持法律面前人人平等、坚持依法治国和以德治国相结合、坚持从中国实际出发。其中，坚持中国共产党的领导，解决的是全面推进依法治国的政治保证问题。坚持人民主体地位，解决的是全面推进依法治国的力量源泉的问题。坚持法律面前人人平等，解决的是全面推进依法治国的价值追求问题。坚持依法治国和以德治国相结合，解决的是全面推进依法治国的精神支撑问题。坚持从中国实际出发，解决的是全面推进依法治国的实践基础问题。全面推进依法治国总目标的基本原则，是全面推进依法治国的重要遵循。

不断完善以宪法为核心的法律体系

法律是治国之重器，良法是善治之前提。党的十八大以来，中国坚持立法先行，深入推进科学立法、民主立法、依法立法，不断完善以宪法为核心的中国特色社会主义法律体系。

第一，健全宪法实施和监督制度。一是设立国家宪法日。2014年11月，十二届全国人大常委会第十一次会议通过《关于设立国家宪法日的决定》，将12月4日设立为国家宪法日。二是建立宪法宣誓制度。2015年7月，十二届全国人大常委会第十五次会议通过了《全国人民代表大会常务委员会关于实行宪法宣誓制度的决定》，要求各级人民代表大会及县级以上各级人民代表大会常务委员会选举或决定任命的国家工作人员，在就职时应当公开进行宪法宣誓。三是加强执法检查。为保证法律严格实施，全国人大常委会持续加强和改进执法检查工作。据统计，在2012—2017年，全国人大常委会共开展了26次执法检查。[1]

第二，健全立法体制。一是加强中国共产党对立法工作的领导。不断健全立法工作向中共中央请示报告制度，重要法律的起草修改和立法工作中的其他

---

[1]《十八大以来新发展新成就》，北京：人民出版社，2017年，第992页。

重大事项，都由全国人大常委会党组及时向党中央请示报告。二是充分发挥全国人大及其常委会在立法工作中的主导作用。以《民法总则》的审议通过为例，2017年3月，在全国人大代表审议的过程中，有700多位代表发言，提出近2000条意见建议。三是明确立法权力边界。

2015年修改《立法法》，规范了部门规章和地方政府规章权限，赋予所有设区的市地方立法权，明确设区的市可以对城乡建设与管理、环境保护、历史文化保护等方面的事项制定地方性法规，对地方立法体制作出重大调整。截至2017年10月，全国新赋予地方立法权的240个市、30个自治州、4个不设区的地级市中，已制定地方性法规456件，制定地方政府规章193件。①

第三，加强重点领域立法。中共十八大以来，全国人大、国务院坚持立法先行，积极发挥立法的引领和推动作用，先后出台了一批法律法规。据统计，2012—2017年，共制定修改法律48部、行政法规42部、地方性法规2926部、规章3162部，同时还通过"一揽子"方式先后修订法律57部、行政法规130部。②这些法律法规涵盖了国家安全、生态环境保护、社会民生等重点领域，推动中国特色社会主义法律体系日趋完善。其中，2017年3月十二届全国人大五次会议通过的《民法总则》，标志着我国《民法典》的编纂工作迈出坚实的第一步。

第四，进一步提高科学立法、民主立法、依法立法水平。一是加强人大对立法工作的组织协调，健全公布法律草案征求意见机制。以《刑法修正案（九）》修订为例，曾先后两次向全社会征求意见。《民法总则》草案先后三次通过互联网公开征求社会意见，并两次将草案印送全国人大代表。二是坚持立改废释并举。全国人大常委会采取统筹修法方式，审议通过了13个修法决定，涉及修改法律和有关法律问题的决定74件次。2013年12月，全国人大常委会通过关于废止劳动教养法律规定的决定，依法废止了实施50多年的劳动教养制度。三是加强违宪审查。全国人大常委会法工委积极开展主动审查和被动审查研究工作。2013—2016年，对新公布的42件行政法规、98件司法解释进行审查研究，发现有违反宪法法律的，依法依规予以撤销和纠正。③

推动法治政府建设取得重要进展

基本建成法治政府，是中共十八大提出的全面建成小康社会目标要求之一。

---

① 《十八大以来新发展新成就》，北京：人民出版社，2017年，第988页。
② 国务院新闻办公室：《中国人权法治化保障的新进展》，《人民日报》2017年12月16日。
③ 《十八大以来新发展新成就》，北京：人民出版社，2017年，第990—991页。

2014年10月，十八届四中全会提出法治政府建设的总体目标，即职能科学、权责法定、执法严明、公开公正、廉洁高效、守法诚信。2015年12月，中共中央、国务院印发《法治政府建设实施纲要（2015—2020年）》，进一步明确了法治政府建设的时间表、路线图，推动法治政府建设稳步前进。

——依法履行政府职能。党的十八大后，政府对于权力的自我革命取得重要进展。《法治政府建设实施纲要（2015—2020年）》的出台，在法治政府建设的总蓝图上，进一步明确通过大力推行权力清单、责任清单、负面清单制度等来依法全面履行政府职能，让权力更为有法可依。从中央部委到地方政府积极推进机构、职能、权限、程序、责任法定化，禁止行政机关法外设定权力。实施权力清单制度，将政府职能、法律依据、职责权限等内容以权力清单的形式向社会公开。截至2016年底，全国31个省级政府部门均已公布权力清单。深入推进行政审批制度改革，加快转变政府职能。据统计，2012—2017年，国务院部门累计取消行政审批事项618项，彻底清除非行政许可审批，中央指定地方实施行政许可事项目录清单取消269项，国务院行政审批中介服务清单取消320项，国务院部门设置的职业资格许可和认定事项削减比例达70%以上。①

权力是一把双刃剑，在法治轨道上行使可以造福人民，在法律之外行使则必然祸害国家和人民。全面依法治国的关键就是通过日益完善的法律法规体系把权力关进制度的笼子里。2016年岁末，国家发展改革委公布了对一批行政垄断案件的处理结果。15个省市部门因为涉嫌违规招标、强制定价等问题被公告处理。这些垄断行为的背后，是一些超越了法律界限的"红头文件"在"撑腰"。而在法律框架下深化推进政治体制改革，一个极为重要的方向就是依法划定权力行使范围。十八届四中全会的决定要求，加强备案审查制度和能力建设，把所有规范性文件纳入备案审查范围，依法撤销和纠正违宪违法的规范性文件，禁止地方制发带有立法性质的文件。

——健全依法决策机制。把公众参与、专家论证、风险评估、合法性审查、集体讨论决定确定为重大行政决策法定程序，确保决策制度科学、程序正当、过程公开、责任明确。截至2017年9月，已有17个省级政府和23个较大的市政府出台规范重大行政决策程序的规章。全面推行政府法律顾问制度，建立政府法制机构人员为主体、吸收专家和律师参加的法律顾问队伍，保证法律顾问在制定重大行政决策、推进依法行政中发挥积极作用。

——深化行政执法体制改革，严格规范公正文明执法。在食品药品安全、

---

① 国务院新闻办公室：《中国人权法治化保障的新进展》，《人民日报》2017年12月16日。

工商质检、公共卫生、安全生产、资源环境、交通运输、城乡建设等领域进一步推行综合执法。开展行政执法公示制度、执法全过程记录制度、重大执法决定法制审核制度试点。创新行政执法方式,推广说服教育、劝导示范、行政奖励等非强制性执法手段。规范执法言行,推行人性化执法、柔性执法、阳光执法。实行行政执法人员持证上岗和资格管理制度。

——强化对行政权力的制约和监督。党的十八大以来,各级政府不断加强对行政权力的监督,努力形成科学有效的权力运行制约和监督体系。一是加大行政问责力度,推进责任政府建设,普遍建立行政机关内部重大决策合法性审查机制,探索建立和实施重大决策终身责任追究制度及责任倒查机制。按照"谁决策、谁负责"的原则,对超越权限、违反程序决策造成重大损失的,严肃追究决策者责任。以生态文明建设为例,为健全生态文明制度体系,强化党政领导干部生态环境和资源保护职责,2015年8月,中共中央办公厅、国务院办公厅印发《党政领导干部生态环境损害责任追究办法(试行)》,对25种党政领导干部生态环境损害情形实行党政同责、终身追责,提高各级领导干部保护自然生态环境和环境权利的责任意识。二是加强行政应诉工作,自觉接受司法监督。2016年6月,国务院办公厅出台《关于加强和改进行政应诉工作的意见》,要求各级政府部门高度重视行政应诉工作,依法履行出庭应诉职责。三是加强审计监督。完善审计制度,保障依法独立行使审计监督权。据此,审计署持续组织全国各级审计机关,对31个省区市、30多个中央单位开展审计,在监督约束行政权力等方面发挥了重大作用。

——全面推进政务公开。阳光是最好的防腐剂。2016年2月,中共中央办公厅、国务院办公厅印发《关于全面推进政务公开工作的意见》和实施细则,要求坚持以公开为常态、不公开为例外,推进行政决策公开、执行公开、管理公开、服务公开和结果公开。各地区各部门以互联网政务信息数据服务平台和便民服务平台为依托,推动政务公开向标准化、规范化方向发展,提升了政务公开的实效性和便民度。各级政府积极完善政府新闻发言人、突发事件信息发布制度,及时回应社会公众的关切。

司法改革与建设高素质法治队伍

公正是法治的生命线。司法公正对社会公正具有重要引领作用,司法不公对社会公正具有致命破坏作用。党的十八大以来,各级政法机关在中共中央的坚强领导下,深入推进司法体制改革,不断提高司法公信力。

——全面落实司法责任制改革。实行司法人员分类管理制度,根据司法职业特点和履职要求,把法院检察院工作人员分为法官检察官、司法辅助人员、司法行政人员三类,实现各归其位、各司其职。全面推开法官、检察官员额制,把专业水平高、办案能力强、办案业绩突出的人员选入员额。全国法官人数从19.88万人精简到12万人,检察官人数从15.8万人精简到8.6万人。确立法官、检察官的主体地位,做到"让审理者裁判、由裁判者负责"。

——推进以审判为中心的刑事诉讼制度改革。全面贯彻证据裁判规则,严格依法收集、固定、保存、审查、运用证据,完善证人、鉴定人出庭制度,保证庭审在查明事实、认定证据、保护诉权、公正裁判中发挥决定性作用。同时,坚持繁简分流,区别对待。从2014年8月起,在北京等18个城市217个基层法院、212个基层检察院开展为期两年的刑事案件速裁程序改革试点。实践证明,试点法院速裁案件超过90%立案后10日内审结,被告人上诉率仅为2%,审判效果和诉讼效率明显提升,当事人权利得到有效保护。2016年7月,最高人民法院、最高人民检察院在北京等18个地区开展刑事案件认罪认罚从宽制度改革试点工作。对于犯罪嫌疑人、被告人自愿认罪、自愿接受处罚、积极退赃退赔的,依法从宽处理,在提高诉讼效率的同时,有效减少社会对抗,及时修复社会关系。

——完善确保依法独立公正行使审判权和检察权制度。为确保法院、检察院依法独立公正行使职权,建立领导干部干预司法活动、插手具体案件处理的记录、通报和责任追究制度。2015年以来,中央政法委先后分两批通报了12起典型案例。建立健全司法人员履行法定职责保护机制。非法定事由,不得将法官、检察官调离、辞退或者作出免职、降级等处分。此外,最高人民法院先后设立6个巡回法庭,审理跨行政区域重大行政和民商案件。在北京、上海、广州三地设立知识产权法院,北京、上海在原有铁路运输法院和检察院基础上设立跨行政区划法院、检察院,在杭州设立互联网法院,这些举措确保了涉及地方利益的案件得到公正处理,进一步完善了法院检察院的组织体系。

——保障人民群众诉讼权益。一是全面落实立案登记制度。2015年5月,最高人民法院改革法院案件受理制度,将立案审查制改为立案登记制,做到有案必立、有诉必理,充分保障当事人的诉权。据统计,自2015年5月人民法院实施立案登记制以来,当场登记立案率保持在95%以上。截至2017年9月,登记立案数量超过3900万件。二是修改完善法庭规则。自2015年2月起,人民法院开庭时,刑事被告人或上诉人不再穿着看守所的识别服出庭受理,正在服刑的罪犯不再穿着监狱的囚服出庭受审,彰显了现代司法文明。三是完善人民陪审员、人民监督员制度。2015年,最高人民检察院和最高人民法院分别发布人民监督员和人民陪审员改革试点方案,改革选任办法,扩大监督、陪审案件范围,充分发挥人民监督员和人民陪审员作用。四是完善国家赔偿和司法救助制度。通过出台司法解释和发布国家赔偿指导性案例，完善赔偿案件质证程序，规范精神损害抚慰金裁量标准。2013年至2017年6月，各级法院受理国家赔偿案件20027件。同时，加强和规范国家救助工作，统一案件受理、救助范围、救助程序、救助标准、经费保障、资金方法，实现"救助制度法治化、救助案件司法化"。五是大力推进司法公开。人民法院建设审判流程公开、庭审活动公开、裁判文书公开、执行信息公开四大平台；检察机关建成案件信息公开系统，运行案件程序性信息查询、法律文书公开、重要案件信息发布和辩护与代理预约申请四大平台。开放、动态、透明、便民的阳光司法机制正在逐步形成。[1]

——建设高素质法治队伍。一是建设高素质法治专门队伍。按照政治过硬、业务过硬、责任过硬、纪律过硬、作风过硬的要求，建设信念坚定、执法为民、敢于担当、清正廉洁的政法队伍。完善国家统一法律职业资格制度，把拥护中国共产党领导、拥护社会主义法治作为律师从业的基本要求。建立公开选拔立法工作者、法官、检察官制度，以及法官检察官逐级遴选制度。二是培养造就一批坚持中国特色社会主义法治体系的法治人才及后备力量。坚持用马克思主义法学思想和中国特色社会主义法治理论指导法学教育和法学研究，加强法学教师队伍建设。2013年以来，实施了高等学校与法律实务部门人员互聘"双千计划"，加强了法学研究与实践相结合。三是加强法律服务队伍建设。加强律师队伍思想政治建设，把拥护中国共产党领导、拥护社会主义法治作为律师从业的基本要求，增强广大律师走中国特色社会主义法治道路的自觉性和坚定性。构建社会律师、公职律师、公司律师等优势互补、结构合理的律师队伍。提高律师队伍业务素质，完善执业保障机制。加强律师事务所管理，发挥律师协会自律作用，规范律师执业行为，监督律师严格遵守职业道德和职业操守，强化准入、退出管理，严格执行违法违规执业惩戒制度。加强律师行业党的建设，扩大党的工作覆盖面，切实发挥律师事务所党组织的政治核心作用。

——加强公共法律服务和人民调解工作。一是国家司法部颁布《关于推进公共法律服务体系建设的意见》，推进覆盖城乡居民的公共法律服务体系，特别是加强民生领域法律服务。二是中共中央办公厅、国务院办公厅公布《关于完善法律援助的意见》，扩大民事、行政法律援助覆盖面，使人民群众能便捷获得法律服务，有效维护人民群众自身权益。

2015年9月15日，习近平总书记主持召开中央全面深化改革领导小组第十六次会议，会议审议通过了《关于深化律师制度改革的意见》，对保障律师执

---

[1] 以上各类案件数量，均见国务院新闻办公室《中国人权法治化保障的新进展》，《人民日报》2017年12月16日。

业权利提出了明确要求。随后,最高人民法院、最高人民检察院、公安部、国家安全部、司法部出台《关于依法保障律师执业权利的规定》,着重对长期困扰律师执业的会见难、阅卷难、调查取证难,以及发问难、质证难、辩论难提出了解决办法。2016年6月,中共中央办公厅、国务院办公厅印发了《关于推行法律顾问制度和公职律师公司律师制度的意见》,要求积极推行法律顾问制度和公职律师、公司律师制度,提高依法执政、依法行政、依法经营、依法管理的能力水平,促进依法办事。加快推进公共法律服务体系一体化建设,促进公共法律服务均等化。增加公共法律服务供给,消除无律师县,建立集律师、公证、司法鉴定、人民调解等功能于一体的公共法律服务大厅,推广"一村一社区一法律顾问"制度,完善"12348"免费法律咨询服务热线,使人民群众能便捷获得法律服务,有效维护人民群众自身权益。重点加强行业性、专业性人民调解工作,依法及时化解医疗、劳动等领域矛盾纠纷。2013至2016年,共调解各类矛盾纠纷3719.4万件,其中行业、专业领域矛盾纠纷545万件。截至2016年,全国共有人民调解组织78.4万个,人民调解员385.2万人,覆盖全国城乡社区。2013至2016年,每年调解矛盾纠纷900多万件,调解成功率达97%以上,促使大量矛盾纠纷化解在基层。①

——深入开展法治宣传教育。党的十八大以来,中国努力提升全民法治意识,弘扬社会主义法治精神,建设社会主义法治文化,增强全社会厉行法治的积极性和主动性,使全体人民成为社会主义法治的忠实崇尚者、自觉遵守者和坚定捍卫者。坚持把全民普法和守法作为依法治国的长期基础性工作,深入开展法治宣传教育,引导全民自觉守法、遇事找法、解决问题靠法。一是将法治教育纳入国民教育体系。2016年6月,教育部、司法部、全国普法办联合印发《青少年法治教育大纲》,将法治教育覆盖教育各阶段,有效增强了青少年学生的法治观念和法律意识。截至2016年底,全国共建设法治教育基地3.2万多个,96.5%以上的中小学配备了法制副校长或者法制辅导员。二是实行国家机关"谁执法谁普法"普法责任制,明确国家机关是法治宣传教育的责任主体。三是在全社会开展宪法教育,弘扬宪法精神。实施"六五"普法规划和"七五"普法规划,推进全民普法和守法。

——强化国家工作人员的法治观念。抓住领导干部这个"关键少数",明确要求各级领导干部带头依法办事,带头尊法守法。2016年3月,中组部、中宣部、司法部、人社部联合发布《关于完善国家工作人员学法用法制度的意见》,把遵守法律、依法办事作为考察干部的重要依据。各地普遍建立了党委(党组)理

---

① 国务院新闻办公室:《中国人权法治化保障的新进展》,《人民日报》2017年12月16日。

论学习中心组学习法制度，把法治纳入干部录用和晋职培训，列入各级党校和干部学院的必修课。2016年12月，中共中央办公厅、国务院办公厅发布《党政主要负责人推进法治建设第一责任人职责规定》，规定县级以上地方党委和政府主要负责人是推进法治建设第一责任人，履职情况纳入政绩考核指标体系。

2020年11月16日，中央全面依法治国工作会议在北京召开，习近平出席会议并发表重要讲话，对当前和今后一个时期推进全面依法治国要重点抓好的工作提出了11个方面的要求。概括地说：1. 要坚持党对全面依法治国的领导。2. 要坚持以人民为中心。3. 要坚持中国特色社会主义法治道路。4. 要坚持依宪治国、依宪执政。5. 要坚持在法治轨道上推进国家治理体系和治理能力现代化。6. 要坚持建设中国特色社会主义法治体系。7. 要坚持依法治国、依法执政、依法行政共同推进，法治国家、法治政府、法治社会一体建设。8. 要坚持全面推进科学立法、严格执法、公正司法、全民守法。9. 要坚持统筹推进国内法治和涉外法治。10. 要坚持建设德才兼备的高素质法治工作队伍。11. 要坚持抓住领导干部这个"关键少数"。

会议将习近平总书记关于全面依法治国的论述，概括为"习近平法治思想"，上述11个方面构成了新时代中国特色社会主义法治思想的基本内涵。会议指出，习近平法治思想内涵丰富，从历史和现实相贯通、国际和国内相关联、理论和实际相结合的高度，深刻回答了新时代为什么实行全面依法治国、怎样实行全面依法治国等一系列重大问题，是全面依法治国的根本遵循和行动指南。总的来说，党的十八大以来，伴随着全面依法治国战略布局的落地生根，法治正成为中国人民的信仰，中国特色社会主义法治建设已经迈上了新的征程。

四、推进全面从严治党战略布局

全面从严治党开局的第一号令

中国共产党自1921年成立到中华人民共和国成立，直到全面改革开放，历史这么长、规模这么大、执政这么久，如何跳出治乱兴衰的历史周期率？毛泽东同志1945年在延安窑洞里曾给出一个答案："只有让人民起来监督政府，政府才不敢松懈。"党的十八大以来，以习近平同志为核心的党中央以坚强的决心、空前的力度推进全面从严治党，发扬彻底的自我革命精神，以刀刃向内的勇气向党内顽瘴痼疾开刀，稳步解决自身在政治、思想、组织、作风、纪律等方面存在的一系列突出问题。党的自我净化、自我完善、自我革新、自我提高能力显著增强，管党治党宽松软状况得到根本扭转，反腐败斗争取得压倒性胜利并全面巩固。党在革命性锻造中找到了跳出治乱兴衰的历史周期率的第二个答案。

2012年11月15日，在十八届一中全会当选中共中央总书记的习近平和中央政治局常委与中外记者见面时，用通俗形象的话语道出质朴深刻的逻辑："打铁还需自身硬"。"新一届中央领导集体要定规矩，这是很重要的规矩。"12月4日，习近平主持召开政治局会议，审议通过《十八届中央政治局关于改进工作作风、密切联系群众的八项规定》，简称"八项规定"。

一、中央政治局全体同志要改进调查研究，到基层调研要深入了解真实情况，总结经验、研究问题、解决困难、指导工作，向群众学习、向实践学习，多同群众座谈，多同干部谈心，多商量讨论，多解剖典型，多到困难和矛盾集中、群众意见多的地方去，切忌走过场、搞形式主义。

二、要轻车简从、减少陪同、简化接待，不张贴悬挂标语横幅，不安排群众迎送，不铺设迎宾地毯，不摆放花草，不安排宴请。

三、要精简会议活动，切实改进会风，严格控制以中央名义召开的各类全国性会议和举行的重大活动，不开泛泛部署工作和提要求的会，未经中央批准一律不出席各类剪彩、奠基活动和庆祝会、纪念会、表彰会、博览会、研讨会及各类论坛；提高会议实效，开短会、讲短话，力戒空话、套话。

四、要精简文件简报，切实改进文风，没有实质内容、可发可不发的文件、简报一律不发。

五、要规范出访活动，从外交工作大局需要出发合理安排出访活动，严格控制出访随行人员，严格按照规定乘坐交通工具，一般不安排中资机构、华侨华人、留学生代表等到机场迎送。

六、要改进警卫工作，坚持有利于联系群众的原则，减少交通管制，一般情况下不得封路、不清场闭馆。要改进新闻报道，中央政治局同志出席会议和活动应根据工作需要、新闻价值、社会效果决定是否报道，进一步压缩报道的数量、字数、时长。

七、要严格文稿发表，除中央统一安排外，个人不公开出版著作、讲话单行本，不发贺信、贺电，不题词、题字。

八、要厉行勤俭节约，严格遵守廉洁从政有关规定，严格执行住房、车辆配备等有关工作和生活待遇的规定。

八项规定的出台，是改进工作作风的一个切入点。当时社会上的一些问题和现象体现了改进工作作风的紧迫性："一项服务办法，开始实施5个月后才在某地方落实""一份文件从中央落实到基层需要70天时间"——发展中的中国呼唤更加高效务实的作风，而"八项规定"正是对这个诉求的响亮回应。

八项规定，是全面从严治党破题开局的第一步，也是强化监督的"先手棋"。

从内容上看，八项规定从调查研究、会议活动、文件简报、出访活动、警卫工作、新闻报道、文稿发表、勤俭节约8个方面对作风建设提出了具体要求。坚持什么，反对什么，八项规定旗帜鲜明，盯住细节、抓住具体，为全党上下划出了红线，树立起一把刻度清晰的"尺子"，让监督有了明确具体的内容。

习近平强调："规定就是规定，不加'试行'两字，就是要表明一个坚决的态度，表明这个规定是刚性的。"八项规定旨在整饬党风，从中央政治局做起，领导干部特别是高级领导干部带头，要求别人做到的自己首先要做到，要求别人不做的自己坚决不做，对从源头上反腐起到很大的制度规范、约束作用。中央政治局制定"八项规定"，充分体现了党中央落实党要管党、从严治党方针，坚持求真务实、狠抓作风转变的坚定决心，具有重要的现实意义和深远的历史意义。

以钉钉子精神持之以恒正风肃纪

2012年12月，"八项规定"出台。中央各部门和全国各地纷纷针对自身实际情况，制定出更加具体的实施办法。各级党组织、党员领导干部主动扛起全面从严治党主体责任，制定实施细则、加强督查考核、进行约谈问责，"八项规定"精神在全党迅速贯彻落实。

围绕"八项规定"中的有关事项，中央一系列文件陆续下发，将规定具体化。2013年5月，中央纪委下发《关于在全国纪检监察系统开展会员卡专项清退活动的通知》。这一活动后来在全党上下同时展开，并扩大到购物卡等群众深恶痛绝的"腐败卡"，有效遏制了过年过节送礼、高档会所享受等不正之风。7月，中共中央办公厅和国务院办公厅印发《关于党政机关停止新建楼堂馆所和清理办公用房的通知》；9月，《中央和国家机关会议费管理办法》出台；11月，《党政机关厉行节约反对浪费条例》下发；12月，《党政机关国内公务接待管理规定》印发；同月，《中央和国家机关差旅费管理办法》印发。

一系列相关规定的出台给各级党政机关套上了"紧箍"，一些具体问题都有了专门管理办法。从车辆到住房配备，从会风到报道长度，从月饼粽子到烟花爆竹、贺卡挂历等"小事小节"，严格落实中央八项规定精神，狠刹歪风邪气。每逢"节点"成为作风建设的"考点"，中办、国办密集发文作出规定。落实"八项规定"精神从具体问题抓起，一件件"小事"划清"公""私"界限，尽显"真管真严"，穿透"四风"顽固屏障。

有严纠才有深治。自2013年3月中央纪委第一次对6起违反中央八项规定精神的典型问题进行通报曝光后，"点名道姓、公开曝光"便成了落实中央八项规定精神的利器，增强了正风肃纪的震慑效果。每个案件信息和违反中央八项规定问题典型案例的发布,都有力传递着党中央对腐败和作风问题零容忍的坚定决心。在监督执纪问责细与严的氛围下,"八项规定"精神不断深入人心。党风、政风、社风发生了很大变化。

踏石留印、抓铁有痕。党的十八大之后的五年,在以习近平同志为核心的党中央坚强领导下,中央纪委始终将抓中央八项规定精神落实作为重要工作内容,精心部署、常抓不懈;各级党组织将落实中央八项规定精神情况作为履行管党治党责任的重要方面,强化监督检查;巡视巡察对"四风"问题紧盯不放、寸步不让,作为监督重要内容;从将党内监督与群众监督相结合不断拓展监督渠道,到通过明察暗访、运用大数据等增强监督力度,再到点名道姓通报曝光渐成常态,增强了监督震慑效果,强有力地推动纠治"四风"的力度、广度和深度不断增加。

以中央八项规定为开端,中共中央先后出台或修订了90多部党内法规,从廉洁自律准则到纪律处分条例,从巡视条例到问责条例,从党内政治生活准则到党内监督条例,全党上下不断扎紧扎牢制度的笼子,让约束党员干部行为的"尺子"越来越严格、越来越清晰。不唯如此,以抓中央八项规定精神落实为肇始,动真碰硬的监督在党员干部思想深处打下了纪律规矩的深刻烙印,在受监督和约束的环境中工作生活逐渐成为广大党员干部的习惯,为全面从严治党"真管真严、敢管敢严、长管长严"打下了坚实基础。总之,巩固和拓展落实中央八项规定精神成果,坚持不懈改作风转作风,让党的作风全面好起来,确保党同人民想在一起、干在一起,始终保持党同人民群众的血肉联系。

巡视利剑持续助推全面从严治党

治国必先治党,治党务必从严。2014年12月,在江苏考察时,习近平明确提出"全面从严治党",并将其与全面建成小康社会、全面深化改革、全面依法治国并列,形成"四个全面"战略布局。2016年10月,十八届六中全会专题研究全面从严治党。2017年10月,党的十九大将"坚持全面从严治党"确立为新时代坚持和发展中国特色社会主义的基本方略之一,并从八个方面作出具体部署。党的十九大后,习近平总书记又提出"两大革命"的重要论断,强调"要把新时代坚持和发展中国特色社会主义这场伟大社会革命进行好,我们党必须勇于进行自我革命"。从"从严治党"到"全面从严治党",从"党的自我革命"到"以伟大自我革命引领伟大社会革命",展现出新时代中国共产党人的远见和清醒。

如果说八项规定是全面从严治党的开篇之作,那么巡视工作就是"动摇山岳"

的开山之剑。中共十八大之后的五年里，中央 12 轮巡视覆盖 277 个地方、单位党组织，实现了党的历史上首次一届任期内中央巡视全覆盖。5 年里各省区市党委顺利完成 8362 个地方、部门、企事业单位党组织的巡视，65 个中央单位探索开展巡视，各地共对 15.57 万个党组织开展巡察，形成了全党上下巡视巡察一体化格局。

派驻全覆盖擦亮了监督的"探头"。中央纪委共设置 47 家派驻机构，实现对 139 家中央一级党和国家机关派驻监督全覆盖。派驻机构通过督促驻在部门党委（党组）落实全面从严治党的主体责任，把握和运用"四种形态"，抓住"关键少数"，紧盯驻在部门领导班子及党员领导干部，着力加强对驻在部门本级机关和直属单位的监督，让监督离得更近、既有威又有力。

剑指问题，找准靶心，以监督发现问题，带动精准施治。比如深入发现领导干部违规违纪问题线索，推动形成反腐败斗争压倒性态势；发现和揭示"四风"禁而不绝、隐形变异现象，有力促进解决干部群众反映强烈的突出问题；把选人用人特别是执行换届纪律情况作为重点监督内容，深入查找并推动解决选人用人不正之风和腐败现象。党内监督全覆盖以问题为导向，为全面从严治党提供了充足的"弹药"，让辨证施治有的放矢。

强化监督，不仅为全面从严治党精准施治提供了有力保障，也为全面从严治党坚持深化提供了有力支撑，管党治党实践的每一步深化和发展，可以说都与强化监督密不可分。

——"打虎"无禁区、"拍蝇"零容忍、"猎狐"撒天网，反腐惩恶既不留盲区死角，又抓住重点关键，紧盯"领导干部配偶、子女及其配偶等亲属和身边工作人员"利用影响力谋私贪腐等问题，明确把政治问题和经济问题相互交织、三种情况同时具备的作为重中之重，以重点突破带动整体推进，在严厉惩处与严格监督的有机结合下，反腐败步步深入，在治标与治本的辩证统一中，推动反腐败斗争形成压倒性态势，向夺取压倒性胜利发展。

——深刻把握"破法必先破纪"的规律，党中央鲜明提出把纪律和规矩挺在前面、实践监督和执纪"四种形态"，对苗头性、倾向性问题抓早抓小、红脸出汗，将监督的关口前移，在越来越严的监督中将党纪的威严立起来，管党治党实现了由惩治极少数向管住大多数的深化。

——抓住管党治党责任这个"牛鼻子"，严肃党内政治生活，将监督见诸日常，让监督更有锋芒、更加深入，把握"树木"与"森林"的关系，既拔"烂树"又治"病树"、护"森林"，逐步净化了党内政治生态，推动管党治党从"宽松软"走向了"严紧硬"。

2016 年 10 月，十八届六中全会审议、修改和正式通过 2003 年以来试行的

《中国共产党党内监督条例》，围绕责任设计制度、围绕制度构建体系，明确要求强化自上而下的组织监督，改进自下而上的民主监督，发挥同级相互监督作用，进一步完善了党内监督体系。2016年底，中共中央作出国家监察体制改革试点的重大决策部署，从党内监督拓展到国家监察，全覆盖的内涵和外延得到极大拓展。通过构建有力有效的监督监察体制机制，强化党内监督和国家监察，把所有行使公权力的公职人员纳入监督范围，党和国家自我监督由此迈上了新的台阶。

形成并巩固反腐败斗争压倒性态势

党的十八大之后的5年间，以习近平同志为核心的党中央对反腐败斗争形势始终有着清醒的判断：从中央纪委五次全会指出"腐败和反腐败处于胶着状态"，到中央纪委六次全会提出"反腐败斗争压倒性态势正在形成"，到中央纪委七次全会指出"反腐败斗争压倒性态势已经形成"，再到党的十九大报告进一步强调，"反腐败斗争压倒性态势已经形成并巩固发展"。这期间，以习近平同志为核心的党中央，从党的历史使命出发，以"不惜得罪千百人，决不辜负十三亿"的使命担当，兑现了"打铁还要自身硬"的庄严承诺，将全面从严治党作为非常重要的工作，纳入了"四个全面"战略布局，把党风廉政建设和反腐败斗争提升到一个新的高度，以顽强的意志品质正风肃纪、反腐惩恶，推动党的建设发生了历史性变革。

一是实现思想建党和制度治党相结合，党内政治生活呈现出新气象。鲜明提出中国特色社会主义最本质的特征是中国共产党的领导。5年间，深入开展了群众路线教育实践活动、"三严三实"专题教育、"两学一做"学习教育，推动全党增强政治意识、大局意识、核心意识、看齐意识，坚定我们的道路自信、理论自信、制度自信、文化自信。把严肃党内政治生活作为根本性基础性工作，层层压实各级党组织的主体责任和各级纪检组织的监督责任，严明政治纪律和政治规矩，党内政治生活面貌一新，党内政治生态正在全面净化。

二是锲而不舍地落实中央八项规定精神，以党的作风转变引领社会风气变革。从解决人民群众反映最强烈的不正之风入手，从改进作风切入，从落实八项规定破题，中央政治局以身作则、以上率下，全党踏石留印、抓铁有痕，刹住了许多人认为不可能刹住的歪风。人民群众感受到"八项规定改变中国"，作风建设已经成为党的建设亮丽名片。中央纪委宣传部和中央电视台联合摄制了《作风建设永远在路上》的四集专题片，累计有6亿多观众收看，网络媒体阅读量6.5亿，社会共鸣强烈。党心民心高度肯定反腐败的巨大成效，给予强有力的支持和有效的配合。这是中国共产党反腐败最强大的后盾。

三是强化党内监督，巡视利剑作用彰显，实现一届任期全覆盖。中央巡视开展了12轮，共巡视了277个党组织，对16个省区市开展了巡视"回头看"，对4个中央单位进行"机动式"巡视，首次实现一届任期全覆盖，并形成了全国巡视巡察"一盘棋"。既有中央机构和省、部级巡视，又开展了基层巡察，各级组织的巡视巡察就形成了一个整体，充分发挥了巡视工作标本兼治的战略作用。5年间，深化纪律检查体制改革，推进双重领导体制具体化、程序化、制度化。中央纪委设立了47家派驻中央一级党和国家部委纪检组，监督139家中央单位的党组织，实现了派驻监督的全覆盖。深化国家监察体制改革，完善党和国家自我监督体系，已经全面完成了北京、山西、浙江三省市改革的试点任务。

四是全面加强纪律建设，推动管党治党从"宽松软"走向"严紧硬"。党坚持纪严于法、执纪执法贯通，推行监督执纪"四种形态"，抓早抓小、层层设防。强化政治纪律和组织纪律，带动各项纪律全面严起来。5年间，全国纪检监察机关共同处置问题线索达到267.4万件，立案154.5万件，处分153.7万人，涉嫌犯罪被移送司法机关处理的有5.8万人，体现了执纪必严、违纪必究，惩前毖后、治病救人的方针，全党遵规守纪自觉性不断提高，党的纪律已经成为真正的"带电的高压线"，不是讲讲、说说，而是实实在在地做。

五是坚持"老虎""苍蝇"一起打，反腐败斗争压倒性态势已经形成并巩固发展。中共中央坚决铲除政治腐败和经济腐败相互交织的利益集团，严肃查处严重违纪违法案件。

六是坚持依规治党，完善党内法规体系，制度的笼子越扎越牢。党中央把全面深化改革和制度创新有机结合起来，以党章为根本遵循，实践探索在前，总结提炼在后，共修订颁布了90余部党内法规，使党内法规与国家法律协调衔接，依规治党和依法治国互相促进，相得益彰。因此，今天中国的反腐败，依靠制度、依靠纪律、依靠法律的程度是极大地提高了。5年来，在党中央坚强领导下，经过全党全社会共同努力，党内政治生活气象更新，党内政治生态明显好转，中国共产党的创造力、凝聚力、战斗力显著增强，党的团结统一更加巩固，党群关系明显改善，在探索出一条党在长期执政条件下实现自我净化的有效路径方面取得了重大突破，使中国共产党在革命性锻造中更加坚强、更加纯洁、更加先进，焕发出新的强大的生机活力，为实现"两个一百年"奋斗目标，为实现中华民族伟大复兴，提供了坚强的政治保证。

重整行装再出发。2017年党的十九大又吹响了全面从严治党向纵深推进的号角，以永远在路上的执着将反腐败斗争进行到底，一刻不停歇地推动全面从严治党向纵深发展。新时代全面从严治党的历史性成就，为实现第一个百年奋斗目标提供了强大政治引领和坚强政治保障。

从党的十八大到十九大,以习近平同志为核心的党中央坚持打铁必须自身硬,以"刀刃向内、刮骨疗毒"的坚定意志,推进党的建设新的伟大工程,以优良的作风凝聚党心民心,以严明的纪律管党治党,以零容忍的态度惩治腐败,巩固了党的团结统一,扭转了"四风"积弊,构建起党和国家监督体系,反腐败斗争取得并全面巩固压倒性胜利,党在革命性锻造中更加坚强有力。"强化自上而下的组织监督,改进自下而上的民主监督,发挥同级相互监督作用""深化政治巡视""深化国家监察体制改革",走出了一条具有中国特色的自我革命之路。中国共产党不断实现增强自我净化、自我完善、自我革新、自我提高能力,不断破解执政党自我监督这个世界性难题,从而对在长期执政条件下如何跳出国家治乱兴衰的"历史周期律",给出了最为有力的答案。

五、深化国防和军队改革重大成果

明确提出强军目标和军队使命任务

建设一支强大的人民军队保卫祖国,是中国共产党执政的坚定方针。在各个历史时期,党都根据形势任务的变化,及时提出明确的目标要求,引领军队建设不断向前发展。新中国成立后,毛泽东提出"把建设一支优良的现代化的革命军队"作为军队建设的总方针、总任务;邓小平提出"必须把我军建设成为一支强大的现代化、正规化的革命军队";江泽民提出"政治合格,军事过硬,作风优良,纪律严明,保障有力"的军队建设总要求;胡锦涛提出"按照革命化现代化正规化相统一的原则加强军队全面建设"。这些重要思想,深刻揭示了中国军队建设发展的客观规律,指引人民军队从小到大、由弱到强,不断取得新的胜利。

强国必须强军,军强才能国安。进入新时代,党和国家面临的形势任务发生了深刻变化。当今世界国际战略格局深刻演变,以争夺战略主动权为本质的世界新军事革命深入发展,国际军事竞争更趋激烈,各主要国家纷纷调整安全战略、军事战略,调整军队组织形态,其速度之快、范围之广、程度之深、影响之大,为第二次世界大战结束以来所罕见。鉴于中国面临的国家安全局势和发展利益问题、传统安全威胁和非传统安全威胁相互交织的复杂形势,党的十八大明确提出:"建设与我国国际地位相称、与国家安全和发展利益相适应的巩固国防和强大军队,是我国现代化建设的战略任务。"党的十八大召开后,习近平在提出"实现中华民族伟大复兴的中国梦"不久,也鲜明地提出"强军梦",强调"强国梦,对于军队来讲,也是强军梦。我们要实现中华民族伟大复兴,一定要坚持富国和强军相统一,建设巩固国防和强大军队"。

2012年11月16日,中央军委主席习近平在新一届军委扩大会议上指出:"把国防和军队建设不断推向前进,必须把学习贯彻党的十八大精神作为首要政治任务抓紧抓好,必须毫不动摇坚持党对军队的绝对领导,必须坚决完成各项军事斗争任务,必须按照全面建设的思想努力推进军队的革命化现代化正规化建设,必须始终保持我军光荣传统和优良作风。"[1]2013年3月11日,习近平出席十二届全国人大一次会议解放军代表团全体会议,在认真听取代表们的发言后发表重要讲话,郑重提出了强军目标,他指出:建设一支听党指挥、能打胜仗、作风优良的人民军队,是党在新形势下的强军目标。听党指挥是灵魂,决定军队建设的政治方向;能打胜仗是核心,反映军队的根本职能和军队建设的根本指向;作风优良是保证,关系军队的性质、宗旨、本色。[2]

习近平进一步指出:"这次世界新军事革命是全方位的深层次的,覆盖了战争和军事建设全部领域直接影响到国家的军事实力和综合国力,关乎战略主动权。"[3]他要求必须坚持以国家核心安全需求为导向,统筹经济建设和国防建设,按照国防和军队现代化建设"三步走"战略构想,加紧完成机械化和信息化建设双重历史任务,国防和军队现代化建设有一个大的发展。鲜明指出要始终以改革创新精神开拓前进,努力夺取军事竞争主动权。

习近平还明确提出新的历史时期军队使命任务。这就是,要坚决维护中国共产党的领导和中国特色社会主义制度,坚决维护国家主权、安全、发展利益,坚决维护国家发展的重要战略机遇期,坚决维护地区与世界和平,为实现"两个一百年"奋斗目标、实现中华民族伟大复兴的中国梦提供坚强保障。军队必须担负以下战略任务——应对各种突发事件和军事威胁,有效维护国家领土、领空、领海主权和安全;坚决捍卫祖国统一;维护新兴领域安全和利益;维护海外利益安全;保持战略威慑,组织核反击行动;参加地区和国际安全合作,维护地区和世界和平;加强反渗透、反分裂、反恐怖斗争,维护国家政治安全和社会稳定;担负抢险救灾、维护权益、安保警戒和支援国家经济社会建设等战略任务。

---

[1]《胡锦涛习近平出席中央军委扩大会议并发表重要讲话》,《人民日报》2012年11月18日。
[2]《牢牢把握党在新形势下的强军目标 努力建设一支听党指挥能打胜仗作风优良的人民军队》,《人民日报》2013年3月12日。
[3]《准确把握世界军事发展新趋势 与时俱进大力推进军事创新》,《人民日报》2014年8月31日。

习近平科学论证了实行新形势下积极防御军事战略方针——根据各个方向安全威胁和军队能力建设实际,创新基本作战思想,坚持灵活机动、自主作战的原则,你打你的、我打我的,运用诸军兵种一体化作战力量,实施信息主导、精打要害、联合制胜的体系作战;根据中国地缘战略环境、面临安全威胁和军队战略任务,优化军事战略布局,构建全局统筹、分区负责、相互策应、互为一体的战略部署和军事布势;应对太空、网络空间等新型安全领域威胁,维护共同安全;加强海外利益攸关区国际安全合作,维护海外利益安全。

中国共产党在新时代的强军目标,是新时代建军治军的总方略,是统领军队建设、改革和军事斗争准备的总纲,为新时代国防和军队建设指明了根本方向、提供了方法指导、立起了检验标尺。这一强军目标,既坚持中国共产党提出的军队建设目标不动摇,体现了中国共产党一以贯之的建军治军指导思想和方针原则,体现了革命化现代化正规化建设相统一的全面建设思想,又适应新形势新任务需要,对中国军队建设目标任务作出新概括新定位,实现了中国共产党的建军思想的与时俱进,开启了强军事业新征程。

政治建军当先推进军队体制改革

改革开放后新一轮国防和军队改革,牢牢聚焦"能打仗、打胜仗",推动人民军队战斗力建设发生脱胎换骨的变化。在新的历史条件下,习近平高度重视政治建军方略,强调政治建军是人民解放军的立军之本。2014年10月30日,在毛泽东1929年开创政治建军之地——福建古田,习近平主持召开了全军政治工作会议。新时代古田会议着眼于新的时代条件下,党必须加强从思想上政治上建设军队。强调新形势下,军队政治工作只能加强不能削弱,只能前进不能停滞,只能积极作为不能被动应对。军队政治工作的时代主题是,紧紧围绕实现中华民族伟大复兴的中国梦,为实现党在新形势下的强军目标提供坚强政治保证。着力培养有灵魂、有本事、有血性、有品德的新一代革命军人。有灵魂就是要信念坚定、听党指挥;有本事就是要素质过硬、能打胜仗;有血性就是要英勇顽强、不怕牺牲;有品德就是要情趣高尚、品行端正。把铸牢军魂作为政治工作的核心任务,用党的创新理论武装官兵,增强思想政治教育的时代性和感召力,持续培育社会主义核心价值观和当代革命军人核心价值观,传承我党我军优良传统,抓好战斗精神培育,打造强军文化,锻造具有铁一般信仰、铁一般信念、铁一般纪律、铁一般担当的过硬部队。

2015年11月24日至26日,中央军委改革工作会议举行。习近平主席发出深化国防和军队改革动员号令——全面实施改革强军战略,坚定不移走中国特色强军之路。会议明确，深化国防和军队改革是一场整体性、革命性变革。2020年前要在领导管理体制、联合作战指挥体制改革上取得突破性进展，在优化规模结构、完善政策制度、推动军民融合发展等方面改革上取得重要成果，努力构建能够打赢信息化战争、有效履行使命任务的中国特色现代军事力量体系，完善中国特色社会主义军事制度。在改革强军的号令下，从解放军四总部、七大军区告别历史舞台，到中央军委15个职能部门全新亮相、划设五大战区；从成立陆军领导机构、火箭军、战略支援部队、联勤保障部队，到武警部队、预备役部队划归党中央、中央军委集中统一领导；从深化军队院校改革，到深入推进军事政策制度改革——人民军队以自我革命的精神、壮士断腕的勇气迈上强军兴军的崭新征程。[1]

能打胜仗，是这次改革的逻辑起点和核心指向；强军兴军，成为人民军队在新时代的主旋律。基于联合、平战一体的军事力量运用政策制度体系加紧构建，在改革中新调整组建的部队，努力缩短磨合期，加速形成战斗力。改革后，三军将士以更加昂扬的斗志，奋战在改革强军的一线。2017年7月28日，在中国人民解放军迎来90华诞之际，中央军委在北京八一大楼隆重举行颁授"八一勋章"仪式。受勋将士的英雄事迹，成为新时代军人的楷模。

——全面实施改革强军战略。十八届三中全会通过的《中共中央关于全面深化改革若干重大问题的决定》，把深化国防和军队改革列为全面深化改革的重要任务。《决定》强调："紧紧围绕建设一支听党指挥、能打胜仗、作风优良的人民军队这一党在新形势下的强军目标，着力解决制约国防和军队建设发展的突出矛盾和问题，创新发展军事理论，加强军事战略指导，完善新时期军事战略方针，构建中国特色现代军事力量体系。"[2] 将国防和军队改革作为单独一部分写入中央全会的《决定》，这在改革开放以来是第一次。

2014年3月15日，中央军委深化国防和军队改革领导小组正式成立，习近平担任组长，主持召开领导小组第一次会议。会议审议通过了改革重要举措分工方案和改革工作路线图。深化国防和军队改革的指挥部正式成立，改革工作进入实质性推进阶段。习近平主席要求领导小组要履职尽责，对改革工作实施坚强领导。要强化集中统一领导，搞好总体设计、统筹协调、整体推进、督导落实，确保各项改革工作统一谋划、统一部署、统一推进、统一实施。要坚持

---

[1]《中国共产党简史》，北京：人民出版社、中共党史出版社，2021年，第435页。
[2]《中共中央关于全面深化改革若干重大问题的决定》，《人民日报》2013年11月16日。

科学议事决策，坚持走群众路线，充分发扬民主，广泛听取各方面意见。[1]

围绕改什么、怎么改？军委领导、各改革工作机构、军委改革办展开高强度、高密度、大范围的调研。仅从2014年3月到10月，就召开800余个座谈会、论证会，覆盖690余个军地单位。900多名在职和退休军地领导、专家，2165名军以上单位班子成员和师旅级部队主官，3400余条部队官兵意见，改革方案前后历经150多次调整、修改和完善。2015年1月27日，习近平主持召开军委改革领导小组第二次全体会议，对拟制改革方案作出部署。7月14日，习近平主持召开军委改革领导小组第三次全体会议，审议并原则通过《深化国防和军队改革总体方案建议》。7月22日、29日，习近平分别主持召开中央军委常务会议和中央政治局常委会会议，审议和审定《总体方案》。10月16日，习近平再次主持中央军委常务会议，审议通过《领导指挥体制改革实施方案》。

——深化国防和军队改革。这是实现中国梦强军梦的时代要求，是强军兴军的必由之路，也是决定军队未来的关键一招。随着中央军委改革工作会议的召开，一场具有划时代意义的整体性、革命性变革正式启动。调整组建后，军委机关由原来的总参谋部、总政治部、总后勤部、总装备部4个总部，改为7个部（厅）、3个委员会、5个直属机构共15个职能部门，即：军委办公厅、军委联合参谋部、军委政治工作部、军委后勤保障部、军委装备发展部、军委训练管理部、军委国防动员部、军委纪委、军委政法委、军委科技委、军委战略规划办公室、军委改革和编制办公室、军委国际军事合作办公室、军委审计署、军委机关事务管理总局。[2] 构建军委、战区两级联合作战指挥体制，彻底突破了长期实行的总部体制、大军区体制、大陆军体制，立起了军队新体制的"四梁八柱"，形成了军委管总、战区主战、军种主建的新格局。

2015年12月31日，中国人民解放军陆军领导机构、中国人民解放军火箭军、中国人民解放军战略支援部队成立大会在北京中央军委八一大楼隆重举行，习近平主席向陆军、火箭军、战略支援部队授予军旗并致训词。七大军区调整为五大战区。2016年1月16日零时，根据习近平主席的命令，原沈阳、北京、兰州、济南、南京、广州、成都七大军区停止行使指挥权。东部、南部、西部、北部、中部五大战区开始运转。2月1日，习近平主席向五大战区授予军旗并发布训令，开启了人民解放军联合作战体系建设的新篇章。人民解放军陆军十八个集团军番号撤销，精简为13个集团军——中国人民解放军第七十一至第八十三集团军。

---

[1]《坚持以强军目标引领改革围绕强军目标推进改革 为建设巩固国防和强大军队提供有力制度支撑》，《人民日报》2014年3月16日。
[2] 中国新闻社《中国国防部详解军委机关15个职能部门》，中国新闻网2016年1月12日。

2016年"一基地五中心"布局军委联勤保障部队成立。9月13日,在中央军委联勤保障部队成立大会上,习近平主席向武汉联勤保障基地和无锡、桂林、西宁、沈阳、郑州5个联勤保障中心授予军旗并致训词,代表党中央和中央军委向联勤保障部队全体指战员致以热烈的祝贺。

伟大的变革,历史的跨越。以习近平同志为核心的党中央领导推动的这次军队的伟大变革,梯次接续、前后衔接、压茬推进,在中国特色强军之路上迈出决定性步伐。

科技兴军依法治军取得显著成效

党的十八大以来,以习近平同志为核心的党中央敏锐洞察和把握时代大势,牢牢抓住我军跨越发展关键时机,引领全军各级把创新摆在建设发展全局核心位置,坚持依靠科技进步提高部队建设质量。

——科技是兴军之策。5年来,一项项科技突破振奋人心,一个个人才方阵朝气蓬勃,一件件创新成果转化为实实在在的战斗力,有效提升了我军现代化转型的"加速度"。人民军队在激烈的国际军事竞争中努力掌握战略主动,奋力实现军事装备的快速发展。5年来,一系列新型空空、空地、地空导弹,到先进战略导弹、巡航导弹;从新一代武装直升机、新型主战坦克,到北斗卫星导航系统、指挥自动化系统、战术软件等一大批信息化程度高、具备世界先进水平的武器装备列装部队。仅2016年,海军就有湘潭舰、保定舰、菏泽舰、银川舰等20余艘新型舰艇加入战斗序列,万吨级导弹驱逐舰055下水,2017年4月26日,我国第二艘航空母舰出坞下水。空军首次飞越对马海峡、成体系"绕岛巡航"、奔袭数千公里演练岛礁空投,南海巡航常态化、体系化、实战化,海军三大舰队东海实弹过招。歼-20、运-20列装部队后开展编队训练。

2015年9月3日,在天安门广场举行的纪念中国人民抗日战争暨世界反法西斯战争胜利70周年的盛大阅兵式上,受阅的500余台各型装备,编成地面突击、防空反导、海上攻击、战略打击、信息支援、后装保障6个模块,体现了信息化战争的联合性特点和人民解放军保卫祖国安全、人民安宁生活的能力。这些装备全部为国产现役主战装备,84%是首次亮相,充分展示了中国国防和军队现代化建设的辉煌成就。[①]2017年7月30日,庆祝中国人民解放军建军90周年阅兵在朱日和联合训练基地隆重举行。34个地面方队和空中梯队,组成陆上作

---

① 《纪念中国人民抗日战争暨世界反法西斯战争胜利70周年大会在京隆重举行》,新华网2015年9月4日。

战群、信息作战群、特种作战群、防空反导作战群、海上作战群、空中作战群、综合保障群、反恐维稳群、战略打击群9个作战群，按作战编组依次通过检阅台。这次阅兵，受阅装备近一半为首次亮相，集中体现了中国国防和军队现代化建设的最新成就。[①]

2018年4月12日，中国历史上规模最大的海上阅兵在南海海域举行，人民海军48艘战舰、76架战机，10000余名官兵组成战略打击、水下攻击、远海作战、航母打击、两栖登陆、近海防御、综合保障7个作战群，以排山倒海之势破浪驶来。受阅飞机组成舰载直升机、反潜巡逻作战、预警指挥、远海作战、对海突击、远距支援掩护、制空作战等10个空中梯队，在受阅舰艇编队上方凌空飞过。水下蓝鲸潜行，海面战舰驰骋，天上银鹰翱翔，汇成一部雄浑的海天交响曲。这次海上阅兵，辽宁舰航母编队精彩亮相，一大批新型潜艇、水面舰艇、作战飞机集中展示，党的十八大后，列装舰艇占受阅舰艇一半以上，再次展现了科技兴军的成效。[②]

军事科研教学向纵深推进。中共十八大以来，人民解放军以军事科学院为龙头、军兵种研究院为骨干、院校和部队科研力量为辅助，重新调整组建军事科学院。2017年7月19日，在新调整组建的军事科学院、国防大学、国防科技大学成立大会上，习近平主席向新调整组建的院校授军旗、致训词。全军和武警部队院校由77所调整为43所，构建起以联合作战院校为核心，以兵种专业院校为基础，以军民融合培养为补充的院校布局，军队院校教育、部队训练实践、军事职业教育三位一体新型军事人才培养体系正在形成。[③]经过全面实施改革强军战略，中国人民解放军实现裁减军队员额30万人。

在习近平主席、中央军委的坚强领导下，全军和武警部队精心组织、稳扎稳打，以踏石留印、抓铁有痕的精神，深化国防和军队改革这场攻坚战已经取得明显成效。针对一段时间内军队特别是领导干部在理想信念、党性原则、革命精神、组织纪律、思想作风等方面存在的突出问题，以习近平同志为核心的中央军委大抓军队党风廉政建设，以雷霆之势反腐惩恶，在关键时刻扶危定倾，挽救了人民军队。习近平主席高度重视加强军队作风建设，以身作则、以上率下，领导推动全军各级深入抓好中央八项规定和军委十项规定落实，扎实开展学习

[①]《庆祝中国人民解放军建军90周年阅兵在朱日和联合训练基地隆重举行》，《解放军报》2017年7月31日。
[②]《深入贯彻新时代党的强军思想 把人民海军全面建成世界一流海军》，《解放军报》2018年4月13日。
[③]《聚焦打赢，强体催生新战力》，《人民日报》2017年10月15日。

教育整顿。

——依法治军是强军之基。2015年2月，习近平主席亲自审定的《关于新形势下深入推进依法治军从严治军的决定》印发全军。强调全面贯彻依法治军、从严治军方针，改进治军方式，实现从单纯依靠行政命令的做法向依法行政的根本性转变，从单纯靠习惯和经验开展工作的方式向依靠法规和制度开展工作的根本性转变，从突击式、运动式抓工作的方式向按条令条例办事的根本性转变。人民军队建设各个领域的法规制度，如，在已经颁布实施《中华人民共和国国防法》《中华人民共和国兵役法》的基础上，党的十八大以来，中国人民解放军《文职人员条例》《内务条令（试行）》《纪律条令（试行）》《队列条令（试行）》等密集出台。特别是围绕依法治官、依法治权的制度法规，如《严格军队党员领导干部纪律约束的若干规定》《厉行节约严格经费管理的规定》《关于加强军队基层风气建设的意见》陆续实施。推进健全军事法规制度体系和军事法律顾问制度，改革军事司法体制机制，创新纪检监察体制和巡视制度，完善审计体制机制，改进军事法律人才管理制度，建立健全组织法制和程序规则，全面提高了国防和军队建设法治化水平。

在惩治预防腐败方面，人民军队内部反腐败工作坚持无禁区、全覆盖、零容忍。从总的态势看，不敢腐的目标初步实现，不能腐的制度日益完善，不想腐的堤坝正在构筑，反腐败斗争形成压倒性态势。5年来，全军先后查处涉嫌严重违法违纪军级以上干部100多名，彰显了有腐必反、有贪必肃的坚定决心。

中共十八大以来，科技兴军和依法治军取得显著成效。人民解放军加强练兵备战，有效遂行海上维权、反恐维稳、抢险救灾、国际维和、亚丁湾护航、人道主义救援等重大任务，武器装备加快发展，军事斗争准备取得重大进展。人民军队在中国特色强军之路上迈出坚定步伐。

六、开创文化发展改革建设新局面

文化体制改革机制建设深度发力

文化是民族的血脉，是人民的精神家园，是国家强盛的重要支撑。继中共十八大报告提出全党要坚定中国特色社会主义的道路自信、理论自信、制度自信，习近平总书记多次强调要有坚定的文化自信。2016年6月28日，习近平在中央政治局第三十三次集体学习会上，第一次把文化自信与"三个自信"并列提出，要求全党坚定中国特色社会主义道路自信、理论自信、制度自信、文化自信。

强调文化自信是更基础、更广泛、更深厚的自信，是更基本、更深沉、更持久的力量。在五千多年文明发展中孕育的中华优秀传统文化，在党和人民伟大斗争中孕育的革命文化和社会主义先进文化，积淀着中华民族最深层的精神追求，代表着中华民族独特的精神标识。作为人类文明史上唯一从未间断过的文明，中华文明如何得到深度发扬，发挥出巨大影响力，在继承中延续，在延续中发展，在发展中引领新的文明，都离不开坚定的"文化自信"。

文运同国运相牵，文脉同国脉相连。一个国家、一个民族的强盛，总是以文化兴盛为支撑的，中华民族伟大复兴需要以中华文化发展繁荣为条件。十八届三中全会以后，文化体制改革攻坚克难、全面发力，一批具有"四梁八柱"性质的重大改革取得突破性进展，改革主体框架基本确立，重点改革支撑作用日益凸显，文化活力迸发，文化魅力增强，引领着新时代中国特色社会主义文化强国建设开创新局面。2013年8月19日，习近平在全国宣传思想工作会议上强调，要在继续大胆推进改革、推动文化事业全面繁荣和文化产业快速发展、建设社会主义文化强国的同时，把握好意识形态属性和产业属性、社会效益和经济效益的关系，始终坚持社会主义先进文化前进方向，始终把社会效益放在首位。这为新形势下深化文化体制改革指明了前进方向、提供了根本遵循。

2014年早春，习近平主持召开中央全面深化改革领导小组第二次会议，审议并通过了《深化文化体制改革实施方案》。这是中央深改领导小组审议通过的第一个专项改革方案。《实施方案》明确了改革的指导思想、目标思路、主要任务和政策保障，细化为104个重要改革举措及工作项目。整个方案有两个非常鲜明的特点：一是突出方向引领。不管怎么改，方向不能变，建立健全把社会效益放在首位、确保"两个效益"相统一的体制机制，建立健全在互联网时代坚持正确舆论导向的体制机制；二是加强谋篇布局，通盘考虑，并且突出实施文化体制改革的重点。同年10月，习近平总书记主持召开文艺工作座谈会并发表重要讲话时强调，广大文艺工作者要坚持以人民为中心的创作导向，努力创作更多无愧于时代的优秀作品。

2015年9月11日，中共中央政治局审议通过《关于繁荣发展社会主义文艺的意见》，这一文艺发展的顶层设计，既体现了马克思主义文艺观的一脉相承，也彰显着强烈的中国特色与时代特征，为进一步繁荣发展中国特色社会主义文艺事业勾勒出清晰可行的路线图，注入激浊扬清的正能量。《意见》分为6部分25条，包括：做好文艺工作的重大意义和指导思想；坚持以人民为中心的创作导向；让中国精神成为社会主义文艺的灵魂；创作无愧于时代的优秀作品；建设德艺双馨的文艺队伍；加强和改进党对文艺工作的领导。《意见》对于在新的历史条件下，文艺真正成为时代前进的号角、真正体现时代的风貌、真正引领时代的风气，具有重要指导意义。

2017年5月7日，中共中央办公厅、国务院办公厅印发了《国家"十三五"时期文化发展改革规划纲要》。《纲要》首先明确了"十三五"时期文化发展改革的指导思想。其核心内容是：高举"一面旗帜"，即高举中国特色社会主义伟大旗帜；明确"六个坚持"，即坚持以社会主义核心价值观为引领、坚持社会主义先进文化前进方向、坚持中国特色社会主义文化发展道路、坚持依法治国和以德治国相结合、坚持以人民为中心的发展思想和工作导向、坚持把社会效益放在首位社会效益和经济效益相统一；服务"两个百年目标"，即构筑中国精神、中国价值、中国力量、中国贡献，为实现"两个一百年"奋斗目标、实现中华民族伟大复兴的中国梦奠定更加坚实的思想文化基础。这个指导思想既是对以习近平同志为核心的党中央领导文化发展改革的经验总结，也是未来几年文化发展改革的根本指南，贯穿于我国文化建设各方面、各领域。《纲要》从理论建设、文艺创作、媒体建设、公共文化、文化产业、传统文化、文化开放、文化体制改革八个方面确立了"十三五"时期文化发展改革的主要目标。

一是马克思主义中国化最新成果广泛普及，中国梦引领凝聚作用进一步增强，富强民主文明和谐、自由平等公正法治、爱国敬业诚信友善的社会主义核心价值观更加深入人心，国民思想道德素质、科学文化素质和社会文明程度显著提高。二是精神文化产品创作生产更加活跃繁荣，哲学社会科学创新发展能力不断提升，文化精品不断涌现，网络文化健康发展，社会精神文化生活丰富多彩。三是现代传播体系逐步建立，传统媒体与新兴媒体融合发展取得阶段性成果，形成一批新型主流媒体和主流媒体集团，网络空间更加清朗，社会舆论积极向上。四是现代公共文化服务体系基本建成，基本公共文化服务标准化、均等化水平稳步提高，体现地方和民族特色的文化设施网络基本形成，公共文化供给与群众文化需求有效匹配。五是现代文化产业体系和现代文化市场体系更加完善，文化市场的积极作用进一步发挥。从中央到地方做优做强做大一批文化企业和文化品牌，文化整体实力和竞争力明显增强，文化产业日益发展成为国民经济的支柱性产业。六是中华优秀传统文化传承体系基本形成，中华民族文化基因与当代文化相适应、与现代社会相协调，实现传统文化创造性转化和创新性发展。七是文化开放格局日益完善，中华文化影响力持续扩大，中国故事、中国声音广泛传播，良好国家形象全面展示，国家文化软实力和国际话语权进一步增强，促进世界文化多样化发展。八是文化宏观管理体制改革不断深化，微观运行机制进一步健全，文化法治建设深入推进，中国特色社会主义文化制度更加成熟更加定型。

这些目标，既有定性的，也有定量的，既有预期性的，也有约束性的，各有侧重又相互关联，总的考虑是与全面深化改革的总目标衔接配套，确保到 2020 年中国特色社会主义文化制度更加成熟更加定型。此外，《纲要》还明确了在文化发展改革方面的主要举措，对文化小康任务作了进一步明确细化。这样，中国的文化建设在改革方向和工作的布局上，就搭建起了新的"四梁八柱"。在以习近平同志为核心的党中央坚强领导下，宣传文化领域高扬改革旗帜、把握正确导向、聚焦发展主题、锐意进取创新，文化领域重要基础性制度框架基本确立，文化事业全面繁荣，文化产业活力增强，优秀传统文化传承弘扬，进一步开创了我国文化繁荣发展的生动景象。

——大力弘扬社会主义核心价值观。按照党的十八大报告提出的目标要求，加强社会主义核心价值体系建设，深入开展社会主义核心价值体系学习教育，用社会主义核心价值体系引领社会思潮、凝聚社会共识。"倡导富强、民主、文明、和谐，倡导自由、平等、公正、法治，倡导爱国、敬业、诚信、友善，积极培育社会主义核心价值观"。这"三个倡导"共 24 个字，分别从三个层面高度凝练和概括了社会主义核心价值观的基本内容。一是国家层面。富强、民主、文明、和谐，是我国在社会主义初级阶段的奋斗目标，体现了社会主义核心价值观在发展目标上的规定，是立足于国家层面提出的要求。二是社会层面。自由、平等、公正、法治，体现了社会主义核心价值观在价值导向上的规定，是立足于社会层面提出的要求，反映了社会主义社会的基本属性，始终是中国共产党和国家奉行的核心价值理念。三是个人层面。爱国、敬业、诚信、友善，体现了社会主义核心价值观在道德准则上的规定，是立足于公民个人层面提出的要求，体现了社会主义价值追求和公民道德行为的本质属性。

2013 年 12 月，中共中央办公厅印发的《关于培育和践行社会主义核心价值观的意见》提出："用法律的权威来增强人们培育和践行社会主义核心价值观的自觉性"。2016 年 12 月，中共中央办公厅、国务院办公厅印发了《关于进一步把社会主义核心价值观融入法治建设的指导意见》，明确提出社会主义核心价值观是社会主义法治建设的灵魂，把社会主义核心价值观融入法治国家、法治政府、法治社会建设全过程，融入科学立法、严格执法、公正司法、全民守法等各环节，以法治体现道德理念、强化法律对道德建设的促进作用，真正实现依法治国和以德治国的同向发力。

2018 年 5 月中共中央印发了《社会主义核心价值观融入法治建设立法修法规划》，明确要求把社会主义核心价值观融入法律法规的立改废释全过程，力争用 5 到 10 年时间，推动社会主义核心价值观全面融入中国特色社会主义法律体系，筑牢全国各族人民团结奋斗的共同思想道德基础，为决胜全面建成小康社会、夺取新时代中国特色社会主义伟大胜利、实现中华民族伟大复兴的中国梦、实现人民对美好生活的向往,提供坚实制度保障。几年来,我国培育和践行社会主义核心价值观的努力,正以多姿多彩的形式展现出来。

——推动基层公共文化设施资源共建共享。在公共文化服务体系建设方面,强调完善公共文化服务网络,推动基层公共文化设施资源共建共享,创新公共文化服务运行机制,切实保障人民群众文化权益。考虑到老少边贫地区是文化建设的"短板"和"弱项",强调要结合国家脱贫攻坚战略,开展文化精准扶贫。2015年初,中办、国办印发《关于加快构建现代公共文化服务体系的意见》,对现代公共文化服务体系建设进行了顶层设计。据文化部门统计,十八届三中全会以后,中央、省、市、县、乡、村六级公共文化服务体系确立,以公共图书馆、文化馆、博物馆、乡镇(街道)综合文化站、村(社区)综合性文化服务中心为重点,以流动文化设施和数字文化设施为补充,基层公共文化服务网络不断完善。全国群众文化机构每年开展活动近200万次,服务群众达5.6亿人次。探索社会化公共文化服务保障机制,颁布《关于做好政府向社会力量购买公共文化服务工作的意见》;推进基层文化服务中心建设,指导促进公共文化设施共建共享;加强贫困地区公共文化建设;制定颁布公共文化服务保障法,标志着中国公共文化服务法律保障取得历史性突破,人民群众基本文化权益和基本文化需求实现从行政性"维护"到法律"保障"的跨越。

——加强网络内容建设,规范网络空间。当今世界,以互联网为代表的信息技术日新月异,引领了社会生产新变革,创造了人类生活新空间。在互联网时代,整个舆论生态都在发生深刻变化。凝神聚气,培育和践行社会主义核心价值观,更需要一个风清气正的舆论场。2017年5月,经中央批准印发《关于实施网络内容建设工程的意见》,对加强网络内容建设作出全面系统部署,网络内容建设全面展开。6月《网络安全法》正式实施。网络时代要依法治网,一些网络造谣者、色情内容提供者和不良网络大V被依法惩治。人民群众对此普遍表示支持和赞扬。

——文化管理体制和国有文化单位改革继续深化。推动媒体融合发展,报网融合、台网融合迈出实质性步伐。2014年9月,中央办公厅、国务院办公厅印发了《关于推动传统媒体和新兴媒体融合发展的指导意见》,提出要以中央主要媒体为龙头、以重点项目为抓手,切实推动媒体融合在重点工作、重要领域和重大项目上顺利布局。近年来,新闻单位全力推进重点项目建设,媒体融合发展步伐明显加快。推进文艺评奖制度改革,增强评奖导向性权威性。中共中央宣传部制定了《全国性文艺评奖改革方案》,对各类文艺评奖的具体设置和改革的操作流程作出规范,文艺作品评价体系得到进一步完善。推动"两效统一",确保国有文化企业履行责任使命。2015年9月,中央印发《关于推动国有文化企业把社会效益放在首位、实现社会效益和经济效益相统一的指导意见》。这是文化体制改革中一个里程碑式的文件，将文化改革进一步推向纵深。《指导意见》明确提出了对社会效益的具体要求，制定可量化、可核查的社会效益考核指标，明确社会效益考核权重应占50%以上，并将社会效益考核细化量化到政治导向、文化创作生产和服务、受众反应、社会影响、内部制度和队伍建设等具体指标中。

推动文化体制改革向纵深拓展

党的十八届三中全会以来，宣传文化战线高举改革旗帜、坚定文化自信、锐意攻坚克难，推动文化体制改革在新的起点上纵深拓展，全民族文化创新创造活力大大激发，人民群众文化获得感和幸福感显著增强。

——加强基本公共文化服务标准化均等化建设，提升人民群众文化获得感幸福感。优质的公共文化服务，是人民美好生活的重要组成部分。几年来，按照国家基本公共文化服务指导标准，各地大力推进基本公共文化服务标准化均等化建设，提升公共文化服务效能，努力打造新时代公共文化服务基层样本。例如，坚持"一镇一品""一村一韵"，浙江台州因地制宜打造农村文化礼堂，成为乡村文化新地标；安徽铜陵着力构建城乡舞台体系建设丰富基层文化产品供给，"将舞台建到群众身边、将活动送到百姓眼前"；贵州毕节大力推进公共文化服务精准扶贫，新时代农民讲习所实现市县乡村全覆盖，等等。来自文化部门的数据显示，中央、省、市、县、乡、村六级公共文化服务体系基本确立，以公共图书馆、文化馆、博物馆、乡镇（街道）综合文化站、村（社区）综合性文化服务中心为重点，以流动文化设施和数字文化设施为补充，基层公共文化服务网络不断完善。全国群众文化机构每年开展活动近200万次，服务群众达五六亿人次。

——中国特色社会主义文化制度不断完善，文化治理能力和水平不断提高。国家艺术基金的有益探索，促进了文化治理体系现代化创新的成功实践。自2013年底设立以来，国家艺术基金5年共立项资助项目4013个，资助金额33.4亿元，支持创作了一批优秀艺术作品，培养了一批优秀艺术创作后备人才。

——文化法治建设迈出坚实步伐。相继出台公共文化服务保障法、电影产业促进法、网络安全法、公共图书馆法等重要法律。

——文化产品创作生产引导体系进一步完善。大力倡导文艺工作者深入生活扎根人民；全国性文艺评奖改革起到了压数量、提质量、力推精品的良好引导作用。

——国有文化企事业单位改革持续深化。社会效益和经济效益综合考核评价指标体系建设全面加强，明确"社会效益指标考核权重应占50%以上"。2015年9月，中央印发《关于推动国有文化企业把社会效益放在首位、实现社会效益和经济效益相统一的指导意见》。这是文化体制改革中一个里程碑式的文件，将文化改革进一步推向纵深。《指导意见》明确了文化企业务必弘扬和践行社会主义核心价值观，不能做市场的奴隶，不能被市场牵着鼻子走。2016年《电影产业促进法》出台，进一步激发了创作和投资热情。体制是保障，改革出活力。中国出版业、影视业、演艺业以及动漫游戏、网络文学、网络视频快速发展，激发了人民群众的参与热情，活跃了文化市场和社会文化生活。

——文化产业发展质量和效益不断提升。迈入新时代，现代文化产业体系加快构建，供给侧结构性改革持续深化，一批文化企业和文化品牌做大做强，骨干文化企业培育力度不断加大，"文化+"与教育、信息、旅游、体育、建筑设计及相关制造业深度融合，对接"互联网+"战略，文化与科技"双轮驱动"，移动多媒体、动漫游戏等新兴文化产业迅猛发展。2012年至2017年，文化产业增加值呈逐年上升趋势，从1.8万亿元增加到近3.5万亿元，占GDP的比重从2012年的3.48%增加到2017年的4.2%。

——创造性转化创新性发展，中华文化焕发时代风采。几年来，文化和旅游部门大力推进文化扶贫，振兴贫困地区传统工艺，取得明显成效。如贵州麻料村依托传统工艺工作站生产银饰和纪念品，发展乡村旅游，改变贫困状况；青海省黄南藏族自治州同仁县吾屯村从事唐卡绘画户占全村98%，人均年收入从5年前5000余元增加到3万余元；湖南湘西传统工艺工作站提出"让妈妈回家"计划，使拥有苗绣技艺外出打工的妈妈实现"守着娃，绣着花，养活自己又养家"的美好愿景，等等。从诸多非物质文化遗产转化为精准扶贫的重要抓手，到《记住乡愁》《我在故宫修文物》《中国诗词大会》等一批弘扬优秀传统文化的电视节目品牌广受欢迎；从整理优秀传统文化典籍、开通运行"中华古籍资源库"，到推动戏曲进校园、进乡村，创造性转化、创新性发展使中华优秀传统文化焕发出新的时代风采。

——彰显时代创新、体现人类共同价值追求的新时代中国故事引来四海瞩目。中国与157个国家签署文化合作协定，拓展与"一带一路"沿线国家人文交流机制，打造"感知中国""欢乐春节""四海同春"等文化交流品牌，举办世界汉学大会等高层次交流活动，中华文化的亲和力、感染力显著增强。

总之，新时代中国正以更加坚定的文化自信，书写文化发展改革的绚丽新篇章。

社会主义文化建设取得新成就

党的十八大以来，以习近平同志为核心的党中央高度重视文化建设，特别是把文化自信和道路自信、理论自信、制度自信并列为中国特色社会主义"四个自信"，紧紧围绕社会主义文化强国目标，围绕举旗帜、聚民心、育新人、兴文化、展形象的使命任务，推动中国特色社会主义文化建设取得新的成就。

第一，习近平新时代中国特色社会主义思想深入人心。中国共产党始终坚持马克思主义在意识形态领域指导地位这一根本制度，这也是文化领域的根本制度。深入开展习近平新时代中国特色社会主义思想学习教育，编辑出版《习近平谈治国理政》《习近平新时代中国特色社会主义思想学习纲要》《习近平新时代中国特色社会主义思想学习问答》等权威著作和辅导读本，建好用好新时代文明实践中心、县级融媒体中心和"学习强国"学习平台，坚持不懈用科学理论武装全党、教育人民，广大干部群众对这一思想理解更加深入、践行更加自觉。

第二，主流思想舆论持续巩固壮大。改革开放以来，在我国意识形态领域，拜金主义、享乐主义、极端个人主义和历史虚无主义等错误思潮不时出现，网络舆论乱象丛生。一些领导干部政治立场模糊，缺乏斗争精神，严重影响人们思想和社会舆论环境。以习近平同志为核心的党中央强调牢牢掌握意识形态工作领导权，建设具有强大凝聚力和引领力的社会主义意识形态。中央强调要敢抓敢管，两次召开全国宣传思想工作会议，分别召开文艺工作、党的新闻舆论工作、网络安全和信息化工作、哲学社会科学工作座谈会和全国高校思想政治工作会议等意识形态工作性会议，以及与意识形态工作密切相关的全国党校工作会议、国有企业党建工作会议等。这些会议的召开和重大工作部署的展开，就一系列根本性问题阐明原则立场，廓清了理论是非，校正了工作导向，向全党全社会传递了坚定而明确的信号，引领思想文化领域向上向好态势不断发展。

同时注重深耕厚植，采取一系列敦教化、正风俗、聚人心、强底气的重大举措，在全社会唱响主旋律，弘扬正能量，浸润中华优秀文化传统，国家意识形态工作的人心基础和民风基础日益巩固培厚。在全党全国推动学习中共党史、新中国史、改革开放史、社会主义发展史。建成中国共产党历史展览馆。坚持团结稳定鼓劲、坚持正面宣传为主，围绕改革开放40周年、中华人民共和国成立70周年、中国共产党成立100周年，以及中国人民抗日战争暨世界反法西斯战争胜利70周年、中国人民志愿军抗美援朝出国作战70周年等重大历史节点，隆重组织系列庆祝和纪念活动；聚焦决胜全面建成小康社会、决战脱贫攻坚等重大决策部署,精心组织系列重大主题宣传,在全党全社会营造了爱党爱国爱社会主义的浓厚氛围。全党全社会越来越深刻认识到红色政权来之不易,新中国来之不易,中国特色社会主义来之不易。越来越深刻认识到,敢于斗争,敢于胜利,是党和人民不可战胜的强大精神力量。这就使得历史虚无主义言论越来越为人们所鄙弃,唯物史观和正确党史观越来越为人们所接受。从而推动我国意识形态领域形势发生全局性、根本性转变。

第三,社会主义核心价值观广为弘扬。中国共产党坚持以社会主义核心价值观引领文化建设,广泛开展中国特色社会主义和中国梦宣传教育,持续深化群众性精神文明创建,大力培育时代新人、弘扬时代新风。特别注重发挥榜样引领作用,为英雄模范颁授党和国家功勋荣誉,评选表彰一大批道德模范、时代楷模和最美人物,形成了见贤思齐、崇德向善、争当先锋的良好风尚。

第四,人民群众文化需求得到更好满足。坚持以人民为中心的工作导向,大力繁荣文艺创作生产,不断推出电影《我和我的祖国》《长津湖》、电视剧《觉醒年代》《山海情》等一批精品力作。积极推进城乡公共文化服务体系一体建设,深入实施文化惠民工程,推动中华优秀传统文化创造性转化、创新性发展,建设长城、大运河、长征、黄河等国家主题文化公园,为人民群众提供了更为丰富、更有营养的"精神食粮"。

第五,文化产业发展呈现新特点。党的十八大以来,我国文化产业主要门类增长迅速,规模扩大;数字内容产业发展迅猛,数字出版继续保持强劲增长态势;国有文化企业和国有控股文化类公司表现良好;文化产品进出口增加,视觉艺术品出口增速快;文化体制改革全面提速,限期完成;政府支持力度进一步加大,配套政策纷纷出台。总的来看,我国文化产业开启新发展周期,出现四个方面的重大变化:一是文化市场已经从总体"短缺"转向"短缺"与"过剩"并存,迎来大规模洗牌和兼并重组浪潮;二是文化产业从"分业发展"走向了融合发展,文化产业内各个行业主管部门主导的发展,越来越为跨行业的融合发展取代;三是文化产业开始从区域性竞争发展走向统一市场条件下的整体协调可持续发展,地方政府本位的发展模式逐步为国家层面的、由综合经济管理部门主导的发展模式所取代;四是文化管理体制从行政性的"行业分层管理"逐渐走向面向市场的综合性大部制管理,合并原有分业管理的体制,尽快组建综合文化管理机构已成必然。

第六,可信可爱可敬的中国形象更加鲜亮。中国共产党加强对外文化交流和多层次文明对话,举办亚洲文明对话大会,开展中国文化年、旅游年、感知中国、欢乐春节、经典著作互译等活动。积极构建多主体、立体化大外宣格局,推动文化交流互鉴,促进民心相通相融,积极向世界讲好中国故事、传播好中国声音,中国国际话语权和影响力显著提升。

2021年党的十九届六中全会充分肯定了文化建设和意识形态工作取得的成绩，指出党的十八大以来，中国意识形态领域形势发生全局性、根本性转变，全党全国各族人民文化自信明显增强，全社会凝聚力和向心力极大提升，为新时代开创党和国家事业新局面提供了坚强思想保证和强大精神力量。

七、丰富"一国两制"实践推进祖国统一

有序推进香港澳门持续繁荣稳定

党的十八大以来，以习近平同志为核心的党中央强调，必须全面准确、坚定不移贯彻"一国两制"方针，坚持和完善"一国两制"制度体系，坚持依法治港治澳，维护宪法和基本法确定的特别行政区宪制秩序，落实中央对特别行政区全面管治权，坚定落实"爱国者治港""爱国者治澳"，提出"实现中华民族伟大复兴的中国梦，需要香港、澳门与祖国内地坚持优势互补、共同发展"，把"坚持'一国两制'和推进祖国统一"确定为新时代坚持和发展中国特色社会主义基本方略的重要内容，从战略和全局高度就坚持"一国两制"和推进祖国统一提出新理念新思想新战略，为做好港澳工作和对台工作指明了方向、提供了遵循。在中央政府的关怀和支持下，香港特别行政区充分发挥"一国两制"优势，保持繁荣稳定，各项事业全面发展，被公认为全球最具竞争力的地区之一和最自由经济体。澳门保持稳定繁荣，持续发展。

全面准确贯彻"一国两制"方针。党的十八大强调，中央政府对香港、澳门实行的各项方针政策，根本宗旨是维护国家主权、安全、发展利益，保持香港、澳门长期繁荣稳定。全面准确贯彻"一国两制""港人治港""澳人治澳"、高度自治的方针，必须把坚持一国原则和尊重两制差异、维护中央权力和保障特别行政区高度自治权、发挥祖国内地坚强后盾作用和提高港澳自身竞争力有机结合起来，任何时候都不能偏废。

2014年10月23日，党的十八届四中全会审议通过《中共中央关于全面推进依法治国若干重大问题的决定》。《决定》在"加强和改进党对全面推进依法治国的领导"章节中提出，依法保障"一国两制"实践和推进祖国统一。11月9日，习近平主席在会见来京出席亚太经合组织第二十二次领导人非正式会议的香港特区行政长官梁振英时说："中国共产党十八届四中全会提出了全面推进依法治国总目标，强调依法保障'一国两制'实践，保持香港、澳门长期繁荣稳定，

依法保护港澳同胞利益。这是我国推进国家治理体系和治理能力现代化迈出的重要一步,对全面准确贯彻'一国两制'方针和基本法、促进香港长治久安具有重要意义。"[1] 在依法治港方针指导下,中央政府坚定支持香港特区政府依法施政,多次肯定特区政府在遏制"港独"、依法处置街头暴力活动等重大问题上严格按照香港特别行政区基本法、全国人大常委会有关决定和特别行政区法律办事。

2016年11月7日,针对香港立法会选举及个别候任议员在宣誓时宣扬"港独"主张,侮辱国家、民族引发的问题,全国人大常委会对《基本法》第104条作出解释,明确了参选和宣誓就任特别行政区法定职务的法定条件和要求。党的十八大以来,习近平多次强调,中央政府将继续坚定不移贯彻"一国两制"方针和基本法,坚定不移支持香港依法推进民主发展;希望特别行政区政府继续依法妥善处理香港政制发展问题。2014年8月31日,十二届全国人大常委会第十次会议表决通过关于香港特别行政区行政长官普选问题和2016年立法会产生办法的决定。这是本着对国家、对香港高度负责的精神,在香港民主制度发展的重要时刻作出的一项重大决定。

中央政府继续高度关注香港的健康发展。国家主席习近平多次会见香港特区行政长官梁振英和林郑月娥,明确指出:"中央政府支持香港经济繁荣和社会稳定的立场是一贯的、也是坚定不移的。希望特别行政区政府继续坚持依法施政,抓好发展经济、改善民生工作。"强调:"当前,谋发展、保稳定、促和谐是香港广大市民的共同愿望,也是特别行政区的主要任务。希望特别行政区政府团结社会各界,稳健施政,维护香港社会政治的稳定;抓住国家发展进入'十三五'时期的机遇,发展经济,改善民生;积极谋划长远发展,为'一国两制'的成功实践和香港的长期繁荣稳定打下坚实基础。"[2]

党的十八大以来,中央政府接连出台了一系列惠港政策,为香港带来实实在在的发展机遇和广阔的发展空间,成为保持香港长期繁荣稳定的有力保障。《内地与香港关于建立更紧密经贸关系的安排》(CEPA),是内地全面实施并接受世贸组织审议的最早的自由贸易协议之一,也是香港签署的第一个自贸协议。在内地已对香港全面实现货物贸易自由化的基础上,2015年11月27日,旨在实现内地与香港服务贸易自由化的"CEPA服务贸易协议"顺利签署,进一步确保香港始终享受内地最优惠的开放措施。在香港最具竞争力的金融领域,得益于中央政府的大力支持,跨境人民币业务蒸蒸日上,全球最大离岸人民币业务中

---

[1]《习近平会见梁振英》,《人民日报》2014年11月10日第3版。
[2]《习近平会见来京述职的梁振英》,《人民日报》2015年12月24日。

心的地位岿然不动。2016 年的全国两会,在"十三五"规划纲要草案里,增添了香港特别行政区支持建设亚太区国际法律及解决争议服务中心、发展创新及科技事业等全新表述。2017 年的全国两会将"研究制定粤港澳大湾区城市群发展规划"写入《政府工作报告》。

  港澳保持经济繁荣和社会稳定。特区政府新闻处发布的数据显示,香港有超过 150 家持牌银行,银行业对外交易量超过 2.3 万亿美元,在全球排名第六;全球前 100 家银行中,超过 70 家在香港经营业务;香港有 1900 多家上市公司,资本市值总额约 26 万亿港元,每日平均总成交金额达 600 多亿港元。2016 年,香港首次上市集资活动总额达 1950 亿港元,蝉联全球第一。从 2014 年起陆续推出的"沪港通""深港通"以及 2015 年 5 月获批的"债券通",有力促进两地资本市场互联互通、共创双赢。这期间,大陆同胞"个人游"试点城市逐步扩大,香港居民在内地开办个体工商户及香港专业人士北上执业获得许可,东深供水工程得到全力保障。正如行政长官梁振英在任内最后一份施政报告里满怀信心地讲述:"中国在全球经济的倡导作用和主导地位越来越明显,香港'一国'和'两制'的双重优势和'超级联系人'作用越来越突出。"

  应香港特别行政区行政长官的请求,2020 年 11 月,十三届全国人大常委会第二十三次会议对香港特别行政区立法会议员资格问题作出决定,确立了立法会议员一经依法认定不符合拥护香港特别行政区基本法、效忠香港特别行政区的法定要求和条件,即时丧失立法会议员资格的一般性规则,同时明确在原定第七届立法会选举提名期间被依法裁定参选提名无效的第六届立法会议员已丧失议员资格。这进一步明确了"爱国爱港者治港,反中乱港者出局"的政治规矩。根据全国人大常委会决定,香港特别行政区政府随后依法宣布相关人员丧失立法会议员资格,宪法和基本法的威严得到充分彰显。

  中共十八大以来,澳门特别行政区抓住祖国内地加入世界贸易组织、《内地与澳门关于建立更紧密经贸关系的安排》(CEPA)签署、《泛珠三角区域合作框架协议》签署和中国内地部分省市开放对澳门的"个人游""自由行"以及国家"十二五"规划、"十三五"规划等将澳门纳入国家整体性发展的战略视域等机遇,乘经济全球化和祖国内地经济全面崛起的大势,走出了一条继续保持作为祖国内地对外开放的"窗口",以及"世界旅游休闲中心""国际化的区域性经济贸易服务平台"的经济建设新路,不断丰富和深化"一国两制"这一理论创新与实践创新的具体内容,向全国人民、向全世界证明了"一国两制"科学构想充满生命力,不仅是解决历史遗留下来的澳门问题的最佳方案,也是澳门回归祖国后保持长期繁荣稳定的最佳制度安排和根本保证。回归近 20 年来,澳门的"世界旅游休闲中心"和"国际化的区域性经济贸易服务平台"的优势地位逐步显现。

不仅维护了澳门经济发展和经济繁荣的大局,也为澳门经济进一步发展奠定了比较扎实的基础,使"一国两制"的"澳门模式"在实践探索中逐步成型、成熟。澳门正继续与祖国一道共同进步、共同发展。

香港澳门回归祖国的事实证明,"一国两制"是解决历史遗留的香港、澳门问题的最佳方案,也是香港、澳门回归后保持长期繁荣稳定的最佳制度。香港、澳门回归祖国以来,"一国两制"实践取得举世公认的成功。2017年,党的十九大进一步筹划了香港和澳门的愿景和中国共产党对香港澳门发展的期望。为加强对港澳工作的集中统一领导,2020年2月,党中央决定成立中央港澳工作领导小组,取代原来设立的中央港澳工作协调小组,设立领导小组办公室,与国务院港澳事务办公室合并设置。这是党中央面对世界百年未有之大变局和港澳内外环境新变化作出的重要战略决策,是对港澳工作领导体制作出的一次重大调整,从机构设置和制度安排上进一步加强了党中央对港澳工作的集中统一领导,不仅对促进香港局势由乱转治发挥了重要作用,而且对"一国两制"实践行稳致远产生了深远影响。

习近平指出:香港、澳门发展同内地发展紧密相连。要支持香港、澳门融入国家发展大局,以粤港澳大湾区建设、粤港澳合作、泛珠三角区域合作等为重点,全面推进内地同香港、澳门互利合作,制定完善便利香港、澳门居民在内地发展的政策措施。我们坚持爱国者为主体的"港人治港""澳人治澳",发展壮大爱国爱港爱澳力量,增强香港、澳门同胞的国家意识和爱国精神,让香港、澳门同胞同祖国人民共担民族复兴的历史责任、共享祖国繁荣富强的伟大荣光。

维护台海和平稳定坚决反对分裂

祖国必须统一,台湾问题是个大问题,尤其是民进党上台以后,"台独"活动加剧。针对台海局势新变化,以习近平同志为核心的党中央站在党和国家事业发展全局和实现中华民族伟大复兴中国梦的战略高度,敏锐洞察国内外形势和台海形势的发展变化,坚持一个中国原则和"九二共识",推动两岸关系和平发展,加强两岸经济文化交流合作,妥善应对台湾局势变化,坚决反对和遏制"台独"分裂势力,有力维护台海的和平稳定。

坚持一个中国原则,是两岸关系改善发展的根本政治基础。1992年10月,大陆海协会和台湾海基会达成坚持一个中国原则的"九二共识",促成海峡两岸关系协会汪道涵会长与海基会辜振甫会长在新加坡举行会谈。"汪辜会谈"推进了两岸协商谈判,达成《汪辜会谈共同协议》,但由于李登辉及民进党推行"台独"政策,会谈后来中断。2008年5月,在国民党重新上台后,两会互致函电,同意在"九二共识"基础上恢复中断近 9 年的商谈。2014 年 2 月，国台办与台湾陆委会在此基础上建立起两岸事务主管部门常态化联系沟通机制。6 月 25 日，两岸事务主管部门负责人在台湾桃园举行第二次会面，标志着两岸事务主管部门建立常态化联系沟通机制。在这一基础上，两岸双方政治互信不断增加，各领域交流合作空前发展，为两岸领导人会面创造了条件。

2015 年 11 月 7 日下午，中共中央总书记、国家主席习近平同台湾地区领导人马英九在新加坡会面，就进一步推进两岸关系和平发展交换意见。这是 1949 年以来两岸领导人的首次会面。在会见中，习近平说，"今天是一个很特别的日子。两岸领导人见面，翻开了两岸关系历史性的一页。"他强调，我们今天坐在一起，是为了让历史悲剧不再重演，让两岸关系和平发展成果不得而复失，让两岸同胞继续开创和平安宁的生活，让我们的子孙后代共享美好的未来。面对新形势，站在两岸关系发展的新起点上，两岸双方应该胸怀民族整体利益、紧跟时代前进步伐，携手巩固两岸关系和平发展大格局，共同实现中华民族伟大复兴。

习近平就此提出四点意见：第一，坚持两岸共同政治基础不动摇。7 年来两岸关系能够实现和平发展，关键在于双方确立了坚持"九二共识"、反对"台独"的共同政治基础。没有这个定海神针，和平发展之舟就会遭遇惊涛骇浪，甚至彻底倾覆。在维护国家主权和领土完整这一原则问题上，我们的意志坚如磐石，态度始终如一。第二，坚持巩固深化两岸关系和平发展。第三，坚持为两岸同胞多谋福祉。两岸一家亲，家和万事兴。第四，坚持同心实现中华民族伟大复兴。[①]

习近平指出，当前，我们比以往任何时候都更加接近、更有能力实现这个伟大梦想。我们在几十年的时间内走完了世界上很多国家几百年的发展历程。我相信，实现中华民族伟大复兴，台湾同胞定然不会缺席。马英九表示，2008 年以来，两岸共同创造和平稳定的台海局势，获得两岸及国际社会普遍赞扬，要善加珍惜。双方肯定 2008 年以来两岸关系和平发展取得的重要成果。双方认为应该继续坚持"九二共识"，巩固共同政治基础，推动两岸关系和平发展，维护台海和平稳定，加强沟通对话，扩大两岸交流，深化彼此合作，实现互利共赢，造福两岸民众。两岸同胞同属中华民族，都是炎黄子孙，应该携手合作，致力于振兴中华，致力于民族复兴。

然而，2016 年 5 月台湾民进党再次上台后，台湾当局拒不承认体现一个中国原则的"九二共识"，对两岸关系和平发展构成了严峻挑战。外部势力也加大了干预、介入力度，台湾局势出现了复杂严峻的局面。中国共产党和中央政府进行了坚决反对"台独"分裂势力及其活动的斗争。

---

① 《习近平同马英九会面》，《人民日报》2015 年 11 月 8 日。

习近平明确指出："'台独'煽动两岸同胞敌意和对立，损害国家主权和领土完整，破坏台海和平稳定，阻挠两岸关系发展，只会给两岸同胞带来深重祸害。任何政党、任何人、任何时候、以任何形式进行分裂国家活动，都将遭到全体中国人民坚决反对。"[①]2017年党的十九大报告进一步指出："我们坚决维护国家主权和领土完整，绝不容忍国家分裂的历史悲剧重演。一切分裂祖国的活动都必将遭到全体中国人坚决反对。我们有坚定的意志、充分的信心、足够的能力挫败任何形式的'台独'分裂图谋。我们绝不允许任何人、任何组织、任何政党、在任何时候、以任何形式、把任何一块中国领土从中国分裂出去！"[②]这明确宣示了中国人民反对"台独"分裂势力及其活动的坚定决心和坚强意志，也再一次昭告了"台独"必然失败的历史下场。

中共十八大以来，以习近平同志为核心的党中央站在党和国家事业发展全局和实现中华民族伟大复兴中国梦的战略高度，敏锐洞察国内外形势和台海局势的发展变化，提出了一系列对台工作方针政策，阐述了关于两岸共同实现中华民族伟大复兴的重要思想。主要包括：第一，坚持从中华民族整体利益的高度把握两岸关系大局，高举共圆中国梦的精神旗帜，团结台湾同胞共同致力于中华民族伟大复兴；第二，坚持在发展的基础上解决台湾问题，从党和国家工作全局谋划对台工作；第三，坚持"和平统一、一国两制"方针，促进两岸同胞心灵契合；第四，坚持一个中国原则和"九二共识"，坚定维护两岸关系和平发展的政治基础；第五，坚持两岸关系和平发展的正确道路，扎实推进祖国和平统一进程；第六，坚持持续深化两岸经济社会融合发展，推动构建两岸命运共同体；第七，坚持践行"两岸一家亲"理念，持之以恒做台湾人民工作；第八，坚持反对和遏制"台独"，积极防范化解台海重大风险；第九，坚持把政治建设摆在首位，努力打造高素质对台工作干部队伍。[③]

在积极推动两岸关系和平发展方面，中国共产党和中央政府坚持"两岸同胞是命运与共的骨肉兄弟，是血浓于水的一家人"的初衷，秉持"两岸一家亲"的理念，尊重台湾现有的社会制度和台湾同胞生活方式，愿意率先同台湾同胞分享大陆发展的机遇。为台湾同胞着想，不断扩大两岸经济文化交流合作，实现互利互惠，逐步为台同胞在大陆学习、创业、就业、生活提供与大陆同胞同等的待遇，增进台湾同胞福祉。2013年6月21日，海峡两岸关系协会与台湾海

---

① 《习近平总书记会见中国国民党主席洪秀柱》，《人民日报》2016年11月2日。
② 《中国共产党第十九次全国代表大会文件汇编》，北京：人民出版社，2017年，第46页。
③ 参见中共中央台办理论学习中心组《以习近平总书记对台工作重要思想引领新时代对台工作》，《求是》2018年第6期。

峡交流基金会在上海签署《海峡两岸服务贸易协议》。2017年5月，国台办发布了扩大台胞在大陆事业单位就业试点地域、鼓励支持台湾青年来大陆就业创业等多项便利在陆台胞生活、工作的重要措施。

两岸经济合作水平继续提升。2013年至2017年上半年，两岸累计贸易额达到8512.3亿美元，其中2014年达到1983亿美元，创历史新高；累计新批准台资项目12502个，实际利用台资87.97亿美元；大陆核准赴台投资项目327个，总金额20.72亿美元。建立两岸货币清算机制，台湾银行人民币业务快速发展，人民币存款达到3000多亿元。两岸社会联系更加密切。2013年至2017年上半年，两岸人员往来达到4096.7万人次，其中2015年达到985.6万人次，创历史新高，比2012年增长188.8万人次。两岸基层民众交往频繁，仅参加海峡论坛的台湾基层民众5年累计近5万人次。设立两岸青年就业创业基地和示范点53家，吸引1000多家台资企业和团队入驻。两岸教育交流合作取得新进展，文化交流合作形式更加丰富，增强了两岸同胞中华文化情感纽带。两岸工会、青年、妇女、体育、卫生、宗教、宗亲和民间信仰等各领域、各界别交流持续热络。[①]

党的十八大以来对台工作的成功实践充分证明，以习近平同志为核心的党中央对台海形势的分析判断精准、决策部署正确、工作成效显著，中国共产党和中国人民完全有能力有智慧解决好台湾问题。新形势下，中国共产党和中国人民将继续坚决维护一个中国原则，坚决反对"台独"，继续团结台湾各党派团体和各界同胞共同维护和推进两岸关系和平发展，持续促进和深化两岸经济社会融合，努力维护台海和平稳定，扎实推进祖国和平统一进程，为实现"两个一百年"奋斗目标和中华民族伟大复兴的中国梦作出新的贡献。

八、外交工作在国际变局中开创新篇

新时代中国特色社会主义外交思想

中国要从大国走向强国，需要良好的国际环境。而国际形势发展深刻复杂，大国竞争日趋激烈，少数西方大国自利倾向突出，这对中国外交是一个严峻考验。党的十八大以来，以习近平同志为核心的党中央统筹国内国际两个大局、统筹发展安全两件大事，坚定奉行独立自主的和平外交政策，不断创新外交理念和

[①] 参见中共中央台湾工作办公室《砥砺奋进 克难前行——党的十八大以来对台工作的不平凡历程》，《人民日报》（海外版）2017年10月17日。

实践，积极拓展外交布局，努力构建以合作共赢为核心的新型国际关系，推动构建人类命运共同体，成功地走出一条中国特色大国外交之路，谱写了外交工作新篇章。

外交是国家意志的集中体现，外交工作是中国特色社会主义事业的重要组成部分。党的十八大以来，以习近平同志为核心的党中央统筹中华民族伟大复兴战略全局和世界百年未有之大变局，全面判断国际形势走向和中国所处历史方位，提出一系列富有中国特色、体现时代精神、引领人类进步潮流的新理念新主张新倡议，鲜明回答了新时代中国外交一系列重大理论和实践问题，为新时代中国特色大国外交提供了根本遵循和科学指南。2018年6月22日至23日，中央外事工作会议在北京召开。中共中央总书记、国家主席、中央军委主席习近平在会上发表重要讲话强调："中国对外工作要坚持以新时代中国特色社会主义外交思想为指导。"中共中央将新时代中国特色社会主义外交思想确定为习近平外交思想。

习近平外交思想内涵丰富，概括起来为以下"十个坚持"——坚持以维护党中央权威为统领加强党对对外工作的集中统一领导；坚持以实现中华民族伟大复兴为使命推进中国特色大国外交；坚持以维护世界和平、促进共同发展为宗旨推动构建人类命运共同体；坚持以中国特色社会主义为根本增强战略自信；坚持以共商共建共享为原则推动"一带一路"建设；坚持以相互尊重、合作共赢为基础走和平发展道路；坚持以深化外交布局为依托打造全球伙伴关系；坚持以公平正义为理念引领全球治理体系改革；坚持以国家核心利益为底线维护国家主权、安全、发展利益；坚持以对外工作优良传统和时代特征相结合为方向塑造中国外交独特风范。这"十个坚持"构成了习近平外交思想的总体框架和核心要义，明确了新时代中国外交的战略目标、基本原则、根本途径、实践指向、政治保障。这一重要思想是习近平新时代中国特色社会主义思想的重要组成部分，是马克思主义基本原理同中国特色大国外交实践相结合的重大理论成果，实现了历史使命与时代潮流、民族精神与国际主义、中国气派与世界情怀的高度统一，为新时代中国外交工作提供了根本遵循和行动指南。

中国外交全方位多层次立体化发展

党的十八大以来，党中央形成和确立了一系列外交新理念、新思想和新战略。其主要内容包括：以维护党中央权威为统领加强党对对外工作的集中统一领导；以实现中华民族伟大复兴为使命推进中国特色大国外交；以维护世界和平、促进共同发展为宗旨推动构建人类命运共同体；以中国特色社会主义为根本增强战略自信；以共商共建共享为原则推动"一带一路"建设；以互相尊重、合作共赢为基础走和平发展道路；以深化外交布局为依托打造全球伙伴关系；以公平正义为理念引领全球治理体系改革；以国家核心利益为底线维护国家主权、安全、发展利益；以对外工作优良传统和时代特征相结合为方向塑造中国外交独特风范，等等。这些对外工作新思想和新战略，立意高远、求真务实，彰显出正确的历史观、大局观和角色观，揭示了国际关系发展新方向，体现了中国外交全方位多层次立体化发展的要求，为完善外交总布局，深入推进中国特色大国外交实践提供了科学指导。

高举和平、发展、合作、共赢的旗帜，不断扩大与世界各国的友好交往和互利合作，构成了党的十八大以来中国外交工作的基本特点。2013年1月，习近平在主持十八届中央政治局第三次集体学习时明确指出："走和平发展道路，是我们党根据时代发展潮流和中国根本利益作出的战略抉择。我们要通过争取和平国际环境发展自己，又以自身发展维护和促进世界和平，不断提高中国综合实力，不断让广大人民群众享受到和平发展带来的利益，不断夯实走和平发展道路的物质基础和社会基础。我们要树立世界眼光，更好把国内发展和对外开放统一起来，把中国发展与世界发展联系起来，把中国人民利益同各国人民共同利益结合起来，不断扩大同世界各国的互利合作，以更加积极的姿态参与世界事务，共同应对全球性挑战，努力为全球发展作出贡献。"

2014年11月，习近平在中央外事工作会议讲话再次强调："高举和平、发展、合作、共赢的旗帜，统筹国内国际两个大局，统筹发展安全两件大事，牢牢把握坚持和平发展、促进民族复兴这条主线，维护国家主权、安全、发展利益，为和平发展营造更加有利的国际环境，维护和延长中国发展的重要战略机遇期，为实现'两个一百年'奋斗目标、实现中华民族伟大复兴的中国梦提供有力保障。"[1] 这就明确规定了新时期中国外交工作的总任务。在坚持和平发展道路的基础上，以习近平同志为核心的党中央根据国际国内形势的新变化和中华民族复兴的新要求，攻坚克难，砥砺前行，积极推动对外工作理论和实践创新，开辟了外交工作新阶段和新境界。

党的十八大以来，中国国家主席习近平等党和国家领导人多次出访，足迹遍及五大洲50多个国家，以周边和大国为重点，以发展中国家为基础，以多边外交为舞台，以构建全球伙伴关系网络为主要路径，以参与和引领全球治理为开拓方向，以"一带一路"建设为对外合作重要渠道，实现对五大洲不同类型国家交往的全覆盖，对发展中国家整体合作机制的全覆盖，以点带面、点面结合、

---

[1]《习近平谈治国理政》第一卷，北京：外文出版社，2014年，第247—249页。

全面均衡、整体推进，拓展了全方位、多层次、立体化的对外工作布局，初步形成了全球伙伴网络。

作为负责任的大国，中国始终以人类和平发展大局为重，致力于推动与各大国关系全面均衡发展。中美关系几年来总体保持稳定发展。2013年至2016年，习近平同奥巴马总统9次会晤，8次通话，特别是举行"庄园会晤""瀛台夜话""白宫秋叙""西湖长谈"，达成了一系列重要共识。2017年，美国新一届政府就职后，习近平主席与美国新任总统特朗普在美国佛罗里达州海湖庄园、德国汉堡成功举行会晤。

中俄关系保持高水平运行。党的十八大以来，中俄高层交往频繁，习近平6次访俄或赴俄出席重要国际会议，连续两年首访俄罗斯，俄罗斯总统普京也7次访华或来华出席重要多边活动，两国元首的密切互动，推动了两国战略互信不断加深，务实合作不断深化。中俄全面战略协作伙伴关系进入历史最好时期，不断迈向更高水平。

中欧关系稳中有进，走深走实。2013年11月，第十六次中国—欧盟领导人会晤在北京举行。国家主席习近平会见欧洲理事会主席范龙佩和欧盟委员会主席巴罗佐，强调要准确定位中欧全面战略伙伴关系，实现中欧合作创新发展。国务院总理李克强同范龙佩、巴罗佐共同主持会晤。双方发表《中欧合作2020战略规划》，确定了中欧在和平与安全、繁荣、可持续发展、人文交流等领域加强合作的共同目标。2014年3月，习近平首访欧盟总部，并提出要共同打造中欧和平、增长、改革、文明四大伙伴关系。2015年6月，李克强总理出席第十七次中国欧盟领导人会晤，与欧盟领导人共同探讨拓展中欧务实合作的新思路与新路径。加强中欧发展战略对接、设立中欧共同投资基金等五大合作平台。这些都为新时期中欧关系指明了方向，擘画了蓝图。

中国同德法英等欧洲大国的合作几年来全面提升。2013年4月，法国总统奥朗德对中国进行国事访问，国家主席习近平同奥朗德会谈，双方决定进一步深化中法新型全面战略伙伴关系。2013年12月，英国首相卡梅伦对中国进行正式访问。国家主席习近平会见卡梅伦时，强调要规划好中英关系未来，推动两国合作长期健康发展。2015年10月，国家主席习近平对英国进行国事访问，中英双方决定共同建构全面战略伙伴关系，开启持久、开放、共赢的中英关系。同月，德国总理默克尔对中国进行正式访问。习近平等中国领导人会见默克尔，双方同意保持中德全方位战略伙伴关系健康、稳定、持续向前发展。中国国家领导人还与中东欧国家领导人举行多次会晤，并成功访问了荷兰、比利时、瑞士、芬兰等国，将中国与欧洲中小国家的关系提升到新高度。

周边外交工作得到高度重视。2013年10月24至25日，党中央专门召开周边外交工作座谈会，这次会议明确了解决周边外交面临重大问题的工作思路和实施方案。会议强调，中国周边外交的基本方针，就是要坚持与邻为善，以邻为伴，坚持睦邻、安邻、富邻，突出体现亲、诚、惠、容的理念。在新的周边外交理念的引领下，中国不断深化同周边国家互利合作和互联互通，努力打造周边国家利益共同体和命运共同体。与东盟巩固面向和平繁荣的战略伙伴关系，与中亚各国全部建立战略伙伴关系，进一步深化与巴基斯坦、柬埔寨等国的传统友谊，并与印度、阿富汗、斯里兰卡以及韩国等结为战略伙伴。近年来，习近平等国家领导人访问了周边多数国家，20多位周边国家元首和政府首脑来访或来华出席国际会议逾百人次。面对中国与菲律宾之间关系因南海问题出现的一度困难的局面，中国也始终着眼两国关系与地区和平稳定大局，保持定力与耐心。在杜特尔特总统就任后，双方关系实现了全面转圜。中国还积极推动周边区域合作，推动"10+1""10+3"、东亚峰会、上海合作组织等各种区域合作机制相互补充、相互促进，为维护地区和平与发展作出重要贡献。

发展中国家外交是中国外交的根基。2013年3月下旬，习近平在党的十八大后首次出访时就对坦桑尼亚、南非、刚果共和国等国进行了国事访问，并阐述了真实亲诚的对非政策理念。2015年12月初，习近平再次访非，在中非合作论坛约翰内斯堡峰会上，他发表主旨演讲，宣布将中非关系提升为全面战略合作伙伴关系，提出要构建以"政治上平等互信""经济上合作共赢""文明上交流互鉴""安全上守望相助""国际事务中团结协作"为主要内容的中非关系"五大支柱"。同时提出中方愿在未来3年内同非方重点实施"十大合作计划"，支持非洲基础设施建设，帮助非洲实现工业化、农业现代化。在党的十八大后的五年里，切实推进了中非全面战略合作伙伴关系，进一步完善了中国对非外交布局，开启了中非合作共赢、共同发展的新时代。

在中东，中国积极启动全面合作、共同发展与阿拉伯国家的战略合作关系，构建中阿合作新格局。在拉美，中国着力建立平等互利、共同发展的中拉全面合作伙伴。2014年在巴西举行的中拉领导人会晤期间，习近平主席提出构建中拉关系"五位一体"新格局，倡议构建以"一个规划、三大引擎、六大领域"为主要内容的"1+3+6"合作新框架，得到与会领导人一致支持。2015年1月8日至9日，中国—拉共体论坛首届部长级会议在北京举行，双方共同制定了《中国与拉美和加勒比国家合作规划（2015—2019）》，中拉务实合作水平得到切实提升。在大洋洲和南太平洋，中国同澳大利亚、新西兰关系升格为全面战略伙伴，与斐济等南太岛国建立了相互尊重、共同发展的战略伙伴关系。

在积极推进大国外交、周边外交以及与发展中国家外交的同时，中国的主场外交工作在党的十八大后精彩纷呈。中国成功主办了一系列具有广泛影响的国际外交活动。如 2014 年的亚信（亚洲相互合作与信任措施会议）峰会和 APEC 领导人峰会，2015 年的"9·3"胜利日大阅兵，2016 年的 G20 杭州峰会，2017 年的"一带一路"国际合作高峰论坛和金砖国家领导人厦门会晤。此外还有博鳌亚洲论坛、中非论坛、中拉论坛、世界互联网大会、中国共产党与世界政党对话会等。这些主场外交形式多样，内容丰富，有效展示了中国理念和中国发展现状，显著提升了中国的国际影响力。

通过卓有成效的外交工作，中国外交舞台更加宽广，外交布局深入拓展，彰显出全方位多层次立体化的鲜明特点。中国编织起了遍布全球的"朋友圈"，初步构建起全球范围的伙伴关系网络。

推动建设合作共赢新型国际关系

当代世界正处于大发展大变革大调整时期，和平与发展依然是时代主题。世界多极化、经济全球化、社会信息化、文化多样化深入发展，全球治理体系和国际秩序变革加速推进，各国相互联系和依存日益加深，国际力量对比更趋平衡，和平发展大势不可逆转。同时，世界面临的不稳定性不确定性突出，世界经济增长动能不足，贫富分化日益严重，地区热点问题此起彼伏，恐怖主义、网络安全、重大传染性疾病、气候变化等非传统性安全威胁持续蔓延，人类面临许多共同挑战。要应对各种严重挑战，国际社会亟需确立共商共建共享的全球治理观，切实变革全球治理体系，积极构建相互尊重、公平正义、合作共赢的新型国际关系。

党的中共十八大以来，中国政府坚持独立自主的和平外交方针，坚定不移地走和平发展道路，坚定不移维护世界和平、促进共同发展，着力构建以合作共赢为核心的新型国际关系，积极推进全球治理体系变革，努力打造人类命运共同体。2013 年 3 月 23 日，中国国家主席习近平出访俄罗斯在莫斯科国际关系学院发表演讲时指出："要跟上时代前进步伐，就不能身体已进入 21 世纪，而脑袋还停留在过去，停留在殖民扩张的旧时代里，停留在冷战思维、零和博弈老框架内。""面对国际形势的深刻变化和世界各国同舟共济的客观要求，各国应该共同推动以合作共赢为核心的新型国际关系，各国人民应该一起来维护世界和平、促进共同发展。"[①] 这是习近平主席第一次明确提出建立"以合作共赢为核心的新型国际关系"的战略构想。

2014 年 11 月，习近平在中央外事工作会议上强调："我们要坚持合作共赢，

---

① 《习近平谈治国理政》第一卷，北京：外文出版社，2014 年，第 273 页。

推动建立以合作共赢为核心的新型国际关系,坚持互利共赢的开放战略,把合作共赢理念体现到政治、经济、安全、文化等对外合作的方方面面。要坚持正确义利观,做到义利兼顾,要讲信义、重情义、扬正义、树道义。要坚持不干涉别国内政原则,坚持尊重各国人民自主选择的发展道路和社会制度,坚持通过对话协商以和平方式解决国家间的分歧和争端,反对动辄诉诸武力或以武力相威胁。"[1] 从而将建立以合作共赢为核心的新型国际关系确立为中国外交的重要使命。其核心要义是:

——要建立平等相待、互商互谅的伙伴关系。世界的前途命运必须由各国共同掌握。世界各国一律平等,不能以大压小、以强凌弱、以富欺贫。要坚持多边主义,不搞单边主义;要奉行双赢、多赢、共赢的新理念,扔掉我赢你输、赢者通吃的旧思维。要倡导以对话解争端、以协商化分歧,在国际和区域层面建设全球伙伴关系,走出一条"对话而不对抗,结伴而不结盟"的国与国交往新路。大国之间相处,要不冲突、不对抗、相互尊重、合作共赢。大国与小国相处,要平等相待,践行正确义利观,义利兼顾,义重于利。

——要营造公道正义、共建共享的安全格局。弱肉强食是丛林法则,不是国与国相处之道。要摒弃一切形式的冷战思维,树立共同、综合、合作、可持续安全的新观念。要充分发挥联合国及其安理会在止战维和方面的核心作用,通过和平解决争端和强制性行动双轨并举,化干戈为玉帛。要推动经济和社会领域的国际合作齐头并进,统筹应对传统安全威胁和非传统安全威胁,防范战争祸患于未然。

——要谋求开放创新、包容互惠的发展前景。要用好"看不见的手"和"看得见的手",努力形成市场作用和政府作用有机统一、相互促进,打造兼顾效率和公平的规范格局。要秉承开放精神,推进互帮互助、互惠互利,共同营造人人免于匮乏、获得发展、享有尊严的光明前景。

——要促进和而不同、兼收并蓄的文明交流。文明相处需要和而不同的精神。只有在多样中相互借鉴、和谐共存,这个世界才能丰富多彩、欣欣向荣。文明之间要对话,不要排斥;要交流,不要取代。人类历史就是一幅不同文明相互交流、互鉴、融合的宏伟画卷。我们要尊重各种文明,平等相待,互学互鉴,兼收并蓄,推动人类文明实现创造性发展。

——要构筑尊崇自然、绿色发展的生态体系。建设生态文明关乎人类未来。国际社会应该携手同行,共谋全球生态文明建设之路,牢固树立尊重自然、顺应自然,保护自然的意识,坚持走绿色、低碳、循环、可持续发展之路。

---

[1]《习近平谈治国理政》第二卷,北京:外文出版社,2017年,第443页。

2015年9月，在出席联合国成立70周年系列峰会期间，习近平在联合国讲坛上再次阐述了建构新型国际关系的迫切性及其现实路径。他指出，要实现构建合作共赢为核心的新型国际关系，打造人类命运共同体的目标，国际社会需要做出多方面努力。

2017年，在联合国日内瓦总部的演讲中，习近平进一步从世界走向和人类命运的高度全面论述了变革国际关系，构建人类命运共同体的这一重大问题。强调国际社会要坚持对话协商、共建共享、合作共赢、交流互鉴等原则来处理国际关系。他特别强调，国家之间要构建对话不对抗、结伴不结盟的伙伴关系。大国要尊重彼此核心利益和重大关切，管控矛盾分歧，努力构建不冲突不对抗、相互尊重、合作共赢的新型关系。只要坚持沟通、真诚相处，"修昔底德陷阱"就可以避免。大国对小国要平等相待，不搞唯我独尊、强买强卖的霸道。任何国家都不能随意发动战争，不能破坏国际法治，不能打开潘多拉的盒子。核武器是悬在人类头上的"达摩克利斯之剑"，应该全面禁止并最终彻底销毁，实现无核世界。要秉持和平、主权、普惠、共治原则，把深海、极地、外空、互联网等领域打造成为各方合作的新疆域，而不是相互博弈的竞技场。①

习近平主席关于建构以合作共赢为核心的新型国际关系，打造人类命运共同体的倡议和构想，秉承新中国外交优良传统，符合联合国宪章关于主权平等、和平解决国际争端、促成国际合作等宗旨和原则，契合当今时代发展潮流，是对传统国际关系理论的超越和创新。这一倡议和构想在新的时代条件下更高举起和平与发展的旗帜，充分反映了人类文明持续发展的内在要求，为变革现实国际治理体系，推进国际关系民主化做出贡献，得到了国际社会的高度赞誉。党的十八大以来，中国的外交工作以打造命运共同体作为处理国际关系的宏大视野，以合作共赢作为处理国际关系的核心理念，以共同利益作为处理国际关系的重要基础，积极推进构建新型国际关系的实践，成为促进世界和平与发展的中坚力量。

——政治上，始终坚持独立自主的和平外交政策，在和平共处五项原则基础上同所有国家发展友好合作。中国首先把建立伙伴关系确定为国家间交往的指导原则，同90多个国家和区域组织建立了不同形式的伙伴关系。伙伴关系不设假想敌、不针对第三方，体现了和平性、平等性、包容性。

——经济上，推动形成包容性发展的新格局。中国在国际上积极倡导以公平、开放、全面、创新为核心的发展理念，推动各国增强发展能力、改善国家发展环境、优化发展伙伴关系、健全发展协调机制，为促进世界经济强劲、可持续、平衡

---

① 《习近平谈治国理政》第二卷，北京：外文出版社，2017年，第541—544页。

增长作出重要贡献。中国全面参与联合国框架内可持续发展等问题的讨论与合作，积极推动制定 2030 年可持续发展议程。秉持共商、共建、共享原则，扎实推进"一带一路"建设，加强同沿线国家发展战略对接，为亚欧大陆和世界发展振兴注入强劲动力。积极推进互联互通建设，推动"一带一路"框架下重大互利合作项目全面展开并取得重要早期收获。大力深化国际产能合作，初步形成覆盖亚、非、欧、美四大洲的国际产能合作布局，使自身发展成果惠及更广泛的区域。中国还发起成立亚洲基础设施投资银行、丝路基金、金砖国家新开发银行，促进全球经济治理机制改革完善。中国于 2014 年 11 月成功举办亚太经合组织领导人北京会议，倡议推进亚太区域经济一体化，着力打造发展创新、增长联动、利益融合的开放型亚太经济格局，从而对亚太区域合作发挥重要引领作用。以举办 2016 年二十国集团杭州峰会和 2017 年"一带一路"国际合作高峰论坛为契机，中国积极引导二十国集团成员和"一带一路"参与国深化改革、推进创新、加强协调，为推动构建创新、活力、联动、包容的世界经济作出独特贡献。

——安全上，积极提出维护国际地区安全的新思路。面对此起彼伏的国际地区热点以及纷繁复杂的各种全球性挑战，中国积极倡导共同、综合、合作、可持续的安全观，提出"解决热点问题三原则"，践行中国特色热点问题解决之道，为推动伊朗和朝鲜半岛核问题以及叙利亚、南苏丹、阿富汗等热点问题的政治解决作出重要贡献。倡导处理南海问题"双轨思路"，在坚决维护国家领土主权和海洋权益的同时，始终致力于同地区国家加强沟通、增进互信、妥处分歧、聚焦合作，共同维护南海和平稳定。中国积极参与国际反恐合作，同美国、俄罗斯、英国等 20 多个国家和地区组织举行反恐磋商和交流，积极参与联合国、上海合作组织、"全球反恐论坛"、东盟地区论坛等多边框架下反恐合作交流合作，为凝聚国际反恐共识，促进国际反恐合作发挥了应有作用。中国深入参与联合国维和行动，是安理会五常国中派出维和人员最多的国家，贡献的维和经费已上升到世界第二位。

中国加入联合国新的维和能力待命机制，建立 8000 人的维和待命部队，设立常备成建制维和警队。中国军舰连续 9 年在亚丁湾、索马里海域执行护航任务，先后为 6000 多艘中外船舶安全护航。我们还积极推进网络安全、核安全、应对气候变化国际合作，为维护世界和平与安全提供越来越多的公共产品。在非洲一些国家埃博拉病毒疫情严重之际，中国率先驰援，开展了史上最大规模的援外医疗行动，在国际援非抗疫行动中发挥了示范作用。在马尔代夫淡水供应危机、尼泊尔特大地震等事件中全面开展救灾外交，等等。这些都充分展现了中国负责任的大国担当。

——文化上,大力开创不同文明交流互鉴的新气象。近年来,中国同美、俄、英、法、欧盟、印尼等多个国家和地区组织建立人文交流机制,推动科技、教育、文化、卫生、旅游、体育、青年、妇女等各领域交流合作。创办太湖世界文化论坛,以加强中外文化交流为宗旨,邀请各国知名人士共商不同文明对话与合作大计。倡议召开亚洲文明对话大会,加强青少年、民间团体、地方、媒体等各界交流,打造智库交流合作网络,让文明交流成为增进亚洲人民相互了解的桥梁、促进地区和平合作的平台。①

积极倡导构建人类命运共同体

中国共产党人既是中华民族利益的忠实代表,又始终积极推进人类和平与进步事业。倡导构建人类命运共同体,就是新时代中国领导人从人类前途和命运的高度,为解决当今世界和平与发展问题而提出的极富创意的中国理念。在党的十八大报告中,就明确提出"人类命运共同体"概念。报告指出:"要倡导人类命运共同体意识,在追求本国利益时兼顾他国合理关切,在谋求本国发展中促进各国共同发展。"②党的十八大后,国家主席习近平在国际场合积极倡导、不断阐发人类命运共同体理念,使这一崭新理念贯穿到政治、经济、安全、发展、文明、生态、网络空间等多个领域,其内涵不断丰富,外延不断拓展,对国际社会产生广泛而深刻的影响。

2013年3月23日,习近平主席在莫斯科国际关系学院演讲时指出:"这个世界,各国相互联系、相互依存的程度空前加深,人类生活在同一个地球村里,生活在历史和现实交汇的同一个时空里,越来越成为你中有我、我中有你的命运共同体。"③10月3日,习近平在印度尼西亚国会发表题为《携手建设中国—东盟命运共同体》的演讲,提出要坚持讲信修睦、合作共赢、守望相助、心心相印和开放包容原则,以切实举措全方位建设中国—东盟命运共同体,造福于本地区人民和世界各国人民。在2014年11月的中央外事工作会议上,习近平在讲话中强调,要切实抓好周边外交工作,打造"周边命运共同体"。

2015年9月28日,在纪念联合国成立70周年的联大一般性辩论中,中国

---

① 王毅:《构建以合作共赢为核心的新型国际关系——对"21世纪国际关系向何处去"的中国答案》,《学习时报》2016年6月20日。
② 中共中央文献研究室编:《十八大以来重要文献选编》上卷,北京:中央文献出版社,2014年,第37页。
③ 《习近平谈治国理政》,北京:外文出版社,2014年,第272页。

国家主席习近平发表题为《携手构建合作共赢新伙伴，同心打造人类命运共同体》的讲话，从传承历史，开辟未来的大视野，高屋建瓴地指出："当今世界，各国相互依存、休戚与共。我们要继承和弘扬联合国宪章的宗旨和原则，构建以合作共赢为核心的新型国际关系，打造人类命运共同体。"从而向世界各国发出了"打造人类命运共同体"的战略倡议。11月30日，在出席气候变化巴黎大会开幕式时，习近平高度评价了《巴黎协议》在应对全球挑战和探索未来全球治理模式方面的推动作用，呼吁全世界在建设人类命运共同体的道路上携手共进。12月16日，习近平出席第二届互联网大会开幕式并发表主旨演讲，明确提出各国应加强沟通、扩大共识、深化合作，"共同构建网络空间共同体"的建议。2016年4月1日，习近平出席在华盛顿举行的第四届核安全峰会，明确提出了"努力打造核安全命运共同体"的倡议。

2017年1月18日，中国国家主席习近平在联合国日内瓦总部发表题为《共同构建人类命运共同体》的演讲，对构建人类命运共同体这一"中国倡议"和"中国方案"进行了全面深入的阐发。习近平指出，这100多年来全人类的共同愿望，就是和平和发展。然而，这项任务至今远远没有完成。中国的方案是：构建人类命运共同体，实现共赢共享。构建人类命运共同体，关键在行动。国际社会要从伙伴关系、安全格局、经济发展、文明交流、生态建设等方面做出努力。要坚持对话协商，建设一个持久和平的世界。不断完善机制和手段，更好地化解纷争和矛盾、消弭战乱和冲突；要坚持共建共享，建设一个普遍安全的世界；要坚持合作共赢，建设一个共同繁荣的世界；要坚持交流互鉴，建设一个开放包容的世界。每种文明都有其独特魅力和深厚底蕴，都是人类的精神瑰宝。不同文明要取长补短、共同进步，让文明交流互鉴成为推动人类社会进步的动力、维护世界和平的纽带；要坚持绿色低碳，建设一个清洁美丽的世界。习近平强调："构建人类命运共同体是一个美好的目标，也是一个需要一代又一代人接力跑才能实现的目标。中国愿同广大成员国、国际组织和机构一道，共同推进构建人类命运共同体的伟大进程。"[①]

习近平总书记关于建设一个持久和平、普遍安全、共同繁荣、开放包容、绿色低碳的世界，构建人类命运共同体的倡议和思想，是应对全球挑战的中国方案和中国智慧。这一思想继承和发展了中国"大道之行也，天下为公"的传统政治理想，传承和发展了新中国不同时期重大外交思想和主张，反映了中外优秀文化和全人类共同价值追求，适应了新时代中国与世界关系的历史性变化，体现了中国共产党人深切的人类关怀和广阔的国际胸襟，反映了世界各国特别

[①]《习近平谈治国理政》第二卷，北京：外文出版社，2017年，第548页。

是广大发展中国家人民对建构一个美好世界的迫切愿望,揭示了人类社会通往和平与繁荣的必由之路,指明了世界发展和人类未来的前进方向。这一倡议和构想引起了国际社会的强烈共鸣,"构建人类命运共同体"理念至今已被载入联合国多项决议。

中国已进入全面建设社会主义现代化国家新发展阶段,世界百年未有之大变局正在加速演变。习近平外交思想指导中国继续保持战略自信和战略定力,紧紧围绕党和国家工作重要节点,在世界乱局中化危为机,在国际变局中开创新局,为实现中华民族伟大复兴营造更加有利的外部环境。

第十二章 强国新程

　　时间是最客观的书写者，忠实记录着奋进者的步伐。党的十九大明确作出全面建成小康社会进而全面建设社会主义现代化国家的战略安排，开启了中国新的强国之路。以习近平同志为核心的党中央科学把握中国特色社会主义进入新时代的历史方位和时代坐标，确立新时代党和国家事业发展的根本遵循和行动指南，深刻把握中国与世界发展大势，有效统筹国内国际两个大局，在多项工作已取得历史性成就的基础上，勇于推进理论和实践创新，统筹推进总体布局，协调推进全方位战略布局，引领中国特色社会主义事业不断开创新局面，党和国家事业迈向全面建设中国式现代化强国的新征程。新征程上，中国共产党坚持以人民为中心，把人民对美好生活的向往一步步变为现实，带领全国各族人民写就持续推进中国式现代化的新篇章。

一、建设社会主义现代化强国的路线图

全面建设社会主义现代化国家战略布局

党的十八大以来的五年,是党和国家发展进程中极不平凡的五年。经济建设取得重大成就,全面深化改革取得重大突破,民主法治建设迈出重大步伐,思想文化建设取得重大进展,人民生活不断改善,生态文明建设成效显著,强军兴军开创新局面,港澳台工作取得新进展,全方位外交布局深入展开,全面从严治党成效卓著。这五年来的成就是全方位的、开创性的,五年来的变革是深层次的、根本性的。同时,也要清醒地认识到,中国还面临发展不平衡不充分的问题,国际国内各种风险也日益凸显。民族复兴目标绝不是轻轻松松、敲锣打鼓就能实现的,全党必须准备付出更为艰巨、更为艰苦的努力,完成这一代中国共产党人的责任和使命。

2017年10月18日至24日,党的第十九次全国代表大会在北京召开。这是在全面建成小康社会决胜阶段、中国特色社会主义发展关键时期召开的一次十分重要的大会。大会的主题是:不忘初心,牢记使命,高举中国特色社会主义伟大旗帜,决胜全面建成小康社会,夺取新时代中国特色社会主义伟大胜利,为实现中华民族伟大复兴的中国梦不懈奋斗。习近平代表十八届中央委员会向大会作了题为《决胜全面建成小康社会,夺取新时代中国特色社会主义伟大胜利》的报告。这个报告经大会批准,成为中国共产党在新时代开启新征程、续写新篇章的政治宣言和行动纲领。

党的十九大报告高举中国特色社会主义伟大旗帜,总结了党的十八大以来党和国家事业的历史性变革,作出了中国特色社会主义进入了新时代、中国社会主要矛盾已经转化为人民日益增长的美好生活需要和不平衡不充分的发展之间的矛盾等重大政治论断,系统阐述了新时代中国特色社会主义思想,明确提出了新时代坚持和发展中国特色社会主义的基本方略,深刻回答了新时代坚持和发展中国特色社会主义的一系列重大理论和实践问题,对决胜全面建成小康社会、开启全面建设社会主义现代化国家新征程作出了全面部署,提出了到本世纪中叶"建成富强民主文明和谐美丽的社会主义现代化强国"的宏伟蓝图。

从20世纪五六十年代中国共产党提出建设"社会主义现代化国家"的奋斗目标,到党的十九大报告提出"建成富强民主文明和谐美丽的社会主义现代化强国"的宏伟蓝图,是新时代提出的新目标,是对现代化建设提出的更高要求。

这一目标不仅包括物质文明、政治文明、精神文明、社会文明、生态文明的全面提升，包括实现国家治理体系和治理能力现代化，还包括全体人民共同富裕基本实现，享有更加幸福安康的生活，中国将由此成为综合国力和国际影响力领先的国家，中华民族将以更加昂扬的姿态屹立于世界民族之林。这一顺应时代发展和人民期待的变化，充分体现出以习近平同志为核心的党中央对"两个一百年"奋斗目标的深刻认识和精准定位，体现了中国共产党对实现中华民族伟大复兴历史使命的坚定自信，对动员全党全国各族人民万众一心建设社会主义现代化强国，具有强烈的现实意义和深远的历史意义。由此，全面建设社会主义现代化国家与全面深化改革、全面依法治国、全面从严治党同列为"四个全面"战略布局并居于首位。

党的十九大报告对全面建设社会主义现代化国家作出了分两步走的战略安排。中华人民共和国成立以来，特别是改革开放 40 年来，中国共产党之所以能够领导全国各族人民将一个一穷二白的国家建设成为世界第二大经济体，将拥有 14 亿人口的超大规模国家建设成一个保持经济繁荣和政治稳定的和谐社会，其中一个重要原因就在于党具有高度的战略规划能力和强有力的执行能力。改革开放开始后的"三步走"战略，就是这一能力的高度体现。

党的十三大召开前夕，邓小平基于党的十二大以来的中国经济社会发展取得的成绩，在深刻把握国内外形势的前提下，提出了影响至今的"三步走"战略，科学规划了中华民族百年图强的梦想。1987 年 10 月，党的十三大正式确认实施三步走战略。党的十五大还提出新三步走战略。在这个基础上，党的十八大以来，提出了"两个一百年"的奋斗目标：到建党一百年时建成经济更加发展、民主更加健全、科教更加进步、文化更加繁荣、社会更加和谐、人民生活更加殷实的小康社会，然后再奋斗三十年，到新中国成立一百年时，基本实现现代化，把中国建成社会主义现代化强国。从中国特色社会主义进入新时代的实际出发，党的十九大进一步提出了新时代的"两步走"战略部署，就是将二〇二〇年到本世纪中叶这三十年分两个阶段作出战略安排：第一个阶段，从二〇二〇年到二〇三五年，在全面建成小康社会的基础上，再奋斗十五年，基本实现社会主义现代化；第二个阶段，从二〇三五年到本世纪中叶，在基本实现现代化的基础上，再奋斗十五年，把中国建成富强民主文明和谐美丽的社会主义现代化强国。简洁地说：2035 年基本实现社会主义现代化，2050 年把中国建成富强民主文明和谐美丽的社会主义现代化强国。"不谋万世者，不足谋一时；不谋全局者，不足谋一域"。党的十九大报告郑重提出新时代"两步走"战略，继承、发展和接续了邓小平提出的"三步走"战略，绘就了强国路线图，由此开启了全面建设社会主义现代化国家新征程。

党的十九大就新时代坚持和发展中国特色社会主义的一系列重大理论和实践问题阐明了大政方针，就推进党和国家各方面工作制定了战略部署。10月25日，十九届一中全会选举和决定习近平为中央委员会总书记、中央军事委员会主席。

科学把握中国特色社会主义进入新时代

党的十九大报告中作出的一个重大政治论断，就是"经过长期努力，中国特色社会主义进入了新时代，这是我国发展新的历史方位"。这一论断，是中国共产党坚持辩证唯物主义和历史唯物主义的方法论，从党和国家事业发展大局出发，从历史和现实、理论和实践、国内和国际相结合上得出的正确结论。它清晰地指出了党和国家事业所处的时代坐标，为明确下一阶段的历史任务、坚持和发展中国特色社会主义指明了方向。中国特色社会主义新时代，是建立在新中国成立以来特别是改革开放以来中国经济社会发展取得历史性成就的基础上的，符合党的十八以来以习近平同志为核心的党中央领导党和国家事业发生历史性变革的客观现实。这一重大政治判断，适时地概括了当代中国发展变革的阶段性特征，科学把握了中国发展新的历史方位，准确标定了中国特色社会主义航船前行的时代坐标。

"中国特色社会主义进入了新时代"这一重大政治判断，不是凭空作出的，而是有着充分的历史、时代、理论和实践的依据。概括地说，这一判断的提出，是基于中国发展进入与以往很大不同的新阶段，基于社会主要矛盾发生的新变化，基于党和人民的奋斗目标有了新要求，基于中国面临的国际环境的新变局。党的十九大报告指出："中国特色社会主义进入新时代，意味着近代以来久经磨难的中华民族迎来了从站起来、富起来到强起来的伟大飞跃，迎来了实现中华民族伟大复兴的光明前景；意味着科学社会主义在二十一世纪的中国焕发出强大生机活力，在世界上高高举起了中国特色社会主义伟大旗帜；意味着中国特色社会主义道路、理论、制度、文化不断发展，拓展了发展中国家走向现代化的途径，给世界上那些既希望加快发展又希望保持自身独立性的国家和民族提供了全新选择，为解决人类问题贡献了中国智慧和中国方案。"[①] 报告用"三个意味着"，从中华民族、科学社会主义、人类社会的维度，深刻阐明了这一判断深远的历史意义、政治意义和世界意义。

中国特色社会主义进入新时代，最关键的理论和实践基础是，中国社会主要矛盾已经从"人民日益增长的物质文化需要同落后的社会生产之间的矛盾"，转化为"人民日益增长的美好生活需要和不平衡不充分的发展之间的矛盾"。从

[①]《党的十九大报告辅导读本》，北京：人民出版社，2017年，第10页。

"物质文化需要"到"美好生活需要",从解决"落后的社会生产"矛盾到解决"不平衡不充分的发展"矛盾,反映了中国经济社会发展的巨大进步,反映了发展的阶段性特点,反映了党和国家事业发展的客观现实要求。

社会主要矛盾的变化,关系全局,影响深远。这表明,人民美好生活需要已经不局限于物质文化层面,还包括民主法治、公平正义、公共服务、社会福利、生态环境等更多层面。同时,经济社会发展中存在着城乡之间、地区之间、群体之间、行业之间及社会福利、公共服务等方面发展不平衡不充分的矛盾,并且已成为经济社会发展的主要制约因素。坚持和发展中国特色社会主义,面对的最大国情是中国正处于并将长期处于社会主义初级阶段。社会主义初级阶段是一个很长的历史时期,其发展不可能不发生某些阶段性变化。在这个长历史过程中,中国社会主要矛盾、主要任务也会随着社会发展而变化。正是基于中国社会主要矛盾发生的新变化新特点,需要对中国发展的历史方位和时代坐标作出新的判断和科学把握。

根据社会主要矛盾发生新变化,针对发展不平衡不充分状况提出解决新矛盾的主要任务,是中国特色社会主义进入新时代的重要标志,也是新时代发展的重要特征。这意味着中国特色社会主义站到更高层级的历史方位上,要求全面提升物质文明、政治文明、精神文明、社会文明和生态文明,实现国家治理体系和治理能力现代化,使中国成为综合国力和国际影响力领先的国家,中国人民将基本实现共同富裕、享有更加幸福安康的生活,中华民族将以更加昂扬的姿态屹立于世界民族之林。历史起点和逻辑前提在这里结合起来得到统一。

党的十九大报告在提出社会主要矛盾变化的同时,还提出了两个"必须认识到",即"必须认识到,我国社会主要矛盾的变化是关系全局的历史性变化,对党和国家工作提出了许多新要求。""必须认识到,我国社会主要矛盾的变化,没有改变我们对我国社会主义所处历史阶段的判断,我国仍处于并将长期处于社会主义初级阶段的基本国情没有变,我国是世界最大发展中国家的国际地位没有变"。这就对新时代的工作指明了方向,经济建设仍是中心工作,但在新时代更要注重抓全面发展。牢牢把握社会主义初级阶段这个基本国情,牢牢立足于社会主义初级阶段这个最大实际,牢牢坚持党的基本路线这个党和国家的生命线、人民的幸福线,报告强调:"我们要在继续推动发展的基础上,着力解决好发展不平衡不充分问题,大力提升发展质量和效益,更好满足人民在经济、政治、文化、社会、生态等方面日益增长的需要,更好推动人的全面发展、社会全面进步。"[1]

---

[1]《党的十九大报告辅导读本》,北京:人民出版社,2017年,第11—12页。

中国特色社会主义进入新时代，在中华人民共和国发展史上、中华民族发展史上具有重大意义，在世界社会主义发展史上、人类社会发展史上也具有重大意义。走进伟大的新时代，是这一代中国人的幸运。坚定信心，埋头苦干，为实现党的十九大确立的目标任务而奋斗，就一定能写好坚持和发展中国特色社会主义这篇大文章，让中国特色社会主义展现出更加强大的生命力。

新时代党和国家事业发展的行动指南

党的十九大把习近平新时代中国特色社会主义思想同马克思列宁主义、毛泽东思想、邓小平理论、"三个代表"重要思想、科学发展观一道确立为党的行动指南，并写入《中国共产党章程》。马克思说过："任何真正的哲学都是自己时代的精神上的精华。"[①]一个时代有一个时代的问题，一个时代有一个时代的思想。如习近平所指出："中国共产党之所以能够完成近代以来各种政治力量不可能完成的艰巨任务，就在于始终把马克思主义这一科学理论作为自己的行动指南，并坚持在实践中不断丰富和发展马克思主义。"[②]习近平新时代中国特色社会主义思想，紧紧围绕坚持和发展中国特色社会主义，提出了一系列具有开创性意义的新理念新思想新战略，涵盖经济、政治、文化、社会、生态文明建设和党的建设各个领域，涉及改革发展稳定、内政外交国防、治党治国治军等各个方面，是一个系统完整、逻辑严密的科学理论体系。

习近平新时代中国特色社会主义思想，是对马克思列宁主义、毛泽东思想、邓小平理论、"三个代表"重要思想、科学发展观的继承和发展，是马克思主义中国化的最新成果，是党和人民实践经验和集体智慧的结晶，是中国特色社会主义理论体系的重要组成部分，是全党全国人民为实现中华民族伟大复兴而奋斗的行动指南，必须长期坚持并不断发展。习近平新时代中国特色社会主义思想内涵十分丰富，包括新时代坚持和发展中国特色社会主义的总目标、总任务、总体布局、战略布局和发展方向、发展方式、发展动力、战略步骤、外部条件、政治保证等基本问题，并且要根据新的实践对经济、政治、法治、科技、文化、教育、民生、民族、宗教、社会、生态文明、国家安全、国防和军队、"一国两制"和祖国统一、统一战线、外交、党的建设等诸多领域作出理论分析和政策指导。党的十九大报告概括其中最重要、最核心的内容，为以下"八个明确"。

一是明确坚持和发展中国特色社会主义，总任务是实现社会主义现代化和

[①]《马克思恩格斯全集》第一卷，北京：人民出版社，1995年，第220页。
[②] 习近平：《在庆祝中国共产党成立95周年大会上的讲话》，《人民日报》2016年7月2日。

中华民族伟大复兴，在全面建成小康社会的基础上，分两步走在本世纪中叶建成富强民主文明和谐美丽的社会主义现代化强国。二是明确新时代中国社会主要矛盾是人民日益增长的美好生活需要和不平衡不充分的发展之间的矛盾，必须坚持以人民为中心的发展思想，不断促进人的全面发展、全体人民共同富裕。三是明确中国特色社会主义事业总体布局是"五位一体"，即经济建设、政治建设、文化建设、社会建设、生态文明建设整体推进。战略布局是"四个全面"，即全面建设社会主义现代化国家、全面深化改革、全面依法治国、全面从严治党。强调坚定道路自信、理论自信、制度自信、文化自信。四是明确全面深化改革总目标是完善和发展中国特色社会主义制度、推进国家治理体系和治理能力现代化。五是明确全面推进依法治国总目标是建设中国特色社会主义法治体系、建设社会主义法治国家。六是明确党在新时代的强军目标是建设一支听党指挥、能打胜仗、作风优良的人民军队，把人民军队建设成为世界一流军队。七是明确中国特色大国外交要推动构建新型国际关系，推动构建人类命运共同体。八是明确中国特色社会主义最本质的特征是中国共产党领导，中国特色社会主义制度的最大优势是中国共产党领导，党是最高政治领导力量，提出新时代党的建设总要求，突出政治建设在党的建设中的重要地位。

"八个明确"侧重于理论层面的高度概括和凝练，每一个"明确"都是具有原创性的新思想新观点，点明了总任务、总布局和主要矛盾，囊括了"五位一体"总体布局、"四个全面"战略布局、外交国防等各个方面，集中反映着中国共产党对科学社会主义在当今时代的理论思考和理论贡献。

党的十九大报告提出的"十四个坚持"，是新时代坚持和发展中国特色社会主义的基本方略，是对习近平新时代中国特色社会主义思想的实践展开。"十四个坚持"分别是：坚持党对一切工作的领导；坚持以人民为中心；坚持全面深化改革；坚持新发展理念；坚持人民当家作主；坚持全面依法治国；坚持社会主义核心价值体系；坚持在发展中保障和改善民生；坚持人与自然和谐共生；坚持总体国家安全观；坚持党对人民军队的绝对领导；坚持"一国两制"和推进祖国统一；坚持推动构建人类命运共同体；坚持全面从严治党。"十四个坚持"偏重实践层面、方略层面的展开，每一个都有很强的现实针对性和指导性，是思想化为行动的方法论。

"八个明确"和"十四个坚持"相辅相成，构成了习近平新时代中国特色社会主义思想的主体内容，需要贯通起来把握。把这两者融为一体，充分体现了习近平新时代中国特色社会主义思想理论与实践相统一、战略与战术相结合的理论特色，为从纷繁复杂的事物表象中把准脉搏、掌握规律，不断提高攻坚克难、驾驭复杂局面的能力，提供了行动指南和方法论指引。正如党的十九大报告指出的,"我们必须在理论上跟上时代,不断认识规律,不断推进理论创新、实践创新、制度创新、文化创新以及其他各方面创新。"[1]

马克思主义是开放的与时俱进的理论体系,习近平新时代中国特色社会主义思想,是中国特色社会主义理论体系的重要组成部分,实现了马克思主义基本原理同中国具体实际相结合的又一次历史性飞跃,不仅指引中国特色社会主义道路、理论、制度、文化不断发展,而且为发展中国家走向现代化强国提供了路径启示,为解决人类问题贡献了中国智慧和中国方案。

二、实现经济快速发展和社会长期稳定

新时代中国特色社会主义经济思想

党的十八大以来,中国经济发展平衡性、协调性、可持续性明显增强,经济总量由2012年的53.9万亿元上升到2021年的114.4万亿元,占世界经济比重从11.3%上升到超过18%,人均国内生产总值从6300美元上升到超过1.2万美元。国家经济实力、科技实力、综合国力跃上新台阶,中国经济迈上更高质量、更有效率、更加公平、更可持续、更为安全的发展之路。社会建设全面加强,人民生活显著改善,社会治理社会化、法治化、智能化、专业化水平大幅提升,发展了人民安居乐业、社会安定有序的良好局面,续写了经济快速发展和社会长期稳定两大奇迹。正是在中国经济发展取得新的重大成就的实践基础上,2017年12月18日至20日,中共中央经济工作会议在北京举行,首次总结并阐述了"习近平经济思想"。

习近平经济思想是习近平新时代中国特色社会主义思想的重要组成部分,是中国共产党不懈探索社会主义经济发展道路形成的宝贵思想结晶,是马克思主义政治经济学在21世纪当代中国的最新理论成果,是中国经济高质量发展、全面建设社会主义现代化国家的科学指南。习近平经济思想内涵丰富,深刻回答了事关新时代经济发展的一系列重大现实问题,具有鲜明的科学性、人民性、时代性和开放性。中共中央将习近平经济思想的基本内容归纳为十三个方面:[2]

1. 明确加强党对经济工作的全面领导是中国经济发展的根本保证,要切实把党领导经济工作的制度优势转化为治理效能,不断提高党领导经济工作科学

---

[1]《党的十九大报告辅导读本》,北京:人民出版社,2017年,第26页。
[2]《习近平经济思想学习纲要》,北京:人民出版社、学习出版社,2022年,第3页。

化、法治化水平,增强党领导经济工作专业化能力;

2. 明确坚持以人民为中心的发展思想是中国经济发展的根本立场,要把人民放在心中最高的位置,坚持在发展中保障和改善民生,坚定不移走共同富裕的道路;

3. 明确进入新发展阶段是中国经济发展的历史方位,要统筹中华民族伟大复兴战略全局和世界百年未有之大变局,增强机遇意识和风险意识,善于在危机中育先机、于变局中开新局;

4. 明确坚持新发展理念是中国经济发展的指导原则,要完整、准确、全面贯彻新发展理念,把新发展理念贯彻到经济社会发展全过程和各领域,真正做到崇尚创新、注重协调、倡导绿色、厚植开放、推进共享;

5. 明确构建新发展格局是中国经济发展的路径选择,要坚持扩大内需这个战略基点,使生产、分配、流通、消费各环节更多依托国内市场,形成国民经济良性循环,并努力实现国内国际双循环,进而不断提升国内大循环效率和水平;

6. 明确推动高质量发展是中国经济发展的鲜明主题,要坚持质量第一、效益优先,推动质量变革、效率变革、动力变革,加快建设现代化经济体系,努力实现更高质量、更有效率、更加公平、更可持续、更为安全的发展;

7. 明确坚持和完善社会主义基本经济制度是中国经济发展的制度基础,要毫不动摇巩固和发展公有制经济,毫不动摇鼓励、支持、引导非公有制经济发展,坚持按劳分配为主体、多种分配方式并存,充分发挥市场在资源配置中的决定性作用,更好发挥政府作用,加快完善社会主义市场经济体制;

8. 明确坚持问题导向部署实施国家重大发展战略是中国经济发展的战略举措,要全面推进乡村振兴,坚持实施区域重大战略、区域协调发展战略,深入实施以人为核心的新型城镇化战略;

9. 明确坚持创新驱动发展是中国经济发展的第一动力,要坚持创新在中国现代化建设全局中的核心地位,推进高水平科技自立自强,加快建设世界重要人才中心和创新高地;

10. 明确大力发展制造业和实体经济是中国经济发展的主要着力点,要坚定不移建设制造强国、质量强国、网络强国、数字中国,推进产业基础高级化、产业链现代化,加快建设现代化基础设施体系;

11. 明确坚定不移全面扩大开放是中国经济发展的重要法宝,要坚定实施对外开放基本国策,建设更高水平开放型经济新体制,推进共建"一带一路"高质量发展,推动经济全球化朝着更加开放、包容、普惠、平衡、共赢的方向发展;

12. 明确统筹发展和安全是中国经济发展的重要保障,要增强忧患意识,着力防范化解重大风险,扛稳粮食安全重任,保障国家能源安全,确保产业链供应链稳定安全，实现高质量发展和高水平安全良性互动；

13. 明确坚持正确工作策略和方法是做好经济工作的方法论，要坚持稳中求进工作总基调，坚持系统观念，坚持目标导向和问题导向相结合，坚持集中精力办好自己的事，坚持以钉钉子精神抓落实。

科学的理论指引伟大的实践。在习近平经济思想指引下，中国战胜各种困难挑战，经济社会发展取得重大成就。

保持国内经济快速持续健康发展

党的十八大以来，在世界百年未有之大变局下，中国经济发展面临着来自国内外的各种风险挑战：向外看，世界经济衰退，国际贸易和投资萎缩，国际金融市场动荡，国际交往受限；经济全球化遭遇逆流，一些国家保护主义和单边主义盛行，地缘政治风险上升，给世界经济带来极大的不确定性和不稳定性。向内看，中国经济正处在转变发展方式、优化经济结构、转换增长动力的攻关期，面临着结构性、体制性、周期性问题相互交织所带来的困难和挑战。加上全球性新冠病毒疫情给经济运行带来的冲击和压力。面对复杂的外部环境变化和各种风险挑战，以习近平同志为核心的党中央充分运用以民为本的政治智慧，把保持经济快速发展、实现社会长期稳定的责任扛在肩上，用了短短十年时间，在经济社会发展各个领域创造出一系列重大成果，这些发展硕果反映在经济社会发展的全周期、各领域、各环节，发生在每个人的身边。

——国有资本和国有企业做强做优做大为国民经济持续健康发展保驾护航。

国有企业是中国特色社会主义的重要物质基础和政治基础，是党执政兴国的重要支柱和依靠力量。中共中央高度重视国有企业的发展，习近平多次围绕国有企业发展作出重要指示，强调：国有企业是壮大国家综合实力、保障人民共同利益的重要力量，必须理直气壮做强做优做大，不断增强活力、影响力、抗风险能力，实现国有资产保值增值。2018年7月，国务院发布《关于推进国有资本投资、运营公司改革试点的实施意见》，要求加快推进国有资本投资、运营公司改革试点工作。2019年10月，党的十九届四中全会明确提出，深化国有企业改革，完善中国特色现代企业制度。2020年8月出台的《国企改革三年行动方案》，对国企改革的总体要求和目标等进行了部署。按照设计目标，国企改革三年行动（2020—2022）聚焦八个方面的重点任务，致力于达成三大目标，即：在形成更加成熟定型的中国特色现代企业制度和完善国资监管体制上取得明显成效；在推动国有经济布局优化和结构调整上取得明显成效；在提高国有企业活力和效率上取得明显成效，切实增强国有经济竞争力、创新力、控制力、影响力、抗风险能力。

国企改革三年行动实施以来,公司制改革基本完成,剥离企业办社会职能和解决历史遗留问题全面扫尾,完善中国特色现代企业制度、健全市场化经营机制等改革重点领域发生实质性突破。其中,地方一级企业及重要子企业全面完成党组织前置研究事项清单制定工作,一级企业及各级子企业基本实现董事会应建尽建,已建董事会企业90%以上实现外部董事占多数;省级国资委监管企业各级子企业经理层签约率达到95%,已开展中长期激励的子企业占具备条件的企业比例超过80%;全国省一级的经营性国有资产集中统一监管比例达到98%。通过实施三年行动,各地以改革推动国资国企实现高质量发展,地方监管国有企业的经济效益创历史最高水平。数据显示,2021年地方监管国有企业的资产总额达到183.7万亿元,营业收入和净利润分别达到35.4万亿元、1.5万亿元,同比分别增长19%、27.4%,经济效益创历史最高水平。截至2021年底,全国国资系统监管企业资产总额达到259.3万亿元,比2012年底增长2.6倍,年均增长15.4%;其中,中央企业资产总额为75.6万亿元,比2012年底增长1.4倍。国有资本的布局结构进一步优化,国有企业自主创新的能力切实增强,国资国企服务国家重大战略更加有力。2021年进入世界500强的国有企业从2012年的65家增长到96家,在船舶、钢铁、能源、建筑、水运、装备制造等领域打造了一批具有较强竞争力的行业领军企业。[①]

——民营经济是推进中国式现代化的生力军。

长期以来,民营经济在稳定增长、促进创新、增加就业、改善民生等方面发挥了积极的作用,已经成为我国经济制度的内在要素,推动经济持续健康发展的重要力量。数据显示,我国民营企业数量已从2012年底的1085.7万户增长到2022年的4700多万户,10年翻了两番多。[②] 自2002年中共十六大提出"毫不动摇地巩固和发展公有制经济","毫不动摇地鼓励、支持和引导非公有制经济发展",2005年中共中央、国务院出台"非公经济36条"以来,中央多次强调要切实落实"两个毫不动摇"。2017年,党的十九大把"两个毫不动摇"写入新时代坚持和发展中国特色社会主义的基本方略,作为党和国家一项大政方针进一步确定下来。

2023年7月19日,中共中央、国务院正式印发《关于促进民营经济发展壮大的意见》。《意见》指出,民营经济是推进中国式现代化的生力军,是高质量发展的重要基础,是推动我国全面建成社会主义现代化强国、实现第二个百年奋斗目

---

① 《国企高质量发展迈出实质性步伐》,《光明日报》2022年6月18日。
② 《"56789":民营经济成为推动中国式现代化生力军》,中国日报网2023年7月21日。

标的重要力量。《意见》从民营经济的发展环境、政策支持、法治保障、高质量发展以及促进民营经济人士健康成长等方面提出了31条具体举措。其中专门就持续优化民营经济发展环境提出了针对性的举措，包括持续破除市场准入壁垒，全面落实公平竞争的政策制度，完善社会信用激励约束机制和完善市场化重整机制等。

改革开放以来，民营经济在经济社会发展中的重要作用可以"56789"的数字来概括，即民营经济贡献了50%以上的税收，60%以上的国内生产总值，70%以上的技术创新成果，80%以上的城镇劳动就业，90%以上的企业数量。贯彻落实中央的各项举措，各级政府继续以对民营经济的平等保护为重点，营造良好稳定的预期，促进民营企业依法依规经营；鼓励民营企业持续加大研发投入，开展关键核心技术攻关，引导民营企业加快推动数字化转型和技术改造；鼓励民营企业提高国际竞争力，加强品牌建设，拓展海外业务；支持民营企业参与国家重大战略，到中西部和东北地区投资兴业；参与推进碳达峰碳中和，参与乡村振兴。同时，依法依规规范和引导民营资本健康发展；支持平台企业在引领发展、拓展消费、国际竞争中大显身手。

——数字经济为经济社会发展注入创新动力。

数字经济是继农业经济、工业经济之后的主要经济形态，是以数据资源为关键要素，以现代信息网络为主要载体，以信息通信技术融合应用、全要素数字化转型为重要推动力，促进公平与效率更加统一的新经济形态。党和政府高度重视发展数字经济，将其上升为国家战略。

第一，超前谋划做大做强数字经济。2015年，国务院先后颁布《关于积极推进"互联网+"行动的指导意见》《促进大数据发展行动纲要》，强调互联网和大数据对传统经济的赋能效用。随后，中央相继提出网络强国战略和国家大数据战略；强调推进"数字中国"建设。2017年，党的十九大报告提出要建设网络强国和数字中国。2019年5月，中共中央办公厅、国务院办公厅印发《数字乡村发展战略纲要》，将发展数字经济拓展到乡村领域。2020年10月，十九届五中全会强调要推进数字产业化和产业数字化，构筑国际竞争新优势。在党中央的超前布局下，中国数字基础设施建设全球领先，平台经济快速发展，涌现出一大批享誉全球的互联网平台企业。根据国际数据公司（IDC）的研究，得益于中国物联网基础设施优势，中国将在"十四五"时期成为全球数据生成最大国。

第二，开展平台治理，推动数字经济持续健康发展。针对数据安全治理不力、数据价值释放不充分，数字基础设施薄弱、关键领域创新能力不足，行业间区域间人群间数字鸿沟有待弥合，平台经济发展不充分、企业运营不规范、监管体制不完善等问题，中国颁布了《网络安全法》《民法典》《数据安全法》《个人信息保护法（草案）》等法律法规，不断强化对个人数据权益和隐私安全的保护。

2021年，习近平主持中央财经委员会第九次会议和中共中央政治局第三十四次集体学习，对数据产权制度建设、平台经济反垄断和企业责任等作出重要部署。同年12月，国务院颁布的《"十四五"数字经济发展规划》和国家发展改革委等九部门联合颁布的《关于推动平台经济规范健康持续发展的若干意见》，也反复强调要完善数字经济安全体系，不断探索符合数字经济持续健康发展的治理方式，细化平台企业数据处理规则，探索数据和算法安全监管等。

第三，探索推动"生态出海"，共创"数字命运共同体"。早在2016年9月，中国就作为G20主席国首次将数字经济列为G20创新增长蓝图的重要议题；2017年3月，中国发布《网络空间国际合作战略》提出共创网络空间命运共同体的中国主张；同年12月，为拓展数字经济领域的合作，中国与老挝、沙特等国家相关部门共同发起《"一带一路"数字经济国际合作倡议》，探索共建"数字丝绸之路"，为共创"数字命运共同体"提供了典型示范。2020年6月，新加坡、新西兰、智利三国联合签署《数字经济伙伴关系协定》（DEPA）。次年11月，中国主动申请加入DEPA，表达与各成员国加强数字经济领域合作的愿望。在鼓励中国企业参与海外数字经济竞争与合作方面，2021年7月，商务部等三部门联合发文，对中国数字产业"走出去"做出明确指引，要求形成数字基建、消费者平台、产业平台、数据市场合力，倡导从项目型出海向生态型出海转变，不断提升中国在数字经济时代的全球竞争优势，最终推动中国数字经济做强做优做大。

——实体经济的巩固发展为经济社会发展守稳坚实的战略基点。

实体经济是经济社会发展的基石，也是保障人民群众生活的物质基础。针对一段时间以来经济运行中出现的"脱实向虚"苗头，习近平多次强调，中国是个大国，必须要做强实体经济，不能"脱实向虚"。2017年，党的十九大报告指出："建设现代化经济体系，必须把发展经济的着力点放在实体经济上，把提高供给体系质量作为主攻方向，显著增强中国经济质量优势。"这是党中央立足全局、面向未来作出的重大战略抉择。

第一，坚持金融为实体经济服务。2012年以来，中国以新发展理念引领金融支持实体经济实现高质量发展，大力发展绿色金融，推动绿色低碳转型，绿色贷款、绿色债券余额位居世界前列；大力健全多层次市场体系，推出新三板、科创板，设立北交所，资本市场对实体经济的适配性大幅增强，资本市场服务实体经济的广度深度显著拓展。1. 资本市场全面深化改革取得重要突破。围绕深化金融供给侧结构性改革，中国全面深化资本市场改革，实现核准制向注册制的跨越，稳步推进试点注册制，发行市场化程度、审核注册效率和可预期性大幅提升，交易、退市等关键制度得到体系化改善。2. 市场主体高质量发展迈上新的台阶。2021年实体上市公司利润占规模以上工业企业利润的比重由10年前的23%增长到接近50%。证券期货经营机构的总资产10年间增长5.5倍，公募基金管理规模目前为26万亿元，行业实力大幅增强。3. 资本市场的国际吸引力和影响力大幅增强。行业机构外资股比全面放开，沪深港通（指上交所、深交所与港交所建立的互联互通机制）、沪伦通（指上海证券交易所与伦敦证券交易所互联互通的机制）启动，A股纳入国际知名指数并不断提升比重，外资连续多年保持净流入。

第二，推动数字经济和实体经济融合发展。推动数字技术和实体经济深入融合，是中国畅通经济循环、激活发展动能、增强经济韧性的重要着力点。一方面，数字经济与实体经济融合基础环境持续向好。中共中央在关于制定"十四五"规划的建议中明确提出，要"推动数字经济和实体经济深度融合，打造具有国际竞争力的数字产业集群"。国家发改委出台推进"上云用数赋智"行动、数字化转型伙伴行动、支持新业态新模式健康发展等政策，为企业数字化转型难题提供解决方案。此外，国家部委联动地方政府持续举办数博会、数字中国建设峰会、世界智能大会等国际专业盛会，以会兴业，以会引才，推动政产学研用各界参与交流，为数字经济和实体经济融合营造良好的发展氛围。另一方面，新基建持续发力，进一步增强产业数字化转型的基础支撑能力。"十三五"期间，中央多次强调加快新基建建设步伐，2020年的疫情防控工作加速了5G网络的全覆盖，大大促进了大数据、人工智能、工业互联网、云计算等数字技术的创新推广与融合应用。未来，以5G、数据中心、工业互联网等为代表的新型基础设施仍将保持快速的建设与运营步伐，不断支撑数据流和信息流的高效运转，加强产业链的融通与稳定，为数字经济与实体经济深度融合奠定坚实的基础。

第三，推进产业基础高级化、产业链现代化。

1. 稳步提升产业基础能力。实施工业强基工程和产业基础再造工程。轨道交通、电力装备等一批关键的基础产品和材料，基本满足了国内的需要。布局建设了动力电池、增材制造等22个国家级制造业创新中心，两个国家与地方共建的制造业创新中心，200多个省级制造业创新中心，建设了125个产业基础公共服务平台，29个新材料的重点平台。

2. 大力改造提升传统产业。积极稳妥化解过剩产能，严格执行产能等量或者减量置换，化解钢铁产能约2亿吨、地条钢1.4亿吨全部出清，电解铝、水泥等行业的落后产能基本出清，实施重大技术改造升级工程，支持企业加快高端化、智能化和绿色化转型。2012年以来，技术改造投资占工业投资比重持续稳定在40%以上，成为提振工业投资的重要力量。

3. 积极培育新兴产业。制定实施新兴产业发展规划，加大了技术、标准、政策的支持力度，高技术制造业、装备制造业，对制造业的支撑作用明显增强。服务机器人、智能可穿戴装备等产品增势强劲，新能源汽车产销量连续7年位居世界首位，新材料产业产值实现翻番，传统产业改造升级步伐加快，数字化、绿色化转型全面推进。部分领域智能制造处于国际先进水平，高技术制造业和装备制造业占规模以上工业增加值比重分别从 2012 年的 9.4%、28% 提高到 2021 年的 15.1%、32.4%。区域布局不断优化，重点地区龙头带动作用进一步增强，电子信息、轨道交通等领域形成一大批先进制造业集群。

4. 着力提升工业产品的质量。实施增品种、提品质、创品牌的"三品"专项行动，中高端产品供给能力显著增强。在增品种方面，功能化的纤维、生物基的纤维等产品走进千家万户，智能终端、智能家电等不仅满足国内多样化需求，还畅销海外。在提品质方面，家电、制鞋等领域与国际的标准一致性程度达到 95% 以上。在创品牌方面，2021 年，有 24 个工业和信息化领域的品牌入选了世界品牌 500 强，比 2012 年增加了 14 家。根据最新发布的 2022 年一季度国民经济运行情况显示，全国农业（种植业）增加值同比增长 4.8%，规模以上工业增加值同比增长 6.5%，其中高技术制造业、装备制造业增加值分别增长 14.2%、8.1%。中高端制造业发展较好，进一步凸显稳定实体经济对稳定宏观经济大盘的重要意义，增强了中国发展信心。

——扎实推进"六稳"工作为中国经济应对外部环境冲击提供有力屏障。

2018 年，美国对我国发起贸易战，外部环境发生明显变化，经济运行稳中有变，稳中有忧。中共中央提出"要做好稳就业、稳金融、稳外贸、稳外资、稳投资、稳预期工作"，把"六稳"作为实现中国经济稳中求进的基本要求。在"六稳"发力下，中国经济经受住了外部环境变化的冲击，保持了平稳健康发展。具体表现为，稳就业成效突出：截至 2020 年 9 月末，共为企业减免社保费 9107 亿元；全国 20～24 岁大专及以上人员（主要为新毕业大学生）调查失业率比上月下降 2.4 个百分点；外出务工农村劳动力 17952 万人。稳外贸、稳外资、稳投资成果显现：2020 年前三季度，中国对东盟、欧盟、美国、日本四个主要贸易对象进出口额（按人民币计价）同比分别增长 7.7%、2.9%、2.0%、1.4%。中国实际使用外资 7188 亿元，同比增长 5.2%。稳金融、稳预期扎实有力：2020 年前三季度，金融机构人民币贷款增加 16.3 万亿元，同比多增 2.6 万亿元。9 月份，制造业采购经理指数为 51.5%，非制造业商务活动指数为 55.9%，均连续 7 个月位于临界点以上。

——全面落实"六保"工作为稳定经济社会良好秩序提供坚强后盾。

2020 年伊始，一场突如其来的新型冠状病毒感染肺炎的疫情席卷全球。中国政府立即启动应对重大突发公共卫生事件应急机制，充分利用、整合全国资源，统筹推进新冠疫情防控和经济社会发展。这场新冠疫情极大冲击了中国经济，造成前所未有的影响。世界经济出现前所未见的负增长、负利率、负收益，中国发展的外部环境严重恶化。对此，中央要求建立与疫情防控相适应的经济社会运行秩序，有序恢复生产生活秩序，提出"保居民就业、保基本民生、保市场主体、保粮食能源安全、保产业链供应链稳定、保基层运转"的"六保"任务。随着全国疫情防控进入常态化，在中央和各省、区、市的共同努力下，不断加大政策调节力度，使"六保"任务得到全面落实。一是中央财政加大稳就业转移支付力度，加快社保基金中央调剂进度，鼓励地方政府完善就业服务、提供就业援助、加强职业技能培训等，保居民就业取得成效。二是加大社会兜底保障力度，保民生成效显著。三是全力落实助企纾困政策，增强市场主体活力，保市场主体加力显效，生产效益呈现恢复增长态势，运行持续向好。四是增加重要农产品供给，稳定增长能源供给，保粮食能源安全基础巩固。五是着力打通产业链、供应链卡点堵点，保障重点行业和产品生产，保产业链供应链稳定效果彰显。六是加大转移支付力度，创新实施财政资金直达机制，保基层运转精准有效。扎实做好"六稳工作"，全面落实"六保"任务，使我国在抗疫防控的3年间基本实现了国家经济社会发展的目标任务。

加强社会治理建设完善体制机制

国之兴衰系于制，民之安乐皆由治。社会治理与人民群众对美好生活的体验感、归属感、获得感息息相关，是国家治理的重要方面。党的十九大报告中指出，要加强社会治理制度建设，完善党委领导、政府负责、社会协同、公众参与、法治保障的社会治理体制，提高社会治理社会化、法治化、智能化、专业化水平。

——创新社会治理理念。党的十八大以来，中共中央深入研究社会管理面临的新形势新任务新特点，着力推进社会管理理念创新、实践创新、制度创新，明确提出"社会治理"这一重大命题。从"社会管理"到"社会治理"只一字之差，却是党的执政理念和政策思路在社会领域的提升，体现的是系统治理、依法治理、源头治理、综合施策，反映了对社会运行规律和治理规律认识的深化。早在社会主义建设初期，毛泽东就提出正确处理人民内部矛盾的问题。数十年过去，虽然影响社会稳定的具体因素发生了很大变化，但基层产生的社会矛盾，无论其表现形式多么复杂多样，就其性质而言绝大多数还是人民内部矛盾。习近平指出："对人民内部矛盾，要善于运用法治、民主、协商的办法进行处理。"[1] 社会主义是人民当家作主，基层矛盾要用基层民主的办法来解决。随着社会的发展，社会治理模式正在从单向管理转向双向互动，从线下转向线上线下融合，从单

---

[1] 中共中央文献研究室编：《习近平关于社会主义社会建设论述摘编》，北京：中央文献出版社，2017年，第147页。

纯的政府监管向更加注重社会协同治理转变。

——完善党委领导，政府负责、社会协同、公众参与、法治保障的社会治理体制。要积极发挥各级政府负责社会治理的职能，采取多种措施和途径，切实搞好公共服务、公共管理、公共安全，健全利益表达、利益协调、利益保护机制。要全面落实各级党委和政府社会治理主体责任，把加强和创新社会治理纳入各级党委和政府重要议事日程，纳入地方党政领导班子和领导干部政绩考核指标体系，规范党政各部门社会治理职能，形成权责明晰、奖惩分明、分工负责、齐抓共管的社会治理责任链条。

——完善政府治理和社会调节、居民自治良性互动的体制机制。注重动员组织社会力量共同参与，发动全社会一起来做好维护社会稳定工作，努力形成社会治理人人参与、人人尽力、人人共享的良好局面。扩大开放公共服务市场，通过政府购买服务、健全激励补偿机制等办法，鼓励和引导企事业单位、社会组织、人民群众积极参与社会治理。深化基层组织和部门、行业依法治理，支持各类社会主体自我约束、自我管理，发挥市民公约、乡规民约、行业规章、团体章程等社会规范在社会治理中的积极作用。注重社会组织培育和引导，改革社会组织管理制度，推动社会组织明确权责、规范自律、依法自治，积极参与社会治理全过程。

——发挥法治保障的作用。法治是社会治理现代化的重要标志，也是国家治理体系和治理能力的重要依托。党的十八大以来，中央坚持一手抓保安全、护稳定，一手抓打基础、谋长远，不断创新社会治理理念思路、体制机制、方法手段，着力从源头上预防和减少影响社会和谐稳定的问题发生。党中央、国务院进一步加强了战略设计和整体谋划。成立了平安中国建设协调小组，研究拟定平安中国建设的目标任务、总体思路、重点工作、政策措施，协调解决平安中国建设工作中的重大事项和问题。在平安中国建设的推动下，扫黑除恶成为备受关注的国家行动，一大批黑恶势力连同背后的"关系网""保护伞"被连根拔起，社会治安形势持续向好。中国民众对政府的信任度大为提高。

——发挥智治支撑作用。智能化是社会治理方式现代化中体现新科技革命的重要标志，是社会治理方式现代化的重要手段。中央深刻认识互联网在国家管理和社会治理中的作用，以推行电子政务、建设新型智慧城市等为抓手，以数据集中和共享为途径，建设全国一体化的国家大数据中心，推进技术融合、业务融合、数据融合，实现跨层级、跨地域、跨系统、跨部门、跨业务的协同管理和服务。强化互联网思维，推进政府决策科学化、社会治理精准化、公共服务高效化，用信息化手段助推社会治理决策科学化、防控一体化、服务便捷化。各省市陆续建立城市治理现代化指挥中心，将交通运行、公共安全、环境污染等情况同屏实时呈现，一旦出现突发情况，指挥平台即能及时下达指令迅速处理。过去各部门之间存在数据壁垒，给精准治理体系的建设带来障碍。现在有了数据支撑，全国各省、区、市的城市数据平台的效能得到很好发挥，"互联网＋警务""互联网＋城管""互联网＋网格"等模式日益成熟，"一张网管到底"已经成为高效社会治理的标配。

守护人民群众对美好生活的向往

改革开放以来，中国人民生活显著改善，社会治理明显改进。随着时代发展和社会进步，人民对美好生活的向往更加强烈，对民主、法治、公平、正义、安全、环境等方面的要求日益增长。中共中央强调，人民对美好生活的向往就是党的奋斗目标，增进民生福祉是坚持立党为公、执政为民的本质要求，让老百姓过上好日子是一切工作的出发点和落脚点，补齐民生保障短板、解决好人民群众急难愁盼问题是社会建设的紧迫任务。必须以保障和改善民生为重点加强社会建设，尽力而为、量力而行，一件事情接着一件事情办，一年接着一年干，在幼有所育、学有所教、劳有所得、病有所医、老有所养、住有所居、弱有所扶上持续用力，加强和创新社会治理，使人民获得感、幸福感、安全感有显著提升。

——收入分配是民生之源。

党的十八大以来，中国持续深化收入分配改革，2012年至2016年中国居民人均可支配收入年均实际增长7.4%，和经济增长保持同步，收入分配差距逐步缩小。2017年，党的十九大报告提出了收入分配改革的目标和措施：1. 坚持按劳分配原则，完善按要素分配的体制机制，促进收入分配更合理、更有序。2. 鼓励勤劳守法致富，扩大中等收入群体，增加低收入者收入，调节过高收入，取缔非法收入。3. 坚持在经济增长的同时实现居民收入同步增长、在劳动生产率提高的同时实现劳动报酬同步提高。拓宽居民劳动收入和财产性收入渠道。4. 履行好政府再分配调节职能，加快推进基本公共服务均等化，缩小收入分配差距。按照中央的部署，我国努力建设体现效率、促进公平的收入分配体系，推动形成橄榄型分配格局，居民收入增长与经济增长基本同步，农村居民收入增速略快于城镇居民。2020年中国居民人均可支配收入32189元，比2010年增长1倍，形成了世界上规模最大、成长最快的中等收入群体，总量超过4亿人。

——就业是最大的民生。

中国有14亿多人口、约9亿劳动力，解决好就业问题始终是经济社会发展的一项重大课题。党的十九大报告强调，坚持经济发展就业导向，实施就业优先政策，推动实现更加充分、更高质量就业。2018年，国家深入实施高校毕业生就业创业促进计划和基层成长计划，中央补助资金、招募名额和岗位开发进一步向贫困地区和扶贫岗位倾斜。大力推进失业保险援企稳岗补贴和支持技能提升补贴工作。2022年5月，针对疫情期间高校毕业生就业困难问题，国务院办公厅发出通知，支持中小微企业更多吸纳高校毕业生就业，按规定给予社会保险补贴、创业担保贷款及贴息、税费减免等扶持政策。2013—2019年，中国城镇新增就业连续7年超过1300万人，2020年面对多重严重冲击，仍实现城镇新增就业1186万人，保持了就业大局稳定。2021年城镇就业人员占比超过六成，比2012年提高了13.8个百分点，城乡就业格局发生历史性改变。十年来，相继有8000多万高校毕业生总体就业水平保持稳定，农民工总量增至2.9亿人，脱贫劳动力务工规模保持在3000万人以上。去产能职工、退捕渔民得到妥善安置，失业人员、困难人员就业平稳，既服务保障了改革发展大局，也兜住兜牢了基本民生底线。

——教育事关国家发展、民族振兴和社会进步。

高等教育是一个国家发展水平和发展潜力的重要标志，中央要求加快一流大学和一流学科建设，实现高等教育内涵式发展。2018年11月，中共中央、国务院发布关于学前教育深化改革规范发展的意见，要求积极扩大学前教育资源，加强师资建设。各省（区、市）要制定小区配套幼儿园建设管理办法，对存在配套幼儿园缓建、缩建、停建、不建和建而不交等问题的，不得办理竣工验收。"努力让每个孩子都能享有公平而有质量的教育"，《高中阶段教育普及攻坚计划（2017—2020年）》继续施行。城乡义务教育一体化改革稳步推进，缓解了"乡村弱、城镇挤"的问题，更多困难家庭的孩子有了同等受教育的机会。2012—2020年，国家财政性教育经费累计投入28.88万亿元，年均增长8%，国家财政性教育经费占国内生产总值的比例连续9年保持在4%以上。2020年中国九年义务教育巩固率达到95.2%，高中阶段和高等教育毛入学率分别达到91.2%和54.4%，新增劳动力平均受教育年限达到13.8年，教育普及水平稳居世界中上国家行列。2020年，普通大学本科和大学专科招生量历史性上升到967万人，成人本专科招生达到364万人。大学教育从精英教育向大众教育转型，将更为坚实地支撑中国就业体系的重大转型。

——社会保障事业是民生之依。

党的十九大报告明确了社会保障改革与发展的目标和方向，提出按照兜底线、织密网、建机制的要求，全面建成覆盖全民、城乡统筹、权责清晰、保障适度、可持续的多层次社会保障体系。2012—2022年的10年间，中国社会保障体系建设进入快车道，经过不懈努力，建成了具有鲜明中国特色、世界上规模最大、功能完备的社会保障体系。围绕兜底线、织密网、建机制，推进社会保障全覆盖、保基本、多层次、可持续发展，制度改革取得重要突破，覆盖范围不断扩大，基本养老、失业、工伤三项社会保险参保人数分别从2012年的7.9亿人、1.5亿人、1.9

亿人，增加到 2022 年 6 月的 10.4 亿人、2.3 亿人、2.9 亿人，10 年间仅养老保险就增加了 2.5 亿人。保障能力持续增强，三项社会保险基金累计结余 6.9 万亿元，社会保险基金年度收支规模超过 13 万亿元，市场化投资运营基金超过 8 万亿元。坚持社会保障水平与经济发展相适应，社会保险待遇水平稳步提高。围绕记录一生、保障一生、服务一生，五级社保经办管理服务网络基本形成，国家社会保险公共服务平台上线运行，管理服务规范化、标准化、信息化水平显著提升。

——人民健康是社会文明进步的基础。

党的十八大以来，中央全面推进健康中国建设，坚持预防为主的方针，引导医疗卫生工作重心下移、资源下沉，及时推动完善重大疫情防控体制机制、健全国家公共卫生应急管理体系，促进中医药传承创新发展，健全遍及城乡的公共卫生服务体系。深化医药卫生体制改革，建立完善分级诊疗制度，开展药品集中招标采购，支持社会办医，着力解决看病难、看病贵问题。加快体育强国建设，广泛开展全民健身活动，大力弘扬中华体育精神。人口是影响经济社会发展的基础性、全局性、战略性问题。针对近年来人口形势的重大变化，中共中央加强人口发展战略研究，积极应对人口老龄化，加快建设居家社区机构相协调、医养康养相结合的养老服务体系。2020 年全国养老床位达到 821 万张，比 2012 年增长 97%。同时调整优化生育政策，先后作出单独两孩、全面两孩、放开三孩等重大决策，促进生育政策和相关经济社会政策配套衔接，积极发展普惠托育服务体系，促进人口长期均衡发展。注重家庭家教家风建设，保障妇女儿童权益。加快发展残疾人事业。

——住有所居是重要民生目标，关系千家万户切身利益。

党的十八大以来，中央坚持房子是用来住的、不是用来炒的定位，加快建立多主体供给、多渠道保障、租购并举的住房制度，加大保障房建设投入力度。累计建设各类保障性住房和棚改安置住房近 5000 万套，低保、低收入住房困难家庭基本实现应保尽保。坚持因城施策，促进房地产市场平稳健康发展。2019 年，城镇居民和农村居民人均住房建筑面积分别为 39.8 平方米和 48.9 平方米，比 2012 年分别增加 6.9 平方米和 11.8 平方米，城乡居民住房条件明显改善。

——公共服务水平全面提高。

10 年来，全国各地各部门继续做好普惠性、基础性民生基础设施建设，全面提高公共服务水平。农村地区、边疆民族地区、革命老区、脱贫地区教育水平得到了历史性的提高，区域城乡校际差距明显缩小，义务教育普及程度超过了高收入国家的平均水平。学前教育毛入学率大幅提升至 88.1%，高等教育进入了普及化阶段。劳动年龄人口平均受教育年限达到 10.9 年，公共卫生服务体系全面加强，应对突发公共卫生事件的能力大幅提高，惠及全体人民的基本公共卫生服务提质增效，多层次医疗服务体系更加健全。国家医学中心加快规划布局，国家和省级区域医疗中心建设推向全国，超过85%的县级医院具备二级医院服务能力。优质医疗资源辐射带动的效果明显，基层医疗机构的服务能力普遍增强。全生命周期的健康保障更加有力，人均预期寿命达到了77.9岁，位居中高收入国家前列。农村路、电、邮、信等基础设施通达深度和服务质量全面提升，农村的人居环境显著改善。

——国泰民安是老百姓最基本最朴素的愿望。

2018年，根据中央关于开展扫黑除恶专项斗争的重大决策部署，各地开展了打深打透、除恶务尽的专项行动，其推进力度之大、触及链条之深、取得效果之好，是前所未有的。2020年11月，习近平在中央全面依法治国工作会议上的讲话上提出，要继续依法打击破坏社会秩序的违法犯罪行为，特别是要推动扫黑除恶常态化，持之以恒、坚定不移打击黑恶势力及其保护伞，让城乡更安宁、群众更安乐。以习近平同志为核心的党中央扎实推进社会治理和社会建设，紧紧围绕打击突出违法犯罪，开展"云剑""净网""净边""断卡""猎狐"等专项行动，持续向电信网络诈骗、非法集资等违法犯罪"亮剑"；黑恶犯罪得到根本遏制，营商环境持续优化，基层基础全面夯实，党风政风社会风气明显好转……一项项专项打击整治行动、一个个高质量服务举措，使人民获得感、幸福感、安全感更加充实、更有保障、更可持续。"中国之治"保障长期稳定的社会环境，为中国经济快速持续健康发展厚植了根基，提供了必要条件。

打赢脱贫攻坚战启动乡村振兴战略

中国特色社会主义进入新时代以来，党领导人民采取超常举措，精准推进脱贫攻坚事业，出台了《中国共产党农村工作条例》，实施乡村振兴促进法，全面建立起中央统筹、省负总责、市县乡抓落实的领导体制和工作机制。在严格落实省、市、县、乡、村"五级书记抓扶贫"要求的基础上，通过中央各部门与地方省（自治区）结对帮扶、东部地区和中西部地区结对帮扶、城市和乡村结对帮扶、各级政府部门和贫困县市结对帮扶、干部和贫困村落与贫困家庭结对帮扶、企业与贫困地区结对帮扶等，调动各方面积极因素，发挥党总揽全局、协调各方的制度优势，逐步提高贫困人口收入水平，改善贫困人口的生活条件，改变贫困地区的社会面貌，缩小贫困地区与发达地区的发展差距。从2012年到2021年，中国打赢脱贫攻坚战，历史性地解决了绝对贫困问题，推动农业农村发展取得历史性成就、发生历史性变革。

——脱贫人口生活水平显著提高。基本实现不愁吃、不愁穿，全面实现义务教育、基本医疗、住房安全和饮水安全有保障。在收入上，充分考虑到物价指数与通货膨胀等因素，将以 2011 年不变价格确定农村人均年收入 2300 元的现行贫困线，提高到以 2020 年底的 4000 元左右为标准，全面完成建档立卡贫困户的脱困任务。新时代的精准脱贫工程，不仅考虑收入指标，还设计了与收入和消费密切相关的"两不愁"指标，即要保证建档立卡贫困户到 2020 年末成功解决"不愁吃、不愁穿"等基本生活问题。与此同时，为扩展贫困人口的发展空间，要求做到"义务教育有保障，基本医疗有保障，住房安全有保障"，完成"三保障"任务。2021 年农村居民人均可支配收入 18931 元，较 2012 年翻了一番多，农民生产生活水平上了一个大台阶。

——脱贫地区发展能力明显增强，脱贫攻坚成果持续巩固。每个脱贫县都打造了 2～3 个特色鲜明、带动面广的主导产业，行路难、用电难、通信难等问题得到历史性解决。城乡居民基本养老保险基本实现对农村适龄居民全覆盖，建立了统一的城乡居民基本医疗保险制度，33 项过渡期衔接政策出台实施，防止返贫动态监测帮扶机制全面建立，确定 160 个国家乡村振兴重点帮扶县并继续倾斜支持，守住了不发生规模性返贫的底线。

——农村土地制度改革扎实推进。承包地"三权"分置，实行所有权、承包权和经营权分置并行，这是继家庭联产承包责任制后农村改革又一重大制度创新。基本完成承包地确权登记颁证工作，有两亿多农户领到了证书。

——农村集体产权制度改革阶段性任务基本完成。农村集体资产清产核资全面完成，集体经济组织成员身份全面确认，经营性资产股份合作制改革稳步推进。集体产权归属更明了、农民财产权利更多了。

——新型农业经营体系加快构建。加快培育新型农业经营主体，实施家庭农场培育计划和农民合作社规范提升行动，组织开展农业社会化服务创新试点，促进小农户和现代农业发展有机衔接的政策体系初步建立。全国家庭农场达到 390 万家，农民合作社超过 220 万家。

——强农惠农富农政策制度进一步健全。农产品价格形成机制和市场调控制度进一步完善，适时调整稻谷和小麦最低收购价政策，改革和完善玉米临时收储制度和大豆目标价格政策，建立"市场化收购＋生产者补贴"新机制，实施农业"三项补贴"改革，以绿色生态为导向的农业补贴政策体系基本建立。

在党的坚强领导下，经全国人民的艰苦努力，中国有史以来第一次完全消除了农村绝对贫困现象。2021 年 2 月 25 日，习近平在全国脱贫攻坚总结表彰大会上向世界庄严宣告，在中国共产党成立一百周年的重要时刻，脱贫攻坚战取得全面胜利。现行标准下 9899 万农村贫困人口全部脱贫，832 个贫困县全部摘帽，12.8 万个贫困村全部出列，区域性整体贫困得到解决，完成了消除绝对贫困的艰巨任务。农村绝对贫困现象的消除，为小康社会的全面建成奠定了坚实基础，为乡村振兴战略的全面推进开启了又一个现代化的新纪元。

打赢脱贫攻坚战、全面建成小康社会后，中国进一步巩固拓展脱贫攻坚成果，做好乡村振兴这篇大文章。2017年10月，党的十九大报告中提出了"乡村振兴战略"，并列出了实施乡村振兴战略"三步走"时间表。按照决胜全面建成小康社会、分两个阶段实现第二个百年奋斗目标的战略安排，明确了实施乡村振兴战略的目标任务：到2020年，乡村振兴取得重要进展，制度框架和政策体系基本形成；到2035年，乡村振兴取得决定性进展，农业农村现代化基本实现；到2050年，乡村全面振兴，农业强、农村美、农民富全面实现。

为此，中共中央、国务院连年发布中央一号文件，对新发展阶段优先发展农业农村、全面推进乡村振兴作出总体部署。2018年9月，中共中央、国务院印发《乡村振兴战略规划（2018—2022年）》，要求各地区各部门结合实际认真贯彻落实。2021年2月21日，《中共中央、国务院关于全面推进乡村振兴加快农业农村现代化的意见》即中央一号文件发布；2月25日，国务院直属机构国家乡村振兴局正式挂牌。2021年3月，中共中央、国务院发布了《关于实现巩固拓展脱贫攻坚成果同乡村振兴有效衔接的意见》，提出重点工作。2021年4月29日，十三届全国人大常委会第二十八次会议表决通过《中华人民共和国乡村振兴促进法》。在资金支持上，2021年，财政部、国家乡村振兴局、国家发展改革委、国家民委、农业农村部、国家林业和草原局联合印发《中央财政衔接推进乡村振兴补助资金管理办法》，对中央财政衔接推进乡村振兴补助资金作出全面规定。为支持巩固拓展脱贫攻坚成果同乡村振兴有效衔接，原中央财政专项扶贫资金调整优化为衔接资金。中央财政2021年预算安排衔接资金1561亿元，比2020年增加100亿元。

按照中央有效衔接的整体部署，中国乡村振兴战略开局顺利，乡村产业蓬勃发展，农产品加工流通业加快转型升级，休闲旅游、电商直播等新业态不断涌现。人居环境明显改善，农村卫生厕所普及率超过70%，生活垃圾和污水治理水平明显提升，基本实现干净整洁有序。公共设施提档升级，农村供水供电、交通道路、宽带网络和学校医院等设施加快建设。善治乡村加快建设，党组织领导下的自治、法治、德治相结合的乡村治理体系逐步健全，乡村治理效能不断提升。中国正在抓紧做好巩固拓展脱贫攻坚成果同乡村振兴有效衔接各项工作，力求让脱贫基础更加稳固、成效更可持续，意在以更有力的举措、汇聚更强大的力量，加快农业农村现代化步伐，促进农业高质高效、乡村宜居宜业、农民富裕富足，奋力绘就出一幅幅乡村振兴的壮美画卷。

三、稳步推进党和国家机构深化改革

党和国家机构改革的背景和启动

党的十九大对深化机构和行政体制改革作出重要部署，要求"统筹考虑各类机构设置，科学配置党政部门及内设机构权力、明确职责"。对统筹推进党政军群机构改革作出了全面安排部署。这是中共中央站在党和国家事业发展全局，适应新时代中国特色社会主义发展要求作出的重大决策部署。这种超出以往行政机构改革范畴的重大举措，是改革开放以来力度最大的党和国家机构改革。

党和国家机构职能体系是中国特色社会主义制度的重要组成部分，是中国共产党治国理政的重要保障。深化党和国家机构改革是推进国家治理体系和治理能力现代化的一场深刻变革。改革开放以来，党中央部门于1982年、1988年、1993年、1999年集中进行了4次改革，国务院机构于1982年、1988年、1993年、1998年、2003年、2008年、2013年集中进行了7次改革，从计划经济条件下的机构职能体系向社会主义市场经济条件下的机构职能体系转变，逐步建立起具有中国特点的党和国家机构职能体系，为坚持和发展中国特色社会主义提供了体制机制保障。

中国特色社会主义进入新时代，党和国家机构设置和职能配置同统筹推进"五位一体"总体布局、协调推进"四个全面"战略布局的要求还不完全适应，同实现国家治理体系和治理能力现代化的要求也不完全适应。比如，一些领域党的机构设置和职能配置还不够健全有力，保障党的全面领导、推进全面从严治党的体制机制有待完善；一些政府机构设置和职责划分不够科学，职责缺位和效能不高问题凸显，政府职能转变还不到位；一些领域权力运行的制约和监督机制不够完善，滥用职权、以权谋私等问题仍然存在，等等。习近平指出，"党政机构属于上层建筑，必须适应经济基础要求。经济不断发展，社会不断进步，人民生活不断改善，上层建筑就要适应新的要求不断进行改革"[①]。而党的十九大后推动实施的党和国家机构改革，涉及的中央和国家机关部门、直属单位超过80个。改革调整幅度之大，触及利益之深，为改革开放40年来之最。

2013年11月，十八届三中全会通过的《中共中央关于全面深化改革若干重

[①] 《又踏层峰望眼开——〈中共中央关于深化党和国家机构改革的决定〉和〈深化党和国家机构改革方案〉诞生记》，《人民日报》2018年3月23日。

大问题的决定》提出，要统筹党政群机构改革，理顺部门职责关系。随着全面深化改革不断推进，深化机构改革提上议事日程。2015年，习近平要求中央全面深化改革领导小组对深化机构改革进行调研。此后，他多次主持会议研究这一课题。2017年7月，习近平就深化机构改革作出批示，要求"坚持问题导向，把各地区各部门各方面对机构改革的意见摸清楚，把机构设置存在的问题弄清楚。"随后，中央改革办和中央编办组成10个调研组，分赴31个省区市、71个中央和国家机关部门。短短一个月，当面听取了139位省部级主要负责同志的意见和建议。调查组还向657个市县的1197位党委和政府主要负责同志个人发放了问卷，收集了31个省份的深化地方机构改革调研报告。调研抓准了问题、凝聚了共识，充分表明了改革的必要性和紧迫性。

在长期研究过程中，习近平提出了一系列关于深化党和国家机构改革的重要思想：必须从体制机制上对全面加强党的领导作出制度安排；必须践行以人民为中心的发展思想；必须进一步厘清党政关系；必须坚持社会主义市场经济改革方向，使市场在资源配置中起决定性作用、更好发挥政府作用；必须充分发挥中央和地方两个积极性；必须构建适应实现国家治理体系和治理能力现代化的党和国家机构职能体系；必须坚持优化协同高效的机构改革原则；必须坚持以法治方式推进改革；必须统筹党政军群机构改革；必须处理好统和分、局部和全局、当前和长远、大和小的关系。这10条关于深化党和国家机构改革的重要思想，是对党和国家机构改革论证设计的指导思想，更是落实机构改革方案的根本遵循。

2018年2月26日至28日，十九届三中全会审议通过了《中共中央关于深化党和国家机构改革的决定》和《方案》，同意把《方案》的部分内容按照法定程序提交十三届全国人大一次会议审议。改革开放以来，历届中国共产党的三中全会聚焦改革形成惯例。与以往主要围绕经济体制改革不同，十九届三中全会聚焦深化改革党的机构和国家机构同步进行。这次全会审议通过的《决定》管大方向，《方案》管具体施工。

这次党和国家机构改革的目标是：构建系统完备、科学规范、运行高效的党和国家机构职能体系，形成总揽全局、协调各方的党的领导体系，职责明确、依法行政的政府治理体系，中国特色、世界一流的武装力量体系，联系广泛、服务群众的群团工作体系，推动人大、政府、政协、监察机关、审判机关、检察机关、人民团体、企事业单位、社会组织等在党的统一领导下协调行动、增强合力，全面提高国家治理能力和治理水平。

党和国家机构改革必须遵循四条原则：

一是坚持党的全面领导。党的全面领导是深化党和国家机构改革的根本保证。改革强化党的组织在同级组织中的领导地位，更好发挥党的职能部门作用，统筹设置党政机构，推进党的纪律检查体制和国家监察体制改革；优化党的组织、宣传、统战、政法、机关党建、教育培训等部门职责配置，加强归口协调职能，统筹本系统本领域工作；理顺党政机构关系，强化统筹协调，增强党的领导力，提高政府的执行力，打破所谓的党政界限，建立健全党中央对重大工作的决策协调机制。打破以往机构改革大多局限于政府机构改革的做法，既横向统筹党政军群，又纵向统筹中央地方乃至基层，充分发挥党总揽全局、协调各方的优势，并使其进一步制度化。

二是坚持以人民为中心。改革为了人民也来自人民，文件起草过程中积极回应人民期待、广泛征求各方意见、借鉴吸纳基层有益探索。进入新时代，中国社会主要矛盾已经转化为人民日益增长的美好生活需要和不平衡不充分的发展之间的矛盾。机构职能体系必须适应人民新需求。《决定》和《方案》把实现好、维护好、发展好最广大人民根本利益，充分体现在机构设置和职能配置中。着眼于解决人民群众最盼最急最忧的突出问题，着力维护人民群众在经济、政治、文化、社会、生态等各方面权益。

三是坚持优化协同高效。以往的机构改革强调"精简"，这次改革突出强调"优化协同高效"，确保一类事项原则上由一个部门统筹、一件事情原则上由一个部门负责。调动中央和地方两个积极性，一直以来是改革的重点。决定提出，确保集中统一领导；赋予省级及以下机构更多自主权；构建简约高效的基层管理体制；规范垂直管理体制和地方分级管理体制。改革使政府与市场两只手定位更加清晰、协调，一方面通过改革让各类市场主体有更多活力和更大空间去发展经济、创造财富，实现资源配置效益最大化和效率最优化；另一方面发挥党和政府的积极作用，管好那些市场管不了或者管不好的事情。

四是坚持全面依法治国。依法治国是党领导人民治理国家的基本方式。实施机构改革方案需要制定或修改法律的，及时启动相关程序；依法依规完善党和国家机构职能，依法履行职责，依法管理机构和编制，确保改革在法治轨道上运行。坚持改革和法治相统一、相促进，既发挥法治规范和保障改革的作用，在法治下推进改革，做到重大改革于法有据，又通过改革加强法治工作，做到在改革中完善和强化法治。

党和国家机构改革顶层设计方案

十九届三中全会就统筹推进党政军群机构改革作出全面安排所通过的《方案》，是一个很好的推进党和国家机构改革的顶层设计。

第一，党中央机构改革，着眼于健全加强党的全面领导的制度，优化党的组织机构，建立健全党对重大工作的领导体制机制，更好发挥党的职能部门作用。包括：组建国家监察委员会、不再保留监察部、国家预防腐败局；组建中央全面依法治国委员会；组建中央审计委员会；中央全面深化改革领导小组、中央网络安全和信息化领导小组、中央财经领导小组、中央外事工作领导小组改为委员会；组建中央教育工作领导小组；组建中央和国家机关工作委员会，不再保留中央直属机关工作委员会、中央国家机关工作委员会；组建新的中央党校（国家行政学院）；组建中央党史和文献研究院，不再保留中央党史研究室、中央文献研究室、中央编译局；中央组织部统一管理中央机构编制委员会办公室；中央组织部统一管理公务员工作，不再保留单设的国家公务员局；中央宣传部统一管理新闻出版工作；中央宣传部统一管理电影工作；中央统战部统一领导国家民族事务委员会；中央统战部统一管理宗教工作，不再保留单设的国家宗教事务局；中央统战部统一管理侨务工作；不再保留单设的国务院侨务办公室；优化中央网络安全和信息化委员会办公室职责；不再设立中央维护海洋权益工作领导小组；不再设立中央社会治安综合治理委员会及其办公室；不再设立中央维护稳定工作领导小组及其办公室；将中央防范和处理邪教问题领导小组及其办公室职责划归中央政法委员会、公安部。

第二，全国人大机构改革，适应新时代中国社会主要矛盾变化，完善全国人大专门委员会设置。包括：整合全国人大内务司法委员会、财政经济委员会、教育科学文化卫生委员会的相关职责，组建全国人大社会建设委员会，作为全国人大专门委员会；全国人大内务司法委员会更名为全国人大监察和司法委员会；全国人大法律委员会更名为全国人大宪法和法律委员会。

第三，国务院机构改革，着眼于转变政府职能，坚决破除制约使市场在资源配置中起决定性作用、更好发挥政府作用的体制机制弊端，着力推进重点领域、关键环节的机构职能优化和调整。包括：组建自然资源部，不再保留国土资源部、国家海洋局、国家测绘地理信息局；组建生态环境部，不再保留环境保护部；组建农业农村部，不再保留农业部；组建文化和旅游部，不再保留文化部、国家旅游局；组建国家卫生健康委员会，不再保留国家卫生和计划生育委员会，不再设立国务院深化医药卫生体制改革领导小组办公室；组建退役军人事务部；组建应急管理部，不再保留国家安全生产监督管理总局；重新组建科学技术部，不再保留单设的国家外国专家局；重新组建司法部，不再保留国务院法制办公室；优化审计署职责，不再设立国有重点大型企业监事会；组建国家市场监督管理总局，不再保留国家工商行政管理总局、国家质量监督检验检疫总局、国家食品药品监督管理总局；组建国家广播电视总局，不再保留国家新闻出版广电总局；组建中央广播电视总台；组建中国银行保险监督管理委员会，不再保留中国银行业监督管理委员会、中国保险监督管理委员会；组建国家国际发展合作署；组建国家医疗保障局；组建国家粮食和物资储备局，不再保留国家粮食局；组建国家移民管理局；组建国家林业和草原局，不再保留国家林业局；重新组建国家知识产权局；国务院三峡工程建设委员会及其办公室、国务院南水北调工程建设委员会及其办公室并入水利部，不再保留国务院三峡工程建设委员会及其办公室、国务院南水北调工程建设委员会及其办公室；调整全国社会保障基金理事会隶属关系；改革国税地税征管体制。

第四，全国政协机构改革，着眼于加强人民政协民主监督，增强人民政协界别的代表性，加强委员队伍建设，优化政协专门委员会设置。包括：组建全国政协农业和农村委员会，将全国政协经济委员会联系农业界和研究"三农"问题等职责调整到全国政协农业和农村委员会；全国政协文史和学习委员会更名为全国政协文化文史和学习委员会。将全国政协教科文卫体委员会承担的联系文化艺术界等相关工作调整到全国政协文化文史和学习委员会；全国政协教科文卫体委员会更名为全国政协教科卫体委员会。

第五，行政执法体制改革，根据不同层级政府的事权和职能，按照减少层次、整合队伍、提高效率的原则，大幅减少执法队伍种类，合理配置执法力量。包括：整合组建市场监管综合执法队伍；整合组建生态环境保护综合执法队伍；整合组建文化市场综合执法队伍；整合组建交通运输综合执法队伍；整合组建农业综合执法队伍。

第六，跨军地改革，着眼全面落实党对人民解放军和其他武装力量的绝对领导，贯彻落实党中央关于调整武警部队领导指挥体制的决定，按照军是军、警是警、民是民原则，将原列武警部队序列由国务院部门领导管理的现役力量全部退出武警，将国家海洋局领导管理的海警队伍转隶武警部队，将原武警部队担负民事属性任务的黄金、森林、水电部队整体移交国家相关职能部门并改编为非现役专业队伍，同时撤收武警部队海关执勤兵力，彻底理顺武警部队领导管理和指挥使用关系。包括：公安边防部队不再列武警部队序列，全部退出现役；公安消防部队不再列武警部队序列，全部退出现役；公安警卫部队不再列武警部队序列，全部退出现役；海警队伍转隶武警部队；武警部队不再领导管理武警黄金、森林、水电部队。按照先移交、后整编的方式，将武警黄金、森林、水电部队整体移交国家有关职能部门，官兵集体转业改编为非现役专业队伍；武警部队不再承担海关执勤任务。参与海关执勤的兵力一次性整体撤收，归建武警部队。

第七，群团组织改革，要认真落实党中央关于群团改革的决策部署，健全党委统一领导群团工作的制度，紧紧围绕保持和增强政治性、先进性、群众性这条主线，着力解决"机关化、行政化、贵族化、娱乐化"等问题，把群团组织建设得更加充满活力、更加坚强有力。聚焦突出问题,改革机关设置、优化管理模式、创新运行机制,坚持眼睛向下、面向基层,将力量配备、服务资源向基层倾斜,更好适应基层和群众需要。促进党政机构同群团组织功能有机衔接,支持和鼓励群团组织承接适合由群团组织承担的公共服务职能,增强群团组织团结教育、维护权益、服务群众功能,充分发挥党和政府联系人民群众的桥梁纽带作用。

第八,地方机构改革,着力完善维护党中央权威和集中统一领导的体制机制,省市县各级涉及党中央集中统一领导和国家法治统一、政令统一、市场统一的机构职能要基本对应。赋予省级及以下机构更多自主权,突出不同层级职责特点,允许地方根据本地区经济社会发展实际,在规定限额内因地制宜设置机构和配置职能。统筹设置党政群机构,在省市县对职能相近的党政机关探索合并设立或合署办公,要加大党政机关合并设立或合署办公力度。借鉴经济发达镇行政管理体制改革试点经验,适应街道、乡镇工作特点和便民服务需要,构建简约高效的基层管理体制。

《方案》不仅清晰地画就了党和国家机构改革的路线图,还明确了时间表:中央和国家机关机构改革在 2018 年底前落实到位。省级党政机构改革方案在 2018 年 9 月底前报党中央审批,在 2018 年底前机构调整基本到位。省以下党政机构改革,由省级党委统一领导,在 2018 年底前报党中央备案。所有地方机构改革任务在 2019 年 3 月底前基本完成。

全面落实党和国家机构改革部署

为确保机构改革在党中央的直接领导下有序推进,中央成立了深化党和国家机构改革协调小组,负责指导协调督促中央一级新机构的组建工作、审批部门"三定"规定和省级机构改革方案、统筹协调和研究解决改革实施工作中的重大问题。在协调小组领导下,对应成立了 9 个专项协调小组,分别牵头统筹归口领域改革工作,协调处理有关问题,及时向协调小组报告进展情况和重大问题。具体改革任务,则分配到相关部门,以部门为主体统筹进行,推进落实具体工作。中央层面建立起一套条理清晰、逻辑严密的机构改革领导体制和工作机制,保证了改革思想一致、认识一致、步调一致。2018 年 3 月 24 日,深化党和国家机构改革推进会在北京召开。会议明确要求,各专项小组、各部门要尽快制定机构改革组织实施工作方案,包括转隶、集中办公、挂牌、拟订"三定"、文件收发、印章启用、经费和资产处置、档案移交等各个环节的具体安排,以此为各自机构改革组织实施的具体施工图和时间表。

2018年4月10日，自然资源部正式挂牌。当天，自然资源部发布第1号公告，通报关于2017年国家土地督察工作的情况。作为一个整合了8个部门和单位相关职能的新部委，自然资源部的组建是党中央为落实"绿水青山就是金山银山"的理念，解决自然资源所有者不到位、空间性规划重叠、部门职责交叉重复等问题作出的重大决策部署。新组建的应急管理部整合了13个部门和单位的相关职能，被称为此次调整中的"超级大部"。3月22日，应急管理部在京召开机关干部大会，搭建了领导班子，全面启动组建工作。尽管人员没有到位、办公地点尚待确定，但在4月16日正式挂牌前，应急管理部就进入了"应急"状态，建立起了由部领导轮流在岗带班的24小时值班值守工作机制，一旦遇突发重特大安全事故或自然灾害，能第一时间做出响应。退役军人事务部克服重重困难，在短短20多天的时间内，完成了办公地点落实、人员转隶、后勤保障、初步运转等任务，实现了人员集中办公、业务有序开展。至此，在不到3个月时间里，深化党和国家机构改革方案确定的32个新组建或重新组建部门和9个职能划转较多的部门，均制定了组织实施工作方案并报批；应集中办公的32个新组建或重新组建部门中，有31个实行了集中办公；应挂牌的25个新组建或重新组建部门中，全部完成挂牌；一系列与改革相关的举措紧锣密鼓、顺利落地，第一阶段工作目标基本完成。

与此同时，省级机构改革也在稳步推进。截至2018年11月，随着上海等地公布省级机构改革方案获批消息，全国31个省区市的省级机构改革方案已全部获得党中央、国务院批准。从公开的方案看，改革后的党政机构数量，北京为65个，重庆、天津为64个，上海为63个，广西为58个，海南和宁夏为55个，其他省份大多不超过60个。纵览各地机构改革方案，既与中央保持总体步调一致，又有因地制宜的"自选动作"。在机构设置上，凡涉及党中央集中统一领导和国家法治统一、政令统一、市场统一的机构职能，地方方案与中央基本对应。除了"规定动作"，不少省份还设置了各具特色的新机构。

党和国家机构改革坚持问题导向与目标导向有机统一，突出重点领域，瞄准不适应新时代中国特色社会主义发展要求的领域、环节和方面，既立足实现第一个百年奋斗目标，针对突出矛盾，从党和国家机构职能上为决胜全面建成小康社会提供保障；又着眼于实现第二个百年奋斗目标，注重解决事关长远的体制机制问题，打基础、立支柱、定架构，为形成更加完善的中国特色社会主义制度创造有利条件。全党紧密团结在以习近平同志为核心的党中央周围，统一思想，统一行动，锐意改革，确保完成深化党和国家机构改革的各项任务，不断构建系统完备、科学规范、运行高效的党和国家机构职能体系。

推进国家治理体系治理能力现代化

国家治理体系和治理能力是一个国家制度和制度执行能力的集中体现。国家治理体系是在党领导下管理国家的制度体系,包括一整套紧密相连、相互协调的经济、政治、文化、社会、生态文明和党的建设等各领域体制机制、法律法规安排;国家治理能力则是运用国家制度管理社会各方面事务的能力,包括改革发展稳定、内政外交国防、治党治国治军等各个方面。推进国家治理体系和治理能力现代化,就是要适应时代变化,既改革不适应发展要求的体制机制、法律法规,又不断构建新的体制机制、法律法规,使各方面制度更加科学、更加完善,实现党、国家、社会各项事务治理制度化、规范化、程序化。

一个国家选择什么样的国家制度和国家治理体系,是由这个国家的历史文化、社会性质、经济发展水平决定的。中国特色社会主义制度和国家治理体系是在中国社会土壤中生长起来的,是经过革命、建设、改革长期实践形成的。新中国成立后,中国共产党团结带领全国各族人民建立社会主义制度,成功实现了一穷二白、人口众多的东方大国有史以来最为广泛而深刻的社会变革,为实现中华民族伟大复兴创造了根本社会条件。改革开放后,党团结带领人民坚定不移走自己的路,不断完善中国特色社会主义制度和国家治理体系,为实现中华民族伟大复兴提供了充满新的活力的体制保证和快速发展的物质条件。1992年邓小平在南方谈话中说:"恐怕再有三十年的时间,我们才会在各方面形成一整套更加成熟、更加定型的制度。"[①]这实际上初步提出了关于国家治理体系和治理能力现代化的问题。

党的十八大以来,以习近平同志为核心的党中央明确提出国家治理体系和治理能力现代化的重大命题。2013年十八届三中全会首次提出了全面深化改革的总目标是:完善和发展中国特色社会主义制度,推进国家治理体系和治理能力现代化。这实际上是继"工业、农业、国防、科学技术"四个现代化而提出的第五个现代化战略目标。2019年,党的十九届四中全会通过了《中共中央关于坚持和完善中国特色社会主义制度、推进国家治理体系和治理能力现代化若干重大问题的决定》,全面、系统阐述了中国特色社会主义制度,勾画了国家治理体系和治理能力现代化的宏伟蓝图。

全会提出,坚持和完善中国特色社会主义制度、推进国家治理体系和治理

---

① 中共中央文献研究室编:《十三大以来重要文献选编》(下),北京:人民出版社,1993年,第1853页。

能力现代化的总体目标是，到党成立一百年时，在各方面制度更加成熟更加定型上取得明显成效；到二〇三五年，各方面制度更加完善，基本实现国家治理体系和治理能力现代化；到新中国成立一百年时，全面实现国家治理体系和治理能力现代化，使中国特色社会主义制度更加巩固、优越性充分展现。

全会提出，健全充满活力的基层群众自治制度。健全基层党组织领导的基层群众自治机制，在城乡社区治理、基层公共事务和公益事业中广泛实行群众自我管理、自我服务、自我教育、自我监督，拓宽人民群众反映意见和建议的渠道，着力推进基层直接民主制度化、规范化、程序化。全心全意依靠工人阶级，健全以职工代表大会为基本形式的企事业单位民主管理制度，探索企业职工参与管理的有效方式，保障职工群众的知情权、参与权、表达权、监督权，维护职工合法权益。

全会提出，构建基层社会治理新格局。完善群众参与基层社会治理的制度化渠道。健全党组织领导的自治、法治、德治相结合的城乡基层治理体系，健全社区管理和服务机制，推行网格化管理和服务，发挥群团组织、社会组织作用，发挥行业协会商会自律功能，实现政府治理和社会调节、居民自治良性互动，夯实基层社会治理基础。加快推进市域社会治理现代化。推动社会治理和服务重心向基层下移，把更多资源下沉到基层，更好提供精准化、精细化服务。注重发挥家庭家教家风在基层社会治理中的重要作用。加强边疆治理，推进兴边富民。

新时代以来，中共中央通过采取顶层设计、制度保障、科技引领等有效手段在加快推进城市和乡村基层治理体系和治理能力现代化方面取得显著成效，城乡居民的获得感、幸福感、安全感不断增强。

——加快推进乡村治理体系和治理能力现代化。乡村治理是一个既古老又新颖的话题。在数千年中国发展历程中，乡村治理一直在整个国家治理体系中占据着重要的基础性地位。加强乡村治理体系建设是实现乡村全面振兴、巩固党在农村执政基础、满足农民群众美好生活需要的必然要求。为解决一些地方农村基层党组织和党员队伍存在的突出问题，更好发挥农村基层党组织战斗堡垒作用，2019年6月，国务院办公厅印发《关于加强和改进乡村治理的指导意见》。《指导意见》在总结各地近年来乡村治理创新实践和经验的基础上，围绕建设善治乡村，提出了加强和改进乡村治理的总体要求，强调加强党对乡村治理的集中统一领导，健全自治、法治、德治相结合的乡村治理体系，提升乡镇和村为农服务能力，明确了当前和今后一个时期的重点任务。一方面，《指导意见》对健全自治、法治、德治"三治结合"乡村治理体系作了具体部署；另一方面，对如何确保政策措施在乡村有效落地提出具体要求。

——加强基层治理体系和治理能力现代化建设。基层治理是国家治理的基石，统筹推进乡镇（街道）和城乡社区治理，是实现国家治理体系和治理能力现代化的基础工程。为此，习近平指出：要树立全周期管理意识，加快推动城市治理体系和治理能力现代化，努力走出一条符合超大型城市特点和规律的治理新路子。要强化依法治理，善于运用法治思维和法治方式解决城市治理顽症难题，让法治成为社会共识和基本准则。要注重在科学化、精细化、智能化上下功夫，发挥深圳信息产业发展优势，推动城市管理手段、管理模式、管理理念创新，让城市运转更聪明、更智慧。2021年4月28日，中共中央印发《关于加强基层治理体系和治理能力现代化建设的意见》。《意见》提出完善支持社区服务业发展政策、优化乡镇（街道）政务服务流程、研究制定加强城乡社区服务人才队伍建设政策措施等，为提高乡村治理能力现代化水平提供了制度保障。《意见》进一步提出今后建设目标：力争用5年左右时间，建立起党组织统一领导、政府依法履责、各类组织积极协同、群众广泛参与，自治、法治、德治相结合的基层治理体系，健全常态化管理和应急管理动态衔接的基层治理机制，构建网格化管理、精细化服务、信息化支撑、开放共享的基层管理服务平台；党建引领基层治理机制全面完善，基层政权坚强有力，基层群众自治充满活力，基层公共服务精准高效，中国共产党执政基础更加坚实，基层治理体系和治理能力现代化水平明显提高。在此基础上力争再用10年时间，基本实现基层治理体系和治理能力现代化，中国特色基层治理制度优势充分展现。

——科技助力国家治理体系和治理能力现代化。党的十八大以来，我国先后出台了《促进大数据发展行动纲要》《国家信息化发展战略纲要》等一系列文件，为数字经济的发展提供了政策、技术等各方面的保障，促使中国"互联网＋"进程深入推进，并在新型工业化、城镇化和农业现代化发展中发挥了重大作用，在诸多领域取得了历史性成就：以量子通信、高性能计算机为代表的核心技术取得创新突破，全球最大的固定光纤网络、5G网络先后建成，北斗卫星导航系统技术研发等一批重大项目有力推进，全国数字经济规模已经位居全球第二，"互联网＋政务"让人民群众获得感显著增强。这背后，一方面是"建设网络强国""智慧城市""建设创新型国家"等国家层面的顶层设计使然，另一方面与企业积极拥抱互联网、不断进行技术创新关系密切。

几年来，大数据作为信息时代的基础资源，是提升国家治理能力的"富矿"，能有效集成国家经济、政治、文化、社会、生态等方面的信息资源，为国家治理现代化提供基础数据和决策支撑。将大数据应用到教育、医疗、就业、住房等领域，能够进一步强化民生服务的均等化、普惠化、便捷化、个性化。通过统一的云平台、政务中台、大数据平台，推进"互联网＋政务服务"不断创新。比如，浙江推进"最多跑一次"改革，通过统一的云平台、政务中台、大数据平台，实现了部门之间的数据共享，打破了信息孤岛和条块分割，很多事情可以一网通办；福建推出"马上就办"掌上便民服务，通过对接数字福建公共平台，构建全省一体化掌上便民服务大平台。再如通过对接数字政府公共平台，构建一体化掌上便民服务大平台，让百姓少跑腿、数据多跑路，给群众带来实实在在的获得感。

对于中国而言，国家治理体系和治理能力现代化，应是物的现代化与人的现代化的辩证统一，是以经济建设为中心和以人民为中心的有机结合。在中国特色社会主义进入新时代的宏大历史背景下，通过治理理念人本化来提高公共服务效能、通过治理体系科学化来构建社会治理格局、通过治理方式规范化来优化纠纷调解机制，将不断激励全体中国人民以昂扬的姿态开辟崭新的未来、创造更大的辉煌！

四、高水平对外开放拓宽合作共赢

主场外交展现对外开放的自信

开放是当代中国的鲜明标识，是人类社会繁荣进步的必由之路。过去40多年中国经济发展是在开放条件下取得的。但是近些年来，外部环境出现世界经济低迷，全球市场萎缩，国际交往受限，一些国家保护主义、单边主义盛行，肆虐全球的新冠肺炎疫情对世界各国和全球秩序造成前所未有的冲击。人们不禁疑虑：中国开放的大门是否会关上，开放之路还能走多远？对此，习近平深刻指出："古往今来，人类从闭塞走向开放、从隔绝走向融合是不可阻挡的时代潮流。"[1]从历史的长镜头来看，今日之中国，不仅是中国之中国，而且是世界之中国，中国开放的大门不会关闭，只会越开越大。中国推动更高水平开放的脚步不会停滞，推动建设开放型世界经济的脚步不会停滞，推动构建人类命运共同体的脚步不会停滞。未来之中国，必将以更加开放的姿态拥抱世界，必将同世界形成更加良性的互动，带来更加进步繁荣的中国和世界。党的十九大以后，中国进行多次主场外交，包括博鳌论坛亚洲年会、上合组织会议、"一带一路"国际合作高峰论坛等。通过这些重要国际性活动，展现了中国对外开放的高度自信。

2018年，中国四大主场外交亮点纷呈，各具特色，意义重大。4月在海南举行的博鳌亚洲论坛年会，是中国改革开放40周年之际首个重大主场外交活动。论坛年会围绕"开放创新的亚洲，繁荣发展的世界"主题进行深入探讨。国家主席习近平应邀出席论坛年会开幕式并发表主旨演讲，2000多位各国各界嘉宾

---

[1]《习近平谈治国理政》第三卷，北京：外文出版社，2020年，第473页。

为亚洲和世界的未来贡献智慧。6月在青岛举行的上海合作组织峰会,是上合组织扩员后召开的首次峰会。与往届相比,此次青岛峰会在规模、级别和成果方面,创造了一系列上合组织纪录。9月召开的中非合作论坛北京峰会是中非友好大家庭的一次历史性盛会,与习近平主席一同与会的有54位论坛非洲成员代表,包括40位总统、10位总理、1位副总统以及非盟委员会主席等,中外参会人员超过3200人。11月成功举办首届中国国际进口博览会,这是世界上第一个以进口为主题的国家级展会,是国际贸易发展史上的一大创举,也是以进口为主题的主场外交。172个国家、地区和国际组织参会,3600多家境外企业参展,40多万采购商大显身手,仅仅几天时间,成交额就达到近600亿美元。[①]

2019年,中国主场外交博鳌亚洲论坛于3月26日至29日在海南博鳌举行。此次博鳌论坛的主题是"共同命运、共同行动、共同发展",下设"开放型世界经济""多边主义、区域合作、全球治理""创新驱动""高质量发展"和"热点前沿"五大板块。围绕主题共设立分论坛、CEO对话、圆桌会议等60多场活动。来自五大洲60多个国家和地区的2000多位政界、工商界代表和智库学者参加。参会人员围绕"全球化与变革""科技与企业发展""中国经济的新征程""人·地球·未来"等热点议题展开热烈讨论。3月28日,李克强同志出席博鳌亚洲论坛2019年年会开幕式,并发表题为《携手应对挑战实现共同发展》的主旨演讲。李克强表示,博鳌亚洲论坛自成立以来,聚焦亚洲、放眼世界,已成为在亚洲乃至世界有影响的高层次对话平台。

4月25日至27日,第二届"一带一路"国际合作高峰论坛在北京举行。这是2019年中国最重要的主场外交活动。与首届相比,本届论坛呈现出三大特点。一是规格更高。37个国家的元首、政府首脑等领导人以及联合国秘书长、国际货币基金组织总裁将出席本届高峰论坛,法国、德国、英国、西班牙、日本、韩国、欧盟也将派出领导人委托的高级代表与会。出席的外国国家元首和政府首脑人数明显超过首届论坛。二是规模更大。共有来自150多个国家和90多个国际组织的近5000位外宾将出席,涵盖了全球五大洲各个地区,涉及政府、民间组织、工商界、学术机构等社会各界。三是活动更丰富。分论坛数量扩大到12场,聚焦务实合作,比首届增加一倍。首次举办企业家大会,为各国工商界对接的合作搭建平台。习近平主席在第二届"一带一路"国际合作高峰论坛开幕式上发表主旨演讲,表示共建"一带一路"不仅为世界各国发展提供了新机遇,也为中国开放发展开辟了新天地。下一步,中国将采取一系列重大改革开放举措:更广领域扩大外资市场准入;更大力度加强知识产权保护;国际合作更大规模增加商品和服务进口;

---

① 贾秀东:《中国四大主场外交意义深远》,《瞭望》新闻周刊,2018年第52期。

更加有效实施国际宏观经济政策协调；更加重视对外开放政策贯彻落实。

本届高峰论坛12场分论坛取得了一系列有含金量的成果：地方合作分论坛签署14项中外地方合作协议；设施联通分论坛签署35项谅解备忘录及投资合作协议等；政策沟通分论坛共形成60多项高含金量成果；发布《"一带一路"债务可持续性分析框架》；发起《廉洁丝绸之路北京倡议》；签署系列反腐败合作谅解备忘录。本次企业家大会共有近900名中外代表参加，其中，外方代表来自88个国家和地区。与会企业包括世界500强企业；90家中国500强企业；78家央企；100余家民企；200余家中外企业累计洽谈近千轮次达成217项合作意向，现场签约56项；进一步安排实地考察对接126项。

11月5日至11日，第二届中国国际进口博览会在上海国家会展中心举行，盛况空前，共有181个国家、地区和国际组织、3800多家企业与会参展，超过50万名境内外采购商齐聚一堂，成交金额达710多亿美元，较去年增长23%。[①]

温室气体排放、交通道路事故频发——不可持续的交通给人类带来诸多挑战。2020年5月5日—7日，第二届联合国全球可持续交通大会在中国北京举行。本次大会以"可持续的交通，可持续的发展"为主题，聚焦全球经济增长、第四次产业革命、促进互联互通、应对气候变化等议题，邀请相关代表共商实现全球可持续交通目标的机会、挑战和解决方案，为可持续交通事业指明发展方向，推动实现2030年可持续发展议程的目标。

11月5日—10日，在全球新冠疫情笼罩的背景下，第三届中国国际进口博览会在中国上海如期举办，彰显出中国经济强大韧性和巨大潜力，给受到疫情冲击和影响的国内经济和世界经济的发展注入了"强心剂"。习近平主席通过视频方式在开幕式上发表主旨演讲，指出："中国持续扩大进口，一年来中国商品和服务进口额增速明显高于全球平均水平。全国外商投资准入负面清单由40条减到33条，自由贸易试验区由18个增至21个，海南自由贸易港建设总体方案、深圳进一步扩大改革开放的实施方案发布实施，商签高标准自由贸易协定、培育进口贸易促进创新示范区、保护知识产权、高质量共建'一带一路'等举措都取得了积极进展。下一步，中国将秉持开放、合作、团结、共赢的信念，坚定不移全面扩大开放，将更有效率地实现内外市场联通、要素资源共享，让中国市场成为世界的市场、共享的市场、大家的市场，为国际社会注入更多正能量。"[②]在世界经济复苏依然前路迷茫的情况下，中国鼓励其他国家分享中国发展

[①] 王毅：《乘风破浪 坚定前行——在2019年国际形势与中国外交研讨会开幕式上的演讲》，中华人民共和国外交部官网，2019年12月13日。
[②] 习近平：《在第三届中国国际进口博览会开幕式上的主旨演讲》，《人民日报》2020年11月4日。

红利，支持其他国家搭乘中国发展"快车""便车"的初衷不变，向世界传递出中国向世界分享发展机遇的态度，展示出了一个负责任大国的应有担当。

2021年，正逢上海合作组织成立20周年。9月17日，国家主席习近平以视频方式出席上海合作组织成员国元首理事会第二十一次会议并发表重要讲话指出，上海合作组织成立20年来，始终遵循"互信、互利、平等、协商、尊重多样文明、谋求共同发展"的"上海精神"，致力于世界和平与发展和人类进步事业，为构建新型国际关系和人类命运共同体作出重要理论和实践探索。中国领导人连续9次出席上合组织峰会，向世界阐述中国主张，就热点问题给出中国方案，引发全球瞩目。中国是上合组织的发起者和引领者。作为主场外交，中方主导建立了上合组织成员国文化部长会晤机制，承担了2002年、2010年、2012年和2018年4次部长会晤的主办工作，在其框架下促成一系列重要文化合作文件的制定。在上合组织文化合作事务中，中方始终本着高度负责的态度和求真务实的精神，主动担当，勇于作为，敢于创新，积极引领上合组织文化交流合作不断走深走实，为促进上合组织国家文化共同繁荣、增进各国人民友谊与相互理解作出重要贡献，一展大国风范。上海合作组织成立20年来，各领域合作取得显著成效。区域经济合作不断深化，中国与上海合作组织国家在贸易、投资、工程承包、互联互通等领域取得积极成果。本次峰会后，沙特、埃及、卡塔尔成为新的对话伙伴，"上合大家庭"更加壮大，区域经济合作的范围和规模也将进一步拓展。

2022年2月4日，第二十四届冬季奥林匹克运动会如期在北京举行。中国北京成为全球唯一举办过夏季奥运会和冬季奥运会的"双奥城"。北京冬奥会既是一场全球体育运动盛会，也是一次重大主场外交活动。从冰雪战犹酣的奥运比赛现场，到运筹帷幄的大国外交现场，强劲信息扑面而来。2月6日，习近平先后会见了8位来华出席北京2022年冬奥会的外国领导人，其中4位来自亚洲，3位来自欧洲，1位来自南美洲。加上此前会见的12位国际政要，双边会见达到20场。抗疫合作，是会见中的重点话题之一。如巴基斯坦总理伊姆兰·汗表示，中方提供的疫苗不仅拯救了巴国人民，也拯救了巴国经济。经济发展要以绿色筑底，从中新（加坡）两国要深化绿色发展合作，到中巴经济走廊要建设绿色、健康、数字走廊，再到中方愿扩大进口吉尔吉斯斯坦优质绿色农副产品，向世界传递绿色发展的明确信号。

一次次主场外交展现了中国作为负责任大国的自信和担当，昭示着中国始终是世界和平的建设者、全球发展的贡献者、国际秩序的维护者。历史的脚步永不停歇，中国外交的宽阔大道正在脚下延展，向着中华民族伟大复兴、向着人类命运共同体的美好未来，伸向充满希望的远方。

推动共建"一带一路"高质量发展

共建"丝绸之路经济带"和"21世纪海上丝绸之路",简称"一带一路",是2013年9月和10月,习近平在出访哈萨克斯坦和印度尼西亚时先后向世界提出的重大倡议。随后,中国政府成立了推进建设工作领导小组,并设立领导小组办公室。万物得其本者生,百事得其道者成。8年多来,共建"一带一路"倡议着眼于构建人类命运共同体,坚持共商共建共享原则,得到了越来越多国家和国际组织的积极响应,受到国际社会广泛关注,影响力日益扩大,为推动全球治理体系变革和经济全球化贡献了中国智慧和力量。

第一,坚持共商原则,使"一带一路"从中国倡议变为全球共识。

打造共商国际化平台与载体。2017年5月,首届"一带一路"国际合作高峰论坛在北京成功召开,29个国家的元首和政府首脑出席论坛,140多个国家和80多个国际组织的1600多名代表参会。论坛形成了5大类、76大项、279项具体成果,这些成果已全部得到落实。2019年4月,第二届"一带一路"国际合作高峰论坛继续在北京举办。有37个国家的元首、政府首脑等领导人出席圆桌峰会。来自150多个国家和90多个国际组织的近5000位外宾确认出席论坛,与会的外方代表涵盖了全球五大洲各个地区,涉及政府、民间组织、工商界、学术机构等社会各界。"一带一路"国际合作高峰论坛已经成为各参与国家和国际组织深化交往、增进互信、密切往来的重要平台。2018年11月,首届中国国际进口博览会成功举办,172个国家、地区和国际组织参加,3600余家境外企业参展,4500多名政商学研各界嘉宾在虹桥国际经济论坛上对话交流,发出了"虹桥声音"。中国还举办了丝绸之路博览会暨中国东西部合作与投资贸易洽谈会、中国—东盟博览会、中国—亚欧博览会、中国—阿拉伯国家博览会、中国—南亚博览会、中国—东北亚博览会、中国西部国际博览会等大型展会,都成为中国与沿线各国共商合作的重要平台。

强化多边机制在共商中的作用。共建"一带一路"顺应和平与发展的时代潮流,坚持平等协商、开放包容,促进沿线国家在既有国际机制基础上开展互利合作。中国充分利用二十国集团、亚太经合组织、上海合作组织、亚欧会议、亚洲合作对话、亚信会议、中国—东盟(10+1)、澜湄合作机制、大湄公河次区域经济合作、大图们倡议、中亚区域经济合作、中非合作论坛、中阿合作论坛、中拉论坛、中国—中东欧16+1合作机制、中国—太平洋岛国经济发展合作论坛、世界经济论坛、博鳌亚洲论坛等现有多边合作机制,在相互尊重、相互信任的基础上,积极同各国开展共建"一带一路"实质性对接与合作。

建立"二轨"对话机制。中国不仅与沿线国家政府,而且通过与政党、议会、智库、地方、民间、工商界、媒体、高校等"第二轨"交往渠道,围绕共建"一带一路"开展形式多样的沟通、对话、交流、合作。中国组织召开了中国共产党与世界政党高层对话会,就共建"一带一路"相关议题深入交换意见。中国与相关国家先后组建了"一带一路"智库合作联盟、丝路国际智库网络、高校智库联盟等。英国、日本、韩国、新加坡、哈萨克斯坦等国都建立了"一带一路"研究机构,举办了形式多样的论坛和研讨会。中外高校合作设立了"一带一路"研究中心、合作发展学院、联合培训中心等,为共建"一带一路"培养国际化人才。中外媒体加强交流合作,通过举办媒体论坛、合作拍片、联合采访等形式,提高了共建"一带一路"的国际传播能力,让国际社会及时了解共建"一带一路"相关信息。

第二,坚持共建原则,共同打造和谐家园。

打造共建合作的融资平台。由中国发起的亚洲基础设施投资银行2016年开业以来,在国际多边开发体系中发挥越来越重要的作用,得到国际社会广泛信任和认可。截至2018年底,亚洲基础设施投资银行已从最初57个创始成员,发展到遍布各大洲的93个成员;累计批准贷款75亿美元,撬动其他投资近400亿美元,已批准的35个项目覆盖印度尼西亚、巴基斯坦、塔吉克斯坦、阿塞拜疆、阿曼、土耳其、埃及等13个国家。亚洲基础设施投资银行在履行自身宗旨使命的同时,也与其他多边开发银行一起,成为助力共建"一带一路"的重要多边平台之一。2014年11月,中国政府宣布出资400亿美元成立丝路基金,2017年5月,中国政府宣布向丝路基金增资1000亿人民币。截至2018年底,丝路基金协议投资金额约110亿美元,实际出资金额约77亿美元,并出资20亿美元设立中哈产能合作基金。2017年,中国建立"一带一路"PPP工作机制,与联合国欧洲经济委员会签署合作谅解备忘录,共同推动PPP模式更好运用于"一带一路"建设合作项目。

积极开展第三方市场合作。共建"一带一路"致力于推动开放包容、务实有效的第三方市场合作,促进中国企业和各国企业优势互补,实现"1+1+1＞3"的共赢。2018年,第一届中日第三方市场合作论坛和中法第三方市场合作指导委员会第二次会议成功举办。英国欣克利角核电等一批合作项目顺利落地,中国中车与德国西门子已经在一些重点项目上达成了三方合作共识。

第三,坚持共享原则,让实实在在的好处惠及所有参与方。

将发展成果惠及沿线国家。中国经济对世界经济增长的贡献率多年保持在30%左右。近年来,中国进口需求迅速扩大,在对国际贸易繁荣作出越来越大贡献的同时,拉动了对华出口的沿线国家经济增长。中国货物和服务贸易年进口值均占全球一成左右，2018年，中国货物贸易进口14.1万亿人民币，同比增长12.9%。同年，中国对外直接投资1298.3亿美元，同比增长4.2%，对沿线国家的直接投资占比逐年增长。截至2022年5月，中国与沿线国家货物贸易额累计约11.8万亿美元，对沿线国家非金融类直接投资超过1400亿美元。

改善沿线国家民生。中国把向沿线国家提供减贫脱困、农业、教育、卫生、环保等领域的民生援助纳入共建"一带一路"范畴。中国开展了中非减贫惠民合作计划、东亚减贫合作示范等活动。积极实施湄公河应急补水，帮助沿河国家应对干旱灾害，向泰国、缅甸等国提供防洪技术援助。中国与世界卫生组织签署关于"一带一路"卫生领域合作的谅解备忘录，实施中非公共卫生合作计划、中国－东盟公共卫生人才培养百人计划等项目。中国累计与沿线国家合作培养数千名公共卫生管理和疾病防控人员，累计为相关国家5200余名白内障患者实施免费复明手术。中国每年为周边国家近3万名患者提供优质医疗服务。中国中医药团队先后在柬埔寨、科摩罗、多哥、圣多美和普林西比、巴布亚新几内亚等国家实施快速清除疟疾方案。为遏制全球新冠肺炎疫情蔓延，中国同31个合作伙伴共同发起"一带一路"疫苗合作伙伴关系倡议。截至2021年底，中国已向120多个国家和国际组织提供了超过20亿剂疫苗，成为对外提供疫苗最多的国家。全球使用的疫苗中，两支中就有一支是"中国制造"。

促进科技创新成果向沿线国家转移。中国与沿线国家签署了46个科技合作协定，先后启动了中国－东盟、中国－南亚等科技伙伴计划，与东盟、南亚、阿拉伯国家、中亚、中东欧共建了5个区域技术转移平台，发起成立了"一带一路"国际科学组织联盟。通过沿线国家青年科学家来华从事短期科研工作以及培训沿线国家科技和管理人员等方式，形成了多层次、多元化的科技人文交流机制。2018年，中国接收500名沿线国家青年科学家来华科研，培训科技管理人员逾1200人次。中国积极开展航天国际合作，推动中国北斗导航系统、卫星通信系统和卫星气象遥感技术服务沿线国家建设。

推动绿色发展。中国坚持《巴黎协定》，积极倡导并推动将绿色生态理念贯穿于共建"一带一路"倡议。中国与联合国环境规划署签署了关于建设绿色"一带一路"的谅解备忘录，与30多个沿线国家签署了生态环境保护的合作协议。建设绿色丝绸之路已成为落实联合国2030年可持续发展议程的重要路径，100多个来自相关国家和地区的合作伙伴共同成立"一带一路"绿色发展国际联盟。中国在2016年担任二十国集团主席国期间，首次把绿色金融议题引入二十国集团议程，成立绿色金融研究小组，发布《二十国集团绿色金融综合报告》。中国积极实施"绿色丝路使者计划"，已培训沿线国家2000人次。中国发布《关于推进绿色"一带一路"建设的指导意见》《"一带一路"生态环境保护合作规划》

等文件，推动落实共建"一带一路"的绿色责任和绿色标准。

2021年是共建"一带一路"倡议提出8周年，也是共建"一带一路"不平凡的一年。11月19日，第三次"一带一路"建设座谈会在北京召开。习近平出席座谈会并发表重要讲话指出，8年来，中国统筹谋划推动高质量发展、构建新发展格局和共建"一带一路"，坚持共商共建共享原则，把基础设施"硬联通"作为重要方向，把规则标准"软联通"作为重要支撑，把同共建国家人民"心联通"作为重要基础，推动共建"一带一路"高质量发展，取得实打实、沉甸甸的成就。通过共建"一带一路"，提高了国内各区域开放水平，拓展了对外开放领域，推动了制度型开放，构建了广泛的朋友圈，探索了促进共同发展的新路子，实现了与共建国家互利共赢。

回顾过往，落地生根，硕果累累；展望未来，百尺竿头，更进一步。当前，世界百年未有之大变局正加速演变，新一轮科技革命和产业变革带来的激烈竞争前所未有，气候变化等全球性问题对人类社会带来的影响前所未有。共建"一带一路"面临重要机遇，也面临日趋复杂的国际环境。站在新的起点上，中国将保持战略定力、抓住战略机遇，坚定不移推动共建"一带一路"走深走实，行稳致远，把"一带一路"建设成为和平之路、繁荣之路、开放之路、绿色之路、创新之路、文明之路，为推动世界共同发展、构建人类命运共同体贡献更大力量。

深度开放建立海南自贸试验区

东风浩荡气象新，大海之南逐浪高。2018年4月13日，习近平在庆祝海南建省办经济特区30周年大会上郑重宣布，中共中央决定支持海南全岛建设自由贸易试验区。支持海南逐步探索、稳步推进中国特色自由贸易港建设，分步骤、分阶段建立自由贸易港政策和制度体系。这是中国设立的第十二个自贸试验区。海南作为最大的经济特区，一直被称为中国对外开放高地，海南自由贸易试验区的设立赋予了海南改革开放以来前所未有的重大历史机遇。

中共中央为海南自由贸易试验区建设擘画宏伟蓝图。2018年4月14日，《中共中央、国务院关于支持海南全面深化改革开放的指导意见》正式发布，提出27项具体举措，以海南为新标杆，向世界展现中国更高起点推动改革开放的新蓝图。2018年10月16日，《中国（海南）自由贸易试验区总体方案》正式发布。方案明确了自由贸易试验区的四大特点和优势。

一是突出全岛试点的整体优势。海南自贸试验区最大特点就是"全域性"试点。现有的11个自贸试验区面积都在120平方公里左右，而中国（海南）自由贸易试验区仅重点先行区域——海口江东新区，总面积约298平方公里，分为东部生态功能区和西部产城融合区。二是突出海南特色内容。根据海南发展需要充分吸收现有自贸试验区的试点内容，占海南自贸试验区试点任务的60%。在此基础上，进一步提出了医疗卫生、文化旅游、生态绿色发展等符合海南发展定位的特色试点内容。三是严格生态环境保护要求。积极探索自贸试验区生态绿色发展新模式，并且加强口岸风险等重大的风险防控体系和机制建设。四是与探索建设中国特色自由贸易港相衔接。海南自贸试验区建设要在2020年取得重要进展，为逐步探索、稳步推进海南自由贸易港建设，分步骤、分阶段建立自由贸易港政策体系打好坚实基础。① 可以说，《方案》的发布标志着中央关于海南新一轮改革开放决策的切实落地，为中国最大的第十二个自贸区——海南自贸试验区未来建设描绘了清晰路线图。

蓝图已绘就，扬帆待起航。2018年11月14日下午，习近平主持召开中央全面深化改革委员会第五次会议。此次会议着眼于中国改革开放和社会主义现代化建设全局，赋予海南全面深化改革开放新的使命，支持海南建设全岛自由贸易试验区，逐步探索、稳步推进中国特色自由贸易港建设。围绕统筹推进对海南实施创新驱动发展战略、建设国际旅游消费中心、加大财税支持力度、加强综合财力补助资金管理、调整离岛旅客免税购物政策等内容，一次性审议通过了涉及海南的《海南省创新驱动发展战略实施方案》《海南省建设国际旅游消费中心的实施方案》《关于支持海南全面深化改革开放有关财税政策的实施方案》《关于支持海南全面深化改革开放综合财力补助资金的管理办法》《关于调整海南离岛旅客免税购物政策工作方案》5个文件。

面对千载难逢的发展机遇，海南加快推进自由贸易试验区建设。2018年5月13日，中共海南省委七届四次全会提出，对照高水平贸易和投资自由化便利化要求，在海口综合保税区、洋浦保税区等海关特殊监管区域实行更加开放的管理制度，不断拓展业务范围。大幅放宽市场准入，对外资全面实行准入前国民待遇加负面清单管理制度，对标国际通行规则，制定更加精简的负面清单。海南将深化现代农业、旅游业、高新技术产业、现代服务业对外开放，在一些重点领域取消外资股比限制和准入限制。最大限度简化外商投资企业设立程序，加快建设具有国际先进水平的国际贸易"单一窗口"。在海关特殊监管区实行"一线放开，二线高效管住"的货物进出境管理制度，建立一线进出货物负面清单。6月3日，海南省委省政府决定设立海口江东新区，将其作为建设中国（海南）自由贸易试验区的重点先行区域。

思想开放是开放行动的先声。在海南，大学习、大宣传、大研讨广泛开展，

---

① 《海南铺展对外开放新蓝图（在国新办新闻发布会上）》，《人民日报》2018年10月17日。

各种主题的专题培训、专家授课、理论研讨相继召开,一轮轮有关思想大解放、观念大讨论的学习交流在海南广大干部群众中掀起热潮。为了拓视野、学经验、促合作,2018年4月17日至19日,由省委常委带队,省委组织11个考察团分赴全国其他11个自由贸易试验区,考察学习各地区在深化体制机制改革、发展开放型经济、打造一流营商环境、激活创新创业要素等方面的好经验好做法。

自由贸易试验区、自由贸易港的本质和最大特色是开放,自由贸易港更是当今世界最高水平的开放形态。2020年6月,《海南自由贸易港建设总体方案》正式发布。海南自贸港建设虽然起步晚,但追赶的脚步不停。几年来,中国重点加快构建自贸港政策制度体系,出台实施了放宽市场准入特别措施、外商投资准入负面清单、跨境服务贸易负面清单、两个15%所得税等早期收获政策,配合编制出台了《中华人民共和国海南自由贸易港法》;稳步推进极简行政审批改革、行政管理体制改革、人才发展体制机制改革等领域的改革,着力推动制度集成创新等措施,海南自由贸易试验区、自由贸易港建设结出了累累硕果。

——一批核心政策落地实施。一是离岛免税"新政"成效明显。2021年7月1日新政实施至12月31日,日均销售额超1.2亿元,同比增长2倍多,全年实际销售额超320亿元。二是"两个15%所得税"政策快速落地。政府主动送政策上门,向符合条件的人才和企业致信解释如何享受所得税优惠政策。2021年6月1日至12月31日,全省共引进人才11万多人,同口径增长1730%,两年多来引进各类人才20.8万人。三是贸易投资便利化水平进一步提升。原辅料"零关税"政策、交通工具及游艇"零关税"政策发布实施,海南自由贸易港外商投资准入特别管理措施出台实施。出台洋浦保税港区海关监管办法,实行"一线放开、二线管住"进出口管理制度,进出口总额和产值分别增长1.3倍和1.96倍。四是金融服务实体经济能力不断增强。启动本外币合一银行账户体系试点,全口径跨境融资杠杆率提高至2.5倍。出台开展合格境外有限合伙人境内股权投资暂行办法,首支落地的合格境外有限合伙人基金已汇入投资基金1.49亿美元。全省离岸新型国际贸易结算量是上年度的9倍。五是航运、航空新政作用显现。21艘"中国洋浦港"国际货轮命名交付,集装箱班轮航线不断加密,开通了首条洲际越洋航线,外贸航线增加到14条。试点开放客运、货运第七航权,保税航油销售价格实现国内最低,国内多家知名公务机企业落户江东新区,博鳌机场即将开放国际口岸。六是跨境数据安全有序流动取得新进展。工信部批准设置海口区域性国际通信业务出入口局,同意在9个重点园区建设国际互联网数据专用通道。[1]

---

[1] 参见《海南"十三五"建设发展辉煌成就系列新闻发布会答记者问》,海南省人民政府网2021年1月11日。

——海南自贸港法治建设扎实推进。一是全力配合开展自贸港立法工作。成立自贸港法协助调研工作组，全力协助全国人大常委会做好自贸港法立法工作。十三届全国人大常委会第24次会议已经审议了海南自由贸易港法草案的议案，目前正面向社会公开征求意见。二是加快地方立法。海南省人大常委会先后审议通过反走私暂行条例、热带雨林国家公园条例等10件法规，修改红树林保护规定等4项法规，正在加快研究出台海南自贸港公平竞争条例、破产条例等地方性法规。三是探索建立与国际接轨的仲裁规则。成立中国国际经济贸易仲裁委员会海南仲裁中心、中国海事仲裁委员会海南仲裁中心，海南自由贸易港知识产权法院已于去年12月31日揭牌。

——重大功能平台发展势头良好。一是重点园区管理体制改革取得积极进展。11个自贸港重点园区同步挂牌，相继实施园区管理体制改革，11个园区内的企业数约占全省总量1/10。二是洋浦率先试行"一线放开、二线管住"的进出口管理制度。进出境通关手续大幅简化。2020年港口吞吐量达到5664万吨，同比增12.95%；集装箱突破100万标箱，同比增长44.02%。三是博鳌乐城制定实施园区制度集成创新改革方案。国外已上市而国内未上市的临床急需特许药械审批效率提升90%以上，吸引12家医疗机构、51个院士专家团队进驻。使用创新药械超过110种，可用抗肿瘤新药、罕见药达100种。初步实现医疗技术、设备、药品与国际先进水平"三同步"。四是国际旅游消费中心建设加快推进。成功举办第三届海南岛国际电影节、国际旅游消费年等活动，全年新评8家A级旅游景区，其中4A级景区3家，游艇产业加快集聚，新增游艇相关服务企业40家。

——对外开放水平全面提升。一是组织举办各类高层次对外交流活动，不断提升海南自贸港的国际影响力。2020年8月12日至15日，37国73位驻华大使以及驻穗、驻沪领事官员集中访琼，是海南建省办经济特区以来规模最大、规格最高的驻华使节集体来访活动。二是2020年实际利用外资30亿美元左右，实现连续三年翻番目标。

——营商环境明显改善。一是制度创新取得积极进展。制定出台《海南自由贸易港制度集成创新行动方案（2020—2022）》。累计发布了10批103项制度创新案例，发挥了以制度创新破解体制机制障碍的示范作用。二是政府审批与服务效率明显提升。设立行政审批、国际投资、国际贸易、人才服务等"单一窗口"，压缩审批时限7至8成。海关审批事项全部实现"一个窗口"和网上办理，出口整体通关时间与2019年同期相比下降40.5%。国际船舶登记申请材料和审批时间压缩60%和86%。三是持续推进实施优化营商环境行动计划（2018、2019、2020）取得实际效果。据第三方评估机构依照世界银行评价指标体系测算，2020年海南总分为77.9，在全球190个经济体中排名第32位。其中，企业开办排名上升到第7位，登记财产排名上升到第22位。一个更加开放的海南，正向着梦想奋力前行。

中国对外开放的大门越开越大

党的十九大以来，以习近平同志为核心的党中央总揽战略全局，坚持站在历史正确的一边，坚定维护和推动经济全球化，践行开放发展理念，中国新一轮高水平对外开放跑出加速度，展开一幅全面开放新图景。"中国开放的大门不会关闭，只会越开越大。"党的十九大向全世界庄严宣示，中国将发展更高层次的开放型经济，推动形成全面开放新格局。

——加快推动形成全面开放新格局，迈向更高水平对外开放新境界。2019年11月在第二届中国国际进口博览会开幕式上，习近平强调："中国对外开放是全方位、全领域的，正在加快推动形成全面开放新格局。"[1]2020年2月，习近平在动员部署统筹推进疫情防控和经济社会发展工作时，专门指出要扩大金融等服务业对外开放。一个月后，5家外资金融机构在上海举行线上开业仪式；4月1日，取消证券公司外资股比限制；5月7日，简化境外机构投资者境内证券期货投资资金管理要求。几年来，从扩大金融业、制造业、服务业等领域开放，到扩大跨境投资合作，再到拓展资金、人才、科技等领域国际合作，中国加快实施更宽领域开放。

2020年10月，十九届五中全会提出，实行高水平对外开放，开拓合作共赢新局面。11月4日，第三届中国国际进口博览会在上海开幕。作为迄今为止世界上第一个以进口为主题的国家级展会，在中国主场已成功举办三届，展览面积逐年扩大，成交额不断提升，国际影响日益凸显。举办进博会是中国推动新一轮高水平对外开放的重大决策，是中国主动向世界开放市场的重大举措，充分彰显了以实际行动推动建设开放型世界经济的大国形象和责任担当。

——打造对外开放新平台，开放的大门越开越大。中国先后设立21个自贸试验区，实行高水平的贸易和投资自由化便利化政策。建设海南自由贸易港，打造引领中国新时代对外开放的鲜明旗帜和重要开放门户。累计与26个国家和地区签署19个自贸协定，特别是区域全面经济伙伴关系协定（RCEP），涵盖全球人口、经济总量和对外贸易约30%，是全球规模最大、最具发展潜力的自贸区；共建"一带一路"取得实打实的成果，与149个国家、32个国际组织签署了200多份共建"一带一路"合作文件，中老铁路建成通车，雅万高铁等一大批项

---

[1]《开放的大门越开越大——新时代推进高水平对外开放述评》，《人民日报》2021年12月23日。

目扎实推进；以"一带一路"建设为重点，中国推动形成陆海内外联动、东西双向互济的开放格局；外贸新业态新模式蓬勃发展，跨境电商综合试验区增加到105个。

——构建开放型经济新体制，不断破除体制机制障碍。2019年3月，十三届全国人大二次会议表决通过了《中华人民共和国外商投资法》。新的外商投资法取代了"外资三法"，对外商投资准入、促进、保护、管理等作出系统的、统一的规定。取消了对外商投资企业设立等实行审批、备案管理制度，即实行"非禁即入"。2017—2021年，中国连续五年缩减外资准入负面清单，全国和自贸试验区限制措施条目分别缩减至31条、27条，在制造业、采矿业、农业、金融业等领域推出了一系列重大开放措施，吸引更多外资企业来华经营。营商环境大幅优化，中国在世界银行营商环境排名从2013年的第96位跃升至最新的第31位。

——加快构建新发展格局，更好联通国内国际市场。2020年7月21日，习近平在企业家座谈会上的讲话上强调，通过发挥内需潜力，使国内市场和国际市场更好联通，更好利用国际国内两个市场、两种资源，实现更加强劲可持续的发展。2020年前三季度实际使用外资7188.1亿元，同比增长5.2%；贸易大国地位更加巩固，前三季度货物贸易进出口总值达23.12万亿元，同比增长0.7%，季度进出口总值创出历史新高。

——以更高水平对外开放推动更高质量发展。2019年8月，中共中央作出支持深圳建设中国特色社会主义先行示范区的重大决策。2020年10月18日，深圳建设中国特色社会主义先行示范区综合改革试点首批授权事项清单对外发布。按照中共中央要求，到2025年，深圳将在重要领域和关键环节改革上取得标志性成果，为全国作出示范。2021年7月，自贸试验区第六批改革试点经验向全国复制推广。据不完全统计，在中央层面，自贸试验区已累计向全国或特定区域复制推广了260项制度创新成果；在地方层面，18个自贸试验区已在省级范围内推广了1151项制度创新成果。

——坚定维护和推动经济全球化，以更加开放的姿态走向合作共赢的未来。2020年9月，习近平在第七十五届联合国大会一般性辩论上，以形象的比喻阐明经济全球化是客观现实和历史潮流。2020年10月27日，约7000辆中国工厂生产的特斯拉汽车从上海启程，一个月后将到达比利时泽布吕赫港，销往德国、法国、意大利等国家。美国品牌，中国制造，出口欧洲，虽然全球疫情仍在蔓延，但各国互联互通、合作共赢的趋势不可逆转。

2000年前三季度，中国经济增长年内首次实现由负转正；外贸进出口累计增速年内首次迎来转正；吸引外资人民币、美元累计指标年内首次"双转正"。作为疫情发生以来第一个恢复增长的主要经济体，中国在疫情防控和经济恢复上都走在世界前列,显示了强大修复能力和旺盛生机活力。开放的中国,正在世界经济中扮演越来越重要的角色:中国经济增长对世界经济增长的贡献率年均在30%以上,位居世界第一;在全球跨境投资持续低迷背景下,中国持续成为全球第二大外资流入国;中国拥有4亿多中等收入群体,拥有14亿人口所形成的超大规模市场。"中国经济一直以来都是全球增长的重要动力,中国经济的稳定和健康对世界来说十分重要"——国际货币基金组织总裁格奥尔基耶娃如此评价。[①]历史和现实证明,在高水平开放之路上,新时代的中国正栉风沐雨、勇毅前行。

五、美丽中国建设迈出重大步伐

新时代中国特色社会主义生态文明思想

生态环境是人类赖以生存和发展的根基,尊重自然、顺应自然、保护自然是中华民族的优良传统。党的十八大以来,中央把生态文明建设作为统筹推进"五位一体"总体布局和协调推进"四个全面"战略布局的重要内容,谋划开展了一系列根本性、长远性、开创性工作,推动生态文明建设和生态环境保护治理取得显著成效,美丽中国建设迈出重要步伐。

党的十八大以来,以习近平同志为核心的党中央继承和发展马克思主义关于人与自然关系的思想精华和理论品格,深刻把握新时代国家人与自然关系的新形势新矛盾新特征,创立了中国特色社会主义生态文明思想。这一思想的正式提出是2018年5月全国生态环境保护大会上,习近平发表重要讲话,对全面加强生态环境保护,坚决打好污染防治攻坚战,作出了系统部署和安排。这是继习近平新时代中国特色社会主义经济思想、强军思想、网络强国战略思想之后,在全国性工作会议上全面阐述的又一系统化的重要思想。这一思想所涵盖的新时代生态文明建设的战略地位、总体目标、基本框架、核心原则、根本途径、重点任务、制度保障、政治领导等方面,构成了习近平生态文明思想的"四梁八柱"。

——阐明生态文明建设的战略地位。生态环境是中国持续发展最为重要的基础,建设生态文明关系人民福祉、关系民族未来的大计。生态文明建设是统筹推进"五位一体"总体布局和协调推进"四个全面"战略布局的重要内容,必须摆在全局工作的突出位置。

——规划生态文明建设的总体目标。确保到2035年,生态环境质量实现根

[①]《IMF总裁格奥尔基耶娃:中国经济稳健发展利好世界》,《人民日报》2019年11月24日。

本好转,美丽中国目标基本实现。到本世纪中叶,物质文明、政治文明、精神文明、社会文明、生态文明全面提升,绿色发展方式和生活方式全面形成,人与自然和谐共生,生态环境领域国家治理体系和治理能力现代化全面实现,建成美丽中国。

——明确生态文明建设的基本框架。习近平首次提出要加快构建生态文明体系的"五个体系",即以生态价值观念为准则的生态文化体系,以产业生态化和生态产业化为主体的生态经济体系,以改善生态环境质量为核心的目标责任体系,以治理体系和治理能力现代化为保障的生态文明制度体系,以生态系统良性循环和环境风险有效防控为重点的生态安全体系。

——提出生态文明建设的核心原则。一是坚持人与自然和谐共生,二是坚持绿水青山就是金山银山,三是良好生态环境是最普惠的民生福祉,四是山水林田湖草是生命共同体,五是用最严格制度最严密法治保护生态环境,六是共谋全球生态文明建设。这"六大原则"折射出生态理念和治理方式的深刻变革,为新时代推进生态文明建设指明了方向。

——揭示生态文明建设的根本途径。绿色发展是新发展理念的重要组成部分,是全方位变革、构建高质量现代化经济体系的必然要求。全面推动绿色发展,加快形成绿色发展方式,是解决生态环境问题的根本之策。坚持绿色发展、循环发展、低碳发展,做强做大绿色经济。倡导简约适度、绿色低碳的生活方式,通过生活方式革命倒逼生产方式绿色转型。

——部署生态文明建设的重点任务。一是着力解决突出生态环境问题。以解决人民群众反映强烈的大气、水、土壤污染等突出问题为重点,集中力量打几场标志性的重大战役,坚决打赢污染防治攻坚战。二是有效防范生态环境风险。把生态风险纳入常态化管理,系统构建全过程、多层级生态环境风险防范体系。三是提高环境治理水平。综合运用行政、市场、法治、科技等多种手段,大幅提升治理能力。

——构建生态文明建设的制度保障。生态文明体制是全面深化改革的重要领域,也是生态文明建设的重要保障。建设生态文明,重在建章立制。要加快制度创新,增加制度供给,完善制度配套,强化制度执行,让制度成为刚性约束和不可触碰的高压线。

——强化生态文明建设的政治领导。各级党委要全面加强领导,坚决担负起生态文明建设的政治责任。要落实党政主体责任,严格实行党政同责、一岗双责。要建立科学合理的考核评价体系,实施最严格的考核问责。

习近平生态文明思想是习近平新时代中国特色社会主义思想的重要组成部分,昭示了中国建设什么样的生态文明社会,怎样建设生态文明社会,清晰勾勒和描绘出美丽中国总蓝图和总蓝图下的经济、政治、文化和社会各项建设基本路径，为新时代推进生态文明建设提供了方向指引和思想武器，推动中国生态文明建设迈入了新境界。

以高标准打响蓝天碧水净土保卫战

生态环境是关系党的使命宗旨的重大政治问题，也是关系民生的重大社会问题。党的十八大以来，中央开展了一系列根本性、开创性、长远性工作，加快推进生态文明顶层设计和制度体系建设，加强治建设，建立并实施中央生态环境保护督察制度，大力推动绿色发展，深入实施大气、水、土壤污染防治三大行动计划，率先发布《中国落实2030年可持续发展议程国别方案》，实施《国家应对气候变化规划（2014—2020年）》，推动生态环境保护发生历史性、转折性、全局性变化。

同时，中国生态文明建设和生态环境保护面临不少困难和挑战，存在许多不足。一些地方和部门对生态环境保护认识不到位，责任落实不到位；经济社会发展同生态环境保护的矛盾仍然突出，资源环境承载能力已经达到或接近上限；城乡区域统筹不够，新老环境问题交织，区域性、布局性、结构性环境风险凸显，重污染天气、黑臭水体、垃圾围城、生态破坏等问题时有发生。过去一个时期以来，由于对土地、森林、水资源、渔业资源的过度使用，带来了每年几千亿巨额的生态成本，成为国家的一个巨大负担。这些问题，成为重要的民生之患、民心之痛，成为经济社会可持续发展的瓶颈。习近平强调："生态环境方面欠的债迟还不如早还，早还早主动，否则没法向后人交代。"[1] 对生态环境破坏问题，令中国领导人痛心疾首。绿色发展，已从曾经的选择题变成了当下的必答题。

为积极回应人民群众所想、所盼、所急，不断满足人民群众日益增长的优美生态环境需要。2018年6月24日，《中共中央国务院关于全面加强生态环境保护坚决打好污染防治攻坚战的意见》正式公布，《意见》对打好污染防治攻坚战画出了最新"时间表""路线图"，明确提出，要"坚决打赢蓝天保卫战，着力打好碧水保卫战，扎实推进净土保卫战"。《意见》的出台，标志着中国全面打响了蓝天、碧水、净土三大保卫战。

在坚决打赢蓝天保卫战方面。《意见》明确，编制实施打赢蓝天保卫战三年作战计划，以京津冀及周边、长三角、汾渭平原等重点区域为主战场，调整优化产业结构、能源结构、运输结构、用地结构，强化区域联防联控和重污染天气应对，进一步明显降低$PM_{2.5}$浓度，明显减少重污染天数，明显改善大气环境

---

[1] 习近平：《之江新语》，杭州：浙江人民出版社，2007年，第141页。

质量，明显增强人民的蓝天幸福感。在着力打好碧水保卫战方面，《意见》明确，深入实施水污染防治行动计划，扎实推进河长制、湖长制，坚持污染减排和生态扩容两手发力，加快工业、农业、生活污染源和水生态系统整治，保障饮用水安全，消除城市黑臭水体，减少污染严重水体和不达标水体。在扎实推进净土保卫战方面，《意见》明确，全面实施土壤污染防治行动计划，突出重点区域、行业和污染物，有效管控农用地和城市建设用地土壤环境风险。具体措施集中在强化土壤污染管控和修复、加快推进垃圾分类处理、强化固体废物污染防治等领域。《意见》还确定了到2020年三大保卫战的各项具体指标。美好蓝图已绘就，关键是狠抓落实。在以习近平同志为核心的党中央的坚强领导下，美丽中国建设迈开重大步伐。

——坚决打赢蓝天保卫战。2018年6月11日，生态环境部印发了《2018—2019年蓝天保卫战重点区域强化督查方案》，定于6月11日启动强化督查。强化督查将突出重点区域、重点指标、重点时段和重点领域，围绕产业结构、能源结构、运输结构和用地结构4项重点任务，检查"散乱污"企业综合整治情况、工业企业环境问题治理情况、清洁取暖及燃煤替代情况等13项督查任务。2018年7月3日，国务院印发了《打赢蓝天保卫战三年行动计划》，明确了大气污染防治工作的总体思路、基本目标、主要任务和保障措施，提出"加快调整能源结构，构建清洁低碳高效能源体系"等六方面任务，并明确量化指标和完成时限，同时继续开展对重点区域强化督查工作。截至2019年6月，生态环境部系统1.95万人次，共开展了22轮"压茬式"强化监督，现场检查各类点位66.6万个（户）次，帮助地方查找并移交5.2万个生态环境问题，并全部拉条挂账，一盯到底。2019年1至6月，全国337个地级及以上城市平均优良天数比例为80.1%，同比上升0.4个百分点；142个城市环境空气质量达标，同比增加20个。蓝天保卫战战役一经打响，在经历了2018年的首战之年、2019年的攻坚之年、2020年的决胜之年后，2021年2月25日，生态环境部举行例行新闻发布会，宣布《打赢蓝天保卫战三年行动计划》已经全面完成各项治理任务，超额实现"十三五"提出的总体目标和量化指标，蓝天保卫战效果显著，圆满收官。2020年，全国空气质量总体改善，全国地级及以上城市优良天数比率为87%，$PM_{2.5}$未达标城市平均浓度比2015年下降28.8%。

——着力打好碧水保卫战。2016年12月11日中共中央办公厅、国务院办公厅印发《关于全面推行河长制的意见》。《意见》体现了鲜明的问题导向，贯穿了绿色发展理念，明确了地方主体责任和河湖管理保护各项任务，具有坚实的实践基础，是水治理体制的重要创新，对于维护河湖健康生命、加强生态文明建设、实现经济社会可持续发展具有重要意义。2017年12月26日，印发《关于在湖泊实施湖长制的指导意见》。截至2018年，河长制组织体系、制度体系、责任体系初步形成，已经实现河长"有名有责"。2018年6月、12月，河长制、湖长制全面建立。近些年，生态环境部会同各地各部门，以习近平生态文明思想为指导，认真贯彻落实党中央、国务院决策部署，统筹疫情防控和经济社会发展，重点围绕饮用水、水源地环境保护、城市黑臭水体治理、长江保护修复、农业农村污染治理和渤海综合治理等标志性重大战役，坚决打赢打好碧水保卫战，中国水生态环境保护发生历史性、转折性、全局性变化。截至2020年底，全国地级及以上城市2914个黑臭水体消除比例达到98.2%，全国省级及以上工业园区全部建成污水集中处理设施，2804个县级及以上城市集中式饮用水水源地10363个问题完成整改，为老百姓饮水安全建立了更加可靠的保证。长江流域、环渤海入海河流劣Ⅴ类国控断面基本消除，长江干流首次全线达到Ⅱ类水体，实现了历史性突破，黄河干流全线达到Ⅲ类水的水质标准，相当一些河段达到了Ⅱ类水质。①

——扎实推进净土保卫战。按照中央关于建设生态文明、打好污染防治攻坚战的总体部署，中国土壤、地下水和农业农村生态环境保护工作不断深化，取得积极进展和明显成效。一是顺利完成《土壤污染防治行动计划》确定的受污染耕地安全利用率和污染地块安全利用率"双90%"目标任务，初步遏制土壤污染加重趋势，基本管控土壤污染风险，土壤环境质量总体保持稳定。二是基本建立法规标准体系，颁布实施《土壤污染防治法》，发布污染地块等土壤环境管理部门规章，制订系列土壤污染风险管控等标准与指南。三是完成土壤污染状况详查，初步查明中国农用地和重点行业企业用地污染家底。不断加强土壤污染源头防控，发布土壤污染重点监管单位名录1万余家，开展涉镉等重金属重点行业企业排查整治。四是有序推进农用地分类管理，完成耕地土壤环境质量类别划分，积极落实安全利用与严格管控措施。五是建立用地准入管理制度，将建设用地土壤环境管理要求纳入城市规划和供地管理，各省（区、市）公布建设用地土壤污染风险管控和修复名录。六是建设运行全国土壤环境信息化管理平台，实现土壤环境数据资源共享，基本建成土壤环境监测网络。②

全面打响蓝天、碧水、净土保卫战以来，在全国人民的共同努力下，中国生态环境保护取得历史性重大成就，污染防治措施之实、力度之大、成效之显著前所未有，攻坚战阶段性目标任务圆满完成。2017—2021年，全国地级及

---

① 《生态环境部召开3月例行新闻发布会》，中华人民共和国生态环境部官网2021年3月30日。
② 《坚持稳中求进，深入打好净土保卫战——"十四五"推进土壤污染防治工作的重点举措》，中华人民共和国生态环境部官网2021年11月17日。

以上城市细颗粒物浓度下降25%，降至30微克／立方米。优良天数比例达到87.5%，重污染天数下降近四成。2017年至2021年，全国达到或好于Ⅲ类水体比例上升17个百分点，达到84.9%，劣Ⅴ类水体比例下降7.1个百分点，降至1.2%。全国受污染耕地安全利用率和污染地块安全利用率双双超过90%。2020年国家统计局调查结果显示，公众对生态环境的满意度达到89.5%，比2017年提高10.7个百分点。人民群众对美好环境的期待正在逐步变为现实。

绿水青山的含氧量含金量显著提升

生态文明建设是关乎中华民族永续发展的根本大计。打好污染防治攻坚战，中国不仅说，而且做，不仅确定了目标，而且制定了具体的时间表、路线图，展现了中国应对打好污染防治攻坚战、建设美丽中国的坚定决心和言出必行的行动力度。根据2021年11月中共中央、国务院印发的《关于深入打好污染防治攻坚战的意见》的部署，各省、区、市加快推动绿色低碳发展，深入打好蓝天、碧水、净土保卫战，提高生态环境治理现代化水平。经过几年来开展一系列根本性、开创性、长远性工作，全方位、全地域、全过程加强生态环境保护，中国生态文明建设从认识到实践都发生了历史性、转折性、全局性的变化。

——生态文明理念深入人心。

生态文明建设在党和国家事业发展全局中的地位显著提升，在"五位一体"总体布局中，生态文明建设是其中一位；在新时代坚持和发展中国特色社会主义的基本方略中，坚持人与自然和谐共生是其中一条；在新发展理念中，绿色是其中一项；在三大攻坚战中，污染防治是其中一战；在到本世纪中叶建成社会主义现代化强国目标中，美丽中国是其中一个。全党全国推动绿色发展的自觉性和主动性显著增强，"绿水青山就是金山银山"的理念成为全党全社会的共识和行动，简约适度、绿色低碳、文明健康的生活方式成为新风尚。

——绿色低碳发展加快推进。面对严峻复杂的国内外形势和艰巨繁重的改革发展稳定任务，习近平强调要保持加强生态文明建设的战略定力，坚定不移走生态优先、绿色低碳发展道路。各地区各部门完整、准确、全面贯彻新发展理念，将碳达峰、碳中和纳入生态文明建设整体布局和经济社会发展全局，推动划定生态保护红线、环境质量底线、资源利用上线，推动形成节约资源和保护环境的空间格局、产业结构、生产方式、生活方式，绿色日益成为经济社会高质量发展的鲜明底色。2021年，中国可再生能源开发利用规模、新能源汽车产销量稳居世界第一；全球规模最大的碳排放权交易市场正式上线并平稳运行。截至2020年底，中国单位国内生产总值二氧化碳排放较2005年降低48.4%，超额完成下降40%～45%的目标。2022年北京冬奥会成为奥运历史上首个"碳中和"的冬奥会，千余辆氢能大巴穿梭于赛场，所有场馆100%由清洁能源供电，全部场馆达到绿色建筑标准，展示了中国全面绿色低碳转型的坚定决心和坚实步伐。

——生态环境质量显著改善。根据把解决突出生态环境问题作为民生优先领域的要求，我国以最坚定的决心和最有力的举措，推动污染防治攻坚战阶段性目标任务圆满完成，人民群众生态环境获得感显著增强。2021年全国地级及以上城市细颗粒物（$PM_{2.5}$）平均浓度比2015年下降34.8%，全国地表水Ⅰ—Ⅲ类断面比例上升至84.9%，全国受污染耕地安全利用率和污染地块安全利用率双双超过90%。全面禁止洋垃圾入境，顺利实现固体废物"零进口"目标。生态环境安全防线持续巩固，突发生态环境事件得到妥善处置，全国运行核设施始终保持良好安全记录，放射源辐射事故发生率保持历史最低水平。实施山水林田湖草沙一体化保护修复，森林覆盖率达到23.04%，建成首批国家公园。长江干流历史性实现全Ⅱ类水体，大熊猫受威胁程度等级由"濒危"降为"易危"，云南亚洲象的北上及返回之旅，这些都体现了中国生态环境保护的显著成效。

——生态文明制度体系更加健全。只有实行最严格的制度、最严明的法治，才能为生态文明建设提供可靠保障。中国将深化生态文明体制改革作为全面深化改革、坚持和完善中国特色社会主义制度的重要内容，着力构建系统完整的生态文明制度体系。建立健全生态文明建设目标评价考核和责任追究制度、生态补偿制度、河湖长制、林长制以及环境保护"党政同责"和"一岗双责"等制度，制定修订环境保护法等30多部生态环境领域相关法律和行政法规，持续深化省以下生态环境机构监测监察执法垂直管理、生态环境保护综合行政执法等改革，为生态文明建设保驾护航。中央生态环境保护督察自2015年启动试点以来，实现两轮31个省（区、市）以及新疆生产建设兵团的督察全覆盖，并对6家中央企业和2个国务院有关部门开展督察，坚决查处一批破坏生态环境的重大典型案件、解决一批人民群众反映强烈的突出环境问题。

——全球环境治理贡献日益凸显。建设生态文明关乎人类未来。国际社会应该携手同行，共谋全球生态文明建设之路。中国坚定践行多边主义，努力推动构建公平合理、合作共赢的全球环境治理体系。积极推动《巴黎协定》的签署、生效和实施，宣布2030年前实现二氧化碳排放达到峰值、2060年前实现碳中和，不再新建境外煤电项目，充分体现了负责任大国的担当。推进绿色"一带一路"建设，倡导建立"一带一路"绿色发展国际联盟和绿色"一带一路"生态环保大数据平台，开展南南合作，帮助发展中国家提高环境治理能力、增进民生福祉。2013年，联合国环境规划署理事会通过推广中国生态文明理念的决定草案；2016年，联合国环境规划署发布《绿水青山就是金山银山：中国生态文明战略与行动》报告；2021年10月，《生物多样性公约》缔约方大会第十五次会议（CBDCOP15）第一阶段会议在中国昆明举行。这是联合国首次以"生态文明：共建地球生命共同体"为主题召开的全球性会议。大会强调人与自然是生命共同体，强调尊重自然、顺应自然和保护自然，努力达成公约提出的到2050年实现生物多样性可持续利用和惠益分享，实现"人与自然和谐共生"的美好愿景。中国特色社会主义生态文明思想得到国际社会积极响应和广泛认同，开启了全球生物多样性治理新篇章。

总起来看，在习近平生态文明思想的指引下，全国各地区各部门认真贯彻落实党中央、国务院决策部署，生态文明建设和生态环境保护制度体系加快形成，全面节约资源有效推进，大气、水、土壤污染防治行动计划深入实施，生态系统保护和修复重大工程进展顺利，核与辐射安全得到有效保障，生态文明建设成效显著，美丽中国建设迈出重要步伐，中国成为全球生态文明建设的重要参与者、贡献者、引领者。同时也要清醒地看到，中国生态环境保护结构性、根源性、趋势性压力总体上尚未根本缓解，特别是重点区域、重点行业污染问题仍然突出，实现碳达峰、碳中和任务艰巨，生态文明建设任重而道远。

六、人民军队实现整体性革命性重塑

新时代中国特色社会主义强军思想

中国共产党对人民军队的绝对领导，是中国基本军事制度和中国特色社会主义政治制度的重要组成部分。党的十九大报告把"坚持党对人民军队的绝对领导"列为新时代坚持和发展中国特色社会主义基本方略的一条，是对中国共产党建军治军、强军兴军经验的科学总结，揭示了人民的建军之本、强军之魂，明确了新时代强军兴军的战略定位、根本指导、奋斗目标、战略布局、发展战略，构成了新时代中国特色社会主义强军思想。

首次提出"强军梦"。2012年12月8日上午，习近平就任中央军委主席后第一次南海之行，登上了被誉为"中华神盾"的"海口"号导弹驱逐舰。随后，习近平出现在某集团军炮火轰鸣的演兵场上。他在接见原广州军区师以上干部时指出："实现中华民族伟大复兴是中华民族近代以来最伟大的梦想。这个伟大的梦想，就是强国梦，对军队来讲，也是强军梦。"[①]

---

① 《强军梦支撑中国梦》，《人民日报》2017年10月15日。

首次提出"强军目标"。2013年3月11日,在十二届全国人大一次会议解放军代表团全体会议上,习近平郑重提出:"建设一支听党指挥、能打胜仗、作风优良的人民军队,是党在新形势下的强军目标。"

首次提出"坚定不移走中国特色强军之路"。2015年11月24日,习近平向全军发出深化国防和军队改革动员令:全面实施改革强军战略,坚定不移走中国特色强军之路。习近平总结了军队建设的十条基本经验:1. 坚持党对军队绝对领导的根本原则和制度;2. 坚持把思想政治建设摆在全军各项建设首位;3. 坚持以军事斗争准备为龙头带动军队现代化建设整体发展;4. 坚持按照革命化现代化正规化相统一的原则加强军队全面建设;5. 坚持把军事训练摆在战略位置来抓;6. 坚持依靠科技进步提高军队建设质量;7. 坚持依法治军、从严治军;8. 坚持把改革创新作为军队建设发展的根本动力;9. 坚持以人为本的建军治军理念;10. 坚持走中国特色军民融合式发展路子。

首次提出"实现强军目标、建设世界一流军队"。2016年3月23日,习近平视察国防大学时发表重要讲话,号召全军"实现强军目标,建设世界一流军队"。

首次提出"强军思想"。2017年7月30日上午9时,朱日和训练基地举行庆祝中国人民解放军建军90周年阅兵。在这次阅兵的讲话中,习近平首次提出了"党的强军思想"这一概念。他强调:"我们要深入贯彻党的强军思想,坚定不移走中国特色强军之路,努力实现党在新形势下的强军目标,把我们这支英雄的人民军队建设成为世界一流军队。"[①]

在党的十九大报告中,习近平对坚持走中国特色强军之路,全面推进国防和军队现代化进行了深刻阐述。他强调:"面对国家安全环境的深刻变化,面对强国强军的时代要求,必须全面贯彻新时代党的强军思想,贯彻新形势下军事战略方针,建设强大的现代化陆军、海军、空军、火箭军和战略支援部队,打造坚强高效的战区联合作战指挥机构,构建中国特色现代作战体系,担当起党和人民赋予的新时代使命任务。"习近平提出了国防和军队建设"三步走"的发展战略,即:适应世界新军事革命发展趋势和国家安全需求,提高建设质量和效益,第一步,"确保到二〇二〇年基本实现机械化,信息化建设取得重大进展,战略能力有大的提升。同国家现代化进程相一致,全面推进军事理论现代化、军队组织形态现代化、军事人员现代化、武器装备现代化";第二步,"力争到二〇三五年基本实现国防和军队现代化";第三步,"到本世纪中叶把人民军队全面建成世界一流军队"。[②]

[①]《坚定不移走中国特色强军之路》,《光明日报》,2017年8月1日。
[②]《党的十九大报告辅导读本》,北京:人民出版社,2017年,第52—53页。

2018年8月17日至19日，中央军委党的建设会议在京召开，习近平出席会议并发表重要讲话。他强调，"坚持党对军队绝对领导是我军加强党的领导和党的建设工作的首要任务。要加强党的政治建设，引导全军坚决维护党中央权威和集中统一领导，坚决听从党中央和中央军委指挥。要坚持用新时代中国特色社会主义思想和新时代党的强军思想武装官兵，铸牢部队对党绝对忠诚的思想根基。要落实党委统一的集体领导下的首长分工负责制，做到一切工作都置于党委统一领导之下，一切重要问题都由党委研究决定。要健全党领导军队的制度体系，全面规范我军党的工作和政治工作"[1]。全面加强新时代军队党的领导和党的建设工作，是推进党的建设新的伟大工程的必然要求，是推进强国强军的必然要求。

会后，中央军委印发《关于加强新时代军队党的建设的决定》，对全面加强新时代人民军队党的领导和党的建设工作作出部署。新时代强军事业发展到什么阶段，党的领导和党的建设就要推进到什么阶段。全军各级坚定自觉地坚持党对军队绝对领导的根本原则和制度，坚定自觉地维护和贯彻军委主席负责制，坚持用习近平新时代中国特色社会主义思想和习近平强军思想武装官兵，扎实开展"传承红色基因、担当强军重任"主题教育，筑牢部队听党话、跟党走的思想根基。

坚持党对军队绝对领导是人民解放军的建军之本、强军之魂，也是我军党的建设命脉所系。军队党的建设的首要任务是确保党对军队的绝对领导，这也是对军队党的建设的根本要求。各级党委把落实党对军队绝对领导的制度作为第一位责任，把党领导军队一系列制度贯彻到部队建设各领域和完成任务全过程，确保党指挥枪的原则落地生根。党的领导和党的建设是我军建设发展的关键，关系强军事业兴衰成败，关系党和国家长治久安。实现党在新时代的强军目标、把人民军队全面建成世界一流军队，完成好党和人民赋予的新时代使命任务，必须持之以恒、久久为功，下大气力解决我军党的领导和党的建设方面存在的矛盾问题和短板弱项，把我军党的领导和党的建设工作抓得更紧更实，把我军各级党组织建设得更加坚强有力。认真贯彻党委统一的集体领导下的首长分工负责制，健全党领导军队的制度体系，全面规范人民军队党的工作和政治工作。强化政治纪律和政治规矩，进一步增强"四个意识"、坚定"四个自信"，坚决维护权威、维护核心、维护和贯彻军委主席负责制，确保绝对忠诚、绝对纯洁、绝对可靠。

---

[1]《习近平在中央军委党的建设会议上强调：全面加强新时代我军党的领导和党的建设工作 为开创强军事业新局面提供坚强政治保证》，《人民日报》2018年8月20日。

全面实施改革强军的号令和部署

党的十九大召开后，人民解放军改革强军、科技兴军、依法治军全面推进。

第一，进一步推进改革强军方略。2017年11月，新修订的《中国人民解放军文职人员条例》公布实施，军队文职人员制度改革迈出坚实步伐。2018年7月，全军部署展开深化国防和军队改革以来全军首次面向社会公开招考文职人员工作，全国报名人数持续攀升，大批服务部队急需、聚焦备战打仗的文职人员走进绿色方阵，军事人力资源政策制度改革取得重大创新成果。同年11月13日，中央军委政策制度改革工作会议举行，习近平主席提出军事政策制度改革的指导思想，要求深化我军党的建设制度改革，创新军事力量运用政策制度，重塑军事力量建设政策制度，推进军事管理政策制度改革。他强调，军事政策制度调节军事关系、规范军事实践、保障军事发展，军事政策制度改革对实现党在新时代的强军目标、把人民军队全面建成世界一流军队具有重大意义。①

以军民融合为出发点，促进军队改革。党的十八大以来，习近平多次提出进一步做好军民融合深度发展的命题，对军民融合深度发展做了一系列重要论述。党的十九大对军民融合进行了系列部署和长远谋划。军民融合发展战略还被写入《中国共产党章程》，进一步凸显了军民融合发展战略在国家战略体系中的重要地位。2018年10月15日，习近平主持召开中央军民融合发展委员会第二次会议，审议通过《关于加强军民融合发展法治建设的意见》。随后，中共中央、国务院、中央军委印发《关于经济建设和国防建设融合发展的意见》。几年来，通过加快实施军民融合发展战略，100多个军民融合协作区、示范基地、科研中心遍布全国，涵盖航空航天、船舶车辆、机械制造、电子信息等行业，凸显全要素、多领域、高效益的军民融合深度发展格局正在形成。总体来看，深化军队体制编制调整改革、推进军队政策制度调整改革和推动军民融合深度发展，解决了多年来军队发展的体制性障碍、结构性矛盾和政策性问题。

第二，加快实施科技兴军战略。习近平在党的十九大报告中强调，科技是核心战斗力。这一重要论断深刻揭示了现代战争制胜机理和一流军队建设规律。进入新时代，推进科技兴军、提升军事实力越来越成为摆在我们面前的紧迫课题，必须深刻把握世界军事发展大势和我军所处历史方位，着眼实现强军目标、建设世界一流军队，擘画科技创新蓝图，点燃科技兴军的强大引擎。

---

① 《习近平谈治国理政》第三卷，北京：外文出版社，2020年，第387页。

2018年5月16日，习近平视察军事科学院时讲话指出："要加快实施科技兴军战略，巩固和加强优势领域，加大新兴领域创新力度，加强战略性、前沿性、颠覆性技术孵化孕育。要坚持自主创新的战略基点，坚定不移加快自主创新步伐，尽早实现核心技术突破。要坚持聚焦实战，抓好科技创新成果转化运用，使科技创新更好为战斗力建设服务。"[1] 人民解放军向来重视科技创新，国防科技领域的自主创新成果不断涌现，但也有部分科研项目与战场对接不紧密，甚至个别项目还脱离作战和部队实际。推进科技兴军，实现强军目标、建设世界一流军队，必须始终坚持战斗力这个唯一的根本的标准，面向战场、面向部队、面向未来，聚焦研究战争、设计战争，坚持为军而研、为战而研，下大气力解决好对上同决策脱节、对下同部队脱节、对外同对手脱节的问题。没有国防科技和武器装备的现代化，就没有军队的现代化。我军武器装备发展历程，本质上是科技创新的历史。加快实施科技兴军战略，坚持走中国特色自主创新道路，大力加强战略前沿技术，加强前瞻性、先导性、探索性、颠覆性的重大技术研究和新概念武器装备攻关，一大批"杀手锏"装备和信息化作战平台、电子对抗装备相继列装，武器装备体系建设实现整体跨越，在一些战略必争领域形成了独特优势，涌现出一批跻身世界先进、引领未来发展的创新成果，显著提高了人民解放军的威慑和实战能力。

当今世界，随着科学技术快速发展，国家战略竞争力、社会生产力、军队战斗力的关联度越来越高，国防经济和社会经济、军用技术和民用技术的耦合度越来越深，军民融合形式已成为各国加速发展国力军力的共同选择。推动军民融合，军地双方强化大局意识，站在党和国家事业发展全局的高度思考问题、推动工作，做到责任到位、措施到位、落实到位。强化战略规划，拿出可行办法推动规划落实，加强督导检查、建立问责机制，增强规划刚性约束和执行力。强化法治保障，善于运用法治思维和法治方式推动军民融合发展，充分发挥法律法规的规范、引导、保障作用，提高军民融合发展法治化水平，畅通军民融合渠道，使"军转民"顺畅，"民参军"积极，让军民融合迸发出前所未有的活力。

2018年10月，在中国人民革命军事博物馆举办的第四届军民融合发展高技术装备成果展，吸引了络绎不绝的参观者。高性能陶瓷纤维、超级电容器及储能系统、系列化氢空燃料电池等一系列创新产品和技术，展现了军民融合领域科技创新的新进展。立足科技兴军，凝聚融合之力。国防科技和武器装备领域，

---

[1]《习近平在视察军事科学院时强调：努力建设高水平军事科研机构 为实现党在新时代的强军目标提供有力支撑》，《人民日报》2018年5月17日。

是军民融合发展的重点,也是衡量军民融合发展水平的重要标志。以北斗卫星导航系统、"天河二号"超级计算机、蛟龙号载人潜水器等为代表,军民融合正在向网络信息技术、高端装备制造、海洋资源、航空航天等领域纵深推进。发展新型作战力量,建设网络信息体系,推动后勤向信息化转型,加快研发高新技术武器装备,加强重大技术研究和新概念研究,人民军队创新驱动发展的引擎全力启动。

"盖有非常之功,必待非常之人"。军事科研人才的数量和质量,影响着科技兴军的进程。无论是开发研制新型信息化武器装备,还是加快转变战斗力生成模式,军事科研人才作为能动的、核心的要素,已成为强军兴军、决战决胜的第一资源。我军把创新人才培育引进摆在更加突出的战略位置,采取有效措施,努力推动人才队伍建设水平整体跃升。坚持党管人才,坚持德才兼备、以德为先,坚持五湖四海、任人唯贤,坚持事业为上、公道正派,注重基层、注重实干、注重官兵公论,确保人才队伍建设的正确方向。坚持高端引领,瞄准一流目标,树立一流标准,高起点选拔、培养、使用人才,充分发挥各类高层次人才的塔尖辐射作用,不断增强岗位吸引力、队伍凝聚力、国际影响力。坚持军民共育,依托社会优质资源拓展育才聚才渠道,吸纳社会优秀人才为军事科研服务,形成开放多元、集约高效、充满活力的人才发展新局面。

第三,巩固依法治军的强军之基。党的十八大闭幕后不久,习近平首次到基层部队视察时,就提出"依法治军、从严治军是强军之基"。自此,以强军目标为引领,人民军队依法治军、从严治军,法治军队建设开创崭新局面。

几年来,我军密集制定出台多部军事法规,涉及推动贯彻军委主席负责制、干部选拔任用、武器装备管理、联合作战与军事训练等方面。随着治军理念、治军方式发生深刻转变,法治信仰、法治思维日益深入人心,党委依法决策、机关依法指导、部队依法行动、官兵依法履职的良好局面正在形成。全军大力加强正规化建设,狠抓条令条例和规章制度落实,积极破除和平积弊,使制约战斗力建设的一些老大难问题得到解决。坚决纠治训风、演风、考风方面存在的问题,有效提升了军事训练实战化水平。2017年12月5日,军委纪委、军委政法委联合下发《关于深入贯彻党的十九大精神以严格执纪执法推动全面从严治党和依法治军落实的通知》,把严格执纪执法的标准立起来、底线画出来,覆盖到全军官兵、所有离退休人员和其他部队管理人员。

依法治军、从严治军贯穿国防和军队建设各领域全过程。加速推进立法,突出备战急需、改革急用、官兵急盼,加快构建军事法规制度体系,把强军目标的要求贯彻落实到军事法规制度建设的各领域全过程,细化为军队建设和部队行动的基本规范、官兵行为的基本准则。强化法治思维,深入开展法治教育,引导广大官兵把法治内化为政治信念和道德修养,外化为行为准则和自觉行动,推动治军方式实现根本性转变。坚持严字当头,强化监督执纪,严肃追责问责,自觉维护法规制度权威性,对违法违纪行为"零容忍",下大气力整治"四风"、整肃纲纪,全面停止军队有偿服务,铲除腐败滋生土壤。习近平在中央军委党的建设会议上强调,要以永远在路上的执着和韧劲,坚持严字当头、全面从严、一严到底,深入推进我军党风廉政建设和反腐败斗争。

第四,永葆军队生命力不断提高战斗力。军队是用来打仗的,提高战斗力是军队建设的出发点和落脚点。军队的生命力在于战斗力。加强军队的战斗力,加强备战,是党的十九大以来军队建设的鲜明特点。2018年1月3日,中央军委举行2018年开训动员大会,中央军委主席习近平出席并向全军发布训令。

以信息技术为主要标志的高新技术迅猛发展及其在军事领域的广泛运用,为我军加快转变战斗力生成模式注入新的活力,信息能力在战斗力生成中的主导作用日益显现。坚持向科技创新要战斗力,充分发挥战斗力标准在科技创新中的基础性、决定性作用,紧贴实战、服务部队,加快科技成果转化运用,使科技创新同部队发展接好轨、对好焦,不断提高科技创新对战斗力增长的贡献率,加速推进我军建设由数量规模型向质量效能型、人力密集型向科技密集型转变。

强化战斗队思想,坚持战斗力标准,全军广泛开展"和平积弊大扫除"活动,重拳出击、刀口向己深入纠治"和平积弊",从加强首长机关筹划指挥能力建设入手,集中组织一系列谋战研战练战活动,推进战斗力标准落地生根。深入贯彻新形势下军事战略方针,扎实做好军事斗争准备,不断提高基于信息系统的体系作战能力。现代战争是体系和体系的对抗。中国国防科技与武器装备建设牢固确立信息主导、体系建设的思想,以对作战体系的贡献率为标准推进各项建设,统筹机械化、信息化建设,统筹各战区、军兵种建设,统筹作战力量、支援保障力量建设。牢牢扭住网络信息体系这个抓手,推动信息化建设实现跨越式发展。把提高基于网络信息体系的联合作战能力和全域作战能力作为根本着力点,在提高新质战斗力上求突破,努力打造以精锐作战力量为主体的军事力量体系,推动我军体系作战能力加速发展。

党的十九大以来,新调整和组建的各军种、兵种、战区及各集团军全体部队官兵全面贯彻新时代中国特色社会主义思想,深入贯彻习近平强军思想,落实新时代党的建设总要求,落实新时代党的组织路线,全面提高备战打仗能力。战鼓铿锵,战歌嘹亮,人民军队向着实现党在新时代的强军目标、全面建成世界一流军队阔步迈进,为把人民军队全面建成世界一流军队而踔厉奋斗!

七、在应对风险挑战中推进各项事业

新时代总体国家安全观的提出

统筹发展和安全，增强忧患意识，做到居安思危，是中国共产党治国理政的一个重大原则。党的十八大后，以习近平同志为核心的党中央决策设立国家安全委员会，提出并贯彻总体国家安全观，初步构建了国家安全体系主体框架，形成了国家安全理论体系，完善了国家安全战略体系，建立了国家安全工作协调机制，国家安全工作得到全面加强。

国家安全是国家生存发展的基本前提。维护国家安全是全国各族人民根本利益所在。习近平强调："我们党要巩固执政地位，要团结带领人民坚持和发展中国特色社会主义，保证国家安全是头等大事。"[1] 在当今世界形势下，中国面临复杂多变的安全和发展环境，各种可以预见和难以预见的风险因素明显增多，各方面风险可能不断积累甚至集中显露。国家安全内涵和外延比历史上任何时候都要丰富，时空领域比历史上任何时候都要宽广，内外因素比历史上任何时候都要复杂，维护国家安全和社会稳定的任务十分艰巨。

2014年4月15日，习近平在中央国家安全委员会第一次全体会议上，首次提出总体国家安全观，强调要准确把握国家安全形势变化新特点新趋势，坚持总体国家安全观，走出一条中国特色国家安全道路。2017年党的十九大将坚持总体国家安全观纳入新时代坚持和发展中国特色社会主义的基本方略，并写入党章。总体国家安全观从坚持和发展中国特色社会主义的战略高度，系统回答了中国特色社会主义进入新时代，如何既解决好大国发展进程中面临的共性安全问题，同时又处理好中华民族伟大复兴关键阶段面临的特殊安全问题这个重大时代课题，涉及治党治国治军等各个方面，标志着党对国家安全基本规律的认识达到了新高度。

总体国家安全观的核心要义概括为五大要素和五对关系。五大要素指的是：坚持以人民安全为宗旨，以政治安全为根本，以经济安全为基础，以军事、文化、社会安全为保障，以促进国际安全为依托，维护各领域国家安全，构建国家安全体系，走中国特色国家安全道路。五对关系，一是既重视外部安全，又重视内部安全，强调外部安全与内部安全的相互联系、相互影响；二是既重视

---

[1]《全面贯彻落实总体国家安全观》，《人民日报》，2018年5月4日。

国土安全，又重视国民安全，强调国土安全与国民安全的有机统一；三是既重视传统安全，又重视非传统安全，强调传统安全威胁与非传统安全威胁相互影响，并在一定条件下可能相互转化；四是既重视发展问题，又重视安全问题，强调发展和安全是一体两面，发展是安全的基础，安全是发展的条件，富国才能强兵，强兵才能卫国；五是既重视自身安全，又重视共同安全，强调全球化大环境下中国和世界的安全已经密不可分。[①]

总体国家安全观的关键是"总体"。强调大安全理念，涵盖政治、军事、国土、经济、金融、文化、社会、科技、网络、粮食、生态、资源、核、海外利益、太空、深海、极地、生物、人工智能、数据等诸多领域，而且将随着社会发展不断动态调整。强调做好国家安全工作的系统思维和方法，加强几个方面的科学统筹，即做到统筹发展和安全、统筹开放和安全、统筹传统安全和非传统安全、统筹自身安全和共同安全、统筹维护国家安全和塑造国家安全，着力解决国家安全工作不平衡不充分的问题。强调国家安全要贯穿到党和国家工作全局各方面、各环节，绝非某一领域、单一部门的职责，必须把安全和发展置于同等重要地位、同步决策部署、同样积极落实。强调打总体战，形成汇聚党政军民学各战线各方面各层级的强大合力，全社会全政府全体系全手段应对重大国家安全风险挑战。

2020年12月11日，习近平在主持十九届中央政治局第二十六次集体学习时的讲话中，就贯彻落实总体国家安全观提出10点要求。一是坚持党对国家安全工作的绝对领导，坚持党中央对国家安全工作的集中统一领导，加强统筹协调，把党的领导贯穿到国家安全工作各方面全过程，推动各级党委（党组）把国家安全责任制落到实处。二是坚持中国特色国家安全道路，贯彻总体国家安全观，坚持政治安全、人民安全、国家利益至上有机统一，以人民安全为宗旨，以政治安全为根本，以经济安全为基础，捍卫国家主权和领土完整，防范化解重大安全风险，为实现中华民族伟大复兴提供坚强安全保障。三是坚持以人民安全为宗旨，国家安全一切为了人民、一切依靠人民，充分发挥广大人民群众积极性、主动性、创造性，切实维护广大人民群众安全权益，始终把人民作为国家安全的基础性力量，汇聚起维护国家安全的强大力量。四是坚持统筹发展和安全，坚持发展和安全并重，实现高质量发展和高水平安全的良性互动，既通过发展提升国家安全实力，又深入推进国家安全思路、体制、手段创新，营造有利于经济社会发展的安全环境，在发展中更多考虑安全因素，努力实现发展和安全的动态平衡，全面提高国家安全工作能力和

---

① 参见《习近平：坚持总体国家安全观 走中国特色国家安全道路》，新华网2014年4月15日。

水平。五是坚持把政治安全放在首要位置，维护政权安全和制度安全，更加积极主动做好各方面工作。六是坚持统筹推进各领域安全，统筹应对传统安全和非传统安全，发挥国家安全工作协调机制作用，用好国家安全政策工具箱。七是坚持把防范化解国家安全风险摆在突出位置，提高风险预见、预判能力，力争把可能带来重大风险的隐患发现和处置于萌芽状态。八是坚持推进国际共同安全，高举合作、创新、法治、共赢的旗帜，推动树立共同、综合、合作、可持续的全球安全观，加强国际安全合作，完善全球安全治理体系，共同构建普遍安全的人类命运共同体。九是坚持推进国家安全体系和能力现代化，坚持以改革创新为动力，加强法治思维，构建系统完备、科学规范、运行有效的国家安全制度体系，提高运用科学技术维护国家安全的能力，不断增强塑造国家安全态势的能力。十是坚持加强国家安全干部队伍建设，加强国家安全战线党的建设，坚持以政治建设为统领，打造坚不可摧的国家安全干部队伍。[1]

总体国家安全观，运用马克思主义的立场观点方法，汲取中华优秀传统文化的精髓，继承和发展了中国共产党捍卫国家主权、安全、发展利益的奋斗经验和集体智慧，提出一系列具有原创意义的新理念新思想新战略，是中国共产党历史上第一个被确立为国家安全工作指导思想的重大战略思想，是习近平新时代中国特色社会主义思想的重要组成部分，是新时代国家安全工作的根本遵循和行动指南。

统筹两个大局办好发展安全两件大事

习近平指出："领导干部要胸怀两个大局，一个是中华民族伟大复兴的战略全局，一个是世界百年未有之大变局，这是中国谋划工作的基本出发点。"[2] 深刻复杂变化的国内外环境，要求中国坚持用全面、辩证、长远的眼光正确看待应对各种矛盾挑战，及时适应新情况新要求。关键是坚持正确的历史观、大局观、发展观，统筹国内国际两个大局。最为重要和关键的，就是更好统筹中华民族伟大复兴战略全局和世界百年未有之大变局。

统筹发展和安全，增强忧患意识，做到居安思危，是治国理政的一个重大原则。党的十八大后，以习近平同志为核心的党中央决策设立国家安全委员会，提出并贯彻总体国家安全观，初步构建了国家安全体系主体框架，形

---

[1]《习近平谈治国理政》第四卷，北京：外文出版社，2022年，第390—391页。
[2]《习近平在推动中部地区崛起工作座谈会上的讲话》，《人民日报》2019年5月21日。

成了国家安全理论体系，完善了国家安全战略体系，建立了国家安全工作协调机制，国家安全工作得到全面加强。党的十九大后，面对国内外风险挑战明显增多的复杂局面，党中央坚持统筹国内国际两个大局、统筹发展安全两件大事，团结带领全国各族人民攻坚克难、砥砺奋进，向着党的十九大确定的宏伟目标扎实前行。

2018年1月5日，在"新进中央委员会的委员、候补委员和省部级主要领导干部学习贯彻习近平新时代中国特色社会主义思想和党的十九大精神研讨班"开班式上，习近平提出，要做到"三个一以贯之"，即坚持和发展中国特色社会主义要一以贯之，推进党的建设新的伟大工程要一以贯之，增强忧患意识、防范风险挑战要一以贯之。他回顾了近代以来中华民族复兴进程曾多次被打断的历史过程，提醒全党同志，前进道路不可能一帆风顺，越是取得成绩的时候，越是要有如履薄冰的谨慎，越是要有居安思危的忧患，绝不能犯战略性、颠覆性错误；强调各种风险中国都要防控但重点要防控那些可能迟滞或中断中华民族伟大复兴进程的全局性风险。

2019年1月21日，习近平在"省部级主要领导干部坚持底线思维着力防范化解重大风险专题研讨班"开班式上，进一步对防范化解政治、意识形态、经济、科技、社会、外部环境、党的建设等领域重大风险作出深刻分析，提出明确要求。习近平强调，面对云谲波诡的国际形势、复杂敏感的周边环境、艰巨繁重的改革发展稳定任务，必须始终保持高度警惕，既要高度警惕"黑天鹅"事件，也要防范"灰犀牛"事件；既要有防范风险的先手，也要有应对和化解风险挑战的高招；既要打好防范和抵御风险的有准备之战，也要打好化险为夷、转危为机的战略主动战。9月3日，习近平在2019年秋季学期中央党校（国家行政学院）中青年干部培训班开班式上进一步强调，中国面临着难得的历史机遇，也面临着一系列重大风险考验。胜利实现中国共产党确定的目标任务，必须发扬斗争精神，增强斗争本领。

办好发展和安全两件大事，关系到实现中华民族伟大复兴中国梦这一宏伟目标。2020年7月30日召开的中央政治局会议，对于高质量发展阶段的目标定位，由原来的"四个更"拓展为"五个更"——在"更高质量、更有效率、更加公平、更可持续"的基础上添加了"更为安全"。10月，党的十九届五中全会强调，统筹国内国际两个大局，办好发展安全两件大事，注重防范化解重大风险挑战，实现发展质量、结构、规模、速度、效益、安全相统一。党的十九届五中全会首次把统筹发展和安全纳入"十四五"时期中国经济社会发展的指导思想，并列专章作出战略部署，突出了国家安全在党和国家工作大局中的重要地位。

着力防范化解各个领域重大风险

20世纪90年代以来，中国有效应对了亚洲金融危机、国际金融危机、新冠肺炎疫情等重大考验。古人说："祸几始作，当杜其萌；疾证方形，当绝其根。"党的十八大以来，以习近平同志为核心的党中央清醒认识内外环境新的重大变化和面临的风险挑战，把保证国家安全作为头等大事，作出一系列重大部署，指引全党统筹发展和安全，贯彻总体国家安全观，着力防范化解重大风险，在危机中育先机、于变局中开新局，保持了经济持续健康发展和社会大局稳定。

从国家安全形势看总体上是好的，党中央领导坚强有力，全党"四个意识""四个自信""两个维护"显著增强，意识形态领域态势积极健康向上，经济保持着稳中求进的态势，全国各族人民同心同德、斗志昂扬，社会大局保持稳定。但是面对外部环境的深刻变化和中国改革发展稳定面临的新情况、新问题、新挑战，必须始终保持高度警惕。坚持底线思维，增强忧患意识，提高防控能力，着力防范化解重大风险，保持经济持续健康发展和社会大局稳定。

——在防范化解政治、意识形态领域风险方面。各级党委和政府要坚决贯彻总体国家安全观，落实党中央关于维护政治安全的各项要求，确保中国政治安全。要持续巩固壮大主流舆论强势，加大舆论引导力度，加快建立网络综合治理体系，推进依法治网。要高度重视对青年一代的思想政治工作，完善思想政治工作体系，不断创新思想政治工作内容和形式，教育引导广大青年形成正确的世界观、人生观、价值观，增强中国特色社会主义道路、理论、制度、文化自信，确保青年一代成为社会主义建设者和接班人。

——在防范化解经济领域风险方面。中国既要保持战略定力，推动我国经济发展沿着正确方向前进；又要增强忧患意识，未雨绸缪，精准研判、妥善应对经济领域可能出现的重大风险。各地区各部门要平衡好稳增长和防风险的关系，把握好节奏和力度。要稳妥实施房地产市场平稳健康发展长效机制方案。要加强市场心理分析，做好政策出台对金融市场影响的评估，善于引导预期。要加强市场监测，加强监管协调，及时消除隐患。要切实解决中小微企业融资难融资贵问题，加大援企稳岗力度，落实好就业优先政策。要加大力度妥善处理"僵尸企业"处置中启动难、实施难、人员安置难等问题，加快推动市场出清，释放大量沉淀资源。各地区各部门要采取有效措施，做好稳就业、稳金融、稳外贸、稳外资、稳投资、稳预期工作，保持经济运行在合理区间。

——在防范化解科技领域风险方面。要加强体系建设和能力建设，完善国家创新体系，解决资源配置重复、科研力量分散、创新主体功能定位不清晰等突出问题，提高创新体系整体效能。要加快补短板，建立自主创新的制度机制优势。要加强重大创新领域战略研判和前瞻部署，抓紧布局国家实验室，重组国家重点实验室体系，建设重大创新基地和创新平台，完善产学研协同创新机制。要强化事关国家安全和经济社会发展全局的重大科技任务的统筹组织，强化国家战略科技力量建设。要加快科技安全预警监测体系建设，围绕人工智能、基因编辑、医疗诊断、自动驾驶、无人机、服务机器人等领域，加快推进相关立法工作。

——在防范化解社会领域风险方面。要切实落实保安全、护稳定各项措施，下大气力解决好人民群众切身利益问题，全面做好就业、教育、社会保障、医药卫生、食品安全、安全生产、社会治安、住房市场调控等各方面工作，不断增强人民群众获得感、幸福感、安全感。要坚持保障合法权益和打击违法犯罪两手都要硬、都要快。对涉众型经济案件受损群体，要坚持把防范打击犯罪同化解风险、维护稳定统筹起来，做好控赃控人、资产返还、教育疏导等工作。要继续推进扫黑除恶专项斗争，紧盯涉黑涉恶重大案件、黑恶势力经济基础、背后"关系网""保护伞"不放，在打防并举、标本兼治上下功夫。要创新完善立体化、信息化社会治安防控体系，保持对刑事犯罪的高压震慑态势，增强人民群众安全感。要推进社会治理现代化，推广依靠群众维护社会稳定的"枫桥经验"，健全平安建设社会协同机制，从源头上提升维护社会稳定能力和水平。

——在防范化解外部环境领域风险方面。要统筹国内国际两个大局、发展安全两件大事，既聚焦重点、又统揽全局，有效防范各类风险连锁联动。要加强海外利益保护，确保海外重大项目和人员机构安全。要完善共建"一带一路"安全保障体系，坚决维护主权、安全、发展利益，为中国改革发展稳定营造良好外部环境。

——在防范化解党的建设领域风险方面。党的十八大以来，全面从严治党清除了党内存在的严重隐患，成效是显著的，但这并不意味着我们可以高枕无忧了。党面临的长期执政考验、改革开放考验、市场经济考验、外部环境考验具有长期性和复杂性，党面临的精神懈怠危险、能力不足危险、脱离群众危险、消极腐败危险具有尖锐性和严峻性，这是根据实际情况作出的大判断。全党要增强"四个意识"、坚定"四个自信"、做到"两个维护"，自觉在思想上政治上行动上同党中央保持高度一致，自觉维护党的团结统一，严守党的政治纪律和政治规矩，始终保持同人民的血肉联系。中华民族正处在伟大复兴的关键时期，中国改革发展正处在克难攻坚、闯关夺隘的重要阶段，迫切需要锐意进取、奋发有为、关键时顶得住的干部。反腐败斗争取得了压倒性胜利，还没有取得彻底胜利。反腐败斗争形势依然严峻复杂，零容忍的决心丝毫不能动摇，打击腐败的力度丝毫不能削减,必须以永远在路上的坚韧和执着,坚决打好反腐败斗争攻坚战、持久战。

八、全面建设社会主义现代化国家开新局

明确我国新发展阶段的历史方位

历史的画卷总是在前后相继中铺展,时代的华章总是在接续奋斗中书写。为了建成社会主义现代化强国、实现中华民族伟大复兴这一中华民族的最高利益和根本利益,中国共产党在不懈探索实践中确立了"两个一百年"奋斗目标,明确了新时代中国特色社会主义发展的战略安排。

2020年10月29日,党的十九届五中全会提出,全面建成小康社会、实现第一个百年奋斗目标之后,中国要乘势而上开启全面建设社会主义现代化国家新征程、向第二个百年奋斗目标进军,这标志着中国进入了一个新发展阶段。2021年1月11日,习近平在省部级主要领导干部学习贯彻十九届五中全会精神专题研讨班开班式上发表重要讲话,强调进入新发展阶段,明确了中国发展的历史方位。

历史方位和发展阶段就是实际,就是国情,就是趋势。习近平强调,正确认识党和人民事业所处的历史方位和发展阶段,是中共明确阶段性中心任务、制定路线方针政策的根本依据,也是中共领导革命、建设、改革不断取得胜利的重要经验。

——新发展阶段是社会主义初级阶段中的一个阶段。社会主义初级阶段不仅是一个长期历史过程,而且是需要划分为不同历史阶段的过程。1959年底至1960年初,毛泽东在读苏联《政治经济学教科书》时就提出:"社会主义这个阶段,又可能分为两个阶段,第一个阶段是不发达的社会主义,第二个阶段是比较发达的社会主义。后一阶段可能比前一阶段需要更长的时间。"[1] 1987年,邓小平讲:"社会主义本身是共产主义的初级阶段,而我们中国又处在社会主义的初级阶段,就是不发达的阶段。一切都要从这个实际出发,根据这个实际来制订规划。"[2] 今天中国所处的新发展阶段,就是社会主义初级阶段中的一个阶段,同时又是经过几十年积累、站到新的起点上的一个新阶段。经过改革开放40多年的不懈奋斗,

---

[1]《毛泽东文集》第八卷,北京:人民出版社,1999年,第116页。
[2]《会见意大利共产党领导人谈话》,《人民日报》1987年8月29日。

中国已拥有开启新征程，实现更高目标的雄厚物质基础，未来30年将是中国完成这个历史宏愿的新发展阶段。

——新发展阶段是中国社会主义发展进程中的一个重要阶段。1992年，邓小平说："我们搞社会主义才几十年，还处在初级阶段。巩固和发展社会主义制度，还需要一个很长的历史阶段，需要我们几代人、十几代人，甚至几十代人坚持不懈地努力奋斗，决不能掉以轻心。"[①] 邓小平当年说这个话，主要是从政治上讲的，强调的是在当时中国经济基础薄弱的条件下，需要很长时间的艰苦奋斗才能实现现代化，同时强调即使实现了现代化，要把中国社会主义制度世世代代坚持下去，仍然要一以贯之地把巩固和发展社会主义制度的问题解决好，不可能一劳永逸。毛泽东说过："一切事物总是有'边'的。事物的发展是一个阶段接着一个阶段不断地进行的，每一个阶段也是有'边'的。不承认'边'，就是否认质变或部分质变。"[②] 社会主义初级阶段不是一个静态、一成不变、停滞不前的阶段，也不是一个自发、被动、不用费多大气力自然而然就可以跨过的阶段，而是一个动态的、积极有为的、始终洋溢着蓬勃生机活力的过程，是一个阶梯式递进、不断发展进步、日益接近质的飞跃的量的积累和发展变化的过程。全面建设社会主义现代化国家、基本实现社会主义现代化，既是社会主义初级阶段中国发展的要求，也是中国社会主义从初级阶段向更高阶段迈进的要求。

立足新发展阶段，既要把握实践发展的连续性，又要把握时代发展的阶段性，既要抓住国内外环境深刻变化带来的新机遇，又要准备迎接一系列新挑战，确保全面建设社会主义现代化国家开好局、起好步。

全面贯彻新发展理念推动高质量发展

理念是行动的先导。发展理念是否对头，从根本上决定着发展成效乃至成败。党的十八大以来，党中央对经济形势进行科学判断，对经济社会发展的理念和思路作出及时调整。2015年10月，在十八届五中全会上，习近平明确提出并系统论述了"创新、协调、绿色、开放、共享"五种新发展理念。正是在"五位一体"新发展理念的引领下，推动了中国经济社会的高质量发展，取得历史性成就、发生历史性变革，展现出应对风险挑战的韧性。

---

① 《邓小平关于建设有中国特色社会主义的论述专题摘编》，北京：中央文献出版社，1992年，第28页。
② 《毛泽东文集》第八卷，北京：人民出版社，1999年，第108页。

——坚持创新发展。创新是引领发展的第一动力。发展动力决定发展速度、效能、可持续性。坚持创新发展，是应对发展环境变化、增强发展动力、把握发展主动权，更好引领新常态的根本之策。把创新摆在国家发展全局的核心位置，推动中国深入实施创新驱动发展战略，重大科技成果竞相涌现。世界知识产权组织发布的2020全球创新指数报告显示，中国的专利、实用新型、创意产品出口等重要指标均名列前茅。2019年中国研发投入强度达2.23%，全球创新指数排名从2015年第29位升至第14位。2020年前11个月，中国高技术制造业增加值同比增长6.4%，明显快于规模以上工业的增长；高技术产业投资同比增长11.8%，继续保持较快增长。从2012年到2021年，天宫、蛟龙、天眼、悟空、墨子、大飞机等重大创新成果竞相涌现，嫦娥四号在人类历史上第一次登陆月球背面，长征五号遥三运载火箭成功发射，雪龙2号首航南极，北斗导航全球组网进入冲刺期，5G商用加速推出，北京大兴国际机场"凤凰展翅"……中国科技实力正在从量的积累迈向质的飞跃，从点的突破迈向系统能力提升，创新型国家建设取得了重大进步。

——坚持协调发展。协调既是发展手段，又是发展目标，同时还是评价发展的标准和尺度。2015年，中央政治局会议审议通过《京津冀协同发展规划纲要》。2016年，中央政治局审议通过《关于经济建设和国防建设融合发展的意见》《长江经济带发展规划纲要》。2018年，《河北雄安新区规划纲要》出台。2019年，《粤港澳大湾区发展规划纲要》《长江三角洲区域一体化发展规划纲要》出台。自2015年新发展理念提出以来，中国坚持统筹兼顾，推动区域协调发展、城乡协调发展，物质文明和精神文明协调发展，经济建设和国防建设融合发展，取得一系列重大成果。十年间，中国的城镇化率由53.1%上升到了64.7%，城乡居民人均可支配收入之比或者说差距由2.88∶1降低到了2.5∶1。居民收入基尼系数由0.474降低到了0.466，基本公共服务均等化扎实推进，区域发展的平衡性、协调性和优势互补性持续增强。

——坚持绿色发展。绿色发展，其要义是要解决好人与自然和谐共生问题。习近平高度重视生态文明建设，把生态文明建设摆在党和国家事业发展全局中的重要位置，从提出山水林田湖草是"生命共同体"到绿色发展理念融入生产生活，再到经济发展与生态改善实现良性互动，中国生态文明建设取得显著成效。"绿水青山就是金山银山"的理念，成为全党全社会的共识和行动。截至2019年底，单位GDP二氧化碳排放较2005年降低48.1%，已提前完成2020年下降40%～45%的目标。2020年前9个月，可再生能源发电量同比增长约6.5%；全国共有46个重点城市7700多万户家庭实行了生活垃圾分类，绿色生活方式正在成为新风尚。2019年，全国337个地级及以上城市空气质量优良天数比例达到 82%，地表水质量达到或好于Ⅲ类水体比例达 74.9%。随着我国建立起一整套生态文明制度体系，实行最严格的生态环境保护制度，建立健全生态环保督察制度，全面建立资源高效利用制度，中国生态环境状况实现历史性转折，雾霾天气和黑臭水体越来越少，蓝天白云、绿水青山越来越多。植树造林占全球人工造林的 1/4 左右，单位 GDP 二氧化碳排放量累计下降了约 34%，风电、光伏发电等绿色电力的装机容量和新能源汽车产销量都居于世界第一。中国推动达成了巴黎协定，明确提出力争 2030 年前实现碳达峰、2060 年前实现碳中和，为国际社会合作应对气候变化、推进全球环境治理作出了重要贡献。

——坚持开放发展。开放是国家繁荣发展的必由之路。习近平强调，人类社会要持续进步，各国就应该坚持要开放不要封闭，要合作不要对抗，要共赢不要独占，中国坚定不移实行对外开放，坚持打开国门搞建设。2019 年，中国对外直接投资流量蝉联全球第二，存量保持全球第三，投资覆盖全球 188 个国家和地区。从 2012 年到 2021 年，中国对外开放广度和深度得到了全面拓展。商品出口占国际市场的份额由 11% 上升到 15%，货物贸易第一大国的地位得到了增强。中国全面实行外商投资准入前国民待遇加负面清单管理制度，利用外资的规模不断扩大。中国积极构建高标准自由贸易区网络，对外签署的自由贸易协定数由 10 个增加到了 19 个。中国部署建设了 21 个自贸试验区和海南自由贸易港，打造了一系列对外开放的新高地、试验田，形成了全方位、高水平对外开放的新格局。

——坚持共享发展。共享理念实质就是坚持以人民为中心的发展思想。习近平强调，要让广大人民群众共享改革发展成果，既要不断把"蛋糕"做大，又要不断把做大的"蛋糕"分好，使全体人民在共建共享发展中有更多获得感，增强发展动力、增进人民团结，朝着共同富裕方向稳步前进。2016 年至 2019 年全国棚户区改造开工累计 2157 万套。2019 年，九年义务教育巩固率达 94.8%，高等教育毛入学率超过 50%，劳动年龄人口平均受教育年限为 10.7 年。从 2012 年到 2021 年，在经济总量上，中国 GDP 占世界经济比重从九年前的 11.4% 提高到 18% 还要多，总量超过美国经济的 70%，是排名第三的日本的近三倍。中国历史性地解决了困扰中华民族几千年的绝对贫困问题，近 1 亿农村贫困人口全部脱贫，为世界减贫事业作出了巨大贡献。中国建成了世界上规模最大的教育体系、社会保障体系和医疗卫生体系，人均预期寿命由 75.4 岁提高到了 77.9 岁，单位国内生产总值生产安全事故死亡人数下降了 83.8%，人民生活水平和质量不断提高，人民群众的生命安全得到了更好的保护，中国安全发展的意识和能力得到了明显提高。

十九届五中全会通过的关于"十四五"的《规划建议》，将"坚持新发展理念"

作为"十四五"时期经济社会发展必须遵循的一条原则。迈好"十四五"时期中国发展第一步,至关重要。为此,中央提出"五个必须"做到:

——必须要统一思想、协调行动、开拓前进。无论是中央层面还是部门层面,无论是省级层面还是省以下各级层面,在贯彻落实中都要完整把握、准确理解、全面落实,把新发展理念贯彻到经济社会发展全过程和各领域。要抓住主要矛盾和矛盾的主要方面,切实解决影响构建新发展格局、实现高质量发展的突出问题,切实解决影响人民群众生产生活的突出问题。创新发展、协调发展、绿色发展、开放发展、共享发展,在工作中都要予以关注,使之协同发力、形成合力,不能畸轻畸重,不能以偏概全。从中央层面来说,要从规划设计、宏观指导、政策法律、财政投入、工作安排等方面对全党全国作出指导,抓好关键环节,通过重点突破带动贯彻新发展理念整体水平提升,从全局上不断提高全党全国贯彻落实新发展理念的能力和水平。各部门既要按照自身职责抓好新发展理念涉及本部门的重点工作,也要综合考虑本部门工作对全党全国贯彻新发展理念的作用和影响。各地区要根据自身条件和可能,既全面贯彻新发展理念,又抓住短板弱项来重点推进,不能脱离实际硬干,更不要为了出政绩不顾条件什么都想干。

——必须更加注重共同富裕问题。十九届五中全会提出了"全体人民共同富裕取得更为明显的实质性进展"的目标。这就要求始终把满足人民对美好生活的新期待作为发展的出发点和落脚点,在实现现代化过程中不断地、逐步地解决好这个问题。要自觉主动解决地区差距、城乡差距、收入差距等问题,坚持在发展中保障和改善民生,统筹做好就业、收入分配、教育、社保、医疗、住房、养老、扶幼等各方面工作,更加注重向农村、基层、欠发达地区倾斜,向困难群众倾斜,促进社会公平正义,让发展成果更多更公平惠及全体人民。促进全体人民共同富裕是一项长期任务,也是一项现实任务,必须摆在更加重要的位置。

——必须把改革推向深入。既要以新发展理念指导引领全面深化改革,又要通过深化改革为完整、准确、全面贯彻新发展理念提供体制机制保障。十八届三中全会以来,中国主要领域改革主体框架基本确立,现在要把着力点放到围绕完整、准确、全面贯彻新发展理念,加强系统集成、精准施策上来。要在已有改革基础上,立足贯彻新发展理念、构建新发展格局,坚持问题导向,围绕增强创新能力、推动平衡发展、改善生态环境、提高开放水平、促进共享发展等重点领域和关键环节,继续把改革推向深入,更加精准地出台改革方案,更加全面地完善制度体系。

——必须坚持系统观念。统筹国内国际两个大局,统筹"五位一体"总体布局和"四个全面"战略布局,加强前瞻性思考、全局性谋划、战略性布局、整体性推进。要统筹中华民族伟大复兴战略全局和世界百年未有之大变局，立足国内，放眼世界，深刻认识错综复杂的国际局势对中国的影响，既保持战略定力又善于积极应变，既集中精力办好自己的事，又积极参与全球治理，为国内发展创造良好环境。要统筹新冠肺炎疫情防控和经济社会发展，毫不放松抓好"外防输入、内防反弹"工作，确保不出现规模性输入和反弹。要统筹发展和安全，善于预见和预判各种风险挑战，做好应对各种"黑天鹅""灰犀牛"事件的预案，不断增强发展的安全性。

——必须坚持党的全面领导和党中央集中统一领导。要把党中央关于贯彻新发展理念的要求落实到工作中去，只有站在政治的高度，才能对党中央的大政方针和决策部署领会更透彻，工作起来才能更有预见性和主动性。各级领导干部特别是高级干部要不断提高政治判断力、政治领悟力、政治执行力，对"国之大者"了然于胸，把贯彻党中央精神体现到谋划重大战略、制定重大政策、部署重大任务、推进重大工作的实践中去，经常对表对标，及时校准偏差。

从实施国民经济和社会发展第十四个五年规划开始，"我国已转向高质量发展阶段"。高质量发展是体现新发展理念的发展，是满足人民日益增长的对美好生活需要的发展，是以安全为前提的发展。推动高质量发展，一是为全面建设社会主义现代化国家提供更为坚实物质基础；二是为全面建设社会主义现代化国家提供基本路径；三是为推动现代化建设行稳致远提供重要保障，确保现代化建设成为不断满足人民对美好生活需要的根本支撑。着力推动高质量发展，就是以推动高质量发展为主题，把实施扩大内需战略同深化供给侧结构性改革有机结合起来，增强国内大循环内生动力和可靠性，提升国际循环质量和水平，加快建设现代化经济体系，着力提高全要素生产率，着力提升产业链供应链韧性和安全水平，着力推进城乡融合和区域协调发展，推动经济实现质的有效提升和量的合理增长。

乘风破浪潮头立，扬帆起航正当时。在以习近平同志为核心的党中央坚强领导下，中国必须完整、准确、全面贯彻新发展理念，着力推进经济社会的高质量发展，为全面建设社会主义现代化国家开好局、起好步提供有力保证。

国内大循环为主促进国内国际双循环

2020年9月1日，习近平主持召开中央全面深化改革委员会第十五次会议并发表重要讲话，强调："加快形成以国内大循环为主体、国内国际双循环相互促进的新发展格局，是根据我国发展阶段、环境、条件变化作出的战略决策，是事关全局的系统性深层次变革。"[①]2020年10月,十九届五中全会通过的《规划建议》提出,要加快构建以国内大循环为主体、国内国际双循环相互促进的新发展格局。这是对"十四五"和未来更长时期中国经济发展战略、路径作出的重大调整完善,是着眼于中国长远发展和长治久安作出的重大战略部署,对于我国实现更高质量、更有效率、更加公平、更可持续、更为安全的发展,对于促进世界经济繁荣,都会产生重要而深远的影响。

2021年是中国构建新发展格局的起步之年,面对复杂严峻的国际环境和国内疫情散发等多重考验,在以习近平同志为核心的党中央坚强领导下,各地区各部门认真贯彻落实中共中央、国务院决策部署,坚持稳中求进工作总基调,科学统筹疫情防控和经济社会发展,积极打通经济循环卡点堵点,中国经济持续恢复发展,主要经济指标运行在合理区间,构建新发展格局迈出新步伐,高质量发展取得新成效,实施"十四五"规划开局良好。

第一,中国经济发展和疫情防控保持全球领先地位。

2021年,中国国内生产总值达到114.4万亿元,突破110万亿元,稳居世界第二,占全球经济的比重预计超过18%;GDP从101.6万亿元增加到114.4万亿元,这个增量相当于世界上一个较大的主要经济体一年的经济总量;GDP增速达到8.1%,在全球主要经济体中名列前茅,其中第一、二、三产业增加值分别增长7.1%、8.2%、8.2%,呈现出较为均衡的恢复发展态势;中国人均国内生产总值达到80976元,按年平均汇率折算,达12551美元,突破了1.2万美元。

2021年,中国在疫情防控方面,严格落实人、物、环境同防措施,最大限度遏制疫情通过口岸传播,精准有序落实分区分级防控措施。持续推进疫苗和药物研发,全力保障疫苗生产供应,截至2021年12月31日,累计报告接种疫苗28.4亿剂次,其中已完成全程接种超过12亿人,中国是全球主要经济体中疫苗接种人数最多的国家。同时,中国已累计向国际社会提供了约3720亿只口罩,超过42亿件防护服,84亿人份检测试剂,向120多个国家和国际组织提供了超过20亿剂新冠肺炎疫苗,成为对外提供疫苗最多的国家。

第二,供给体系韧性持续提升。

面对新冠肺炎疫情冲击影响,中国不断推动产业高质量发展、加快发展现代产业体系,中国供给体系韧性得到进一步提升。

——粮食产量再创新高,农产品生产供应能力显著增强。2021年,全国及时有力做好洪涝、台风、干旱等自然灾害应对,农业生产再获丰收,中国粮食

---

① 《习近平主持召开中央全面深化改革委员会第十五次会议并发表重要讲话》,新华网2020年9月1日。

总产量达到68285万吨，比上年增加1336万吨，增长2.0%。谷物、籽棉、花生、肉类、茶叶、水果产量均居世界第一。猪肉生产保持较快增长，全年猪牛羊禽肉产量8887万吨，比上年增长16.3%；其中，猪肉产量5296万吨，增长28.8%。

——工业生产持续发展，主要工业产品产量继续位居世界前列。2021年，全国规模以上工业增加值比上年增长9.6%，两年平均增长6.1%。分产品看，新能源汽车、工业机器人、集成电路、微型计算机设备产量分别增长145.6%、44.9%、33.3%、22.3%。中国粗钢、汽车、微型计算机设备、手机等220多种主要产品产量均为世界第一，显示了强大的工业生产能力。中国全社会研究与试验发展（R&D）经费支出比上年增长14.2%，延续了"十三五"以来两位数以上的增长态势。"天问一号"探测器成功着陆火星，"神舟十二号"载人航天任务取得圆满成功，"神舟十三号"载人飞船发射成功，中国创新驱动发展成果丰硕。

——服务业延续稳定恢复态势，部分领域实现较快增长。2021年。中国保持服务业恢复性增长态势。服务业增加值占国内生产总值比重为53.3%，对经济增长贡献率达到了54.9%，比第二产业高16.5个百分点。分行业看，信息传输、软件和信息技术服务业，住宿和餐饮业，交通运输、仓储和邮政业增加值比上年分别增长17.2%、14.5%、12.1%。全年全国服务业生产指数比上年增长13.1%，两年平均增长6.0%。

第三，国内大循环主体地位不断增强。

2021年，中国加快培育完整内需体系，内需对经济增长的拉动作用凸显。最终消费支出、资本形成总额分别拉动经济增长5.3个、1.1个百分点，内需对经济增长的贡献率达79.1%，比上年提高4.4个百分点。

——市场销售规模扩大，居民消费在持续恢复中稳步升级。中国完善消费场所常态化疫情防控举措，释放消费潜力、全面促进消费，全年社会消费品零售总额440823亿元，全年社会消费品零售总额增长12.5%，两年平均增长3.9%。升级类消费需求持续释放，限额以上单位金银珠宝类、文化办公用品类商品零售额分别增长29.8%、18.8%。加快培育新型消费，全年全国网上零售额130884亿元，比上年增长14.1%。

——固定资产投资保持增长,制造业投资增势较好。中国有序实施"十四五"规划《纲要》102项重大工程项目，强化重大项目要素保障，积极扩大有效投资，全年全国固定资产投资（不含农户）544547亿元，比上年增长4.9%；两年平均增长3.9%。分领域看，基础设施投资增长0.4%，制造业投资增长13.5%，房地产开发投资增长4.4%。支持制造业投资、民间投资加快恢复，开展基础设施领域不动产投资信托基金（REITs）试点，民间投资307659亿元，增长7.0%，占全部投资的 56.5%。

第四，国内国际双循环不断提质增效。

面对复杂严峻的国际形势，中国坚定不移扩大开放，外贸外资向好势头不断巩固，2021 年，中国货物和服务净出口拉动经济增长 1.7 个百分点，对经济增长的贡献率达到 20.9%。

——进出口继续保持快速增长。2021 年，中国成功举办进博会、广交会、服贸会、消博会等重大展会，对外贸易较快增长，以人民币计价的全年货物进出口总额 391009 亿元，比上年增长 21.4%。其中，出口 217348 亿元，增长 21.2%；进口 173661 亿元，增长 21.5%；贸易顺差 43687 亿元。中国以美元计价的货物进出口总额首次突破 6 万亿美元，创历史新高；增长 30%，增速创 2011 年以来新高。其中，一般贸易进出口增长 24.7%，占进出口总额的比重为 61.6%，比上年提高 1.6 个百分点。民营企业进出口增长 26.7%，占进出口总额的比重为 48.6%，比上年提高 2 个百分点。

——利用外资规模再创新高。2021 年，中国继续缩减外商投资准入负面清单，提升跨境贸易投资便利化水平，一批重大标志性项目取得积极进展，2021 年中国实际使用外资达到 1.15 万亿元人民币，位居世界第二，较 2012 年增长 62.9%。中欧班列扩量增效，全年开行 1.5 万列，增长 22%。

第五，居民就业收入得到较好保障。

2021 年，中国坚定实施就业优先政策，出台了一系列援企稳岗增收帮扶政策，就业形势保持总体稳定。各级政府加大对灵活就业、新就业形态的支持，加强全方位公共就业服务，实现更加充分更高质量就业，全年城镇新增就业 1269 万人，比上年增加 83 万人。全年全国城镇调查失业率平均值为 5.1%，比上年平均值下降 0.5 个百分点。全年农民工总量 29251 万人，比上年增加 691 万人，增长 2.4%。2021 年，中国着力扩大中等收入群体，促进居民收入稳定增长，全年全国居民人均可支配收入 35128 元，比上年名义增长 9.1%，两年平均名义增长 6.9%；扣除价格因素实际增长 8.1%，两年平均增长 5.1%，与经济增长基本同步。

总起来看，党的十八大特别是党的十九大以来的近十年，在世界经济衰退、国际贸易和投资萎缩，国际金融市场动荡，国际交往受限的外部环境下，中国经济增速达年均 6.5%，连续多年在世界主要经济体中位居前列，成为世界经济增长的主要贡献国；作为世界第二大经济体、第二大消费市场、制造业第一大国、货物贸易第一大国、外汇储备第一大国的地位进一步巩固和提升；人均国内生产总值从 6300 美元提升至 12551 美元，高于全球平均水平；城镇新增就业累计 1.3 亿人，在世界百年变局与世纪疫情叠加的形势下，城镇新增就业年均仍超过 1100 万人；国际收支保持基本平衡，进出口贸易规模从 3.8 万亿美元增长到超过6万亿美元，外汇储备规模稳定保持在3万亿美元以上。同时，中国历史性地解决了绝对贫困问题，近千万生活在"一方水土难养一方人"地方的建档立卡贫困人口实现易地扶贫搬迁，现行标准下9899万农村贫困人口全部脱贫；基本建成世界上规模最大的社会保障体系，在中华大地上全面建成小康社会，国家经济实力、科技实力、综合国力跃上新台阶，中华民族迎来从站起来、富起来到强起来的伟大飞跃。

明者因时而变，知者随事而制。从长远看，经济全球化仍是历史潮流，各国分工合作、互利共赢是长期趋势。中国站在历史正确的一边，加快形成以国内大循环为主体、国内国际双循环相互促进的新发展格局，是坚持深化改革、扩大开放，推动建设开放型世界经济的负责任之举，体现了中国应对风险挑战的信心和底气，彰显了中国推动世界经济发展的智慧和担当。

规划"两个一百年"奋斗目标的有机衔接

科学把握我国现代化建设长期性与发展阶段性的辩证关系，把短期、中期、长期发展目标衔接协调统一起来，始终做到分阶段、有步骤地推进，这是推进社会主义现代化建设的一条成功经验。从全面建成小康社会到基本实现现代化，再到全面建成社会主义现代化强国，是新时代中国特色社会主义发展的战略安排。这一战略安排分两步推进，是环环相扣、依次递进的两个发展阶段。从全面建成小康社会到2035年基本实现社会主义现代化，需要15年时间、制定和实施3个五年规划。十九届五中全会通过的《规划建议》《规划纲要》将"十四五"规划与2035年远景目标统筹考虑，提出了"十四五"时期经济社会发展主要目标。2021—2025年，是开启全面建设社会主义现代化国家新征程、向第二个百年奋斗目标进军的第一个五年，具有承前启后、继往开来的战略意义，必须开好局、起好步。这就需要准确把握《规划纲要》提出的"十四五"时期经济社会发展的主要目标要求。

——经济发展取得新成效。发展是解决中国一切问题的基础和关键，发展必须坚持新发展理念，在质量效益明显提升的基础上实现经济持续健康发展，增长潜力充分发挥，国内市场更加强大，经济结构更加优化，创新能力显著提升，产业基础高级化、产业链现代化水平明显提高，农业基础更加稳固，城乡区域发展协调性明显增强，现代化经济体系建设取得重大进展。

——改革开放迈出新步伐。社会主义市场经济体制更加完善，高标准市场体系基本建成，市场主体更加充满活力，产权制度改革和要素市场化配置改革取得重大进展，公平竞争制度更加健全，更高水平开放型经济新体制基本形成。

——社会文明程度得到新提高。社会主义核心价值观深入人心，人民思想道德素质、科学文化素质和身心健康素质明显提高,公共文化服务体系和文化产业体系更加健全,人民精神文化生活日益丰富,中华文化影响力进一步提升,中华民族凝聚力进一步增强。

——生态文明建设实现新进步。国土空间开发保护格局得到优化,生产生活方式绿色转型成效显著,能源资源配置更加合理、利用效率大幅提高,主要污染物排放总量持续减少,生态环境持续改善,生态安全屏障更加牢固,城乡人居环境明显改善。

——民生福祉达到新水平。实现更加充分更高质量就业,居民收入增长和经济增长基本同步,分配结构明显改善,基本公共服务均等化水平明显提高,全民受教育程度不断提升,多层次社会保障体系更加健全,卫生健康体系更加完善,脱贫攻坚成果巩固拓展,乡村振兴战略全面推进。

——国家治理效能得到新提升。社会主义民主法治更加健全,社会公平正义进一步彰显,国家行政体系更加完善,政府作用更好发挥,行政效率和公信力显著提升,社会治理特别是基层治理水平明显提高,防范化解重大风险体制机制不断健全,突发公共事件应急能力显著增强,自然灾害防御水平明显提升,发展安全保障更加有力,国防和军队现代化迈出重大步伐。

"纷繁世事多元应,击鼓催征稳驭舟"。蓝图已经绘就,前景无比光明。只要全国各族人民撸起袖子加油干,以时不我待、只争朝夕的精神,就一定能够在全面建设社会主义国家新征程上书写波澜壮阔的新史诗、创造举世瞩目的新奇迹!

九、踏上实现第二个百年奋斗目标新征程

总结百年奋斗的重大成就和历史经验

中国共产党自1921年成立以来,始终把为中国人民谋幸福、为中华民族谋复兴作为自己的初心使命,始终坚持共产主义理想和社会主义信念,团结带领全国各族人民为争取民族独立、人民解放和实现国家富强、人民幸福而不懈奋斗,到2021年已经走过一百年光辉历程。党和人民百年奋斗,书写了中华民族几千年历史上最恢宏的史诗,成功走出了一条中国式现代化道路,创造出人类文明新形态,拓展了发展中国家走向现代化的途径。中国式现代化新道路不仅将继续造福中国,推动中国经济的行稳致远和人民福利的持续改善,也将继续惠及世界,为创新全球治理体系、创造人类文明新形态作出重要的历史性贡献。

2021年,在中国共产党百年华诞的重大历史时刻,在"两个一百年"奋斗

目标历史交汇的关键节点，以习近平同志为核心的党中央专门用一次中央全会来全面总结党的百年奋斗重大成就和历史经验，从历史和现实、理论和实践、民族和世界、过去和未来相结合的宽广视野和全局高度，从中国人民、中华民族、马克思主义、人类进步事业和马克思主义政党建设这五个方面，高屋建瓴地概括了中国共产党百年奋斗的历史意义，深刻阐明了中国共产党和中国人民、中华民族的本质关系，深刻揭示了中国共产党和马克思主义、世界社会主义以及人类社会发展的逻辑联系。

中国共产党第十九届中央委员会第六次全体会议，于 2021 年 11 月 8 日至 11 日在北京举行。全会听取和讨论了习近平受中央政治局委托作的工作报告，审议通过了《中共中央关于党的百年奋斗重大成就和历史经验的决议》（以下简称《决议》）。习近平就《决议（讨论稿）》向全会作了说明。

《决议》系统地回顾了中国共产党的百年的历史。

——新民主主义革命时期，党面临的主要任务是，反对帝国主义、封建主义、官僚资本主义，争取民族独立、人民解放，为实现中华民族伟大复兴创造根本社会条件。在革命斗争中，以毛泽东同志为主要代表的中国共产党人，把马克思列宁主义基本原理同中国具体实际相结合，对一系列独创性经验作了理论概括，创立了毛泽东思想，这是马克思主义中国化的第一次历史性飞跃。党领导人民浴血奋战、百折不挠，创造了新民主主义革命的伟大成就，成立中华人民共和国，实现民族独立、人民解放，实现了中国从几千年封建专制政治向人民民主的伟大飞跃。

——社会主义革命和建设时期，党面临的主要任务是，实现从新民主主义到社会主义的转变，进行社会主义革命，推进社会主义建设，为实现中华民族伟大复兴奠定根本政治前提和制度基础。在这个时期，以毛泽东同志为主要代表的中国共产党人，结合新的实际丰富和发展毛泽东思想，提出关于社会主义建设的一系列重要思想。从中华人民共和国成立到改革开放前夕，党领导人民完成社会主义革命，消灭一切剥削制度，实现了中华民族有史以来最为广泛而深刻的社会变革，实现了一穷二白、人口众多的东方大国大步迈进社会主义社会的伟大飞跃。在探索过程中，虽然经历了严重曲折，但党在社会主义革命和建设中取得的独创性理论成果和巨大成就，为在新的历史时期开创中国特色社会主义提供了宝贵经验、理论准备、物质基础。

——改革开放和社会主义现代化建设新时期，党面临的主要任务是，继续探索中国建设社会主义的正确道路，解放和发展社会生产力，使人民摆脱贫困、尽快富裕起来，为实现中华民族伟大复兴提供充满新的活力的体制保证和快速发展的物质条件。党领导人民解放思想、锐意进取，创造了改革开放和社会主义现代化建设的伟大成就，我国实现了从高度集中的计划经济体制到充满活力的社会主义市场经济体制、从封闭半封闭到全方位开放的历史性转变，实现了从生产力相对落后的状况到经济总量跃居世界第二的历史性突破，实现了人民生活从温饱不足到总体小康、奔向全面小康的历史性跨越，推进了中华民族从站起来到富起来的伟大飞跃。这一时期，以邓小平同志为主要代表的中国共产党人，创立了邓小平理论。以江泽民同志为主要代表的中国共产党人，加深了对什么是社会主义、怎样建设社会主义和建设什么样的党、怎样建设党的认识，形成了"三个代表"重要思想；以胡锦涛同志为主要代表的中国共产党人，深刻认识和回答了新形势下实现什么样的发展、怎样发展等重大问题，形成了科学发展观，基本形成中国特色社会主义理论体系，实现了马克思主义中国化新的飞跃。

——开创中国特色社会主义新时代，党面临的主要任务是，实现第一个百年奋斗目标，开启实现第二个百年奋斗目标新征程，朝着实现中华民族伟大复兴的宏伟目标继续前进。以习近平同志为主要代表的中国共产党人，深刻总结并充分运用党成立以来的历史经验，从新的实际出发，创立了习近平新时代中国特色社会主义思想，这是当代中国马克思主义、二十一世纪马克思主义，是中华文化和中国精神的时代精华，实现了马克思主义中国化新的飞跃。以习近平同志为核心的党中央，以伟大的历史主动精神、巨大的政治勇气、强烈的责任担当，统筹国内国际两个大局，贯彻党的基本理论、基本路线、基本方略，统揽伟大斗争、伟大工程、伟大事业、伟大梦想，坚持稳中求进工作总基调，出台一系列重大方针政策，推出一系列重大举措，推进一系列重大工作，战胜一系列重大风险挑战，团结带领人民，攻克了许多长期没有解决的难题，办成了许多事关长远的大事要事，推动党和国家事业取得举世瞩目的重大成就。[1]

《决议》从十三个方面系统梳理了新时代以来中国共产党带领中国人民取得的历史性成就和历史性变革。分领域对党的十八大以来治国理政采取的重大方略、重大工作、重大举措进行了阐述，重点总结其中的原创性思想、变革性实践、突破性进展、标志性成果。

1. 在坚持党的全面领导上，党中央权威和集中统一领导得到有力保证，党的领导制度体系不断完善，党的领导方式更加科学，全党思想上更加统一、政治上更加团结、行动上更加一致，党的政治领导力、思想引领力、群众组织力、社会号召力显著增强。

2. 在全面从严治党上，党的自我净化、自我完善、自我革新、自我提高能

---

[1]《中国共产党第十九届中央委员会第六次全体会议公报》，新华社北京 2021 年 11 月 11 日电。

力显著增强，管党治党宽松软状况得到根本扭转，反腐败斗争取得压倒性胜利并全面巩固，党在革命性锻造中更加坚强。

3. 在经济建设上，我国经济发展平衡性、协调性、可持续性明显增强，国家经济实力、科技实力、综合国力跃上新台阶，我国经济迈上更高质量、更有效率、更加公平、更可持续、更为安全的发展之路。

4. 在全面深化改革开放上，党不断推动全面深化改革向广度和深度进军，中国特色社会主义制度更加成熟更加定型，国家治理体系和治理能力现代化水平不断提高，党和国家事业焕发出新的生机活力。

5. 在政治建设上，积极发展全过程人民民主，我国社会主义民主政治制度化、规范化、程序化全面推进，中国特色社会主义政治制度优越性得到更好发挥，生动活泼、安定团结的政治局面得到巩固和发展。在全面依法治国上，中国特色社会主义法治体系不断健全，法治中国建设迈出坚实步伐，党运用法治方式领导和治理国家的能力显著增强。

6. 在全面依法治国上。首先要坚持依宪治国，坚持依宪执政。坚持依法治国、依法执政、依法行政共同推进，坚持法治国家、法治政府、法治社会一体建设，全面增强全社会尊法学法守法用法意识和能力。中国特色社会主义法治体系不断健全，法治中国建设迈出坚实步伐，党运用法治方式领导和治理国家的能力显著增强。

7. 在文化建设上，我国意识形态领域形势发生全局性、根本性转变，全党全国各族人民文化自信明显增强，全社会凝聚力和向心力极大提升，为新时代开创党和国家事业新局面提供了坚强思想保证和强大精神力量。

8. 在社会建设上，人民生活全方位改善，社会治理社会化、法治化、智能化、专业化水平大幅度提升，发展了人民安居乐业、社会安定有序的良好局面，续写了社会长期稳定奇迹。

9. 在生态文明建设上，党中央以前所未有的力度抓生态文明建设，美丽中国建设迈出重大步伐，我国生态环境保护发生历史性、转折性、全局性变化。

10. 在国防和军队建设上，人民军队实现整体性革命性重塑、重整行装再出发，国防实力和经济实力同步提升，人民军队坚决履行新时代使命任务，以顽强斗争精神和实际行动捍卫了国家主权、安全、发展利益。

11. 在维护国家安全上，国家安全得到全面加强，经受住了来自政治、经济、意识形态、自然界等方面的风险挑战考验，为党和国家兴旺发达、长治久安提供了有力保证。

12. 在坚持"一国两制"和推进祖国统一上，党中央采取一系列标本兼治的举措，坚定落实"爱国者治港""爱国者治澳"，推动香港局势实现由乱到治的重大转折，为推进依法治港治澳、促进"一国两制"实践行稳致远打下了坚实基础；坚持一个中国原则和"九二共识"，坚决反对"台独"分裂行径，坚决反对外部势力干涉，牢牢把握两岸关系主导权和主动权。

13. 在外交工作上，中国特色大国外交全面推进，构建人类命运共同体成为引领时代潮流和人类前进方向的鲜明旗帜，我国外交在世界大变局中开创新局、在世界乱局中化危为机，我国国际影响力、感召力、塑造力显著提升。中国共产党和中国人民以英勇顽强的奋斗向世界庄严宣告，中华民族迎来了从站起来、富起来到强起来的伟大飞跃。

《决议》阐述了中国共产党百年奋斗的历史意义。这就是：党的百年奋斗从根本上改变了中国人民的前途命运，中国人民彻底摆脱了被欺负、被压迫、被奴役的命运，成为国家、社会和自己命运的主人，中国人民对美好生活的向往不断变为现实；党的百年奋斗开辟了实现中华民族伟大复兴的正确道路，中国仅用几十年时间就走完发达国家几百年走过的工业化历程，创造了经济快速发展和社会长期稳定两大奇迹；党的百年奋斗展示了马克思主义的强大生命力，马克思主义的科学性和真理性在中国得到充分检验，马克思主义的人民性和实践性在中国得到充分贯彻，马克思主义的开放性和时代性在中国得到充分彰显；党的百年奋斗深刻影响了世界历史进程，党领导人民成功走出中国式现代化道路，创造了人类文明新形态，拓展了发展中国家走向现代化的途径；党的百年奋斗锻造了走在时代前列的中国共产党，形成了以伟大建党精神为源头的精神谱系，保持了党的先进性和纯洁性，党的执政能力和领导水平不断提高，中国共产党无愧为伟大光荣正确的党。

党的十九届六中全会公报和《决议》一经发布，立即引起全球各大媒体广泛关注，称"中国通过了具有里程碑意义的历史性决议"，认为《决议》"触及其关键成就及未来走向"。许多外媒注意到，这是中国共产党百年历史上，继1945年和1981年之后的第三份历史决议，具有极其重要的政治分量和历史分量；称《决议》是中国进入新时代之后的又一集结号与动员令；认为《决议》深刻揭示了中国共产党成功的原因，并将为中国共产党领导中国实现新的发展繁荣提供行动指南。[①]

深刻把握"两个确立"的决定性意义

面对新时代新形势新任务，中国共产党分别于十八届六中全会确立习近平

[①]《中国共产党百年奋斗的世界意义》，《中国纪检监察报》2021年11月29日。

同志党中央的核心、全党的核心地位，党的十九大确立习近平新时代中国特色社会主义思想在全党的指导思想地位并写入党章。十九届六中全会通过的《决议》，郑重提出"两个确立"的重大政治论断，指出："党确立习近平同志党中央的核心、全党的核心地位，确立习近平新时代中国特色社会主义思想的指导地位，反映了全党全军全国各族人民共同心愿，对新时代党和国家事业发展、对推进中华民族伟大复兴历史进程具有决定性意义。"

在党的十九大报告中将习近平新时代中国特色社会主义思想的理论层面概括为"八个明确"的基础上，十九届六中全会的《决议》用"十个明确"作了进一步概括，集中反映了中国共产党对科学社会主义在当今时代的理论思考和理论贡献。"十个明确"包括以下内容：

——明确中国特色社会主义最本质的特征是中国共产党领导，中国特色社会主义制度的最大优势是中国共产党领导，中国共产党是最高政治领导力量，全党必须增强"四个意识"、坚定"四个自信"、做到"两个维护"；

——明确坚持和发展中国特色社会主义，总任务是实现社会主义现代化和中华民族伟大复兴，在全面建成小康社会的基础上，分两步走在本世纪中叶建成富强民主文明和谐美丽的社会主义现代化强国，以中国式现代化推进中华民族伟大复兴；

——明确新时代中国社会主要矛盾是人民日益增长的美好生活需要和不平衡不充分的发展之间的矛盾，必须坚持以人民为中心的发展思想，发展全过程人民民主，推动人的全面发展、全体人民共同富裕取得更为明显的实质性进展；

——明确中国特色社会主义事业总体布局是经济建设、政治建设、文化建设、社会建设、生态文明建设五位一体，战略布局是全面建设社会主义现代化国家、全面深化改革、全面依法治国、全面从严治党四个全面；

——明确全面深化改革总目标是完善和发展中国特色社会主义制度、推进国家治理体系和治理能力现代化；

——明确全面推进依法治国总目标是建设中国特色社会主义法治体系、建设社会主义法治国家；

——明确必须坚持和完善社会主义基本经济制度，使市场在资源配置中起决定性作用，更好发挥政府作用，把握新发展阶段，贯彻创新、协调、绿色、开放、共享的新发展理念，加快构建以国内大循环为主体、国内国际双循环相互促进的新发展格局，推动高质量发展，统筹发展和安全；

——明确党在新时代的强军目标是建设一支听党指挥、能打胜仗、作风优良的人民军队，把人民军队建设成为世界一流军队；

——明确中国特色大国外交要服务民族复兴、促进人类进步，推动建设新型国际关系，推动构建人类命运共同体；

——明确全面从严治党的战略方针，提出新时代党的建设总要求，全面推进党的政治建设、思想建设、组织建设、作风建设、纪律建设，把制度建设贯穿其中，深入推进反腐败斗争，落实管党治党政治责任，以伟大自我革命引领伟大社会革命。

这"十个明确"所涵盖的战略思想和创新理念，是中国共产党对中国特色社会主义建设规律认识深化和理论创新的重大成果。

习近平新时代中国特色社会主义思想在实践层面的展开，是"十四个坚持"的基本原则，涵盖坚持党的领导和"五位一体"总体布局、"四个全面"战略布局；涵盖国防和军队建设、维护国家安全、对外战略；涵盖此前提出的党的基本纲领、基本经验、基本要求，是对中国共产党治国理政重大方针、基本原则的最新概括，是实现"两个一百年"奋斗目标、实现中华民族伟大复兴中国梦的实践要求。"十四个坚持"分别是：

——坚持党对一切工作的领导。党政军民学，东西南北中，党是领导一切的。必须增强政治意识、大局意识、核心意识、看齐意识，自觉维护党中央权威和集中统一领导，自觉在思想上政治上行动上同党中央保持高度一致，完善坚持中共领导的体制机制，坚持稳中求进工作总基调，统筹推进"五位一体"总体布局，协调推进"四个全面"战略布局，提高党把方向、谋大局、定政策、促改革的能力和定力，确保党始终总揽全局、协调各方。

——坚持以人民为中心。人民是历史的创造者，是决定党和国家前途命运的根本力量。必须坚持人民主体地位，坚持立党为公、执政为民，践行全心全意为人民服务的根本宗旨，把新时代的群众路线贯彻到治国理政全部活动之中，把人民对美好生活的向往作为奋斗目标，依靠人民创造历史伟业。

——坚持全面深化改革。只有社会主义才能救中国，只有改革开放才能发展中国、发展社会主义、发展马克思主义。必须坚持和完善中国特色社会主义制度，不断推进国家治理体系和治理能力现代化，坚决破除一切不合时宜的思想观念和体制机制弊端，突破利益固化的藩篱，吸收人类文明有益成果，构建系统完备、科学规范、运行有效的制度体系，充分发挥中国社会主义制度优越性。

——坚持新发展理念。发展是解决中国一切问题的基础和关键，发展必须是科学发展，必须坚定不移贯彻创新、协调、绿色、开放、共享的发展理念。必须坚持和完善中国社会主义基本经济制度和分配制度，毫不动摇巩固和发展公有制经济，毫不动摇鼓励、支持、引导非公有制经济发展，使市场在资源配置中起决定性作用，更好发挥政府作用，推动新型工业化、信息化、城镇化、农业现代化同步发展，主动参与和推动经济全球化进程，发展更高层次的开放型经济，不断壮大中国经济实力和综合国力。

——坚持人民当家作主。坚持党的领导、人民当家作主、依法治国有机统一是社会主义政治发展的必然要求。必须坚持中国特色社会主义政治发展道路，坚持和完善人民代表大会制度、中国共产党领导的多党合作和政治协商制度、民族区域自治制度、基层群众自治制度，巩固和发展最广泛的爱国统一战线，发展社会主义协商民主，健全民主制度，丰富民主形式，拓宽民主渠道，保证人民当家作主落实到国家政治生活和社会生活之中。

——坚持全面依法治国。全面依法治国是中国特色社会主义的本质要求和重要保障。必须把党的领导贯彻落实到依法治国全过程和各方面，坚定不移走中国特色社会主义法治道路，完善以宪法为核心的中国特色社会主义法律体系，建设中国特色社会主义法治体系，建设社会主义法治国家，发展中国特色社会主义法治理论，坚持依法治国、依法执政、依法行政共同推进，坚持法治国家、法治政府、法治社会一体建设，坚持依法治国和以德治国相结合，依法治国和依规治党有机统一，深化司法体制改革，提高全民族法治素养和道德素质。

——坚持社会主义核心价值体系。文化自信是一个国家、一个民族发展中更基本、更深沉、更持久的力量。必须坚持马克思主义，牢固树立共产主义远大理想和中国特色社会主义共同理想，培育和践行社会主义核心价值观，不断增强意识形态领域主导权和话语权，推动中华优秀传统文化创造性转化、创新性发展，继承革命文化，发展社会主义先进文化，不忘本来、吸收外来、面向未来，更好构筑中国精神、中国价值、中国力量，为人民提供精神指引。

——坚持在发展中保障和改善民生。增进民生福祉是发展的根本目的。必须多谋民生之利、多解民生之忧，在发展中补齐民生短板、促进社会公平正义，在幼有所育、学有所教、劳有所得、病有所医、老有所养、住有所居、弱有所扶上不断取得新进展，深入开展脱贫攻坚，保证全体人民在共建共享发展中有更多获得感，不断促进人的全面发展、全体人民共同富裕。建设平安中国，加强和创新社会治理，维护社会和谐稳定，确保国家长治久安、人民安居乐业。

——坚持人与自然和谐共生。建设生态文明是中华民族永续发展的千年大计。必须树立和践行绿水青山就是金山银山的理念，坚持节约资源和保护环境的基本国策，像对待生命一样对待生态环境，统筹山水林田湖草系统治理，实行最严格的生态环境保护制度，形成绿色发展方式和生活方式，坚定走生产发展、生活富裕、生态良好的文明发展道路，建设美丽中国，为人民创造良好生产生活环境，为全球生态安全作出贡献。

——坚持总体国家安全观。统筹发展和安全，增强忧患意识，做到居安思危，是我们党治国理政的一个重大原则。必须坚持国家利益至上，以人民安全为宗旨，以政治安全为根本，统筹外部安全和内部安全、国土安全和国民安全、传统安全和非传统安全、自身安全和共同安全，完善国家安全制度体系，加强国家安全能力建设，坚决维护国家主权、安全、发展利益。

——坚持党对人民军队的绝对领导。建设一支听党指挥、能打胜仗、作风优良的人民军队，是实现"两个一百年"奋斗目标、实现中华民族伟大复兴的战略支撑。必须全面贯彻党领导人民军队的一系列根本原则和制度，确立新时代中共强军思想在国防和军队建设中的指导地位，坚持政治建军、改革强军、科技兴军、依法治军，更加注重聚焦实战，更加注重创新驱动，更加注重体系建设，更加注重集约高效，更加注重军民融合，实现党在新时代的强军目标。

——坚持"一国两制"和推进祖国统一。保持香港、澳门长期繁荣稳定，实现祖国完全统一，是实现中华民族伟大复兴的必然要求。必须把维护中央对香港、澳门特别行政区全面管治权和保障特别行政区高度自治权有机结合起来，确保"一国两制"方针不会变、不动摇，确保"一国两制"实践不变形、不走样。必须坚持一个中国原则，坚持"九二共识"，推动两岸关系和平发展，深化两岸经济合作和文化往来，推动两岸同胞共同反对一切分裂国家的活动，共同为实现中华民族伟大复兴而奋斗。

——坚持推动构建人类命运共同体。中国人民的梦想同各国人民的梦想息息相通，实现中国梦离不开和平的国际环境和稳定的国际秩序。必须统筹国内国际两个大局，始终不渝走和平发展道路、奉行互利共赢的开放战略，坚持正确义利观，树立共同、综合、合作、可持续的新安全观，谋求开放创新、包容互惠的发展前景，促进和而不同、兼收并蓄的文明交流，构筑尊崇自然、绿色发展的生态体系，始终做世界和平的建设者、全球发展的贡献者、国际秩序的维护者。

——坚持全面从严治党。勇于自我革命，从严管党治党，是中共最鲜明的品格。必须以党章为根本遵循，把党的政治建设摆在首位，思想建党和制度治党同向发力，统筹推进党的各项建设，抓住"关键少数"，坚持"三严三实"，坚持民主集中制，严肃党内政治生活，严明党的纪律，强化党内监督，发展积极健康的党内政治文化，全面净化党内政治生态，坚决纠正各种不正之风，以零容忍态度惩治腐败，不断增强党自我净化、自我完善、自我革新、自我提高的能力，始终保持党同人民群众的血肉联系。

理论层面"十个明确"和实践层面"十四个坚持"有机融合、有机统一，凝结着中国共产党坚持和发展中国特色社会主义的经验总结，凝结着以习近平同志为核心的党中央对中国特色社会主义规律性认识的深化、拓展、升华，是习近平新时代中国特色社会主义思想体系的"四梁八柱"，有力撑起了整个体系的宏伟大厦。

党的十九届六中全会《决议》在"两个确立"的基础上,提出要坚决做到"两个维护",即"坚决维护习近平总书记党中央的核心、全党的核心地位,坚决维护党中央权威和集中统一领导"。带头做到"两个维护",是加强中央和国家机关党的建设的首要任务。党的十八大以来,党和国家事业之所以能取得历史性成就,发生历史性变革,最根本的原因,就在于以习近平同志为核心的党中央的坚强领导,就在于习近平新时代中国特色社会主义思想的科学指引。坚决维护习近平总书记党中央的核心、全党的核心地位,坚决维护党中央权威和集中统一领导,是党和国家前途命运所系,是全国各族人民根本利益所在,是最根本的政治纪律和政治规矩,是牢固树立政治意识、大局意识、核心意识、看齐意识,自觉在思想上政治上行动上同党中央保持高度一致的集中体现。

奋力推进中国式现代化建设行稳致远

实现国家现代化,是中国共产党人矢志不移的奋斗目标。中国共产党的成就和贡献,不仅是历史性的,也是世界性的。党领导人民不仅创造了世所罕见的经济快速发展和社会长期稳定两大奇迹,而且成功走出了中国式现代化道路,创造了人类文明新形态。这些前无古人的创举,破解了人类社会发展的诸多难题,摒弃了西方以资本为中心的现代化、两极分化的现代化、物质主义膨胀的现代化、对外扩张掠夺的现代化老路,拓展了发展中国家走向现代化的途径。

在中国式现代化建设过程中,有几个经过艰辛努力和长期奋斗逐步达到的发展指标值得重视。

——迅速推进了城镇化进程。改革开放以来,中国加速推进社会转型,实现了从农业社会向工业社会再向服务业社会的快速发展。土地所有权、承包权、经营权"三权"分置政策,促进了土地流转,扩大了农业的集约经营,提升了种植业、养殖业的机械化程度,以制度创新与科技创新推进农业现代化进程,有效增强农业生产效率,既解决了世界第一人口大国的吃饭问题,将中国人的饭碗稳稳端在自己手中,又将农民从土地上进一步解放出来,推进了中国的城镇化进程。2012—2021年,中国的城镇化率由53.1%上升到64.7%,将世界第一人口大国半数以上的人口带入城市并享受到现代城市文明。在农民进城务工和农民工的市民化进程中,国家以工哺农政策加大了向民间转移支付的力度,活跃了农村经济,缩小了城乡收入差距。城乡居民人均可支配收入之比或者说收入差距由2.88:1降低到2.5:1。居民收入基尼系数由0.474降低到了0.466。决战决胜脱贫攻坚目标任务全面完成,基本公共服务均等化扎实推进。这在相当程度上推进了缩小中国社会工农差别、城乡差别的进程。

——第三产业成为就业主战场推进构建新发展格局。改革开放以来,中国从业人员主体从第一产业转移到第二产业再更多地转移到第三产业。2000年,一二三产业从业人员占比分别为50%,22.5%和27.5%。截至2020年末,三大产业从业人员占比发生了划时代意义的转变,第一产业从业人员降低到23.6%,第二产业从业人员占比稳定在28.7%左右,第三产业从业人员占比上升到47.7%[①],超过3.6亿,全国就业人员达7.5亿。就业人员主体从第一产业向第二产业的转移,在中国建立了世界最为齐全的工业产业链和供应链体系,完成了中国的工业化进程。就业人员主体更多地转移到第三产业,使服务业产值占据了国民经济的半壁江山。服务业的发达程度是一个国家经济社会发展水平的基本标志。服务业的发展关系到满足人们不断提高的物质和精神方面的多样化需要。据国务院新闻办举行的新闻发布会消息,2021年上半年中国服务业增加值达到了29.6万亿元,占国内生产总值的比重从2020年的54.5%提升到了55.7%。[②]为服务贸易高质量发展提供了强大的产业支撑。服务贸易进出口总额逐年增长,占对外贸易总额的比重不断提升,越来越接近世界20%左右的平均水平。服务贸易在中国已成为奋力推进新时代更高水平对外开放的重要动力,也是提高中国在全球产业链价值链中地位的新引擎,助力加快了构建国内国际双循环的新发展格局。

——造就世界最大中等收入群体维护了社会和谐稳定国家长治久安。扩大中等收入群体,关系全面建成小康社会目标的实现,是转方式调结构的必然要求,是维护社会和谐稳定、国家长治久安的必然要求。党的十八大以来,党中央强调要继续"调节过高收入、取缔非法收入、增加低收入者收入、稳步扩大中等收入群体,推动形成橄榄型分配格局,居民收入增长与经济增长基本同步,农村居民收入增速快于城镇居民"。随着国家治理体系和治理能力现代化程度的提升,为人民通过辛勤劳动改变生活面貌源源不断地创造机遇。10年来,以不同口径计算的中等收入群体规模已达4亿~5亿人口。中等收入群体的比重由1/4左右上升到了1/3左右。这一成就的取得,主要经验就是改革开放疏通和拓展了流动渠道。从土地上解放出来的农民及其子弟流动到城市转变为农民工,形成世界上最为庞大的产业工人队伍。户籍制度的改革与基本公共服务的均等化推进,又逐步将农民工转变为城市新市民。高等教育的扩招,在中国形成庞大的高学历就业人口,支撑了整个社会的中产化过程。改革开放以来形成的新社

[①]《2020年人社统计公报发布全国就业人员达7.5亿》,《人民日报》2021年6月4日。
[②] 参见《北京商报》2021年8月17日。

会阶层，是社会主义建设的新主体。中国社会流动渠道的拓展，在促进横向的社会流动的同时，也推动了纵向的社会流动，优化了中国的社会结构，奠定了人心思稳和安定团结的社会基础。中国之所以能够避免其他发展中国家社会转型中的诸多弊端，就在于比较科学地解决了社会流动问题，为社会各个群体和各个阶层都提供了发展机遇。

从党的十八大以来的顶层设计来看，中国式现代化有五个前置词，这就是"富强、民主、文明、和谐、美丽"，与之相对应的是建设"五大文明"，就是要建设社会主义物质文明、政治文明、精神文明、社会文明、生态文明。中国式现代化体现了中国共产党"为中国人民谋幸福、为中华民族谋复兴"的初心使命，体现了社会主义建设规律，也体现了人类社会发展规律。从全面建成小康社会到基本实现现代化，再到全面建成社会主义现代化强国，这就是实现中国式现代化的顶层设计和战略安排。

2022年10月16日，中国共产党第二十次代表大会在北京隆重召开。习近平总书记在党的二十大报告中全面系统深入地阐述了中国式现代化的科学内涵、本质要求和重大原则。强调"中国式现代化，既有各国现代化的特点，更有基于自己国情的中国特色。""中国式现代化的本质要求是，坚持中国共产党领导，坚持中国特色社会主义，实现高质量发展，发展全过程人民民主，丰富人民精神世界，实现全体人民共同富裕，促进人与自然和谐共生，推动构建人类命运共同体，创造人类文明新形态。"这是对中国共产党的现代化理论的一个重大丰富和发展。

报告从五个方面对中国式现代化的中国特色作了阐述。

第一，中国式的现代化是人口规模巨大的现代化。习近平强调，"满足人民日益增长的物质需求，必须抓好经济社会建设，增加社会的物质财富。"中国是世界上第一人口大国、最大发展中国家，如此巨大的人口体量进入现代化，在世界上前所未有。中国的现代化，不是狭小国土规模的现代化，不是稀少人口规模的现代化，不是短暂历史文明的现代化，而是有史以来国土规模、人口规模、文明规模都达到空前规模的现代化，是世界上最大的发展中国家的现代化，是世界上文明历史唯一连续不断的国家的现代化，是世界上人口规模最大的现代化。对如此人口规模的中国而言，脱贫攻坚是底线任务。新中国成立时，中国处于世界上最贫困的国家行列，到1978年，贫困人口规模仍有7.7亿。中国特色社会主义进入新时代，中国大地打响了声势浩大的脱贫攻坚战，9899万农村贫困人口全部脱贫，832个贫困县全部摘帽。与此同时，推进城镇化是中国式现代化的必由之路。新中国成立时，中国绝大部分人口生活在农村，从事农业生产，城镇就业机会匮乏。在推进城镇化过程中，城市面貌焕然一新，创造了大量就业机会，也提高了人民收入，全体人民共享了城镇化成果。改革开放以来，中国经历了世界历史上规模最大、速度最快的城镇化进程，截至2020年末，中国常住人口城镇化率已超过60%。此外，中国式现代化致力于实现人的全面发展、社会全面进步。新中国成立之初，全国80%的人口是文盲，人均预期寿命仅有35岁，社会保障几乎为空白。中国不断推进现代化的过程，也是人口素质显著提升、民生福祉不断增进的过程。当前，中国高等教育毛入学率达到54.4%，人均预期寿命达到77.3岁，建成了世界上规模最大的社会保障体系。中国式现代化道路的开拓，将为社会主义国家、发展中国家、悠久历史国家、人口规模巨大国家、国土规模巨大国家等不同种类的国家提供富有启示的现代化经验。

第二，中国式的现代化是全体人民共同富裕的现代化。习近平指出："共同富裕本身就是社会主义现代化的一个重要目标。"富裕是各国现代化进程中普遍追求的目标，但中国式的现代化追求的是共同富裕。共同富裕是中国特色社会主义的本质要求，改革开放之初，邓小平也强调了共同富裕的问题，提出："社会主义的本质，是解放生产力，发展生产力，消灭剥削，消除两极分化，最终达到共同富裕。"理论和实践均已证明，我们追求的富裕是全体人民共同富裕，是人民群众物质生活和精神生活都富裕，不是少数人的富裕，也不是整齐划一的平均主义，绝不能出现"富者累巨万，而贫者食糟糠"的现象。中国既要做大蛋糕，又要分好蛋糕，在现代化进程中自觉、主动地解决地区差距、城乡差距和收入差距问题，扎实推进共同富裕，坚决防止两极分化，使全体人民共享现代化成果，不仅凸显了中国式现代化的社会主义性质，丰富了人类现代化的内涵，而且为解决人类问题贡献了中国智慧和中国方案。

第三，中国式的现代化是物质文明和精神文明相协调的现代化。习近平强调，"当高楼大厦在我国大地上遍地林立时，中华民族精神的大厦也应该巍然耸立。"中国式现代化，不仅要求物质生活水平提高、家家仓廪实衣食足，而且要求精神文化生活丰富、人人知礼节明荣辱，是物质文明和精神文明相协调的现代化。1949年9月，毛泽东就充满信心地预言："中国人被人认为不文明的时代已经过去了，我们将以一个具有高度文化的民族出现于世界。"新中国成立后，中国共产党把物质文明和精神文明协调发展作为现代化建设的题中应有之义。改革开放后，中国共产党创造性地提出了社会主义精神文明建设的战略任务，确定了"两手抓、两手都要硬"的战略方针。党的十八大以来，以习近平同志为核心的党中央高度重视物质文明和精神文明协调发展，强调"实现中华民族伟大复兴的中国梦，物质财富要极大丰富，精神财富也要极大丰富"，为推动"两个文明"协调发展、全面建设社会主义现代化国家指明了前进方向。回望走过的路，正确处理两个文明之间的关系，始终坚持物质文明与精神文明协调发展，是中国式现代化呈现出的鲜明特征。

第四，中国式的现代化是人与自然和谐共生的现代化。习近平指出，"我们要建设的现代化是人与自然和谐共生的现代化，既要创造更多物质财富和精神财富以满足人民日益增长的美好生活需要，也要提供更多优质生态产品以满足人民日益增长的优美生态环境需要。"人与自然的关系问题，始终是人类现代化必须理性应对的重大问题，是攸关每一个国家现代化最终成败的关键问题。西方传统工业化在创造巨大物质财富的同时，也加速了对自然资源的攫取，打破了地球生态系统原有的循环和平衡。一些西方国家曾发生多起环境公害事件，损失巨大，震惊世界，引发人们对资本主义发展模式的深刻反思。中国作为14亿多人口的大国，环境容量有限、生态系统脆弱是基本国情，中国的现代化不是轻视自然、支配自然、破坏自然的现代化模式，而是以最先进的生态文明理念、最严格的生态环境保护制度、最发达的生态环境保护技术、最快的生态文明建设速度，积极应对全球气候变化，积极参与全球环境治理，实现人与自然和谐共生、命运与共的现代化，是绿色发展、低碳发展、可持续发展的现代化。经过长期实践探索，中国在建立和完善生态产品价值实现机制、提升生态总价值方面，取得了丰硕成果和宝贵经验。以生态扶贫为例，2013年以来，贫困地区实施退耕还林还草7450万亩，选聘110多万贫困群众担任生态护林员，实现了经济收入和生态环境保护双赢。

第五，中国式的现代化是走和平发展道路的现代化。习近平强调，"中国走和平发展道路，不是权宜之计，更不是外交辞令，而是从历史、现实、未来的客观判断中得出的结论，是思想自信和实践自觉的有机统一。"坚定不移走和平发展道路，这既是中华优秀传统文化的内在逻辑，也是中国人民从近代苦难历程中得出的必然结论。中国没有走历史上一些国家依靠侵略和扩张实现崛起的老路，而是坚定致力于探索一条以和平方式实现国家发展和民族复兴的新路。新中国成立70多年来，中国从没有主动挑起过任何一场战争和冲突。中国在坚定维护世界和平中谋求自身发展，又以自身发展更好维护世界和平。中国坚持开展对外援助，支持和帮助广大发展中国家消除贫困，是联合国维和行动第二大出资国和派出维和人员最多的联合国常任理事国。"中华民族的血液中没有侵略他人、称王称霸的基因。"当今世界正经历百年未有之大变局，中国积极倡导构建人类命运共同体，坚持相互尊重、平等协商，坚持走对话而不对抗、结伴而不结盟的新路，走出了一条通过合作共赢实现共同发展、和平发展的现代化道路，打破了"国强必霸"的大国崛起传统模式，提供了通向现代化的新选择。[①]

---

① 《党的二十大文件汇编》，北京：党建读物出版社，2022年，第17—19页。

回望历史，过去一百年，中国共产党向人民、向历史交出了一份优异的答卷。正因为中国共产党善于总结运用历史经验，勇于进行自我革命，才能成为始终走在时代前列、人民衷心拥护、经得起各种风浪考验、朝气蓬勃的马克思主义执政党。放眼未来，建成社会主义现代化强国，实现中华民族伟大复兴，是一场接力跑，需要一代又一代人接续奋斗。中国共产党第二十次代表大会庄严提出："从现在起，中国共产党的中心任务就是团结带领全国各族人民全面建成社会主义现代化强国、实现第二个百年奋斗目标，以中国式现代化全面推进中华民族伟大复兴。"中国由此开启了全面建设社会主义现代化国家的新阶段。这是中国人民自己走出来的现代化之路，具有无比深厚的历史底蕴、无比广阔的施展舞台和无比强大的前进定力。中国比历史上任何时期都更接近、更有信心和能力实现中华民族伟大复兴的目标。

全面建设社会主义现代化国家，是一项伟大而艰巨的事业，前途光明，任重道远。现在，中国共产党带领中国人民已经踏上了实现第二个百年奋斗目标的新征程，正在以中国式现代化全面推进中华民族的伟大复兴，新的征途上要坚定信心、锐意进取，主动识变应变求变，主动防范化解风险，不断夺取全面建设社会主义现代化国家新胜利。百年转型与变革的伟大实践雄辩地证明：中国式现代化建设必将在伟大光荣正确的中国共产党的领导下奋力推进，行稳而致远！

余 论

中国式现代化道路的开辟和拓展

通过百年转型与变革的回顾,本书展现了中国式现代化道路非常清晰的历史脉络和历史轨迹。这是近代以来中国人为实现民族独立、谋求民族复兴历史进程中的必然产物,具有深刻的历史逻辑和历史必然性。一百年来,中国共产党充分发扬历史主动精神,不懈进行实践探索,不断对历史经验教训进行理论总结和理论创新,为坚持以中国式现代化推进中华民族伟大复兴提供了理论指引、注入了强劲动力。扎实推进中国式现代化,需要深刻领悟中国式现代化道路的历史演进、本质要求和中国特色,在立足本国国情的基础上谋发展,同时推动世界文明的互鉴与交融。

一、近代中国开启现代化转型时期:提出"振兴中华"

从近代历史的大视野来看,1840年鸦片战争以后,中国逐步沦为半殖民地半封建社会。从那时起,实现中华民族伟大复兴就成为中国人民和中华民族最伟大的梦想。中国近代传统社会的现代化萌芽,可以追溯到晚清时期。那时的中国社会虽然依旧是一个以农业为主的封建社会,但在西方列强的冲击下,逐渐出现了对传统体制与文化的反思与挑战。一些有识之士开始探索与西方现代化不同的发展路径,试图在保持中国文化精华的同时,吸收西方科技与管理的先进成果。在经济领域,晚清政府推行了"师夷之长技以制夷"的"洋务运动",试图通过向洋人学习先进的军事技术来寻求御侮强国之道。尽管这些改良最终未能彻底改变中国传统经济的面貌,但却为日后的现代化建设提供了历史基础和观念启蒙。在文化与思想领域,维新变法运动的兴起,代表着中国思想界对于传统文化的反思和向西方现代文明的学习。改良派人士提出了一系列方案,主张吸取西方宪政、法制等现代元素,以促进中国社会的进步与发展。此外,在社会制度层面上,晚清的一系列变革,如科举制度的废除和新式教育的兴起,也反映出中国传统社会在现代化进程中所做的努力。这些变革尽管在形式上未能脱离传统框架,但在内容上却开始逐步引入现代元素,为中国社会未来的现代化变革积累了经验。

迄自1840年鸦片战争，中国大一统的国家秩序遭到已基本完成工业革命和现代民主制度建构的西方列强的殖民侵略与压迫，从而被动地开启了中国近现代史的双重进程：一方面是模仿西方现代化的路径，另一方面是在文化与制度上艰难探索自主现代化的道路。在这一时期先后经历的以洋务运动为标志的器物层面与技术层面的现代化探索，以戊戌变法和辛亥革命为标志的制度层面的现代化发轫，虽然充满了艰难曲折，但也为中国未来的现代化进程积累了经验，揭示了现代化道路的复杂性和多元性。孙中山先生提出的"振兴中华"口号和《建国方略》，成为中国人建设现代化国家和实现民族复兴的历史先声。以民主与科学为发端的五四新文化运动推动了现代化思潮的兴起和启蒙，为理解中国式现代化道路的历史演进和理论创新提供了重要的历史背景和逻辑起点。

二、新民主主义革命时期：提出"由农业国变为工业国"

十月革命一声炮响，给中国送来了马克思列宁主义。马克思主义经典作家对现代化问题多有论述。譬如，马克思、恩格斯在《共产党宣言》中强调，"大工业把世界各国人民互相联系起来，把所有地方性的小市场联合成为一个世界市场，到处为文明和进步做好了准备"，充分肯定了工业化对人类文明的贡献。列宁则通俗地指出，"共产主义就是苏维埃政权加全国电气化……一定要努力把小农经济基础变成大工业经济基础。只有当国家实现了电气化，为工业、农业和运输业打下了现代大工业的技术基础的时候，我们才能得到最后的胜利"。

1921年中国共产党一经诞生，就把为中国人民谋幸福、为中华民族谋复兴确立为自己的初心使命。通过对中国国情进行历史的、科学的正确分析，逐步深刻地认识到，要解决救亡图存与伟大复兴的两大历史任务，必须分两步走：第一步是铲除阻碍社会生产力发展的旧的生产关系和上层建筑的桎梏，为救亡图存和实现现代化与民族复兴开辟道路；第二步是大力发展社会生产力，为实现现代化与民族复兴创造物质条件。正是沿着这一历史发展轨迹，中国共产党找到了探索实现现代化和民族复兴的正确道路。

从中国的经济社会文化十分落后的基本国情出发，1945年4月，毛泽东同志在中共七大《论联合政府》的报告中提出了"由农业国变为工业国"、实现"工业化和农业近代化"的奋斗目标。明确指出："中国工人阶级的任务，不但是为着建立新民主主义的国家而斗争，而且是为着中国的工业化和农业近代化而斗争。"1947年12月，毛泽东同志在作《目前形势和我们的任务》报告时又指出："中国人民的任务，是要在第二次世界大战结束、日本帝国主义被打倒以后，在政治上、经济上、文化上完成新民主主义的改革，实现国家的统一和独立，由农业国变成工业国。"1949年3月，在中国革命即将取得全国胜利的前夜，中共七届二中全会明确提出了中国由农业国转变为工业国、由新民主主义社会转变为社会主义社会的发展方向。回溯新中国成立前中华民族探索走向现代化的艰辛历程，中国共产党虽历经挫折和磨难，但最终由小变大，由弱变强，成为中国走向现代化和民族复兴的领导核心，正反映了历史的要求和人民的选择。

在新民主主义革命时期，中国共产党领导中国人民基本完成了反对帝国主义、封建主义和官僚资本主义的历史任务，建立了中华人民共和国，为建设现代化国家创造了根本政治前提和社会条件。这一时期的中国式现代化的理论创新集中展现为：首先，明确了没有一个独立、自由、民主和统一的中国，不可能建设真正大规模的工业，没有工业，便没有巩固的国防，便没有人民的福利，便没有国家的富强；其次，将国家工业化要求与中国社会发展方向相统一，形成了中国要走符合自己国情的现代化道路的相对明确的思想观念；第三，指明了"变农业国为工业国"的进程就是在中国建立社会主义社会的过程。这种将经济、政治、社会发展的目标相关联、相整合，为中华人民共和国成立后的现代化建设区别于西方现代化提供了具有前瞻性的思想资源和理论根基。

三、社会主义革命和建设时期：提出"四个现代化"

中华人民共和国成立后，很快开启了独立自主推进社会主义现代化的进程，重点是逐步实现国家工业化即工业现代化。1952年，毛泽东同志提出了中国共产党在过渡时期的总路线，其主体就是要在一个相当长的时期内，逐步实现国家的社会主义工业化。与社会主义工业化同时并举，对农业、手工业和资本主义工商业的改造是过渡时期总路线的两翼，旨在推进农业集体化、农业机械化，逐步实现农业的现代化，同时要使原资本主义工商业这个广大部分的社会生产力获得充分的合理的发展，以适应国计民生的需要，促使整个国民经济朝向现代化发展。在第一个五年计划期间，国家实行了"优先快速发展重工业"的赶超型工业化方针，启动了数百个规模以上的重点工业项目，为建设国家工业化和独立的相对完整的国民经济体系打下了初步基础。由于缺乏工业化建设的经验，我国仿照苏联的工业化模式，建立起高度集中统一的计划经济体系。

1954年9月，在一届全国人大一次会议开幕词中，毛泽东同志向全国人民宣告："准备在几个五年计划之内，将我们现在这样一个经济上文化上落后的国家，建设成为一个工业化的具有高度现代文化程度的伟大的国家。"这里提出的"高度现代文化程度"，是对全面建设社会主义现代化国家奋斗目标的新的表述。1956年中共八大前后，毛泽东同志总结几年来我国建设社会主义的经验，反思苏联工业化模式的弊端，明确提出以苏联为鉴戒，开始探索中国自己的社会主义建设道路。1957年，在建设社会主义工业化的基础上，毛泽东同志又提出建设"现代科学文化""高度文化"的问题，体现了国家现代化不仅要有对物质文明的追求，而且要与整个社会的精神文明建设相协调。这表明中国共产党已经开始认识到"现代科学文化"在社会主义现代化建设中的重要地位和作用。此后，1959年底到1960年初，毛泽东同志进一步提出了"建设社会主义，原来要求是工业现代化，农业现代化，科学文化现代化，现在要加上国防现代化"。

1964年底到1965年初召开的第三届全国人民代表大会第一次会议，首次向全国人民明确提出了"四个现代化"的宏伟目标。周恩来总理在政府工作报告中正式宣布：今后发展国民经济的主要任务，是要在不太长的历史时期内，把我国建设成为一个具有现代农业、现代工业、现代国防和现代科学技术的社会主义强国。这就完整地提出了"四个现代化"的战略目标，既符合中华民族和中国人民的根本利益，又顺应时代潮流和人类社会发展趋势，进而对中国社会经济结构的变革产生了深远影响，并为后续的现代化进程奠定了基础。

在社会主义革命和建设时期，中国共产党团结带领全国各族人民建立了社会主义基本制度和独立的相对完整的国民经济体系，为中国式现代化建设奠定了根本政治前提、制度基础，提供了宝贵经验、理论准备和必要的物质条件。这一时期的中国式现代化的理论创新集中展现为：中国式现代化的发展目标完成了由单一化向全面化的重要转变，使得中国现代化跳出了单一"工业化"的思维定式，开始向"全面的现代化"迈进。这就为中国现代化理论创新提供了全新的建设思路，成为中国式现代化理论创新的重要里程碑。

四、改革开放和社会主义建设新时期：开辟"中国式的现代化"之路

1978年中共十一届三中全会的召开，实现了新中国成立以来党的历史上具有深远意义的伟大转折，开启了改革开放和社会主义现代化建设的新征程。1979年3月21日，在会见英中文化协会执委会代表团时，邓小平同志提出了"中国式的四个现代化"这一概念。他说，中国的现代化概念与西方不同，姑且用"中国式的四个现代化"这个新说法。两天后，邓小平同志把"中国式的四个现代化"进一步概括为"中国式的现代化"。

1979年底，在会见日本首相时，面对关于中国现代化蓝图规划的提问，邓小平同志首次采用中国传统文化的一个重要概念——"小康"来形象化地描述"中国式的现代化"。他说：所谓四个现代化，就是要改变中国贫穷落后的面貌，不但使人民生活水平逐步有所提高，也要使中国在国际事务中能够恢复符合自己情况的地位。我们要实现的四个现代化，是中国式的四个现代化。我们的四个现代化的概念，不是像你们那样的现代化的概念，而是"小康之家"。这是一个底定中国式现代化的内涵和特征不等同于西方现代化的全新概念，不仅包括既有的农业、工业、国防和科学技术的现代化内容，而且强调必须从中国的基本国情、具体实际和特点出发，量力而行，不再追求经济社会发展各方面不切实际的高指标，而是侧重于人民生活水平和富裕程度以及国际地位的提高。

在此基础上，1982年中共十二大报告的题目就是《全面开创社会主义现代化建设的新局面》，提出中国共产党在新的历史时期的总任务是：团结全国各族人民，自力更生，艰苦奋斗，逐步实现工业、农业、国防和科学技术现代化，把我国建设成为高度文明、高度民主的社会主义国家。1987年中共十三大进一步提出要"把我国建设成为富强、民主、文明的社会主义现代化国家"。这里赋予中国式的现代化"富强、民主、文明"的特征，并提出了"分三步走"基本实现社会主义现代化的战略步骤。

1992年，中共十四大提出把"有条件的地方要率先基本实现现代化"作为"基本实现现代化"的重要补充。1997年，中共十五大提出了"两个一百年"奋斗目标。2002年，中共十六大把中国"基本实现现代化"的第三步战略发展目标进一步细分为两个阶段，即在21世纪头20年也就是到2020年"全面建设小康社会"，后30年也就是到本世纪中叶基本实现现代化。这里对"基本实现现代化"作出战略调整和新的部署，把"全面建设小康社会"作为"基本实现现代化"的一个阶段性目标和重要步骤。2007年，中共十七大对中国的发展战略目标提出了新的更高要求，不仅进一步明确了实现全面建设小康社会奋斗目标的新要求，而且明确提出了"建设富强民主文明和谐的社会主义现代化国家"的发展战略目标，把"社会和谐"纳入"基本实现社会主义现代化"的宏伟蓝图。

在改革开放和社会主义建设新时期，中国共产党成功开辟了"中国式的现代化"之路，就是以客观务实的态度，尊重中国基本国情，防止急躁冒进，科学制定各方面方针政策，推进社会主义现代化建设，同时也注意现代化建设的方向性、旗帜性问题，并在此基础上充分借鉴发达国家发展经验，形成具有中国特色的、独立自主的、兼容并包的现代化道路。在改革开放过程中，逐步明确了建立社会主义市场经济体制，社会主义现代化建设的各方面制度逐渐趋于成熟，为中国式现代化提供了充满新的活力的体制保证和快速发展的物质技术条件。这一时期的中国式现代化的理论创新集中展现为：理论范式逐步具有了开放性和渐进性的重要特征，既完全不同于西方现代化的一般范式，又全面摆脱了苏联式现代化的旧有范式，为中国的现代化进程注入了新的理论活力和思想动力。

五、中国特色社会主义新时代：拓展"中国式现代化"新道路

2012年党的十八大以来，中国特色社会主义进入新时代。中国共产党在已有基础上继续前进，不断实现理论和实践上的创新突破，成功推进和拓展了中国式现代化。党的十八大在作出"第一个百年"要全面建成小康社会庄严承诺的同时，还明确提出了实现全面建成小康社会和全面深化改革开放的具体目标。

党的十八届三中全会首次提出了"国家治理体系和治理能力现代化"的重大命题，进一步提出了要"促进现代化建设各方面相协调"的要求，推进现代化建设在认识上不断深入、在实践上不断丰富，在顶层设计上不断完善。

2017年党的十九大报告指出，中国特色社会主义道路、理论、制度、文化不断发展，拓展了发展中国家走向现代化的途径，给世界上那些既希望加快发展又希望保持自身独立性的国家和民族提供了全新选择，为解决人类问题贡献了中国智慧和中国方案。2021年1月，习近平同志在省部级主要领导干部专题研讨班上进一步指出，我们的任务是全面建设社会主义现代化国家，当然我们建设的现代化必须是具有中国特色、符合中国实际的，在党的十九届五中全会上特别强调了五点，就是我国现代化是人口规模巨大的现代化，是全体人民共同富裕的现代化，是物质文明和精神文明相协调的现代化，是人与自然和谐共生的现代化，是走和平发展道路的现代化。随后，习近平同志在庆祝中国共产党成立100周年大会上的讲话中提出了"中国式现代化新道路"的概念。他指出，中国特色社会主义是党和人民历经千辛万苦、付出巨大代价取得的根本成就，是实现中华民族伟大复兴的正确道路。我们坚持和发展中国特色社会主义，推动物质文明、政治文明、精神文明、社会文明、生态文明协调发展，创造了中国式现代化新道路，创造了人类文明新形态。

2022年，党的中共二十大报告继续深化和拓展了对中国式现代化的认识。报告指出："从现在起，中国共产党的中心任务就是团结带领全国各族人民全面建成社会主义现代化强国、实现第二个百年奋斗目标，以中国式现代化全面推进中华民族伟大复兴。"同时明确了中国式现代化的本质要求，即：坚持中国共产党领导，坚持中国特色社会主义，实现高质量发展，发展全过程人民民主，丰富人民精神世界，实现全体人民共同富裕，促进人与自然和谐共生，推动构建人类命运共同体，创造人类文明新形态。关于全面建成社会主义现代化强国的战略安排，报告指出："总的战略安排是分两步走：从二〇二〇年到二〇三五年基本实现社会主义现代化；从二〇三五年到本世纪中叶把我国建成富强民主文明和谐美丽的社会主义现代化强国。"此外，报告还提出了前进道路上必须牢牢把握的五个重大原则，即：坚持和加强党的全面领导，坚持中国特色社会主义道路，坚持以人民为中心的发展思想，坚持深化改革开放，坚持发扬斗争精神。在学习贯彻党的二十大精神研讨班开班式上，习近平同志指出："推进中国式现代化是一个系统工程，需要统筹兼顾、系统谋划、整体推进，正确处理好顶层设计与实践探索、战略与策略、守正与创新、效率与公平、活力与秩序、自立自强与对外开放等一系列重大关系。"习近平同志关于中国式现代化的重要论述，系统回答了中国式现代化的领导力量、核心主题、发展道路、根本价值、总体目标、基本特征、战略步骤等一系列基本问题，既讲了"是什么、为什么"，又讲了"怎么看、怎么办"，既部署"过河"的任务，又指导解决到达彼岸的"桥与船"问题，使中国式现代化更加清晰、更加科学、更加可感可行。

基于中国特色社会主义进入新时代这一新的历史方位，以习近平同志为核心的党中央带领全党全国各族人民在已有基础上继续前进，推动实现前所未有的伟大变革，成功推进和拓展了中国式现代化。在这一时期，以习近平同志为主要代表的中国共产党人进一步深化对中国式现代化内涵和本质的认识，创新性地提出并阐释了包括中国式现代化的本质要求、根本价值、核心主题、战略目标、重大原则、鲜明特色、思想方法、对外关系等重要原创性理论概念，初步构建了中国式现代化的理论体系。这一基于大历史观形成的中国式现代化的理论体系，深刻回答了建设什么样的社会主义现代化强国、怎样建设社会主义现代化强国的重大时代课题，是中国共产党团结带领人民长期探索和实践的重大理论成果，是关于中华民族伟大复兴和人类社会发展未来愿景的系统化的科学理论建构。中国式现代化理论为人类对现代化道路的探索提供了新助力，为人类社会现代化理论创新作出了新贡献。

纵观历史，近代以来实现中华民族伟大复兴的历史进程，就是中国逐步走向现代化的过程。在新中国成立后的70多年，特别是新时代开启的第一个10年里，中国共产党带领中国人民探索出一条完全不同于西方的中国式现代化道路，取得了举世瞩目的伟大成就，创造了经济快速发展和社会长期稳定的奇迹。中国人民的实践探索和发展成就雄辩地说明，世界上既不存在定于一尊的现代化模式，也不存在放之四海而皆准的现代化标准。中国式现代化，摒弃了西方以资本为中心的现代化、两极分化的现代化、物质主义膨胀的现代化、对外扩张掠夺的现代化老路，打破了"现代化＝西方化"的迷思，拓展了发展中国家走向现代化的崭新途径，为人类对更好社会制度的探索提供了中国方案，创造了人类文明新形态。

当代中国，江山壮丽，人民豪迈，前程远大。中国式现代化道路是历史与人民的正确选择，是迈向中华民族伟大复兴的光明大道。沿着中国式现代化新道路，中国人民正以独创性精神书写着人类现代化史上亘古未有的奇迹。展望未来，中国特色社会主义事业航船一定能劈波斩浪、一往无前，中华民族伟大复兴的宏伟目标一定能变为现实！

后　记

《中国式现代化之路纪行》一书，是2021年9月应读者出版传媒股份有限公司甘肃文化出版社约稿，旨在考察、梳理、探究近现代中国怎样一步步走向现代化，为纪录中国共产党团结带领中国人民走过的百年奋斗历程而作。

本书贯穿以"中国式现代化道路的开辟、践行与创新"为主线，大量搜集、整理了百年转型与变革的厚重史料，浓墨重彩地记录了中国改革开放以来特别是新时代中国特色社会主义现代化建设走过的历史必由之路，取得的历史性成就，发生的历史性变革。

在书稿基本完成之际，适逢2022年10月中国共产党第二十次全国代表大会胜利召开，系统地回答了中国式现代化的领导力量、核心主题、发展道路、根本价值、总体目标、本质特征、战略步骤等一系列基本问题。作者认真学习了党的二十大精神，将"以中国式现代化推进中华民族伟大复兴"作为根本遵循，对书稿中的相关章节进行了系统的检视与重新核对，进一步完成修改、校订等工作。关于党在二十大以后团结带领全国人民全面建设社会主义现代化国家、向第二个百年奋斗目标进军的新发展阶段的奋斗内容，应是另一部著作所承担的任务了。

在此，特向为本书的出版付出辛勤工作和努力的甘肃文化出版社的工作人员表示诚挚敬意。向为本书的编著给予有力支持的专家学者黄一兵、冯俊、王均伟、王为衡、单伟，以及提供部分文稿的吴吾、柯绍清、韩佳潼表示衷心感谢。

庞松　李熠

2023年12月